블록
체인과법

손경한 편저

박영사

서문

크립토법Cryptolaw의 정립을 기다리며

블록체인 혁명Blockchain Revolution은 이미 시작되었다.

우리가 먹는 햄버거에 들어있는 쇠고기가 언제, 어느 나라에서 온 것인지, 검역은 제대로 거쳤는지를 바로 알 수 있는 세상, 500만 원을 외국에 송금하려면 내던 25만 원가량의 수수료를 더 이상 내지 않아도 되는 세상, 내가 만든 음악의 청취 대가를 그 청취자로부터 바로 받을 수 있는 세상, 내가 병원에서 받은 의료 기록을 언제든 열람하고 심지어는 이 기록을 대가를 받고 팔 수 있는 세상, 내가 해외에 대량으로 주문한 상품이 선적·배송·통관 전 과정을 블록체인에 기록, 실시간 수입 신고로 물류비용과 시간을 대폭 절감할 수 있는 세상이 오고 있다. 1세대 디지털 혁명이 정보의 인터넷Internet of information을 가져다주었다면 블록체인으로 무장한 2세대 디지털 혁명은 가치의 인터넷Internet of value을 제공해 주고 있다. 이제 우리는 인터넷상에서 정보뿐 아니라 가치도 교환할 수 있게 된 것이다. 인류역사에 있어서 최초로 신뢰할 수 있는 제3자의 개입 없이 개인 간에 P2P 방식으로 가치를 교환할 수 있는 진정한 자생적 디지털 매체가 등장한 것이다.

2018년 초 1 비트코인당 18,000불까지 치솟았던 비트코인의 가격은 새로운 고점을 향하여 점진적으로 상승하고 있다. 국가의 강제통용력이 아니라 인간이 고안한 화폐가 지난 10년 동안 꾸준히 통용력을 획득하여 이제 부동의 가치교환수단으로 자리 잡게 된 것이다. 초기의 블록체인 혁명은 핀테크를 비롯한 금융산업에 큰 변화를 가지고 올 것이다. 그러나 블록체인 혁명이 거기에 그친다면 이를 혁명이라 부를 수 없다. 블록체인은 우리 생활 구석구석을 변화시키고 있다. 우리 일생에 있어 필요한 제반 증명, 예컨대 출생 증명, 사망 증명, 소유권 증명, 질병 증명 등을 블록체인 기록이 갈음하며 이러한 기록을 기반으로 국민 모두에 대한 복지의 부여, 보험금 청구, 심지어는 선거에서 투표를 하는 데에도 블록체인이 쓰이기 시작하였다.

또한 블록체인은 우리 사회의 민주화에 새로운 전기를 마련해 주고 있다. 먼저 블록체인 시스템에 있어서는 중앙 서버가 필요 없고 신뢰할 수 있는 제3자 기관이 개입하지 않아도 당사자 간의 신뢰에 기초하여 직접 거래를 할 수 있고 거래 승인 권한과 데이터를 공유하여 탈중앙적 의사결정이 가능한 민주적 구조를 형성하고 있다. 블록체인 시스템에 있어서는 접속의 자유가 보장될 뿐 아니라, 모든 참여자들이 데이터를 공유하고 그 위변조를 불가능에 가깝게 함으로써 투명성과 신뢰성을 가진다. 또한 블록체인의 투명성으로 인하여 특정 권력이나 집단에 종속되지 않고 참여자간에 견제 및 균형을 도모할 수 있게 된다. 블록체인에 우리에게 한층 공양된 민주사회를 실현할 수 있도록 도와줄 것으로 확신한다.

블록체인이 가져 오는 패러다임의 전환은 우리에게 심대한 영향을 미칠 것이며 우리를 승자와 패자로 나눌 것이다. 블록체인은 우리에게 수많은 기회를 제공하지만 동시에 기존의 질서를 뒤흔듦으로써 우리를 위험에 빠뜨릴 수도 있다. 블록체인 기술의 활용을 용이하게 하는 한편, 암호화폐거래소 해킹과 암호화폐를 이용한 불법자금세탁 등 블록체인이 가져올 해악을 미연에 예방할 필요가 있다. 이처럼 블록체인의 장점을 확대하고 그 문제점을 최소화하기 위하여 이제는 그에 관한 법규범을 정립할 때가 되었다. 이 책은 그러한 목적에서 집필되었다. 블록체인의 등장으로 혼란스러워 하는 정부, 기업 및 개인에게 블록체인의 법적 함의가 무엇이고 현행 법률에 따라 블록체인이 어떻게 해석, 처리되며 바람직한 미래의 법제는 어떠하여야 하는가를 모색하였다.

이 책에서는 블록체인을 잘 모르는 일반인도 쉽게 접근할 수 있도록 평이하게 기술하되 블록체인의 법적 문제를 체계적이고 망라적으로 설명하려고 노력하였다. 이해를 편의를 위하여 법적 논의에 앞서 블록체인 기술에 대한 설명을 자세히 하였고 말미에는 블록체인 용어 사전을 제작하여 붙였다. 블록체인의 법적 문제를 공부하려는 사람뿐 아니라 실제 블록체인 업계에 종사하는 사람들에게도 유용한 참고서적이 되도록 꾸몄다.

이 책은 단순히 블록체인에 관한 법적 문제의 검토에 그치지 않고 매크로한 접근을 시도하였다. 즉 블록체인이 우리 사회에 미칠 사회학적 파장을 검토하고 블록체인의 미래를 예상해 보았다. 구체적으로는 민주적이고 세계적인 블록체인 거버넌스의 모색, 블록체인으로 강화될 복지사회를 꿈꾸어 보았다. 블록체인의 법적 문제 일반에 관하여는 암호화폐, 스마트계약, 신규토큰공모^{ICO} 등 현재 많이 논의되고, 사용되는 블록체인의 대표적인 제도를 검토하고 그 활용을 도모하였다.

나아가 블록체인의 개별적 법률문제를 그 주제별로, 산업별로 심도 있게 다루었다. 즉 블록체인에서의 프라이버시 보호, 블록체인 지식재산권의 보호와 거래, 블록체인에 대한 합리적인 과세 방안 및 블록체인에서 발생하는 분쟁의 신속하고도 정의로운 해결 방안의 모색을 시도하였다. 블록체인 산업의 법적 문제를 블록체인 금융업, 블록체인 보험업, 블록체인 의료법 등 개별 산업 별로 도전적으로 검토하였다.

이 책의 발간을 위하여 2018. 1. 블록체인과 법 포럼이 조직되었다. 블록체인에 관한 기술전문가, 사업가, 정보학전문가, IT법전문가, 상사법전문가, 지식재산법 전문가들이 모여 집단 지성을 발휘하여 매월 블록체인에 관하여 다면적인 접근과 토론을 하였다. 이른 아침 포럼에 참석하여 블록체인의 법적 쟁점에 관하여 자신의 분야에 보는 관점을 제시하여 주신 공동연구자분들에게 깊은 감사를 드린다. 공동연구 참여한 분들에 대한 고마움을 표하기 위하여 그 명단을 이 책의 말미에 첨부하였다.

이 책의 출간에는 포럼의 간사로 활동한 인하대학교 로스쿨 김예지 양과 박도윤 양의 도움이 컸음을 밝히고자 한다. 또한 조찬회의 장소를 제공해 준 한국지식재산연구원과 책의 출간을 쾌락하여 준 박영사 관계자분들에게도 감사드린다.

이 책이 4차 산업혁명의 와중에서 이제 막 걸음마를 떼기 시작한 블록체인 산업과 나아가 새로운 영역을 구축할 크립토법^{Cryptolaw}의 발전에 일조가 되기를 기원한다.

2019. 9.
한범헌(한凡軒)에서
편저자 손 경 한

차 례

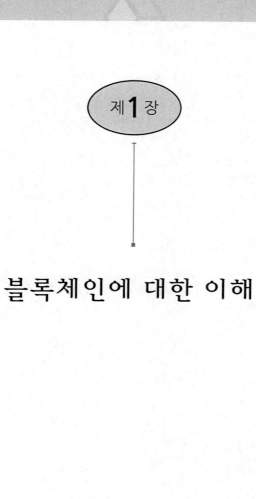

제**1**장

블록체인에 대한 이해

{ 블록체인이란 무엇인가 }

제 1 절	**{ 블록체인이란 무엇인가 }**

정해남

 I. 서론

　필자가 비트코인이니, 블록체인이니 하는 생소한 용어를 접한 것이 불과 몇 년 전이고 이에 대하여 큰 관심을 가지고 연구하던 중에도 수식에 알레르기를 느끼는, 속칭 '문송' 법률가로서는 그 상세한 내용에 관하여 이해가 가지 않는 부분이 한둘이 아니었다.

　그러나 블록체인이 추구하고 또 가져다 줄지도 모르는 세상은 매우 새롭고 매력적인 것이고, 블록체인을 기반으로 한 암호화폐[1]의 규모와 가치도 엄청나게 증가하고[2] 그에 대한 투자 규모와 위험도 상당히 대중화된 데다가 암호화폐가 몰수의 대상이 되는지 등 여러 가지 법률적 이슈[3]가 생기게 되었으므로, 법률가로서 이를 외면할 수 없는 지경에 이르렀다.

　이와 같은 상황하에서 법률가는 어느 정도까지 암호화폐의 기반기술인 블록체인 기술을 이해하면 되겠는가,[4] 그 중에서도 비트코인은 어떻게 제3의 신뢰기관 없이도 자체적으로 신뢰를 확보하였는가 하는 주제를 놓고, 여러 논문과 책들로부터 배운 초보적 지식들을 나름대로 정리하고 이를 필자와 같은 처지에 있는 법률가나 블록체인 기술 문외한들이 이해하기 쉬운 길잡이 자료로서 나누기로 하였다.

Ⅱ. 사토시 나카모토의 꿈과 그 실현수단

일명 사토시 나카모토Satoshi Nakamoto라고 불리우는 사람(들)은 전자화폐 시스템의 P2P 버전인 비트코인을 꿈꾸었다.[5]

> "전자화폐의 순수한 P2P 버전은 금융기관을 거치지 않고도 개인이 개인에게 온라인으로 직접 지불하는 것을 가능하게 한다. 기존의 전자서명 기술이 해결책의 일부를 제공해주지만, 믿을 수 있는 제3자가 이중지불을 방지할 필요가 여전히 남는다면 순수한 P2P 버전의 주요 이점들은 사라지게 된다. 우리는 이 논문에서 P2P 네트워크를 이용한 이중지불 문제 해결책을 제안한다."[6]

결국 그의 꿈은 ① 탈중앙화[7]와 ② 이를 유지하기 위한 이중지불double-spending 문제[8]의 해결이었다.

예컨대, 300만 원[9]을 가지고 있다가 이미 존에게 200만 원을 보낸 아베가 잔고가 95만 원뿐임에도 다시 200만 원을 철호에게 이체하려고 했다. 은행 원장에는 아베가 현재 95만 원만 가지고 있기 때문에 은행은 당연히 철호에게 200만 원을 보내도록 허용하지 아니한다. 은행이 보유한 원장을 해킹하기 전까지 철호에게 200만 원을 송금하는 것은 불가능하다. 만일 원장을 해킹하면 이중지불이 가능하다는 의미이기도 하다. 은행은 서버에 보안장치를 설치하고 있으나 100% 안전한 서버는 있지 아니하고, 금융거래, 특히 국제적인 금융거래를 중개하면서 높은 수수료를 받는다. 은행 없이 그 이상으로 안전한 금융거래를 가능하게 할 수는 없을까 하는 꿈을 꾸게 된 것이 비트코인의 출발점이었다.

사토시는 은행과 같은 신뢰[10]할 수 있는 제3기관Trusted Third Party, TTP 없이도 개인들이 금융거래를 하는 과정에서 기록되고 있는 원장의 정보를 변조할 수 없도록 하여 이중지불을 방지하는 기술을 제안했다. 원장정보를 아예 모두에게 공개하되, 이를 암호화, 작업증명 및 합의라는 방법을 이용하여 구현하려 한 것이다.[11]

이를 위하여 그가 제시한 실현수단은 다음과 같다.

① 순수한 P2P 네트워크

네트워크 자체는 최소한의 구조로 이루어진다. 메시지는 "최선의 노력 원칙"하에서 전파되고, 노드들은 자유로이 떠나거나 재가입할 수 있다. 재가입 시에는 가장 긴 작업증명 체인을 그들이 떠나 있는 동안에 발생할 일에 대한 증명으로 받아들여야 한다.[12]

② 타임스탬프/해시/작업증명timestamp, hash, proof-of-work

해시함수와 타임스탬프를 이용하여, 작업증명 과정을 다시 하지 않는 한 일단 실린 기록은 변경될 수 없도록 하였다.

그의 설명을 그가 쓴 논문에 따라 살펴보자.

"디지털 서명의 체인을 전자 코인이라고 정의하고, 모든 소유자들은 이전 거래[13]와 다음 소유자의 공개키의 해시에 전자적으로 서명함으로써 코인을 양도할 수 있다.

〈그림 1〉 사토시의 전자서명 도해

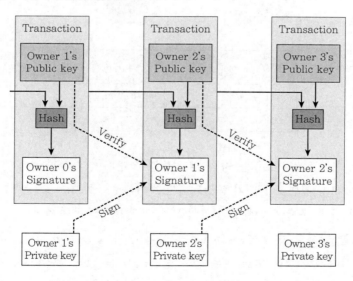

그러나 이것만으로 이중지불 문제가 해결되는 것이 아니므로 지급자

가 동일한 거래를 거듭 하지 않았음을 확인할 수 있어야 하는데, 이를 위하여 제3자신뢰기관이 없는 상태에서의 모든 거래는 노드에 알려져야 하고,must be publicly announced 그들이 받은 정보에 관한 단 하나의 히스토리agree on a single history 또는 진실에 대한 단하나의 견해single version of the truth, SVOT 에 대하여 합의를 하는 시스템이 필요하다.

타임스탬프 서버는 정보의 블록을 해시하여 이를 널리 전파함으로써, 그 정보가 그 시각에 존재하였음에 틀림없다는 것을 증명한다. 모든 타임스탬프는 그 이전의 타임스탬프를 포함하여 해시된다.

이 타임스탬프가 P2P 네트워크 기반 위에서 구현되게 하려면 신문보다도 Adam Back's Hashcash[14]와 같은 작업증명이 필요할 것이다. 작업증명은 블록의 해시값이 필요한 0 bits를 가질 때까지 블록 내의 논스의 수치를 증가시켜가는 방법에 의한다. 일단 작업증명이 이루어지면 그 작업을 다시 하기 전에는 블록은 변경되지 아니한다. 그 뒤에 다른 블록이 추가되었다면 그 뒤의 모든 블록에 대한 작업증명을 다시 하여야 할 것이다."

〈그림 2〉 사토시의 타임스탬프 서버 도해

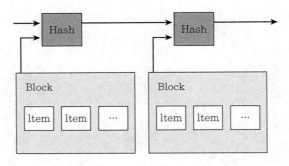

이렇게 함으로써 사토시는 종래 "비잔틴장군 문제"The Byzantine Generals Problem로 불리우던 메시지 위변조 문제가 해결된다고 보았다.

비잔틴 장군 문제[15]는 투표 결과의 진실된 정보TRUE outcome of a vote를 찾는 데에 있어서 늘 발생할 수 있는 것으로서, 다음과 같이 설명할 수 있다. 9군데 흩어진 아군이 일제히 총공격을 하면 적의 성을 함락시킬 수 있는 상황인데, 이때 중요한 것은 총공격의 일시, 아니면 퇴각 일시에 관한 장군들의 의사를 모아 그 결과를 공유해야 한다. 메시지 전달자가 메시지를 조작할 수도 있고, 메시지 전달에 실패할 수도 있고, 이를 받은 일부 장군이 조작하거나 전혀 근거 없는 비이성적 판단을 할 수도 있으며, 메시지를 가로챈 적군이 조작할 수도 있다. 이러한 상황하에서 전달된 메시지가 진실한 것인지를 어떻게 확인하느냐가 문제이다.

P2P 네트워크에서 각 노드가 처한 상황도 마찬가지이다. 거짓 정보를 구별해 이를 버리고 진실된 정보를 확보하는 방안이 필요하다. 해시함수를 이용한 암호화와 작업증명을 통하여[16] 검증된 정보를 진실이라고 간주하자는 것이 사토시가 제안한 비트코인의 합의 방법이다. 전자는 ① 장부에 등록될 정보의 무결성을 쉽게 확인할 수 있게 하고, ② 후자는 정보를 조작하거나 허위의 다른 정보를 추가하는 것 자체를 매우 어렵게 만든다. 그리하여 당초의 합의 규약에 정하여진 방법에 따라 검증된 블록이나 거래만이 "하나의 진실된 정보"로서 합의되고 등록되도록 되어 있는 것이다.

최근에는 블록체인이 신뢰가 없는 사람들 사이에서 직접 합의하는 것을 가능케 한다는 이유로, 전통적으로 공유자산과 관련하여 제기된 문제점, 즉 무임승차 문제 또는 공유지의 비극the free rider problem or the tragedy of the commons 등을 해결해줄 수 있으리라고 기대하기도 한다.[17] 블록체인이 공유경제의 상생적 커뮤니티와 닮아 있다고 하는 분도 있다.[18]

비트코인이 탄생하는 데 도움을 준 많은 기술과 철학이 있었다. 그 중 가장 대표적인 분이 David Chaum이다. 그는 암호학자로서, 1981년 '추적이 불가능한 전자 메일, 수신 주소, 그리고 디지털 가명Untraceable Electronic Mail, Return Address, and Digital Pseudonyms'이라는 논문[19]을 발표하며, "프라이버시는 인간성과 직접적으로 연결돼 있다, 프라이버시는 현대 사회에서 민주주의 사상의 핵심 원리를 지키고 유지하는 데 매우 핵심적인 개념이다"라고 말했다고 한다.[20] 이런 철학은 암호학의 진보와 프라이버시 보호의 대중화로 사회적 · 정치적으로 긍정적인 변화를 일으켜야 한다는 자유주의 운동(소위 '사이퍼펑크Cypherpunk 운동)으로 발전하였다. 그 후 Chaum은 1983년 '블라인드 서명Blind Signature' 기술을, 1988년 '추적이 불가능한 전자 화폐 Untraceable Electronic Cash'라는 논문[21]을 각 발표하여 비트코인 설계에 영향을 주었다.

Ⅲ. 블록체인 기술의 구성요소

블록체인 기술은 기존의 컴퓨터과학과 암호학에 장부관리개념을 더하여 구성된 것이어서, 법률가에게는 상당히 복잡하게 느껴진다. 흔히들 "컴퓨터 분산네트워크에 의하여 유지되는 탈중앙화된 데이터베이스"로 요약하고 있지만, 여러 기술이 블렌드된 블록체인을 이해하기 위하여는 그 기술적 구성요소를 하나씩 살펴보는 것이 유용하다. 그 기술적 구성요소는 크게는 P2P 네트워크, 비대칭키암호학, 해시함수 및 합의메커니즘(작업증명/채굴 포함)이 언급되고 있다.[22, 23]

본 절은 위와 같은 블록체인 기술의 구성요소에 대한 이해를 높이기 위하여 작성된 것이다. 아래에서 장을 바꾸어 자세히 보기로 한다.

1. P2P 네트워크

P2P는 peer-to-peer의 약자로서 "단말기(이용자, 개인)로부터 단말기(이용자, 개인)로"라는 뜻이며, P2P 네트워크 또는 분산 네트워크는, 단말기 사용자가 서버를 이용하는 형태인 기존의 인터넷 사용과 달리, 서버를 통하지 아니하고 다수의 단말기 사용자끼리 직접 통신하는 것을 말한다. 이와 같이 대용량의 중앙서버를 사용하지 아니하고(이 점에서 "검열곤란성"이 장점으로 거론되기도 한다) 다수의 단말기를 사용하는 시스템 하에서는 서버가 정지하여 시스템이 동작하지 않는 일은 없게 되는 장점이 있다(이를 제로다운타임zero-downtime이라고 한다). 모든 참가자가 생산자겸 소비자로서 시스템 내 작업을 행하며, 원칙적으로 동등한 권리와 의무를 가져 특정 참가자가 시스템 내 작업을 통제할 수 없다는 점이 이 시스템의 특징이다.

IP전화[24] 등 서버를 필요로 하지 않는 통신이나 파일공유소프트웨어 등 사용자 간의 1대1 통신에 사용된다. 그러나 파일 교환 소프트웨어(μTorrent, Skype 등)를 이용하여 기업이나 관청의 중요한 데이터나 사적인 사진, 동영상이 유출되어 버릴 위험이 있었다. 비트코인은 P2P 중에서도 매우 단순한 시스템을 이용하는 것이어서, 이 단순성이 비트코인 시스템의 견고성과 연결된다고 말하여지기도 한다.[25]

2. 비대칭키(공개키) 암호학

비트코인의 미사용출력UTXO은 잠금장치가 되어 있어서 소유자 이외에는 이를 해제할 수 없도록 되어 있는데, 이 잠금장치를 설정하는 방법이 바로 비대칭키 암호학이다.

비대칭키 또는 공개키 암호화방식은 본래 1976년 스탠포드 대학의 Whitfield Diffie와 Marty Hemllman이 개발한 것인데 이것을 발전시킨 RSA 알고리듬[26]이 대표적으로 쓰인다.[27] RSA는 두 개의 소수를 곱하는 것은 매우 쉽지만, 거꾸로 이를 다시 원래의 소인수로 분해Prime factorization하는 것은 지극히 난해하다는 수학적 특이성에 터잡아, 공개키만을 가지고는 개인키를 쉽게 짐작할 수 없도록 디자인되어 있고, 따라서 공개키는 널리 공표될 수 있게 되었다. 그리하여 사용자들은 2개의 키를 가지는데, 자신만 아는 개인키와 이를 가지고 생성한, 누구나 알 수 있는 공개키를 가지게 된다.[28] 전자는 전자 아이디전자서명을 생성할 수 있는 digital ID로, 후자는 전자서명이 그의 개인키로부터 생성되었다는 점을 입증하는 데, 그리고 블록체인상의 주소public address를 생성하는 데 쓰이는 매우 긴 숫자열이다. 개인키로써 공개키를 생성하고 공개키를 2번 해시하여 주소가 생성된다. 주소는 은행계좌번호와 유사하다.[29]

$$\boxed{\text{개인키}} \rightarrow \boxed{\text{공개키}} \rightarrow \boxed{\text{주소}^{30}}$$

한 키로 잠그면 반드시 다른 키로만 열 수 있다.[31] 앞에서 본 바와 같이 개인키로부터 공개키와 주소가 생성되지만, 그 반대방향으로의 생성은 거의 불가능하므로 개인키를 잃어버리면 가상화폐를 찾을 방법이 영구히 없어지게 되지만 반대로 공개키는 개인키로부터 제한없이 생성될 수 있다.

송신자는 수신자의 공개키를 통해 평문을 암호화한다. 수신자는 자신의 개인키를 가지고 암호문을 복호화한다. 그러나 실제로는 수신자의 공개키만을 사용하여 암호화하는 경우는 드물고 다음과 같은 순서로 처리된다.

① 송신자 A는, A개인키로 메시지[32]를 암호화한 후(전자서명이 생성됨)
② 다시 B의 공개키로 암호화 한 메시지를 수신자에게 전달하고,
③ 수신자 B는, 개인키로 복호화하고(개인키를 가진 사람만 메시지를 읽을 자격이 있게 되고, 따라서 개인키가 없는 어느 누구도 복호화 할 수 없으므로 비밀이 보장됨- 메시지의 비밀 보장 - 개인키가 안전하게 보관될 필요가 있다[33])

④ 다시 A의 공개키로 복호화(공개키로 복호화된다는 것은 그 쌍이 되는 A개인키로 암호화되었다는 점-전자서명[34] 생성-을 증명해 주고, 따라서 A가 메시지 작성자임도 증명됨- 작성자의 신원 증명. 더불어 전송 도중에 조작되지 않았음도 증명됨[35])하는 방식으로 전달된 메시지를 확인한다.

공개키 알고리듬은 사전에 공통의 비밀키를 공유하는 절차 없이 누구나 특정 수신자의 공개키를 이용하여 어떤 메시지나 암호화할 수 있고, 그것을 해독하여 열람할 수 있는 사람은 개인키(상대방과 사전에 공유할 필요가 없다)를 지닌 단 한 사람만이 존재한다는 점에서 사전에 공통의 비밀키를 공유 내지 배송[36]하여야 하는 대칭키(공통키) 알고리듬[37, 38]과 차이가 있다.

〈그림 3〉 대칭키 배송 문제[39]

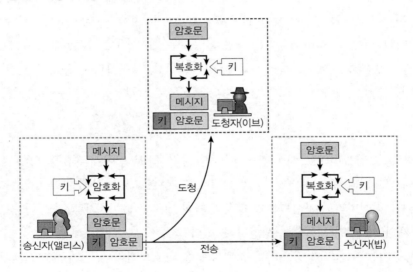

<그림 4> 대칭키 배송 문제 해소[40]

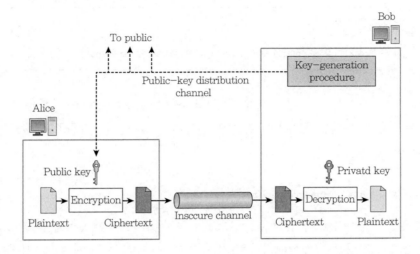

이러한 공개키암호화방식은 ① 토큰의 정당한 소유자가 거래를 수행하였는지, ② 제3자가 도용 등을 통해 거래를 수행하였는지 및 ③ 제3자가 거래 내용을 변조하였는지 등을 확인할 수 있게 하고,[41] 그럼으로써 전자화폐, 익명의 평판,[42] 콘텐츠 분산시스템 및 새로운 형태의 전자계약을 가능하게 하였다고 평가되고 있다.[43]

3. 암호화 해시함수

(1) 암호화 해시함수의 정의와 그 특성

암호화 해시함수는 해싱에 쓰이는 함수로서 해시 규칙을 짐작할 수 없도록 암호화한 함수이고, 해싱은 암호학적 해시함수를 다양한 크기와 타입의 데이터 (파일, 거래 정보 등 텍스트, 이미지 불문, any length)에 적용하여 일정한 크기의 값[a fixed length],[44] (메시지 다이제스트 또는 다이제스트라고 부른다)을 산출해 내는 방법이다. 입력치에 작은 변화가 있어도 출력치에 큰 변화가 생겨 입력치의 작은 조작도 쉽게 밝혀 낼 수 있는 것이 특징이다. 이 다이제스트를 입력데이터의 "(뭉개진) 지문[fingerprint]"으로 비유하기도 한다. 비트코인은 SHA256을 사용한다.[45] 예컨대, 아래 그림은 " "를 SHA256를 사용하여 해시한 값이다.

〈그림 5〉 SHA256 함수에 의한 해시 결과

```
SHA256('' '')

Ox e3b0c44298fc1c149afbf4c8996fb92427ae41e4649b934ca495991b7852b855
```

해시함수가 노리는 주된 효과는 ① 입력값을 모르게 하겠다는 것[46]과 ② 출력값의 충돌이 없게 하겠다는 것이다. 이와 관련하여 해시함수의 특성으로 거론되는 것들을 살펴본다.

1) 역상逆像저항성preimage resistant

일방통행성one-way, 즉 입력값을 넣으면 출력값이 나오지만, 출력값을 안다고 그것을 가지고 입력값을 계산해내기 어려운"infeasible" instead of "impossible" 성질이 있다.[47]

좀더 구체적으로 살펴보자. 비트코인이 사용한 해시함수는 Secure Hash Algorithm 256SHA256[48]인데, 이 함수의 출력치는 256 bits(=32byte × 8)로 64개의 숫자/문자열로 나타난다. 입력치는 무한하고 출력값은 유한하므로 두 개의 다른 입력치가 같은 출력치를 산출할 가능성은 이를 부정할 수는 없지만 지극히 작다고 할 수 있다. 예컨대, SHA256에서 충돌을 발견하려면 무작위로 임의의 수를 대입하여 비교해 보기를 수없이 반복해 보는 방법(이른바 "brute-force method")을 써야 하는데, 2^{128}번[49]을 시도해야 하고 이를 참고하여 비트코인의 예를 보면 2005년의 초당 해시율을 기준으로 할 때 충돌이 발생하려면 35,942,991,748,521년이 걸릴 것이라고 한다.[50]

2) 제2역상저항성second preimage resistant

최초 입력값 x_1을 알고 있는 상태에서 특정 출력값 y에 대하여 최초 입력값 x_1이 아닌 x_2를 찾기 어렵다.

3) 충돌저항성collision resistant, not collision free

최초 확인된 정보가 없는 상태에서 똑같은 출력값 y를 생성하는 2개의 서로 다른 입력값을 찾아내기 어렵다.

$$m1 \neq m2 \text{ and hash}(m1) = \text{hash}(m2) = y$$

같은 해시함수라도 28비트로 저장하는 MD5(해시값이 32자리)나 160비트를 사용하는 SHA1[51]보다는 256비트를 사용하는 SHA256(해시값이 64자리)이 무차별대입 brute forcing을 할 경우 2의 256승 만큼의 경우의 수를 대입하여야 하고 해시값 문자열이 길기 때문에 충돌가능성이 현저히 작아진다.[52]

혹자는 다음과 같이 위 3가지 특성을 비유하고 있는데 흥미로와서 인용한다. 즉, ① 이 스프를 만드는 소고기 찾기, ② 이 소고기로 만든 스프를 참고하여 같은 스프를 만드는 다른 소고기 찾기, ③ 같은 소고기 쓰지 말고 이 스프를 만드는 2가지 소고기 찾기가 그것이다.

4) 결정론적Deterministic 성질

아무리 많은 횟수를 시도하더라도 같은 입력값에 대하여는 같은 출력값이 나오는 성질. 모든 입력값은 그 특유의 출력값its own unique hash을 가진다. 이것이 3)에서 말하는 충돌저항성의 기초가 된다.

5) 계산신속성Quick Computation, efficiently computable

계산이 느리면 시스템 자체가 비효율적으로 된다. P2P 시스템하에서는 많은 양의 거래 데이터를 처리해야 하므로 그 동일성을 식별하고 개변 유무(무결성 유무)까지 확인하여야 하는데, 이를 신속히 수행하기 위하여 디지털 지문인 해시값이 필요하기 때문이다.

6) 조작민감성(작은조작 큰변화)과 검증용이성

입력값의 작은 변경(예컨대, 대문자 T → 소문자 t)이 출력값의 큰 변화를 일으킨다.[53] 이 점은 블록체인의 조작불가능성immutability과 검증용이성의 기초가 된다고 한다.

여기서 검증을 용이하게 해 주는 체크섬checksum(검사합)에 관하여 간략히 보기로 한다. 체크섬은 간이한 에러체크 도구error-checking tool로서 데이터의 무결성을 용이하게 검증할 수 있게 해 주는 해시값(비트코인의 경우 SHA256으로 두 번 해시한 값)의 일부값을 말한다.[54]

〈그림 6〉 체크섬 1[55]

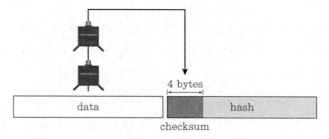

〈그림 7〉 체크섬 2[56]

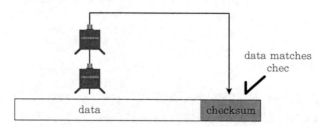

데이터 그 자체와 체크섬만 가지고 있다가 뒤에 체크섬만 대조하여 일치하는지 않는지를 확인하여 보면 추후 이 데이터가 조작되거나 잘못 수정되었는지 여부를 확인할 수 있다.

〈그림 8〉 체크섬3[57]

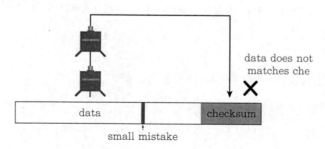

(2) 해시함수의 블록체인에서의 역할

블록체인에서 해시함수는 다음과 같은 역할을 한다.

① 주소 생성
② 블록 데이터 및 블록 헤더의 안전성 확보[58]

　마이너는 작업증명을 하기 위하여 블록 헤더를 수많은 다른 논스값을 가지고 해시함으로써 일정한 조건을 충족시키는 정답을 찾는다.[59] 현재의 블록 헤더의 해시 다이제스트는 다음 블록의 헤더의 해시 포인터에 포함된다. 그럼으로써 현재 블록 헤더의 데이터의 안전성이 확보된다. 블록 헤더가 해시 포인터에 블록 데이터의 해시값을 포함하고 있기 때문에 블록 데이터 자체의 안전성도 확보된다.

〈그림 9〉　조작 사실 찾아내기

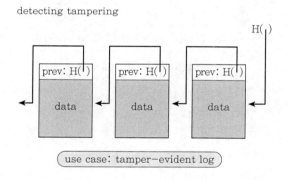

(3) 해시 과정

그 과정을 보면, 다음과 같다.[60]

　① 입력데이터를 64바이트(512 비트=64×8) 단위로 분할한다.
　② 분할된 데이터(메시지블록이라 부른다)를 사용하여 이미 결정되어 있는 초기해시값을 변환하여 새로운 해시값을 산출한다.
　③ 새로운 해시값을 다시 다음의 메시지블록으로 변환하여 2번째의 새 해시값을 얻고 같은 방식으로 변환을 계속하여 최종적으로 나온 해시값이 최종산출물인 해시값이 된다.

이와 같이 64바이트로 분할한 입력데이터를 사용하여 해시값을 변환시켜가는 것이므로 입력데이터의 길이에 관계 없이 같은 길이의 값을 얻게 된다(아래 해시과정에 관한 그림 참조).[61]

〈그림 10〉 해시과정 도해[62]

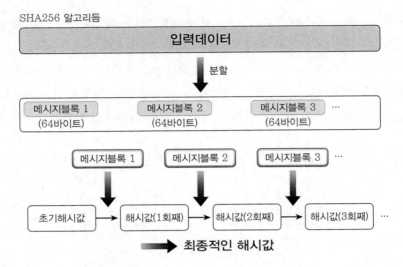

〈그림 11〉 해시과정 도해 2

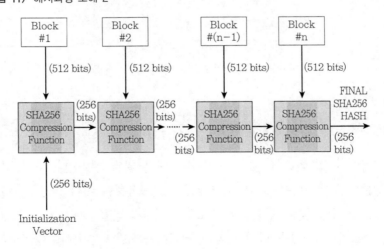

4. 블록과 그 체인화를 위한 합의

(1) 블록의 구성

거래들은 블록에 담겨서[63] 블록체인 시스템에 등록되므로, 마이너들이 유효한 블록을 생산하여 이를 승인받을 필요가 있게 된다.

블록은 헤더header와 바디body로 이루어져 있다. 바디에는 블록의 크기는 가변적이고 최소 215바이트, 최대 1메가바이트인데, 그 안에 담기는 거래내역들은 통상 2000 내지 3000개 정도이다. 헤더는 80바이트로 고정되어 있고 그 요소는 다음의 6가지이다.

① 현재 비트코인 프로그램의 버전(4 bytes)[64]

② 바로 이전 블록을 해시한 해시값(32 bytes)[65]

③ 머클트리 해시(바디에 있는 현재 블록의 거래내역들을 모두 해시한 해시값) (32 bytes)

④ 현재 블록의 타임스탬프(4 bytes)[66]

⑤ 난이도(해시 목표값)(4 bytes)[67]

2016개[68]의 블록을 생성하는 데 14일이 걸리면 그 문제의 난이도를 유지하고, 그보다 빨리 생성되면 난이도를 상승시키고 그보다 더 걸리면 난이도를 낮춘다.

2016개의 블록이 생성되는 시간 × 한 블록 생성시간 10분/60/24 = 14일

⑥ 논스nonce(4 bytes)

논스는 X(고정값) ★ nonce = Y(고정값) 하는 수식을 만족하는 임의의 값을 말한다. 문제는 ★ 연산은 방정식 같이 이리저리 넘겨서 답을 찾을 수 없기 때문에 임의의 숫자를 랜덤하게 대입해가면서 찍어야 한다. 위에서 본 바와 같은 해쉬 함수의 특성상 어떤 해쉬값(Y)을 결과로 나오게 하는 입력값(N)을 찾으려면, Y에서 역산하는 방식으로 찾을 수는 없고, 결과치가 Y로 될 때까지 무작위로 입력값을 계속 바꿔가면서 찾아낼 수 밖에 없는데, 이 입력값을 바꿀 수 있는 수단으로 제공된 것이 논스(사전적 의미는 "1회만 사용키 위하여 만들어진 또는 1회만 사용되는 수치값"이다)이다. Y는 대부분 연속된 n개의 0의 개수로

표현되며, 정해진 시간(비트코인의 경우 10분정도)마다 답이 도출되도록 전체 네트워크의 연산 능력에 따라 난이도가 동적으로 조정된다. nonce를 찾는 것은 전기 등 자원이 많이 소모되는 작업이나, nonce가 유효한지를 확인하는 것은 매우 간단한 과정이다.[69]

(2) 머클트리 해시

머클트리 해시는 해시포인터로써 2진트리를 구성하는 것을 말한다. 아래 그림을 보면 마치 나무가 거꾸로 서서 그 뿌리가 최상단에 있는 모양인데, 최상단의 것을 머클 루트Merkle Root라고 하며, 이것이 블록 헤더에 담기게 된다.

〈그림 12〉 머클트리[70]

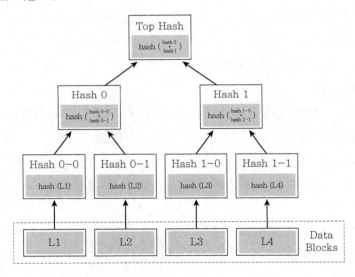

거래 정보를 두개씩 묶어서 해시하면 좋은 점은 거래량이 대폭 늘어나도 특정 거래를 찾는 경로는 풀 노드가 아닌 라이트 노드도 찾을 수 있을 정도로 매우 단순하다는 점이다. 거래 건수인 N이 증가할 때마다 특정 거래의 경로를 찾는 경우의 수는 해시한 횟수인 $\log_2(N)$으로밖에 늘어나지 않기 때문이다. 예컨대, 8개의 거래는 3번, 2048개의 거래는 11번의 경로만 따라가 보면[71] 거래의 조작을 확인할 수 있다.[72] 데이터 블록의 조작불가능성은 블록의 체인화를 위한 해시 포인터에 의하여,

거래 메시지의 조작불가능성은 머클 트리에 쓰이는 해시포인터에 의하여 두 개의 단계에서 각 달성된다.[73]

(3) 블록의 생성(작업증명, 채굴)과 합의

작업증명은 그 아이디어가 1993년 Cynthia Dwork 외 1인에 의하여, 서비스거부공격DOS 등으로부터 서비스가 남용되는 것을 막기 위하여 제안되고, Proof-of-Work라는 용어는 1999년의 Makus Jakobsson 외 1인의 논문에서 사용된 것이다. 웹사이트에서 가독성이 떨어지는 문자나 숫자를 입력하도록 하여 프로그램 등에 의한 자동가입을 방지하는 것도 한 예이다.

비트코인에서 작업증명은 논스를 찾는 작업이고 일정 시간 이상 계산을 위하여 자원을 소비하는 행위인데, 증명하는 자에게는 엄청난 자원과 노력이 필요하지만 검증하는 자에게는 매우 간단한 일이 되어야 한다(난이도 또는 작업증명의 비대칭성). 이 논스를 찾아 현재 자신의 블록의 해시값을 계산하는 것이 유효한 블록을 생성하는 것[74]이다.

채굴과정에서의 위 블록 내용의 역할을 보면 다음과 같다.

① 자유롭게 변경할 수 있는 숫자인 논스를 준비한다.
② 이 논스와 데이터를 SHA256 등 해시함수를 사용하여 변환함으로써 해시값을 생성한다.
③ 이 해시값이 256 비트의 일정한 값current target 이하lower than or equal to[75]이면 채굴에 성공한 것이다."YOU FOUND A BLOCK!" target치가 낮을수록 블록생성은 어렵게 된다. 아래 그림에서 난이도, 즉 제약조건이란 '첫 네 자리 수가 모두 0'에 해당하라는 것이다. 'hashnet'이라는 데이터와 아래의 논스 36043이 결합해 도출한 해시값이 '첫 네자리 수가 모두 0'이라는 제약조건을 만족시켜 퍼즐을 풀었다면, 이때 정답은 36043이라는 논스값이다.

〈그림 13〉 해시퍼즐 풀기: 데이터와 논스를 이용한 채굴과 난이도를 만족한 경우의 정답[76]

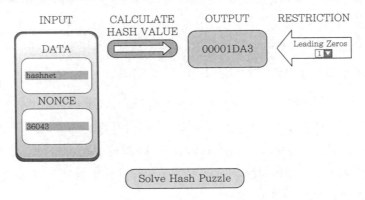

④ 그렇지 않으면 다시 새로운 논스를 준비하여 2]를 처음부터 다시 반복한다.[77] 해시를 시도할 때마다 논스는 업데이트된다.

⑤ 이와 같이 일정한 값 이하의 해시값이 생성될 때까지 위 공정을 반복한다. 정답을 찾는 유일한 방법은 시행착오이다. 따라서 정답을 찾는 데에는 막대한 양의 계산이 필요하다.[78, 79] 이 점은 시빌 공격[80]으로부터 시스템을 보호하는 데 도움이 된다.

⑥ 가장 먼저 정답을 찾은 자에게 신규발행되는 비트코인[81]이 블록생성보상block reward으로 주어지고[82], 거래수수료Transaction fees[83]도 함께 주어진다. 타인이 먼저 정답을 찾으면 새 블록을 대상으로 위 과정을 다시 반복해야 한다는 점에서 경쟁이 치열한 게임의 성격을 갖고 있다.[84]

⑦ 정답을 찾는 것과는 달리, 그것이 정답에 해당하는 논스인가를 다른 마이너나 노드[85]가 검증하는 것은 간단하게 이루어진다.[86]

⑧ 블록체인에 새로운 블록[87]이 연결된다. 이때 정답인 해시값의 논스도 블록 중에 삽입된다. 결국 블록의 생성에 필요한 데이터는

㉮ 이전 블록의 해시값

㉯ 새로운 해시값인 논스

㉰ 새롭게 등록되는 모든 거래들의 해시값

이 된다.

이 블록을 검증하고 승인함으로써 유효하게 블록체인시스템에 등록하도록 하

는 것을 합의consensus라고 한다. 시스템에 의하여 작동되는 합의 규칙은 규칙을 위반한 데이터를 거부하고 규칙에 합당한 블록이 경합하는 경우('race condition'이라고도 불리운다)에는 "더 긴"[88] 블록을 선택한다. 통상 6개의 블록이 더 쌓이면[89] '더 긴' 체인이 바뀌는 소위 Reorganization[Reorg]이 일어나기 힘들므로 안심해도 되는 상태가 된다. 이는 거래상대방이 이중지불[90]의 위험을 감수하는 기준으로서, 또 거래생성자가 자신의 거래를 confirmed 되었다고 표시하기 위한 기준으로 이용된다. 채굴[91]은 PoW식 합의 알고리듬을 사용한 합의 성취를 촉진하는 과정이고 블록체인에 블록을 추가하기 위하여 필요한 절차이다.

합의란 블록체인 네트워크상 모든 사용자들이 "단일한 버전의 진실"에 동의하기 위한 절차를 말한다. 분산 네트워크에서는 정보의 지연 도달이나 미도달이라는 사태를 막기 어렵고 따라서 악의가 없더라도 원장에 올릴 단일의 정보를 공유하기 위한, 즉 데이터의 일관성을 보장하기 위한 합의가 필요하게 된다. 블록체인을 분산 네트워크의 뼈대skeleton, 합의를 그 영혼soul이라고 부르는 사람도 있다.[92]

대체로 알고리듬에 의하여 선출된 리더가 최종값을 제안하는 사토시 나카모토 (PoW)식 합의방식과 투표를 행하는 컨소시엄식 합의방식 등이 주로 거명되지만, 아래 리스트에서 보는 바와 같이 다양한 종류가 있다.

[합의 알고리듬의 예][93]
- Proof-of-Work
- Proof-of-Stake
- Delegated Proof-of-Stake
- Leased Proof-Of-Stake
- Proof of Elapsed Time
- Practical Byzantine Fault Tolerance
- Simplified Byzantine Fault Tolerance
- Delegated Byzantine Fault Tolerance
- Directed Acyclic Graphs
- Proof-of-Activity
- Proof-of-Importance
- Proof-of-Capacity

- Proof-of-Burn
- Proof-of-Weight

분산시스템 내지 공유데이터시스템은 일관성Consistency[94], 가용성 또는 접근성 Availability, 그리고 분할 용인 또는 네트워크 파티션 허용Tolerance to network Partition 3가지[95] 중 2가지 이상을 가질 수 없다는 것이 2000년 7월 19일 발표된, 컴퓨터과학자 에릭 브루어Eric Brewer의 CAP 이론 내지 Brewer's theorem이다.

인터넷처럼 메시지를 일부 분실한 상태에서도 블록체인 네트워크를 운영할 수 있는 능력을 뜻하는 분할 허용은 현실에서는 반드시 구현해야 하는 기능이다. 따라서 블록체인 시스템 구현자들은 분할 허용을 구현하면서 나머지 두 가지 중 하나, 즉 비트코인이나 이더리움처럼 접근성을 택하거나 EOS나 스팀, 네오처럼 일관성을 택해야 한다.[96] 비트코인은 Partition tolerance 및 Availability와 동시에 Consistency를 달성하는 구조는 아니지만, 여러 노드들이 검증하는 시간을 기다려 궁극적으로 달성되는 구조(결과적 정합성eventual consistency)이고[97] 여기에 PoW 합의 알고리듬을 이용하여 합의 성취를 촉진하는 과정인 채굴이 기여하도록 하고 있다.

이 합의시스템에 관하여는 전 마이너의 51% 이상의 해시레이트Hashrate[98]를 갖는 것이 가능하게 되면 블록체인에 부정한 거래를 포함한 블록을 추가할 수 있는 것 아니냐 하는 염려와 비판이 있다. 50퍼센트를 초과하는 해시레이트를 보유하게 됨으로써, 이론상 어떠한 길이의 체인이든 탈취할 수 있다. 이 염려는 채굴능력의 53%[99]를 탑 4 업체가 가지고 있다는 점에서 단순히 무시해 버리기는 어려운 실정이다.

Ⅳ. 블록체인의 특성과 구별개념

1. 특성

블록체인의 특성은 개인 대 개인P2P 네트워크[100], 공개-비밀 열쇠 암호화 기법, 그리고 합의 메커니즘에 대한 기술 등에의 의존으로부터 나온다.[101] 전자로부터는 탈중앙성, 공유성, 분산성 등이, 후자로부터는 여러 측면에서 거론되는 강한 신뢰성 내지 안전성이 나온다.

여기서는 블록체인의 일반적인 특성 중 퍼블릭 블록체인[102], 특히 비트코인의 특성을 중심으로 중요한 것만을 살펴본다.[103]

(1) 탈중앙성Decentralization

블록체인은 누군가가 가치를 보장하거나 거래 기록을 관리하지 않으면서도 전자화폐를 구현할 수 있다는 데 가장 큰 특징이 있다. 다수의 참여자 사이에 거래정보가 분산되어, 중앙화된 단일의 통제기관[104]이 없다.[105] 각자가 가진 원장이 모두 원본이 되므로 다른 누구에 승인받거나 제3의 신뢰기관의 신뢰성에 의존할 필요가 없게 된다without a "trusted intermediary", no trusted third party, TTP. 이를 신뢰없는trustless, 중개없는disintermediated 신뢰시스템이라고 부른다. 결국 제3신뢰기관이 담당하던 가치보증과 관리를 네트워크 참가자인 풀 노드 전원이 담당하는 셈이다. 중앙통제기관이 없으므로 그 근무시간, 소재를 불문하고 24시간, 국경을 넘어서 사용할 수 있는 점(가용성, Availability)이 장점으로 거론되고 있다. 이 점이 client-server model로 사업을 영위하는 eBay, Facebook, Youtube, Paypal 등과 가장 다른 점이다.

탈중앙화된 플랫폼에서는 종전의 관료제적 권위beaurocratic Authority가 알고리듬적 거버넌스algocratic governance와 인센티브로, 관직의 지배rule of office가 코드(기반의 자율적 규칙)의 지배rule of code로 각 바뀌게 된다는 지적도 참고할 만하다.[106] 나아가 이 생태계를 "Radical Market"이라고 부르면서, 데이터 제공행위를 "노동으로서의 데이터Data as Labor"로 보고 보상하여야 한다는 주장까지 설득력 있게 제기되고 있다.[107]

혹자는, 첫째 비트코인은 이더리움이나 다른 알트 코인들처럼 파운더가 없고, 둘째 중앙화된 조직에 의한 화폐는 쉽게 규칙을 바꿀 수 있고, 셋째 ICOinitial coin offering도 중앙화된 조직에 의해 목적을 가지고 이루어져서 완벽한 탈중앙화를 이룰 수 없고, 넷째 비트코인은 완벽히 탈중앙화되어 한 번도 해킹이 된 적이 없다는 점을 들어 비트코인이 탈중앙화 관점에서 가장 우수하다고 본다.[108]

그러나 비탈릭 부테린은 이더리움 백서의 제목으로 'A Next-Generation Smart contract and Decentralized Application Platform'이라고 쓰고, The Meaning of Decentralization이라는 글을 통해 탈중앙화를 다르게 정의하였다. 이하 그의 번역된

논문[109]의 핵심 내용만 소개하기로 한다.

탈중앙화의 중심축은 다음과 같다.

- 구조적 (탈)중앙화: 실제로 몇 대의 컴퓨터가 하나의 시스템을 구축하고 있는가? 어떤 시점에서든 시스템이 몇 대의 컴퓨터가 고장나는 것까지 견뎌낼 수 있는가?
- 정치적 (탈)중앙화: 실제로 몇 명의 주체(혹은 기관)들이 시스템을 이루는 컴퓨터들을 통제하고 있는가?
- 논리적 (탈)중앙화: 시스템의 인터페이스와 데이터 구조가 하나의 획일적인 구조인가, 아니면 전체 모양을 알기 힘든 벌떼처럼 보이는가? 예를들어 시스템의 운영자와 사용자를 모두 포함시킨 채로 시스템을 절반으로 가른다면, 각각의 반쪽짜리들이 독립적으로 실행될 수 있는가?

기존의 기업체Traditional corporations들은 정치적으로 중앙화되어 있고(한 명의 CEO), 구조적으로 중앙화되어 있고(하나의 사무실), 논리적으로도 중앙화되어 있다. (반으로 나눌 수 없다)

언어Languages는 논리적으로 탈중앙화되어 있다. 앨리스와 밥이 쓰는 영어는 찰리와 데이빗이 사용하는 영어와 꼭 일치할 필요가 없다. 언어는 하나의 중앙화된 인프라를 필요로 하지도 않고, 어느 특정한 한 명이 영어 문법을 만들거나 바꾸지 않는다.

블록체인Blockchain은 정치적으로 탈중앙화되어 있고(누구에게도 통제받지 않는다), 구조적으로도 탈중앙화되어 있지만(기술 기반구조상 단일지점 실패의 여지가 없다), 논리적으로는 중앙화되어 있다. (하나의 합의된 상태가 존재하고, 전체가 한 대의 컴퓨터처럼 작동한다)

탈중앙화가 필요한 3가지 이유는 다음과 같다.

- 장애 허용성Fault tolerance: 탈중앙화된 시스템은 많은 수의 독립된 요소들로 이루어져 있기 때문에, 사고로 전체 시스템에 장애가 일어날 확률이 낮다.
- 공격 저항성Attack resistance: 탈중앙화된 시스템에는 중앙화되어 있는

급소가 없기 때문에, 시스템을 공격하거나 조작하는데 드는 비용이 매우 높다.

- 담합 저항성Collusion resistance: 탈중앙화된 시스템 내의 사용자들은 다른 사용자들에게 피해를 끼쳐서 자신의 이득을 취하는 행위를 하기 어렵다. 반면, 중앙화된 기업이나 정부의 리더들은 결속력이 비교적 약한 시민, 소비자, 직원들을 착취해서 이득을 얻는 경우가 많다.

(2) 분산, 공유성

다수의 참여자 사이에 거래정보가 공유되고 분산되어, 각자가 가진 원장이 모두 원본이 되므로[110] 다른 누구에 승인받거나 제3의 신뢰기관의 신뢰성에 의존할 필요가 없게 된다without a "trusted intermediary", no trusted third party. 이 점에서 해커의 공격이나 천재지변 등으로 어느 나라의 컴퓨터 전체가 다운된다고 하더라도 다른 나라의 한 개의 컴퓨터만이라도 기록을 유지하면 그것은 전체 기록을 공유하고 있는 것이므로, 블록체인 시스템 자체를 복구할 수 있는 등 사고 내지 공격으로부터의 회복탄력성resilience이 확보된다. 물론 데이터를 모두와 공유한다고 하더라도 블록을 간단히 만들 수 있다면 조작, 수정을 완전히 막을 수는 없다. 그렇기 때문에 아래에서 보는 바와 같이 시간별로 정렬하고 해시함수로 연결하고 나아가 블록 생성 자체에 상당한 자원(CPU 파워, 전기량 등)을 투여하도록 하는 등 안전성 및 신뢰성을 확보하는 기술이 추가로 필요하게 된다.

(3) 안전성(신뢰성)[111]

블록체인의 안전성 내지 보안 문제를 넓게 정의할 때 ① 암호화폐거래소의 보안, ② 응용프로그램의 보안 및 ③ 비트코인 월렛 등의 안전성 등도 함께 논의하는 경우가 있다. 또 가용성 등도 안전성에 포함시키는 사람도 있다. 그러나 여기서는 협의로 다음과 같은 내용만을 논의한다.[112]

블록체인은 조작 시도에 대하여 저항성이 있고 조작되더라도 회복력이 있으며, 부인할 수 없는 데이터(예: 전자서명 등)를 책임추궁이 가능하게 저장할 수 있게 한다. 이를 하나씩 보기로 한다.

1) 조작곤란성tamper-resistant, tamperproof or immutable113

거래 기록이 블록에 담겨 시간적으로 정렬되어 연결되어 있기 때문에 정보 내지 데이터베이스의 조작, 개찬 또는 수정이 극히 어렵다. 데이터 작성자 내지 거래의 당사자도 마찬가지이다. 이 점은 헌법이나 법률의 개정이, 비록 권한 있는 자에 의한 것이라고 하더라도, 어려운 것에 비유되기도 한다.

블록체인에서는 암호학적 해시함수와 비대칭키암호화방식에 의하여 권한 없는 자의 거래 기록 조작이 중앙통제기구의 장부시스템보다 훨씬 어려움은 물론, 권한 있는 자도 이미 등록된 정보를 수정하는 것이 극히 어렵게 되어 있고tamper-resistant, tamperproof or immutable 수정행위의 기록 자체도 블록체인에 남아 있게 된다. 디지털 세계에서 복제가 불가능한 것을 만들어낸다는 것 그 자체가 "비트코인의 놀라운 성취a remarkable crypto-graphic achievement"라고 일컬어진다.

이를 구체적으로 보면, 중앙통제기구에서는 유효한 거래가 장부에서 누락될 수 있지만, 블록체인에서는 일단 블록체인에 삽입된 유효한 거래는 그 거래가 담긴 블록이 이전 블록으로서 새로 생성되는 블록에서 해시포인터에 담겨 참조되어야 하므로 어떤 풀 노드의 장부에서건 누락될 수 없고 등록 이후에 조작되기 어렵다. 어떤 블록에 담긴 거래를 조작하려면 그 이후 블록의 해시값도 모두 변경해야 하고 더욱이 그것도 다른 마이너가 새 블록을 등록하기 이전에 해야 하고 이를 위하여는 다른 마이너들보다 더 강력한 컴퓨터를 갖고 있어야 하기 때문이다.114 결국 기존 장부의 무결성이 해시포인터를 통하여 확인될 수 있도록 되어 있다.

2) 인증Authentication

사용자 인증과 메시지(데이터 원천) 인증이 있다. 전자는 사용자 이름과 패스워드 같은 단일요소 인증과, 하드웨어 토큰이나 지문 등을 추가한 다요소 인증이 있다. 블록체인에서 해시 함수의 도움을 받으면 거래 내역의「수정 또는 변경」을 검출할 수 있지만,「거짓 행세」를 검출하는 것은 하지 못한다. 이를 위해서 무결성 검증 절차 외에 인증 절차가 필요해지고, 그 기술이 개인키에 의한 디지털 서명이다.

3) 부인불가성non-repudiation

논쟁의 여지가 없는 증거를 마련함으로써 어느 사용자도 자신의 행위를 부인하지 못하게 하는 것을 말한다. 전자서명이 이에 기여한다. 시각이 명시되어 일렬로 정리된 관계로 과거 어느 시점에 거래가 이루어졌다는 것을 부인하기 어렵다.

4) 책임추궁가능성accountability

안전성에 영향을 주거나 규칙에 위반하는 행동을 추적하는 것이 가능하다.

(4) 익명성pseudonymity

원치 않는 자에게 신원 등 정보가 공개되는 것을 막는다는 의미에서 프라이버시 보호와 관계가 깊다. 종전에는 중앙통제기관과 패스워드가 이 기능을 수행하였다. 이 점이 중앙통제기관이 거래당사자를 모두 확인할 수 있는 신용카드 거래와 다르고, 오히려 현금 거래와 유사하다. 그래서 암호화폐 생태계를 credit 사회라고 하지 않고, chryptocash 사회라고 부르기도 한다. 비트코인 지갑 생성 및 이용 시에 신원증명 절차가 없고, 비트코인 주소와 개인을 연결시키지 아니하고 비트코인 주소는 얼마든지 복수로 개설할 수 있도록 함으로써 익명성을 확보한다.

이 익명성이 마약거래, 자금세탁, 조세회피, 테러자금제공 및 비자금보관 등 범죄에 악용되는 경우도 빈발하는 것[115]도 세계 각국의 당국자들의 관심사항이다.[116] 대시Dash가 더 많은 고객 및 상인들의 채택을 위해 탈중앙화를 유지하면서도 자금세탁 방지Anti-Money Laundering, AML와 고객 확인 제도Know Your Customer, KYC 컴플라이언스를 제공할 수 있게 되었다고 발표한 바 있다.[117]

〈그림 14〉 사토시 논문에 담긴 비트코인(privacy model)

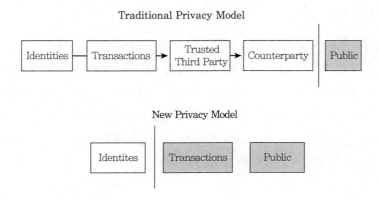

〈그림 14〉와 같이 익명성과 투명성을 동시에 논할 때에는 비트코인에는 "(공개) 정보는 있되, 개인 정보는 없다"라고 표현하기도 한다. 이 경우 공개정보는 정보주체의 동의 없이 얼마든지 기업 등 제3자가 읽고 소비성향을 파악하여 이를 제품 공급에 활용할 수 있도록 함으로써 4차 산업혁명에 기여할 수 있도록 하여야 한다는 주장도 제기되고 있다.[118]

그러나 이 익명성은 완전한 것은 아니어서 최근 "transaction graph analysis"에 의하여 비트코인 블록체인에서 거래하는 사람들을 특정한 예가 있다고 한다.[119]

이와 관련하여 Zcash나 Monero[120] 같은 블록체인은 영지식 증명Zero-knowledge proofs, Zkp[121]이나 고리 서명ring signature[122]을 이용하여 암호화폐 거래에서 거래 제공자가 공개하는 것, 즉 거래 자체 이외에 예컨대 거래당사자와 거래 금액 등을 공개하지 아니하는 기술을 채용하여 트랜젝션의 프라이버시를 보호하고 당사자들이 서로 신원을 확인하지 않고도 거래할 수 있게 해주는 기능[123]을 강화하기도 한다.[124]

(5) 공개성, 투명성, 추적가능성

이전의 흔적을 남기지 않는 현금과 달리, 블록체인상의 자산 흐름은 모두 기록되고 투명하게 공개된다. 비밀로 유지하고 있는 개인정보를 제외하고 공개된 거래 내역에 관한 한 훔쳐갈 것이 없다. 거래 이력[125]은 모두 추적이 가능하므로, 등록된 자산이 어디에서 왔고 소유권이 어떻게 바뀌었는지를 알 수 있다. 예컨대, 생선의 경우 어디에서, 언제, 누구에 의하여 잡히고 누구를 거쳐 나에게 왔는지를 알 수 있다provenance is tracable.[126]

(6) 개방성

블록체인은 개방성이 있어서 블록체인 네트워크에 누구나 새로이 참여할 수 있고, 새로 참여한 풀 노드는 블록체인 장부의 전 카피를 요구할 수 있다는 점에서 개방성이 있다. 예컨대, 비트코인 네트워크는 누구나 Bitcoin Core[127]를 내려받아 참여할 수 있다는 의미에서 개방된 네트워크이다. 풀 노드가 늘어남에 따라 해커들의 공격으로부터 장부가 소실되거나 파괴될 위험이 줄어들게 된다. 심지어 매 거래마다 새로운 계좌를 생성하여 사용하는 것도 가능하다.

(7) 제한된 효율성과 확장성

비트코인 블록체인은 원래 탈중앙성과 안전성에 중점을 두고 개발된 기술이어서 네트워크가 자라서 확장 필요성이 생기자, 이 3가지 중 어느 것을 희생시키고 어느 것을 발전시켜야 하는지에 관하여 선택상의 어려움을 겪게 되었다. 왜냐하면 3가지 목표를 모두 만족시키는 답을 구하기가 어렵기 때문이다. 이를 비탈릭 부테린은 "확장성 트릴레마"라고 불렀다.

〈그림 15〉 블록체인의 확장성 트릴레마[128]

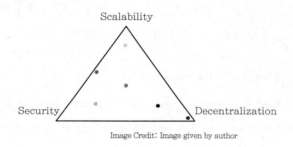

Image Credit: Image given by author

그 원인으로는 주로 거래를 담은 블록이 노드들[129]에 의하여 검증되는 속도의 지연 문제와 블록의 크기를 1MB로 한정한 것[130]이 들어진다. 블록의 크기 같은 제한은 이를 풀어버리면 문제가 없어지지 않느냐 하는 생각이 자연스럽게 들지만, 만일 비자카드와 같은 처리를 할 수 있을 때까지 블록 크기를 풀어버리면 1일 130GB 가까운 블록 데이터가 생성되고, 이를 처리하는 데에 사용자 1인당 47TB의 용량을 소비하지 않으면 안 된다고 한다.[131] 이것은 개인 수준의 데스크탑과 회선으로는 도저히 처리할 수 없는 데이터량이어서, "누구라도 참가할 수 있다"고 하는 비트코인의 큰 장점을 잃게 만든다.[132]

이를 해결하기 위하여 비트코인과 관련하여 다음과 같은 방법들이 제안되고 있다.[133]

1) SegWit^{Segregated Witness, 분리된 증인 또는 목격자, 즉 서명}

주로 개발자들이 주장하고 2017. 8.에 진행된 것으로, 최대 70% 정도의 용량을 차지하는 서명 데이터(UTXO의 소유권을 증명하는 부분)를 '서명(증인) 필드witness field'에 따로 담아, 다른 거래 데이터와 분리함으로써, 블록사이즈를 작게 하는 것이다.

일본에서 가장 인기있는 암호화폐라고 하는 Monacoin 등이 이를 활용하고 있다. 대략 70%의 처리량 증가를 가져올 수 있다고 보기 때문에 확장성 문제를 해결하는 데 충분치 않다는 지적이 있다. 이는 소위 소프트포크[134]에 해당한다.

2) 2MB로의 블록 크기 확장

SegWit에 반대하는 사람들(앤트풀 등 주로 채굴업자들)은 블록크기를 1MB에서 2MB로 변경하고자 하였고, 이는 하드포크[135]를 가져와 결국 2017. 8. 1. 478,559번 블록부터 8MB까지 블록 크기의 확장이 가능한 비트코인 캐시[136]가 탄생하였다. 하드포크로 인하여 비트코인과 별개의 암화화폐인 비트코인 캐시가 생긴 것이므로 비트코인의 확장성 문제를 해결한 것이라고 말할 수 없다는 지적이 있다.

3) 체인밖 상태채널Off-Chain State Channel

이는 모든 거래를 블록체인에 올리는 것이 아니라 별도의 채널을 오픈하여 서로의 서명과 합의local consensus만으로 거래를 주고 받다가 일정한 주기에 최종 정산된 값 내지 정보만을 메인 네트워크인 블록체인에 올리는 것이다. 소액거래나 주기적으로 자주 발생하는 거래일 경우 유용하다. 비트코인 쪽의 Lightning Network[137]가 그 예이다.

4) 튜링불완전성Turing-incompleteness 유무

비트코인의 스크립트 언어는 스택기반의 Forth언어로서, 비트코인이 '화폐'[138]로서만 작동하게끔 하는 언어여서 복잡할 필요가 없다. 원시시대 인류가 사용했던 아주 단순한 언어와 유사하다. 이를 비트코인의 '튜링 불완전성Turing-incompleteness'[139]이라고 한다.

또한 비트코인의 미사용출력UTXO이 표현할 수 있는 상태는 사용했거나 안했거나 둘 중 하나인데 그렇기 때문에 이 두 가지 상태 이외에 다른 어떤 조건에서 UTXO를 전부 사용하지 않고 나눠서 사용하는 계약을 할 수가 없다. 이를 '상태표현제한Lack of state'이라고 한다.

더욱이 UTXO가 블록체인의 블록헤더 데이터들을 해독하지 못해서 화폐기능 이외의 다른 기능을 가진 어플리케이션을 만드는 데 한계가 있는데, 이를 'Blockchain-blindness'라고 한다.

결국 블록체인이라는 네트워크에서 비트코인은 스트럽트 언어의 한계로 인하여 '2살짜리 아기'나 '전자계산기' 정도의 단순한 역할을 하는 어플리케이션일 뿐이다.

이에 반하여 이더리움 플랫폼은 하나의 거대한 컴퓨터 또는 최신 스마트폰인 셈이고 그 안에서 튜링 완전한 언어인 'Solidity(JAVA script)'와 'Serpent(Python)'을 사용하여 복잡한 Smart Contract를 가능하게 함으로써 여러 어플리케이션들(신원관리, SNS, 의료, 예술, 정부행정, 보험 등)을 실행하고자 하는 것이다.[140]

2. 구별개념

블록체인은 "분산된 네트워크의 컴퓨팅 자원을 모아 거대한 연산능력을 확보하고 이를 기반으로 중앙서버 없이 모든 작업을 처리하고 검증하는 기술"(금융결제원) 또는 "중앙통제기관 없이 분산된 방식으로 구현된 조작불가능한 전자장부시스템"(Dylan Yaga 외)[141]이라고 정의한다. 좀더 상세히 정의하면, 암호학적으로 서명된 거래를 블록으로 모으고 이 블록들이 검증 및 합의알고리듬에 의한 승인을 받은 후 이전 블록과 암호학적으로 연결되는 분산된 전자장부시스템이다.[142] 기존의 중앙화된 데이터베이스는 "단 하나의 공격 포인트"를 "나쁜 놈들"에게 제공한다는 점에서 탈중앙화된 블록체인과 큰 차이점이 있다.

그런 점에서 반드시 블록을 전제로 하지 아니하는 분산원장, 예컨대, R3' Corda[143] 같은 것은 블록체인이 아니다.[144] 따라서 블록체인은 모두 분산원장이지만, 분산원장이 모두 블록체인은 아니다. 분산원장은 암호화폐를 가지고 있지도 아니하고 원장을 확보하기 위하여 채굴이 필요하지도 않다. 더욱이 이더리움이 추구하는 바와 같이 스마트계약을 통한 디지털 자산 내지 가치의 생성 및 이전을 강조하는 입장에서는 블록체인을 분산원장 내지 분산장부로만 정의하는 것에 동의하기 어려울 것이다.[145]

비트코인은 블록체인의 첫 번째 킬러앱first killer app이라고 할 수 있다.[146] 블록체인은 블록의 연쇄로 되어 있고, 블록은 10분 단위의 거래장부이므로 블록체인은 "거래장부를 모은 책인 블록의 체인"이라고 할 수 있다. 마이너들은 거래내역[147]을 블록에 모아서 확정시키는 작업을 한다. 모든 컴퓨터가 블록을 체인에 올리기 위해 경쟁하고 경쟁에서 이기면 블록을 블록체인에 올리게 되고[148] 그 대가로 비트코인이라는 암호화폐를 받게 된다. 이런 과정을 마이닝mining 또는 채굴이라고 한다. 마이닝을 하기 위해서는 컴퓨터의 성능이 좋아야 한다. 시간이 오래 걸리는 문제를 남들보다 빨리 풀어야 하기 때문이다. 비트코인이 혁신적인 것은 단순히 시스템 비용을 줄이는 데 있지 아니하고 오히려 BTC라는 가상통화 생태계에서 발생한 새로운 가치에 의하여 이용자의 부담을 최소화시킨 데 있으며 자신의 이익을 추구하고 경쟁하는 채굴자의 자발적 활동을 통해 사업이 달성되고 있다는 것에 큰 가치를 찾을 수 있다는 주장[149]이 귀기울일 만하다. 블록체인의 발전단계를 3단계로 나누는 견해도 귀기울일 만하다.[150]

현재 암호화폐를 블록체인과 분리하여 정책을 결정하여야 한다는 입장과 이에 반대하는 입장[151]이 나뉘어 있다.

한편, 블록체인 기반의 서비스를 하는 데에는, 다음의 3가지가 갖추어져야 한다고 한다.[152] 즉,

① 데이터를 안정적이고 빠르게 통신할 수 있는 프로토콜과 네트워크 시스템 (→ 블록체인),
② 분산된 노드에 담긴 데이터들을 사용자 친화적으로 보여줄 수 있는 인터페이스 (→ 암호화폐 지갑),
③ 이를 바탕으로 사용자 니즈를 해결하여 가치를 창출하는 응용 서비스 (→dApp)가 그것이다.

〈그림 16〉 블록체인 서비스의 3과제[153]

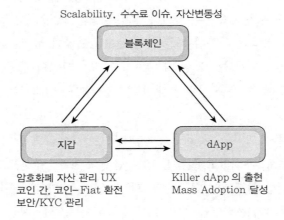

Scalability, 수수료 이슈, 자산변동성

블록체인

지갑

dApp

암호화폐 자산 관리 UX
코인 간, 코인-Fiat 환전
보안/KYC 관리

Killer dApp 의 출현
Mass Adoption 달성

블록체인은 인터넷을 대체하는 기술이 아니라 인터넷을 기반으로 한piggyback on existing Internet 기술이다. 정보나 거래의 흐름에 그치지 않고 이를 넘어서 모든 가치(있는 자산)의 흐름[154]을, 그것도 중앙통제기관 없이 P2P 네트워크상에서 구현하는 것이라는 점에서 다르다.[155] 인터넷이 네트워크(IP)[156]- Transport(TCP)[157]- Application(HTTP)의 단계적 프로토콜[158]로 구성되어 있다고 본다면 블록체인은 그중에서 Transport(TCP) - Application(HTTP)의 중간단계에서 가치, 계약 등의 흐름을 구현하는 규약으로 구성되어 있다고 설명되기도 한다.[159] 또 블록체인 지불 시스템은 1980년대 인터넷 이메일 시스템과 비교되기도 하고,[160] 이메일을 이용한 암호화폐 전송시스템이 개발되기도 한다.[161]

이와 관련하여 "Facebook, Amazon, Netflix, Google[FANG]은 프로토콜이 아니고 어플리케이션App을 지향한다. 인터넷에서는 App 사업을 영위하는 회사들이 높은 가치평가를 받는 반면, 현재 블록체인에서는 프로토콜을 지향하는 프로젝트들이 높은 가치평가를 받는다"고 지적되고 있다.[162]

〈그림 17〉 인터넷과 블록체인/비트코인

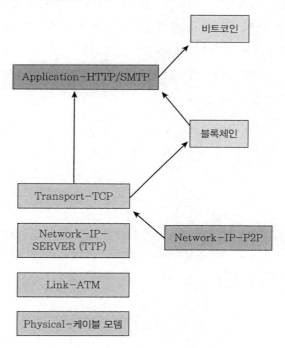

V. 결론

　　이상 비트코인의 기반이 된 블록체인 기술의 목적, 수단, 기술적 구성요소들 및 그 특성과 구별개념에 관하여 요약하여 보았다. 비트코인이 신뢰받는 제3기관을 없애고서도 어떻게 시스템 자체에서 신뢰를 확보하였는지를 이해하기 위하여 4가지 사항(P2P 네트워크, 비대칭키암호학, 해시함수, 합의메커니즘)을 좀더 구체적으로 살펴보았다. 결국 비트코인은 "(규약)시스템으로 신뢰기관을 대체한 것"이 아닌가 하는 생각이 든다.

　　그러나 위에서 검토한 사항들 이외에도 기술적인 여러 측면들을 모두 이해하지 않으면 비트코인, 나아가 블록체인을 완전히 파악하였다고 할 수는 없다. 그런데 이 점은 필자와 같은 법률가에게는, 더욱이 비트코인 등 암호화폐에 대한 투자도, 그 앱을 개발도 모두 해보지 아니한 사람에게는 지극히 어려운 일이어서 후일을 기약하지 않을 수 없다. 애초 의도한 대로 필자와 같이 기술 등에 관하여 문외한인 법률가들을 위하여 그 기술의 초보적인 내용에 관하여서만이라도 친절하고도 자상하게 안내해 주는 길잡이 역할을 조금이라도 할 수 있었으면 하는 바람만 가져본다.

　　필자 나름대로 여러 선생들과 저자들의 가르침을 이해하고 정리해 보았으나 잘못 이해하거나 부족한 점, 그리고 이해하기 쉽게 표현하지 못한 점이 있으리라고 생각된다. 향후 이를 수정·보완해 나갈 것임을 밝히니 양해해 주시고 지적해 주시기를 부탁드리며 본 절을 마친다.

"블록체인이란 무엇인가"에 대해 더 알고 싶다면

1 미의회법률도서관은 Regulation of Cryptocurrency in Selected Jurisdictions라는 보고서에서 암호화폐를 cryptocurrency라고 표현하면서, 세계 각국이 다음과 같이 여러 가지 용오를 사용하고 있는 점이 흥미롭다고 한다.: digital currency (Argentina, Thailand, and Australia), virtual commodity (Canada, China, Taiwan), crypto-token (Germany), payment token (Switzerland), cyber currency (Italy and Lebanon), electronic currency (Colombia and Lebanon), and virtual asset (Honduras and Mexico). The Library of Congress, "Regulation of Cryptocurrency Around the World", The Library of Congress, http://www.loc.gov/law/help/cryptocurrency/world-survey.php#compsum (2019. 6. 1. 확인).

2 CoinMarketCap, "All Cryptocurrencies", https://coinmarketcap.com/all/views/all/ (2018. 10. 18. 확인)에 의하면 2018. 10. 18. 현재 암호화폐가 2099종이나 된다. 비트코인의 시가총액은 2018. 10.19. 현재 $3,948,401,270이어서, 삼성전자의 그것인 308.55조 원을 이미 앞지르고 있다.

3 대법원 2018. 5. 30. 선고 2018도3619 판결. 그 외 서울중앙지방법원 2018. 4. 12.자 2018카단802516 결정 등은 암호화폐 지급청구권, 암호화폐 전송, 매각청구권, 출급청구채권 등을 가압류한 바 있고(박영호, 가상화폐와 강제집행(블록체인법학회, 2018년 블록체인 현재와 미래, 2018)에 수록, 41면 참조), 부산지방법원 서부지원 2018. 10. 23. 선고 2017가단11429 판결은 암호화폐 인도청 구 및 대상청구를 인용한 바 있다(정재욱, 주요암호화폐 판례 리뷰(블록체인법학회, 2018년 블록체인 현재와 미래, 2018)에 수록), 80면 참조). 그 외에도 윤배경, 가상화폐의 법적 성질과 민형사상 강제집행(2018) 등 다수의 논문 참조.

4 이병욱(2018), 14면은 암호화폐와 블록체인, 공공 암호화폐와 상업적 암호화폐, 그리고 투기와 투자, 이 3가지를 구분할 수 있어야 한다고 역설한다.

5 Satoshi Nakamoto(2008), 사토시 나카모토(이하 사토시라고만 부른다)가 누군인지 아직 알려지지 않았지만, 원문 초록의 주어 'We'로 봐서는 개인이 아닌 그룹으로 추정된다. 최근 방한한 브록 피어스 비트코인재단 회장은 서울경제와의 인터뷰에서 "비트코인 논문을 대표 집필한 사토시 나카모토는 이미 이 세상 사람이 아닙니다. 그러나 더 나은 세상을 만들기 위해 함께 노력하는 모두가 사토시입니다."라고 말했다. 이 발언 역시 사토시가 특정 개발자 집단이라는 암시를 하고 있다. bitcoin.org 도메인이 2008년 8월 18일 등록되었으며 논문은 그 해 10월에 발표된 것으로 보아 초기에는 상당히 조직적인 로드맵을 가지고 출발한 것으로 추정된다. 뉴스톱, "사토시 나카모토의 꿈은 이루어질까?", 2018. 1. 23., http://www.newstof.com/news/articleView.html?idxno=522 (2019. 6. 1. 확인).

6 Satoshi Nakamoto(2008), p. 1. Abstract.A purely peer-to-peer version of electronic cash would allow online payments to be sent directly from one party to another without going through a financial institution. Digital signatures provide part of the solution, but the main benefits are lost if a trusted third party is still required to prevent double-spending. We propose a solution to the double-spending problem using a peer-to-peer network.

〈그림 18〉 비트코인 제네시스 블록

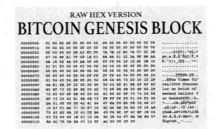

7 2009년 1월 3일 비트코인 제네시스 블록(첫 블록)에 메모된 January 3, 2009, Times of London;
   "Chancellor on brink of second bailout for banks"(2009년 1월 3일, 타임즈; "재무부 장관, 은행들을 위한
   두번째 구제금융 임박") 문구가 보여주는 의미는 금융자본주의에 대한 비판이 전제되어 있음을 가늠케 한
   다. 코인판, "나카모토 사토시의 꿈은 이루어질 것인가??(feat. 달러시스템은 붕괴할 것인가?) - 3부", 코
   인판 코인토론판, https://coinpan.com/coin_discuss/95014138 (2019. 6. 1. 확인). 2008년 미국발 금융
   위기가 금융자본의 탐욕과 중앙통제시스템의 문제점을 드러낸 것이라는 점, 그리고 사토시가 이에 대한
   대안을 고민하였다는 점에 대하여는 별 이견이 없는 듯하다.

〈그림 19〉 제네시스 블록에서 인용한 신문 헤드라인

8 전자화폐는 종이화폐와 달리 전자화일로 되어 있어 복사될 수 있으므로, 2군데에서 사용될 수 있는 점을
   말한다. double spend라고 말하기도 한다.

9 이것이 비트코인이라면 한 장의 수표같아서 찢어서 지불할 수 없다. 비트코인 금액이 얼마이든 그 한 단위
   를 지불하고 수수료를 제하고 잔액이 남으면 거슬러 받고, 그 잔액이 또 비트코인이 되는 식으로 거래되게
   되어 있다.

10 화폐는, 그 자체의 실제가치에 의존하지 아니하고 상호 신뢰에 의존한다는 점에서, 가장 광범위하게 사용
   되는 상호신뢰 시스템이다. 금융도 그러하다.

11 뉴스톱, "사토시 나카모토의 꿈은 이루어질까?", 2018. 1. 23., http://www.newstof.com/news/

articleView.html?idxno=522 (2019. 6. 1. 확인); Leslie Lamport(1998). 컴퓨터네트워크상에서 어떤 기록에 대한 합의 모델을 시도한 연구는 이미존재하고 있었다.

12   Satoshi Nakamoto(2008), p. 1. Abstract. "The network itself requires minimal structure. Messages are broadcast on a best effort basis, and nodes can leave and rejoin the network at will, accepting the longest proof-of-work chain as proof of what happened while they were gone."

13   transaction을 거래 내역이라고 하는 것에 대하여, 후자는 금융에만 치중된 용어이므로 스마트계약 등으로 블록체인이 행할 수 있는 기능을 제대로 설명할 수 없고 또한 명령어를 포함하는 스트립트이기 때문에 부적절하다는 지적이 있으나(이병욱(2018), 57, 101면), 여기서는 비트코인에 한정해서 논하는 것이므로 그대로 거래 내역 내지 거래라고 번역하기로 한다.

14   여러 가지 스팸방지 시스템에 쓰이는 해시캐시라는 작업증명 시스템을을 창안한 영국의 암호학자로서, 현재 비트코인과 블록체인 기술의 발전을 추구하는 Blockstream의 CEO라고 한다. Wikipedia, "Adam Back", https://en.wikipedia.org/wiki/Adam_Back (2019. 6. 1. 확인).

15   "Chinese Generals Problem"이라고 불리운다는 사람도 있다. Leslie Lamport et al.(1982).

16   벙커 안에 앉아 있는 사람이 아무도 신뢰할 만한 사람이 없는 상황에서 자신이 언제 탈출해야 하는지에 관하여, 어떤 메시지를 믿어야 하는지를 결정하는 데 있어서, ①그 메시지 갑이 다수가 지지하는 가장 최근의(recent) 것이고, ② 이를 번복하는 메시지 을을 만드는 것이 실제적으로 불가능하다(practically impossible)는 것이 밝혀지는 것이 필요하다고 한다. 후자는 기회비용과 관련되어, 메시지 갑을 만들기 위하여 많은 자원을 소비할 수밖에 없음으로써, 합리적으로 짧은 시간 내에 이를 번복하는 다른 메시지를 만들기가 실제적으로 불가능해짐을 뜻한다고 한다. 이러한 설명은 작업증명, 즉 많은 자원을 사용한 작업을 행하였음을 증명하는 것을 사토시가 왜 요구하였는지를 이해할 수 있는 비유라고 보인다.

17   이병욱(2018), 13면.

18   이병욱(2018), 13면.

19   David Chaum(1981).

20   중앙일보, "'암호학의 아버지' 차움, 10년 먼저 비트코인 꿈꾸다", 2018. 4. 3., https://news.joins.com/article/22501586.

21   David Chaum et al.(1988)에서 차움은 "신용카드는 사기와 감시에 취약하다. 프라이버시와 관련하여서는 지폐가 유리하지만, 시리얼 넘버가 있어서 원칙적으로 추적이 가능하다."는 점을 지적하면서 추적불가능성(untraceability)을 구현하는 기술에 관하여 논하고 있다.

22   Primavera De Filippi & Aaron Wright(2018), p. 13;BlockchainHub, "Cryptography & Blockchain – Part 1", https://blockchainhub.net/blog/blog/cryptography-blockchain-part-1/ (2019. 6. 1. 확인) 등. Primavera De Filippi & Aaron Wright(2018), p. 23은 블록체인에 정보를 새로이 등록하는 것을 어렵게 하고 일단 등록된 정보를 수정, 삭제하는 것을 더욱 어렵게 한 것이 사토시 나카모토의 독창적인 점이라고 지적한다.

23   어느 논자는 비트코인의 신뢰성이 다음 4가지에 기초하고 있다고 설명한다. (1) p2p, SHA256 등 기반기술 (2) 블록체인이나 PoW 등 비트코인 고유의 기술- 51%의 공격이 현실적으로 곤란 (3) mining system— 2100만 코인으로 제한. 과도한 인플레 예방 (4) wallet의 이용 등; Dylan J. Yaga et al.(2018), p. 18은 다음과 같은 것들을 열거하고 있다. (1) 암호학적 해시함수- 암호학적 논스 (2) 거래 (3) 비대칭키 암호 (4) 주소와 주소 생성(addressDerivation) (5) 장부 (6) 블록 (7) 블록의 체인화.

24   IP 전화는 SIP 전화 또는 소프트폰이라고도 불리운 것으로서, VoIP (voice over internet protocol), 즉

인터넷을 통한 음성 전송 기술에 기반한 전화이다. VoIP는 음성을 각종 부호화방식으로 부호화 및 압축하여 패킷으로 변환한 것을 IP넷트워크에서 실시간으로 전송하는 기술이다. 이 점에서 전통적으로 PSTN(public switched telephone network: 요약공공 통신 사업자가 운영하는 공중 전화 교환망)의 회선 교환 접속을 사용해왔던 음성, 팩스, 기타 여러 가지 형태의 정보의 교환과 다르다.

25 Bitcoinのしくみ, "Bitcoinの仕組み", https://bitcoin.peryaudo.org/design.html (2019. 6. 1. 확인).

26 300자리 이상의 정수를 소인수분해하는 것은 2027년 이후에나 가능하다고 한다. RSA의 디자인 상, 그 열쇠(개인키에 해당)는 자물쇠의 형태(또는 공개키)만 보고서는 쉽게 제작할 수가 없게 되어 있다. 1978년 매사추세츠 공과대학교(MIT)의 로널드 라이베스트(Ron Rivest), 아디 샤미르(Adi Shamir), 레너드 애들먼(Leonard Adleman)의 연구에 의해 체계화되었으며, RSA라는 이름은 이들 3명의 이름 앞글자를 딴 것이다. 고무망치의 Dev N Life, "[RSA 암호] RSA 암호화 알고리즘. 뭔지 가장 쉽게 이해해보기, 티스토리블로그,https://rhammer.tistory.com/24 (2015. 6.11. 23:07 자); 위키백과, "RSA 암호", https://ko.wikipedia.org/wiki/RSA_암호 (2019. 6. 1. 확인) 등.

27 그밖에 DSA, KCDSA, ECDSA 등이 있다.

28 여기서 키란 메시지를 열고 잠그는 상수(constant)를 의미한다.

29 수신자는 공개된 송신자의 주소를 가지고 송신자의 가상화폐 잔고(the sender's batch of coins)를 확인할 수 있다.

30 오른쪽 방향으로만 가능하고 왼쪽으로는 불가능하다. 주소는 숫자 1로 시작한다.

31 공개키 알고리듬에 관하여는 카피캣의 쉬운 암호학, "공개키알고리즘 Part.1", 티스토리블로그, https://cryptocat.tistory.com/3 (2007. 12. 20. 15:11 자)의 비유가 유익하다. 즉, "갑의 편지함에 비밀편지를 보내려는 을은 갑의 편지함에 비밀편지를 넣고 공개키로 잠그면 된다. 비밀키를 가진 갑 이외에는 이 편지함을 열 방법이 없다. 이로써 편지의 비밀성이 보장된다. 반대로 갑이 편지를 써서 편지함에 넣고 비밀키로 잠그면 공개키를 가진 누구라도 열어볼 수 있다. 그리하여 누구나 갑이 이 편지를 썼다는 것을 확신할 수 있다."

32 실행의 효율성을 높이기 위하여 실제로는 메시지 자체에 서명하기보다 메시지 다이제스트에 서명하는 방법을 취한다. Milos Dunjic, "Blockchain – Underlying Technology Primer",MEDICI, https://gomedici.com/21358-2/ (2019. 6. 1. 확인).

33 개인키는 랜덤하게 생성되어 사용자가 사적으로 보유하고 있는 숫자이다. 암호화된 데이터를 복호화하는 데 쓰이는 것이므로 잘 보관되지 않으면 공개키암호기술이 무용화된다. 사용된 알고리듬에 따라 그 길이가 여러 가지이다. 예컨대, RSA에서는 1024 비트와 2048 비트 2가지가 있는데, 안전성 측면에서 후자가 권고되고 있다.

34 전자서명법 제2조는 다음과 같이 규정하고 있다.
4. "전자서명생성정보"라 함은 전자서명을 생성하기 위하여 이용하는 전자적 정보를 말한다.
5. "전자서명검증정보"라 함은 전자서명을 검증하기 위하여 이용하는 전자적 정보를 말한다.
6. "인증"이라 함은 전자서명생성정보가 가입자에게 유일하게 속한다는 사실을 확인하고 이를 증명하는 행위를 말한다.
4항이 개인키, 5항이 공개키에 해당한다.

35 Primavera De Filippi & Aaron Wright(2018), p. 16.

36 이 점이 대칭키의 중요한 한계라고 지적되었다. Primavera De Filippi & Aaron Wright(2018), p. 14.

37 KLDPWiki, "SSL Certificates HOWTO", https://wiki.kldp.org/HOWTO/html/SSL-Certificates-

HOWTO/x70.html (2019. 6. 1. 확인)은 다음과 같이 설명한다.

대칭키(Symmetric Key)는 하나의 키로 암호화/복호화를 하게 된다. 대칭키를 사용하면 비대칭키보다 훨씬 빠르게 암호화/복호화를 할 수 있다. 그렇지만 속도 때문에 대칭키를 이용한다는 것은 너무 위험하다. 만약 당신의 적이 키를 입수해 버리면 여태까지 암호화된 정보가 모두 무용지물이 되어버리게 된다. 그래서 대칭키 알고리듬을 사용한 키를 상대방에게 전송하려면 인터넷과 같은 통로는 너무나도 위험하기 때문에 직접 손으로 전달해야만 한다. 귀찮지 않은가? 해결책은 대칭키를 비대칭키로 암호화시켜서 전송하면 된다. (역주:위에서 살펴본 웹서버와 브라우저의 관계에서 볼 수 있었다) 자신의 Private Key만 안전하게 관리하면 Public Key로 암호화되어 안전하게 전송할 수 있다.

38 대칭키 암호(symmetric-key algorithm)는 암호화 알고리듬의 한 종류로, 암호화와 복호화에 같은 암호 키를 쓰는 알고리듬을 의미한다(그래서 shared key cryptography로 불리운다). 대칭키 암호에서는 암호화를 하는 측과 복호화를 하는 측이 같은 암호키를 정보교환 이전에 공유해야 한다(그래서 secret key cryptography로 불리우기도 한다). 이러한 점은 공개키 암호에서 공개키와 비밀키를 별도로 가지는 것과 구별된다. 대신, 대부분의 대칭키 암호는 공개키 암호와 비교하여 계산 속도가 빠르다는 장점을 가진다. 블록 암호와 스트림 암호 2가지가 있다. 위키백과, "대칭 키 암호", https://ko.wikipedia.org/wiki/대칭_키_암호 (2019. 6. 1. 확인)와 바시르 69면 등 참조. 다음과 같은 예시가 이해에 도움된다. 즉, 연인인 갑, 을이 연애편지를 주고 받는 편지함을 구입하고 그 키를 각기 한 개씩 갖고 있다. 연애편지는 두 사람만 볼 수 있고 열쇠를 갖지 못한 어느 누구도 이를 볼 수 없다. 편지 내용이 유출되지 아니한다. 1970년 이전에는 대부분 이 방식을 이용하였다. 최근의 대칭키알고리듬에는 개의 다른 키가 존재하기 때문에 이 키를 모두 맞추어 비밀키를 알아내려면 5X 년이 걸린다고 한다. 카피캣의 쉬운 암호학, "공개키알고리즘 Part.1", 티스토리블로그. https://cryptocat.tistory.com/3 (2007. 12. 20. 15:11 자)

39 storage, "Section.04 비대칭키 암호", blogger블로그, http://72006300-storage.blogspot.com/2016/02/section04.html (2016. 2. 25. 18:05 자).

40 주39와 같은 글.

41 아카바네 요시하루/아이케이 마나부 외(2017), 118면.

42 공개키나 주소의 공개가 그 소유자의 신원과 다른 것은 이메일 주소와 그 소유자의 신원이 다른 것과 같다. 다만, 공개키암호화방식에서는 공기캐나 주소를 안다고 하여 그 소유자의 신원을 알기가 극히 어렵기 때문에 익명성이 보장된다.

43 Primavera De Filippi & Aaron Wright(2018), p. 16.

44 이 데이터는 16진수로 표시되며 숫자 10개(0부터 9까지)와 문자 6개(A부터 F까지-10부터 15를 나타내기 위하여)가 쓰이고 있다. 16진수는 10진수와 구별하기 위하여 앞에 0x를 붙인다(예, 15= 0xF). 이병욱(2018), 90면 참조.

45 이병욱(2018), 196면은 SHA256이 병렬처리를 용이하게 하여 너무 ASIC 친화적이어서 특정세력이 시스템을 장악할 수 있게 되어 있으므로, 이더리움 등 그 뒤의 블록체인은 이것을 사용하지 아니한다고 한다.

46 해시가 원래 "고기와 감자를 잘게 다져 섞어 요리하여 따뜻하게 차려 낸 것"을 의미하는 것에서 "데이터 길이의 조건을 맞추기 위하여 부가하여 기입되는 의미가 없는 정보"를 지칭하는 단어로 쓰이고 있음을 상기하라.

47 이 점에서 전자서명과 다르다고 한다.

48 Ethereum에서 사용되는 Keccak-256도 256-bit hash를 생성한다.

49 3 4 0 , 2 8 2 , 3 6 6 , 9 2 0 , 9 3 8 , 4 6 3 , 4 6 3 , 3 7 4 , 6 0 7 , 4 3 1 , 7 6

8,211,456번, 대충3.402 x 1038 번 또는 340 언데실리온(u n d e c i l l i o n s=1036)번이라고 말한다. 참고로 언데실리온은 10의 36승이고 1조가 10의 12승이므로 언데실리온은 조의 조의 조에 해당한다.

50 Dylan J. Yaga et al.(2018), p. 19.

51 shattered. "We have broken SHA-1 in practice", https://shattered.it/ (2019. 6. 1. 확인).

52 매우 비효율적인 방법이지만, 실제로는 컴퓨터가 실행하므로 에너지와 시간만 충분하면 성공가능성이 없는 것은 아니다.

53 눈사태 효과(Avalanche Effect)라고도 부른다.

54 체크섬은 우리 주민등록번호 13자리 중 맨 끝자리수에도 활용되어 위변조 주민등록번호를 바로 찾을 수 있게 해준다고 한다.

55 learnmeabitcoin, "checksum", https://learnmeabitcoin.com/glossary/checksum (2019. 6. 1. 확인).

56 learnmeabitcoin, "checksum", https://learnmeabitcoin.com/glossary/checksum (2019. 6. 1. 확인).

57 learnmeabitcoin, "checksum", https://learnmeabitcoin.com/glossary/checksum (2019. 6. 1. 확인).

58 Milos Dunjic, "Blockchain – Underlying Technology Primer", MEDICI, https://gomedici.com/21358-2/ (2019. 6. 1. 확인)는 입력 데이터 블록의 조작불가능성의 증거로 메시지 다이제스트가 쓰일 수 있는 것은 SHA256 등 해시함수의 '항상성, 일방통행성, 및 충돌저항성'('constant', 'one way' and 'collision free' properties of the SHA256) 때문이라고 한다.

59 hash (data + nonce) = digest. 같은 데이터값에 다른 논스값을 더하여 해시하는 방법으로 작업증명인 채굴을 한다.

60 Aram Mine, "ブロックチェーンの暗号技術を支えるハッシュ関数「SHA256」", Blockchain Biz블로그, https://gaiax-blockchain.com/SHA256 (2017. 2. 2. 자).

61 본문에 인용한 해시과정 그림들을 다음 설명과 함께 보면 이해에 많은 도움을 준다. "Basically, the original message is first divided into 'n' blocks of 512 bits (blue boxes on the diagram). Then the SHA256 Compression Function is reused iteratively. The first iteration of SHA256 Compression Function receives as inputs 512 bits of the original message's Block #1 and 256 bits of Initialization Vector. Every next iteration of SHA256 Compression Function (from 2 to n) receives next 512-bit Block of the original message and the 256 bits-long output of the previous SHA256 Compression Function. The output of the n-th SHA256 Compression Function iteration is the final SHA256 hash value (256 bits long) of the whole original message." Milos Dunjic, "Blockchain – Underlying Technology Primer",MEDICI, https://gomedici.com/21358-2/ (2019. 6. 1. 확인).

62 Aram Mine, "ブロックチェーンの暗号技術を支えるハッシュ関数「SHA256」", Blockchain Biz블로그, https://gaiax-blockchain.com/SHA256 (2017. 2. 2. 자).

63 비트코인 월렛은 비트코인을 지출할 때 어느 블록에 기록되어 있는 비트코인을 사용할 것인지 적절히 판단해주는 역할도 한다.

64 이병욱(2018), 94면은 이를 법률개정 정보에 비유한다.

65 이 해시값과 해시한 메시지가 저장된 장소를 가리키는 포인터를 합하여 해시 포인터(Hash Pointer)라고 부른다. 다이어그램에서는 H()→ 로 표시한다. Huabing Zhao, "Hash Pointers and Data Structures", Medium, https://medium.com/@zhaohuabing/hash-pointers-and-data-structures-f85d5fe91659

(2018. 5. 21. 자).

〈그림 20〉해시 포인터

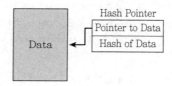

66   number of seconds since 1970-01-01 00:00

67   Bitcoin 블럭 해시를 본다.
      #100,000 – 000000000003ba27aa200b1cecaad478d2b00432346c3f1f3986da1afd33e506
      #390,001 – 0000000000000000055265fb53f189394aaa2c88ca37548c693c17965c9a45e2
      100,000번째 블록 해시는 11개의 0으로 시작하고, 390,001번째 블록 해시는 17개의 0으로 시작한다..
      Bitcoin의 "블럭 생성 난이도"는 해시의 시작을 0으로 하되, 0의 개수가 늘어날수록 난이도가 상승되
      었다고 한다. 니폴, "Blockchain 에 대하여, 과거에서 미래까지", Medium, https://medium.com/@
      NipolNIpol/blockchain에-대하여-과거에서-미래까지-a4917534327c (2016. 2. 11. 자)에서 인용.

68   이병욱(2018), 163면은 실제로는 버그로 인하여 2015개마다 난이도가 조절되고 있다(상향 최대 300%,
      하향 최대 75%)고 한다.

69   무병장수권력자, "Blockchain 이란?", 티스토리블로그, https://iamcorean.tistory.com/190 (2018. 1. 2.
      17:22 자).

70   赵化冰, Hash Pointers and Data Structures-Bitcoin and Cryptocurrency Technologies-Week 1,
      Huabing 블로그, https://zhaohuabing.com/post/2018-05-12-cryptocurrency_week1_hash_pointer_
      and_data_structures/ (2018. 5. 12. 자).

71   이를 "Traversal efficiency"라고 부르기도 한다.

72   jsralph, "쉽게 설명하는 블록체인, 머클트리(Merkle Trees)란 뭔가요?", steemit, https://steemit.com/
      kr/@jsralph/merkle-trees (2017. 9. 21. 자)는 이머클트리의 이진트리 방식은 성능이 큰 컴퓨터가 아닌
      모바일로도 블록데이터의 일부만 다운받는 '라이트 노드(light node)'로서, 쉽고 빠르게 특정거래를 찾도
      록 해주는데, 이것이 머클트리가 블록에서 맡은 역할이라고 한다.

73   Milos Dunjic, "Blockchain – Underlying Technology Primer", MEDICI, https://gomedici.
      com/21358-2/ (2019. 6. 1. 확인).

74   10분당 1개, 1일당 144개가 만들어진다.

75   이를 제약조건 또는 난이도라고 한다. '첫 네 자리 수가 모두 0'인 해시값을 생성하는 논스를 찾아라는 채
      굴 조건에서 '첫 네 자리 수가 모두 0'에 해당하는 제약조건이다.

76   해시넷, 책 [블록체인 무엇인가?] - '해시함수' 통째로 쉽게 이해하기, 네이버블로그, https://blog.naver.
      com/hashnet (2018. 9. 4. 16:38 자)에서 인용함.

77   해시 과정을 미리 일부라도 계산해 놓는 방법은 없다. 반복하는 횟수는 보통 수십억번이라고 한다.

78   ASIC(Application Specific Integrated Circuits) miners 같은 특별한 컴퓨터가 필요하다. ASIC이란 주문
      형 반도체를 뜻하며 채굴에 특화된 부분만 모아서 하나의 채굴기기를 만든 것으로서, 코인의 특정 '알고
      리듬'에 따라 전용 ASIC이 나오는데, 예를 들어서 'SHA256' 해시 알고리듬을 사용하는 비트코인용 ASIC

는 다른 알고리듬을 사용하는 코인은 채굴할 수 없다. ASIC 채굴기는 압도적인 해시 계산 능력을 보여주지만 채굴에 적합한 부품만 따로 모아 만든 제품이기에 시간이 지나면 그저 고철 덩어리일 뿐이다. 비코매 운영, 채굴 용어 정보 – 'CPU', 'GPU', 'ASIC', 네이버 카페 [코팡] 에어드랍 1등 커뮤니티–비트코인/가상화폐/블록체인 정보), https://cafe.naver.com/kalsuma/428179 (2017. 12. 15. 17:00 자)에서 인용함. GPU는 수천 개 단위의 병렬 처리가 가능하다는 점이 장점이고, 해시 퍼즐은 병렬 처리가 가능한 문제이다.

79 보상을 목적으로 네트워크에 많은 연산능력이 도입되면서 Block 난이도가 증가함에 따라 ASIC (Application Specific Integrated Circuit), 즉 주문형 반도체가 등장하면서 반도체 제조사 주도로, 네트워크가 기업화되기 시작했다. 컴퓨터 한 대가 낼 수 있는 연산능력의 몇 백/몇 천 배를 훨씬 뛰어넘었다. 이와 같이 채굴에 많은 에너지가 필요하고 이것이 채굴 노드의 집중화를 불러오자, Proof of Waste라는 표현까지 등장하게 되었다. 니폴, "Blockchain에 대하여, 과거에서 미래까지", Medium, https://medium.com/@NipolNIpol/blockchain에-대하여-과거에서-미래까지-a4917534327c (2016. 2. 11. 자); 이병욱 (2018), 130면, 271면은 작업증명 방식이 치킨게임으로 치닫다가 가용한 최대의 에너지를 재부분 소비하는 시점에서 스스로 내시 균형점을 찾는 것이어서, 불필요한 에너지 낭비를 과도하게 부추기고 양극화를 통해 채굴권력의 독점을 초래해 궁극적으로 비트코인의 미래를 크게 위협하는 결함을 가지고 있고, 채굴단가를 낮출 수 없다는 것이 비트코인 작업증명 방식의 문제라고 한다. 그의 책 312면의 "목마른 자에게 '생수'처럼 보이는 '바닷물'을 준 격"이라는 표현이 재미있다.

80 The Sybil Attack은 존 듀서가 다중인격 장애를 가진 사람을 다룬 책 제목에서 따온 용어로, 예컨대 토렌트 같은 P2P 서비스 참여자 한 명이 계정을 여러 개 만들어 평가 점수를 조작하는 행위를 하는 것을 말한다. 시빌 공격은 복수의 계정을 쉽고 저렴하게 만들 수 있거나 신원을 확인하는 중앙통제기관이 없으면 쉽게 일어날 수 있다. 익명성을 보장하는 P2P 네트워크의 특성상 네트워크 중앙에서 신원을 확인하지 아니하는 블록체인 시스템에서는 이 공격에 취약하다고 볼 수 있다. 엄청난 자원을 투입해야 하는 작업증명을 도입하고 이에 보상을 하는 시스템을 갖추어 시빌 공격과 함께 51% 공격을 모두 차단하고자 하는 것이 비트코인의 아이디어였던 것 같다. 아래 글은 참고로 싣는다.
"사토시 나카모토는 51% 공격의 위험성을 잘 인지하고 있었다. 그가 이 위협으로부터 비트코인 네트워크를 보호하기 위해 고안한 것이 암호화폐를 통한 경제적 보상 시스템이다. 이 암호화폐 보상 시스템으로 인해 누군가가 50%가 넘는 컴퓨팅 파워를 장만하는 데 천문학적 액수 들게 된다. 더구나 블록체인은 투명성을 지녀 누군가 시빌 공격을 하면 누구나 공격이 일어났다는 사실을 알 수 있다. 즉, 만약 누군가 천문학적인 액수를 들여 50%가 넘는 컴퓨팅 파워를 가지고 시빌 공격을 할 경우, 네트워크 참여자들은 이를 알아차릴 수 있고 이는 곧 이탈로 이어질 것이다. 사용자 이탈은 다시 화폐 가격의 하락으로 이어진다. 결과적으로 블록체인은 시빌 공격에 나설 경제적 유인이 적게끔 설계된 것이다. Bloter, "[IT열쇳말] 시빌 공격", 2018. 6. 1., https://www.bloter.net/archives/311564.

81 210,000 블록이 추가되는 것을 기준으로 약 4년마다 반감(halving 또는 halvening)하는데, 2009. 1. 3. 처음 제네시스 블록이 만들어졌을 때 50BTC이 지급되었다. 그후 2012. 11.에 25BTC로, 다시 2016. 7. 9.에 12.5BTC로 반감하여 현재는 12.5 bitcoins이나, 2020-21년쯤 다시 반감될 것으로 예상되고 있다. 이것은 발행가능한 비트코인 총량이 2100만개로 제한된 것과 더불어, 비트코인의 가치를 유지하는 데 기여한다. 새로 채굴된 이 코인에 대하여는 숙성기간(maturation time)이 적용되어, 100개의 승인이 있을 때까지 사용할 수 없게 규정되어 있다.

82 이병욱(2018), 105, 107, 144면은 블록 보상금을 지급하는 거래를 일반 트랜잭션과 구별하여 coin-base transaction이라고 부르고 이는 블록의 첫 번째 트랜잭션이 되며 이로 인한 보상금은 99개의 후속 블록이 만들어질 때까지, 즉 100번의 확인이 될 때까지 사용하지 못한다고 한다.

83 거래생성자는 output value가 input value보다 적게 함으로써 거래 수수료를 제공할 수 있다. 이것은 블

록채굴자에게 돌아간다. YaaMaa, "Bitcoin and Cryptocurrency Technologies", Hatena Blog, https://yaamaa-memo.hatenablog.com/entry/2018/06/24/053507 (2018. 6. 24. 자)은 이것이 마치 팁 같이 완전히 임의적인 것이라고 한다. 그러나 거래가 블록에 담기려면 수수료가 제시되는 것이, 그것도 큰 액수가 제시되는 것이 유리하기 때문에 사실상 강제적인 것이라고 볼 수도 있다; 이병욱(2018), 276면은 표본 추출해 계산해 본 평균 수수료가 무려 30,129원이며, 5,000원짜리 커피 마시려고 수수료 3,000원 낸 사람이 1주 동안 커피가게에 붙들려 있을 수 있다고 하면서, 비트코인은 실패한 실험이라고 비판한다.

84 2인 이상의 채굴자가 동시에 블록을 생성한 때 블록체인에 삽입되지 못한 블록을 고아블록 또는 고립블록(orphan block)이라고 부른다. Ethereum은 "uncle block"이라는 표현을 쓴다. 비트코인에서는 블록의 0.1%가 고아블록이 된다.

85 일정한 네트워크에 참여한 컴퓨터를 노드라고 하고(누구나 비트코인 소프트웨어를 무료로 다운받아 노드가 될 수 있다), 그 중에서 모든 블록과 거래를 다운로드하여 비트코인 합의 규칙에 어긋나는지를 체크하는 노드를 풀 노드라고 말한다. 풀 노드는 비트코인 네트워크의 척추라고도 하는 것으로, 다른 노드들이 뭐라고 하든, 무슨 일이 있든(they do what's right no matter what) 합의 규칙에 어긋나는 거래나 블록은 절대적으로 거부한다. 이 점이 풀 노드의 가장 중요한 특징이다(한양대 김철환 교수님은 노드를 '사도'라고, 비트코인 네트워크는 '사도들이 자율적으로 움직이는, 검열없는 세상', '왕이 없고 그에 해당하는 규약만 있는 킹덤'이라고 부르신다).

86 잘못 만들어진 블록, 혹은 유효하지 않은 거래를 포함한 블록들은 얼마나 어렵게 만들었는지에 무관하게 reject된다. Oleg Andreev, "Bitcoin Glossary", GitHub, https://github.com/oleganza/bitcoin-papers/blob/master/BitcoinGlossary.md (2017. 12. 25. 자).

87 이병욱(2018), 97면은 블록을 쌓는다는 의미에서 층이라고 부르고 비트코인은 영국식으로 제네시스 블록을 0층이라고 하며 0층부터 시작한다고 설명한다.

88 블록이 장부 책이라고 보면 이를 연쇄적으로 이어서 옆으로 세워놓는 것이라고 상상해보자. 이를 "block deep", "더 무거운" 또는 "더 큰"으로 표현하는 분도 있다. 여기서 block depth 와 block height를 구별에 주의할 필요가 있다. 아래 그림과 같이 전자는 현재 블록을 포함한 그 후의 블록수로, 후자는 현재의 블록 이전의 블록 수로 산정한다. 따라서 genesis block은 height가 0이고 깊이가 1이다.

〈그림 21〉 블록 103을 기준으로 한 block depth 와 block height
(Bitcoin, "ビットコイン開発者用ガイド", https://bitcoin.org/ja/developer-guide (2019. 6. 1. 확인))

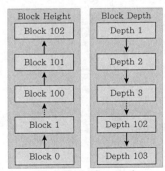

89 이 점에서 비트코인은 finality(결제완결성) 면에서 불확실하다고 한다. 현재까지 5시간을 초과하여 대기한 거래가 취소된 적은 없다고 한다. 그러나Bitcoin Wiki, "Confirmation", https://en.bitcoin.it/wiki/Confirmation (2019. 6. 1. 확인)은 6 블록을 기준으로 삼는 것은 통상의 경우는 과잉대응(overkill)이고 10% 이상의 해시레이트를 갖고 있는 공격자에게는 무력하다고 비판한다.

90 거래뒤집기(transaction reversal)라고 부르는 사람도 있다.

91 비트코인은 매장량이 한정된 금으로 비유된다. 왜냐하면 채굴될 수 있는 비트코인은 2,100만 개로 한정되어 있기 때문이다. 이 매장량은 2140년경이면 모두 채굴되리라 예상되고 있다.

92 Hasib Anwar, "Consensus Algorithms: The Root Of The Blockchain Technology", 101blockchains, https://101blockchains.com/consensus-algorithms-blockchain/ (2018. 8. 25. 자).

93 자세한 내용은 다음글에서 취급하기로 한다. Hasib Anwar, "Consensus Algorithms: The Root Of The Blockchain Technology", 101blockchains, https://101blockchains.com/consensus-algorithms-blockchain/ (2018. 8. 25. 자) 등 참조.

94 정합성 또는 통일성이라고도 번역한다.

95 간략한 정의를 보면 다음과 같다.
Consistency : all nodes see the same data at the same time
Availability : node failures do not prevent survivors from continuing to operate
Partition Tolerance : the system continues to operate despite arbitrary message loss

96 David Floyd(번역: 뉴스페퍼민트), "자꾸 다운되는 블록체인, 무엇이 문제인가", 코인데스크코리아, https://www.coindeskkorea.com/%EC%9E%90%EA%BE%B8-%EB%8B%A4%EC%9A%B4%EB%90%98%EB%8A%94-%EB%B8%94%EA%B1%9D%EC%B2%B4%EC%9D%B8-%EB%AC%B4%EC%97%87%EC%9D%B4-%EB%AC%B8%EC%A0%9C%EC%9D%B8%EA%B0%80/ (2018. 10. 9. 자)은 "윌은 이어 대부분은 비트코인의 통일성 부족이 큰 문제를 일으키지는 않는다고 말했다. '포크가 진행되어도 이내 여러 노드가 알아서 문제를 해결한다는 측면에서 비트코인 네트워크는 궁극적인 통일성을 지니기 때문이다. 그래서 비트코인은 진정한 CAP 시스템이 아니지만, 실질적으로 CAP만큼 좋은 시스템이라고 할 수 있다.'", "네트워크 하나가 정지되는 것(통일성을 택하는 "CP" 시스템)보다 둘로 갈라진 네트워크가 서로 충돌하는 상황(접근성을 택하는 "AP" 시스템)이 네트워크에는 훨씬 더 위험하다."고 말했다고 한다.

〈그림 22〉 CAP THEOREM

Consistency   Availability   Partition tolerance

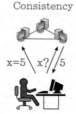 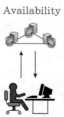 

〈그림 23〉 AP/CP/CA SYSTEM

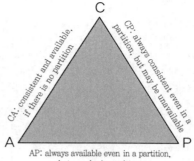

97   여기에는 당연히 비트코인이 당초 해결하려 한 이중지불의 방지가 포함되어 있다.

98   해시레이트는 계산능력을 재는 단위로서 1초당 처리하는 해시수로 표시한다. K(kilo), M(mega), G(giga), T(terra) 등의 표시와 함께 쓰이고 KHs 등으로 줄여쓴다. … 비트코인 채굴 기계를 선정할 때에이것이 참고되는 것은 당연하다. 참고로 2018. 8. 6. 현재 비트코인 네트워크의 해시레이트는 42.9904E(EXAHASH=billion gigahash)이라고 한다. bitinfocharts, "Hashrate chart", https://bitinfocharts.com/comparison/bitcoin-hashrate.html (2018. 8. 6. 확인).

99   Mike Orcutt, "How secure is blockchain really?", MITTechnologyReview, https://www.technologyreview.com/s/610836/how-secure-is-blockchain-really/ (2018. 4. 25. 자). 이 자료는 이더리움에 있어서도 탑3 업체가 61% 능력을 갖고 있다고 한다.

100   국가의 경계를 뛰어 넘는 점(transnational)도 그 특성 중의 하나로 언급되고 있다. 이 점에서 관할의 문제가 법적 관심사로 거론되고 있다.

101   Primavera De Filippi & Aaron Wright(2018), p. 33. 필자는 위에서 열거한 특성 이외에도 "가치저장교환성"도 블록체인의 특성의 하나로 추가하고 싶다.

102   퍼블릭 블록체인과 프라이빗 블록체인의 구별에 관한 자세한 내용은 생략하기로 하고, 다만 누구나 들어와서 자유롭게 활동하는 OOO인터넷카페가 전자라면(Permissionless Blockchain), 운영진이 회원들의 가입승인권을 가지며 가입자의 권한 범위 등을 설정할 수 있는 XXX인터넷카페는 후자이다(Permissioned Blockchain). 전자는 탈중앙화 및 익명화에, 후자는 참가자의 동질성 및 업무상 협력의 효율성 등에 초점을 맞추는 시스템인 점만 지적해 둔다.

103   비트코인 블록체인에 특유한 특징으로는, ① 합의 규칙인 작업증명의 비효율성 ② 소수의 채굴권 장악 등이 지적되고 있다.

104   Primavera De Filippi & Aaron Wright(2018), p. 34은 이를 "centralized choke point"라고 부른다.

105   모비인사이드, "[블록체인에 대하여] (18) 블록체인 탈중앙화의 의미와 가치의 이전", 2017. 9. 27., http://www.mobiinside.com/kr/2017/09/27/blockchain/은 "블록체인 & 분산원장 기술은 주체를 없앤 것이 아니라, 특정한 시스템 관리 주체를 불특정 시스템 관리 주체로 바꾼 것"이라고 지적한다.

106   블록체인법학회(2018),(김종승, Crypto Constitutionalism) 137면.

107   블록체인법학회(2018),(김종승, 정리 부분) 143면 참조.Eric A. Posner & E. Glen Weyl Radical Markets,Eric A. Posner & E. Glen Weyl(2018)에 실린 다음글이 매우 인상적이다: "If we aspire to

prosperity and progress, we must be willing to question old truths, get to the root of the matter and experiment with new ideas."

108 지미 송(Jimmy Song). 불새! 쫄불! - 블록체인 전문방송, [불새] 블록체인 세상 #57회: 탈중앙화 2편 - 비트코인의 탈중앙화성, 이더리움의 반박 그리고 비잔틴장군 문제,유튜브 불새! 쫄불! - 블록체인 전문방송 채널, https://www.youtube.com/watch?v=MEgUnRrD-QA (2019. 6. 1. 확인)에서 인용. 그러나 이병욱(2018), 263면은 "금융기관은 사라졌지만, 그 자리를 채굴업자와 중개소들이 차지하고 더 높은 수수료를 징구하고 있다"고 비판한다.

109 HASHED, "탈중앙화란 무엇인가—비탈릭 부테린", Medium, https://medium.com/hashed-kr/the-meaning-of-decentralization-kr-f7942cf9fed6 (2018. 7. 17. 자).

110 Karl Wüst & Arthur Gervais (2018) 이라는 글에서는 이를 redundancy라고 부르고, 중앙화된 시스템에서의 복수의 서버나 백업과 같은 기능을 한다고 보았다.

111 Primavera De Filippi & Aaron Wright(2018), p. 37은 "블록체인 네트워크의 신뢰는 투명성, 부인불가성, 조작곤란성 및 회복탄력성이 함께 어우러져 형성되는 것이라고 말하여지기도 한다."

112 참고로 정보보안(information security)에 관하여는 CIA, 즉 Confidentiality(기밀성), Integrity(무결성), Availability(가용성): 서비스거부 공격{Denial of Service(DDoS) Attack} 등에 대항하여 승인받은 사용자가 언제든지 필요한 때에 정보에 접근할 수 있는 성질)이 거론되고 있음은 잘 알려진 사실이다.

〈그림 24〉 정보보안(information security)에서의 CIA

113 이를 무결성(integrity) 내지 비가역성(irreversibility)으로 부르기도 한다.

114 Mike Orcutt, "How secure is blockchain really?", MITTechnologyReview, https://www. technologyreview.com/s/610836/how-secure-is-blockchain-really/ (2018. 4. 25. 자); 이병욱(2018), 35면은 이를 "엄두도 못낼 비가역성(prohibitively irreversible)"이라고 표현한다.

115 인터넷 도박범죄로 번 돈을 마늘밭에 묻어두는 따위의 행위를 대체할 수 있다. 이러한 현상을 "검은 돈의 암호화폐 사랑"이라고 부르기도 한다. 이병욱(2018), 284, 285, 287면은 금융실명제를 통해 얻었던 금융투명성이 암호화폐로 인하여 한꺼번에 흔들리고 투기의 대상이 될 뿐이고, 종이돈이 금을 쫓아내었듯이 암호화폐가 투명한 금융을 쫓아낼 수 있다고 하면서 "미래의 기술이 아니라 어둠의 기술"로만 활용되고 있다고 한다.

116 Locky, Petya, and Wannacry와 같은 ransomware 운영자들이 대가를 비트코인으로 지불하라고 요구한 적이 있다. Toshendra Kumar Sharma, "How is Blockchain verifiable by public and yet anonymous?", Blockchain Council, https://www.blockchain-council.org/blockchain/how-is-blockchain-verifiable-by-public-and-yet-anonymous/ (2018. 7. 10. 자). 이에 대한 각국의 대처에 대하여는 전게 미의회법률도서관의 보고서 참조.

117 Justin Szilard, "Dash Enables AML/KYC Compliance Without Sacrificing Core Values to Increase

Adoption", DashNews, https://dashnews.org/dash-enables-aml-kyc-compliance-without-sacrificing-core-values-to-increase-adoption/ (2018. 7. 20. 자).

118 법률신문, "4차 산업혁명과 개인정보 보호 한계", 2018. 10. 29., https://m.lawtimes.co.kr/Content/Opinion?serial=147780. 13면.

119 Primavera De Filippi & Aaron Wright(2018), p. 39. 상세한 내용은 Michael Fleder et al.(2015) 참조.

120 개인정보 보호를 위해 모네로에서 이용되는 세부적인 기술로는 스텔스 주소(Stealth Address), 링서명 (Ring Signatures), 링CT(Ring Confidential Transactions) 등이 있습니다. 이러한 기술들로 인해 모네로 는 매 거래시 새로운 주소가 생성되어 본래의 주소를 블록체인 내에서 찾을 수 없고(스텔스 주소), 거래의 당사자가 누군지 알 수 없고(링서명), 거래된 금액이 얼마인지 또한 알 수 없습니다(링CT). eepit, "Keepit History: 익명화폐의 역사 2편", steemit. https://steemit.com/kr/@keepit/keepit-history-2 (2017. 9. 12. 자).

121 어떤 정보를 발설하지 않으면서 그 정보를 알고 있음을 증명하는 것을 말하며, Zcash의 ZEC이 이를 가장 근접하게 구현한 코인이라고 평가되고 있다. password 등 자신이 가진 비밀정보를 보여주면 그 비밀정보를 알고 있다는 증명이 되지만, 한 번 노출시키면 그 정보는 더 이상 비밀정보가 아니고, 비밀정보를 알려주지 않으면서 증명을 할 수 있으면 같은 비밀정보를 반복해서 사용할 수 있기 때문이다.

122 서명자가 자신을 포함한 고리(ring)을 구성하여 고리 구성원들의 공개키(public key)들을 이용하여 생성 하는 서명으로 환 서명이라고 번역하기도 한다.

123 예컨대, 소위 '다크코인'으로 불리우는 지캐시는 2013년 제로코인(Zerocoin)이라는 이름으로 개발되었다 가 2016년 지캐시로 변경된 것으로, 비트코인과 채굴방식이나 기본적인 프로토콜은 비슷한 부분이 많지 만 영지식 증명(Zero-knowledge proofs)을 기반으로 거래 제공자가 공개하는 것 외에는 받는 사람이 알 수 없도록 분산화 기술로 설계된 암호화폐이다. 출처: 파이낸스투데이(http://www.fntoday.co.kr). 지캐 시는 zk-snarks(zero-knowledge succinct non-interactive arguments of knowledge)라는 비대화형 영지 식 증명 프로토콜을 사용하고 있다.

〈그림 25〉 지캐시 로고

124 또한 높은 익명성과 신속한 승인이 특징이라고 하는 DASH라는 암호화폐도 주목받고 있다. はじめて の投資ガイド, "仮想通貨DASHの2つの特徴｜匿名性と承認スピードの高さによる影響は？" https:// hajimete-tousi.com/archives/44/#DASH (2018. 5. 24. 자).

125 정보는 UTXO(미사용출력 Unspent Transaction Output) 방식으로 유지되고, UTXO는 당사자가 사용하 지 않은 상태로 블록들에 흩어져 있는 기록들이므로, 집계하기 위하여는 모든 블록을 추적하여 참조하여 야 한다. 미사용출력은 오직 당사자만 쓸 수 있도록 잠금장치(비트코인 주소)가 되어 있다. 실명 대신 비 트코인 주소로 잠금장치가 되어 있는 것은 개인정보 보호와 관련이 있다.

126 Primavera De Filippi & Aaron Wright(2018), p. 37은 이 점에서 "블록체인은 P2P 네트워크상에서 감사 가 가능한 활동 흔적으로 기능한다"고 한다.

127   Bitcoin Core, https://bitcoincore.org/ja/download/ (2019. 6. 1. 확인)에서 다운로드할 수 있다.

128   Coin Review, "Breaking Down The Blockchain Trilemma to Maximize Fundamentals", 2018. 9. 4., https://www.coinreview.com/blockchain-trilemma/.

129   2018. 11. 11. 현재 비트코인 노드의 숫자는 10106이다. BITNODES, https://bitnodes.earn.com/ (2018. 11. 11. 확인).

130   2018. 11. 11. 09:44 현재 24시간 평균 블록크기는 0.93MB이다. Blockchain, "비트코인 차트", https://www.blockchain.com/ko//charts (2018. 11. 11. 확인).

131   暗号通貨ナビ, "ビットコインのスケーラビリティ問題とは？用語の意味を解説", https://ango-money.com/bitcoin-scalability/ (2018. 5. 17. 자).

132   사토시는 엄청난 양의 거래내역을 처리할 수 있느냐는 의문에 대하여 논문에서 그 거래 내역을 모두가 보관하거나 처리할 필요는 없으며, 대부분의 사용자들은 SPV(Simplified Payment Verification) 형태로 헤더(header)만을 취하고, 일부만이 모든 내역을 처리하는 완전노드(Full node)의 역할을 하면 된다고 답변한 바 있다.

133   Wikipedia, "Bitcoin scalability problem", https://en.wikipedia.org/wiki/Bitcoin_scalability_problem (2019. 6. 1. 확인). 한편, 이더리움의 확장성 문제를 해결하기 위하여는 다음과 같은 기술들이 제안되고 있다: 1. 레이든 네트워크(결제 채널을 여닫는 사이 중간 거래를 블록체인에 기록하지 않는 방법), 2. 플라즈마('차일드체인'이라는 별도의 하부 체인을 만들고 거래를 취합해 메인 체인에 반영하는 방식), 3. 샤딩은 사이드체인에 초점이 맞춰진 플라즈마나 레이든과 달리 온체인 위에서 거래를 작은 그룹(Shards)으로 나누어 이를 병렬처리함으로써 확장성을 개선하는 방법).

134   소프트포크는 마이너는 반드시 신 버전으로 업그레이드를 해야 하나, 일반 유저는 구 버전을 사용해도 정상적으로 동작하는 것이다. 이 점에서 마이너든 유저든 신 버전으로 업그레이드하는 것이 강제되므로 참여자들의 합의가 필요한 하드포크와 구별된다. 이병욱(2018), 137, 141면은 전자는 과거에 유효이던 규칙을 무효화할 때, 후자는 과거에 무효이던 규칙을 유효화할 때 발생하며, 전자는 다시 사용자 활성화 소프트포크와 채굴업자 활성화 소프트포크로 구분된다고 설명한다.

135   비트코인의 하드포크의 예로는 2017. 10. 24.작업증명에서 사용되는 알고리듬을 기존 SHA256에서 Equihash로 바꾸어 생긴 비트코인 골드의 예도 있다. 비트코인 골드는ASIC 채굴기는 매우 비싸며 일반인들이 채굴에 쉽게 다가갈 수 없고, 채굴 집단에 중앙집중화, 독점화되는 경향이 있어서, ASIC에 적합하지 않은 알고리듬으로 바꾸어 그래픽카드를 이용하는 GPU 채굴을 통해 더 탈중앙화된 암호화폐를 만든 것이라고 한다. 그들의 구호는 "Make Bitcoin Decentralized Again"이다.

136   비트코인 캐시도 최근 하드포크를 실행하였다. 아래는 그 공지사항이다.
"바이낸시안 여러분, 바이낸스는 곧 예정된 비트코인캐시 하드포크를 지원하기 위해, (2018년) 11월 15일 UTC 기준 오후 4시 40분(한국 시간 기준 16일 오전 1시 40분)에 스냅샷을 실시합니다. 비트코인캐시의 입출금은 UTC 기준 15일 오후 3시 정각(한국시간 기준 16일 자정) 부터 중단됩니다. 스냅샷 전 미리 여유를 두고 입출금을 완료해 주시기 바랍니다. 바이낸스는 비트코인캐시를 보유한 모든 유저에게 기술적으로 지원해 드릴 예정입니다. 하드포크로 비트코인캐시가 비트코인캐시 ABC(BCHABC)와 비트코인캐시 SV(BCHSV)로 나뉘면, 바이낸스는 BCC/BNB, BCC/BTC, BCC/ETH와 BCC/USDT등 모든 비트코인캐시의 트레이딩을 UTC 4:40분경 중단합니다."
- 비트코인ABC 진영은 비트코인 캐시가 사이드 체인이나 다중 체인으로 확장할 수 있는 프로토콜과 스마트계약을 가능하게 하는 아토믹스왑 등을 도입하려고 하는 반면, 비트코인SV("Satoshi's Vision"의 약자) 진영은 비트코인 ABC 측의 업그레이드가 사토시의 비전과 맞지 않는다며 본래의 비트코인 구조로 돌

아가는 동시에 블록 크기를 128MB로 변경해야 한다고 한다.

어쨌든 위 하드포크는 성공적으로 이루어졌고, 비트코인 SV는 블록 크기를 32MB에서 128MB로 늘렸고 Bitcoin Cash SV는 현재 CoinMarketCap에서 BCHSV라는 이름을 사용하여 84.90달러의 가격으로 거래되고 있다. 기존의 비트코인캐시를 대표하는 비트코인 ABC는 BCHABC로 306.69달러로 거래되고 있다고 한다. CoinToday, "비캐대전이라 불리우는 비트코인캐시의 분기 하드포크", 2018. 11. 16., http://cointoday.co.kr/all-blog/22773/; 서울경제신문, "[신비한 코인사전]〈27〉끝나지 않은 하드포크 전쟁 '비트코인 캐시'", 2018. 11. 14., https://decenter.sedaily.com/NewsView/1S76R012II.

137 Cryptolinenews, "A Beginner's Guide To Monacoin", 2018. 12. 11., https://www.cryptolinenews.com/top-cryptocurrencies/monacoin/?fbclid=IwAR0b29Df2NpYiyCJAa8SQVjSLQi-liCYN7OqzFXdaOxzhl2Vvx9bhDC1-a4은 Monacoin이Lightning Network를 구현한 최초의 암호화폐라고 한다. 그리하여 proof-of-work algorithm을 채택하고 있음에도 거래가 승인되는 데에 1.5분밖에 걸리지 않는다고 한다.

138 비트코인이 화폐의 3가지 특성, 즉 교환매개성, 사용편의성 및 가치(척도 및 저장수단으로서의) 안정성을 갖추었다고 보기 힘들다는 지적이 있다. 이병욱(2018), 225면 등.

139 튜링이라는 머신의 기능을 다 표현하지 못한다는 뜻.

140 이상 jsralph, "쉽게 설명하는 블록체인, 이더리움이란 뭔가요? - 1 [이더리움의 개념와 블록체인 위에서의 역할]", steemit, https://steemit.com/kr/@jsralph/4r1deg-1 (2017. 자) 참조.

141 Dylan J. Yaga et al.(2018), p 12. "tamper evident and tamper resistant digital ledger systems implemented in a distributed fashion and usually without a central authority." 또한 Don Tapscott& Alex Tapscott(2018)는 "The blockchain is an incorruptible digital ledger of economic transaction that can be programmed to record not just financial transactions but virtually everything of value." 로, Camilo Lascano Tribin, "Decentralizing Trust-On Blockchain and its potential to change the way we trust one another", Medium, https://medium.com/reformermag/decentralising-trust-on-blockchain-and-its-potential-to-change-the-way-we-trust-one-another-3b60e9707044?source=email-50c89bcee058-1544050325935-digest.reader------1-59----------------ae92705a_8b8a_4012_bb8d_3df145cf6b0c-1&sectionName=top (2018. 8. 7. ET)은 "a decentralised database that stores information (transactions, assets etc.) across a distributed network (aka a peer-to-peer network) in a secure, immutable and transparent manner."로 각 정의하고 있다.

142 Dylan J. Yaga et al.(2018), p. 12. "distributed digital ledgers of cryptographically signed transactions that are grouped into blocks. Each block is cryptographically linked to the previous one after validation and undergoing a consensus decision."; Kain Seo, "블록체인 UX의 7대 죄악", Medium, https://medium.com/coinmanager/%EB%B8%94%EB%A1%9D%EC%B2%B4%EC%9D%B8-ux%EC%9D%98-7%EB%8C%80-%EC%A3%84%EC%95%85-824a4959d300 (2018. 11. 7. 자)는 가치 저장/전달 시스템임을 강조하고 있다.

143 Corda, "Blockchain, an introduction", https://www.corda.net/discover/blockchain.html (2019. 6. 1. 확인).

144 Shaan Ray, "The Difference Between Blockchains & Distributed Ledger Technology", Medium, https://towardsdatascience.com/the-difference-between-blockchains-distributed-ledger-technology-42715a0fa92 (2018. 2. 19. 자).

145 박성준(2018), 87면 참조.

146 Cameron McLain, "A Brief History of Blockchain: An Investor's Perspective", Medium, https://medium.com/hummingbird-ventures/a-brief-history-of-blockchain-an-investors-perspective-387c440ad11c (2017. 7. 9. 자)은 월드와이드웹에서 이메일이 차지하는 위치와 같다고 한다.

147 비트코인 거래 방식은 특이하다. 즉, 1인으로부터 2비트코인을 한 단위로 수신한 갑은 을과 병에게 이를 쪼개어 각각 보낼 수 있는 것이 아니어서 2비트코인을 을에게 통째로 보내고 그 중 기부금 1과 수수료(fee) 일정금액을 제한 나머지를 거스름돈(change)으로서 갑의 주소로 다시 받은 다음 병에게 그 중 얼마를 보내는 방식으로 결제하여야 한다.

148 분산원장의 성질상, 엑셀의 공유통합문서와 같이 여러 사용자로부터 동시에 같은 데이터에 대한 쓰기 요청이 올 경우 한 사람만 쓰기를 허용하고 다른 사용자는 쓰기를 할 수 없도록 데이터를 잠그는 것을 생각해보면, 분산원장인 비트코인 시스템에서 왜 한번에 단 하나의 블록만 올리게 했는지를 조금은 이해할 수 있을 것같다.

149 아카바네 요시하루/아이케이 마나부 외(2017), 12면.

150 Blockchain 1.0: Currency, Blockchain 2.0: Smart Contracts and Blockchain 3.0: DApps
Guru99, "Blockchain Tutorial for Beginners: Learn Blockchain Technology", https://www.guru99.com/blockchain-tutorial.html (2019. 6. 1. 확인).

〈그림 26〉 블록체인의 3 버전

151 박성준(2018), 94, 95면 등.

152 Kain Seo, "블록체인 UX의 7대 죄악", Medium, https://medium.com/coinmanager/%EB%8%94%EB%A1%9D%EC%B2%B4%EC%9D%B8-ux%EC%9D%98-7%EB%8C%80-%EC%A3%84%EC%95%85-824a4959d300 (2018. 11. 7. 자) 같은 글은 "블록체인은 TCP/IP 라든지 WWW와 같은 프로토콜, 그리고 암호화폐 지갑은 그 안의 데이터를 사용자 친화적으로 표시해 주는 웹 브라우저, 그리고 dApp들이 인터넷을 기반으로 한 다양한 웹 서비스, 앱들이라고 비유할 수 있다."고 한다.

153 Kain Seo, "블록체인 UX의 7대 죄악", Medium, https://medium.com/coinmanager/%EB%B8%94%EB%A1%9D%EC%B2%B4%EC%9D%B8-ux%EC%9D%98-7%EB%8C%80-%EC%A3%84%EC%95%85-824a4959d300 (2018. 11. 7. 자).

154 모비인사이드, "[블록체인에 대하여] (18) 블록체인 탈중앙화의 의미와 가치의 이전", 2017. 9. 27., http://www.mobiinside.com/kr/2017/09/27/blockchain/은 가치의 이전성(Value Transferability)을 명확히 확보하기 위하여 3가지의 요소가 필요하다고 하면서 다음과 같이 설명한다.
1. 이체의 원자성(Transaction Atomicity)은 이체의 전체 프로세스가 모두 일어나거나 아니면 아무것도 일어나지 않아야 한다는 내용이다. 예를 들어, 비트코인에서의 이체는 – 1) 개인키서명 2) 발신인 지갑의 비트코인 출금 3)비트코인 합의 알고리즘 작동 및 이체검증(채굴 프로세스) 4) 수신인 지갑에 비트코인 전달 – 로 정리해 볼 수 있다. 발신인은 이체를 보냈는데 수신인은 이를 전달받지 못하거나, 발신인이 이체를 보내고 수신인이 이를 받았지만 중간에 검증과정이 생략되는 등의 일이 발생해서는 안 되며, 모든 프로세스가 반드시 전부 일어나거나 또는 아예 일어나지 않아야만 한다.
2. 결제의 완결성(Settlement Finality)은 한번 이체가 발생되고 특정한 조건이 충족되면 이를 절대적으로

완결시켜주는 것이다. 예를 들어 비트코인을 이체받고 5번의 컨펌(이체확인)을 받았는데, 1년 뒤에 해당 이체금액이 취소되어 다시 원주인에게 돌아가서는 안된다. 이체를 받는 사람은 '자신이 받은 금액이 절대적으로 자신의 것이라는 점(결제가 완결됨)'을 확신할 수 있어야 한다.

3. 이중지불방지(Double Spending Prevention)은 동일한 금액이 두 번 사용될 수 없다는 것이다. 모든 디지털 정보는 복제될 수 있으며 이는 디지털화폐에도 동일하게 적용된다. 이를 방지하기 위해 중앙화된 기관(결제은행, 감독기관, 청산기관 등)이 독자적인 권한을 가지고 이체 사항들을 관리하게 된다. A가 B에게 전재산인 10BTC를 전송했는데, C에게도 10BTC를 전송하는 일은 발생하지 않아야 한다. 즉, 이체된 금액은 발신인의 지갑에서 반드시 사라져야(=이전돼야) 한다.

155 조선구 님은 Interent Square = Internet x Blockchain x Disruptive Technologies 라고 정의하고 그 특징으로 가치인터넷, 신뢰인터넷, 탈중앙 인터넷, 사람중심 인터넷 (Value, Trust, Decentralized, People Centered)을 들고, Internet^2라고 부르기도 한다.

156 "인터넷 전체를 붙잡아주는 접착제"라고 불리우기도 한다.

157 아래 설명이 유용하다. yundream, "IntroTCPIP", joinc블로그, https://www.joinc.co.kr/w/Site/Network_Programing/Documents/IntroTCPIP (2017. 5. 16 14:24:40 자).
   • IP(Internet Protocol) – node(단말기)와 node 간의 터이터 패킷을 전송하기 위해서는 각 node의 주소가 필요하다. IP는 4바이트로 이루어진 IP Address, 즉 "192.168.100.100"와 같은 점박이 3형제 형식의 주소를 사용한다. 숫자로 된 인터넷주소를 사람이 식별하는 건, 그리 쉽지 않기 때문에, IP주소를 인간이 식별하기 쉬운 Domain 네임으로 변환시켜주는 Domain Name 서비스를 사용한다. www.yahoo.co.kr 이 211.234.109.234 보다 외우기 수월할 것이다.
   • TCP(Transmission Control Protocol) – 서버와 클라이언트 간에 터이터를 신뢰성 있게 전달하기 위해 만들어진 프로토콜이다. 터이터는 네트워크선로를 통해 전달되는 과정에서 손실되거나 순서가 뒤바뀌어서 전달될 수 있는데, TCP는 손실을 검색해 내서 이를 교정하고 순서를 재조합할수 있도록 해준다.

158 컴퓨터나 네트워크 장비가 서로 통신하기 위해 미리 정해 놓은 약속을 말한다.

159 Primavera De Filippi & Aaron Wright(2018), p. 49.

160 Cryptolinenews, "Everything you need to know about Ripple currency", 2018. 12. 23., https://www.cryptolinenews.com/ripple-101/ripple-currency/?fbclid=IwAR3JIAxeQBbazO8o145-8iit7oOakCM0K8Kqoi_opRvtfP3AsQGU5ZAYKFE은 리플 플랫폼은 서로 다른 지불시스템간의 연결(예컨대, 비트코인과 다른 암호화폐간)을 목표로 만들어진 것이고, 이것이 활성화되면 큰 회사들이 정보에 대한 통제권을 상실하였듯이 돈에 대한 통제권도 상실할 가능성이 있다고 한다.

161 Quixxi Connect offers users the ability to hold or send cryptocurrency by using an email address.

162 Joel Monegro의 'Fat Protocols'이라는 이론은 이를 중심으로 한 것이다. Joel Monégro, "Fat Protocols", Union Square Ventures, http://www.usv.com/blog/fat-protocols (2016. 8. 8. 자) 참조.

{ 블록체인 기술의 미래 }

{ 블록체인 기술의 미래 }

제 **2** 절

박종서

I. 현재의 블록체인 기술의 한계

1. 블록체인 기술의 등장

블록체인 기술은 현재 매우 많은 관심을 끌고 있다. 페이스북, 마이크로 소프트, 오라클, 구글, IBM, SAP, Linux 재단 등의 IT 기술회사뿐만 아니라 많은 금융회사, 증권회사, 보험회사 등 세계 유수한 기업, 또한 이런 기관들 뿐만 아니라 세계은행, UN 등의 국제기구에서도 관심이 많다. 이렇게 전 세계에서 다양한 많은 기관들의 관심을 받는 이유는 기존의 불투명하고 공정하지 않은 중앙집중식 거버넌스 Governance, 지배구조에서 투명하고 공정한 거버넌스에로의 변화가 가져오는 혁신이 매우 크기 때문이다. 이러한 혁신은 한국만의 변화가 아니라 전 세계적인 변화를 이끌어 낼 수 있는 영향력이 있기 때문에 많은 국가에서 관심을 가진 것으로 생각된다.

하지만 이런 엄청난 혁신을 가져올 기술이 대부분의 경우(닷컴 버블 등)와 마찬가지로 오해되기 쉽기 때문에 거품과 사기가 공존 하는 것도 사실이다. 기술적인 정확한 이해가 없으면 막연한 환상을 가지고 비트코인의 가격이 엄청나게 인상된 것만을 보면서 언젠가 내가 투자한 코인의 가격이 엄청나게 오를 것 만을 기대하며 기술적인 분석 없는 묻지마 투자가 성행할 수밖에 없다.

2. DAO 공격 사건

그러나 기술에 대한 간단한 지식만 있으며 이런 위험천만한 사기를 피할 수 있는 지혜가 생길 수 있음을 기억해야 한다. 기술에 대한 간단한 지식 중에 메인 넷main-net에 대한 지식을 간단히 살펴보기로 한다. 역사상 가장 많은 크라우드 펀딩을 통해 화려하게 등장한 이더리움의 경우 역사상 가장 큰 해킹을 당하게 된다. DAO^{Decentralized Autonomous Organization} 해킹이라 하여 매우 유명한 사건으로 이를 간단히 기술하면 다음과 같다.

Ethereum 공동체의 회원들은 2016년 6월 18일 DAO에서 기금이 소모되고 스마트계약의 전반적인 ETH 기금이 이유를 알 수 없이 고갈되고 있음을 확인했다. 처음 몇 시간 동안 총 3.6M Ether(당시 약 7천만 달러 상당)이 해커에 의해 빠져 나갔다. 공격은 분할 기능에서 발견된 공격으로 인해 가능하였음이 밝혀졌다. 공격자는 동일한 DAO 토큰을 사용하여 DAO 스마트계약에서 Ether를 밸런스가 업데이트되기 전에 여러 번 출금했다. 이것은 재귀 호출 익스플로잇recursive subroutine call exploit으로 알려져 있기 때문에 가능했다.

필자는 이더리움 시스템에서 반드시 이런 종류의 공격이 가능함을 예측하고 있었고 이런 엄청난 사건이 발생하고 나면 암호화폐 곧 블록체인에 대한 전체적인 신뢰가 떨어질 것을 매우 우려했다. 그리고 실제로 이런 사건이 일어 났을 때 DAO 담당자들은 일주일간 우왕좌왕하면서 커뮤니티의 공론을 모으며 매우 당황했음을 기억한다.

3. 블록체인 시스템에서의 세 가지의 딜레마

이런 공격이 가능했던 이유는 비트코인 시스템과 달리 이더리움에서는 고급언어를 사용하여 Turing Complete한 시스템을 적용한 것이 이유였고 이런 고급언어를 사용하며 전체 시스템 보안성을 유지한다는 것이 매우 어려움을 잘 알고 있었다. 비트코인의 창시자 사토시 카타모토가 이런 사항을 모르고 Turing Complete한 시스템을 못 만든 것이 아니고 보안 위험성을 숙지하고 있었기 때문에 고급언어를 사용한 이더리움 같은 시스템을 고안하지 않은 것으로 이해한다.

Turing Complete한 시스템을 사용하면 서비스는 좋아진다. 하지만 보안부분에는 무리가 가게 된다. 이는 보안과 서비스는 서로 역작용을 하기 때문이다. 보안과 서비스의 역관계를 간단한 예를 들어 설명해 보면, 인터넷에서 웹 트래픽을 서버에서 서비스할 때 포트를 80(8080)번만 외부에 노출하는 것을 예로 들면 이해가 쉽다. 다른 모든 포트를 막고 웹 트래픽만 허용하는 이유는 보안을 유지하려는 것이다. 이렇게 일반적인 IT시스템에서는 보안 수준을 높이면 서비스가 떨어지고 서비스를 높이면 보안수준이 떨어질 수밖에 없는 것이 문제이다.

하지만 블록체인 시스템에서는 이 문제가 보안과 서비스의 두 가지 부분의 딜레마에서 그치는 것이 아니고 세 가지의 딜레마Trilemma로 표현된다. 즉, 탈중앙화(서비스로 생각할 수 있다), 속도(서비스로 생각할 수 있다) 보안의 세 가지 요소가 엉클어져서 문제가 더욱 복잡해지는 것이다〈그림 1〉.

〈그림 1〉 트릴레마-세 가지 요소의 딜레마 탈중앙화, 보안, 속도[1]

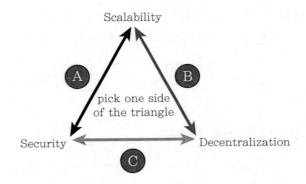

잘 생각해 보면, 이렇게 사상 최대의 크라우드 펀딩을 받은 이더리움의 DAO가 해킹을 당했다면 과연 어떤 프로젝트가 안전하게 메인넷을 유지할 수 있을지가 염려될 수밖에 없다. 세 가지 딜레마를 해결한다는 것이 얼마나 어려운 일인지를 잘 생각하며 메인넷을 만들어야 한다는 것이 중요하다.

4. DAO 해킹에 대한 관용적 태도

또 하나 생각할 점은 과연 이더리움의 창시자 비탈릭 부터린이 한국에서 사업을 하다가 DAO 해킹을 당했다면 어떻게 되었을까? 아마도 그는 감방에서 여생을 보내지 않았을까 하는 생각이 든다. 하지만 비탈릭 부터린은 이런 DAO 해킹에도 불구하고 이더리움 재단을 훌륭하게 이끌고 있다. 필자는 DAO 해킹 후에 이더리움 재단이 매우 어려울 것으로 생각하고 이더리움 재단이 여러 법률적 문제에 봉착하여 결국 문제에서 헤어 나오지 못할 것으로 예측하였다. 하지만 서구 사회의 Tolerance는 이런 문제에 대해 혁신적인 관점에서 매우 관용적인 태도로 추이를 보며 결국 이더리움 재단이 문제를 해결하고 정상적으로 동작하도록 기다려 줬다. 이런 부분 우리가 생각해 볼 필요가 있다고 생각한다. 우리나라 젊은이들이 왜 벤처를 꺼리는지, 우리는 얼마나 이런 일에 대해 관용적 태도로 성공할 때까지 기다려 주는지에 대해서.

중간 결론적으로 메인넷을 운영한다는 것은 매우 어려운 일이며 단순히 코드 클로닝을 통해 메인넷을 만들고 돌려서 보이는 것은 쉽지만 이런 메인넷을 보안적인 측면에서 운영한다는 것은 완전히 다른 차원의 일이라는 것이다.

5. 트릴레마의 해결 방안

또한 etherscan.io사이트에 방문해 보면 지금까지 진행된 ERC20토큰들의 스마트 컨트랙트들이 제시되어 있고 여러 가지 유용한 정보를 볼 수 있다. 어떤 ICO 프로젝트는 아예 깃허브Github 어카운트조차 없는 프로젝트들도 있다. 이런 프로젝트들은 객관성과 신빙성을 가질 수 없으므로 주의를 요한다. 대부분의 ICO 프로젝트들은 텔레그램 방을 운영하며 소사이어티를 키워 투자를 유치하므로 궁금한 점이 있으면 텔레그램 방에 들어가 문의하면 대략적인 프로젝트의 진실성 및 구현 가능성 미래성을 알아볼 수 있다. 물론 이런 질문은 블록체인 기술에 대한 기초 지식이 있어야 가능한 것이다.

비트코인 시스템에서는 처리속도가 초당 7정도의 거래를 확정할 수준(이더리움은 초당 15개 정도 처리)이라 비자 마스터 카드 같은 초당 수만 개의 거래 처리가 가능한 중앙집중형 결제 시스템에 비해 너무 느리다. 이더리움 시스템에서도 크립토키티[2]라는 카드를 발행하여 서로 교환하였는데 많은 사용자에 의해 쉽게 이더리움 네트워크가 마비되는 현상을 확인하고 처리 속도 향상에 많은 노력을 기울이고 있다.

이런 트릴레마의 어려운 문제를 해결하기 위하여 전 세계에서 가장 우수한 집단들이 문제에 대한 가장 현명한 방법을 찾고 있으며 2가지의 해결방법으로 접근하고 있다.

(1) 사이드 체인을 통한 two layer 방식

기존의 메인넷은 엄청난 가치의 전달 거래 확인이 필요하므로 보안성을 매우 높여야 했는데 적은 거래들에는 사이드 체인을 이용 독립적인 합의방법을 사용하여 거래 처리 속도를 높이는 방법이다.

(2) 병렬합의를 통한 합의 속도 가속화

기존의 합의방식은 순차적으로 블록에 포함된 거래들을 처리하는데 거래 처리를 위한 합의방식을 병렬로 바꾸는 방법이다.

어떤 방식이든 가능한 솔루션이 나올 것을 기대되며 이더리움 자체에서도 콘스탄티노플 하드포크, 샤딩 등의 방법으로 어떻게든 병렬처리 개념을 도입하여 처리 속도를 빠르게 하려는 노력을 기울이고 있다.

 Ⅱ. 블록체인 기술의 역사적 측면의 지속가능성

1. 탈중앙 시스템의 등장과 지속가능성

블록체인 기술이 왜 지속가능한지를 살펴보는 것은 매우 중요하다고 본다. 블록체인이 나름의 이론적인 타당성을 가진 시스템인지 기술적인 차원 외에 알아야 할 내용이 있는지를 살펴본다.

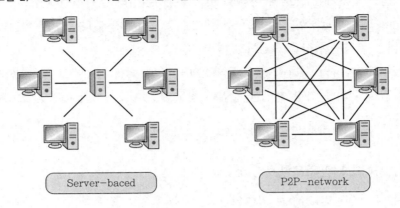

〈그림 2〉 중앙화 서버 기반의 시스템과 블록체인 기반 탈중앙화 P2P네트워크의 차이점

Server-baced

P2P-network

먼저 중앙화 시스템과 탈중앙화 시스템의 차이를 살펴본다. 〈그림 2〉를 보면 중앙집중식 서버중심의 시스템과 P2P$^{Peer-to-Peer}$ 네트워크 기반의 탈중앙화 시스템의 차이를 보여 준다.

중앙화 시스템에서는 트랜스액션에 대한 합의가 매우 간단하다. 서버에서 모든 트랜스액션을 모니터링하면서 트랜스액션의 결과를 저장하면 된다. 하지만 탈중앙 시스템에서는 이런 합의가 매우 어렵다. 현재까지 중앙화 시스템의 문제가 많지만 어쩔 수 없이 중앙화 시스템을 쓰고 있었던 것도 탈중앙화 시스템에서 이런 합의가 불가했기 때문 이다. 이런 탈중앙화 시스템에서 합의문제는 분산 컴퓨터 시스템 연구에서 매우 중요한 토픽이었으며 비잔틴장군 합의 문제라는 이론적 근거에 의한 연구를 찾아볼 수 있다. 사토시 나카모토의 POW$^{Proof of Work}$ 기반의 사회 · 경제학적 방법이 제안되기 전까지 탈중앙화 시스템을 도입할 수 없었던 것이다. 그래서 이런 중앙화 시스템이 가져오는 정보의 집중 및 비대칭성, 개인정보 프라이버시 문제, 검열 문제 등에 대한 해결책은 불가했다.

탈중앙화 시스템의 등장으로 이런 중앙집중식 시스템의 문제를 해결할 수 있게 되었다. 사토시 나카모토가 제안한 시스템은 탈중앙화 시스템의 본질적인 문제인 Double Spending^{이중지불} 문제를 사회 · 경제적 방법으로 해결한 것이다. 공학적인 방법으로 해결한 것이 아니기 때문에 매우 많은 게임 이론을 근거로 한 합의 알고리즘이 제안되었던 것이다. POS$^{Proof of Stake}$, POA$^{Proof of Authority}$ 등의 많은 제안들 중에 적합한 제안들이 결국 목적에 맞는 좋은 시스템으로 발전해 나갈 것이다. 사회 · 경제학적인 해결책이란 간단히 말해서 마이너들의 행동을 말한다. 비트코인 시스템에서 51%공격이란 100명 중에 51명이 거짓을 이야기하면 거짓이 정말이 될 수밖에 없는 구조를 가지게 되는데 이런 공격을 감행할 수 있는 주체는 현실적으로 마이너들(채굴자들, 비트코인 트랜스액션들이 합의에 도달하도록 컴퓨터자산을 제공하며 마이닝에 성공 시 비트코인을 인센티브로 받는 주체) 밖에 없기 때문에(마이너가 아닌 주체가 공격에 가담하려면 엄청난 컴퓨터자산을 투입하여야 함) 엄청난 자산을 투자하여 마이닝 프로세스에 참가하는 마이너들이 비트코인 생태계를 교란시키는 공격에 가담할 이유가 사회 · 경제학적으로 없다는 논리에 의해 비트코인 블록체인 시스템이 건전하게 유지될 것이라는 가정에 근거한 해결책이다. 결국 비트코인 블록체인 기반의 탈중앙화 시스템에서 거버넌스는 마이너들이 가지게 되고 이런 마이너들이 시장경제의 원리에 따라 생태계를 교란시키는 행동을 하지 않는다는 가정 하에 시스템이 돌아가는 것이다. 또한 누구나 마이너가 될 수 있으므로 탈중앙화가 가능한 것이다.

2. 역사에 있어서 탈중앙 기술의 재등장

이제 먼저 블록체인 기술의 역사성을 살펴볼 필요가 있다. 요한 기버스^{Johann} Gevers라는 분은 매우 유명한 분인데 이분이 TED Talk에서 강연한 내용이 유튜브에 올라와 있다.[3]

강연 내용의 요지는 이렇다. 인류는 수백만 년 동안 P2P로 살았다. 원시 수렵사회에서 먹을 것이 많지 않아 60~70명 정도가 무리를 지어 살았고 이때 모두가 서로를 알고 지냈다는 것이다. 그렇기 때문에 서로 간에 문제 발생 가능성이 낮았다는 것이다, 하지만 농업의 발달로 상당한 음식을 대량으로 공급받게 되어 수백만 명이 같이 살게 되었다는 것이다. 이런 기간이 만년정도 유지되고 있었다는 것이다. 하지만 Dunbar의 이론에 따라 120명 정도만 기억하고 그 이상의 사람들을 기억하지 못하는 이유로 서로 신뢰하지 못하는 사람들과 섞여 살게 되면서 자기 자신의 보호를 위해 왕제도등 권력을 중앙집중식으로 위임하며 살게 되었는데 이런 거대한 권력은 결국 권력의 남용으로 이어져 왕제도 등 중앙집중식 제도의 횡포로 인해 국민들의 삶은 기대한 것처럼 나아지지 않았다는 것이다. 하지만 새로운 기술의 발전이 없었으므로 역사가 기록되어 인류가 기억하는 만년동안 인류는 중앙집중식 시스템에 완전히 매몰되어 살았다는 것이다.

그러다가 500년 전에 인쇄술이 발전되면서 지식의 독점을 막는 최초의 탈중앙화 기술이 보급되었고 이로 인해 종교개혁이 가능해졌으며 결국 유럽의 많은 국가들이 변화를 경험하게 되었다는 것이다.

이후로 중앙집중식 시스템은 계속 진행되었으며 결국은 인터넷과 같은 탈중앙화 개념을 가지고 시작한 시스템도 결국은 효율성문제 및 탈중앙화 시스템의 부재로 중앙화된 서버를 중심으로 정보를 주고받으며 더욱 더 중앙집중적 시스템으로 가속화 되어 가고 있는 것이었다.

그러다가 2009년 1월 3일 역사적인 비트코인 최초Genesis 블록이 마이닝되면서 역사상 두 번째 탈중앙화 시스템이 동작을 시작하며 현재까지 10년 이상을 해킹을 당하지도 않고 한 번도 시스템이 멈춘 적이 없으며 필요한 자료를 모든 노드들이 공유해서 확인하는 탈중앙화 된 시스템이 지속적으로 동작을 하고 있다는 것이다, 비트코인 블록체인은 단순한 거래에 대한 장부를 분산 합의하는 시스템이지만 이후에 비탈릭 부터린의 리드로 이더리움 기반의 스마트 컨트랙트 라는 개념이 도입되고 이 시스템은 거의 모든 산업의 판도를 바꿀 수 있는 엄청난 혁신적 발전을 거듭하고 있는 것이다.

3. 블록체인 기반 금융시스템의 혜택

이 요한 기버스의 강연에서 주장하는 바는 start up city를 싱가포르와 홍콩에 런칭하여 결국은 사회시스템을 바꾸어 나가며 직업과 부를 제공함으로 인해 정부의 변화를 이루어내고 결국 아시아 국가들의 변화를 시작으로 개발도상국을 포함한 전 세계적인 변화를 꾀하고 있는 것으로 이해된다.

이런 블록체인 기반의 금융시스템은 결국 개발도상국에 수 없이 많은 금융시스템에서 분리된 그룹들에게 자본에 접근하여 평생 소규모의 영농만으로 생계를 간신히 꾸려나가는 많은 사람들에게 전 세계적인 금융 시스템에 접근을 가능하게 하여 지금보다 훨씬 많은 부를 축적하고 축적된 부를 통하여 사업의 기회를 확대할 수 있다고 생각된다.

4. 탈중앙화 사회의 4개 기둥^{4 pillars}

요한 기버스가 주장하는 탈중앙화 된 사회를 위한 4개의 기둥은 아래와 같은 바 그중 가장 중요한 부분이 두 번째 탈중앙 법제Decentralized Law라고 한다.

(1) 탈중앙 교신Decentralized Communication

인간은 서로 아이디어를 공유하고 서로 협력을 할 것인지를 결정하는 등 교신을 하여야 한다. 이를 위하여는 두가지의 필수 요소가 있는데 인터넷과 암호화기술cryptography이 그것이다. 이로 인하여 진정한 사상의 자유와 언론의 자유를 향유하는 것이 가능해 진다.

(2) 탈중앙 법제Decentralized Law

인간은 상호 간 협력의 조건을 정하고 그 조건을 정의하여야 한다. 탈중앙화 된 법제의 세 가지 구성요소는 법의 선택, 재판관adjudicator의 선택, 그리고 법집행자(enforcer)의 선택이다.

(3) 탈중앙 생산Decentralized Production

인간이 서로 협력하여 생산하기로 합의한 것을 생산하여야 한다. 이로써 중앙집중시스템의 검열을 피할 수 있게 된다. 여기에는 탈중앙 물질생산과 탈중앙 에너지 생산의 두 요소가 필요하다.

(4) 탈중앙 금융Decentralized Finance

마지막으로 우리가 생산한 물건과 서비스를 거래하고 공유하여야 하는데 각자가 기여한 것에 대한 보상과 지원을 할 수 있어야 한다. 이를 위하여 탈중앙 화폐와 탈중앙 계약 시스템이 필요하다.

III. 블록체인 기술의 경제학적 측면의 지속가능성

1. 중앙집중 시스템의 불공정성

두 번째 중요한 점 경제적 측면에서 블록체인 기반의 탈중앙화 시스템이 꼭 필요하냐는 것이다. 현재까지 IT 시스템들은 매우 중앙화되어 있고 큰 문제없이 잘 작동 하고 있는 것처럼 보인다. 하지만 효율성만 강조되며 다른 요인을 무시하는 중앙집중식 시스템의 문제는 간과 되어왔다. 왜냐하면 탈중앙화 시스템의 합의부분이 해결되지 않아서였다. 그런데 이와 별개로 2001년 노벨 경제학상을 받은 앤드루 마이클 스펜스영어: Andrew Michael Spence , 1943.11.7.~가 조지프 스티글리츠, 조지 애컬로프와 함께 "정보가 비대칭을 이룬 시장에 대한 분석을 한 공로를 인정받아 노벨 경제학상을 수상하였다. 그는 하버드 대학교에서 이와 관련된 연구를 하였다. 조지프 스티글리츠는 저서 《불평등의 대가》(2012년)를 통해서 시장은 그 자체만으로는 효율적이지도 안정적이지도 않고, 그간의 정치 시스템은 시장의 실패를 바로잡지 않았고, 경제적 불평등은 정치시스템 실패의 원인이자 결과이며 불평등은 경제 시스템의 불안정을 낳고, 그 불안정은 다시 불평등을 심화시키는 문제를 지적했다.

2. 정보 비대칭성으로 인한 부작용

지난 30년간 하위 90%의 임금은 15% 증가한 반면, 상위 1%는 150% 증가한 통계를 통해서, 상위 1%는 전체 사회의 부를 증가시키는 것이 아니라 정해져 있는 사회 전체의 부에서 남의 몫을 빼앗아 부를 늘려왔고 이것이 결국 불평등과 양극화를 야기 시키고, 이 결과는 상위 1%에게도 장기적으로 유리하지 않음을 지적했다. 이런 정보의 비대칭성이 가장 크게 나타나는 곳이 IT기업들인데 예를 들면 구글과 페이스북등의 IT공룡들의 정보 독점현상이다. 이러 정보독점이 중앙화된 시스템 상에서 매우 심각하게 진행되었고 "Google is God"이라는 구글이 모든 데이터를 독점하여 전지전능해 진다는 농담 같은 진담이 회자 되었다. 하지만 기존의 중앙화된 클라이언트 서버 시스템에서는 이런 정보 비대칭성 문제를 해결할 수 없었고 개인 데이터에 대한 프라이버시 문제는 IT시스템을 통한 정보의 활용 부분에도 매우 심각한 악영향을 미쳤던 것이다. 하지만 기존의 중앙집중식 시스템에서는 이에 대한 해결방법이 없었다, 두 번째 탈중앙화 기술인 블록체인이 등장하면서 이런 문제에 대한 해결방법에 실마리를 찾게 되었다. 만약에 블록체인 기술이 태동되지 않았더라면 구글과 페이스북등 IT공룡들에 더욱 많은 데이터가 저장 되며 이로 인한 정보 비대칭성의 문제로 결국은 IT생태계가 매우 심각한 위협을 받으며 전체적인 IT산업의 발전이 정지되었을 것이다.

3. 정보대칭성을 보장하는 블록체인 기술의 필요성

결국은 탈중앙화 시스템인 블록체인 기술이 없으면 정보의 비대칭성으로 인해 엄청난 이득을 창출해 내는 구글과 페이스 북 같은 회사들도 장기적으로 건전한 생태계를 유지할 수 없으므로 탈중앙화, 정보대칭성 특징을 갖는 블록체인 기술은 장기적으로 발전 할 수밖에 없으며 이런 추세는 거스를 수 없는 대세가 될 수밖에 없는 근거가 2001년 노벨 경제학상을 받은 정보의 비대칭성 이론에서 그 확실한 근거를 찾을 수 있다는 점이 매우 흥미롭다.

Ⅳ. 연합학습Federated Learning에 의한 블록체인과 인공지능의 융합

1. 물질 가공업에서 데이터 가공업으로

이제 블록체인 기술과 인공지능 기술이 연결되어 그동안 불가능 했던 개인의 데이터 가공 산업이 발전할 미래에 대한 예측을 하고자 한다. 인류는 구석기시대부터 지금까지 물질을 가공하며 살았고 현존하는 많은 제조업들이 다 이런 물질가공 산업의 범주에 든다고 이해된다. 예를 들면 자동차 반도체 디스플레이 조선업 등등.

우리나라는 경공업에서 중화학 공업으로 빠른 변신과 발전을 통해 세계에서 유레없는 발전에 성공한 나라로 손꼽힌다. 때 맞춰 기업가 정신으로 무장하고 등장한 걸출한 산업계 리더들의 정확한 판단으로 엄청난 자본의 투입 및 전략이 필요한 시기에 중앙집중형 재벌 기업의 효율성으로 인하여 고도성장이 가능했다. 하지만 이런 제조업은 대부분의 경우 엄청난 자본의 투입과 많은 인력의 동원, 그리고 매우 중앙집중식 거버넌스가 필요한 사업의 특성을 가졌기 때문에 산업화로 인한 고도성장 이후에 사회경제적인 문제가 터져 나오고 소수의 재벌기업에 의한 독점으로 인한 문제점들이 심각한 수준에 이르렀다.

하지만 이제는 블록체인 기반의 탈중앙화 시스템의 전개로 이런 중앙집중식 물질가공업이 아닌 데이터 가공업으로 대안을 찾아야 한다고 생각된다. 특히 개인이나 소수에게 주어진 데이터 가공 산업에 대한 기회 부분에 대한 준비가 매우 절실히 필요하다는 것이다.

2. 블록체인 기술과 인공지능의 결합

탈중앙화된 데이터 가공 산업에서 가장 중요한 융합은 블록체인 기술과 인공지능의 결합이다. 블록체인 기술로 가능하게 된 데이터 공유를 통해 분산된 노드 단위로 인공지능 학습을 수행하고 다음 그림3에서 보이는 바와 같이 각각의 노드에서 분산 학습된 모델을 전체적으로 공유하는 개념이다. 기존에 방법인 모든 분산 노드에 저장된 분산된 데이터를 중앙서버로 전송하여 인공지능 학습을 수행하는 방법과 다른 방법으로 중앙집중식 데이터 수집이 아닌 분산 노드에서 인공지능 학습을 수행함으로 각각 노드에 저장된 개인데이터의 유출 없이 인공지능 학습의 결과만 공유하고 분산 노드에서 학습된 weight의 평균값을 통해 새로운 weight를 구하여 새로운 학습을 진행한다.

〈그림 3〉에서는 블록체인의 개념은 포함되지 않았지만 간단하게 분산노드들의 인공지능 학습의 결과를 서버로 전송하지 말고 노드들이 합의한 스마트 컨트랙트를 통해 공유하고 보상을 받게 하면[4] 블록체인 기반의 연합학습Federated Learning이 가능하게 된다. 이와 더불어 인공지능 학습의 결과인 weight를 동형암호화Homomorphic Encryption 처리하면 분산노드들의 학습의 결과에 대한 보안도 강화할 수 있게 된다.

3. 연합학습Federated Learning의 장점

이런 연합학습Federated Learning이 가져다주는 가장 큰 장점 중에 하나는 개인 데이터에 대한 사생활Privacy 보호가 된다. 또한 분산 학습의 결과가 중앙집중식 학습 방법에 비해 유사한 결과가 나오는 것을 실험을 통하여 확인하였다. 더불어 분산 데이터에 대한 프라이버시가 보장되며 이런 데이터를 공유할 때 보상이 주어진다면 더욱 많은 개인 데이터를 공유하게 되어 중앙집중식 시스템에 비해 더욱 많은 데이터를 인공지능이 처리할 수 있으므로 당연히 기술적으로도 앞서게 될 것이다. 이런 연합학습Federated Learning 개념은 개인 데이터를 분산 처리하고 이로 인한 가치의 창출을 공유 할 수 있게 된다는 것이고 결국 개인의 데이터 가공 사업을 가능하게 하는 기술적 근거가 된다. 이미 인텔, 구글, 엔디비아등 유수의 글로벌 IT회사에서 연합학습Federated Learning 개념을 통해 사업을 진행하고자 많은 노력을 기울이고 있다.

결론으로 미래에 연합학습Federated Learning의 개념을 도입한 여러 가지 응용분야들이 발전할 것이며 이는 개인의 정보에 대한 가치를 부여하며 결국 개인 또는 기관이 소유한 분산 데이터를 공유하게 되는 엄청난 변화를 가져올 것이다.

〈그림 3〉 Federated Learning(Intel) 개념도

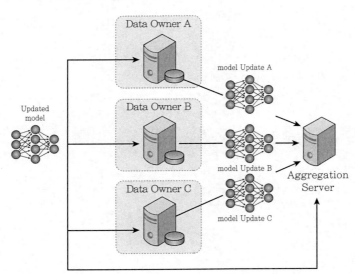

"블록체인에 대한 이해"에 대해 더 알고 싶다면

1 Michael Zochowski in Logos Network, "Everything You Know about the Scalability Trilemma is Probably Wrong", Medium, https://medium.com/logos-network/everything-you-know-about-the-scalability-trilemma-is-probably-wrong-bc4f4b7a7ef (2018. 11. 20. ET).

2 크립토키티(CryptoKitties) 홈페이지, https://www.cryptokitties.co/ (2019. 7. 1. 확인).

3 유튜브 TEDx Talks, "The four pillars of a decentralized society", https://www.youtube.com/watch?v=8oeiOeDq_Nc (2019. 7. 1. 확인).

4 구체적인 분산 노드 보상관련 논문 참조: Jong Sou Park et al.(2018).

{ 블록체인 거버넌스 }

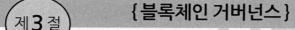

제3절 | {블록체인 거버넌스}

김대호

Ⅰ. 서론

　　2018. 12. 신임 경제부총리 청문회에서 부총리 후보자는 블록체인에 대한 질문을 받고 "블록체인 기술을 의료나 물류 등 다른 서비스업에 적용하는 것은 정부가 적극 권장해야 한다고 생각한다"며 "블록체인 기술이 화폐적 영역과 접목된 비트코인 등 가상화폐는 규정이 없고 선진국에서도 논의 중이지만 아직 정부의 반대의견은 없다"고 말했다. 그는 "정부가 규제한 것은 암호화폐거래소 등 암호화폐 중개업소와 거래업소다. 불법이 저질러지지 않게 하기 위해서 규제를 둔 것"이라며 "기술을 응용해서 산업에 융합 기술로 사용하는 것은 정부가 전혀 반대하지 않았다"고 강조했다.[1]

　　이러한 정부의 입장에 대해 산업계에서 강한 반론이 제기되었다. 블록체인 업계는 기술이 발전할 수 있는 경제기반을 없애놨는데 어떻게 적극적으로 기술을 적용할 것이며 장려했다고 말할 수 있냐고 반박했다. 해외에서 ICO를 진행하고 있다는 한 블록체인 업계 관계자는 "스타트업 자금조달이 쉽지 않은 국내에서 ICO까지 금지돼 어쩔수 없이 해외로 나가게 됐다"면서 "스타트업은 자금조달이 가장 중요한데 그것이 어려우니 블록체인 업계에 뛰어드는 사람도 줄고 발전도 느린 것"이라고 말했다는 비판이 잇따랐다.[2]

한편, 싱가포르 대학교 데이비드 리 교수는 블록체인 기술을 활용해 금융 패러다임을 바꾼다면 은행계좌를 못 만드는 금융 소외자를 대거 끌어들일 수 있다고 밝혔다. 데이비드 리 교수는 싱가포르 스타트업 '인포코프'가 만들어 미얀마 농부들이 활용하고 있는 '가축담보증권'을 예로 들었다. 미얀마 농부들은 소[‡]를 많이 기르는데, 금융상품의 기초자산이 되는 주택과 달리 소는 추적이 쉽지 않다는 등의 이유로 담보로 제대로 활용되지 못해 왔다는 것이다. 그런데 인포코프가 소의 활동을 블록체인 기술로 기록·인증해 담보로 활용하도록 하는데 성공하고, '소 담보증권'을 만들어 다양한 파생상품을 만들어서 이를 통해 생성되는 부가가치를 농부에게 돌려주었다는 것이다. 더욱이 이런 모든 과정이 제도권 금융회사 없이, 블록체인을 통해 이루어졌다고 밝혔다.[3]

이러한 다양한 입장은 블록체인을 둘러싸고 벌어지고 있는 현주소를 잘 보여주고 있다. 주요한 쟁점은 블록체인을 암호화폐와 분리할 수 있느냐 없느냐의 문제로 모아지지만, 그런 가운데서도 블록체인 기술을 활용한 서비스들이 하나씩 등장하고 있는 것이다.

블록체인은 2008년 비트코인 등장 이후 진화해 왔다. 멜라니 스완Melanie Swan에 따르면 블록체인도 벌써 세 단계의 진화를 거치고 있다고 보고 있다. 블록체인 1.0은 비트코인을 통해 화폐로서 사용·활용되는 단계로 분권화, 탈중앙화, 투명성을 제공하는 시대를 의미하며 금융권에만 활용된 것을 말한다. 블록체인 2.0은 스마트 계약을 통해 금융산업 전반의 혁신을 가져오는 단계이다. 블록체인 3.0은 금융을 넘어 산업 전반에 걸쳐 혁신도구로 사용되는 단계이다. 거래·계약에 있어서 국가나 정부 등 중앙집권적 조직이나 중개기관, 개인 등 제3자의 개입 없이 계약을 제공하고 조건을 충족하면 거래나 공공서비스가 자동으로 실행되도록 신뢰를 구현하는 것이다.[4] 특히 이더리움의 등장은 블록체인의 확장에 기여했다. 이더리움은 블록체인 위에 구현되는 서비스를 지향하는 플랫폼으로 블록체인 생태계에 새로운 지평을 열었다. 블록체인이 암호화폐 이상의 영역으로 확대되는데 기여한 것이다.

따라서 2019년의 블록체인은 2008년 비트코인으로 등장할 때와는 다른 여러 가지 방향으로 전개되고 있다. 물론 아직 블록체인은 아직 고정된 생태계를 만들거나, 산업이나 서비스로 확립된 정도로 발전하지는 않았다. 이것은 마치 인터넷이 등장한 이후 다양한 부침을 겪었던 것과 유사한 길을 걷고 있는 것처럼 보인다. 1994년 최초의 브라우저인 넷스케이프가 등장하여 인터넷 붐을 견인하고 대중화 길을 열었으나 곧 마이크로소프트의 익스플로러에 추월당하고, 종국에는 사라졌던 변화를 연상시킬 정도이다. 따라서 지금이 블록체인에 중요한 시기이다. 맥킨지는 블록체인의 성장이 도약이냐 아니냐 하는 분기점에 다다랐다고 보았다.[5] 블록체인이 등장한 지 10년이 지난 지금 블록체인에 대한 거버넌스를 논의할 때가 된 것이다. 특히 블록체인은 디지털 거버넌스를 더욱 증진시키는데 커다란 역할을 할 것으로 전망된다. 본 절에서는 블록체인을 어떻게 관리할 것인가의 차원과 디지털 거버넌스 자체의 차원을 복합적으로 검토하여 바람직한 블록체인 거버넌스의 방향을 다루고자 한다.

 ## Ⅱ. 디지털 거버넌스

디지털화와 인터넷의 등장 이후 공공 정책 결정은 그 이전과는 확연히 다르다. 아날로그 시기에는 주로 정부가 공공 정책을 결정하고 수직적으로 집행하는 통제 시스템으로 진행되어 왔다. 그러나 이러한 기존 정책에서의 발생하는 비효율성에 대한 반성의 결과로 거버넌스가 등장하였다. 거버넌스는 정책적 사안을 둘러싼 이해관계자들의 적극적인 참여를 제도적으로 보장하면서 정책적 민주주의의 실현과 효율성을 추구하고자 한다. 정책 결정과 운영 형태에 있어서 다양한 행위자들이 그 과정에 참여하며 참여와 소통이 강조되는 등 기존의 정치체제와는 다른 특성들이 중요한 요소로 작용한다.

특히 디지털화가 사회와 경제 전 영역에 영향을 미치는 디지털 사회가 되면서 기존의 지배와 통제 중심의 정책으로부터 다양한 이해관계자와의 협치로의 변화가 중요한 문제로 떠올랐다. 이에 따라 디지털 거버넌스가 중요해졌다. 디지털 거버넌스를 처음으로 제기한 것은 인터넷 거버넌스이다.

1. 인터넷 거버넌스

인터넷 거버넌스란 "기술표준, 자원할당, 지구적 상호연결 행위에 연루된 사람들의 행동에 관한 정책, 규칙, 분쟁 해결 절차를 마련하기 위하여 인터넷 프로토콜에 의해 연결된 네트워크 소유자, 관리자, 개발자, 사용자들에 의해 이루어지는 집단적인 의사결정"[6]으로 정의된다. 그래서 인터넷 거버넌스의 영역은 초기에는 기술적인 문제를 다루는 영역으로 시작하였다. 그것은 통신망 프로토콜이나 데이터 형식에 관한 합의 형성 등과 같은 기술 표준화 문제와, 도메인 명칭과 인터넷 프로토콜 주소 등의 인터넷 식별자와 같은 자원의 할당과 배분 조절을 다루는 것으로 간주되었다. 그러나 인터넷의 기술, 표준 문제를 어떻게 다루는가의 협의의 차원을 벗어나 점차 인터넷과 관련된 경제, 정치, 문화 등의 사회구조의 지배구조를 의미하는 광의의 차원으로 확장되었다. 스팸, 사이버 범죄, 저작권 및 지적재산권 분쟁, 소비자 보호 등의 문제를 다루는 것이 된 것이다. 따라서 인터넷 거버넌스 개념도 "인터넷 기술을 바탕으로 이루어지는 정치, 경제, 사회, 문화 등 사회구조의 총체적 관리 시스템 또는 지배구조"를 의미하게 되었다.

이러한 인터넷 거버넌스의 가장 핵심적인 특징이 멀티스테이크홀더 모델Multistakeholderism이다. 인터넷을 어떻게 관리할 것인가를 두고 기존의 정부 중심의 결정과 달리 정부가 주도하지 않고 인터넷에 관련된 여러 이해당사자들이 참여하는 방식을 택한 것이다. 인터넷은 그 이전의 기술과 다르게 실시간으로 전 세계를 연결하는 패러다임의 변화를 가져왔다. 또한 인터넷 기술을 산업과 서비스에 적용하는데 있어서는 창의적인 민간 부문들이 주도한 것이 결정적이었다. 수많은 창의적인 사람과 기업들의 협력으로 인터넷 생태계를 만들었던 것이다. 이에 따라 국제기구를 중심으로 인터넷 관리를 어떻게 제도화할 것인가를 두고 많은 논의를 한 결과 국제전기통신연합International Telecommunication Union, ITU을 중심으로 인터넷 거버넌스를 정립하기에 이르렀다.

국제전기통신연합은 2005년 튀니스 선언Tunis Agenda을 발표하여, 인터넷 관리가 기술적 정책 이슈와 공공 정책 이슈를 포함하며, 모든 스테이크홀더, 관련 국가 간 정부조직과 국제 조직을 망라한다고 정리하였다. 여기에는 정부, 기업, 시민사회, 정부간 기구, 국제 기구 등 다섯 개의 이해관계자들이 동등하게 참여하는 것으로 보았다. 즉, 첫째, 인터넷 관련 공공 정책 이슈에 대한 정책의 책임은 국가에 있다. 둘째, 민간영역은 기술과 경제적인 영역에서 인터넷 발전에 중요한 역할을 담당한다. 셋째, 시민사회는 특히 인터넷의 공동체 차원의 문제에서 중요한 역할을 담당한다. 넷째, 정부 간 기구는 인터넷 관련 공공 정책의 조정 역할을 담당한다. 다섯째, 국제 기구는 인터넷 관련 기술 표준이나 관련 정책에 대해 중요한 역할을 담당한다.[7]

물론 이러한 멀티스테이크홀더 모델도 장점과 단점을 가지고 있다. 장점으로는 인터넷 논의 과정에 대한 개방, 참여, 투명함을 보장하는 것이다. 인터넷 거버넌스에 대해서는 모든 논의 과정이 동시에 인터넷으로 생중계되고, 모든 발언이 기록되며, 모든 문서를 공개함으로써 투명성을 높였다. 그러나 반면에 다양한 참여 때문에 공공 정책이나 이슈에 대한 결정이 지연되는 한계를 드러내기도 하였다. 이해관계자에 대한 명확한 정의나 분류가 사실상 어렵고, 통일된 기준이 없는 것도 문제였다. 그렇지만 이런 단점에도 불구하고 이해관계자 참여모델을 계속 적용하는 데 대한 국제적인 합의가 이루어졌다. 따라서 인터넷 거버넌스의 대표적인 기구로 인터넷의 모든 공공 정책 이슈를 다루는 인터넷 거버넌스 포럼Internet Governance Forum, IGF이 창설되어, 2006년 이후 매년 개최되고 있다. 물론 여기에도 테크놀로지 전문가 집단이 모여 인터넷 기술 표준의 장으로서 역할을 하는 IETFInternet Engineering Task Force와 인터넷 도메인, 주소자원을 관리하는 핵심 국제기구로서, 1998년 출범한 비영리 민간기구인 ICANN Internet Corporation for Assigned Names and Numbers 등이 주도적인 역할을 한다.

이런 인터넷 거버넌스 방식은 디지털 경제와 사회에 중요한 의미를 보여 주고 있다. 이제는 정책 논의 과정과 결정 과정에 개방과 자율, 투명함을 담보하는 것이 가능해졌다는 것이다. 또한 인터넷과 같은 디지털 기술을 사회와 경제에 적용할 때 예전의 일방적인 명령과 통제가 아니라 수평적인 참여의 민주주의적인 방식이 효과가 좋았다.

2. 알고리즘 거버넌스

한편, 최근 인공지능의 확산으로 알고리즘 거버넌스라는 새로운 형태의 거버넌스가 등장했다. 알고리즘 거버넌스는 컴퓨터 알고리즘을 규제와 법의 집행에 적용하는 것을 말한다. 이것은 시민의 스마트 기기나 컴퓨터에서 수집된 데이터를 정부나 거버넌스 규제를 더욱 효율적으로 하는데 활용하는 새로운 거버넌스를 의미한다.[8] 데이터에 기반한 거버넌스가 가능해진 것이다.

사실 우리는 이미 알고리즘을 규제에 다양하게 적용하고 있다. 우버와 같은 자동차 공유 기업은 운전자와 이용자 간에 아무런 관계가 없어도 알고리즘 시스템을 통해 가격을 규제한다. 알고리즘을 이용하는 것이 새로운 것이 아니며 기업에서는 이미 다양하게 적용하고 있는 것이다. 그런데 이를 공공 정책 부문으로 확대한다는 것이다. 알고리즘 규제는 규제 환경에 관계되어 있는 많은 이해당사자, 즉 개인이나 기업, 공공기구 등에서 생산되는 데이터로부터 컴퓨팅 방식을 도입하여 규제 행위를 하는 결정 과정 체계를 말한다. 알고리즘 규제는 기계학습 알고리즘을 기존에 쌓인 데이터에 적용하여 사전에 발견하고 미래의 행위를 예측하여 대응할 수 있게 한다.[9]

이러한 알고리즘 규제는 객관적이고 공정하고 투명할 수 있다는 장점을 가지고 있다. 알고리즘 규제가 사회 문제를 객관적이고 엄밀한 수학적인 방법으로 해결하고자 하는 전망을 가지고 있고, 사회 환경 자체에서 발생한 데이터를 통해서 규제가 이루어지기 때문에, 인간의 주관적이고 편향적이며, 때로는 실수로 인한 규제 잘못을 크게 줄일 수 있다. 물론 알고리즘 규제로 규제 권한이 남용될 수 있다. 알고리즘의 결정이 불가피하게 개인의 데이터를 사용하므로 알고리즘 프로파일링이 개인의 자율성이나 주체적인 결정, 시민권이나 정치적 권리를 훼손할 가능성이 있는 것이다.

그러나 알고리즘 규제는 더욱 확산될 것으로 보인다. 유발 하라리Yuval Harari는 이를 데이터주의Dataism로 설명하고 있다.

> "자유 시장 자본주의와 공산주의는 이데올로기나 정치 제도 경쟁을 한 것이 아니다. 그 기저에는 데이터 프로세싱 제도 경쟁을 한 것이다. 자본주의는 프로세싱을 자유로이 유통한 반면, 공산주의는 중앙집권적인 프로세싱에 의존했다. 자본주의는 데이터를 생산자와 소비자가 직접 연결하도록 하여 정보를 자유롭게 교환하고 결정도 독립적으로 내릴 수 있도록 했다."[10]

2016년 미국 정부는 '인공지능의 미래 준비'Preparing for the Future of Artificial Intelligence 보고서를 발표하였다. 이는 인공지능을 국가 차원에서 다룬 종합적인 정책보고서로, 세계 주요 국가들이 인공지능 거버넌스를 검토하게 하는 계기를 마련하였다. 여기에서 인공지능의 미래에 대해 6개의 과제를 고려해야 한다고 보았다. 그것은 첫째 인공지능을 공공선을 위해 활용해야 한다는 원칙, 둘째 인공지능과 규제를 검토할 것, 셋째 정부는 숙련되고 다양성을 갖는 일자리를 늘리고 연구 개발을 통해 인공지능의 발전에 중요한 역할을 할 것, 넷째 인공지능의 경제적 영향을 면밀하게 검토할 것, 다섯째 공정성, 안전, 거버넌스 이슈들을 검토할 것. 여섯째 국제적인 고려와 안보 문제를 다루어야 할 것 등이다. 그리고 인공지능은 경제 성장과 사회 진보의 주요 동력이고, 산업계, 시민사회, 정부, 공공 분야의 전문가들이 함께 노력해서 이 새로운 기술의 잠재력과 위험을 사려깊게 파악하고 관리해야 한다고 강조하였다.[11]

2017년에는 더 나아가 인공지능을 인류에게 유용하게 사용하자는 최초의 범세계적인 가이드라인으로 "인공지능 연구의 목적은 통제되지 않는 지능이 아니라 유용한 지능을 창조하는 데 있다"는 제1원칙을 비롯한 아실로마 23원칙Asilomar AI 23 Principles[12]이 발표되었다. 이것은 인공지능의 건전한 발전을 지향하고, 모든 사람이 인공지능을 통해 혜택을 얻는 것을 목표로 세계의 전문가들이 모여 논의하여 발표한 것이다. 이러한 가이드라인을 마련하는데 이해관계자 모델이 적용되었다. 즉, 정부, 기어, 시민사회, 국제 기구 등의 전문가들이 참여하여 논의한 것이다.

이렇게 인터넷을 기점으로 인공지능, 알고리즘 등 디지털 기술의 등장과 확산에 따른 새로운 거버넌스가 등장하기 시작했다. 아직 디지털 거버넌스 모델이 하나로 모아진 것은 아니지만, 이제는 공통적인 특성을 볼 수 있다.

첫째, 개방, 자율, 참여의 원칙이 적용되고 있다. 둘째, 다양한 이해관계자들이 참여하는 방식이 널리 확산되고 있다. 셋째, 수평적인 커뮤니케이션을 기초로 한다. 넷째, 분권화를 확대한다. 다섯째, 인간과 기계의 협치 방식을 수용하고 있다.

Ⅲ. 블록체인 공공 정책

1. 블록체인의 등장 배경

블록체인은 2008년 비트코인이라는 암호화폐로 등장했다. 2008년 미국에서 발생한 서브프라임모기지론 사태로 전 세계는 금융위기를 겪었다. 금융 위기는 복잡하고 빠르게 진행되는 글로벌 경제 시스템에서 기존의 중앙집중식 의사결정과 집행이 얼마나 비효율적인지를 잘 보여주었다. 또한 인터넷의 등장으로 기업과 산업이 중앙집중화되어 갔다. 분산화, 개인화 등의 인터넷의 가치가 위협받는 상황이 되었다.

또한 암호학 분야에서 30여년이 넘는 기간 동안 많은 발전과 성과가 축적되었다. 1980년대 데이비드 차움David Chaum은 암호 기술을 적용하여 원장, 암호화된 계좌, 은닉 서명, 이중지불 방지를 위한 시스템 등을 구상하여 암호학의 아버지로 불렸다. 1982년에는 안전한 디지털화폐에 대한 아이디어를 발표하였고, 1990년에는 디지털화폐회사인 디지캐시DigiCash를 설립하여 이캐시eCash 서비스를 제안하기도 했다.

이러한 기반들이 축적되면서, 인터넷 기반 시스템이지만 중앙서버-클라이언트 체제가 아니라 분산되고 독립적이며 개방적인 장부관리, 분산원장distributed ledger 시스템인 블록체인이 등장하였다. 블록체인 기술은 개인과 개인의 거래에 있어서 신뢰가 부재하는 문제를 기술적으로 극복했다는 점에서 그 의미가 큰 사건이 되었다. 블록체인은 정보를 담고 있는 파일 블록이 체인으로 무한정 연결되는 알고리즘이다. 블록체인은 민주주의적 속성으로 인해 거버넌스를 가장 적절하게 실현할 수 있는 기술적인 장점을 가진 것으로 드러났다. 블록체인이 주목을 받은 것은 인터넷의 중앙집중적인 요소를 극복할 수 있도록 해 줄 가능성 때문이었던 것이다. 정보의 관리를 분산적으로 관리하면서도 거버넌스의 효율성을 유지할 수 있고, 그러면서도 개인의 프라이버시를 유지해 주며, 동시에 정부와 개인 간 그리고 개인과 개인 간 신뢰를 유지할 수 있도록 하는 것이었다.

2. 블록체인 공공서비스

블록체인의 특징 중의 하나는 스마트 컨트랙트를 가능하게 한다는 것이다. 스마트 컨트랙트는 암호학자인 닉 자보Nick Szabo가 1994년에 제안한 것인데, 상업에서 사용되는 계약의 법칙을 디지털 플랫폼에서 구현하고 법이 아니라 프로그램으로 계약을 이행하여 계약에서 제3자에 대한 의존도를 줄이면서도 보안을 지키는 것으로 보았다. 스마트 컨트랙트는 계약이 컴퓨터 코드로 프로그래밍되어 있어 지정된 조건이 완료되면 제3자의 개입 없이 지정된대로 이행하는 자동화된 거래 규약이다. 법적인 이행을 소프트웨어가 자동화하여 수행하고, 그 이행의 기준을 분산화된 블록체인이 검증하는 것이다.

특히 이더리움은 스마트 컨트랙트의 개념을 블록체인 기술과 결합하는데 성공한 블록체인이다. 이더리움은 스마트 컨트랙트를 고장이나, 검열, 사기, 제3자의 개입 등이 끼어들 틈 없이 프로그래밍된 그대로 구동하는 플랫폼이다.[13] 따라서 이러한 블록체인 기반 플랫폼이 거버넌스를 혁신할 수 있다고 보는 것이다.

플랫폼은 개방을 통해 정보를 널리 알리고 참여자들을 늘리면서 효율적인 성과를 보여주기 때문에 민간 부문을 넘어서 공공 부문으로도 확산된다. 많은 정부들이 플랫폼 정부를 지향하는 것은 이 때문이다. 더 나아가 블록체인 기술은 정부의 부담을 줄이고 비용을 크게 줄일 수 있다. 따라서 정부와 공공 부문은 블록체인 기반의 플랫폼을 통해 더 나은 공공 서비스를 제공할 수 있다.[14] 2018년부터 한국 정부는 블록체인 공공서비스 시범사업을 진행해 왔다. 온라인투표, 축산물 이력관리, 항만 등의 분야에서 시행하고 있다. 서울시와 제주도 등 지방자치단체도 '크립토밸리'crypto valley를 만들겠다고 나섰다. 크립토밸리는 스위스 추크Zug주에 만들어진 블록체인과 암호화폐 특성화 지역이다. 이더리움 재단을 비롯한 여러 블록체인 기업들이 입주하면서 10만 개가 넘는 일자리가 생기는 등 지역이 크게 활성화됐다. 지방자치단체들이 지역을 성장시키기 위한 전략으로 블록체인 특구를 만들겠다는 것이다. 그러나 한국의 블록체인 공공 서비스 추진은 이제 막 걸음을 내딛기 시작한 단계에 있다. 암호화폐에 대한 관심의 급증으로 투기 우려가 거세지면서 급하게 규제에 나선 나머지 블록체인에 대한 발전적인 논의가 늦었기 때문이다.

3. 에스토니아 블록체인 정부

　반면에 세계 주요 국가들은 블록체인을 공공 부문에 활용하는 서비스를 확대하고 있다. 그 선두에 있는 국가가 에스토니아다. 에스토니아는 1991년 구 소련에서 독립한 인구 130만 명의 작은 나라로서, 독립 이후 국가의 비전을 '디지털 국가'로 정하고 다양한 디지털 기반의 공공 서비스를 사회에 적용해 왔다.

　에스토니아의 디지털 인프라의 중심에는 엑스로드X-Road라는 분산형 데이터베이스 시스템이 위치하고 있다. 이 시스템은 정부, 공공기관, 민간 부문이 함께 사용하는 것이 특징이다. 그런데 이 엑스로드가 분산형 데이터베이스이다. 중앙에 서버를 두지 않고 각 기관이나 기업의 데이터베이스를 연결한 것이다. 중앙집중형 서버를 두지 않은 것은 비용 문제 때문이었는데, 결과적으로는 더 안전하고 효율적인 시스템을 가능하게 한 것이다. 그러므로 엑스로드에 블록체인 기술을 적용하면 바로 블록체인 정부를 구현할 수 있는 것이다.

　에스토니아의 대표적인 서비스는 전자신분증, 전자영주권, 그리고 전자투표 등을 들 수 있다. 2002년 에스토니아는 전자신분증 e-ID를 도입했다. 전자신분증에는 개인 정보와 디지털 서명이 들어 있고, 은행 업무, 세금 납부, 기업 설립, 투표, 부동산 등기, 교육정보 확인, 의료처방전, 교통카드 등의 서비스를 이용할 수 있다. 이제는 블록체인 인증시스템을 적용하게 되었다.

　여기서 더 나아가 2015년에는 블록체인 기술을 도입한 전자영주권 'e-Residency' 발급을 통해 전 세계를 대상으로 에스토니아 데이터 플랫폼을 확산하였다. 이것은 에스토니아에 살지 않아도 에스토니아 영주민으로서 법인 설립 등기 및 법인 관리, 은행계좌 개설 등의 서비스를 이용할 수 있게 한 것이다. 이러한 목표에 걸맞게 국제비즈니스와 기업 이전이 크게 증가하였다. 2018년까지 전자영주권자가 소유한 에스토니아 기업은 6,300개 사에 이르고, 150여 개 국의 3만여 명이 전자영주권을 발급받았다고 한다. 한국인도 3% 차지하고 있다. 이것은 정부가 새로운 기술을 수용하여 새로운 산업과 기회를 창출하는 좋은 사례이다.

　또한 2005년에는 세계 최초로 전자투표 '아이보팅'i-Voting을 도입했다. 언제, 어디서나 투표에 참여할 수 있으며, 익명성을 보장하고 중복을 방지함으로써 안전하고 효율적인 투표시스템을 구축하였다. 에스토니아는 이것도 블록체인으로 개선하고 있다.

이렇게 에스토니아는 이제 블록체인 기술을 도입함으로써 '디지털국가'에서 '블록체인국가'로 도약하고 있다. 정부가 앞장서서 기술혁신과 사회혁신 실험을 통해 성공적인 블록체인 정부로 나아가고 있는 것이다. 기존에 디지털로 이루어지던 모든 행정을 블록체인으로 바꾸고 개선하면서 정부, 민간 영역, 시민사회 모두의 합의와 지지를 받고 있다. 특히 시민들의 정보 접근성을 향상시키고 민주적인 참여를 증진하기 위해 정보 개방과 투명화를 앞서서 실천함으로써 정부의 디지털 리더십에서 하나의 좋은 모델로 인정받고 있다.[15]

Ⅳ. 블록체인 거버넌스의 방향

1. 블록체인 규제의 문제점

블록체인에 대한 규제는 나라마다 다르다. 세계 각국의 규제기관들은 블록체인 기술을 포용하기 위한 규제 방안을 다양하게 모색하고 있다. 그런데 현재까지 블록체인에 대한 규제는 주로 암호화폐를 중심으로 전개되고 있다. 아직 암호화폐 이외의 분야에서는 규제에 이를 정도의 상황이 되지 않았기 때문이다. 암호화폐에 대한 규제는 암호화폐를 자산으로 볼 것인가 화폐로 볼 것인가를 중심으로 논의가 이루어졌다. 일본에서는 화폐로, 미국에서는 자산으로 보고 있다. 유럽에서는 대체로 암호화폐를 인정하고 정부에 등록된 거래소를 통해 거래할 수 있는 제도를 마련하고 있다. 영국은 2014. 9. 암호화폐를 최초로 화폐 개념으로 인정했다. 반면에 한국과 중국에서는 암호화폐 공개ICO를 금지하는 규제를 채택했다. 이러한 규제는 현재 세계에서 가장 강력한 규제에 해당된다. 특히 중국 정부는 블록체인과 같은 신기술 스타트업들이 저장한 데이터에 대한 접근을 요구할 수 있고, 민감한 내용에 대해서는 검열을 실시하는 등의 강한 국가 규제를 적용하고 있다.

한국에서는 2019. 1. 신기술과 신산업 분야에 대해 규제 샌드박스를 도입했다. 이것은 기업들이 규제 존재 여부를 빠르게 확인받을 수 있는 '규제 신속확인' 제도, 관련 법규가 모호할 경우 일정한 조건 하에 규제적용을 면제해 주고 시장 출시를 앞당겨주는 '실증특례'와 '임시허가' 제도로 구성되어 있다.[16] 암호화폐 금지로 블록체인 규제 국가의 오명을 쓴 한국에 규제 샌드박스는 블록체인의 확산에 긍정적인 역할을 할 수 있다.

여기서 분명히 해야 할 것은 그 진가가 나타나기 전에 성급하게 규제해서는 안 된다는 것이다. 세계는 새로운 기술이 등장할 때마다 기존의 규제를 적용하는 것이 옳은지 아닌지를 두고 고심해 왔다. 영국의 붉은 깃발법은 규제의 황당한 사례로 종종 소개된다. 이 법은 영국 빅토리아 시대 자동차가 처음 등장했을 때, 사람이 자동차 앞으로 붉은 깃발을 들고 걸어가면서, 행인과 말이 자동차에 접근하지 못하도록 한 법이었다. 인터넷의 등장했을 때도 정부와 규제 당국은 어떻게 규제해야 할지를 두고 고민했었다. 그러나 100년 전과 달리 이때에는 처음부터 규제하지 않았고 인터넷 거버넌스라는 프레임워크를 적용함으로써 인터넷의 발전이 이루어졌다. 블록체인에 대해서도 마찬가지의 접근이 요구된다.

2016. 5. 유럽의회European Parliament가 유럽연합 집행위원회European Commission에 제출한 블록체인 관련 보고서에서는, 유럽연합 집행위원회가 블록체인에 대해 '불간섭원칙'hands-off approach을 채택하도록 권고하고 있다. 전 세계적으로 블록체인을 이용한 다양한 실험들이 진행되고 있는 상황에서 정책담당기구는 블록체인의 기술적 한계나 부작용보다는 혁신의 과실을 충분히 향유하는 데 우선순위를 두어 '세심한 모니터링'precautionary monitoring을 정책의 기본 기조로 삼아야 한다는 것이다.[17] 블록체인을 규제하기에 앞서 블록체인이 적용된 실체 있는 서비스들이 다양하게 등장하도록 해야 한다. 그런 후에 규제의 방안을 마련하면 된다.

2. 블록체인 거버넌스 원칙

따라서 블록체인에 대해 디지털 거버넌스의 틀을 확대하고 더 나아가 블록체인 기술의 장점을 살리는 방향으로 정립하는 것이 필요하다.

먼저 멀티스테이크홀더리즘, 즉 다주체주의에 입각한 접근을 더욱 확대할 필요가 있다. 인터넷의 등장으로 지금까지 정부가 주도해 온 방식에서 벗어나 역사상 처음으로 민간과 비국가 네트워크가 참여하는 틀이 만들어졌다. 기업, 학계 및 전문가, 시민사회기구 등이 글로벌 차원에서 중요한 역할을 할 수 있게 되었다. 특히 인터넷이 연구소나 학계, 국방 관련 기관 등에서 폐쇄적으로 운영되어 온 것으로부터 개방되어 자율적으로 운영되는 길을 걸은 것이 결정적이었다. 그러면서 민간 영역이 다양하고 창의적인 서비스를 개발하고 비즈니스 영역을 개척함으로써 인터넷의 폭발적인 성장을 가져온 것이 핵심이다. 블록체인 거버넌스의 원칙도 마찬가지이다. 개방성, 자율성, 그리고 블록체인이라는 신뢰있는 기술이 가져오는 투명성의 접근 방식으로 보아야 한다.

개방은 이제는 인터넷의 기본 철학으로 확고히 자리 잡았다. 기존에 정부와 기업이 자신만의 폐쇄적인 영역을 허물고 개방과 참여를 통해 혁신을 이루었다. 개방형 혁신이라는 새로운 방식이 생겼고, 이는 많은 산업에 깊은 영감을 주었다. 개방이 이루어지면서 전 세계를 연결하는 연결사회를 만들어서 정보화 사회를 이끌어냈다. 온라인 산업이 등장하고 온라인으로 인간의 활동범위를 확장할 수 있었다. 온라인 쇼핑, 온라인 교육, 온라인 소통 등은 우리 삶에 커다란 변화를 가져왔다. 이제는 더 나아가 모든 사물이 연결되는 사물인터넷 시대를 맞고 있다. 인간의 연결에 이어 '사물'과 '기계'의 연결로 이어진다는 점에서 종전의 연결과는 비교할 수 없는 전혀 새로운 차원의 '연결' 사회를 만들기 시작하는 것이다.

자율은 인터넷의 발전에 날개를 달아준 원칙이었다. 인터넷을 민간 영역에서 자율적으로 개발하도록 함으로써 경제와 사회의 디지털화에 크게 기여했음은 이제 누구라도 인정하고 있다. 만일 정부나 통제 기관이 인터넷의 계획을 마련하여 그것을 집행하는 방식으로 추진했다면 지금과 같은 인터넷의 성장을 볼 수 없었을 것이다. 민간 주체들이 자율적으로 시장에서 인터넷 서비스를 추진하고 실패하는 과정을 거듭하면서 인간과 사회에 적합한 모습을 만들어냈다. 더욱이 인터넷은 창업의 인프라로 수많은 새로운 산업을 만들어냈다. 창업자들은 대학 기숙사에서, 창고에서, 주차장에서 인터넷을 활용한 수많은 창업을 하고 기업을 키우고 일자리를 만들었다. 이 모든 것이 자율성의 열매이다. 그런데 자율성은 또한 블록체인이 가지고 있는 기본적인 특징이다. 블록체인은 분산원장으로, 여기에 참여한 사람들이 각각 원장을 관리하고 중앙의 관리자나 통제자가 없이 자율적으로 운영된다.

또한 신뢰 기술은 거래와 정책 집행을 투명하게 하는데 결정적이다. 국가가 담보하던 수준의 신뢰를 익명의 다수가 참여하는 P2P 네트워크가 제공할 수 있게 하여 투명한 집행이 가능하다. 즉, 블록체인 거버넌스는 개방, 자율, 투명의 원칙을 기반으로 하여 이루어져야 하는 것이다.

3. 거버넌스 네트워크

블록체인 거버넌스에는 다양한 이해관계자들의 참여한다. 탭스콧은 이러한 거버넌스 네트워크를 10개 유형으로 정리하고, 이들이 블록체인 거버넌스에서도 주요 이해관계자로서 역할을 할 것이라고 설명하였다.

첫째, 지식 네트워크Knowledge Network의 역할이다. 지식 네트워크의 기능은 글로벌 문제를 해결할 수 있는 새로운 생각, 아이디어, 정책을 개발하는 것이다. 주로 학계나 전문가들이 여기에 해당된다. 이들은 지식을 공유함으로써 새로운 아이디어를 제안하고 퍼트리고 확산하여 이해당사자들이 효과적으로 정책을 만들어 지원할 수 있도록 한다. 예를 들면 블록체인워크숍 사이트Blockchainworkshops.org는 이해당사자들을 한데 모아 지식과 핵심 교훈을 확산하는 역할을 하기 위해 만들어진 사례다.

둘째, 전달 네트워크Delivery Network는 그러한 지식과 변화를 사람들에게 전달하는 역할을 하는 부문으로서 이런 전달 기능은 현대사회에서 중요하다. 더욱이 인터넷 이후 글로벌 네트워크가 필연적으로 다가왔기 때문에 전달하는 네트워크의 역할이 필요하다. 인터넷 거버넌스에서는 ICANN이 그러한 역할을 해 왔다. 어느 한 국가가 아니라 처음부터 글로벌하게 조직할 필요가 있는 것이다. 특히 민간 부문에서 그러한 글로벌한 조직이 나온 것은 의미가 크다.

셋째, 정책 네트워크Policy Network는 정부가 아닌 여러 이해당사자들이 정책을 개발하거나 대안을 제시할 수 있는 단위를 의미한다. 이것은 기존에 정부가 해 오던 정책 기능, 수직적인 의사결정에서 벗어나 수평적이며, 협업 모델로 바꾸는 것이다. 예컨대 미국의 비영리 정책 그룹인 코인 센터Coin Center는 소비자 보호, 보안, 회계, 프라이버시, 혁신 등 다섯 가지 블록체인 정책을 다루고 제안하는 역할을 한다.

넷째, 지원 네트워크Advocacy Network는 정부나 기업 등의 정책이나 과제에 영향을 주는 그룹이다. 지원은 블록체인 기술을 확대하는데 필요하다. 또한 정부나 기타 기관이 자신들의 이익을 위해 개방성을 제한하고 통제하지 않도록 하는 역할 측면에서 중요하다.

다섯째, 감시 네트워크Watching Network는 기관들의 행위를 감시하고 투명하게 추진하도록 하는 역할을 한다. 예를 들어 블록체인 동맹Blockchain Alliance은 블록체인 커뮤니티와 법 집행 기관이 범죄 활동 방지를 위해 협력할 수 있도록 하는 공공/민간 협력 포럼이다. 블록체인 동맹은 블록체인 기반 기술사용에 관해 교육, 기술 지원 및 주기적인 정보 제공 등의 지원 역할을 한다. 블록체인 동맹은 블록체인에서 범죄 행위를 방지하고 공공 안전을 보호하는 역할을 수행하는데, 이는 블록체인 생태계의 성장을 위한 중요한 단계이기도 하다. 블록체인 동맹은 혁신을 저해하지 않는 법제도와 규제에 대한 접근 방식을 옹호하며, 블록체인 기술이나 비트코인 및 기타 암호화폐에 대한 잘못된 인식을 바로 잡기위한 노력을 목표로 하고 있다. 특히 블록체인 생태계에는 정부, 기업, 기타 기관을 감시하기 위한 독립적인 기관을 필요로 한다.

여섯째, 플랫폼Platform은 디지털 시대를 특징짓는 현상의 하나이다. 다양한 조직들이 폐쇄성을 벗어나 가치 창조, 혁신, 글로벌 문제들을 해결하기 위한 플랫폼으로 변화했다. 인터넷의 발전에는 공개형 데이터 플랫폼들이 역할이 컸다. 인권, 기후 변화 등의 다양한 이슈를 제기하고 캠페인을 조직하는 등 누구도 해내지 못한 일을 한 것이다. 블록체인에서도 역시 폐쇄형 블록체인보다는 개인, 조직이 참여하는 개방형 플랫폼을 통해 다양한 문제들을 해결할 수 있다.

일곱째, 표준 네트워크Standards Network의 역할이 클 것이다. 인터넷 경우는 표준을 개발하는데 다양한 기술 전문가들의 네트워크가 결정적인 역할을 했다. 마찬가지로 기술계, 학계 등이 모여 블록체인의 프로토콜 개발을 비롯한 주요 기술적 이슈를 해결할 수 있다.

여덟째, 네트워크형 기관Networked Institution은 국가에 의지하지 않는 이해관계자들의 네트워크로서 지식, 지원, 정책, 집행에 이르기까지 다양한 범위에서 활동한다. 블록체인이 인터넷과 마찬가지로 범용 기술General Purpose Technology에 해당되기 때문에 이러한 기관의 역할은 중요하다. 예컨대 세계경제포럼World Economic Forum은 인터넷 거버넌스에 대해서도 주도적인 역할을 한 적이 있다.

아홉째, 디아스포라Diaspora는 오랜 고향을 떠나 흩어졌지만 문화와 정체성을 공유하는 사람들이 결성한 글로벌 커뮤니티다. 이러한 커뮤니티는 글로벌 문제를 해결하는데 도움을 준다. 블록체인은 해외에서 송금 비용을 낮추고 송금 과정을 단순화하여 기존의 금융과 상거래가 적용되기 어려웠던 부문을 개선할 수 있다. 따라서 블록체인의 미래에도 디아스포라가 역할을 할 수 있다.

열째, 거버넌스 네트워크Governance Network는 위의 특징과 속성들을 결합한 것이다. 블록체인 거버넌스 네트워크는 모든 이해관계자들을 참여하게 하는 멀티스테이크홀더리즘, 즉 다주체주의에 의해 이루어지는 것이 최선이다. 블록체인 거버넌스 네트워크는 모든 기록을 공개하고 투명하게 운영해야 한다. 그리고 합의에 따른 의사결정이 이루어져야 한다.[18]

블록체인 거버넌스는 이러한 다양한 이해관계자들이 협력과 논의를 통해 블록체인이라는 글로벌 자원을 관리하는 방식으로 이루어지게 된다.

4. 분권화 거버넌스

블록체인은 분산되고 독립적이며 개방적인 분산 원장 시스템의 특징을 갖는다. 인터넷의 중앙집중적인 시스템과 다른 것이다. 블록체인은 중앙집중적인 서버나 중개자를 거치지 않고 정보 제공자와 이용자가 연결된다. 사실 이러한 방식은 예전에도 있었다. P2PPeer to Peer 시스템이 그것이다. 이것은 컴퓨터의 양방향 파일 전송 시스템으로, 이 역시 중앙 서버 없이 컴퓨터와 컴퓨터를 연결하고 간편하게 파일을 전송할 수 있었다. 미국에서 냅스터Napster가 처음으로 파일 전송 시스템을 선보였고, 한국에서도 소리바다가 그러한 서비스를 제공했었다. 그러나 음악, 영상 등의 불법 파일 공유가 문제가 되어 저작권법을 위반하였고 불법 서비스라는 이미지로 더 이상 발전하지 못했다. 특히 신뢰를 훼손하는 방식이라는 점이 가장 문제였던 것이다.

그러나 블록체인은 바로 신뢰가 부재하는 문제를 기술적으로 극복했다. 그것은 분산자율조직Decentralized Autonomous Organizations, DAO을 통해 이루어졌다. 즉, 중앙 관리자가 존재하지 않고 분산 형태로 자동적이며 자율적으로 통치하는 조직이다. 국가나 기업 등의 조직을 운영하기 위해서는 관리자가 필요하다. 관리자는 사람을 관리하고 자산을 관리하고 조직의 규칙을 정하고 조직을 이끌고 가는 역할을 한다. 산업혁명 이전에는 이런 관리가 모두 인간에 의해 이루어졌다. 그러다 산업혁명 이후에는 조금씩 기계가 보완적으로 활용되었다. 기계는 인간의 노동을 효율적으로 사용하도록 하는데 큰 역할을 하였다. 물론 이런 자동화의 이면에는 인간의 일자리를 빼앗기도 하였다. 그러나 다른 한편으로 기존에 없던 새로운 일자리를 만들기도 하였다. 자동화는 조직을 변화시켰다. 더욱이 그 기계가 컴퓨터로 진화하면서는 자동화의 수준을 크게 높이고 더욱 더 효율적인 조직으로 탈바꿈시켰다. 인간의 노동을 더욱 줄고 인간은 자동화를 관리하거나 운영하는 역할로 제한되었다.[19]

오늘날의 삼성전자나 현대자동차 등의 현장을 가면 거의 모든 생산이 기계와 컴퓨터에 의해 이루어진다. 그 큰 건물에 엄청난 크기와 규모의 기계들만 돌아가고 사람은 몇 사람 보이지도 않는다. 인간의 역할이 이러한 기계를 움직이고 관리하고 최적화하는 지적노동자로 바뀐 것이다. 산업계뿐만 아니라 공공 부문도 마찬가지다. 많은 공공 조직들도 공공서비스를 자동화하고 기계로 대체하는데 힘을 쏟고 있다. 정부를 전자정부e-Government로 만드는 변화는 벌써 20여 년이 넘었다. 그래도 여전히 인간이 중심적인 관리를 하는 것은 마찬가지이다. 조직의 중앙에는 인간이 있고, 그 주위를 기계와 컴퓨터가 자리잡는 구조로 되어 있다.

분산자율조직은 이와 다르다. 중앙에 기계를 놓고 그 주위에 인간이 자리잡는 구조를 띠는 것이다. 분산자율조직에서는 중앙이 있는 것이 인간이 아닌 프로토콜과 계약이다. 네트워크를 관리하는 인간 관리자는 존재하지 않는다. 인간 대신 네트워크가 움직일 수 있도록 정해진 일련의 규칙, 프로토콜이 있는 것이다. 그리고 이러한 규칙 주위에 인간이 둘러싸고 있는 형태를 띤다. 서로를 알지 못하는 익명의 참여자들이 어떤 위계질서 없이 공동으로 조직을 운영하는 것이다. 이것이 신뢰네트워크로 기능하는 것이다. 앞으로는 인공지능을 적용하여 더욱 효율적이고 민주적이며 지속가능한 거버넌스를 구현하는 방향으로 발전할 수 있다.

5. 네거티브 규제

한국의 규제 방식은 포지티브 사전 규제에 의해 혁신의 장애요인으로 작용하고 있다. 이것은 특정한 행위만을 허용하고, 다른 것은 금지하는 방식이다. 즉, 원칙적으로는 금지하고 예외적으로만 허용하는 규제 방식이다. 이런 방식을 취한 것은 한국의 산업 발전 정책 초기에 정부 주도성을 명확히 하기 위해 채택하였기 때문이다. 산업 규모가 작고, 기업의 역량이 떨어졌을 때에는 정부가 사전에 모든 것을 정하고 규제하는 방식은 효율적이었다. 또한 위법 행위가 발생했을 경우 사전에 차단하는 방식이 규제 비용을 줄이고 효율적이었다. 그러나 한국의 산업이 성장하고, 산업 규모가 커지고, 글로벌 스탠다드를 갖추는 상황에서는 규제 환경이 크게 변하였다. 따라서 이제는 사전에 규제하는 방식이 시대에 뒤떨어진 것이라는 지적이 언론이나 학계에서 엄청나게 제기되고 있다. 네거티브 규제로 전환해야 한다는 것이다.

네거티브 규제는 특정한 활동 및 행위만을 금지하고 이외의 사항에 대해서는 자유롭게 할 수 있게 하는 규제 방식이다. 즉, 원칙적으로는 허용하되, 예외적으로 금지하는 방식의 규제이다. 이것은 민간의 자율적인 규제를 선호하고, 규제자의 자의적인 권한 행사의 소지가 적으므로 산업 발달이 성숙한 시기에 적합한 규제 방식이다. 또한 네거티브 규제는 창의와 혁신을 장려하는 효과를 가지고 있다. 그러므로 이제는 네거티브 규제가 더 적합하다. 그러나 아직도 정부 규제 방식은 포지티브 방식을 벗어나지 못하고 있다. 그러다 보니 시대에 뒤떨어진 결과가 도처에서 발생하고 있다.

한국은 세계 최초의 클라우드 발전법[20]을 제정했으나 클라우드 활용에서 경제협력개발기구OECD 최하위 국가다. 액셀러레이터법[21]은 스타트업을 촉진하고자 하는 법의 목적을 구현하지 못하고 거꾸로 새로운 규제로 작동하고 있다. 법에 정의되지 않은 것은 허가하지 않는다는 포지티브 원칙에서는 법 자체가 진흥보다 규제로 작동하는 것이다.

따라서 무엇보다도 자율규제를 바탕으로 하여 최소한의 사전규제를 하고 문제가 있을 경우에 강력한 사후징벌을 하는 네거티브 규제 방식으로 전환하지 않으면 안된다. 블록체인과 같은 혁신적인 기술은 정부가 주도하는 것이 아니라 민간이 주도한다. 개방적이고 자율적인 기술의 경우는 더더욱 그러하다.

네거티브 규제로의 전환은 또한 정부와 공공부문을 줄이는 데 기여할 수 있다. 작은 정부를 가능하게 하는 것이다. 정부를 국방, 외교, 치안, 사법, 안전과 같은 국가의 핵심적인 기능을 수행하는 조직으로 바꿀 수 있다. 한국의 정부는 부처가 많이 있고, 중복되는 기능을 수행하는 문제를 가지고 있다. 특히 산업, 경제 정책 분야가 중복된다. 경제 부처가 하는 대부분의 일은 규제이다. 그러다 보니 규제가 많고 규제 공화국이라는 말을 듣는 것이다. 경제 발전 이전에는 정부가 산업정책을 펴서 산업을 육성하는 역할을 했지만, 이제는 산업정책이 오히려 장애가 되고 있는 현실이다. 경제와 산업은 민간 부문에서 훨씬 창의적이고 주도적인 상황이 되었다. 따라서 블록체인과 같은 신뢰 있는 기술을 도입하여 정부 기능을 재조정하는 것이 국가경쟁력에 도움이 될 수 있다. 단지 정부를 줄이는 것뿐만 아니라 국가의 효율성과 경쟁력을 높일 수 있다는 점이 핵심인 것이다.

Ⅴ. 결론

블록체인을 사회의 여러 서비스와 규제 등에 적용함으로써 블록체인 기반에서 정부와 민간, 시민 등의 협치 시스템을 명확하게 만들 수 있다. 더욱이 블록체인 투표 등의 도입은 실질적인 민주주의 확대에 기여할 것이다. 이는 직접민주제의 장점과 간접민주제의 장점을 결합하는 혁신적인 제도이다. 또한 블록체인을 활용한 새로운 정책 결정 방안을 마련할 수 있다. 사회 시스템을 수직적 조직에서 수평적 조직으로 변화하는데 적용할 수 있으며, 중앙집중에서 분산으로, 탈집중된 자율 조직으로 만드는 혁신을 통해 스마트한 거버넌스를 만들 것이다.

블록체인 거버넌스는 인터넷 거버넌스로부터 출발하여 알고리즘 거버넌스 등으로 확대되고 있는 디지털 거버넌스의 스마트한 발전 모델이 될 것이다. 여기에는 개방, 자율, 참여의 원칙이 적용되는, 다양한 이해관계자들이 참여하는 모델을 만들어 나갈 것이다. 기존에 국가가 담보하던 수준의 신뢰를 분권화되고 수평적인 커뮤니케이션을 기초로 한 민주적인 거버넌스로 널리 확산할 수 있다. 여기에 인간의 오류를 줄이는 기계와의 협치 방식을 수용함으로써 지속가능한 거버넌스를 만들 수 있다. 물론 블록체인 거버넌스를 단기간 내에 확립하기는 쉽지 않다. 기존 정부에 이미 오랫동안 관료제와 중앙집권적인 운영, 그리고 거기에 체화된 인력이 자리 잡고 있고 있기 때문이다. 기존 세력들의 저항과 지연 등이 만만치 않을 것이다. 그러나 블록체인을 활용함으로써 정부, 민간, 시민들이 좀 더 투명하고 개방된 협치를 행할 때 과거보다 더 나아질 것이 틀림없다.

1　신은동, "홍남기 '블록체인 기술산업육성에는 전적으로 찬성'", 서울경제신문, 2018. 12. 5., https://decenter.sedaily.com/NewsView/1S8CI4PLRZ.

2　김진배, "ICO 막아놓고 블록체인 권장했다는 정부 ⋯ '술은 마셨는데 음주운전은 안 했다?' 반발", 블록미디어, 2018. 12. 5., https://www.blockmedia.co.kr/archives/55362.

3　김신영, "블록체인 활용하면 소도 소중한 자산", 조선일보, 2018. 12. 13., http://biz.chosun.com/site/data/html_dir/2018/12/13/2018121300070.html.

4　오세현/김종승(2017).

5　Higginson, M., Nadeau, M-C., & Rajgopal, K., "Blockchain's Occam problem", McKinsey&Company, https://www.mckinsey.com/industries/financial-services/our- insights/blockchains-occam-problem (2019. 1. ET).

6　Milton Mueller et al.(2007), pp. 237-254.

7　ITU, "Tunis Agenda for the Information Society." 2005, http://www.itu.int/wsis/docs2/tunis/off/6rev1.pdf. (2019. 1. 6. 확인).

8　O'Reilly, T., Open Data and Algorithmic Regulation, In Brett Goldstein & Lauren Dyson(2017).

9　Karen Yeung(2017).

10　유발 하라리(2017).

11　NSTC(2016); 김대호(2018)에서 재인용.

12　Future of Life Institute, "ASILOMAR AI PRINCIPLES", https://futureoflife.org/ai-principles/?cn-reloaded=1&cn-reloaded=1 (2019. 2. 1. 확인).

13　돈 탭스코트 외(2017).

14　Berryhill, J et al.(2018).

15　박용범(2018).

16　산업자원통상부 보도자료, "산업융합·ICT융합 규제 샌드박스 본격 시행", 과학기술정보통신부 인터넷제도혁신과/산업통상자원부 산업기술정책과, 2019. 1. 17.

17　서정호 외(2017).

18　돈 탭스코트 외(2017).

19　앤드루 맥아피/에릭 브린욜프슨(2018).

20 　정부는 2015. 3. 27. 법률 제13234호로 클라우드컴퓨팅 발전 및 이용자 보호에 관한 법률(약칭: 클라우드 컴퓨팅법)을 제정하여 2015. 9. 28. 시행하였다.

21 　2016. 5. 29. 법률 제14273호로 개정된 중소기업창업지원법은 초기창업자 등의 선발 및 투자, 전문보육을 주된 업무로 하는 창업기획자, 즉 액셀러레이터제도를 도입하였다.

{ 블록체인과 복지 }

본 절은 성균관대학교 공익과 법 연계과정에서 손경한 교수의 지도 아래 수강생인 김현솔 · 김지유 · 최정민 · 박지훈 · 이은지 학생이 작성한 것임을 밝힌다.

| 제**4**절 | { 블록체인과 복지 } |

감수 손경한

 Ⅰ. 서론

건강한 민주주의는 국민 개개인의 최소한의 인간다운 생활을 전제로 한다. 건강한 민주주의는 최대한 많은 국민이 정치 과정에 참여해 자신의 의사를 표출할 때 가능한데, 최소한의 인간다운 생활이 충족되지 않는 경우 국민들은 정치 과정으로부터 이탈할 유인을 갖게 되기 때문이다. 저소득층일수록 선거에서 이탈한다는 실증 연구[1]도 있음을 감안한다면, 좋은 민주주의를 위해서는 어떤 방식으로든 최소한의 인간다운 생활을 보장할 필요가 있다.

한국을 포함한 대부분의 현대 국가는 최소한의 인간다운 생활을 보장하기 위해 복지를 제공한다. 그러나 현재의 복지 체계는 내재적 한계로 인해 이러한 필요를 충분히 충족시키고 있지 못하다. 이 한계를 극복할 수 있는 유효한 수단 중 최근 주목받고 있는 것이 바로 블록체인을 복지 체계에 적용하는 것이다.

본 절에서는 ① 현 복지체계에 블록체인이 활용된다고 할 때 기대되는 효과와 개선점을 따져보고, ② 블록체인이 현 복지체계에 적용될 때 생기는 법적 쟁점에 대해 현재의 법령에 기반을 둔 해석론과 법령의 개선을 고려하는 입법론적 측면에서 논하고자 한다. 먼저 현 복지체계의 한계를 극복하기 위한 대안으로서의 블록체인 복지의 필요성을 검토하고(Ⅱ), 이어 블록체인 복지의 개념, 현황, 문제점, 보완 방안에 대해 다루며(Ⅲ), 블록체인 복지에서 발생할 수 있는 법적 쟁점으로서 사회복지법제와 블록체인(Ⅳ), 복지 코인(Ⅴ) 및 블록체인 복지 행정의 사법적 통제가능성(Ⅵ)에 대해 현행법상의 해석론과 이를 보완할 수 있는 입법론을 제시하고 결론에서는 이러한 논의를 종합하여 블록체인 복지를 위한 향후의 과제를 제시한다.

Ⅱ. 블록체인 복지의 등장

1. 현 복지체계의 한계

(1) 제한된 접근성

현재의 복지는 접근성 측면에서 여러 한계를 드러내고 있다. 우선, 복지 사각지대의 문제가 있다. 자원이 한정되어 있으므로, 국가는 복지 대상을 선정하여 복지를 제공하는 선별적 복지를 시행하기도 한다. 이를 집행하는 과정에서의 한계로 인해, 정말로 복지가 필요함에도 복지 대상으로 선정되지 못해 혜택을 제공받지 못하는 사람들이 생겨난다. 이러한 사람들을 복지 사각지대라고 하며, 그 규모는 2019년 현재 약 21만 명 정도로 추산된다.[2]

두 번째로, 절차의 복잡성이 문제가 된다. 현재 복지 혜택을 받기 위해서는 복지 대상자가 직접 신청하는 절차를 거쳐야 하는 경우가 많다. 그런데 복지 혜택을 받기 위한 절차는 상당히 복잡하다. 대학생이 한국장학재단으로부터 복지 혜택을 받고자 하는 경우를 생각해 보자. 공인인증서는 기본이고 가구원 정보 동의, 본인의 정보 동의, 상세한 개인정보 입력, 소득심사를 위한 서류제출, 한국장학재단에서 제공하는 여러 개의 동영상 시청 등을 모두 순서에 맞게 진행해야만 한다. 실제로 측정을 해 봤을 때, 심혈을 기울여서 진행해야 1시간 안에 국가장학금이나 학자금 대출 신청을 완료할 수 있었다. 복잡한 절차가 복지의 실질적인 접근성을 떨어트리는 결과를 초래한 예이다.

마지막으로, 정보 비대칭 문제가 있다. 복지 혜택의 내용, 복지 행정의 절차, 복지 수혜의 요건 등의 복지 정보에 대해 사람마다 가진 정보량은 차이가 나기 마련인

데, 이러한 차이를 정보 비대칭이라고 한다. 실업급여를 예로 들어보자. 실업급여는 고용보험 제도의 하나로 실업자의 생활안정, 원활한 구직활동을 위해 일정 기간 지급되는 급여이다. 그런데, 실업급여를 받을 수 있는 조건을 갖추더라도 정보 비대칭으로 인해 정보가 적은 사람이 실업급여를 받지 못하는 경우가 수두룩하다. 실제로, 이주노동자들이 정보 비대칭으로 인해 실업급여를 수급하지 못했다는 보도가 있다.[3] 일반적으로 정보가 적은 사람이 사회적 취약계층인 경우가 많다는 점을 고려하면, 정보 비대칭이 복지의 접근성을 떨어트리고 있는 셈이다.

(2) 거래비용 문제

복지에 소요되는 자원을 추출·관리·사용하는 데는 비용이 소요되며, 기부금액의 일부는 이를 지불하는 데 사용된다. 실제로 적십자를 포함한 여러 비영리 단체의 경우, 일반 기부금의 70~80%를 운영비 등의 거래비용 지출에 사용하고 있다.[4] 이뿐만 아니라, Paypal이나 Stripe을 통해 기부할 경우 기부 금액의 3%는 수수료로 지불된다는 보고도 있다.[5] 이러한 거래비용 문제는 복지의 효율성을 저해하고 기부자들의 기부를 망설이게 하는 중요한 원인이다.

(3) 예산 누수 문제

예산 누수는 "복지 주체인 일반정부, 서비스 공급자가 자격조건을 만족하는 대상자를 누락 또는 만족시키지 못하는 자에게 급여를 제공하거나, 공무원이나 수혜자의 부당, 부정, 도덕적 해이에 의해 발생하는 부정 또는 부적절한 지출, 또는 정부가 예산집행에 대한 사후감독의 부실에 따른 예산 낭비"를 의미한다.[6] 2017년 복지예산의 부적정 지급으로 인해 환수 결정된 금액은 771억 4,000만 원에 달한다는 통계도 있다.[7] 공식적으로 파악된 금액만 추산한 것임을 고려하면, 실제 예산 누수 규모는 이보다 더 클 것으로 예상된다. 연구에 따르면, 예산 누수의 대부분은 정부(84.6%)에 의해서 발생하며, 사후관리의 부적정으로 인해 발생하는 예산 누수가 대부분(71%)인 것으로 나타났다.[8] 이러한 예산 누수 문제는 복지의 효율성과 신뢰성을 저해하는 결과를 초래한다.

2. 블록체인 복지의 필요성

블록체인기술을 복지에 적용하는 것(이하 "블록체인 복지"라 함)에 의하여 앞서 지적한 현 복지체계의 한계를 상당 부분 극복할 수 있을 것으로 예상된다. 일정 조건을 만족할 경우 자동으로 복지예산이 집행되도록 블록체인 기술을 이용한다면, 더는 복잡한 절차를 거치지 않아도 되고 정보 비대칭의 문제 또한 발생하지 않아 정보의 접근성을 높일 수 있다. 또 블록체인의 투명성과 탈중앙성은 예산 누수 문제를 해결하는 데 상당한 기여를 할 수 있다. 더 나아가 블록체인 복지가 정착되면 블록체인을 이용해 일정한 복지 정책목표에 국민이 능동적으로 참여할 수 있도록 하는 유인을 제공할 수도 있으며, 이는 복지 참여를 증진시키는 데 큰 도움이 될 것이다. 실제로 영국에서의 복지예산 관리에 블록체인 기술이 활용되고 있다는 소식을 소개하면서, 블록체인이 거래의 기초가 되는 신뢰를 유통시키는 시스템이 될 것이라고 보기도 있다.[9]

III. 블록체인 복지의 개념과 현황

1. 블록체인 복지의 개념 및 개관

블록체인 복지는 블록체인 기술을 복지 전반에 적용하는 것이다. 이 때 복지 개념의 외연은 어디까지인지가 문제가 되는데, 시대 또는 사람에 따라 달라지는 부분이 있기 때문이다.[10] 본 절에서는 현대의 개념인 "인간의 자유와 개인의 자립 속에 건강하고 문화적인 생활을 영위할 수 있도록 도와주는 사회시책"[11]을 적용하여 다른 개념에 비해 상대적으로 넓은 외연에서 논의를 전개하고자 한다. 현대의 복지는 단순히 국가와 국민 사이의 단순한 관계를 넘어서 지방자치단체·이익집단·시민단체·기업·개인 등 다양한 관계자 사이에서 이루어지기 때문이다. 또 블록체인 기술이 활용되는 양상 또한 뒤에 소개할 노원 코인[NW] 또는 SDCOIN의 예에서 보듯, 경우에 따라서는 국가보다 먼저 지방자치단체나 민간단체가 블록체인 기술을 복지에 활용하는 사례도 많다. 그렇기에 원활한 논의를 위해서는 앞서 소개한 광의의 개념을 사용하는 것이 적절하다.

　　다만, 본 절에서 국가에 의한 사회복지의 비중은 높을 수밖에 없는데, 이는 우리 헌법이 모든 국민은 인간다운 생활을 할 권리를 가지고, 국가는 사회보장·사회복지의 증진에 노력할 의무를 지고 있음을 선언하고[12] 나아가 모든 국민은 보건에 관하여 국가의 보호를 받는다고[13] 규정하고 있기 때문이다. 이러한 사회복지에 대한 권리는 사회권적 기본권이며, 그 기본권 보장의 헌법적 수범자는 국가라는데 기초하고 있다.[14] 실제로 사회복지법은 행정법의 속성을 내재하고 있다고 보는 견해도 있으며,[15] 사회복지법을 수직적으로 정리한 연구에서도 앞서 언급한 헌법 조항과 법률상 일반법의 성격을 갖는 사회보장기본법을 중심으로 정리하고 있다.[16] 따라서 본 절에서는 사회복지법제를 검토할 때에는 국가에 관련된 사회복지 법제(〈표 1〉[17] 참조)와 행정법을 비중있게 다루지만, 이에 포섭되지 않는 자선 활동 관리 또는 복지 참여의 영역 또한 포섭하기 위하여 기부금품 모집 법제에 대해서도 검토한다.

〈표 1〉

헌법	일반 조항	헌법 제10조, 헌법 제34조 제1항
	개별 조항	일반 조항을 제외한 헌법 제30조 내지 제36조
법률	기본법	사회보장기본법
	개별법	사회복지사업법, 사회서비스 이용 및 이용권 관리에 관한 법률, 사회보장급여의 이용·제공 및 수급권자 발굴에 관한 법률

　　2017년부터 블록체인을 복지에 활용한 다양한 사례가 보고되었다. 'Blockchain for Good Society'에서는 개발도상국의 거래비용 문제를 해결하는 Disberse, 빈곤층과 투자자 수익을 연결시키는 RootProject 등을 언급하고 있다.[18] 또 2018년 NPO 국제컨퍼런스에서는 신분증명의 사각지대를 극복하기 위한 ID2020 Aliance, 인도네시아의 농업 발전의 유인으로 사용되는 HARA Token, 환경 보전을 위한 행동에 유인을 제공하는 코오롱의 카본블록 프로젝트 등이 소개되었다.[19]

　　국내에서 구체적으로 사업이 수행되고 있거나 진행하는 곳은 대표적으로 카카오 그라운드X이다. "사회문제 해결을 위한 블록체인"Blockchain for Social Impact 행사를 열고, 탈중앙화를 통해 소셜 임팩트를 구현하겠다는 포부를 밝혔다.[20] 비영리 기관 중에는 W재단이 블록체인기반의 W Green Pay를 이용해 환경관련 책자 구매와 온실가스 감축운동을 전개하였다.[21] 국제적으로는, 유니세프가 이더리움 채굴을 통한

기부 캠페인Game Changer을 시도하였다.[22]

이와 같은 블록체인이 복지에 활용되는 일반적인 사례 외에 본 절에서는 복지 분야별로 구체적인 블록체인의 적용 현황에 대해 살펴보고자 한다. 지면상 모든 복지 분야를 다룰 수 없으므로 빈민 의료·자선 활동 관리, 복지 지급 및 복지 참여 분야에 한정하여 살펴보기로 한다.

2. 블록체인 자선 활동 관리

블록체인 기술과 복지 서비스를 접목하였을 경우, 가장 기대되는 분야 중 하나는 자선 활동의 자금 집행 내역을 투명하게 관리할 수 있게 된다는 것이다. 기부금은 중요한 복지 재원인데, 집행 과정에서 횡령 또는 탈세 가능성으로 인해 국민적인 신뢰를 얻지 못하고 있다. 따라서 투명성을 확보하는 것이 중요한데, 블록체인 기술로 복지 자금을 관리한다면 지폐에 절대 지워지지 않는 일련번호를 새기는 것과 마찬가지가 된다. 그 뿐만 아니라, 자금의 사용 내역도 낱낱이 드러나기 때문에 납세자와 기부자 누구나 확인할 수 있으며, 시스템 상으로 위변조는 거의 불가능하다.[23] 이러한 특성은 투명성 확보에 효과적인 수단이며, 거래의 기초가 되는 신뢰를 유지하기 위한 제반 비용을 획기적으로 감소시켜 거래비용을 줄이는 데 기여한다.

중국 정부는 '2018~2022 사업계획'에서 공공 기부의 투명성을 높이기 위해서 블록체인을 도입하겠다는 계획을 밝혔다. 복지 분야의 투명성을 높이기 위해 신기술을 도입하는 것을 고려하고 있다고 언급하면서, 기부금 사용 내역을 관리하는 시스템에 블록체인을 적용하는 것을 거론했다. 중국 정부는 2020년까지 블록체인 프로젝트를 시행할 예정이다.[24] IBM과 글로벌시티즌은 기부자부터 최종 사용자까지의 모든 기부금 사용 경로를 추적할 수 있는 블록체인 플랫폼을 제작하는 경연대회 Challenge Accepted를 개최하기도 했다.[25]

3. 블록체인 복지 지급

블록체인 기술을 복지 지급 분야에 적용할 경우, 현재의 복지 지급 시스템과 다르게 복지 수혜자의 누락을 예방할 수 있고, 정보의 비대칭을 해소할 수 있으며, 복지 집행의 투명성을 확보할 수 있을 것으로 기대된다. 지급 및 사용 경로가 모두 블록체인에 기록될 뿐만 아니라, 별도의 행정절차 없이 일정한 요건을 충족하면 복지가 집행되도록 설계하는 것이 기술적으로 가능하므로 현재의 신청 중심 복지 지급 시스템에서 발생하는 복지 수혜자 누락, 정보 비대칭 문제를 차단할 수 있기 때문이다. 영국 노동연금부DWP의 실험은 이와 관련된 주목할만한 사례이다.

영국의 복지 수당 지급 규모는 연 160억 파운드에 달한다. 이 중 행정 착오 등으로 인해 불필요하게 지출된 금액이 35억 파운드 규모로 추정되고, 세부적으로는 고의 부정 수급 12억 파운드, 수급자 과실에 의한 과잉지급 15억 파운드, 행정 착오로 인한 손실 7억 파운드로 분석된다. 복지 지급의 효율성과 투명성을 제고하기 위하여, 노동연금부는 Govcoin과 연계해 복지 지급 시스템에 블록체인 기술을 활용하는 실험을 시행하였다. 실험 참가자들은 Govcoin이 개발한 블록체인 기반 핸드폰 앱으로만 복지 수당을 지급받고 사용할 수 있었는데, 실험 결과 부정수급자 차단, 행정 착오를 줄이는 데 있어 유의미한 결과가 보고되었고, 앱을 활용하여 은행 수수료 등의 거래비용을 줄이는 부수적인 효과 또한 발견되었다.[26]

4. 블록체인 복지 참여

블록체인은 다양한 방법으로 시민들의 복지 참여를 유도할 수 있다. 일례로, 복지에 참여한 사람들에게 일종의 마일리지처럼 코인을 주는 것이다. 봉사활동의 대가로 코인을 주게 되면 사용자가 자신이 원하는 곳에 사용할 수 있기 때문에 봉사활동에 대해 코인의 가치만큼 금전적 혜택을 주는 것과 유사한 효과가 발생한다.

이렇게 복지 참여에 블록체인 기술을 활용한 좋은 예가 바로 서울특별시 노원구에서 발행하고 있는 노원 코인이다. 봉사활동이나 사회에 공헌을 하는 행위를 할 때마다 일종의 마일리지처럼 노원 코인이 쌓인다. 주민들은 쌓인 코인을 사용 가능한 가맹점에 가서 일종의 화폐처럼 사용할 수 있다. 그 뿐만 아니라, 노원 코인은 서울특별시 노원구 지역화폐 운영에 관한 조례에 따라서 3년 이내에 회원 간의 거래가 가능해[27]개인 간의 거래에서도 활용될 수 있다.

　복지 참여와 블록체인을 접목시키는 다른 방향의 사례 또한 존재하는데, 여러 데이터를 연계해 국민의 인간다운 삶을 그들 스스로 높일 수 있도록 일종의 인센티브 형식으로 다양한 혜택을 주는 것이다. 민간 기업에서는 이를 이미 일부 시행하고 있다. 대표적인 것이 복지 참여를 금융 상품에 연계한 하나은행의 도전 365적금이다. 도전 365적금은, 기본적으로 삼성 핸드폰에 내장되어있는 삼성 헬스앱과 하나멤버스앱을 연동한 것이다. 일정 걸음 수 이상을 걸으면 삼성헬스 앱에 그 데이터를 저장한 뒤 하나멤버스 앱으로 그 데이터를 전송하면, 이율을 최대 2.45%까지 올릴 수 있다. 또한 이 적금은 만기가 되기 전까지는 소득세 면제혜택도 받을 수 있어, 건강과 경제적 이득 모두를 챙기는 데 기여한다.[28]

5. 블록체인 복지 생태계 조성

　블록체인을 이용하여 다양한 복지 생태계의 조성할 수 있다. 그 대표적인 예가 블록체인을 이용한 빈민 의료 시스템이다. 국제의료봉사단체 스포츠 닥터스는 블록체인 기술을 저소득층을 대상으로 한 의료 복지 서비스와 접목, '에스디코인'SDCOIN이라는 블록체인 기반의 암호화폐를 발행하여 그 단체에서 주관하는 의료지원 사업, 빈국 병원 설립을 위한 재원을 충당한다. 에스디코인의 청사진은 데이터 의료생태계를 구축, 국제적인 범위의 의료코인 사용, 의료 분야 내 현물 코인개념 정착, 빈국 병원 설립으로 요약할 수 있다. 스포츠 닥터스는 이를 실현하기 위해 해외 거점 병원 및 자문 병원을 에스디코인에 활용할 계획이며,[29] 2019. 6. 에스디코인을 암호화폐거래소 'BW.com'에 상장함에 즈음하여 개인, 기업, 기관 등 후원자에게 기부금의 절반에 상당하는 금액의 에스디코인을 선물하는 '에어드롭 이벤트'를 실시한 바 있다.[30] 이 뿐만 아니라 블록체인은 더 발전된 의료 복지를 실현시킬 수 있는 가능성을 가진 신기술로 여겨지고 있다. 개인의 의료주권 확보 및 헬스케어 관련 산업을 활성화시킬 뿐 아니라, 블록체인으로 자신의 의료정보를 보다 안전하고 편리하게 활용할 수 있게 되고, 저소득층에게도 의료 복지 혜택을 제공해주는 것이 가능해진다.

6. 블록체인 교육 및 기타 공공서비스

블록체인은 교육 영역의 효율성 제고 또는 비용 감소에 기여할 수 있다. 교육기관은 학생들의 활동을 기록하거나 기타 행정상 필요로 인해 서류를 보관하거나 기록 관리 시스템을 운영하는데, 이 과정에서도 거래비용이 발생한다. 실제로 현재 한국에서 사용되고 있는 교육행정정보시스템NEIS의 경우, 시스템 구축에 1400억 원의 예산이 투입되었다고 한다.[31] 블록체인의 탈중앙성과 투명성은 이러한 비용을 절감하고 기록의 투명성을 확보하는 데 기여할 수 있다. 교육 영역에서의 활용 가능성을 보여주는 예시로는 Edgecoin이 있는데, 학생들의 기록 보존과 포트폴리오 관리에 최적화된 블록체인 기반 조직이라는 의의가 있다.[32]

그 밖에도 블록체인은 노동 환경 감시와 같은 기타 공공서비스 영역을 개선하는 데도 도움이 될 수 있다. Stop the Traffik이 만든 각 생산 공정에서 노동권이 보장되고 있는지에 대해 해당 공정의 노동자들이 인증할 수 있는 블록체인 기반의 공급과정 추적 시스템이 좋은 예시다.[33]

7. 블록체인 복지의 문제점과 보완 방안

블록체인 복지가 여러 복지 영역을 개선시킬 수 있을 거라는 주장에 대해, 블록체인이 비교적 신기술이기 때문에 발생하는 기술 격차의 문제, 수혜자들이 복지 코인을 낭비할 가능성, 정부의존적 태도의 심화, 자선 등 선행이 금전화될 가능성에 대한 우려 등의 비판이 제기되고 있다. 실제로 앞서 언급한 블록체인 복지 지급에 대해서도, 영국 과학부는 "수급자들이 시스템을 이해하고 제대로 활용하기까지 많은 교육이 필요하다"는 견해를 밝힌 바 있다.[34]

또한 블록체인 기반 복지시스템이 국가에 의해 오용될 경우, 기술독재에 의한 전체주의 사회로 회귀할 수 있다는 우려 또한 존재한다. 현재까지 블록체인 기술을 활용하여 사회 통제에 직접적으로 활용한 사례는 보고되지 않았으나, 블록체인 기술과 연계될 경우 우려가 현실로 들어날 징후를 보이는 시스템은 중국에서 보고된 바 있다. 이것이 바로 사회신용시스템이다.

사회신용시스템이란 개인과 기업에 일정한 사회신용점수를 매기고, 그 점수에 따라 이익 또는 불이익을 주는 시스템이다. 중국 정부는 "사회신용시스템 구축 규획 강요(2014~2020년)"를 통해 이 시스템의 목적이 "사회 구성원의 성실의식 고취, 바람직한 신용사회 정착, 사회발전 촉진 등"에 있다고 밝혔다. 현재는 정부 업무, 상업, 사회, 사법, 산업 분야에서 시스템 구축이 이루어지고 있으며, 2020년까지 국가가 확보한 모든 정보를 분석하여 "350~950점 사이의 점수"로 중국의 행정력이 닿는 모든 개인과 기업을 평가할 계획이라고 한다.[35]

블록체인 복지에서는 개인에 관한 거의 모든 정보가 블록체인 내에서 통합되어 관리된다. 이 정보들을 분석하여 사회신용시스템과 같이 어떠한 정치적인 의도를 가진 규칙에 따라 평판 점수를 부여하고, 그 점수에 따라 이익 또는 불이익을 준다면 블록체인 복지는 사회를 통제하는 기술독재의 효율적인 수단이 될 수 있다.

우선 기술 격차 문제의 경우, 노년층과 같은 기술 취약 계층이더라도 쉽게 기술을 습득할 수 있도록 UI/UX에 상당한 직관적 요소를 확보하게끔 가이드라인을 제시하고 블록체인 도입으로 발생하는 유휴 인력 등을 활용하여 블록체인 시스템에 익숙해지도록 홍보하여 보완할 수 있다. 전자의 경우에는 노인을 위한 디자인 지침[36]을 참조할 수 있고, 후자의 경우에는 현재 복지시설에서 진행하고 있는 노인 스마트폰 교육[37]을 참조할 수 있다.

수혜자들이 복지 코인을 낭비할 가능성, 정부의존적 태도의 심화, 선행의 금전화 우려 등에 대해서는 블록체인이 지급 및 사용 전 과정을 기록하고 있다는 점을 최대한 활용할 필요가 있다. 언급된 문제점들은 블록체인 내의 기록을 분석함으로써 적절한 충격, 예컨대 가맹 분야를 제한한다거나 특정 영역에서는 환금성을 제한 또는 약화시킴으로써 해결할 수 있을 것이다. 다만, 이 경우 이러한 국가의 행정작용을 법적으로 어떻게 판단할 수 있는지가 쟁점이 되는데, 이는 국가의 블록체인 기술 오남용 문제와 공통된 쟁점이다. 이에 대해서는 뒤에서 자세히 다루기로 한다.

Ⅳ. 법적 쟁점 1: 사회복지법제와 블록체인

1. 사회복지법과 블록체인

사회복지법의 외연에 대해서는 다양한 논의가 존재하지만, 이 논문에서는 블록체인 복지의 가능성을 검토하는데 필요한 정도에서만 다룬다. 즉, 〈표 1〉에 제시되어 있는 법률을 중심으로, 블록체인 복지의 시행가능성을 검토해 보고 필요한 경우 개선입법의 방향 또한 제시한다.

우선 사회보장기본법상 블록체인 복지의 시행가능성에 대하여 살펴본다. 사회보장기본법의 관련 규정[38]에 비추어볼 때, 블록체인 복지 또한 사회보장정보시스템의 일종으로 포섭할 수 있다. "사회보장업무를 전자적으로 관리"하고, "사회보장수급권자 선정 및 급여 관리 등에 관한 정보를 통합·연계하여 처리·기록 및 관리하는 시스템"이기만 하면 사회보장정보시스템으로 해석할 수 있기 때문이다. 개인정보 보유 및 이용의 문제에 있어서도 동법[39]에 의해 그 권한이 인정되므로 문제가 되지 않는다.

문제는 사회보장기본법은 사회보장수급권이 작동하기 위한 전제를 '신청'으로 보고 있기 때문에[40] 원칙적으로는 당사자의 신청이 없는 한 사회보장급여를 제공할 수 없는 구조이다. 그러나 블록체인 복지에서는 당사자의 신청이 없는 경우에도 사회보장급여가 지급이 될 수 있어야 하므로, 현행 사회보장기본법의 관련 규정은 블록체인 복지를 시행하는데 장애가 되고 있다. 다만, 예외적으로 관계법령에서 따로 정하는 경우 국가 또는 지방자치단체가 신청을 대신할 수 있으므로, 사회보장법 관련 법령에 블록체인 복지의 경우 국가 등이 신청을 대신할 수 있는 근거를 마련할 필요가 있다. 바람직하기로는 사회보장기본법 자체를 개정하여 신청주의 원칙을 직권주의 원칙으로 변경하여 블록체인 복지에 있어서는 직권주의를 채택하는 방안을 강구하는 것이 가장 좋다.

다음으로 사회복지사업법상 블록체인 복지의 시행가능성에 대하여 살펴본다. 사회복지사업법의 관련규정[41]에 비추어볼 때 블록체인 시스템을 사회복지사업법상의 정보시스템으로 볼 수 있으므로 개인정보 보유 및 이용의 문제, 복지행정시스템과의 연계 문제 또한 발생하지 않는다. 사회복지서비스 제공의 원칙이 문제가 될 소지가 있으나, 이는 뒤에서 다룬다.

이제 사회서비스 이용 및 이용권 관리에 관한 법률(이하 "사회서비스이용권법"이라 한다)상 블록체인 복지의 시행가능성에 대하여 살펴본다. 블록체인 서비스를 사회서비스에 한정할 경우 사회서비스이용권법[42]이 정의하는 사회서비스이용권의 개념에 포섭될 수 있다. 그러나 사회서비스이용권법 역시 신청주의를 취하고 있어[43] 블록체인 복지의 법적 근거로서는 미흡한 점이 있을 뿐만 아니라, 사회서비스 제공 비용을 예탁하여야 하므로[44] 사회서비스이용권은 예산과 연동되어 발행할 수 있는 양이 한정되어 있다. 그러므로 사회서비스이용권법이 블록체인 복지의 법적 근거가 되기 위해서는 신청주의 원칙을 직권주의로 변경하고 사회서비스 제공 비용을 예탁하는 규정을 폐지 또는 변경하여 코인 내지는 토큰을 포섭할 필요가 있다.

마지막으로 사회보장급여의 이용·제공 및 수급권자 발굴에 관한 법률(이하 "사회보장급여법"이라 함)상 블록체인 복지의 시행가능성에 대하여 살펴본다. 사회보장급여법에 의하면 사회보장급여는 그 수급권자의 신청에 의하여, 조사를 거쳐, 지급을 결정하는 절차를 취하고 있다.[45] 이는 앞서 반복하여 언급한 신청주의 원칙을 취하고 있는 문제가 있으므로, 사회보장급여법의 해당 부분을 직권주의로 변경할 필요가 있다. 또한 블록체인 복지하에서는 지원대상자의 발굴 및 발견의 필요 또한 현저히 감소할 것이므로, 블록체인 복지 시스템에 있어서는 동법상 지원대상자의 발굴에 관한 내용[46]을 삭제 또는 시스템의 정상적인 작동에 관련된 내용으로 개정할 필요가 있다. 또 사회보장정보의 보존기한을 5년으로 정하고 있는데,[47] 블록체인의 특성상 파기의 방법에 대해 문제가 될 수 있다. 이에 대해서는 뒤에서 다룬다.

2. 기부금품 모집 법제와 블록체인

본 절에서 다룬 블록체인 복지의 외연에는 자선 활동 또한 포함되므로, 대표적인 자선 활동인 기부금품에 관련된 법률을 살펴볼 필요가 있다. 이러한 법률에는 기부금품의 모집 및 사용에 관한 법률(이하 "기부금품법"이라 한다)과 식품 등 기부 활성화에 관한 법률(이하 "식품기부법"이라 한다)이 있다. 하나씩 살펴보도록 한다.

기부금품법에 의하면 1천만 원 이상의 기부금품을 모집하려는 경우 관계 관청에 등록하여야 하고,[48] 기부금품의 접수 장소는 공개된 장소여야 하며,[49] 기부금품의 모집상황과 사용명세를 나타내는 장부·서류를 작성하고 보관해야 할 뿐만 아니라,[50] 사용이 끝난 이후에는 공인회계사 또는 감사인에 의한 감사보고서를 첨부하여 등록청에 제출하기까지 해야 한다.[51] 이러한 법제는 기부금품 모집의 오남용을 방지하기 위한 목적을 가지고 있고 현재까지 유효한 수단이기는 하였으나, 블록체인을 이용하여 자선활동을 관리하면 대부분 불필요한 규제이므로 블록체인 자선활동의 경우에 대하여는 특례를 둘 필요가 있다. 블록체인을 이용하여 기부금품을 모집하는 경우 그 모집장소를 제한하지 아니하되 모집의 대상이 되는 블록체인 기록에 접근할 수 있는 주소를 관계 관청에 등록하도록 한다거나, 블록체인을 이용하는 경우에는 감사의무를 면제하는[52] 등의 방법을 생각해 볼 수 있다. 식품 등 기부 활성화에 관한 법률(이하 "식품기부법"이라 함) 또한 기부금품법과 비슷한 문제를 안고 있으므로,[53, 54] 블록체인을 이용하여 식품기부 활동을 하는 경우에 대한 특례를 둘 필요가 있다.

3. 블록체인 복지 행정의 특징

(1) 블록체인 복지행정의 요소

블록체인 복지 행정을 구성하는 요소를 살펴본다면 우선 복지 제공의 기초인 정보를 제공하는 인적, 물적 설비가 존재할 것이다. ① 인적 설비의 경우 공무원, ② 물적 설비의 경우 영조물로 볼 수 있다. 그다음 정보를 처리하는 ③ 블록체인 형태로 되어있는 정보시스템[55]이 있고, 이 정보시스템에 ④ 코드code의 형태로 저장된 규율Rule이 있다. 마지막으로 이 정보시스템에 의하여 발령되는 ⑤ 개별적인 행정행위가 있다. 이 글에서는 이 다섯 가지 요소를 중심으로 법적 성격을 살펴보기로 한다.

(2) 블록체인 복지행정에 있어서의 행정자동결정

블록체인 복지행정에 있어서 행정자동결정이 내려질 가능성이 높다. 행정자동결정은 "행정자동절차의 최종산물로서 산출된 행정결정"을 의미한다. 즉, 행정결정의 내용은 컴퓨터 또는 기타 기계장치 등에 의해 이미 결정되어 있고, 행정청은 그 결정을 단순히 통지하는 사자使者에 그치는 것이다.[56] 행정자동결정의 대표적인 예시로는 신호등이 있다. 신호등 자체는 신호등 내부의 기계장치에 의해 정지 또는 진행 신호를 표시하지만, 그 신호는 도로교통법 제5조 제1항에 따라 경찰공무원 및 경찰보조자의 신호 또는 지시와 동등한 법적인 효력을 지닌다. 우리의 법체계에서는 따로 '행정자동결정' 또는 이와 유사한 이름으로 이를 일반적으로 규정하고 있지는 않으나, 사견으로는 전자정부법[57]과 과학기술기본법[58] 등에서 행정자동결정의 법적 근거를 간접적으로나마 찾을 수 있다.

블록체인 복지의 요소 중 개별적인 행정행위와 블록체인에 저장된 규율은 블록체인에 설정된 규칙에 따라 복지에 관련된 행정결정의 내용이 결정된다는 점에서 행정자동결정으로 볼 수 있을 것이다. 가령 국민 건강을 개선하기 위하여 한 달 이상 하루에 1만 보를 걷는 사람에게 상당한 금액의 건강 인센티브를 지급하는 내용의 복지제도가 있다고 하자. 블록체인에 저장된 규율에 따라 정보시스템의 일종인 블록체인이 전 국민의 건강 데이터를 분석해 조건을 만족하는 사람에게 실시간으로 건강 인센티브를 지급할 것이다. 이 과정에서 행정청 또는 공무원은 내용에 일절 관여하지 않으며 관여할 수도 없다. 블록체인에 코드code의 형태로 저장된 규율Rule에 따라 복지의 내용이 순식간에 결정되고 집행되기 때문이다. 그렇다면 블록체인에 저장된 규율Rule과 블록체인에 의해 이루어진 행정결정의 법적 성격은 무엇인지 살펴볼 필요가 있다.

행정자동결정의 법적 성질에 대해 확립된 국내 판례는 없으나, 학계에서는 행정자동결정과 행정자동결정 시스템에 내장된 코드의 법적 성질을 각각 행정행위와 행정규칙으로 보고 있다.[59] 행정소송법상 행정처분의 정의에 관한 규정[60] 및 행정규칙에 대한 대법원 판례[61]를 참고한다면, 적어도 행정청이 블록체인 코드의 내용을 정하고 공권력의 행사 또는 불행사를 블록체인에 의하여 결정하는 한 블록체인 복지의 틀 안에서 블록체인에 코드code의 형태로 저장된 규율Rule은 행정규칙으로, 블록체인에 의하여 이루어진 행정결정은 처분성이 인정되는 행정행위로 볼 수 있다.

행정자동결정을 행정행위로 보면 예외적인 경우를 제외하고 행정청은 행정자동결정이라는 행정처분의 근거와 이유를 제시하여야 한다.[62] 행정절차법에 의하면 침익적 행정행위를 할 때는 사전 통지 및 의견 제출의 기회를 부여하는 등의 사전절차를 거쳐야 한다.[63, 64] 이러한 절차를 거치지 않은 행정행위는 예외적인 경우가 아니라면 위법한 처분이 되어 취소 대상이 된다.[65] 그러나 블록체인 복지 과정에서는 블록체인에 의해 일정한 조건을 만족하면 바로 행정작용이 발생하게 되는데, 이러한 블록체인 복지의 특성이 "예외적인 경우"에 해당하는지가 문제가 된다.

(3) 행동자동결정에 대한 입법론적 해결방안

위에서 살펴본 행정자동결정의 이론은 행정절차법을 비롯한 실정법에 직접적인 근거가 없으며 학설상 인정되는 개념일 뿐이다. 이로 인해 현재의 법체계에서 블록체인 복지를 시행할 경우, 행정행위의 성격에 따라 헌법[66]이 인정하는 행정법상 법률유보의 원칙에 반할 위험이 있다. 헌법재판소 결정례[67]를 참고하면, 블록체인 복지 과정에서 부정수급자에 대해 지원금을 회수하는 등의 침익적 행정행위가 행해지는 경우, 블록체인에 코드code의 형태로 저장된 규율Rule을 국회가 법률의 형태로 직접 본질적인 내용을 정하지 않으면 블록체인 복지 과정의 일부 또는 전체가 위법으로 인해 취소 또는 무효가 될 위험이 존재한다.

여기에서 제기된 실정법적 근거 부존재의 문제를 입법론적으로 해결하기 위하여, 독일 연방행정절차법의 관련 조항을[68] 참조할 필요가 있다. 이 조항은 "법령에 의해 허용되고 재량 또는 판단 여지가 존재하지 않는 한, 행정행위는 전적으로 자동화 설비를 통해 발령될 수 있다"라고 규정하고 있는데, 이러한 행정행위를 전자동화 행정행위vollautomatisierter Verwaltungsakt라고 한다.[69] 이는 기존 독일 연방행정절차법에 존재하는 자동장치를 이용하여 발해진 행정행위der mit Hilfe automatischer Einrichtungen erlassene Verwaltungsakt[70]와는 의사결정에서 구별되며, 전자가 후자 안에 완전히 포섭되는 것은 아니다. 전자동화 행정행위의 경우 행정행위의 내용도 자동장치, 예컨대 컴퓨터 등이 결정하는 반면, 자동장치를 이용하여 발해진 행정행위의 경우 행정행위를 결정하는 것은 인간의 손에 맡기되 인간의 판단을 도울 수 있도록 자동장치를 활용하는 개념에 가깝기 때문이다.[71]

독일행정절차법의 규정과 같은 방식으로 입법을 할 때의 최대의 장점은, 위에서 지적한 문제를 일부 극복할 수 있다는 점이다. 이 조항은 "행정행위"가 전적으로 자동화 설비를 통해 발령될 수 있다고 규정하고 있는데, 독일 연방행정절차법에 따르면 행정행위는 "행정청이 공법 상 개별사안을 규율하기 위해 내린 직접적 외부효를 갖는 모든 처분Verfügung, 결정Entscheidung 또는 기타 고권적 조치andere hoheitliche Maßnahme"을 의미한다.[72] 이는 우리 행정절차법상 처분의 개념인 "행정청이 행하는 구체적 사실에 관한 법 집행으로서의 공권력의 행사 또는 그 거부와 그 밖에 이에 준하는 행정작용行政作用'[73]과 상당히 유사하고, 이 개념은 행정소송법상 처분 등[74]과 거의 차이나지 않는다. 따라서 이 조항은 전자동화 행정행위의 처분성을 인정하는 내용이라고 보아야 하고, 그렇기 때문에 한국에 위와 같은 조항을 도입할 경우 위에서 지적한 문제를 해결할 수 있다. 다만, 동 조항의 단서에서 보듯 "재량 또는 판단 여지가 존재하지 않는 한" 허용된다고 규정하여 재량행위의 경우에는 전자동화 행정행위를 발령할 수 없도록 하는 것은 수정의 여지가 있을 것으로 생각한다. 비록 대법원 판례가 재량준칙의 성질을 행정규칙으로 보고 있기는 하나, 재량준칙이 정한 바에 의하여 행정 선례가 반복될 경우 행정의 자기구속 법리에 따라 특별한 사정이 없으면 이를 지킬 것을 강제하고 있고,[75] 이는 기속행위와 유사한 효과를 나타내고 있다. 따라서 재량준칙이 존재하는 행정행위도 전자동화 행정행위에 포섭하는 것이 옳은 것으로 보인다.

(4) 블록체인 복지 정보시스템의 법적 성격

블록체인에 정보를 제공한 인적 설비 또는 물적 설비가 오류를 일으킨 경우, 국가배상법[76]에 따라 국가 또는 지방자치단체가 배상할 여지가 있다. 블록체인 형태로 되어있는 정보시스템에 대해서는 영조물로 보면 국가배상법의 관련 규정을 적용할 여지가 있겠으나, 영조물로 볼 수 있는지가 문제가 된다. 국가배상법상 영조물은 "행정주체에 의하여 직접 공공목적에 공용되는 유체물 내지 물적 설비"를 말한다.[77] 그런데 블록체인 형태로 되어있는 정보시스템의 경우, 그 형체가 없어서 이를 영조물로 볼 수 있는지가 문제가 된다. 영조물로 볼 수 없다면 위에서 살펴보았듯 이를 공무원의 불법행위 책임으로 물을 수 있는지에 대해서 논란이 있고 현행법상으로는 블록체인 형태로 되어있는 정보시스템에 대해서는 책임의 공백이 발생하는 심각한 문제가 발생한다. 그러나 법률상 "정보시스템"이란 정보의 수집·가공·저장·검색·송신·수신 및 그 활용과 관련되는 기기와 소프트웨어의 조직화된 체계를 말하므로[78] 정부가 운영하는 정보시스템은 물적 설비를 포함하고 있어 영조물에 포함된다고 할 수 있고 따라서 정부나 지방자치단체는 자신이 운영하는 정보시스템의 하자로 인하여 발생한 손해에 대하여 국가배상법에 따라 배상할 책임이 있다고 할 것이다.

4. 블록체인 복지와 프라이버시 보호

블록체인은 기본적으로 불가역성을 그 특징으로 하는 분산원장이다. 블록체인 상에서 참여자들은 개인정보나 거래내역과 같은 데이터를 끊임없이 생성하고 공유한다. 이러한 공유의 용이함과는 반대로 블록체인에 한 번 등록된 정보에 대해서는 변경 및 조작이 쉽지 않다. 더욱이 파기나 삭제는 이용자 전체의 이행이 있지 않은 한 불가능하다. 이는 블록체인상에 게재된 개인정보에 대해서도 동일하게 적용된다. 그리고 이러한 블록체인의 특성은 현행 개인정보 보호법과 충돌한다. 개인정보의 파기, 삭제 기준으로서 개인정보 보호법령은 개인정보가 전자적 형태로 저장된 경우 개인정보를 파기할 때에는 복원할 수 없는 방법으로 영구삭제를 하도록 규정하고 있기 때문이다.[79]

개인정보 보호법령에서 개인정보처리자의 개인정보 파기, 삭제의 방식을 '복원이 불가능한 영구삭제'라 규정한 것은 블록체인상에서 개인정보를 포함한 전자적 파일이 무수히 많은 개별 분산 시스템에 산재하여있다는 점을 미루어보았을 때, 현 법체계에서는 이행이 쉽지 않다. 데이터에 대한 분산성과 투명성을 보장하는 블록체인 시스템의 특성상, 정보의 완전 파기, 삭제를 위해선 이에 대한 개별 노드nod[80]의 전체적인 동의와 이행이 있어야 하기 때문이다.[81] 동의가 있다 하더라도 이행을 담보로 하기 힘들다는 점에서 완전한 삭제란 현실적으로 불가능하다 보는 것이 맞겠다. 이렇게 해석론이 블록체인 시스템에 적용이 안 되는 가장 큰 이유는 개인정보 파기 기준이 엄격함을 문제 삼을 수 있다. 앞서 언급한 블록체인의 특성상, 개인정보의 파기가 실정법의 기준을 충족시키는 것이 근본적으로 불가능하다면 블록체인상 개인정보 파기의 기준을 약화해 새로운 기준을 제시하는 것이 타당할 것이다.

블록체인은 그 특성상, 개별 노드에 분산된 개인정보를 중앙시스템의 통제하에 파기할 수 있는 시스템이 아니므로 사실상 개인정보의 완전한 파기는 불가능함을 알아보았다. 그렇다면 또 다른 블록체인의 속성을 고려해 볼 필요가 있다. 블록체인 네트워크에 연결된 각각의 참여자는 개인키(비밀키)와 공용키(공개키)를 지니고 있으며 블록체인의 어떤 정보가 프로필과 관련이 있는지를 밝히려면 개인키가 필요하다.[82] 즉, 개인키는 개인정보에 대한 접근 권한의 기능을 한다. 정보의 완전한 파기가 불가능하다면, 개인정보 자체를 삭제하기보다는 블록체인에 저장된 개인정보에 접근하지 못하게 만드는 대안이 가능하다.[83] 정보 주체의 요구가 있을 시 개인정보

처리자의 정보 파기, 삭제의 기준을 복원 불가한 영구삭제로 설정한 현행법 체계상으로는 개인키의 파괴를 완전한 파기라 보는 데에 한계가 있을 수 있으므로, 입법으로써 완화된 기준을 설정하여야 할 것이다.

 ## V. 법적 쟁점 2: 복지 코인

1. 복지 코인의 개념과 법적 근거

복지 코인은 코인 또는 토큰의 형태로 복지에 관련된 재화 또는 서비스를 제공하는 것을 말한다. 복지 코인의 법적 근거로는 대표적인 예시인 노원 코인NW의 근거법령인 서울특별시 노원구 지역화폐 운영에 관한 조례(이하 "조례"라 함)를 참조할수 있다. 노원코인은 회원이 사회적 가치를 창출함으로써 창출되는 화폐이며, 노원구 내에서만 화폐로서 효력을 가지며 1NW는 법정화폐 1원과 동등한 가치를 가진다.[84] 노원코인의 유효기간은 3년이며, 그동안은 회원이 지정하는 누구에게나 제공할 수 있다.[85] 동 조례에 의하면 지역 내에서 쓰이는 지역화폐로 법적 성격을 규정하되 그 방식을 암호화폐로 하고 있음을 알 수 있다.[86, 87] 지역화폐에 용도를 한정한다면 이러한 규정 방법도 괜찮겠지만, 이를 전국적으로 확대·적용할 때는 한계가 있다 할 수 있다. 일반적인 복지 코인에 대해 규정한 법률은 존재하지 않으나, 사회서비스이용권의 일종으로 볼 여지가 있다. 이에 대해서는 뒤에서 살펴본다.

2. 복지 코인의 법적 성질

복지 코인은 비트코인과 비슷한 성격을 가지고 있는데, 복지 코인을 비트코인에 유추적용 할 경우 법적 사각지대에 놓여있다고 볼 수도 있다. 비트코인은 한국은행이 발행한 한국은행권이 아니므로 법화라 볼 수 없고, 외국환거래법의 취지를 고려할 때 원화 외의 '통화'라 보기도 어려우며, 발행자가 없기 때문에 전자금융거래법상의 전자화폐로 보기도 어려운데,[88] 복지 코인 또한 비슷한 상황에 놓일 가능성이 존재하는 것이다. 그러나 기능적으로 교환 · 지급결제 · 가치저장 수단으로 활용되고 있음[89]을 고려할 때, 지급 수단에 준하는 성격을 가진 것으로 볼 수 있다.

복지 코인이 지급 수단을 넘어 화폐에 해당된다고 보는 견해도 있을 수 있으나[90] 통화로써 접근하기 보기보다는 지급 수단, 그 중에서도 복지 코인의 용처와 성격을 고려할 때 일종의 사회서비스 이용권으로 포섭하는 것이 가장 타당하다. 사회서비스 이용권은 "그 명칭 또는 형태와 상관없이 사회서비스 이용자가 사회서비스 제공자에게 제시하여 일정한 서비스를 받을 수 있도록 그 사회서비스의 수량 또는 그에 상응하는 금액이 기재(전자적 또는 자기적 방법에 의한 기록을 포함한다.)된 증표"[91]인데, 복지 코인의 주 용처가 사회서비스임을 고려하면 이 개념에 상당 부분 포섭할 수 있기 때문이다.

다만, 사회서비스 이용권은 기초생활보장 수급자들의 복지를 위한 것으로 복지 수당 지급에 이용되는 복지 코인은 해당하지만, 복지 참여에 따라 지급되는 복지 코인과는 이용자의 대상이 다르다. 따라서 복지 참여에 따라 지급되는 복지 코인을 위하여 사회서비스 이용 및 이용권 관리에 대한 법률에 복지 코인에 관한 예외를 둘 필요가 있다고 본다.

3. 복지 코인의 사용범위

(1) 복지 지급에서의 사용범위

복지 지급은 정부에서 국민의 기초 생활을 보장하기 위해 각 조건에 들어맞는 수급권자들에게 수당을 제공하는 것을 말한다. 상술했듯이, 블록체인 시스템을 이용한 암호화폐의 편리성 때문에 많은 국가가 그 지급수단을 암호화폐로 바꾸려 큰 노력을 하고 있으며, 또 이미 일부 시행하고 있는 국가 또한 존재한다. 그렇다면 한국에서도 암호화폐를 통한 복지 지급이 가능한가?

사회복지사업법상의 원칙[92]이 문제가 된다. 사회복지사업법은 현물 제공의 원칙을 취하고 있기 때문이다. 사전상 현물은 "금전 이외의 물품"을 의미하고 물품은 "일정하게 쓸 만한 값어치가 있는 물건"을 의미하며, 법적으로 물건은 "유체물 및 전기 기타 관리할 수 있는 자연력"을 의미한다.[93] 그러나 암호화폐는 물건이라고 할 수 없는데, 대법원이 암호화폐인 비트코인의 성격을 물건으로 보지 않고 "재산적 가치가 있는 무형의 재산"이라고 판시한 바 있기 때문이다.[94]

그렇다면 이 문제를 어떻게 해결할 것인가? 우선 현행법의 해석으로는 사회복지사업법상의 예외규정[95]을 활용하는 방법이 있다. 이 규정에 의하면 사회복지서비스 이용권을 지급하는 것은 예외적으로 허용되는 데다, 앞서 보았듯이 사회서비스 이용권법에서는 사회서비스 이용권의 형태에 대해 "전자적 또는 자기적 방법에 의한 기록을 포함"한다고 규정하고 있기 때문이다. 따라서 이 조항에 의하면 복지 코인을 통한 복지 지급은 현행법상 허용된다고 볼 수 있다.

다만, 사회복지사업법상 예외가 허용되는 대상은 시장, 군수, 구청장에 한정되므로, 이 허용범위를 넓힐 필요는 있어 보인다. 또한, 복지 코인에 대한 지식이 부족한 수급권자들의 불편을 줄이기 위해 사용범위는 최대한 현물과 비슷하게 규정할 필요가 있다. 그러므로 뒤에서 언급할 복지 참여에서의 복지 코인과는 다르게 개인 간의 거래도 가능하게 규정해야 한다.

다만, 부정수급을 차단하기 위해 사회보장급여법의 관련 규정에 따라 수급권자 선정을 엄격하게 하고, 수급권자의 동의를 받아 그 사용내역을 확인할 수 있도록 해야 할 것이다.[96]

(2) 복지 참여에서의 사용범위

블록체인이 상용화된다면, 복지 코인의 사용처가 확대될 것으로 예상된다. 이때, 복지 코인의 거래를 허용해야 하는지가 문제가 된다. 앞에서 노원 코인이 서울특별시 노원구 지역화폐 운영에 관한 조례에 따라 거래가 되었음을 언급한 적이 있다. 그러나 복지 코인은 그와 똑같이 취급되어서는 안 된다. 전국적으로 사용할 수 있어서 악의적인 범죄의 매개체가 될 수 있기 때문이다.

복지 코인을 이용해 조세회피를 계획하는 경우가 발생할 수도 있다. 사회서비스 이용권은 국가 예산의 일부이므로, 취득세나 재산세를 내지 않는다. 복지 코인 또한 비슷한 성격을 갖고 있으므로 비과세대상이라 할 수 있다. 그렇기에 복지 코인을 아무리 많이 보유하고 있다 하더라도 재산으로 분류되지 않으므로, 재산세를 회피할 수 있다. 따라서 금전을 지급하고 복지 코인을 사들여 자신의 자산 중 일부를 복지 코인으로 위장하여 조세 회피를 시도할 수도 있을 것이다. 따라서 이런 부작용을 막기 위해서는 여러 방법이 있겠으나, 원천적으로 거래가 금지하는 것이 가장 효과적이다. 복지 코인이 사회서비스 이용권과 비슷한 성격을 가지고 있으므로, 사회서비스이용권법을 원용하여 오직 이용자만이 복지 코인을 쓸 수 있도록 하는 것이 바람직하다.[97]

 VI. 블록체인 복지 행정의 사법적 통제가능성

1. 논의의 필요성

블록체인 복지의 부작용을 해결하는 방법으로는 블록체인 복지 기록을 분석하여 사용 패턴에 따른 신축적인 대응을 하거나, 사용상 어려움을 해결하기 위하여 직관적인 디자인 가이드라인을 설정하고 사용 교육을 확대하는 방안 등이 존재한다. 블록체인 복지를 사인이 오남용하는 경우에는 국가 또는 지방자치단체가 복지행정적 차원에서 대응할 수 있다. 그러나 국가 또는 지방자치단체가 블록체인 복지를 오남용하여 국민에게 피해를 주는 경우, 이를 효과적으로 규제할 수 있는 가장 좋은 수단은 무엇인가? 권력분립의 원리에 비추어본다면, 사법적 통제가 가장 효과적이다. 따라서 이 장에서는 국가 또는 지방자치단체에 의한 블록체인 복지의 역기능을 규제할 수 있는 유효한 사법적 수단을 검토할 것이다. 여기에서는 행정자동결정과 정보시스템에 관한 위에서의 논의를 바탕으로 블록체인 복지행정에 대한 사법적 통제가능성을 살펴보기로 한다.

2. 법적 쟁점

가상사례를 들어 법적 쟁점을 추출하여 본다.

정예린(가명) 씨는 최근 블록체인 복지 시스템인 "징검돌"에 의해 황당한 일을 겪었다. 징검돌 자체의 오작동으로 인해, 얼마 전 자신에게 지급되었던 건강지원금 3,000,000원 상당의 금원이 부정 사용된 것으로 판단되어 금액의 두 배인 6,000,000원 상당의 금원을 환수당했기 때문이다. 지원금 환수가 순식간에 행해졌기 때문에, 정예린 씨는 자신에게 이러한 일이 왜 일어났는지, 어떤 법적 근거에 의한 것인지 전혀 안내받지 못했다. 또 행정작용이 발생하기 전에 징검돌 시스템의 고장 등을 해명할 기회조차 얻지 못했다. 이때 정예린 씨는 행정소송 등의 사법적 방법을 통해 구제받을 수 있는가? (단, 다음의 요건은 검토하지 않는다.)

행정쟁송	▲원고(청구인)적격, ▲제소 기간
국가배상	(공무원 불법행위) ▲직무, ▲법령위반, ▲손해 발생, (영조물 불법행위) ▲영조물 하자와 손해의 인과관계

이 사례처럼, 블록체인 복지 시스템의 결함 등으로 인해 블록체인 복지 시스템이 잘못된 행정작용을 행하는 경우가 발생할 수 있다. 이때, 블록체인 복지 시스템에 의해 일어난 일련의 행정작용(지원금 부정 사용 환수처분)을 어떻게 되돌릴 수 있는지, 정예린씨가 입은 손해는 어떻게 배상받을 수 있는지가 문제가 된다. 전자의 경우 행정쟁송에 의한 구제를, 후자의 경우 국가배상을 검토해볼 수 있을 것이다. 나아가 이 경우, 블록체인 복지 시스템에 의해 이루어진 행정작용이 이러한 사법적 통제의 대상이 되는지가 문제가 된다. 우선 행정쟁송에서는 블록체인 복지 과정에서 발생한 행정행위를 행정심판법 또는 행정소송법에 따른 "행정청이 행하는 구체적 사실에 관한 법집행으로서의 공권력의 행사 또는 그 거부, 그 밖에 이에 준하는 행정작용"[98]으로 볼 수 있는지 살펴볼 필요가 있는데, 이 요건이 만족되지 않으면 다른 요건은 더 나아가 살필 필요도 없이 행정쟁송으로는 해결할 수 없는 문제가 되기 때문이다. 마찬가지로 헌법소원에서는 "공권력의 행사 또는 불행사"[99]로 볼 수 있는지, 공무원의 불법행위에 대한 국가배상에서는 공무원이 한 것인지가 문제가 된다. 영조물 불법행위에 대한 국가배상에서의 요건은 앞의 세 가지와 조금 맥락이 다른 관계기 때문에, 앞의 세 가지를 검토하고 다루기로 한다.

위에서 언급했듯이, 블록체인 복지 과정에서 발생하는 개별적인 행정행위는 통설적으로 행정처분으로 보고, 코드code의 형태로 저장된 규율Rule은 일종의 행정규칙으로 본다. 그러나 역시 앞에서 지적했듯이 이러한 블록체인 행정시스템에 의해 이루어지는 행정처분은 "행정청이 행하는" 행정작용이라고 볼 수 있는지가 문제가 된다. 일단 블록체인 복지 시스템 내의 규칙이 작성되고 나면, 블록체인 복지 시스템에 의해 발령되는 행정처분의 내용에 행정청이 전혀 관여하지도 않으며 관여할 수도 없기 때문이다. 또 그래서 어떤 행정청을 대상으로 쟁송을 제기해야 하는지 또한 문제가 된다. 즉, 이 사례에서 현행법상 정예린씨는 행정쟁송을 위한 요건조차 갖출 수 없는 상황에 놓일 가능성이 크다.

3. 법적 쟁점에 대한 개별적 고찰

(1) 행정자동결정의 처분성 · 피고적격 문제

행정자동결정이 행정행위가 될 수 있다는 견해를 취할 경우, 블록체인에 의하여 이루어진 행정결정은 행정행위로서 행정쟁송의 대상이 되고, 블록체인에 코드code의 형태로 저장된 규율Rule에 대해서는 "상위법령과 결합하여 대외적인 구속력을 갖는 법규명령으로서 기능"[100]할 때 명령 · 규칙 심사 내지는 헌법소원의 대상이 된다. 행정자동결정의 행정처분성이 인정되기 위해서는 "행정청"이 행하는 행정작용일 것을 필요로 한다. 행정절차법에 따르면 행정청은 "행정에 관한 의사를 결정하여 표시하는 국가 또는 지방자치단체의 기관" 또는 "그 밖에 법령 또는 자치법규(이하 "법령 등"이라 한다)에 따라 행정권한을 가지고 있거나 위임 또는 위탁받은 공공단체 또는 그 기관이나 사인私人"이다.[101] 블록체인 복지 과정에서 행정에 관한 의사결정이 자동으로 이루어진다는 점을 고려하면, 과연 이 행위가 행정청에 의해 이루어진다고 볼 수 있는지가 문제가 된다. 이 문제는 행정소송법상 피고적격의 문제와도 관련이 되는데, 항고소송의 경우 행정소송법은 "그 처분 등을 행한 행정청"을 피고로 하도록 규정하고 있기 때문이다.[102] 블록체인 복지가 행정청에 의해 이루어지지 않는다고 판단한다면, 블록체인 코드의 결함 등으로 인해 처분의 취소를 청구해야 할 때도 피고를 특정할 수 없는 문제가 발생하게 된다.

통설이 취하는 태도대로 정보를 제공한 공무원 또는 프로그램을 작성한 공무원에 의해 블록체인 복지 과정이 진행되었으므로 블록체인 복지행정행위는 행정소송의 대상 적격이 인정되고 해당 블록체인 시스템을 정보를 제공한 공무원 또는 프로그램을 작성한 공무원이 속한 행정청에 피고적격이 인정된다고 볼 경우, 침익적 행정처분임에도 행정절차법상 거쳐야 하는 사전 통지와 의견 제출 절차를 거치지 않고 바로 집행되었으므로 취소할 수 있다. 그러나 이 경우 ① 대부분의 블록체인 복지 과정에서 발생하는 침익적 행정처분이 취소의 대상이 되고, ② 공무원이 속한 행정청의 권한 밖에 있는 행정행위(예를 들어 프로그램 작성자가 행정안전부 소속이라 할 때 다른 부처의 권한에 속하는 행정행위를 연결시킬 수도 있으므로)에 대해서는 어떻게 처리를 할 것인지 모호해진다.

(2) 국가배상책임의 존부

국가배상의 문제에서 행정자동결정이라는 특성을 고려할 때 공무원 불법행위 책임[103]을 물을 수 있는지가 문제가 될 수 있다. 가령 정보를 제공하는 인적 설비인 공무원의 잘못으로 문제가 발생한 경우 이는 충분히 공무원 불법행위 책임으로 포섭할 수 있을 것이나, 블록체인 형태로 된 정보시스템 자체의 오류가 발생하는 경우 이를 어떻게 해결할지가 문제가 된다. 또 법규명령의 성질을 갖지 않는 블록체인에 코드code의 형태로 저장된 규율Rule의 경우에도 문제가 된다. 이 규율이 잘못되었을 때 규율에 따라 사무를 집행한 공무원 개인에게 책임을 지우려는 시도 또한 가능하였을 것이나, 블록체인 복지 과정에서는 사무를 집행하는 공무원이 없기 때문이다. 이처럼 블록체인 복지는 공무원이 한 것이라 보기 어렵다고 판단하는 경우 공무원 불법행위에 대한 국가배상은 불가능하다. 설사 통설이 취하는 태도에 따라 공무원의 불법행위라 할지라도, 가해행위와 손해 발생의 상당인과관계가 인정될 수 있는지의 문제가 발생한다. 그러나 영조물 불법행위에 대한 국가배상책임에 관하여는 앞서본 바와 같이 블록체인 형태로 되어있는 정보시스템이 "유체물 내지 물적 설비"를 포함한다고 보면 영조물 불법행위에 대한 국가배상으로 구제받을 수 있을 것이다.

4. 입법에 의한 보완

결국 입법론적으로 앞서 본 독일 행정절차법의 규정[104]을 우리나라에 도입하는 것만으로는 피고적격의 문제, 행정절차법상의 문제 및 정보시스템의 법적 성격의 문제가 완전히 해결되는 것은 아니므로, 행정소송법에 블록체인과 같은 전자동화 행정행위를 할 때 행위 내용에 따라 담당 행정청을 의제할 수 있도록 하는 규정 및 전자동화 행정행위에 대한 행정절차법상의 특례규정, 그리고 국가배상법상의 정보시스템의 하자로 인한 손해배상책임을 물을 수 있도록 하는 영조물 의제 또는 새로운 국가배상책임 유형의 신설등에 관한 규정을 명시하는 것이 필요할 것이다.

Ⅶ. 결론

앞서 살펴보았듯, 블록체인 기술의 발달은 복지를 주권자의 손에, 즉 국민에 의해by the people 집행될 수 있는 체제로 바꿔 놓았다. 분산화된 원장, 조건이 달성되면 실행되는 스마트계약 등의 블록체인 기술은 정부라는 중간 거래자를 거치지 않고 시민들에 의해 이루어지는 민주적 복지의 가능성을 열었다. 이제 복지 대상자는 복지를 받기 위해 직접 정보를 수집하고 복잡한 행정절차를 거칠 필요가 없으며, 복지를 공급하는 국가의 입장에서도 복지를 집행하는 과정에서 발생하는 다양한 거래비용transaction cost을 아낄 수 있다. 복지의 참여자 또한 별도로 수고하지 않더라도 자신의 참여에 대해 손쉽게 받을 수 있는 길이 열린다. 복지의 대상자, 참여자, 공급자 모두가 복지에 필요한 데이터를 손에 쥐고 있기에, 정보 비대칭이 원인인 도덕적 해이moral hazard는 원천적으로 불가능해진다.

이러한 블록체인에 의한 복지의 변화는 지금까지 복지의 근거가 되는 법령의 변화를 넘어, 법체계에 녹아든 '국가가 복지를 이해하는 방식' 자체를 변화시킬 것이다. 그리고 이러한 변화는 복지를 규율하는 법규범code 자체의 변화로 이어질 것이다. 실제로 영국은 분산원장시스템을 규율하는 방법을 법규범legal code과 기술규범technical code으로 구분하면서, 정책입안자가 기술규범이 재정체계에 미칠 영향과

잠재적 이익을 신중하게 고려할 것을 권장하고 있다.[105]

한국에서도 정치인들 사이에서 블록체인을 복지에 활용하는 방안에 관심이 높아지고 있다. 일부 정치인들은 '건강복지드림카드'를 도입하여 보건·복지·민간보험 건강기록 통합관리할 것을 공약하거나,[106] 블록체인 복지의 투명성에 관심을 표명하였다.[107] 그러나 이러한 정치인들의 관심이 법규범, 복지체계, 또는 복지패러다임 자체의 근본적 변화에까지 미치고 있지 못하다.

그렇다면 복지패러다임 자체의 근본적 변화까지 목표로 하는 블록체인 복지는 어떠해야 하는가? 우선 국민이 체감할 수 있는 분야에서부터 시작해야 한다. 본 절에서 언급한 분야 중 복지 참여는 법체계의 근본적 변화 또는 개인정보 보호법 등의 여러 법적 문제에 대한 검토 없이도 먼저 시작할 수 있는 대표적인 분야이다. 실제로 미국에서는 운동을 통해 토큰을 획득하고 토큰으로 나이키 운동화, 아디다스 셔츠 따위를 구매할 수 있는 운동 보상 블록체인 림포가 코인제스트에 상장되기도 했다.[108] 국가 또한 림포와 같은 현실 적용 사례를 중심으로 복지 블록체인을 기획하여 실제로 운영해봄으로써 경험을 쌓을 필요가 있다.

이후에는 축적된 경험을 바탕으로 현재의 신청 중심의 사회복지 관련 법제를 수정할 필요가 있다. 복지에 블록체인을 활용하게 되면, 복지체계는 자연스럽게 DAO$^{Distributed\ Autonomous\ Organization}$의 형태로 이행하게 된다. DAO의 핵심은 "컴플라이언스[주: 지켜야 할 규정]를 사전에 설계하고 짜 넣을 수 있는 것이다."[109] 즉, 일단 한번 시스템이 구성되고 나면 설정된 컴플라이언스에 의해 사회복지를 이용하는 사람들이 관리되는 조직형태를 띠게 된다. 기존의 복지가 법치 행정의 원리에 근거해 법률로써 국가기관을 규율하는 형식으로 작동했다면, 블록체인 복지는 법규범을 제정하고 그 법규범을 코드로 구체화함으로써 작동하는 방식이 될 것이 마치 게임에서 일정한 조건을 만족하면 도전과제 달성 알림이 뜨고 도전과제 포상이 자동으로 지급되는 것처럼, 일정한 요건을 만족하면 코드에 의해 자동으로 필요한 복지가 주어지는 형태가 될 것이다. 이 시대의 법률은 '어떻게 지급할 것인가'를 놓고 고민하면서 수많은 자원과 시간을 낭비하기보다는 '어떤 것을 지급할 것인가'에 대해 더 많이 고민하는 쪽으로 발달하게 될 것이다.

이러한 변화는 복지체계에 대한 국민의 신뢰와 참여를 높이는 방향으로 작동하는 계기 또한 될 것이다. 2014년 한국종합사회조사^{KGSS} 결과에 따르면, 응답자 중 43.8%만이 중앙정부를 "신뢰한다"라고 응답했다. 이는 조사 대상인 주요기관 중 최하위권에 해당한다.[110] 중앙정부가 복지의 기획과 집행을 모두 담당하고 있는 상황에서, 획기적인 변화가 없다면 국민의 복지체계에 대한 신뢰도는 낮을 수밖에 없을 것이다. 블록체인 복지는 국민의 복지체계에 대한 신뢰를 제고함으로써, 정부와 사회 전반에 대한 신뢰 형성으로 이어지는 중요한 열쇠가 될 수 있다.

"블록체인과 복지"에 대해 더 알고 싶다면

1   서복경(2010), 125면.

2   한겨레, "'송파 세모녀' 이후…복지 사각지대 21만 명 찾고도 지원은 13%뿐", 2016. 9. 29., http://www.
     hani.co.kr/arti/society/rights/763417.html.

3   경남도민일보, "몰라서 못 받는 외국인 실업급여", 2009. 2. 4., http://www.idomin.com/news/
     articleView.html?idxno=278385.

4   헤럴드경제, '기부금 70~80%가 단체 운영비로 쓰인다', 2013. 5. 27., http://heraldk.com/2013/05/27/
     기부금-7080가-단체-운영비로-쓰인다.

5   AidCoin, "AidCoin: the GAS of AIDChain", Medium, https://medium.com/aidcoin/aidcoin-the-
     gas-of-aidchain-3d3c65a2c9dd (2018. 11. 2. ET).

6   고경환(2009), 82-83면.

7   서울경제, "[단독]누수 복지예산 3년새 4배 급증..증세 앞서 새는 돈부터 막아야", 2017. 7. 23., https://
     www.sedaily.com/NewsView/1OIL6JYJMI.

8   고경환(2009), 92면.

9   중앙일보, "[비즈 칼럼] 복지예산 영역부터 '블록체인' 활용하자", 2017. 6. 19., https://news.joins.com/
     article/21677279.

10   윤석경/권정만(2012), 74면.

11   윤석경/권정만(2012), 73면.

12   헌법 제34조 제1항 및 제2항 참조. 이어 헌법 제34조는 구체적으로 "③ 국가는 여자의 복지와 권익의 향
     상을 위하여 노력하여야 한다. ④ 국가는 노인과 청소년의 복지향상을 위한 정책을 실시할 의무를 진다.
     ⑤ 신체장애자 및 질병·노령 기타의 사유로 생활능력이 없는 국민은 법률이 정하는 바에 의하여 국가의
     보호를 받는다."고 규정한다.

13   헌법 제36조 제3항 참조.

14   헌법 제10조 후단은 "국가는 개인이 가지는 불가침의 기본적 인권을 확인하고 이를 보장할 의무를 진다."
     고 규정한다.

15   이중호(2015), 443면.

16   이중호(2015), 464-465면.

17   이중호(2015) 참조. 개별법의 경우 본 절에서의 논의에 필요한 법률만을 정리하였다.

18 Doug J. Galen(2018), pp. 65-66.

19 서울시NPO센터, "[2018 NPO 국제 컨퍼런스] 협력세션 BY BGS '블록체인으로 NPO 공익활동을 만든다' 현장 스케치", 네이버블로그, https://snpo2013.blog.me/221375200055 (2018. 10. 11. 8:59 ET).

20 Coindesk korea, "카카오 그라운드X '블록체인으로 사회문제 풀겠다'", 2018. 6. 11.,https://www.coindeskkorea.com/카카오-그라운드x-블록체인으로-사회문제-풀겠다.

21 조선일보, "W재단-한경BP, 대국민 온실가스 감축운동 'HOOXI캠페인' 파트너쉽 체결", 2018. 6. 26., http://brandplus.chosun.com/site/data/html_dir/2018/06/26/2018062601299.html.

22 미디어SR, "유니세프, '암호화폐 채굴'로 기부 도전", 2018. 2. 13., http://www.mediasr.co.kr/news/articleView.html?idxno=47661.

23 한국경제, "[한경에세이] 블록체인으로 앞당기는 복지사회", 2018. 8. 17., https://www.hankyung.com/opinion/article/2018081686511.

24 Tokenpost, "中 정부, 사회복지 투명성 더한다…'블록체인 도입 계획' 발표", 2018. 9. 12., https://www.tokenpost.kr/article-4154.

25 Tokenpost, "IBM · NGO 단체, '기부금 경로추적 블록체인 플랫폼' 제작 경연대회 개최", 2018. 5. 14., https://www.tokenpost.kr/article-2611.

26 한국일보, "영국, 복지수당에도 블록체인 적용 … 연간 5조 원대 부정수급 차단", 2018. 8. 20., http://www.hankookilbo.com/News/Read/201808161802085441.

27 동 조례 제6조 제2항 참조; 아시아경제, "노원구에만 있다는 가상화폐, 'NW코인'을 아시나요?", 2018. 4. 3., http://www.asiae.co.kr/news/view.htm?idxno=2018040310240763597.

28 KEB하나은행, "도전365 적금", https://www.kebhana.com/cont/mall/mall08/mall0801/mall080102/1452858_115157.jsp (2018. 11. 24. 확인).

29 매일경제, "생명 살리는 의료봉사에 활용 암호화폐 등장", 2018. 9. 18., https://www.mk.co.kr/news/it/view/2018/09/589259/.

30 코인캣미디어, "의료&기부코인 에스디코인(SDCOIN), 세계 5위 거래소 BW.com 공시", 2019. 6. 5., http://m.coincatmedia.com/a.html?uid=3847.

31 베리타스알파, "1400억 투자 '나이스' … 학부모 열람 승인에만 20일", 2016. 10. 14., http://www.veritas-a.com/news/articleView.html?idxno=64771.

32 Doug J. Galen(2018), p. 69.

33 Doug J. Galen(2018), p. 70.

34 한국일보, "영국, 복지수당에도 블록체인 적용 … 연간 5조 원대 부정수급 차단", 2018. 8. 20., http://www.hankookilbo.com/News/Read/201808161802085441.

35 이승은(2017), 1면.

36 Augustinus, "노인을 위한 웹디자인", brunch, https://brunch.co.kr/@mrlees/10 (2017. 6. 28. ET).

37 한겨레, "'멋쟁이' 어르신들에겐 스마트폰이 필수랍니다", 2012. 7. 20., http://www.hani.co.kr/arti/society/society_general/543595.html.

38 사회보장기본법 제37조(사회보장정보시스템의 구축 · 운영 등) ① 국가와 지방자치단체는 국민편익의 증

진과 사회보장업무의 효율성 향상을 위하여 사회보장업무를 전자적으로 관리하도록 노력하여야 한다.

② 국가는 관계 중앙행정기관과 지방자치단체에서 시행하는 사회보장수급권자 선정 및 급여 관리 등에 관한 정보를 통합·연계하여 처리·기록 및 관리하는 시스템(이하 "사회보장정보시스템"이라 한다)을 구축·운영할 수 있다.

39 사회보장기본법 제37조(사회보장정보시스템의 구축·운영 등) ⑤ 보건복지부장관은 관계 중앙행정기관, 지방자치단체 및 관련 기관·단체에 사회보장정보시스템의 운영에 필요한 정보의 제공을 요청하고 제공받은 목적의 범위에서 보유·이용할 수 있다. 이 경우 자료의 제공을 요청받은 자는 정당한 사유가 없으면 이에 따라야 한다.

40 사회보장기본법 제11조(사회보장급여의 신청) ① 사회보장급여를 받으려는 사람은 관계 법령에서 정하는 바에 따라 국가나 지방자치단체에 신청하여야 한다. 다만, 관계 법령에서 따로 정하는 경우에는 국가나 지방자치단체가 신청을 대신할 수 있다.

41 사회복지사업법 제6조의2(사회복지시설 업무의 전자화) ① 보건복지부장관은 사회복지법인 및 사회복지시설의 종사자, 거주자 및 이용자에 관한 자료 등 운영에 필요한 정보의 효율적 처리와 기록·관리 업무의 전자화를 위하여 정보시스템을 구축·운영할 수 있다.

② 보건복지부장관은 제1항에 따른 정보시스템을 구축·운영하는 데 필요한 자료를 수집·관리·보유할 수 있으며 관련 기관 및 단체에 필요한 자료의 제공을 요청할 수 있다. 이 경우 요청을 받은 기관 및 단체는 정당한 사유가 없으면 그 요청에 따라야 한다.

③ 지방자치단체의 장은 사회복지사업을 수행할 때 관할 복지행정시스템과 제1항에 따른 정보시스템을 전자적으로 연계하여 활용하여야 한다.

42 사회서비스이용권법 제2조(정의) 이 법에서 사용하는 용어의 뜻은 다음과 같다. 2. "사회서비스이용권"이란 그 명칭 또는 형태와 상관없이 사회서비스 이용자가 사회서비스 제공자에게 제시하여 일정한 사회서비스를 제공받을 수 있도록 그 사회서비스의 수량 또는 그에 상응하는 금액이 기재(전자적 또는 자기적 방법에 의한 기록을 포함한다. 이하 같다)된 증표를 말한다.

43 사회서비스이용권법 제10조(신청에 따른 조사) ① 시장·군수·구청장은 제9조에 따른 발급 신청을 받으면 소속 공무원으로 하여금 사회서비스 제공계획에서 정한 발급기준에 부합하는지를 조사하게 하거나, 신청인에게 그 조사에 필요한 자료를 제출하게 할 수 있다.

44 사회서비스이용권법 제20조(사회서비스 제공 비용의 예탁 및 지급) ① 시장·군수·구청장은 사회서비스 제공에 필요한 비용을 대통령령으로 정하는 관련 전문기관이나 단체에 예탁하여야 한다.

45 사회보장급여법 제2장 제1절 중 제5조 내지 제9조 참조.

46 사회보장급여법 제2장 제2절 참조.

47 사회보장급여법 제34조 참조.

48 기부금품법 제4조(기부금품의 모집등록) ① 1천만 원 이상의 금액으로서 대통령령으로 정하는 금액 이상의 기부금품을 모집하려는 자는 ___ 사항을 적은 모집·사용계획서를 작성하여 대통령령으로 정하는 바에 따라 행정안전부장관 또는 특별시장·광역시장·도지사·특별자치도지사(이하 "등록청"이라 한다)에게 등록하여야 한다. 모집·사용계획서의 내용을 변경하려는 경우에도 또한 같다.

49 기부금품법 제7조(기부금품의 접수장소 등) ① 기부금품은 국가기관, 지방자치단체, 언론기관, 금융기관, 그 밖의 공개된 장소에서 접수하여야 한다.

50 기부금품법 제14조(공개의무와 회계감사 등) ① 모집자와 모집종사자는 대통령령으로 정하는 바에 따라 기부금품의 모집상황과 사용명세를 나타내는 장부·서류 등을 작성하고 갖추어 두어야 한다.

51 기부금품법 제14조(공개의무와 회계감사 등) ③ 모집자가 기부금품의 사용을 끝낸 때에는 대통령령으로 정하는 바에 따라 모집상황과 사용명세 등에 대한 보고서에 공인회계사법 제7조에 따라 등록한 공인회계사나 주식회사의 외부감사에 관한 법률 제3조에 따른 감사인이 작성한 감사보고서를 첨부하여 등록청에 제출하여야 한다. 다만, 모집된 기부금품이 대통령령으로 정하는 금액 이하이면 감사보고서의 첨부를 생략할 수 있다.

52 기부금품법 제14조 제3항 단서의 감사면제사유에 추가하는 방법이다.

53 식품기부법 제3조(신고) ① 사업자는 사업장 소재지를 관할하는 특별자치시장·특별자치도지사·시장·군수·구청장(자치구의 구청장을 말한다. 이하 같다)에게 신고할 수 있다

54 식품기부법 제5조(기부식품등의 모집 및 제공) ① 사업자는 기부식품등의 모집 및 제공 과정을 투명하게 하기 위하여 기부식품등 모집과 제공에 관한 장부를 비치하여야 하고, 증빙서류를 작성하여 보관 하여야 한다.

55 전자정부법 제2조(정의) 13. "정보시스템"이란 정보의 수집·가공·저장·검색·송신·수신 및 그 활용과 관련되는 기기와 소프트웨어의 조직화된 체계를 말한다.

56 김중권(2000), 227면.

57 전자정부법 제2장(전자정부서비스의 제공 및 활용) 참조. 동법 제2조(정의)는 전자정부와 전자정부서비스에 대하여 아래와 같이 정의하고 있다.
1. "전자정부"란 정보기술을 활용하여 행정기관 및 공공기관(이하 "행정기관 등"이라 한다)의 업무를 전자화하여 행정기관등의 상호 간의 행정업무 및 국민에 대한 행정업무를 효율적으로 수행하는 정부를 말한다.
5. "전자정부서비스"란 행정기관 등이 전자정부를 통하여 다른 행정기관등 및 국민, 기업 등에 제공하는 행정서비스를 말한다.

58 과학기술기본법 제5조(과학기술정책의 중시와 개방화 촉진) ② 정부는 정책형성 및 정책집행의 과학화와 전자화를 촉진하기 위하여 필요한 시책을 세우고 추진하여야 한다

59 김중권(2000), 229면.

60 행정소송법 제2조(정의) ① 이 법에서 사용하는 용어의 정의는 다음과 같다.
1. "처분등"이라 함은 행정청이 행하는 구체적 사실에 관한 법집행으로서의 공권력의 행사 또는 그 거부와 그 밖에 이에 준하는 행정작용(이하 "처분"이라 한다) 및 행정심판에 대한 재결을 말한다.

61 상급행정기관이 하급행정기관에 대하여 업무처리지침이나 법령의 해석적용에 관한 기준을 정하여 발하는 이른바 행정규칙 (대법원 1987. 9. 29. 선고 86누484 판결).

62 행정절차법 제23조 제1항 참조.

63 행정절차법 제21조(처분의 사전 통지) ① 행정청은 당사자에게 의무를 부과하거나 권익을 제한하는 처분을 하는 경우에는 미리 다음 각 호의 사항을 당사자등에게 통지하여야 한다.

64 행정절차법 제22조 ③ 행정청이 당사자에게 의무를 부과하거나 권익을 제한하는 처분을 할 때 제1항 또는 제2항의 경우 외에는 당사자등에게 의견제출의 기회를 주어야 한다.

65 대법원 2000. 11. 14. 선고 99두5870 판결; 2017. 8. 29. 선고 2016두44186 판결 참조.

66 헌법 제37조 ② 국민의 모든 자유와 권리는 국가안전보장·질서유지 또는 공공복리를 위하여 필요한 경우에 한하여 법률로써 제한할 수 있으며, 제한하는 경우에도 자유와 권리의 본질적인 내용을 침해할 수 없다.

67 "법률유보원칙은 단순히 행정작용이 법률에 근거를 두기만 하면 충분한 것이 아니라, 국가공동체와 그 구성원에게 기본적이고도 중요한 의미를 갖는 영역, 특히 국민의 기본권실현에 관련된 영역에 있어서는 행

정에 맡길 것이 아니라 국민의 대표자인 입법자 스스로 그 본질적 사항에 대하여 결정하여야 한다는 요구까지 내포하는 것으로 이해하여야 한다. … 입법자가 형식적 법률로 스스로 규율하여야 하는 그러한 사항이 어떤 것인가는 일률적으로 확정할 수 없고, 구체적 사례에서 관련된 이익 내지 가치의 중요성, 규제 내지 침해의 정도와 방법 등을 고려하여 개별적으로 결정할 수 있을 뿐이나, 적어도 헌법상 보장된 국민의 자유나 권리를 제한할 때에는 그 제한의 본질적인 사항에 관한 한 입법자가 법률로써 스스로 규율하여야 할 것이다." (헌법재판소 1999. 5. 27. 선고 98헌바70 결정).

68   독일 행정절차법 제35조의a 참조.

69   이재훈(2017), 147면.

70   이재훈(2017), 149면.

71   김중권(2017), 155면.

72   동법 제35조 제1항 제1문 참조. 이재훈(2017), 162면.

73   행정절차법 제2조 제2호 참조.

74   행정소송법 제2조(정의) ① 이 법에서 사용하는 용어의 정의는 다음과 같다.
     1. "처분 등"이라 함은 행정청이 행하는 구체적 사실에 관한 법집행으로서의 공권력의 행사 또는 그 거부와 그 밖에 이에 준하는 행정작용(이하 "처분"이라 한다) 및 행정심판에 대한 재결을 말한다.

75   "상급행정기관이 하급행정기관에 대하여 업무처리지침이나 법령의 해석적용에 관한 기준을 정하여 발하는 이른바 행정규칙이나 내부지침은 일반적으로 행정조직 내부에서만 효력을 가질 뿐 대외적인 구속력을 갖는 것은 아니므로 행정처분이 그에 위반하였다고 하여 그러한 사정만으로 곧바로 위법하게 되는 것은 아니고, 다만 재량권 행사의 준칙인 행정규칙이 그 정한 바에 따라 되풀이 시행되어 행정관행이 이루어지게 되면 평등의 원칙이나 신뢰보호의 원칙에 따라 행정기관은 그 상대방에 대한 관계에서 그 규칙에 따라야 할 자기구속을 받게 되므로, 이러한 경우에는 특별한 사정이 없는 한 그에 위반하는 처분은 평등의 원칙이나 신뢰보호의 원칙에 위배되어 재량권을 일탈 · 남용한 위법한 처분이 된다." (대법원 2009. 12. 24. 선고 2009두7967 판결)

76   국가배상법 제5조(공공시설 등의 하자로 인한 책임) ① 도로 · 하천, 그 밖의 공공의 영조물(營造物)의 설치나 관리에 하자(瑕疵)가 있기 때문에 타인에게 손해를 발생하게 하였을 때에는 국가나 지방자치단체는 그 손해를 배상하여야 한다. 이 경우 제2조제1항 단서, 제3조 및 제3조의2를 준용한다.

77   대법원 1995. 1. 24 선고, 94다45302 판결 참조.

78   전자정부법 제2조 제13호 참조

79   개인정보 보호법 시행령 제16조(개인정보의 파기방법) ① 개인정보처리자는 법 제21조에 따라 개인정보를 파기할 때에는 다음 각 호의 구분에 따른 방법으로 하여야 한다.
     1. 전자적 파일 형태인 경우: 복원이 불가능한 방법으로 영구 삭제
     2. 제1호 외의 기록물, 인쇄물, 서면, 그 밖의 기록매체인 경우: 파쇄 또는 소각

80   개별 '노드(nod)'가 모여 하나의 수평적인 분산 시스템을 구성한다.

81   다니엘 드레셔(2018), 32면.

82   다니엘 드레셔(2018), 137-139면.

83   본서 제9절 블록체인과 프라이버시 결론 부분 참조.

84   동 조례 제3조, 제4조 참조. 민간서비스의 경우 가맹의 형태, 공공서비스의 경우 해당되는 조례의 개정으

로 대응하고 있음을 조례 제8조 및 조례 부칙 제2조를 통해 확인할 수 있다.

85 동 조례 제6조 제2항 참조.

86 조례 부칙 제2조(다른 조례의 개정) ① 서울특별시 노원구 자치회관 설치 및 운영에 관한 조례 일부를 다음과 같이 개정한다.
나. 서울특별시 노원구 자치회관 설치 및 운영에 관한 조례 제10조 제6항에 "구청장은 제11조 제3항에 의한 이용자가 수강료 등 납부에 지역화폐를 사용하게 할 수 있으며, 세부내용은 서울특별시 노원구 지역화폐 운영에 관한 조례에서 정하는 바에 따른다." 규정을 신설한다.

87 조례 제2조(용어의 정의) 이 조례에서 사용하는 용어의 뜻은 다음과 같다.
1. "노원(NW)"이란 노원구에서 회원 간의 신뢰를 바탕으로 유통되는 암호화폐를 말한다.

88 이창민(2017), 73면.

89 이창민(2017), 77면.

90 정순섭(2017 Ⅱ), 17면.

91 사회서비스 이용 및 이용권 관리에 대한 법률("사회서비스이용권법") 제2조 제2호.

92 사회복지사업법 제5조의2(사회복지서비스 제공의 원칙) ① 사회복지서비스를 필요로 하는 사람(이하 "보호대상자"라 한다)에 대한 사회복지서비스 제공(이하 "서비스 제공"이라 한다)은 현물(現物)로 제공하는 것을 원칙으로 한다.]

93 민법 제98조 참조.

94 대법원 2018. 5. 30. 선고 2018도3619 판결 참조.

95 사회복지사업법 제5조의2(사회복지서비스 제공의 원칙) ② 시장(제주특별자치도 설치 및 국제자유도시 조성을 위한 특별법 제11조 제2항에 따른 행정시장을 포함한다. 이하 같다)·군수·구청장(자치구의 구청장을 말한다. 이하 같다)은 국가 또는 지방자치단체 외의 자로 하여금 제1항의 서비스 제공을 실시하게 하는 경우에는 보호대상자에게 사회복지서비스 이용권(이하 "이용권"이라 한다)을 지급하여 국가 또는 지방자치단체 외의 자로부터 그 이용권으로 서비스 제공을 받게 할 수 있다.

96 사회보장급여법 제7조 및 제8조 참조.

97 사회서비스이용권법 제15조(이용자 등의 준수사항) ① 누구든지 사회서비스이용권을 정당한 권한이 없는 자에게 판매·대여하거나 그 권리를 이전하여서는 아니 된다.

98 행정심판법 제2조 제2호, 행정소송법 제2조 제1호 참조.

99 헌법재판소법 제68조 제1항 참조.

100 헌법재판소 1992. 6. 26. 선고 91헌마25 결정 참조.

101 행정절차법 제2조 제1호 가목 및 나목 참조.

102 행정소송법 제13조(피고적격) ① 취소소송은 다른 법률에 특별한 규정이 없는 한 그 처분등을 행한 행정청을 피고로 한다. 다만, 처분 등이 있은 뒤에 그 처분등에 관계되는 권한이 다른 행정청에 승계된 때에는 이를 승계한 행정청을 피고로 한다.

103 국가배상법 제2조 참조.

104 동법 제35조의a.

105 UK Government Chief Scientific Adviser(2016), pp. 41-45.

106 안철수 서울시장 후보는 2018. 5. "블록체인 기술을 활용한 '서울건강복지드림카드'를 도입하여 보건·복지·민간보험 건강기록 통합관리"를 하겠다는 공약을 발표하였다. ahncs0518, "[사진과 함께 정리한 안철수 복지공약] 서울시민 모두가 행복한 복지특별시 4가지 주제 기자회견", 네이버블로그, http://blog.naver.com/PostView.nhn?blogId=ahncs0518&logNo=221283795410&parentCategoryNo=14&categoryNo=16&viewDate=&isShowPopularPosts=false&from=postView (2018. 5. 25. 11:05 ET).

107 더불어민주당 박주민 의원은 2018. 4. "복지제도가 공개와 공유를 통해 보안이 유지되는 이 기술(블록체인)과 연결되면, 누구에게 (복지혜택이) 공급됐고, 어떻게 쓰였는지를 투명하게 공개되고 공유될 수 있다"라고 발언하였다. 한겨레, [인터뷰] 박주민 "블록체인은 복지 제도에 적합한 기술", 2018. 4. 5., http://www.hani.co.kr/arti/politics/assembly/839247.html#csidxd561f506c542faf885666d4bcec332f.

108 한국블록체인뉴스, "운동하면 암호화폐 주는 블록체인 림포, 코인제스트 상장", 2018. 10. 29., https://www.hkbnews.com/article/view/1003.

109 비트뱅크/블록체인의 충격 편집위원회(2017), 65-76면.

110 서울신문, "[한국 저신뢰사회] 국회 신뢰도 26% 부동의 꼴찌 … 정부 1년 새 16%P 급락", 2016. 10. 16., http://www.seoul.co.kr/news/newsView.php?id=20161017003005.

제 **2** 장

블록체인의 법적 문제 일반

{ 암호화폐와 법 }

본 절은 건국대학교 법학연구소 국내학술대회(2018. 12. 7.) 발표자료를 수정·보완하여 2019. 2.
건국대학교 일감법학 제42권에 발표한 "가상화폐의 법적 개념과 지위"를 일부 편집한 것이다.

{ 암호화폐와 법 }

박선종

Ⅰ. 서론

현재 세계적으로 '현금 없는 사회'에 관한 논의가 한창이다. 상점에서 현금을 합법적으로 거부할 수 있는 덴마크 등 북유럽의 변화가 우리에게도 다가오고 있다. 우리나라는 우선적으로 2020년까지 '동전 없는 사회'를 실현함으로써 현금 없는 사회 대열에 동참하고 있다.[1] 이러한 논의의 배경은 현금거래의 비효율성이 있다. 나라별로 차이가 있지만 현금거래로 발생하는 직접비용만 해도 통상 GDP의 1~2%에 달하는 것으로 보고된다. 결국 기술발전에 따라서 더욱 효율적인 화폐가 나타나는 것은 자연스러운 현상이다.[2] 현금 없는 사회는 이러한 기존 실물화폐에서의 비효율적인 비용을 제거하여, 통화의 발행과 유통 측면에서 상당 폭의 원가절감을 이룰 수 있도록 하여 준다.[3]

인간의 경제활동이 자급자족시대에서 분업화시대로 전환되면서 물물교환이 성행하게 되었다. 그런데 물물교환에 있어서 교환 목적물 각각의 등가성 확보에 어려움이 발생하였고, 이를 극복하기 위하여 하나의 상품을 '화폐'로 선정하게 되었다. 초기에는 조개껍질(조개화폐)에서 점차 금속화폐가 세계 각국에서 통용되었으나, 점차 금속화폐에서 지폐(종이화폐)로 변모하였다. 금본위제 폐기 이후 통화량의 대폭 증가가 가능해졌고, 각국 정부는 시뇨리지seigniorage[4]의 수혜자가 되었다. 이후 전자통신기술의 발달과 사용상의 편의에 힘입어, 화폐사용자의 선호도는 지폐(실물화폐)에서 플라스틱 카드(신용화폐)로 상당 부분 이동하였다. 비트코인으로 대표되는 암호화폐는, 정부가 아닌 발행자와 채굴자가 시뇨리지의 수혜자가 된다는 점에서, 기존의 화폐와 차별화될 수 있다.

2009년 전 사토시 나카모토가 비트코인의 탄생을 세상에 알렸던 당시에는, 암호화폐라는 개념은 생소한 것이었다. 그러나 불과 10년 만에 암호화폐는 인간 경제 활동의 상당 부분에 침투하였고 상당한 속도로 성장하였다. 2019년 5월 현재 전 세계 비트코인 등 암호화폐의 시가총액은 약 2,487억 달러로 주요국(한국, 미국, 유로지역, 일본, 중국) M2[5] 대비 1% 미만의 수준에 불과하다.[6] 그러므로 현재로서는 암호화폐가 광범위하게 확산될 가능성이 크다고 보기는 어렵다. 그럼에도 불구하고 블록체인 기술의 발달에 힘입어 안전성 및 효율성이 개선될 경우 암호화폐가 지급수단으로서 보다 널리 활용될 가능성을 완전히 배제할 수는 없다.[7] CoinMarketCap사社의 자료에 따르면, 2019년 5월 25일 현재, 전 세계에는 2,209종種의 암호화폐가 거래되고 있고, 1일 거래금액은 미국달러화 기준으로 150억불을 상회하고 있다. 이 중 비트코인의 시장점유율은 53.7%에 달한다.[8]

비트코인의 거래를 가능하게 한 수단인 블록체인의 중심 사상인 탈중앙화de-centralization에 관하여, 역사의 긴 안목으로 볼 때, '중앙화 된 시스템'은 농업이 발전되기 시작한 이후인 최근 1만 년 정도에 불과하고, 그 밖의 대부분의 기간을 인류는 '탈중앙화된 시스템'에서 살아왔고, 블록체인의 기술에 힘입어 미래에도 탈중앙화된 시스템에서 살게 될 것으로 전망하는 견해[9]도 있다. 이러한 견해에 동조하는 분들은 암호화폐의 발행자나 채굴자 등이 시뇨리지를 획득하는 것에 대한 정당성을 인정하는 것으로 보인다. 반면, 각국 정부가 쉽사리 시뇨리지를 포기할 수는 없을 것이라는 견해가 대립하는 것으로 생각된다. 물론 개별 국가의 사정에 따라서는, 정부차원에서 법화法貨, legal tender를 비트코인과 유사하게 전자적인 형태로 발행하는 경우도 있을 것이다.[10] 장래에 암호화폐의 발전이 얼마만큼 세상을 변화시킬지 단정하기는 어렵지만, 현대국가의 정부가 가지는 힘이 적지 않음을 감안할 때, 탈중앙화의 아이디어와 기술이 시뇨리지에 대한 각국정부의 기득권을 완전히 배척하기는 어려울 것으로 보인다.

한편, 중국·서남아시아·중동·아프리카 지역 인구 중 약 25억 명은 은행계정을 갖지 못한 상황인 바, 그들 중 상당수는 휴대폰을 보유하고 있는 실정을 감안할 때, 암호화폐를 통한 빈곤탈출 기회제공의 가능성 등 포용적 금융면에서 유용성을 주장하는 견해도 있다.[11]

다른 한편, 암호화폐가 인간의 경제활동에서 차지하는 비중이 증가하는 것과 더불어 여러 가지 문제점들도 수반되고 있는 등 다양한 연구과제가 존재한다. 예컨대, 익명성을 기반으로 한 자금세탁 등 문제, 탈중앙화에 따른 지배구조governance의 문제 및 공개형 블록체인에서 취소불가능의 문제 등이 있다. 반면, 암호화폐 보급의 기반이 되는 블록체인 기술은 은행의 자금이체, 보험회사의 스마트계약 및 자본시장 장외거래 활성화 시스템에 도입연구가 진행되는 등 기존의 중앙화된 기관들과 조화를 이루고 있는 면도 있다.[12] 본 절에서는 범위를 좁혀서, 현재시점에서 암호화폐의 법적 개념을 살펴보고, 암호화폐가 인간의 경제활동에서 어떠한 지위를 가지고 있는지 검토하고자 한다.

Ⅱ. 암호화폐의 법적 개념

1. 서설

암호화폐가 상당 부분 인간의 경제활동에 침투한 시장현실에도 불구하고 아직도 대부분의 국가에서는 암호화폐 관련 정의 및 법안을 만들지 못하고 있다. 그 이유는 ① 분산원장distributed leger 및 암호화 기술에 기반한 비트코인(2009년)과 1,600여 종의 신종코인[13] 등alt-coin 암호화폐의 개념을 일의적으로 정의하기는 어려움이 있다는 점 및 ②암호화폐들의 기능 및 용도가 매우 다양한 가운데 관련 기술이 발전하면서 새로운 종류도 지속적으로 출현하고 있기 때문[14]인 것으로 요약될 수 있다.

이러한 상황에 대하여 ① 암호화폐가 그 명칭은 물론 내용에 있어서도 기존의 금융상품이나 물건에 편입시킬 수 없는 새로운 대상이라는 인식의 자세 및 ② 암호화폐라는 새로운 대상을 법률을 통하여 제도권으로 쉽게 받아들였을 경우에 예상되는 여러 가지의 문제점과 그 해결책에 대한 확신의 결여에서 비롯된 것으로 보는 견해[15]가 있다.

우리나라의 경우 최근 국회에서 암호화폐를 법제화하려는 노력들이 보인다. 그럼에도 불구하고 정부 차원의 대응은 상대적으로 활발하지 않은 것으로 보인다. 즉, 정부는 몇 차례규제방안에 관한 발표만 있을 뿐, 암호화폐에 대한 법률안은 마련에 관한 움직임은 아직까지 돋보이지 않는다.

특히 '공개형 블록체인public blockchain에 기반한 암호화폐는, 시스템제공자와의 관계로부터 자유롭게 되어 지배의 제한이나 훼손 없이 존재하고 거래도 가능하다. 그러므로 암호화폐를 보유한 자의 지배력은 비록 사이버공간에 한정하는 것이지만, 소유권과 유사한 독립적인 지배력으로 볼 수 있다. 이는 암호화폐가 기존의 사이버 재화와는 달리 제공자를 벗어나 물건처럼 전면적으로 대세적인 지배가 가능한 새로운 형태의 사이버재화가 되는 법리적 근거가 되기도 하고 법정화폐의 대체가능성 주장의 근거로도 볼 수 있다.'[16] 예컨대, 종이에 인쇄된 신문이 아닌 인터넷 신문도 신문으로 인정받을 수 있다는 점, 많은 학자들이 지면에 인쇄된 논문 대신 PDF파일로 인터넷상에 저장된 동일 내용의 논문을 실제 연구의 도구로 활용하고 있다는 점 등과 비교하면, 암호화폐의 재화성을 단정적으로 부정하기는 어렵다.

2. 용어의 정리

(1) 법화, 화폐 및 통화

화폐money란 일반적으로 통용되는 지불수단generally acceptable means of payments을 의미하고 법화法貨, legal tender, fiat currency는 법에 의하여 강제로 통용력이 인정되고 있는 화폐를 의미하며,[17] 통화currency는 다음과 같이 정의된다. "통화의 본질적 기능은 교환의 매개라 할 수 있으므로 교환의 매개물로 통화를 정의한다. 현금과 수표(요구불예금)는 모두 재화와 용역을 구입하는데 사용할 수 있는 교환의 매개물이므로 통화로 정의된다."[18] 즉, 통화에는 법화외에 수표가 포함된다. 요컨대, 이들 3자 간의 관계는 다음과 같이 정리될 수 있다.

법화legal tender ⊂ 화폐money ⊂ 통화currency

(2) 가상통화, 암호화폐 및 디지털화폐

IMF는 비트코인 등이 실물 없이 가상으로 존재하고 법화와의 교환이 보장되지 않는다는 점을 감안하여 가상통화virtual currency라고 표현한 바 있다.[19] '가상통화'는 우리 정부 측에서 사용하는 용어이고 '암호화폐'는 업계에서 주장하는 용어[20]인데, 본 절에서는 법화가 아닌 경우는 필요에 따라, 암호화폐나 가상통화로 칭하고 법화인 경우는 디지털화폐로 칭한다. 우리나라에서는 전자화폐란 이전 가능한 금전적 가치가 전자적 방법으로 저장되어 발행된 증표 또는 그 증표에 관한 정보로서 (i) 일정 기준 이상의 지역 및 가맹점에서 이용될 것, (ii) 발행인(일정 범위의 특수관계인 포함) 외의 제3자로부터 재화 또는 용역을 구입하고 그 대가를 지급하는데 사용될 것, (iii) 구입할 수 있는 재화 또는 용역의 범위가 5개 이상으로서 일정 업종 수 이상일 것, (iv) 현금 또는 예금과 동일한 가치로 교환되어 발행될 것 및 (v) 발행자에 의하여 현금 또는 예금으로 교환이 보장될 것의 5가지 요건을 갖춘 것을 말하므로[21] 이러한 요건을 갖추지 못한 암호화폐는 전자화폐에 해당되지 않는다.

암호화폐crypto-currency란 피투피Peer-to-Peer, P2P 네트워크에서 안전한 거래를 위해 암호화 기술cryptography을 사용하는 가상화폐로 정의된다. 암호화폐를 취득하기 위해서는 암호를 풀어야 한다. 암호화폐는 거래 내역의 변조가 불가능하고, 익명성을 보장한다. 그리고 중앙 통제 기관이 없이 P2P 네트워크 참여자들이 거래 내역을 관리(탈중앙화된 관리체제)한다. 가장 잘 알려진 암호화폐가 2009년 출현된 비트코인Bitcoin이다.[22]

한편, 가상통화Virtual Currency란 온라인 네트워크상에서 발행되어 온라인과 오프라인에서 사용할 수 있는 디지털화폐 또는 컴퓨터 등에 정보 형태로 남아 실물 없이 사이버상으로만 거래되는 디지털화폐의 일종이다. 2012년 유럽 중앙은행European Central Bank은 가상통화를 '가상통화 발행자가 발행 · 관리하고(중앙화된 관리체제), 특정 가상 커뮤니티의 구성원들 사이에서 이용되며 대부분 법적 규제를 받지 않는 디지털화폐'라고 정의하였다. 가상통화는 중앙은행이나 금융기관 등 공인기관이 관여하지 않는다. 인터넷쿠폰, 모바일쿠폰, 게임머니 등과 암호화폐인 비트코인이 가상통화에 해당된다.[23] 양자의 관계를 정리하면 다음과 같다.

암호화폐crypto currencies ⊂ 가상통화virtual currencies

다른 한편, 디지털화폐Digital Currency란 물리적으로 존재하는 은행권이나 동전에 대응하여 디지털 형태로 존재하는 화폐로서 가상통화와 중앙은행이 발행하는 디지털화폐[24]를 포함한다. 2009년 비트코인bitcoin 등 암호화폐가 등장한 이후, 각국 중앙은행 및 국제기구에서 디지털화폐를 발행하는 방안에 관한 논의와 연구가 활발하다. 중앙은행이 디지털화폐를 발행할 경우, ① 발행 주체의 모호에 따른 책임 주체의 불명 및 ② 공적 안전성public safety의 결여에 따른 평판 위험reputation risk의 급증 등, 암호화폐의 문제점들을 상당 부분 극복할 수 있고, 최신의 기술혁신에 부응하여 장기적으로 실물화폐를 대체함으로써 화폐제도 발전의 촉진이 가능할 것이라는 견해가 있다.[25] 최근 한국은행 총재는 "CBDC를 중앙은행에서 발행할 예정은 전혀 없다"고 밝혔다. 중앙은행 디지털화폐CBDC에 대해 한국과 일본 · 독일은 부정적인 반면, 스웨덴 · 이스라엘 · 두바이 · 중국 등은 발행을 준비 중에 있어서 대조된다.[26]

〈그림 1〉 암호화폐의 분류체계[27]

Digitally represents value	Digital currencies	⇒	Denominatad in legal tender (example. PayPal, e-money)
Not denominated in legal tender	Virtual currencies	⇒	Non-convertible (game coins)
Convertible to real-world goods, services, money	Convertible	⇒	Centralized (WebMoney)
No Central Authority	Decentralized		Hundreds of cryptocurrencies (Bitcoin, Ripple, Litecoin, Ethereum…)
Uses tech from cryptography to validate	Cryptocurrencies		

Source: IMF staff.

한편, 〈그림 1〉의 견해에 따르면, 다음과 같은 정리가 가능하다.

암호화폐crypto currencies ⊂ 가상화폐virtual currencies ⊂ 디지털화폐digital currencies

(3) 암호자산

최근 국제사회는 비트코인 등이 ① 화폐로서의 핵심 특성을 결여하고 있는데다 ② Currency라는 명칭으로 인해 일반대중에게 화폐로 오인될 가능성이 있고 ③ 현실에서 주로 투자의 대상이 되고 있다는 점을 감안하여 암호자산crypto-assets이라는 용어를 사용하기 시작하였다.[28] 프랑스 중앙은행은 2018년 3월 암호화폐를 암호자산crypto-assets로 칭하면서, 다음의 세 가지 이유를 들어 화폐성을 부정하였다. 첫째, 암호화폐의 가치변동이 극심하여 계산의 단위unit of account로 사용되기 어렵다는 점이다. 둘째, 암호화폐는 지급의 수단means of payment 면에서 법화대비 현저히 비효율적이라는 점이다. 셋째, 암호화폐는 내재가치가 결여된 바, 가치저장의 수단store of value으로 사용될 수 없다는 점이다.[29] 2018년 4월 이후 IMF도 암호화폐를 암호자산으로 칭하고 있다.[30]

국제적인 기준에 따라 한국은행이 비트코인 등 암호화폐를 '암호자산'으로 호칭하는 것은 일면 수긍이 간다. 한편, 우리 대법원이 비트코인을 '새로운 유형의 재산'으로 판단하여 몰수의 대상으로 인정한 것은 타당한 것으로 보인다.

2018. 10. 국제금융행동대책반FATF의 규제기준은 규제대상으로 '가상자산'Virtual Assets이라는 개념을 제시하면서 가상통화뿐 아니라 자산으로 토큰화되어 블록체인이나 기타 디지털 P2P포맷에서 이전될 수 있는 것까지 포함하였으며 이 기준은 '가상자산 서비스제공자'Virtual Asset Service Provider, 즉 암호화폐거래소도 규제대상에 포함시켰다.[31]

3. 기존의 논의

(1) 국내의 견해

국내의 초기적 연구로서 암호화폐 중 비트코인을 특정하여 '금전', '화폐', '증권', '상품', '금융투자상품' 중 무엇으로 볼 것인가에 관한 견해가 있다.[32] 이 견해에 따르면, ① 암호화폐는 부분적으로 금전, 화폐, 상품의 특성을 가지지만 동일하다고 볼 수는 없다는 점, ② 증권이나 파생상품 등 금융투자상품으로 볼 수는 없으나, 파생상품의 기초자산으로는 볼 수 있다는 점, ③ 따라서 기존에는 존재하지 않은 새로운 유형의 '복합적 상품'이라는 것으로 요약된다. 한편, 비트코인을 기초자산으로 하는 선물, 옵션 등의 파생상품거래는 비트코인이 아니라 파생상품이므로 파생상품법규의 적용대상이 된다는 견해[33]가 있는바, 이에 공감한다. 이후 몇몇의 관련된 연구가 있으나, 암호화폐의 법적 정의를 명쾌하게 주장하는 내용을 찾을 수 없었다. 어찌보면 화폐와 관련된 현행 법규정이 제정될 당시에는 비트코인과 같은 암호화폐의 개념을 상정한 것이 아니었기 때문에 당연한 것으로 볼 수도 있다.

그럼에도 불구하고 최근 우리 대법원은 비트코인을 "재산적 가치가 있는 무형의 재산"으로 판단하고 있다.[34] 대법원의 이 판단은 향후 비트코인과 유사한 구조를 가지는 상당수 암호화폐에 대하여 적용될 수 있을 것으로 보인다.

(2) 국외의 견해

미국 CFTC U.S. Commodity Futures Trading Commission는 비트코인과 여타 암호화폐를 Commodity Exchange Act의 규제대상이 되는 상품commodity로 판단하였다.[35] 한편, 미국 IRS Internal Revenue Service, 미국국세청는 과세목적상, 암호화폐를 자산property으로 간주하며, 암호화폐를 이용한 자산거래는 과세의 일반원칙을 적용한다.[36] 한편, FRB의 Yellen 전 의장은 암호화폐는 안정적인 가치저장수단이 아니며, 법정화폐가 될 수 없을 것으로 전망했다(2017. 12. 13. 기자회견).[37]

ECB의 Yves Mersch 이사는 암호화폐는 교환의 매개 · 가치의 척도 · 가치의 저장 기능을 수행할 수 없으므로 화폐가 아니며, 비트코인은 현존하는 지급수단보다 열등하다는 견해를 밝혔다.[38]

영란은행Bank of England은 암호화폐가 당초 지급결제용으로 고안되었지만, 현재에는 상당 부분 투자목적으로 사용된다고 설명하고 있다.[39] 동 은행 Carry 총재는 암호화폐는 화폐가 아니라 자산이라고 하면서, 지급수단으로 사용되는 경우는 거의 없으며 법화에 비하여 느리고 비싸다는 견해를 밝혔다.[40]

일본은 2017년 4월 1일부터, 비트코인을 법화 내지 지급수단으로 인정하였다.[41] 그러나 최근 일본 중앙은행의 Kuroda 총재는 비트코인은 지급 또는 청산 · 결제수단으로 기능하지 않고 있으므로, 결제수단이 아닌 투자자산이며 엔화와 같은 합법적인 통화를 위협할 일은 없을 것으로 전망하였다.[42]

중국 인민은행의 저우샤오찬 총재는 암호화폐에 대하여 합법적인 지급수단이 아니라고 천명하였다.

캐나다 중앙은행의 Poloz 총재는 암호화폐는 신뢰할 수 있는 가치저장기능과 교환의 매개수단으로서의 기능 중 어느 것도 충족하지 못하는 점에서 화폐가 아니라고 밝혔다.

독일 중앙은행 Weidmann 총재는 비트코인은 처리지연, 가치의 불안정성 등으로 인해 정상적인 지급수단으로 이용이 어려우며, 가격변동성이 심해 투기수단에 가깝다고 견해를 밝혔다.

프랑스 중앙은행의 de Galhau 총재는 비트코인은 화폐가 아닌 투기자산이라고 밝혔다.

(3) 소결

국내외의 기존 논의들을 종합해 보면, 암호화폐의 지위는 각국 증앙은행으로 상당한 견제를 받고 있는 것으로 보인다. 암호화폐의 효시인 비트코인은 스스로를 "비트코인은 혁신적인 결제 네트워크이자 신종 화폐입니다."[43]라고 주장하고 있다. 그러나 각국의 전반적인 평가는 '혁신적인 결제네트워크'로도, '신종화폐'로도 인정하지 않는 것으로 보인다. 다만, 초기에 비하여 최근에는 비트코인 등 암호화폐의 투기상품적 성질에 대한 지적이 증가한 것으로 보인다.

4. 향후 논의 전개의 방향

암호화폐의 법적 성격을 기존의 법규정만으로 파악하는 것은 용이하지 않다. 그 이유는 기존의 관련 법규정이 암호화폐의 출현을 염두에 둔 것이 아니었기 때문일 것이다.

국제적인 기준에 따라 한국은행이 비트코인 등 암호화폐를 '암호자산'으로 호칭하는 것은 일면 수긍이 간다. 한편, 우리 대법원이 비트코인을 '새로운 유형의 재산'으로 판단하여 몰수의 대상으로 인정한 것은 타당한 것으로 보인다.

비트코인 등 암호화폐는 현재로서는 가치의 척도store of value, 교환의 수단medium of exchange 및 계산의 단위unit of account 등 화폐의 기본적인 성질을, 법화와 동일한 수준으로 충족시킨다고 보기는 어렵다는 점에서, 화폐로 주장하는 것은 성급한 면이 있다. 그럼에도 불구하고, 베네수엘라의 페트로petro의 경우와 마찬가지로, 국가의 필요에 의해 법화로서 기능할 가능성이, 여타 국가에서는 없을 것이라고 단정할 수는 없다. 만일 그것이 우리의 경우가 된다면, 한국은행법 제47조[44]의 개정이 필요할 것이다.

현재로서는 비트코인 등 암호화폐가 우리의 생활에 가장 가까이 자리한 모습은, 투자의 대상으로서 활발하게 거래되고 있다는 점에서, 금융투자상품적 성질로 판단된다. 그럼에도 불구하고, 법적 정의가 미비한 상황이라 상대적으로 투자자보호에 미흡한 면이 크다. 이 경우에 ① 암호화폐에 관한 특별법을 제정하여 투자자보호에 적합한 규제를 하는 방법과 ② 기존의 자본시장법상 금융투자상품의 정의규정(동법 제4조 내지 제5조)의 개정을 통하여 포섭하는 방법이 가능하다. ①의 방법은 여러 장점에도 불구하고 상당한 시간을 필요로 한다는 점에 비추어 시의성 면에서 부족함이 있다. 현실적으로 암호화폐는 상당한 규모의 금융투자상품적 성질의 거래가 활성화되어 있으며, 투자자 보호를 위한 일정 수준 규제의 필요성이 시급하다는 점에서, ②의 방법을 우선적으로 사용하고, 시간적 여유를 두고 ①의 방법을 강구하는 2원화된 처방이 필요할 것으로 본다.

 Ⅲ. 암호화폐의 지위

1. 투자상품의 지위

외환시장foreign exchange market에서는 미국달러화(이하 "USD"라 한다), 일본엔화(이하 "JPY"라 한다) 등 주요국의 법화legal tender가 이익추구賣買差益의 목적으로 거래되기도 한다. 이 경우 주요국의 법화는 금융투자상품과 유사한 지위를 갖는 것으로 볼 수 있다.

Coin Market Cap 사社 자료에 의하면, 2018. 12. 2. 기준 전세계 202개 거래소(암호화폐 취급소)에서 시가총액 1,357억 달러에 달하는 암호화폐가 매매되고 있는바, 이는 암호화폐의 금융투자상품적 성질을 표상하는 것으로 볼 수 있다.

금융위원회가 2017년 9월 ICO 전면금지 등 암호화폐에 관한 강한 규제방침을 정한 내용의 골자는 ① "증권발행 형식을 포함한 모든 형태의 ICO 금지" 및 ② "금전대여 · 코인마진거래 등 신용공여 금지(현행법상 위반 여부 조사 · 제재) 및 이와 관련한 금융회사의 영업 · 업무제휴 등 전면차단"이다.[45] 이 규제의 핵심은, ICO라는 형태를 통하여 IPO와 유사한 자금의 공모행위에 관한 규제로 볼 수 있으며, 주 목적은 금융투자자보호를 위한 것으로 해석된다. 즉, ICO라는 행위를 통하여 비트코인 등 암호화폐가 금융투자상품 지위를 갖는 것으로 보고 이에 대한 규제 방침을 천명한 것으로 볼 수 있다. 비트코인 등 암호화폐도 금융투자상품과 유사한 지위가 부각되고 있다, 이러한 점에서 영란은행의 인식(각주 34)은 공감이 간다. 기실, 암호화폐의 지위 중 금융투자상품적 성질은 가장 두드러지는 것으로 생각된다. 증권이나 파생상품 등 금융투자상품의 거래가 각국의 '거래소'exchange를 통해 거래되는 것과 마찬가지로, '탈중앙화'를 외치는 암호화폐들도 거의 예외 없이 '신중앙화'로 보이는 자칭 암호화폐거래소(암호화폐 취급소)를 통하여 금융투자상품과 유사한 형태로 거래되고 있다.

〈그림 2〉 거래량 기준 상위 10개 거래소

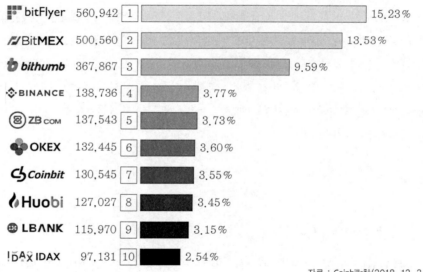

자료 : Coinhills社(2018. 12. 2.기준)

2. 지급결제수단의 지위

현재 비트코인 등 암호화폐가 상거래 등에서 지급결제의 수단으로 이용되는 건수 및 금액에 대한 통계는 찾을 수 없다. 비트코인을 이용하여 상거래 등에서 P2P방식으로 지급이 이루어질 경우, 비트코인의 지갑 간 이체가 이루어지는데, 2017년 중 동 건수는 일평균 28.5만 건(전세계 기준)으로 동 기간 국내 일평균 신용 · 체크카드 승인건수 약 5,291만 건의 0.5% 수준에 불과하다.[46]

더욱이 지불수단으로 활용된다는 것만으로 화폐의 속성을 가지는 것이라고 단정할 수는 없으며, 쌀, 조개껍질 등도 지불 수단으로 활용되었지만 화폐라고 부르지는 않았다. 화폐의 또 다른 중요한 기능은 그 자체가 재화에 대한 교환가치의 기준을 제시하는 가치척도의 역할을 하여야 한다. 그런데 비트코인은 자신의 시장가격이 급등락 하는 대상이 될 뿐 화폐로서의 중요한 가치조절기능을 하지 못하는 것이다. 따라서 법적인 의미에서 뿐만 아니라 실질적인 기능상의 의미에서 화폐의 본질을 충족시키지 못한다[47]는 견해도 있다.

현재로서는 암호화폐의 지급결제수단으로서의 지위는 공고하지 않은 것으로 보인다. 그럼에도 불구하고 블록체인 기술의 발전으로 안전성 및 효율성이 개선될 경우 암호자산이 지급수단으로 보다 널리 활용될 가능성을 배제하기는 어려울 것이다.[48] 실제로 베네수엘라의 경우, 최근 대통령이 직접 나서서 은행들에게 암호화폐 '페트로'petro를 거래수단unit of account으로 채택하도록 지시[49]했다는 점은 제한적이나마 시사하는 바가 있다.

3. 교환가치수단의 지위

물물교환에 있어서 교환 목적물 각각의 등가성 확보에 어려움이 발생하였고, 이를 극복하기 위하여 하나의 상품을 '화폐'로 선정하게 된 것은 화폐의 '교환가치 수단의 지위'를 의미하는 것이다. 일반적으로 일 화폐의 유용성은 교환가치로 측정될 수 있는데, 비트코인 등 암호화폐의 범용적 교환가치는 현재로서는 각국 법화fiat money에 비하여 열위인 것으로 볼 수 있으나, 장래에 양자의 교환가치가 대등해질 가능성이 없다고 단정할 수는 없다. 일례로, 2018년 12월 현재 암호화폐

ATM ^{automatic teller machine}의 전 세계 75개국에 4,050개에 달하고 있는데,[50] 2018
년 초 58개국 1,485개에 불과[51]하였음을 감안하면, 증가속도가 상당함을 짐작할
수 있다.

ICO는 비트코인 또는 이더리움 등 대표적인 암호화폐의 교환가치수단의 지위
를 활용하는 경우가 상당하다. 따라서 암호화폐가 일반적인 법정화폐의 특징 중 교
환가치수단의 특징은대표하는 것은 ICO로 볼 수 있다.

암호화폐가 한창 호황기였던 2017년에 비해, 시세가 폭락한 2018년에 ICO는
증가하였는데, "우리가 가상현실, 가상세계에서도 일을 하고 충분히 재미를 찾으며
가치를 만들 수 있듯이, 분산화된 세상에서 담보를 잡을 수 있고 가치와 수익을 창
출할 수 있는 사례는 계속 등장"한다며,[52] 암호화폐의 담보권 설정 등 교환가치를
주장하는 견해도 있다. 〈표 1〉에 따르면 2018년도 ICO금액은 200억 불을 초과하였
다. 이는 불과 5년 전인 2013년 ICO 모집 금액이 1백만 불에도 못 미쳤음을 감안하
면 상당히 큰 폭의 신장으로 보인다.

〈표 1〉 암호화폐 연도별 ICO 금액 및 건수[53]

연도	금액(미국달러)	건수
2013	616,800	2
2014	29,924,600	6
2015	8,853,840	7
2016	99,622,741	5.2
2017	6,602,002,746	455
2018	20,227,125,739	970

*2018년도는 12월2일 기준임.

자료 : Coinschedule사

Ⅳ. 결론

비트코인 등 암호화폐가 가지는 기존의 법화를 대체하려는 화폐로서의 기능이나 성질은, 초기의 기대 또는 우려에 비하여 약화된 것으로 판단된다. 다만, 시간이 경과함에 따라 금융투자상품으로서의 성질이 강화되고 있는 것으로 보인다. 그럼에도 불구하고 국내에서는 이에 대한 적절한 규제가 시행되고 있다고 보기 어렵다.

한편, 기존의 규정중심 체계의 법 규정으로 암호화폐의 법적성격을 획정하는 것은 실익이 크다고 보기도 어렵다. 왜냐하면, 가사 한 암호화폐의 법적 성격을 규정한다하여도 이후에 새로운 구조의 암호화폐가 등장하는 경우 동일한 기준으로 법적성격의 규정하는 것이 불가능할 수도 있기 때문이다.

예컨대, 미국의 경우에도 IRS는 과세목적에 국한하여 Property로 판단하였고, CFTC는 Bitcoin Futures가 상장되는 상황이니 commodity로 판단한 것으로 보인다. 한편, 일본은 상대적으로 기존의 신용카드나 체크카드 사용률이 낮았기 때문에, 비트코인을 대체수단으로 활용하기 위하여 법화나 지급수단으로 인정한 것이 아닐까 생각된다.

즉, 비트코인 등 암호화폐는 각국의 사정에 따라 개념의 파악을 달리할 필요가 있어 보인다. 우리나라의 경우, 현재시점에서 암호화폐는 상대적으로 금융투자상품적 성격이 두드러지는 것으로 볼 수 있다.

암호화폐가 투자목적으로 활발하게 거래되는 현재 상황에서는, 금융투자상품의 투자자에 준하는, 암호화폐 투자자 보호를 위한 일련의 조치가 필요하다. 우선은 금융위원회가 규제 방향의 원칙을 밝혀서, 최소한의 투자자보호 장치를 시급히 갖추는 것이 필요하다. 다음으로, 암호화폐의 합리적 규제를 위하여 자본시장법 등 관련 법규정의 개정이나 별도의 법률 제정의 검토가 필요할 것이다.

"**암호화폐와 법**"에 대해 더 알고 싶다면

1   한국은행(2016), 253면.

2   김성훈(2016).

3   박선종/김용재/오석은(2018), 12면.

4   중앙은행이 발행한 화폐의 실질가치에서 발행비용을 제한 차익을 의미한다.

5   총통화 M2는 M1에 정기적금 정기예금과 같은 은행의 저축성예금과 거주자 외화예금까지를 포함시킨 개념이다. 즉, 이들 예금은 언제나 원하는 대로 인출해 현금화 할 수 있기 때문에 유동성면에서 아무런 제약이 없다고 보기 때문이다. 보통 M1을 통화, M2를 총 통화라고 한다. 출처 : 매일경제용어사전(인터넷판).

6   2018. 4.말 현재 0.6%였다. 한국은행(2018), 45면 각주 94); CoinMarketCap 社 자료에 따르면, 2018. 12. 2. 현재, 동 시가총액은 1,357억 달러로 감소한 바 있다.

7   한국은행(2018), 47면.

8   CoinMarketCap, "Global Charts-Total Market Capitalization", https://coinmarketcap.com/charts/ (2018. 12. 2. 확인).

9   Johann Gevers, "The four pillars of a decentralized society", 유튜브 TEDx Talks 채널, https://www.youtube.com/watch?v=8oeiOeDq_Nc (2018. 11. 26. 확인).

10   이를 중앙은행디지털화폐(CBDC, central bank digital currency)라 한다. CDBC에 관한 최근 연구로는 박선종/김용재/오석은(2018), 5-48면 참조.

11   오정근(2018 Ⅱ).

12   블록체인과 금융제도의 충돌 및 융합의 사례연구에 관하여는 박선종(2018), 122-127면 참조.

13   CoinMarketCap社 집계에 따르면, 2018년 12월 1일 현재 신종코인의 종류는 2,073종으로 증가했다. CoinMarketCap, www.coinmarcap.com (2018. 12. 1. 확인).

14   한국은행(2018), 1면.

15   오성근(2018), 233면.

16   "일반의 온라인콘텐츠에서 유통되는 아이템이나 사이버머니 등 사이버재산의 지배는 특정의 콘텐츠 자체를 벗어나지 못하며 그 이용관계도 콘텐츠제공자에 의하여 제한되는 이용관계에 불과하므로 독립된 사이버재산이 되거나 법정화폐기능을 기대하는 것이 불가능하다. 그러나 암호화폐는 사이버공간에 존재하는 것이면서도 다른 사이버재화와 구별되는 독특한 특성을 보이고 있다." 정해상(2018), 38-39면.

17   노상채/김상범(2011), 246-247면.

18 김시담(2001), 13면.

19 Dong He et al.(2016), p. 7.

20 박선종/김용재(2018), 350면.

21 전자금융거래법 제2조 제15호 참조.

22 한국정보통신기술협회, "암호화폐", 한국정보통신기술협회 정보통신용어사전, http://terms.tta.or.kr/dictionary/dictionaryView.do?word_seq=138086-8 (2019. 6. 1. 확인).

23 한국정보통신기술협회, "가상화폐", 한국정보통신기술협회 정보통신용어사전, http://terms.tta.or.kr/dictionary/dictionaryView.do?word_seq=138128-9 (2019. 6. 1. 확인).

24 이를 중앙은행디지털화폐(CBDC, Central Bank Digital Currency) 또는 디지털 법화(Digital Fiat Currency)라 부른다.

25 Ben S. C. Fung & Hanna Halaburda(2016); Ben Dyson & Graham Hodgson(2016).

26 이뉴스투데이, "한국은행, '디지털화폐' 발행에 무관심 왜", 2018. 4. 18., http://m.enewstoday.co.kr/news/articleView.html?idxno=1180685.

27 Dong He et al.(2016), p. 8, Figure 1.

28 한국은행(2018), i/xv면.

29 "Crypto-assets do not meet, or only partially satisfy, the three functions of money
  • First, their value fluctuates very significantly, meaning it cannot be used as a unit of account. Consequently, very few prices are expressed in these crypto-assets.
  • Second, as a means of payment, crypto-assets are far less effective than fiat currencies, in that (i) their price volatility makes it difficult to use them as a means of payment; (ii) they generate transaction costs that are too high for simple retail payments; and (iii) there is no guarantee of reimbursement in the event of fraud.
  • Lastly, their lack of intrinsic value means that they cannot be used as a trusted store of value. Crypto-assets are not based on any underlying fundamentals. They are often a product of hashing power, with no relation to trade store of value)or economic needs, which prevents them from having an intrinsic value.", Banque de France(2018).

30 "One area, in particular, deserves our intense focus: the potential risks, and regulatory implications, of crypto-assets.", Tobias Adrian(2018). "Crypto assets provide challenges and opportunities to central banks." IMF(2018).

31 Bedellcristin, "FATF adds new definitions of virtual assets and virtual asset providers to its international standard recommendations", https://www.bedellcristin.com/newsexperience/2018/fatf-adds-new-definitions-of-virtual-assets-and-virtual-asset-providers-to-its-international-standard-recommendations/ (2019. 5. 26. 확인).

32 "비트코인은 지급수단의 일종이지, 금융투자상품과 같이 약정에 의하여 성립하는 권리라고 보기는 어렵다. 따라서 증권·파생상품과 같은 금융투자상품으로 보기는 곤란하다. 다만, 비트코인을 기초자산으로 하는 파생상품이나 비트코인에 투자하는 펀드 등은 자본시장법이 적용될 수 있으나, 이는 비트코인을 이용한 거래나 투자가 금융투자상품에 해당하는 것이지 비트코인 자체가 금융투자상품에 해당한다는 의미는 아니다." 김홍기(2014), 393-397면.

33 김홍기(2014), 396면.

34 대법원 2018. 5. 30. 선고 2018도3619 판결.

35 U.S. COMMODITY FUTURES TRADING COMMISSION, "CFTC Holds that Bitcoin and Other Virtual Currencies Are a Commodity Covered by the Commodity Exchange Act", CFTC Press Release No. 7231-15, 15 Sep. 2015, https://www.cftc.gov/PressRoom/PressReleases/pr7231-15 (2019. 6. 1. 확인).

36 "For federal tax purposes, virtual currency is treated as property. General tax principles applicable to property transactions apply to transactions using virtual currency." Internal Revenue Service(IRS), Notice 2014-21, https://www.irs.gov/pub/irs-drop/n-14-21.pdf (2019. 7. 1. 확인).

37 한국은행(2018), 72면.

38 한국은행(2018), 72면.

39 "A digital currency is an asset that only exists electronically. Digital currencies such as Bitcoin were designed to be used to make payments, but today many digital currencies are held as speculative assets by investors who hope their value will rise.", Bank of England, "Digital currencies", https://www.bankofengland.co.uk/research/digital-currencies (2018. 21. 2. 확인).

40 한국은행(2018), 72면.

41 Japan Declares Bitcoin as Legal Tender states "Bitcoin has now been declared as a legal tender or payment method in Japan, effective from April 1st 2017.", Sam Nemazie, "Is Bitcoin Legal Tender In Japan?", Seeking Alpha, https://seekingalpha.com/article/4133681-bitcoin-legal-tender-japan (2018. 12. 2. 확인).

42 이하 각국 은행 총재의 암호화폐 관련 견해는 한국은행(2018), 72면 참조.

43 Bitcoin 홈페이지, https://bitcoin.org/ko/ (2019. 6. 1. 확인).

44 한국은행법 제47조(화폐의 발행) 화폐의 발행권은 한국은행만이 가진다.

45 금융위원회 보도자료, "기관별 추진현황 점검을 위한「암호화폐 관계기관 합동TF」개최", 전자금융과,2017. 9. 29.

46 한국은행(2018), 80면.

47 서봉석(2018), 69면.

48 한국은행(2018), xiv/xv면.

49 뉴스 1, "위기의 마두로, 은행들에 "암호화폐 '페트로' 쓰라"", 2018. 8. 28, http://news1.kr/articles/?3410739.

50 Coin ATM Radar, https://coinatmradar.com (2018. 12. 1. 확인).

51 오정근(2018 Ⅱ).

52 이데일리, "블록체인 투자자, 단순 수익성 넘어 더 큰 꿈 있다", EBF 2018(이데일리 블록체인 포럼 2018), 2018. 11. 28., https://m.news.naver.com/newspaper/read.nhnoid=018&aid=0004261974&page=1&date=20181129.

53 CoinSchedule, "Crypto Token Sales Market Statistics", https://www.coinschedule.com/stats.html?year=2018 (2018. 12. 2. 확인).

{ 스마트계약 }

본 절은 2018. 11. 상사법연구 제37권 제3호에 발표한 "블록체인 기술을 기반으로 한 스마트계약의 법적 쟁점 연구 – 국제사법 쟁점을 중심으로–"를 발췌, 수정, 가필한 것이다.

{스마트계약}

한종규

Ⅰ. 서론

몇 년 전부터 전 세계 투자시장에서 암호화폐의 열기가 확산되어 왔다. 비트코인, 이더리움 등의 암호화폐가 광풍이라고 할 만큼 일부 투자자들의 관심을 받고 있다. 이러한 현상은 과도한 투기 현상으로 부작용을 낳고 있으며 투자 거래 과정에서 개인정보 유출, 암호화폐거래소 해킹 등을 통한 랜섬웨어라는 신종 범죄행위가 발생하고 있다. 비트코인 등에 치명적 오류가 발생하고 있으며 이런 부작용으로 인하여 미국, 영국 등 주요 정부가 암호화폐 규제 필요성을 다시 강조하고 있다.[1] 비트코인 신뢰가 무너지면, 각국 정부의 암호화폐 제재가 더 심해질 수 있을 것으로 보인다. 그러나 한편으로는 이러한 규제가 비트코인의 원천기술인 블록체인이 향후 미칠 과학 기술에 부정적인 영향을 미칠 것을 우려하는 시선도 있다.

블록체인 기술은 몇 년 전까지는 잘 알려지지 않은 기술이었지만, 이 기술이 인터넷이 등장했을 때처럼 4차 산업의 원동력이 될 수 있다는 과학기술계의 논의가 활발해지면서 최근 급속히 관심을 받고 있다. 블록체인은 비트코인의 원천기술로서 등장했지만, 그 기술은 암호화폐에 특화된 것이 아니라 다양한 분야에 응용 가능한 것이다. 과거 인터넷이 그랬던 것처럼 블록체인은 앞으로 사회와 산업의 구조를 크게 변화시킬 가능성이 있다고도 알려져 있다. 전문가들은 정부기관이나 은행 등 거래의 신뢰를 담보하는 제3자의 중개 없이 거래가 가능하게 되어 블록체인의 사용은 인공지능^AI^과 함께 패러다임의 대전환을 가져올 것이라고 예측한다. 블록체인 기술은 상호 분산원장[2]을 이용하여 기존의 중앙집중형 네트워크 기반의 인프라를 뛰어넘는 높은 확장성, 보안성, 투명성 등을 보장할 수 있다고 알려지고 있다.[3] 블랙체인 기술이 미래에 얼마나 많은 분야에서 혁신을 불러일으킬 것인지 어떠한 정도로 각 분야에 패러다임의 변화를 가져올 것인지 예측할 수 없다. 또한 법적인 측면에서 어떠한 문제가 발생할 것인지 이러한 기술적인 혁신에 대하여 어떠한 법적인 조력이 이루어져야 하는지 많은 논의가 되고 있지만 아직까지 명확하지 않은 실정이다.

블록체인을 기반으로 하여 계약의 협상과 이행이 자동으로 실행되는 컴퓨터 프로그램인 스마트계약에 대한 논의가 시작되고 있다. 본 절에서는 블록체인을 이용한 스마트계약의 법적 쟁점을 살펴본다.

Ⅱ. 스마트계약과 블록체인

1. 스마트계약의 의의

스마트계약은 이미 20년 전부터 미국의 닉 사보에 의해서 "계약조건을 실행하는 컴퓨터화된 프로토콜"로 정의되었다.[4] 그는 계약을 기록하는 매개체가 종이에서 컴퓨터상 가상기기로 변화되면서 계약조건을 그 기기에서 판독가능하다면 비용이 절감되며 이를 위해서는 암호기술이 매우 중요하다고 지적하였다.[5] 합의한 계약조건을 컴퓨터 코드로 지정해두고 컴퓨터가 인간대신에 판단하여 조건이 맞으면 계약이 이행되는 방식이 적용된다는 의미에서 스마트계약이 등장하게 된 것이다. 그러나 당시에는 이를 실현할 암호 기술이 없어 구체화되지 못하였으나 최근에 스마트계약을 실제로 구현하는 기술적 기반인 분산원장기술(블록체인 기술)이 등장하여 이를 활용할 수 있게 되었다. 특히 암호화폐의 일종인 이더리움이 발명된 이후 스마트계약 기술은 발전되고 있다.

스마트계약은 아직 일상생활에서 본격적인 사용되고 있지 않으며 학자에 따라 여러 가지로 정의되고 있으며 확정적으로 정립된 법적 개념은 아니다.[6] 스마트계약은 블록체인 기술을 기반으로 계약 협상과 이행을 자동으로 실행되는 컴퓨터 언어로 작성된 계약 프로그램이다. 이는 우리가 일상적으로 사용하는 전통적 의미의 계약이 아니라 블록체인 기술에 의하여 일정한 조건이 성취되면 계약이 자동적으로 실행되는 컴퓨터 프로그램으로 볼 수 있다. 스마트계약은 일종의 자동화 계약 시스템으로 기존에는 계약이 체결되고 이행되기까지 수많은 문서가 필요했다면 스마트계약은 계약조건을 컴퓨터 코드로 지정해 두고 조건이 맞으면 계약을 이행된다. 예를 들어, A가 B에게 1이더리움을 보내는 조건으로 B가 영화 파일을 A에게 보내도록 스마트계약을 작성했다고 가정한다면, A가 1이더리움을 보내고 B는 어떠한 추가적인 행동을 취할 필요 없이 자동으로 음악 파일이 A에게 전송된다. 이처럼 기존의 계약에 비해 자동 집행력에 의한 비용 절감 등 장점이 있으므로 가까운 미래에 여러 분야에서 활발히 사용될 것이다. 따라서 거래 절차가 간소화 되는 것은 물론이고 거래상 발생되는 비용 절감, 거래당사자 간 안전한 계약이 이루어지게 된다.

2. 블록체인과 스마트계약

(1) 블록체인의 개념

블록체인이란 돈이나 상품의 거래 이력 정보를 전자형태로 기록하면서 그 데이터를 블록으로 집약하여 체인처럼 차례차례 연결하여 놓은 것을 의미하며, 어떤 시간의 블록(장부)을 순서대로 연결시켜 놓은 것이라고 말할 수 있을 것이다. 즉, 블록체인은 연속된 정보의 전자장부분산원장; distributed ledger로서 정의된다. 거래의 모든 이력 정보를 네트워크에 참가하는 모두에게 분산하여 보관·유지하며 참가자들의 합의를 통하여 거래 데이터가 정당하다는 것을 보증하는 분산원장인 것이다.[7] 블록체인은 P2P 컴퓨터 네트워크를 이용한 분산거래 기록대장으로서 일정한 검증작업을 거침으로써 사후적인 조작이 기술적으로 매우 곤란한 기술이다. 같은 정보를 해당 P2P 네트워크 참가자가 공유하지만 사후적으로 거래기록이 조작하기가 매우 어렵다는 특징이 있다.

블록체인 기술이 지금까지 기술과 비교하여 혁신적인 점은 위에서 언급한 블록체인 합의기술에 의하여 중앙 관리자가 필요치 않다는 것이다. 몇 날 몇 시에 장부가 만들어졌는지 알 수 없지만 장부의 순서는 확인할 수 있게 된다. 특정시간의 장부를 위조하기 위해서는 거래의 전자서명을 위조함과 동시에 그 장부의 앞뒤 사슬을 위조해야 하고 순차적인 모든 사슬을 위조해야하기 때문에 전체 암호화작업을 다시 거치지 않는 한 신뢰를 담보할 수 있는 중앙의 통제장치가 없이도 조작이 불가능하다. 이렇게 함으로써 판매자를 사기로부터 보호할 수 있고 에스크로escrow 방식을 통해 구매자도 보호할 수 있게 된다.

블록체인 출현 이전에도 금융거래를 비롯해 많은 거래가 컴퓨터상에 기록되어 관리되어 왔다. 기존의 인터넷 상거래는 기록의 동일성 확보 등을 위해 신뢰할 수 있는 금융기관의 서버에서 일원적으로 관리하는 전자지불방식에 대부분 의존하고 있었다. 이는 금융기관의 신뢰에 의존하여 제3자의 역할과 중요성이 강조된다. 그러나 신용 기반이 아닌 암호화 기술을 기초로 한 전자지불시스템을 이용하게 되면 제3자 없이 블록체인에서는 그러한 중앙관리자를 반드시 필요로 하지 않기 때문에 데이터 정보 등 디지털 형식으로 보존된 다양한 가치의 교환이나 이동이 공개된 장부에 의하여 이루어지게 된다. 공개된 장부방식을 이용하게 되면 암호화폐를 위조, 변조하거나 절취할 가능성이 중앙집중식 장부에 비교하여 해킹이 상대적으로 어렵게 된다는 장점이 있다.

블록체인은 특정의 제3기관에 정보를 보관하는 방식이 아니라, 모든 이용자가 공동으로 장부를 관리 한다는 이론적 기초에 의한다. 활성화된 탈중앙화 및 탈중개화 방식이라는 특성을 가지고 있는 것이다.[8]

(2) 블록체인과 스마트계약의 관계

블록체인 기술을 스마트계약에 적용하게 되면 블록체인의 탈중앙화 기술로서 모든 거래는 제3의 중개기관의 개입 없이 자동으로 분산된 데이터베이스에 기록된다.블록체인 기반의 스마트계약으로 인하여 기존의 중앙의 중개자에 의하지 않는 P2P 계약이 성립되는 것이다. 블록체인은 기술적으로 거래정보를 기록하는 기능을 이행하는데 불과하고, 블록체인 자체가 스마트계약을 지원하지는 않는다.[9] 스마트계약은 블록체인 기술을 기반으로 계약조건을 기록하고 조건이 충족됐을 경우 자동으로 계약이 실행되게 하는 프로그램으로 금융 거래 등 다양한 계약에 활용할 수 있다. 블록체인 기술은 네트워크상의 노드가 탈중앙화된 애플리케이션인 스마트계약을 인식하고 이를 위한 계약주소를 만들고 거래를 원하는 자가 스마트계약의 계약주소로 계약의 실행에 필요한 조건을 전송하면 스마트계약이 자동으로 실행되도록 한다. 스마트계약을 구현하기 위해서는 모든 거래정보를 확인하고 감독·실행할 수 있는 블록체인 기술이 작동하는 플랫폼이 필요하다.[10]

3. 스마트계약의 종류

(1) 이더리움 스마트계약

이더리움도 비트코인과 마찬가지로 블록체인을 기반으로 한 암호화폐의 일종이다. 비트코인과 마찬가지로 수학문제를 풀어 직접 암호화폐를 채굴하거나 암호화폐 거래시장에서 구입할 수 있다. 블록체인에 화폐 거래 기록뿐만 아니라 추가정보를 기록할 수 있어서 부동산, 금융거래, 공증 등 다양한 종류의 계약을 체결할 수 있다.

현재 스마트계약을 작성하고 사용하는 플랫폼으로서 가장 잘 알려진 예는 비탈리크 부테린Vitalik Buterin과 소프트웨어 전문가 그룹이 만든 블록체인 퍼블릭형 플랫폼인 이더리움Ethereum이다.[11] 솔리디티solidity 프로그래밍 언어를 사용하여, 계약 기간, 금액, 기타 계약조건 등을 미리 코드화하여 부동산, 중고 자동차, 무역 거래 등 다양한 종류의 계약을 일정한 조건이 충족되었을 경우 자동 실행되도록 만들 수 있게 하였다. 비트코인의 블록체인 기술은 가치의 저장과 전달이 가능한 암호화폐를 만들었다면, 비탈리크의 이더리움은 블록체인 기술을 활용하여 모든 종류의 계약을 자동 실행할 수 있는 스마트계약 플랫폼을 개발하였다.

이더리움은 비트코인과 마찬가지로 블록체인 기술을 기반으로 한 암호화폐의 일종으로 컴퓨터 프로그램으로 문제를 풀어 직접 코인을 채굴하거나 암호화폐거래소에서 구입 할 수 있는 시스템이다. 그러나 비트코인의 경우 페이팔과 온라인 뱅킹 등 중앙기관의 중개 없이 거래를 할 수 있는 금융 시스템의 혁신이 목표였다면, 이더리움 개발자들은 블록체인 기술의 도움으로 아마존, 페이스북, 구글 등 개인정보와 금융정보가 저장되는 그들의 인터넷 서버를 혁신하는 것이 목적이라고 한다.[12]

그들은 현재 존재하는 인터넷 서버 모델을 개혁하여 탈중앙의 월드 컴퓨터를 만드는 것이 목표라고 한다.[13] 이더리움은 블록체인에 의해 화폐거래 기록뿐만 아니라 추가 정보를 기록 할 수 있는 일종의 플랫폼 형태를 지향하는 기술이기 때문에 금융거래, 부동산 계약, 공증 등 다양한 형태의 계약을 체결할 수 있다. 즉, 비트코인이 화폐와 비슷하다면 이더리움은 '플랫폼'에 가깝다고 할 수 있을 것이다. 한정된 거래만 가능했던 비트코인과 달리, 이더리움은 다양한 블록체인 기반 비즈니스에 접목시킬 수 있도록 설정되어 부동산, 주식 등 다양한 형태의 계약을 체결 하며 블록체인 2.0이라고도 불린다.[14] 기존의 비트코인에 기반한 블록체인기술이 "과거에 일어났던 일"을 기록하는 블록체인 1.0이라면, 스마트계약 기능을 구현한 블록체인 기술은 "미래에 일어날 일"을 미리 기록해 둘 수 있는 블록체인 2.0이라고 할 수 있다는 것이다.

이더리움은 다양한 업무를 수행하기 위한 스마트계약뿐만 아닌 분산된 응용 프로그램을 만들기를 원하는 사람들을 위한 독창적인 블록체인 프로젝트이다. 그러나 이더리움은 모든 사람이 접근할 수 있는 퍼블릭형 블록체인으로서 개인정보 보호에 약점이 존재한다.

(2) 하이퍼레저 패브릭Hyperledger fabric 스마트계약

리눅스 재단에서 주관하는 하이퍼레져는 암호화폐가 아닌 블록체인 개발을 위한 오픈 소스이다.[15] 하이퍼레저는 퍼블릭형 비트코인, 이더리움과는 달리 허가된 사용자만 참여 가능한 폐쇄형 블록체인으로서 채굴을 위한 인센티브가 필요 없으며 금융, 사물인터넷, 물류 등 다양한 비즈니스에 응용 가능한 블록체인을 만드는 것을 목표로 하고 있다.[16]

이더리움은 개발자가 다양한 작업을 수행하기 위한 스마트계약을 용이하게 위한 것인 반면, 하이퍼레저는 블록체인 기술을 활용하여 여러 구성 요소를 지원하는 오픈 소스 공동 프로젝트이다.[17] 이더리움 블록체인은 네트워크에서 모든 것을 실행할 수 있도록 일반화된 프로토콜로 작동하지만 하이퍼레저는 소프트웨어의 역할을 하므로 개개인의 다양한 요구에 특화된 블록체인을 개발할 수 있다.

하이퍼레저는 특정 프로젝트와 관련된 사람들 만 네트워크의 데이터에 액세스 할 수 있기 때문에 비밀유지에 강점이 있다. 하이퍼레저는 기업 및 개인에게 암호화 키를 사용하여 거래를 선택한 그룹만 볼 수 있다. 반면, 이더리움은 퍼블릭 블록체인 프로젝트로서 프로젝트의 모든 거래 또는 세부 사항이 모든 사람이 네트워크에서 볼 수 있도록 공개된 상태로 유지되므로 기밀성 유지 차원에서 약점이 있을 수 있다.

이더리움의 스마트계약은 솔리디티Solidity라는 프로그래밍 언어를 사용하는 반면, 하이퍼레저는 지능 계약intelligent contract라는 체인코드chaincode를 사용한다. 체인코드는 골랑Golang이라는 Google에서 개발 한 프로그래밍 언어로 작성되었다.[18] 일반인에 대한 접근을 제한하여 이더리움에 비하여 개인정보 보호 문제를 해결할 수 있는 장점이 있다. 아래의 코다가 금융산업에 특화되었다면 하이퍼레저 패브릭은 다양한 산업에 확장 가능하다는 장점이 있다.

(3) R3 코다Corda 스마트계약

분산 데이터베이스 회사인 R3는 지난 2017년 출범 초기부터 인텔, 뱅크오브아메리카BoA, 메릴린치 등 40여 곳으로부터 1억 달러 이상의 자금을 유치한 세계 최대 금융 특화 블록체인 컨소시엄이다.[19] R3는 금융기관에 특화된 회사로서 블록체인을 기반으로 한 국가 간 결제 플랫폼인 코다를 개발하고 있다. 코다 블록체인은 계약을 기록하고 관리, 동기화하여 상호 신뢰하는 조직 간에 법적 계약 및 기타 공유 데이터를 쉽게 관리 할 수 있는 오픈 소스 블록체인 플랫폼이다. 이 플랫폼을 사용하면 다양한 범위의 응용 프로그램을 단일 네트워크에서 상호 운용 할 수 있다.[20] 위의 하이퍼레저보다 금융분야에 있어서 특화되어 우위를 점하고 있다고 평가받고 있다.

코다 플랫폼은 자바Java를 기본으로 한 프로그래밍 언어인 코틀린Kotlin을 사용한다. 이를 통하여 합법적인 사람만 코다 플랫폼의 레코드에 접근할 수 있으며 시스템에 의해 관리되는 계약의 실행은 컴퓨터 코드에 의해 의하게 된다. 다양한 산업에서 광범위하게 채택되기 위해서는 시스템의 일부를 오픈 소스로 만든다.[21] 코다는 이처럼 합법적인 사람만 네트워크에 접근가능하기 때문에 블록체인상 불필요한 데이터 공유가 없어 개인정보 보호에 유리하다.

Ⅲ. 스마트계약의 특성

1. 스마트계약의 정의

스마트 콘트랙트Smart Contracts를 해석하면 현명한 계약이라고 해야 하지만 스마트계약은 말 그대로 현명하지도 않으며 우리가 전통적으로 계약이라고 부르는 계약과는 많은 차이점이 존재한다. 이를 분설하여 설명하면 스마트계약은 첫째 현명하지 못하다. 단지 'A조건이 발생하면, B를 실행한다'는 코드를 입력하여 실행하는 컴퓨터 프로그램이다. 또한 독립적으로 존재할 수 있는 계약이 아니다.

스마트계약은 기술적으로 미리 설계된 조건이 충족되었을 경우 그 이행이 자동으로 실행하도록 설계된 컴퓨터프로그램이다. 스마트계약의 개념에 대하여 법적인 의미의 계약이 아닌 프로그램에 의하여 집행을 가능하게 하는 거래 프로그램의 일종인 소프트웨어일 뿐이라고 주장하기도 한다. 그러나 여러 가지 이견이 있으나 프로그램을 집행하는 당사자의 의사가 계약의 목적을 실현한다는 의미에서 스마트계약은 블록체인에 의하여 집행이 보장되는 전자화된 양 당사자의 합의를 의미한다고 할 수 있다. 스마트계약은 단순히 법적인 컴퓨터 언어에 사용되는 것이 아니며 전통적인 계약의 의미를 스마트계약에 적용할 수 있을 것이다. 따라서 계약 의사표시의 요소인 청약과 승낙의사의 합치가 되기 위하여 유효한 법률행위가 있어야 할 것이다.

2. 스마트계약의 특성

스마트계약을 전통적인 계약에 비하여 다음과 같은 특성을 살펴볼 수 있다.

첫째, 스마트계약이 전통적인 계약과는 달리 구두 또는 일반문서에 의하여 이루어지지 않고 전자계약electronic contract과 비견할 수 있다. 그러나 전자상거래에서 빈번하게 쓰이는 전자계약은 종이계약이 아닌 전자문서에 의해 이루어지지만 영수증 등 문서작업이 필요하다. 이와는 달리 스마트계약은 문서화 작업이 필요하지 않으며 블록체인기술에 의하여 일정한 조건이 성취되면 계약의 이행이 자동 집행되게 된다.

둘째, 스마트계약에서 계약서의 모든 조건들은 컴퓨터 코드화되도록 설계되어 있다. 이러한 점에서도 전자계약과 구별된다. 전자계약은 계약조건이 코드로 표현된 것이 아니다. 단지 종이계약을 전자적 방법으로 표현한 것에 불과하다. 계약조건이 코드화된다고 해서 법률가의 도움이 필요하지 않은 것은 아니다. 계약조건에 대한 법률 판단이 프로그램에 포함되어야 하므로 프로그램 전문가의 코드 작업에 법률전문가의 조력이 필요할 것이다.

셋째, 스마트계약은 컴퓨터 코드에 의하여 계약조건이 이루어지므로 일반적인 문서계약에 비해 계약해석의 불확실성이 제거될 수 있다. 컴퓨터 코드로 이루어지는 경우에도 분쟁이 발생한 경우 법률가의 해석이 필요한 경우도 있을 수 있다. 예를 들면 '합리성의 판단', '상당한 정도의 판단' 등은 법률가의 해석이 필요할 것이다. 그러나 일반적으로 많은 조건이 프로그램화 되어 있다면 계약당사자는 계약의 결과에 대한 예측가능성을 확보하는데 있어 용이할 것이다.

넷째, 스마트계약은 자동 집행성 self-enforceable을 가진다. 스마트계약을 양 당사자가 합의할 경우 그 계약의 코드에 의하여 그 이행이 자동 집행되며 특별한 승인행위를 필요치 않는다. 따라서 스마트계약이 합의되면 양 당사자는 계약 체결 후 변심하여 그 이행을 하고 싶지 않더라도 그 실행을 중단할 수 없다. 예를 들어 부동산 매매계약을 하는 경우 매도인이 계약 체결 후 부동산 가격이 하락하여 중도금 잔금의 이행을 거절하고 싶어도 중단할 수 없을 것이다. 이러한 특성은 스마트계약의 신뢰성을 증진시키는데 도움이 될 것이다. 그러나 스마트계약은 이러한 자동 집행성으로 인해 많은 법적 논쟁을 일으킬 수도 있을 것이다. 계약이 무효, 취소 사유가 있는 경우에도 자동 집행되기 때문에 소비자 보호법 등 강행법규가 적용되는 계약에 문제의 소지가 있을 수 있다.[22]

3. 스마트계약의 장단점

스마트계약의 장점으로는 첫째, 계약이 체결되었을 경우 확실성을 부여한다. 계약이 성립하였을 경우 양 당사자가 계약의 해석에 있어 불일치가 있고 계약위반이 발생하였을 경우 스마트계약은 확실성을 부여한다. 코드에 의하여 'A사건이 일어나면 B를 이행'한다는 조건에 의하여 명확하게 실행시킬 수 있다. 또한 블록체인기술에 의하여 암호화되어 기술되기 때문에 모든 일련의 과정들을 증명할 수 있다. 둘째, 일반 전자상거래는 은행 등 중개자가 필요하지만 스마트계약은 블록체인의 탈중앙화 기술에 의해 제3의 중개기관 없이 계약상의 모든 조건과 이행을 중간자의 조작의 위험이 없이 자동으로 실행할 수 있다는 장점이 있다. 셋째, 저비용과 신속성을 들 수 있다. 계약서를 작성하기 위해서는 수많은 시간과 인력이 소모된다. 그에 비하여 스마트계약은 자동화된 코드작업을 통하여 이러한 문서작업과 계약서를 작성하는데 필요한 시간과 인력 비용을 단축시킬 수 있으며 변화가 있을 경우 업데이트 작업이 필요할 뿐이다. 넷째, 안정성이다. 탈중앙화된 암호화 기술에 의해서 안정성이 담보될 수 있다. 블록체인기술을 이용하게 되면 계약코드를 위조, 변조하거나 절취 등 해킹이 상대적으로 어렵게 된다는 장점이 있다.

스마트계약은 조건 성취 시 계약을 자동으로 이행하여 계약의 집행 비용 및 분쟁의 가능성 등을 줄일 수 있으나 계약조건을 프로그래밍하는 계약 작성 단계의 비용 및 오류 문제가 존재한다. 컴퓨터 기술에 의존하므로 기술의 한계로 인한 에러 가능성도 존재한다. 또한 양 당사자의 의사와는 달리 프로그래머의 실수로 코드가 잘못 입력될 수 있는 가능성도 있다. 코드로 작성되므로 일상 언어의 계약문언을 프로그래밍하는 작성 단계에서 해석의 불일치 및 작성오류가 발생할 가능성이 있다. 이러한 계약 내용과의 불일치 문제를 해결하기 위하여 사람이 읽을 수 있는 방식으로 개별 스마트계약의 의도와 구체적인 내용을 표현하는 리카아도 계약ricardian contract이 논의되고 있다. 리카아도 계약은 합의한 당사자의 의사를 파악하는 디자인 패턴을 나타내는 것으로 계약서를 인간과 컴퓨터 모두가 읽을 수 있게 작성하여 암호화한 계약을 말한다.[23]

4. 스마트계약의 활용가능성

맥킨지 보고서에 의하면 블록체인을 기반으로 한 스마트계약이 발전하여 금융업계가 가장 많은 혜택을 볼 것으로 보인다. 특히 무역 등 국제거래에서 무역 금융,

정산 등과 관련한 문제점은 블록체인 기반 솔루션으로 해결할 수 있을 것으로 보인다.[24]

현재 블록체인 스마트계약 기술의 활용이 유망한 분야로서는 금융 분야에서는 주식, 채권 등의 증권거래, 신디케이트론, 무역금융, 크라우드 펀딩, 은행 간 송금시스템(특히 국제송금) 등을 들 수 있다. 예를 들어 자금 조달을 원하는 개인이나 기업의 활동이력이 기록으로 남는다면 금융기관의 도움을 받지 않고 융자, 투자 등이 이루어질 수 있을 것이다. 또한 블록체인의 거래기록을 남길 수 있다는 특징으로 인하여 비금융 분야에서도 안정적인 이력관리가 필요한 귀금속 등의 기록, 부동산, 자동차, 선박 등의 소유권등기의 기록, 개인정보 등 동일성의 기록, 저작권 등의 기록, 물류관리, 센서 네트워크, IoT 등을 활용한 자동거래 등을 들 수 있다.[25] 예를 들어 다이아몬드와 같은 귀금속 거래의 경우 현금거래라면 매도인과 매수인의 거래 내역을 알 수 없고 은행 계좌이체로 진행되더라도 은행은 자금의 이동만을 수행할 뿐이며 자금이 이동한 사유 등은 알 수 없다. 따라서 감정서와 함께 귀금속이 판매되고 있는데 이는 위조될 가능성이 있어서 완벽한 신뢰를 가질 수 없다. 그러나 블록체인은 이러한 신뢰성의 문제를 해결할 수 있을 것이다.

마찬가지로 블록체인의 저비용, 안정성 등의 특징을 고려한다면 부동산 등기시스템 역시 이중매매를 방지하기 위한 이력관리가 중요하므로 부동산 등기 시스템을 블록체인으로 대체하면 저비용으로 확실한 기록을 남길 수 있을 것이다. 아직 많은 해결해야 할 과제도 적지 않지만, 블록체인의 실용화를 향한 실험과 움직임은 가속화되고 있다고 할 수 있다. 블록체인 인프라로 구축함으로서 은행과 마찬가지로 정부의 주요 기록 관리 및 확인 기능이 가능하게 되어 대규모의 관리 비용 절감이 가능할 수 있다. 공공 데이터 종종 불투명하고 불투명하게 처리될 수 있는데 출생증명서, 세금 등 데이터를 처리할 때 블록체인 기반 스마트계약을 통해 데이터 보안을 강화할 수 있다. 블록체인 기반 신원 기록과 같은 많은 공공 부문에서 주요 솔루션 및 표준으로 활용될 것으로 보인다.

Ⅳ. 스마트계약에 관한 입법 동향

1. 미국의 입법 동향

미국 연방정부차원에서는 2014년의 온라인 시장 보호법안Online Market Protection Act of 2014은 스마트계약에 관한 최초의 정의 규정을 마련하였는 바 동법안은 스마트계약을 "암호화로 코딩된 계약agreement으로서 종종 다중서명기술multi-signature technology이 활용되어 사전에 결정된 변수가 충족되면 거래 또는 재산의 이전이 자동적으로 또는 다중 당사자 간에 실행되고 공개적으로 기록될 수 있는 것"이라 정의하였다(동법 제3조 제1항). 한편, 주state 정부 차원에서도 스마트계약의 유효성을 긍정하는 입법을 한 사례가 있는데 예컨대 애리조나주州는 2017년 전자거래법Arizona Electronic Transactions Act에서 계약서에 스마트계약조건을 포함하는 것의 법적 효력을 인정하였으며[26] 버몬트주는 2018. 5. 블록체인 기반 유한회사를 인정하면서 그 회사의 투표절차의 관리에 스마트계약을 사용하는 것을 허용하였다.

2. 유럽연합의 입법 동향

유럽의회는 2018. 12. 13. 블록체인에 관한 미래교역정책에 관한 결의에서 스마트계약을 통하여 중소기업의 계약 리스크를 저감하고 사업을 용이하게 하는 방안을 연구할 필요성을 지적한 바 있다.[27] 영국의 법개혁위원회Law Commission는 2019. 7. 19. 공개된 2017/2018 연차보고서에서 스마트계약에 관한 연구프로젝트를 진행하고 있음을 밝힌 바 있다. 그러나 스마트계약에 관한 구체적인 입법은 없는 실정이다.

3. 스마트계약에 관한 우리나라의 법적 대응

우리나라에서는 2018. 5. 한국블록체인산업진흥회가 제안한 '블록체인 산업 진흥 기본법'에서 스마트계약에 대해서 "블록체인 사업자는 일정한 조건이 성취되면 미리 입력한 블록체인 소스코드가 실행됨으로써 성립하는 형태의 전자거래를 할 수 있다"고 규정하고 이 소스코드는 특정 조건을 충족해야 전통적인 계약과 유사하게 취급할 수 있다고 규정하였다.[28] 그리고 4차 산업혁명 위원회는 2019. 3. 공공 부문에서 블록체인 기반 스마트계약에 관한 실태 조사와 개선방안을 발표하고 공공조달계약에 스마트계약 도입이 가능한 분야로 계획수립, 공고, 응찰, 사업자선정, 협상, 계약 체결, 계약 이행, 성과 평가의 단계 중 '응찰'과 '사업시행자 선정'에 스마트계약를 활용할 수 있을 것이라는 의견을 제시하고 계약 체결 단계에서는 국가계약법 제11조가 요구하는 계약서 작성과 기명·날인을 어떻게 스마트계약으로 대체할지에 관한 법적 검토가 필요함을 지적하였다.[29]

V. 스마트계약의 법적 문제점

1. 서설

스마트계약의 법적 지위는 아직 명확하게 규정되지 않고 있다. 이러한 불명확성으로 인하여 블록체인, 스마트계약의 법적 분쟁가능성과 책임소재의 불명확성이 기술을 방해할 수 있다. 스마트계약을 법적인 계약으로 인정할 것인지, 아니면 단순히 컴퓨터 프로그램으로 분류할 것인지 의견이 나뉜다. 일반적으로 스마트계약은 '분산된 합의에 의하여 계약조건을 실행하고 자동 실행을 통하여 자기집행과 변조를 방지하는 전자화된 계약'을 의미한다.[30] 즉, 스마트계약은 계약의 협상과 이행이 자동으로 실행되는 컴퓨터 프로그램이므로 이를 기존에 우리가 다루는 계약의 한 형태로 인정할 수 있는 것인지에 대한 의문이 생긴다. 즉, 계약법적 측면에서 스마트계약이 전통적인 의미의 법적 계약으로 볼 수 있을 것인지에 대한 논의가 있을 것이다. 스마트계약 등에 대한 특별한 규정이 없을 경우, 현재의 실정법과 일반적인 법의 원칙들이 적용 가능할 것인지 또한 이를 적용불가능하다면 스마트계약을 규제할 수 없는 경우에는 어떻게 해결하여야 할 것인지 논의가 필요하다. 스마트계약은 컴퓨터 프로그램에 의하여 자동실행하기 때문에 프로그램에 오류가 없거나 해커의 방해가 없다면 그 이행이 확실하다. 거래기록 데이터가 블록체인에 남기 때문에 분쟁 시 입증이 쉽게 된다. 그러나 만일 스마트계약으로 계약을 체결하는 경우 어떠한 이유로 실행이 되지 않았을 경우에 법원에서 이를 입증할 수 있는지, 즉 계약의 성립 및 체결 여부를 입증할 수 있느냐의 문제가 발생할 것이다.

2. 스마트계약의 형식과 법적 성격

(1) 스마트계약의 형식

스마트계약의 형식에 관하여는 코드내재형계약과 코드외재형계약이 있다고 설명된다.[31] 코드내재형계약은 계약조건의 많은 부분이 스마트계약코드에 들어 있는 경우이고 코드외재형계약은 모든 계약의 조건이 자연어로 되어 있고 스마트계약코드는 그 이행을 자동화하는데 그치는 경우라고 한다.[32] 향후에는 스마트계약의 효용을 제고하기 위하여 코드내재형계약이 증가할 것이 예상되고 미래에는 인공지능 등 전자대리인이 스마트계약코드를 이해하고 그 조건을 실행하여 스마트계약을 성립시킬 수 있을 것이므로 그러한 유형은 완전내재형계약이라고 부를 수 있을 것이다.

(2) 스마트계약의 법적 성격

스마트계약의 법적 성격에 대하여 스마트계약은 계약의 협상과 이행이 자동으로 수행될 수 있도록 도와주는 컴퓨터 프로그램이므로 기존의 법적인 계약개념에 포함시킬 수 없다는 주장과 스마트계약도 기존의 법률적 계약과 동일한 의미를 지니는 것이라는 주장으로 나뉘고 있다.[33] 법적인 계약이라고 주장하는 견해는 스마트계약에 참여하는 거래당사자의 의사표시가 같은 방향의 의사표시가 합치한다는 점에서 합동행의의 특성을 가진다는 견해,[34] 코드설계자의 코드 공개라는 청약의 의사표시와 거래상대방의 조건성취라는 사실행위에 들어 있는 포함적 의사표시에 의하여 체결된 계약이라는 견해 등이 있다.[35] 스마트계약은 기존 계약과 마찬가지로 소프트웨어를 이용하여 성립되고 청약과 승낙이 동시에 이행되는 것으로 이해하는 것이 바람직하다.[36] 또한 스마트계약은 향후 이행하여야 할 채무를 성립시키지 않으므로 법률적 의미에서의 계약이라고 할 수 없다는 시각도 있으나 자동판매기와 같은 경우도 마찬가지로 계약과 동시에 이행의 문제를 남지 않지 않는 계약도 존재하기 때문에 이는 타당하지 않다.[37]

3. 계약의 성립 여부

전통적인 계약법 이론에 의하면 계약이 성립하기 위해서는 당사자의 의사의 합치, 즉 청약과 승낙의 의사표시가 필요하다. 서로 다른 2개 이상의 의사표시가 합치하는 법률행위를 의미한다. 법적으로 계약에 대한 특정한 형식을 요하지 않는 경우 합의가 이루어진 순간부터 계약의 효력이 생긴다. 반드시 계약서를 작성하지 않아도 그 효력이 발생하지만 일반적으로 분쟁을 대비하여 서면의 형식으로 계약서를 작성한다. 즉, 기존의 종이 계약서 자체는 당사자의 합의사항을 증명하기 위한 도구일 뿐 당사자 의사의 합치agreement가 본질적인 의미의 계약이다. 예를 들어, A가 B에게 1이더리움을 보내는 조건으로 B가 영화 파일을 A에게 보내도록 스마트계약을 작성했다고 가정한다면, A가 1이더리움을 보내고 B는 어떠한 추가적인 행동을 취할 필요 없이 자동으로 음악 파일이 A에게 전송된다. 양 당사자의 급부행위가 존재하고 이에 대한 합의가 존재한다. 당사자의 의사가 합치가 있다면 그것이 종이로 된 것이든 전자 문서로 된 계약이든 블록체인 기술을 기반으로 한 프로그램 코드의 형식이든 계약의 성립을 방해하진 않을 것이다.

스마트계약의 조건의 성취 여부를 두고 분쟁이 발생하는 경우, 특히 이행의 일부가 오프라인에서 행하여 져야 하는 경우 조건 성취 여부, 즉 계약의 성립 여부를 누가 어떻게 판단하여야 하는가 하는 문제가 발생한다. 스마트계약코드에 오류가 있는 경우, 누구의 책임으로 보고 계약의 효력에는 어떠한 영향을 주는가와 코드 설정자의 의사와 다른 내용으로 설정된 경우, 코드설정자의 의사가 우선하는지 스마트계약코드가 우선할 것인지가 문제될 수 있으나[38] 전자계약에서와 마찬가지로 표시주의를 관철하여 스마트계약코드가 우선하는 것으로 처리하는 것이 거래안전에 도움이 될 것이다.

4. 스마트계약의 효력

(1) 스마트계약 당사자의 권리의무

스마트계약의 디지털 코드와 별도로 독립적으로 계약 당사자 간 권리와 의무관계를 형성하게 된다. 즉, A가 B에게 금전을 지급받고 물건을 교부하는 물품매매계약을 체결할 경우 자동판매기에 고장이 난 것처럼 프로그램상에 오류가 발생한 경우 스마트계약은 이행되지 않더라도 계약은 이행되어야 한다. 물품계약뿐만 아니라 스마트계약은 서비스계약에도 사용가능할 것이다. 예를 들어 케이블 TV 회사에서 매달 이용료를 받고 방송서비스를 제공하는데 이용료를 지불하지 않은 사용자에 대하여 스마트계약이 판단하여 자동으로 서비스를 중단할 수 있을 것이다. 이러한 예도 법적으로 보면 전통적인 계약과 달리 판단할 이유가 없다. 계약의 본질적인 의미는 양 당사자의 합의에 의한 법적인 구속력에 중심이 있은 것이므로 전통적인 의미에서 법적인 계약과 특별히 달리 보아야 할 필요가 없을 것이고 미래에는 블록체인을 이용한 새로운 형태의 계약이 많이 발생할 것이라는 것을 고려할 때 기존의 계약의 테두리 내에서 해석하는 것이 바람직할 것이다. 만일 스마트계약을 하나의 소프트웨어에 불과하다는 견해에 의하더라도 현재는 이에 대한 법률규정이 확립되지 않았기 때문에 현존하는 법체계에 의하여 이를 다룰 수밖에 없을 것이다.[39]

(2) 스마트계약의 하자로 인한 계약의 실효

스마트계약에 하자가 있는 경우에는 계약의 취소가 문제되는 바 불일치한 부분이 중요한 내용이어서 코드 설계자가 상대방에게 착오 등을 이유로 의사표시의 취소를 하고 코드를 수정할 수 있는가 하는 점이 문제된다. 이미 이행이 완료된 계약을 취소하는 것이 되지만 우리 민법 제109조는 표의자에 중대한 과실이 없고 선의의 제3자에 대한 것이 아니라면 계약이 이행되었다 하더라도 의사표시의 취소를 금지하지 않고 취소의 효과는 소급하므로[40] 착오를 이유로 취소를 허용하는 경우에는 큰 혼란이 생기게 될 것이다.

(3) 불공정한 스마트계약의 효력

스마트계약코드가 불공정한 경우 스마트계약의 효력은 어떻게 되는가. 이미 이행까지 완료된 계약의 무효를 주장하도록 허용한다면 거래상의 혼란과 무효인 계약의 원상회복의 실효성등의 관점에서 큰 문제를 야기하게 될 것이다. 법률행위에 반사회적인 조건 또는 금전적 대가가 결부됨으로써 반사회적 성격을 띠는 경우 및 표시되거나 상대방에게 알려진 법률행위의 동기가 반사회적인 경우에는 무효로 되는 바 당사자의 철회권이 보장된 계약인데 이를 스마트계약의 형식을 취할 경우 철회를 할 기회가 부여되지 않고 사실상 강제하는 것이 되어 무효로 될 수 있다.[41] 나아가 스마트계약코드를 약관으로 보아 약관규제법에 따라 불공정 약관을 규제할 수 있을 것이다. 그런데 약관이 인간이 판독할 수 없는 코드 형태로 되어 있는 경우 스마트계약코드 설정자에게 약관인 스마트계약코드의 내용의 설명 의무를 어떻게 부과할 것인가 문제되며 그 불공정성을 어떻게 심사할 것인가 하는 문제가 있다.[42]

(4) 스마트계약의 종료

스마트계약은 그 속성상 계약의 효력 발생과 이행이 동시에 행해지므로 원칙적으로 이행의 문제를 남기지 않으므로 계약 위반이나 그에 따른 계약의 해지 또는 해제의 문제는 발생하지 않으며 이행의 문제가 없어 계약상의 위험부담 문제 역시 발생하지 않으나[43] 예외적으로 스마트계약상의 이행이 오프라인에서 이루어져야 하는 경우 그 이행을 블록체인 플랫폼상 확보하여야 하며 오프라인에서 이행이 완료된 때 스마트계약도 종료하게 될 것이다. 그러나 중대한 사정 변경이 있거나 양 당사자가 합의한다 하더라도 스마트계약의 성질상 계약의 중도 종료는 불가능하다고 할 것이며, 다만 양 당사자는 반대계약을 함으로써 최초의 스마트계약의 효력을 사실상 소멸시킬 수 있을 뿐일 것이다.

5. 스마트계약의 증거능력

스마트계약의 체결은 컴퓨터의 프로그램 코드에 의하여 처리되므로 계약 내용은 스마트계약 코드로 기록되게 된다. 계약의 모든 조건은 프로그램 코드로 표현되므로 스마트계약은 당사자의 계약관계를 관리하는 문서의 역할을 하게 되고 지식재산권의 대상이 되기도 한다.[44] 계약의 성립이나 계약 내용에 대하여 종이문서가 아닌 컴퓨터 코드 등으로 스마트계약을 체결하였을 경우 법원에 증거를 제출해야만 할 때 기존의 종이 계약서가 아닌 컴퓨터 프로그램 코드를 증거로서 제출하여야 한다. 코드의 형식적 증거력이 문제가 될 수 있다. 공문서의 경우 진정한 공문서로 추정되므로 공문서의 진성성립을 다투는 자가 그 위변조 등의 사실을 입증하여야 하지만 사문서의 경우 그 진정 성립에 다툼이 있으면 제출자가 그것이 진정한 것임을 입증하지 못하면 해당 문서의 증명력도 인정되지 않는다. 해당 문서에 진정한 기명날인과 서명이 있으면 이를 증명하면 진정 성립을 주장할 수 있을 것이다.

스마트계약의 경우 전자서명[45]의 형태로 이루어질 경우를 가정해 볼 수 있을 것이다. 우리나라 전자서명법 제3조 제1항에 의하면 문서 또는 서면에 서명, 서명날인 또는 기명날인을 요하는 경우 전자문서에 공인전자서명이 있는 때에는 이를 충족한 것으로 본다. 제2항에서는 공인전자서명이 있는 경우에는 당해 전자서명이 서명자의 서명, 서명날인 또는 기명날인이고, 당해 전자문서가 전자서명된 후 그 내용이 변경되지 아니하였다고 추정한다고 규정한다. 전자서명법에서 인정을 받지 못한 인증서비스 사업자가 제공하는 전자서명 이용자는 자신이 한 전자서명의 진정성을 입증하여야 증명력을 인정받을 수 있을 것이다. 이와 같이 스마트계약이 법원에서 증거능력을 인정받기 위해서는 현행 전자서명법에서 정한 인증요건을 충족시켜야 할 것이다.

UN 국제전자상거래 모델법(EC 모델법)[46] 제5조[47] 및 제9조[48]에 의더라도 어떠한 정보도 데이터 메시지의 형태로 되어 있다는 이유만으로 그의 법적 효력, 유효성 또는 집행가능성이 부인되지 아니하며 소송 절차에서, 어떠한 증거규칙도 데이터 메시지라는 이유로 데이터 메시지의 증거능력을 부인할 수 없다고 규정되어 있다. 증거의 증거능력 또는 기타 법적 효과는 정보가 블록체인에 의하여 저장된 데이터 메시지의 형태라는 이유만으로 정보에만 거부되지 않을 것이다. EC 모델법 제11조에 의하면 계약상 청약 및 승낙은 블록체인에 저장된 데이터 메시지로 표현할 수 있다고 규정한다.[49]

우리나라도 1996년 UNCITRAL의 UN 국제전자상거래 모델법을 참조하여 1999년 이용자들의 안전한 전자거래 활용과 거래 촉진을 위하여 전자거래기본법을 제정하였다. 그 후 몇 차례 개정을 거쳐 2012년 전자문서 및 전자거래기본법으로 이름을 바꾸어 공인전자주소제도 등을 도입하고 전자문서의 보관 등을 규정하였다. 향후 스마트계약의 발전 여부에 따라서 전반적인 제도개선이 이루어져야 하며 전자서명법도 그에 맞추어 개정을 진행하여야 할 것이다.

6. 국제무역과 인코체인

향후 블록체인 기술로 인해서 국제무역은 상당한 변화를 겪게 될 것이다. 장래에 전세계의 많은 회사들은 물품이나 서비스에 대가로서 비트코인을 포함한 암호화폐를 지급하는 경우가 있을 것이다. 기업은 블록체인 기술의 특성상 거래비용을 최소화할 수 있어서 상당한 원가 절감효과를 거둘 수 있다. 기존에 원장을 사용한 거래의 경우 사람이 일일이 문서를 확인하거나 관련 조건의 성취를 확인하는 거래에서 블록체인 기술을 통하여 사람의 개입을 줄여 시간과 비용을 단축할 수 있다. 1990년대 인터넷이 출현 후 지금까지 발전되어 왔던 것처럼 조만간 종이 없이 진행되는 스마트계약의 이용이 보편화될 것이다.[50] 스마트계약은 제3자의 개입이 필요 없이 일정한 조건만 갖추어지면 소프트웨어에 의하여 자동으로 계약이 성립되는 방식이기 때문에 거래비용과 사후 분쟁에 대한 소송비용이 크게 감소될 수 있을 것이다.[51]

최근에 블록체인과 국제무역과의 관계는 분산화된 스마트계약을 만드는 '인코체인'Incochain 프로젝트에서 시작되었다.[52] 인코체인은 무역조건의 해석에 관한 국제규칙인코텀즈, incoterms와 국제무역기준을 참고하여 블록체인기술에 기반한 스마트계약에 적용하는 것을 말한다. 수출과 수입, 항공 · 해상 · 철도 · 육상운송에 수많은 문서 작업이 필요로 한다. 인코체인은 세계 무역을 위한 기존의 종이 계약서에 대신하여 스마트계약을 만드는 프로젝트이다.[53] 본 프로젝트는 매도인과 매수인의 의무와 위험부담에 대하여 탈중앙화된 시스템으로 규정하는 것이 목표이다.

이는 국제거래 및 해상법, 운송, 보험, 은행 및 회계 및 정부의 세관 업무와 세무업무에서 활용할 수 있다고 한다.[54] 본 프로젝트는 아직 시작단계이지만 국제거래의 관습법을 규정화한 인코텀스와 같이 향후 국제거래에 중요한 역할을 할 것이라고 한다.

VI. 결론

인구 3만 명의 소도시인 스위스 주크^{Zug}는 암호화폐와 ICO 관련 제도 및 인프라가 잘 갖춰져 있는 세계적인 크립토밸리$^{Crypto\ Valley}$로 유명한데 5년 전인 2013년부터 블록체인 기업들을 유치하는 데 공을 들이고 2016. 5.에는 세계 최초로 관공서 내 비트코인 사용을 허용해 공공기관으로써 비트코인을 정식 화폐로 인정하고 결제하는 서비스를 도입했다고 한다.[55] 2018. 2.에는 스위스 금융감독기구인 금융시장감독청^{FINMA}은 ICO 가이드라인을 만들어 ICO 양성화를 위한 제도적 토대를 마련하고 현재까지 약 170여 개의 블록체인 기업을 유치하며 블록체인 주요 도시를 공고히 했다.[56] 또한 북유럽의 에스토니아는 인구 130만 명의 작은 정부지만 디지털 선진국으로서 행정 서비스의 IT화를 통해 전자정부를 구성하였다. 수많은 IT 기업을 폭넓게 개방하여 스타트업을 양성하고 있으며 블록체인을 기반으로 한 산업을 정부차원에서 육성하고 있다고 한다. 2000년대 이후 우리나라도 IT강국으로서 세계적으로 위상을 떨치고 있지만 최근 ICO를 불법화하는 등 많은 행정 규제로 인하여 더 나은 기업환경을 찾아 많은 기업들이 해외로 떠날 수도 있다는 우려가 생긴다. 실제 카카오는 2018. 3. 일본에 블록체인 사업 등을 위해 자본금 약 200억 원으로, 지주회사 카카오G를 설립하였다고 한다. 더딘 규제 개선으로 인해 국내 기업의 신사업 거점이 해외로 옮겨질 수 있다는 것이다.

우리나라에는 블록체인과 스마트계약에 대한 입법은 현재 구비되어 있지 않다. 영국에서는 국회 내에 입법위원회를 구성하여 이에 대한 입법을 준비 중에 있으며 세계 각국에서도 이를 포용적으로 법률에 받아들이는 분위기이다. 우리도 하루빨리 이에 대한 대비가 필요할 것이다. 또한 현행 법령과 상충되거나 포섭가능한지 여부 등 불분명한 부분을 검토할 필요가 있다. 블록체인, 스마트계약의 법적 분쟁가능성과 책임소재의 불명확성이 기술을 방해할 수 있다. 향후 4차 산업혁명 시대에서 기술이 발전함에 따라 이에 맞추어 입법을 할 때 중요한 것은 기술 중립성 또는 기술 중립성의 원칙이다. 우리 전자금융거래법에도 이를 규정하고 있다.[57] 이는 법이 정보를 전자적으로 전달하거나 저장하는 데 특정 기술의 사용을 요구하거나 가정해서는 안 된다는 것을 의미한다. 국제결제은행^{BIS}은 암호화폐와 블록체인 등 분산형 원장은 미래에 여러 분야에서 특히 결제시스템과 서비스에 다양한 영향을 미칠 수 있는 혁신이라고 판단하고 있으며 기존 비즈니스 모델 및 시스템의 중단되고 새로운 금융, 경제 및 사회의 현상이 발생될 수 있기 때문에 각 국의 중앙은행은 이에 대한 대응책을 마련해야 한다고 하였다.[58] 법이 미래의 기술 발전을 수용할 수 있도록 보장하는 데 도움이 되어야 한다. 블록체인과 스마트계약에도 사전적 규제가 아닌 폭넓게 허용하면서 구체적 문제점이 발생할 때마다 사후적인 해결방식을 찾아야 한다.

"스마트계약"에 대해 더 알고 싶다면

1   2018. 9. 24. 비트코이니스트, 코인데스크 등 주요 암호화폐 매체에 따르면 비트코인 프로토콜에 'CVE-2018-17144' 취약점이 발견됐다. 이 버그는 비트코인캐시 개발자인 아매니(Awemany)가 9월 17일 처음 발견해 비트코인 코어 개발팀에 보고하였다. IT조선, "해커가 마음대로 코인 만든다 … 비트코인 치명적 오류 발견", 2018. 9. 25., http://it.chosun.com/site/data/html_dir/2018/09/25/2018092500415.html/.

2   Mutual distributed ledger, 최근에는 블록체인 기술이 비트코인에 특화된 것이라 하여 블록체인 기술이라는 단어보다는 분산원장기술(Distrbuted Ledger Technoloy, DLT)라고도 한다.

3   정승화(2016), 108면.

4   Nick Szabo(1997).

5   Nick Szabo(1997),

6   정경영/백명훈(2017 Ⅱ), 32면.

7   오키나 유리 외(2018), 25면.

8   정승화(2016), 115면.

9   정경영/백명훈(2017 Ⅱ), 39면.

10   정진명(2018), 936면.

11   설민수(2018), 10면.

12   Coindest, "What is Ethereum?", https://www.coindesk.com/information/what-is-ethereum (2018. 9. 30. 확인).

13   Coindest, "What is Ethereum?", https://www.coindesk.com/information/what-is-ethereum (2018. 9. 30. 확인)..

14   The Economist 2015.10.31.,Wikipedia, "Blockchain", https://en.wikipedia.org/wiki/Blockchain (2018. 10. 1. 확인).

15   101 Blockchains, "Hyperledger vs Corda R3 vs Ethereum: The Ultimate Guide", Swati Goyal, https://101blockchains.com/hyperledger-vs-corda-r3-vs-ethereum/ (2019. 4. 21. 확인).

16   101 Blockchains, "Hyperledger vs Corda R3 vs Ethereum: The Ultimate Guide", Swati Goyal, https://101blockchains.com/hyperledger-vs-corda-r3-vs-ethereum/ (2019. 4. 21. 확인).

17   101 Blockchains, "Hyperledger vs Corda R3 vs Ethereum: The Ultimate Guide", Swati Goyal, https://101blockchains.com/hyperledger-vs-corda-r3-vs-ethereum/ (2019. 4. 21. 확인).

18 101 Blockchains, "Hyperledger vs Corda R3 vs Ethereum: The Ultimate Guide", Swati Goyal, https://101blockchains.com/hyperledger-vs-corda-r3-vs-ethereum/ (2019. 4. 21. 확인).

19 이미 서구권은 물론 일본의 SBI홀딩스, 사우디아라비아의 사우디브리티시뱅크 등 세계 각국에서 300개 이상의 협력사를 확보했다. KEB하나은행, 신한은행, KB국민은행, LG CNS 등 국내 기업들도 참여한 상태다. 아시아경제, "'올해는 다르다'…'블록체인 혁명' 속도 내는 월街", 2019. 2. 7., http://view.asiae.co.kr/news/view.htm?idxno=2019020708421453617.

20 101 Blockchains, "Hyperledger vs Corda R3 vs Ethereum: The Ultimate Guide", Swati Goyal, https://101blockchains.com/hyperledger-vs-corda-r3-vs-ethereum/ (2019. 4. 21. 확인).

21 101 Blockchains, "Hyperledger vs Corda R3 vs Ethereum: The Ultimate Guide", Swati Goyal, https://101blockchains.com/hyperledger-vs-corda-r3-vs-ethereum/ (2019. 4. 21. 확인).

22 ISDA(2017), p. 20.

23 Usman W. Chohan(2017).

24 McKinsey & Company, "Blockchain beyond the hype: What is the strategic business value?", Brant Carson, Giulio Romanelli, Patricia Walsh, and Askhat Zhumaev, https://www.mckinsey.com/business-functions/digital-mckinsey/our-insights/blockchain-beyond-the-hype-what-is-the-strategic-business-value?reload (2019. 4. 21. 확인).

25 오키나 유리 외(2018), 267-271면

26 2018. 3. 테네시주에서도 유사한 입법을 하였다.

27 European Parliament resolution of 13 December 2018 on Blockchain: a forward-looking trade policy (2018/2085(INI)).

28 동법안 제27조 참조. 그러나 2019. 3. 25. 이상민 의원 등이 발의한 블록체인 진흥 및 육성 등에 관한 법률안이나 2019. 4. 5. 송희경 의원 등이 발의한 블록체인산업 진흥에 관한 법률안에는 스마트계약에 관한 언급은 없다.

29 전자신문, "블록체인, 공공계약 도입 가능성↑…KISDI, 4차산업위 과제서 긍정 평가", 2019. 3. 13., http://www.etnews.com/20190313000250.

30 Lin William Cong & Zhiguo He(2018), pp. 11-12.

31 ISDA(2017), p. 14.

32 정경영/백명훈(2017 Ⅱ), 127-128면은 코드 설계자는 스마트계약코드의 내용을 자연어로 설명하는 문서(백서, white paper)를 작성하여 이를 자신의 블로그에 올리거나 SNS 등을 통해 타인이 인식할 수 있게 한다고 하면서(이하 제안서라 함) 이렇게 자연어로 된 제안서와 스마트계약코드와 실행파일 셋 중 청약의 의사표시로 되는 것은 인간이 이해할 수 있는 언어로 표시되어야 한다는 점에서 스마트계약코드는 의사표시로 볼 수는 없고 제안서를 코드설계자의 의사표시로 보아야 한다고 설명한다. 이 설명은 코드외재형계약에는 타당하나 코드내재형계약의 경우에는 계약조건이 코드에도 포함되어 있다는 점에서 제안서만이 청약의 내용으로 되는 것은 아니라 할 것이다. 또한 제안서만을 청약으로 보면 이를 둘러싸고 수많은 분쟁이 발생할 수 있어 스마트계약을 체결하는 장점을 상실하게 될 것이다.

33 Coindesk, "Making Sense of Blockchain Smart Contracts", Josh Stark, https://www.coindesk.com/making-sense-smart-contracts (2018. 10. 1. 확인).

34 정경영/백명훈(2017 Ⅱ), 111-2면.

35   정진명(2018), 944면.

36   김제완(2018), 167면.

37   정진명(2018), 931면.

38   스마트계약의 성립과정과 그 문제점에 관하여는 정경영/백명훈(2017 Ⅱ), 60-74면 참조.

39   Paolo Tasca(2015), p. 26.

40   정경영/백명훈(2017 Ⅱ), 133면.

41   정경영/백명훈(2017 Ⅱ), 129-130면 참조.

42   현재로서는 약관의 주요내용을 자연어로 작성하여 공시하도록 하고 당사자의 요구가 있는 경우 스마트계약코드를 자연어로 번역하여 제공하도록 하여야 할 것으로 보이나 기술의 진보에 따라 다른 해결방안도 가능할 것이다.

43   정경영/백명훈(2017 Ⅱ), 133면 참조.

44   정진명(2018), 941면.

45   우리나라 전자서명법 제2조에 의하면 "전자서명"이라 함은 서명자를 확인하고 서명자가 당해 전자문서에 서명을 하였음을 나타내는데 이용하기 위하여 당해 전자문서에 첨부되거나 논리적으로 결합된 전자적 형태의 정보를 말한다고 규정한다.

46   Electronic Commerce Model Law 1996(EC Model Law).

47   EC 모델법 제5조(데이터 메시지의 법적 인정) 정보는 데이터 메시지의 형태로 되어 있다는 이유만으로 그의 법적 효력, 유효성 또는 집행가능성이 부인되지 아니한다. 법무부/UNCITRAL(2018), 337면.

48   EC 모델법 제9조(데이터 메시지의 증거능력 및 증명력)
(1) 소송 절차에서, 어떠한 증거규칙도 다음과 같은 이유로 데이터 메시지의 증거능력을 부인할 수 없다. (a) 단지 데이터 메시지라는 이유 또는 (b) 데이터 메시지를 증거로 제시하는 자가 이를 합리적으로 예상 가능한 범위에서 획득할 수 있는 최선의 증거인 경우, 데이터 메시지가 그 원본형태가 아니라는 이유
(2) 데이터 메시지 형태의 정보는 적절한 증명력이 인정된다. 데이터 메시지의 증명력을 평가함에 있어 데이터 메시지가 생성, 저장 또는 전달되는 방식의 신뢰성, 정보의 무결성이 유지되는 방식의 신뢰성, 작성자의 신원 확인 방식 및 기타 관련 요소들이 고려되어야 한다. 법무부 · UNCITRAL,「UN 상거래규범집 제1권」, 2018, 341면

49   EC 모델법 제11조(계약의 성립 및 유효성)
(1) 계약 성립과 관련하여, 당사자들이 달리 합의하지 않는 한, 청약 및 청약의 승낙은 데이터 메시지에 의하여 표시될 수 있다. 계약의 성립에 데이터 메시지가 이용된 경우 해당 계약은 데이터 메시지가 이용되었다는 이유만으로 그의 유효성 및 집행가능성이 부인되지 아니한다.

50   Alexander Savelyev(2016), p. 18.

51   Alexander Savelyev(2016), p. 18.

52   Bitcoin Forum, "INCOCHAIN - Completely Paperless Smart Contracts for World Trade (Dashboard)", (2018. 9. 30. 확인).

53   Bitcoin Forum, "INCOCHAIN - Completely Paperless Smart Contracts for World Trade (Dashboard)", (2018. 9. 30. 확인).

54   Bitcoin Forum, "INCOCHAIN - Completely Paperless Smart Contracts for World Trade

(Dashboard)", (2018. 9. 30. 확인).

55 서울경제신문, "[ABF in Seoul] 세계 블록체인 허브 꿈꾸는 서울시 … 경쟁 도시는 어디?", 2018. 10. 5., https://decenter.sedaily.com/NewsView/1S5SMSVST7 에서 참고.

56 서울경제신문, "[ABF in Seoul] 세계 블록체인 허브 꿈꾸는 서울시 … 경쟁 도시는 어디?", 2018. 10. 5., https://decenter.sedaily.com/NewsView/1S5SMSVST7 에서 참고.

57 전자금융거래법, 제21조 제3항 ③ 금융위원회는 제2항의 기준을 정할 때 특정 기술 또는 서비스의 사용을 강제하여서는 아니 되며, 보안기술과 인증기술의 공정한 경쟁이 촉진되도록 노력하여야 한다.

58 BIS(2015), pp. 17-18에서 참고.

{ 블록체인과 전자거래법 }

본 절에서 서론을 제외한 부분은 필자의 박사학위 논문, "블록체인 기술 기반 스마트 컨트랙트에 관한 법적 연구"(성균관대학교, 2019)에서 전자거래에 관한 내용을 일부 전재한 것이다.

이규옥

I. 서론

2019년 블록체인 기술은 한 철의 '트렌드'trend를 넘어서 블록체인 산업의 '주류'mainstream를 형성하고 있다고 해도 과언은 아닐 것이다. 비트코인을 위시한 암호화폐들의 가치 폭락기를 거치면서도, 블록체인 기술은 독야청청 그 기술적 기초를 탄탄히 다지며 여러 응용 기술로의 변신을 시도해 왔다. 이러한 중에 전자적 형식의 거래, 가령 전자상거래, 전자금융거래 등은 블록체인 기술의 접목이 자연스럽게 시도되고 있는 영역이 아닐까 한다. 물론 현재의 '블록체인 전자거래'가 대중화의 단계에 이르렀다고 평가할 수는 없을 것이지만 전자거래에서 블록체인의 활용 가능성은 2016년 출시된 블록체인 전자상거래 플랫폼 오픈바자Openbazaar에서 보듯, 점차 구체화되어 가고 있는 것이 현실이다.

차차 살펴보겠지만, 전자상거래와 전자금융거래, 그리고 전자어음거래 등은 중앙의 권한 집중 기관의 부재에도 불구하고, 공정하고 자동화된 상거래, 금융거래를 가능케 하는 방향으로 진보하고 있다. 사실 이러한 진보의 중심에는 블록체인 기술 기반의 스마트 컨트랙트Smart Contracts 기술이 지대한 역할을 하고 있다. 스마트 컨트랙트란 특정한 상황의 발생 시 미리 프로그램화된 내용을 자동으로 실행하도록 코드화한 것으로, 기술적으로는 블록체인 상에서 트랜잭션으로 발현될 수 있으며, 블

록체인 기술과 함께 전자적 형식의 거래를 '자동화'하는 핵심 기술이다.[1]

부연하자면 블록체인이 기존의 집중화된 데이터베이스DB를 대체한 개념이라고 한다면 스마트 컨트랙트는 데이터베이스를 관리하는 자를 대체한 개념이라고 할 수 있다. 경우에 따라 스마트 컨트랙트는 관리자의 권한을 완전히 대체하기도 하고, 관리자는 그대로 두고 그의 수고를 덜어 주는 보조적 역할을 하기도 한다.

이하에서는 스마트 컨트랙트에 대한 자세한 내용을 다루기보다는 전자상거래법, 전자금융거래법, 전자어음법 등 전자거래 관련법을 중심으로 스마트 컨트랙트가 활용된 구체적 모습을 살펴본다. 그리고 각각의 법률의 쟁점과 개정방안을 블록체인과 스마트 컨트랙트 기술의 수용적 입장에서 전개함으로써 이러한 신기술이 가져올 분산화 경제 시대Distributed economy의 전자거래법의 길을 모색해 본다.

Ⅱ. 전자상거래 관련법의 적용

1. 블록체인 전자상거래 의의

블록체인 기술은 기존의 통신판매중개업자 등을 중심으로 구축되어 온 전자상거래 시장에 큰 변화를 가져오고 있는데 이러한 변화의 핵심은 '중개인 없는' 전자상거래 시스템에 있다. 이러한 전자상거래 시스템에서는 전 세계의 판매자와 구매자가 블록체인 기반의 P2P 네트워크 방식으로 연결되어 있다.[2] 블록체인 기반 전자상거래 플랫폼은 스마트 컨트랙트의 자동화 기술로 '중개인 없는' 전자상거래 시스템을 구현할 수 있다. 기존의 통신판매중개업자가 관리하던 중앙집중식의 데이터베이스는 블록체인으로 대체되고, 계약 체결 과정의 일부 절차들은 스마트 컨트랙트 기술로 대체된다. 동시에 대금지급의 수단으로서 암호화폐가 이용되므로 은행과 카드사, 결제대행업자 등의 전자금융업자 혹은 전자금융보조업자가 필요치 않는 상거래구조가 탄생한다.

블록체인 기반 전자상거래 플랫폼의 좋은 예로는 2016년 4월 첫 소프트웨어 풀 버전을 선보인 오픈바자를 들 수 있다. 오픈바자는 플랫폼을 통제하는 중앙조직이 없이 암호화폐를 이용하여 개인이 직접 상품과 서비스를 거래하기 위한 네트워크로[3], 블록체인계의 아마존Amazon이라는 별칭을 얻으며 기대를 모으고 있다.[4] 오픈바자 플랫폼은 기존의 여러 기술을 기반으로 하고 있다.[5]

〈그림 1〉 전자상거래 플랫폼의 변화

[기존의 전자상거래 플랫폼]

VS. [스마트 컨트랙트 기반 전자상거래 플랫폼]

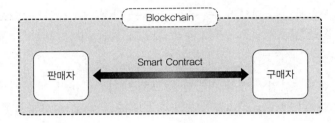

　블록체인 전자상거래 플랫폼을 이용하는 통신판매업자는 통신판매중개인에게 플랫폼 이용 허락을 받을 필요가 없으며 동 중개자에게 지불해야 했던 플랫폼 사용수수료·중개수수료 등의 비용도 지출하지 않기 때문에 사업운영 비용을 크게 절약할 수 있다. 더불어 중개자가 마련한 사업 관련 정책의 준수 등으로 말미암는 중앙의 통제와 구속에서 벗어날 수 있게 된다.[6] 소비자의 입장에서는 개인 주소, 연락처, 신용 카드, 결제 정보 등 기존 전자상거래 플랫폼 사용 시 요구되는 개인정보를 제공하지 않고도 전자상거래 플랫폼을 이용할 수 있다.[7]

　하지만 위와 같은 블록체인 기반의 전자상거래도 역시 기존의 전자상거래와 같이 컴퓨터 등의 정보통신 설비를 이용하여 온라인으로 주문을 받고 오프라인 상품 배송이 이루어지거나 온라인 컨텐츠를 바로 이용할 수 있다는 점에서 기존의 전자거래와 큰 차이는 없다. 다만, 블록체인 기반의 전자상거래에 플랫폼에서는 상품 및 서비스, 온라인 컨텐츠 이외에도 암호화폐 등의 암호자산 자체를 거래의 대상으로 삼을 수 있다는 점이 다르다.[8]

2. 적용 가능한 현행 법률

(1) 전자문서 및 전자거래 기본법

전자문서 및 전자거래 기본법(이하 '전자문서법'이라 한다) 제2조 제5호에 따르면 전자거래란 재화나 용역을 거래할 때 그 전부 또는 일부가 전자문서[9]에 의하여 처리되는 거래를 말한다고 규정하고 있다. 따라서 블록체인 기반의 전자거래 플랫폼에서 이루어지는 '상품과 용역'의 거래는 계약의 체결과 대금의 지급이 전자문서의 형식으로 이루어진다는 점에서 전자문서법상 '전자거래'에 해당하고 동법의 규율대상에 포함된다. 또한 스마트 컨트랙트 플랫폼에서 전자문서의 작성도 가능할 것이므로, 플랫폼상에서 작성된 문서는 '전자문서'에 해당한다.

한편, 스마트 컨트랙트 코드 그 자체를 전자문서로 볼 수 있는 경우도 상정해 볼 수 있다. 가령 사인이 전자거래를 위해 코드를 작성하여 청약의 의사표시를 하고 이에 대하여 승낙이 이루어짐으로서 성립되는 전자거래에서는 코드 그 자체가 전자문서에 해당하고 해당 거래는 전자거래에 해당하게 된다. 따라서 이러한 두 가지의 경우 모두에 전자문서법이 적용 가능할 것으로 보이므로 특별히 문제될 것은 없다. 스마트 컨트랙트도 그 기초기술인 블록체인 기술은 기존의 전자문서법의 적용범위를 벗어나지 않는 방식을 활용하고 있어 개별 규정을 적용하면 될 것이다.

(2) 전자상거래 등에서의 소비자보호에 관한 법률

현행 전자상거래 등에서의 소비자보호에 관한 법률(이하 '전자상거래법'이라 한다)에 따르면 전자상거래란 전자거래의 방법으로 상행위를 하는 것이므로(동법 제2조 제1호), 블록체인 기반 전자상거래 플랫폼의 당사자 일방이 상인인 전자거래에 관한 사항은 전자상거래법의 규율대상이 된다. 따라서 블록체인 기반 전자상거래 플랫폼에서 사업자와 소비자 사이의 거래는 전자상거래법의 규율 대상이 되고, 개인과 개인의 거래는 전자문서법으로 규율하면 된다고 본다.[10]

전자문서법과 전자상거래법은 모두 재화나 용역의 전자거래를 전제하고 있다. 따라서 암호화폐 자체를 거래하거나, 암호화된 토큰의 거래 등 새롭게 등장하는 디지털 자산을 거래하는 경우에도 동법의 적용대상이 되는지가 문제될 수 있다. 이것은 암호화폐를 지급수단으로 사용하는 것과는 별개의 문제다. 이는 암호화폐의 법적 성질에 관한 논의를 전제로 하는 것이므로, 만일 암호화폐에 재화성을 인정할 수 있다면,[11] 암호화폐를 전자거래의 대상으로 삼는 경우에도 전자문서법과 전자상거래법이 모두 적용 가능하다고 볼 것이다. 살피건대, 암호화폐는 일면 지급수단적 성격을 지니기도 하고, 투자의 대상으로서 금융상품적 성격을 지니기도 하다.[12] 또한 매매의 대상으로서의 재화의 성질을 지니기도 하므로 어느 하나의 일면의 성질만으로 파악하지 말고 상황에 따라 다른 해석을 내려야 한다고 본다. 실제 암호화폐는 전자상거래 플랫폼에서 거래의 대상이므로, 이러한 경우는 재화의 성질을 지니고 따라서 전자거래의 대상으로서 재화에 포함되어 전자문서법과 전자상거래법의 규율의 대상이 된다.

(3) 전자서명법

블록체인상에서 디지털 자산을 이동시키거나 스마트 컨트랙트를 블록체인에 탑재하여 실행시키려면 반드시 전자서명을 해야 한다. 블록체인 기반의 전자서명은 공개키 암호화 방식을 취하며, 이러한 전자서명은 트랜잭션을 발생시킨 자에 대한 동일성 확인, 트랜잭션 내용의 무결성, 트랜잭션 발생에 대한 부인방지 기능을 하게 된다. 그렇다면 자신의 컨트랙트 지갑 프로그램에서 일정한 정보를 작성하여 입력하고 이에 개인키로 서명하여 발생시키는 트랜잭션은 전자서명이 결합된 전자문서라 볼 수 있을 것이다.[13] 따라서 스마트 컨트랙트를 통해 발생한 트랜잭션에도 현행 전자서명법과 전자문서법이 적용 가능하리라 본다. 다만, 블록체인 기반에서 행해지는 전자서명은 공인인증서에 의한 공인전자서명은 아니므로 이에 따른 전자서명법 제3조 제3항의 규정에 따라 당사자 간의 약정에 따른 서명, 서명날인 또는 기명날인으로서의 효력을 가진다. 그러나 다른 법령에서 문서 또는 서면에 서명, 서명날인 또는 기명날인을 요하는 경우에는 동법 제3조 제1항에 따라 블록체인에서 행해지는 전자서명이 법이 요구하는 서명, 서명날인을 대체하지 못할 것이다. 더불어 제3조 제2항에 따른 추정력 역시 인정되지 않을 것으로 보인다.

그 밖에 다른 스마트 컨트랙트에서는 다중서명multi signature, multi-sig기술이 많이 활용된다. 다중서명은 두 당사자 이외의 당사자가 하나의 계약에 참여하는 것을 허용하기도 하고 상품에 대한 대금지급방법으로서 암호화폐를 전송할 때 에스크로escrow의 역할을 하기도 한다.[14] 그런데 우리 전자서명법은 다중서명을 정의하고 있지 않다.[15] 블록체인 기술을 이용한 스마트 컨트랙트에서는 다수 당사자가 참여할 수 있고 필요에 따라 다수 당사자가 서명에 참여하는 다중서명이 활용될 수 있으므로 이에 대한 논의가 필요하다고 본다.[16]

3. 전자상거래법 적용의 문제점

(1) 판매업자의 규율

1) 통신판매업자의 의무

블록체인 기반 전자상거래 플랫폼이 제공하는 기회를 이용하여 재화 또는 용역의 판매에 관한 정보를 제공하고 소비자의 청약을 받아 재화 또는 용역을 판매하는 자가 통신판매를 업으로 하는 경우에는 현행 전자상거래법 제2조 및 제3호의 통신판매업자에 해당된다.

블록체인 기반의 전자상거래 플랫폼을 이용한 사업자와 소비자 사이의 거래는 기존의 '중개 플랫폼'을 사용한 통신판매업자와 다르게 취급할 사항은 아니라고 생각된다. 판매업자는 플랫폼이라는 수단을 변경하였을 뿐이며 소비자에 대한 관계에서 계속적 반복적으로 영리를 추구하는 업자로서의 지위를 잃지 않기 때문이다. 그러므로 블록체인 기술에 적합하지 않은 의무 및 책임 규정을 제외하고는 동법의 의무 규정이 대부분 적용 가능하다.

이에 따라 전자상거래 사업자는 거래기록 보존의무(제6조), 착오로 발생하는 피해의 예방을 위해 필요한 절차 마련 의무(제7조), 정보의 보안 유지에 필요한 조치를 해야 할 의무(제8조), 사이버몰 운영자의 표시 의무(제10조), 통신판매업 신고 의무(제12조), 신원 및 거래조건에 대한 정보의 제공 의무(제13조), 소비자피해보상보험 등의 체결 의무(제24조) 등을 지고, 일정한 행위는 금지(제21조)[17]된다. 경우에 따라서는 전자상거래 사업자, 즉 통신판매업자에게는 전자상거래 사업자에게 일반적으로 부과되는 책임인 계약 불이행의 책임(제18조)과 특수한 책임으로 제조업자 등의 제조물책임이 부과 될 것이다.[18]

2) 청약철회 규정의 적용

전자상거래는 비대면 거래이므로 소비자의 구매 판단에 한계가 존재한다. 따라서 전자상거래법은 사업자에게 과실이 없는 경우에도 소비자가 청약철회 및 계약해제를 할 수 있도록 규정하고 있다.(제17조) 전자상거래법 제17조의 규정은 소비자 보호를 위해 마련된 민법의 특칙으로서의 성질을 가지며,[19] 청약철회는 계약이 체결되기 전 또는 계약이 성립한 이후에도 가능하다. 동 규정은 스마트 컨트랙트가 활용되는 상거래 플랫폼에서 역시 적용될 것이므로, 기술적으로는 스마트 컨트랙트 코드의 설계 시에 청약철회를 고려한 컨트랙트 코드가 반영되어야 할 것으로 보인다.

(2) 통신판매중개자 부재 문제의 해결

1) 의무규정의 준수 대상의 부재

블록체인 기반의 전자상거래 플랫폼에서는 통신판매중개업자가 없고, 통신판매중개업이라고 불만한 행위 역시 존재하지 않으므로, 현행 전자상거래법상의 중개업자에 관한 규정은 적용의 여지가 없다. 따라서 전자상거래법 제20조에서 규정하는 통신판매중개업자에게 부여된 의무 규정의 준수에 대한 공백이 생김으로써 소비자 피해가 발생할 위험이 있다.

가령 제20조 제3항은 통신판매중개자는 사이버몰 등을 이용함으로써 발생하는 불만이나 분쟁의 해결을 위하여 그 원인 및 피해의 파악 등 필요한 조치를 신속히 시행하여야 한다고 정한다. 하지만 블록체인 기반의 전자상거래 플랫폼은 통신판매중개자가 부재하므로 소비자 분쟁해결을 위한 조치를 시행할 의무 대상이 존재하지 않게 된다.

2) 스마트 컨트랙트 기반 전자상거래 플랫폼 제공자에 대한 규제

스마트 컨트랙트 기반의 플랫폼 제공자는 플랫폼의 개발에는 관여하였으나, 플랫폼의 중개업을 영위하지 않는 자를 말한다. 앞서 살펴보았듯이 플랫폼 제공자는 중개업자가 아니므로 중개업자에 관한 의무와 책임 규정에 적용을 받지는 않는다. 그러나 이들은 전자상거래법상 '전자게시판서비스 제공자'에 해당할 수 있을 것이다. 전자상거래법에 따르면 "정보통신망 이용촉진 및 정보보호 등에 관한 법률(이하 '정보통신망법'이라 한다) 제2조 제1항 제9호의 게시판을 운영하는 같은 항 제3호의 정보통신서비스 제공자"를 '전자게시판서비스 제공자'로 본다(전자상거래법 제9조의2 제

1항). 그리고 정보통신망법은 "그 명칭과 관계없이 정보통신망을 이용하여 일반에게 공개할 목적으로 부호·문자·음성·음향·화상·동영상 등의 정보를 이용자가 게재할 수 있는 컴퓨터 프로그램이나 기술적 장치"를 게시판으로 정하고 있으므로(정보통신망법 제2조 제1항 제9호), 결국 영리 목적으로 게시판을 운영하는 자는(정보통신망법 제2조 제1항 제3호) '전자게시판서비스 제공자'로 취급할 수 있다.

따라서 전자상거래법 제9조의2가 규정하는 전자게시판서비스 제공자의 책임에 관한 규정은 '영리를 목적'으로 스마트 컨트랙트 기반 전자상거래 플랫폼을 제공자하는 자에게 적용될 수 있을 것이다. 그러하다면 소비자피해 분쟁조정기구에 소비자의 피해구제신청을 대행하는 장치를 마련하는 등으로 소비자 피해 방지를 위한 조치를 취해야 하는 의무(동법 제9조의 2 제1항 제2호 내지 제3호)가 블록체인 상거래 플랫폼 제공자에게 적용가능하게 되리라 본다.

3) 플랫폼 개발자 등에게 통신판매중개자로서의 지위를 부여할 수 있는지 여부

통신판매중개업자 없이도 전자상거래 플랫폼이 작동할 수 있도록 기능적 역할을 대신하는 스마트 컨트랙트 기반 플랫폼 자체에 통신판매중개업자의 법적 지위를 부여할 수 있는가? 전자상거래법은 통신판매중개업자의 의무와 책임을 제20조, 제20조의2, 제20조의3 등에서 규정하고 있는데, 만일 스마트 컨트랙트를 통신판매중개업자로 본다면, 스마트 컨트랙트는 위에 열거한 의무를 준수해야 한다는 결론이 나온다. 그러나 컴퓨터 프로그램에 불과한 플랫폼이 이러한 규정들의 수범자적 지위를 갖는다고 보기는 어려울 것이다.

앞서 언급하였듯이 스마트 컨트랙트 기반 플랫폼은 기존의 통신판매중개업자의 일부 기능을 대체하기 위해 자동화시킨 코드로 이루어져 있을 뿐, 그 자체가 통신판매중개업자로서 영리를 추구하는 주체가 되는 것은 아니다. 더욱이 블록체인 기반 전자상거래 플랫폼에서는 플랫폼 이용자 그 누구도 플랫폼 사용에 대한 대가를 지급하지 않는다.

한편, 프로그램 코드 제작자 혹은 상거래 분산형 애플리케이션DApps 개발자에게도 플랫폼에 대한 계속적·반복적 영리 추구 목적을 인정할 수는 없으므로 코드 제작자들에게 역시 통신판매중개업자의 지위를 인정하기는 어려울 것으로 보인다. 또한 블록체인 기반의 전자상거래 플랫폼은 전 세계 누구에게나 열려있는 오픈마켓 플랫폼이므로 이용에 대한 허락을 받을 필요가 없다는 점과 해당 플랫폼은 웹 사이트 또는 조직이 아니며, 분산 네트워크의 거래를 통제·제어하는 '중앙의 관리자'가 없다는 점에서 전자상거래법 제2조 제4호에 따른 통신판매 중개라고 볼 만한 어떠한 행위도 존재하지 않는다.[20]

(3) 대금지급 문제

1) 블록체인 기반 전자상거래에서 대금지급의 방법

블록체인 기반의 전자상거래 플랫폼에서는 물건 및 서비스, 심지어 암호화 자산 등의 거래 대가로서 대부분 블록체인 기반의 암호화폐가 이용되게 될 것임을 예상해 볼 수 있다. 즉, 계약 당사자 간의 급부로 비트코인 등의 암호화폐를 활용하는 것이다.[21] 물론 기술적으로 기존의 전자적 대금지급 수단을 이용할 수 없는 것은 아니지만, 블록체인 기반 전자상거래 플랫폼의 이용 당사자 모두가 블록체인이 가지는 탈중개의 이점[22]을 누리고 싶어하리라는 점에 착안하면 새로운 유형의 전자상거래 플랫폼에서는 블록체인 기반의 암호화폐가 이용되리라는 점은 당연한 귀결이라 할 수 있다. 실제로 오픈바자 플랫폼의 경우에는 비트코인BTC, 비트코인캐시BCH, 제트캐시ZEC가 거래대금의 지급수단으로 사용되고 있다.[23]

2) 전자상거래법상 암호화폐를 이용한 대금지급 가능 여부

대금 지급의 수단으로 암호화폐를 이용하여도 현행법에 위반되지 않는지에 대한 문제를 우선 고려해 보아야 한다.[24] 사법상 계약자유의 원칙에는 계약방식의 자유가 포함되므로 어떠한 종류의 통화로 대가를 지급할 것인지, 또한 전자상거래에 있어서 어떠한 대금지급 수단을 선택할지는 결국 당사자 자유에 맡겨져 있다.

또한 현행 전자상거래법은 거래 대금의 지급 방법으로서 특정 수단을 이용할 것을 정하고 있지 않을 뿐만 아니라 특정한 수단을 이용하지 말 것을 규정하고 있지도 않다.

그러므로 사인 간 암호화폐를 이용하여 전자상거래를 하는 것은 가능하고, 이 경우 동법 제8조 제1조에 따라 사업자는 관련 정보보안 유지에 필요조치를 다할 의무를 부담하게 된다. 만일 기존 법률의 해석상으로 암호화폐를 전자지급수단으로 인정할 수 없더라도 사인간의 계약의 법적 효력까지는 부인할 수 없으리라 본다.

3) 제8조가 정한 전자적 대금지급의 신뢰의 확보의 방법

한편, 블록체인 기반의 전자상거래 플랫폼에서 암호화폐에 의한 전자적 대금지급이 이루어지는 경우 소비자의 청약의사가 진정한 의사표시에 의한 것인지를 확인하기 위하여 사업자가 상품 등의 내용 및 종류와 가격에 관한 정보를 명확히 고지하고, 고지사항을 소비자로 하여금 확인할 수 있도록 하는 절차를 마련하고 있다면 전자상거래법 제8조가 정한 전자적 대금지급의 신뢰의 확보로 부족함은 없다고 본다. 아래는 실제 오픈바자에서 상품 선택 이후 진행되는 결제 화면으로 비트코인을 결제 수단의 하나로 삼고 있다.

〈그림 2〉 오픈바자 플랫폼에서의 결제 수단

4. 현행 전자상거래법 등의 개정방안

(1) 전자상거래법

비대면 전자상거래를 가능하게 하는 플랫폼이라는 점에서 블록체인 기반 전자상거래 플랫폼은 기존의 중개플랫폼과 그 목적이 다르지 않다. 다만, 블록체인 기반 전자상거래 플랫폼은 첫째 통신판매중개업자가 스마트 컨트랙트로 대체되고, 둘째 재화 및 서비스뿐만 아니라 암호화폐 등의 암호자산의 판매가 가능하다는 점, 셋째 오로지 암호화폐를 결제수단으로 한다는 점에서 차이가 있다. 그럼에도 앞서 살펴보았듯이 블록체인 기반 전자상거래 플랫폼은 전자상거래법으로 규율이 가능하므로 특별히 문제될 것은 없다고 본다.

일단 우리 전자상거래법이 규정하는전자상거래 정의에 따르더라도 블록체인과 스마트 컨트랙트를 전자상거래에 접목시켜 활용하는 행위가 전자상거래법의 전자상거래 개념에 배치되지 않고, 전자상거래법은 특정 기술적 형태의 온라인 거래 플랫폼을 사용하도록 한정하고 있지 않다. 따라서 그 내용상 블록체인 기술에 적합하지 않은 의무 및 책임 규정 및 통신판매중개업자에 대한 규정을 제외하고는 전자상거래법의 대부분 규정이 블록체인 기반의 전자상거래 플랫폼을 이용한 통신판매업자에 적용 가능할 것이다.

블록체인 기반 전자상거래 플랫폼 구조에서는 통신판매중개업자는 존재하지 않으므로 기존 통신판매중개업자에게 부과되던 의무, 가령 '사이버몰 등을 이용함으로써 발생하는 불만이나 분쟁의 해결을 위하여 그 원인 및 피해의 파악 등 필요한 조치를 신속히 시행'할 것을 정한 전자상거래법 제20조 제3항 규정은 실현이 불가능하다.

한편, 영리 목적의 스마트 컨트랙트 기반의 플랫폼 제공자는 전자상거래법상 전자게시판서비스 제공자에 해당할 수 있을 것으로, '소비자피해 분쟁조정기구에 소비자의 피해구제신청을 대행하는 장치'를 마련하는 등의 규정(동법 제9조의2 제1항 제2호 내지 제3호)이 분산형 플랫폼 제공자에게 적용될 수 있다.

블록체인 기반 전자상거래 플랫폼은 기존의 통신판매중개업자를 배제하고 탈중앙·분산화된 특성을 강하게 띠고 있다. 블록체인 기반의 전자상거래 플랫폼에서의 거래가 전자거래 혹은 전자상거래에 해당한다면 통신판매업자에 대한 의무와 책임 규정 등은 기존과 동일하게 적용 가능할 것이다. 그러나 분산형 전자상거래 플랫폼을 이용하면서 소비자 분쟁이 발생하였을 경우, 전자상거래법의 판매업자는 분쟁 해결에 관하여 법령 및 약관에 따라 일정한 의무를 부담하게 된지만, 분쟁에 있어서 중개업자 관련된 규정(제20조 제3항)은 적용의 여지가 없어 결국 소비자 보호에 공백이 발생할 수 있다.

통신판매중개업자에게 부과되는 전자상거래법 제20조 제3항의 의무는 소비자 보호를 위해 대내적이고 자체적으로 이루어지는 보호조치인 반면, 전자게시판서비스 제공자에 부과되는 소비자 보호 조치는 사후적이고 보조적 수준에서의 소비자 보호 성격을 가지므로 양자는 전혀 다른 차원의 소비자 보호 조치로 보여진다. 따라서 전자게시판서비스 제공자가 준수해야 할 소비자 보호 규정만으로는 통신판매 중개인의 의무 규정의 내용을 실현시킬 수 없으므로, 결국 스마트 컨트랙트 기반 사이버몰 등을 이용함으로써 발생하는 불만이나 분쟁의 해결에 대하여는 기존 중개업자에게 부과되는 의무를 실현시킬 수 있는 새로운 방안이 강구돼야 한다. 가령 플랫폼 제공자에게 제20조 제3항의 의무를 부과하는 것이 적절하지 않을까 생각한다.

(2) 전자서명법

블록체인상에서 디지털 자산을 이동시키거나 스마트 컨트랙트를 블록체인에 탑재하여 실행시키려면 반드시 공개키 암호화 방식의 전자서명을 해야 한다. 또한 자신의 컨트랙트 지갑 프로그램에서 일정한 정보를 작성하여 입력하고 이에 개인키로 서명하여 발생시키는 트랜잭션은 전자서명이 결합된 전자문서라 볼 수 있다. 따라서 스마트 컨트랙트를 통해 발생한 트랜잭션에도 현행 전자서명법과 전자문서법이 적용 가능하리라 본다. 다만, 블록체인 기반에서 행해지는 전자서명은 앞서 살펴본 바, 공인인증서에 의한 공인전자서명은 아니므로 이에 따른 다른 법령에서 문서 또는 서면에 서명, 서명날인 또는 기명날인을 요하는 경우에는 전자서명법 제3조 제1항에 따라 블록체인에서 행해지는 전자서명이 법이 요구하는 서명, 서명날인을 대체하지 못하고, 제3조 제2항에 따른 추정력 역시 인정되지 않을 것임으로 블록체인 기반의 전자서명에 대하여도 공인전자서명으로서의 법적 지위를 부여할 수 있는 입법이 필요할 것이다. 또한 스마트 컨트랙트에서는 다중서명multi-signature, multi-sig기술이 많이 활용되지만 우리 전자서명법은 이를 규율의 대상으로 하지 않으므로, 다중서명에 대한 개념적 정의를 전자서명법상에 포함시키는 전자서명법 개정이 필요하다.

Ⅲ. 전자금융거래법의 적용

1. 전자금융거래법의 적용의 문제점

(1) 암호화폐 거래의 구조

기존의 전자금융거래는 금융회사·전자금융업자와 이용자 간의 전자금융거래를 결제중계시스템이 중계하여 그 자금을 정산·결제 하는 구조를 가진다.[25] 가령 지급인의 은행 계좌에서 수취인의 은행 계좌로 자금을 이체하기 위한 전자자금이체의 경우에는 은행에 대한 지급지시가 있어야 하며, 은행에 대한 거래지시가 없이 수취인의 은행계좌로의 직접적인 자금의 이동은 불가능하다. 반면, 블록체인 기반의 암호화폐의 거래 구조는 전자지급수단 거래에서 '중계자'를 상정하고 있는 전자금융거래법의 기본적 구조와는 차이가 있다.[26] 이는 블록체인과 스마트 컨트랙트가 전자금융거래법이 예정하는 중계자의 역할을 대체하기 때문이다. 다시 말해 이러한 구조는 P2P 방식으로 이루어지는 거래로서[27] 거래내역의 기록·관리에 있어서 분산원장 기술을 사용하면 중앙집중형의 장부관리기관의 역할을 대체할 수 있다. 금융회사 또는 전자금융업자가 제공하였던 전자적 장치를 통한 서비스의 제공은 스마트 컨트랙트 기술로 대체되어 금융회사 또는 전자금융업자를 통하지 않고도 이용자로 하여금 결제서비스의 비대면·자동화된 방식으로 이용 가능하게 될 것이다.

전자지급수단으로 암호화폐를 이용하는 경우에는 기존의 금융회사와 전자금융업자가 필요치 않을 뿐만 아니라 이들이 제공하였던 전자지급수단 가령 전자화폐, 선불전자식지급수단, 전자자금이체 등과 이들이 이전될 때 사용되던 거래 프로그램 등은 스마트 컨트랙트 기술 방식으로 대체가 가능해 질 것이다. 요컨대 블록체인은 금융기관 등의 서비스 제공자의 거래장부를 분산화 방식으로 관리하도록 하고 스마트 컨트랙트는 기존의 금융회사가 제공·관리하였던 자동화된 결제 서비스를 관리자가 전혀 필요치 않는 방식으로 대체하도록 함으로서 점차 전자금융거래에 있어서 금융회사 및 전자금융업자의 역할을 축소하도록 할 것이다. 이것은 현재의 금융회사와 전자금융업자들에게 닥친 위기이자 기회라고 볼 수 있다.

(2) 블록체인기술의 전자금융거래에의 접목

분산원장 기반의 암호화폐를 지급수단으로 하는 거래 구조와 달리, 전자금융거래법상의 기존의 금융회사 및 전자금융업자가 블록체인 기술을 활용하여 전자금융서비스를 제공하는 것은 다른 차원의 문제이다. 가령 블록체인 기반의 암호화폐 리플XRP은 은행 간 송금이나 지급결제 서비스에 이용되고 있다. 이같이 블록체인 기술은 전자금융거래, 전자지급거래에서 활용가능하며 기존의 금융거래법으로 규율가능하다.

(3) 전자금융거래 개념에의 포섭 가부

동법은 금융회사 또는 전자금융업자의 전자적 장치를 통한 전자금융업무가 있을 것, 이용자가 비대면 또는 의사소통 없이 자동화된 방식으로 금융상품 및 서비스를 이용할 것을 규정하고 있다.[28] 따라서 암호화폐를 지급수단으로 하는 분산형 방식의 전자금융거래는 스마트 컨트랙트를 통해 자금의 이체가 자동화된다는 것에서는 동일하지만, 전자금융 업무를 수행하는 금융회사 혹은 전자금융업자 없이 자동화를 실현한다는 점에서 동법의 전자금융거래 개념에 상충된다.

(4) 전자금융거래법상 전자지급수단의 문제

동법은 전자지급거래의 수단으로 전자자금이체, 직불전자지급수단, 선불전자지급수단, 전자화폐, 신용카드, 전자채권 그 밖에 전자적 방법에 따른 지급수단을 상정하고 있다. 스마트 컨트랙트를 이용한 암호화폐의 계좌는 금융회사에 연결된 계좌가 아니므로 전자자금이체의 개념에 포섭될 수 없다.(제12호) 또한 암호화폐는 분산형으로 발행되고 지급인과 수취인 간에 직접 거래가 이뤄지고 그 중간에 금융회사나 전자금융업자, 결제중계시스템 등이 개재되지 않는다는 점에 특징이 있을 뿐만 아니라 암호화폐는 채무자가 존재하지 않는다는 점에서 선불전자지급수단과도 구별된다.

2. 현행 전자금융거래법의 개정방안

(1) 방향성

스마트 컨트랙트를 통해 지급이 자동화되는 암호화폐는 현행 전자지급수단과 비교하여 그 거래구조가 상이함에 따라 해석상으로도 전자금융거래의 개념에 포섭되지 않으며 전자지급수단에도 포섭할 수 없으므로 특별한 입법적 조치가 없으면 전자금융거래법을 암호화폐에 적용할 수 없다고 본다.[29]

이용자 간의 관계만 문제되는 암호화폐를 이용한 지급거래에 있어서는 현행 전자금융거래법상의 발행자 중심의 전자지급수단에 대한 규정을 모두 적용할 수 없다. 따라서 전자지급거래 계약의 효력(제12조), 지급의 효력발생시기(제13조), 거래지시의 철회(제14조) 등 전자지급거래에 관련 각칙의 규정이 적용불가능하다. 하지만 전자지급거래의 계약의 효력과 지급 효력의 발생 시기에 관하여는 분산형 지급수단을 이용하더라도 거래의 안정성 확보의 측면에서 여전히 규율이 필요하다.

한편, 전자금융업자에 관련된 손해배상 책임에 관한 규정(제9조), 허가와 등록에 관한 규정(제28조) 등도 그대로 적용할 수 없다.[30] 더욱이 중앙집중식 전자금융거래에서는 전자금융거래의 안정성 확보 의무가 대부분 금융회사 및 전자금융업자에게 부여되었으나 분산형 전자금융거래에서는 규범의 수범자가 존재하지 않으므로 기존에 금융회사와 전자금융업자에게 부과되었던 전자금융거래의 안전성 확보 및 이용자 보호의무 규정[31]을 그대로 적용할 수 없다. 분쟁의 발생 시에도 분쟁의 처리 및 조정에 관한 동법의 규정을 적용할 수 없게 된다.

스마트 컨트랙트가 활성화되기 위해서는 스마트 컨트랙트와 맞물려 있는 암호화폐 및 블록체인 기술 등의 요소를 함께 고려할 수밖에 없다. 따라서 전자금융거래법은 그 자체로 스마트 컨트랙트와 직접적 관련성은 낮다고 보여지나, 스마트 컨트랙트는 암호화폐를 자동화 시키므로 이러한 맥락에서 암호화폐를 전자금융거래법상 규율 대상에 포함시켜, 암호화폐를 대금으로 지급하게 되는 자동화된 거래에 있어서의 법률관계를 명확히 할 필요가 있을 것이다.

(2) 분산형 지급수단에 대한 규율 체계 마련

전자금융거래법은 다른 법률에 특별한 규정이 있는 경우를 제외하고 모든 전자금융거래를 적용대상으로 하고 있으며[32] 전자금융업무의 내용을 구체적으로 특정하고 있지 않고 전자금융거래의 개념을 포괄적으로 상정하고 있는 것이 특징이다.[33, 34] 한편, 동법 제2조 제11호는 전자지급수단으로 전자자금이체, 직불전자지급수단, 선불전자지급수단, 전자화폐, 신용카드, 전자채권 등을 구체적으로 열거하면서도 '그 밖에 전자적 방법에 따른 지급수단'이라고 덧붙임으로서 기술개발에 따른 새로운 유형의 전자지급수단이 포섭가능 하도록 하는 열린 태도를 취하고 있다. 그럼에도 불구하고 전자금융거래법은 앞서 살펴보았듯이 전자금융거래에 있어서 금융회사 및 전자금융업자 등을 반드시 필요로 하는 구조를 가지고 있고, 중앙집중형 전자지급수단을 사용하는 금융거래만을 전자금융거래로 파악하고 있으므로 동법의 전자금융거래의 개념 정의는 분산된 전자금융거래의 개념을 포섭하지 못한다.

스마트 컨트랙트를 활용한 전자상거래 또는 전자거래를 활성화하기 위해서는 '전자금융거래'의 개념에 탈중앙화된 기술을 포섭할 수 있도록 개정하는 것이 필요하다. 앞서 살펴보았듯이 전자금융거래법은 전자금융거래에 있어서 금융회사 및 전자금융업자 등을 반드시 필요로 하는 구조를 가지고 있어 그 개념의 정의에 있어서도 중앙집중식의 전자금융거래를 전제하고 있다. 따라서 분산화된 전자금융거래의 개념과 중앙집중식 전자금융거래의 개념을 포괄하는 전자금융거래를 광의의 개념으로 파악하고, 동법의 중앙집중식의 전자금융거래의 개념을 협의의 전자금융거래로 파악하여 규율 체계를 달리하여 입법화 하는 것도 하나의 방법이 될 것이다.

(3) 분산형 지급수단에 대한 규정 신설

1) 정의 규정 마련

암호화폐의 법적 성질에 대하여는 아직도 논쟁의 여지가 있으나, 현실적으로 암호화폐가 전자지급수단으로 이용되는 경우가 점차 생겨나고 있다. 이에 따라 전자금융거래법상 '분산형 지급수단'에 대한 정의 규정을 신설할 필요성이 있다. 이를 위하여 제2조 제11호에 전자지급수단의 한 유형으로 분산형 지급수단을 추가하는 방안을 고려해 볼 수 있다.

2) 제2조 제2호 전자지급거래 개념에 포섭

제2조 제2호의 전자지급거래의 개념에 분산형 지급수단을 지급수단의 한 유형으로 포함하는 방법도 논의 가능하다. 단, 현행 전자지급거래는 '거래지시'를 전제로

함으로, 거래지시가 없이 자금을 이동하게 하는 방식도 포괄 할 수 있는 입법적 방안도 강구해 볼 여지가 있다. 더불어 기술적 중립성의 관점에서 전자금융거래법은 중앙집중형 전자지급수단의 거래에 의존한 입법방식이므로 지급수단을 규정함에 있어서 보다 포괄적이고 추상적으로 개정할 필요성이 있다는 견해를 참고할 필요가 있다.[35]

Ⅳ. 전자어음법의 적용

1. 전자어음법 개관

(1) 발행구조

스마트 컨트랙트를 설계하기에 따라서는 전자어음의 발행을 자동화시키고 사인간의 배서를 자유롭게 하도록 할 수 있고 만기일에 발행인의 계좌에 지급금액 이상의 금액이 있을 경우 수취인의 계좌로 자동 송금하도록 할 수 있을 것이다. 만일 암호화폐의 이중지불·이중유통 문제를 해결한 블록체인 기술을 전자어음의 이중유통 방지에 활용하고, 전자어음의 발행·배서·보증·지급 절차와 이행의 자동화에 스마트 컨트랙트 기술을 접목하면 온라인상에서 자동으로 발행되고 안전하게 유통되는 전자어음을 기술적으로 실현할 수 있을 것으로 보인다. UNCITRAL 전자상거래 워킹그룹은 블록체인 기술을 바탕으로 하는 스마트 컨트랙트를 통한 전자양도성기록 시스템의 구축은 특정 거래를 자동화함으로서 전자상거래를 촉진하는 데 크게 도움이 될 수 있다고 예견하고 있다.[36]

재산적 가치의 전자적 이동에 있어서 이중유통의 방지는 재론의 여지가 없을 만큼 중요한 사안이다. 이는 비단 전자어음제도 뿐만이 아니라 전자유가증권제도의 도입 가능성을 판단하는 매우 중요한 요소로 여겨진다.[37] 블록체인을 전자어음제도에 활용할 경우에는 전자어음의 이중유통의 문제에 대한 기술적 해결책이 될 수 있다. UNCITRAL 워킹 그룹 Ⅳ에서도 전자양도성기록의 분산원장 방식을 수용하기 위한 논의가 전개돼 왔으며[38] 2017년 7월 성안된 UNCITRA 전자양도성기록 모델법MLETR은 기술적 중립성 원칙과 기능적 등가성 접근방식에 기초하여 등록방식 registry, 토큰token방식 뿐만 아니라 분산원장 기술이 전자양도성기록에 적용될 수 있도록 규정하고 있다.[39]

한편, 전자어음법에서 전자어음은 전자문서[40]로 작성될 것을 예정한다(제2조 제2호). 만일 전자어음을 블록체인 상에 암호 토큰화할 수 있다면 이를 전자문서로 볼 수 있을 것이다.

(2) 스마트 컨트랙트를 통한 전자어음 발행의 이점

현행 전자어음의 발행에는 발행인과 수취인 이외에도 발행은행과 수취은행, 전자어음관리기관 등이 관련된다. 전자어음법에서는 전자어음의 발행을 위한 등록기관으로 전자어음관리기관을 예정하고 있으나, 동 시행령은 어음의 발행인이 관리기관이 아닌 금융기관과 당좌예금계약을 체결하도록 함으로서(제5조 제1항)[41] 결국 은행을 통한 전자어음의 발행 요청이 이루어지는 이중 구조를 가지게 되어 있다. 다음은 현행 전자어음의 업무흐름도이다.

블록체인 기술은 원장관리에 대한 수수료를 절감하도록 하고, 이중유통이라고 판단되는 전자어음을 원장에 기록할 수 없도록 하는 검증체계를 가지고 있다는 이점이 있다. 블록체인의 유형을 폐쇄형으로 할지 완전한 공개방식으로 할지는 입법정책적 문제에 속하는 부분이기는 하지만, 전자어음을 완전히 사인 간에 이루어지도록 하여 전자어음 관리기관을 없애는 것은 위험관리 차원에서 적절하지 않고, 오히려 블록체인 자체를 모니터링하는 관리기관을 두는 것이 필요하다고 보여진다. 따라서 전자어음 정보가 전자어음관리기관에 집중되어 있는 현행의 시스템에 큰 변동이 없이 전자어음관리기관을 그대로 두고 관리의 방식을 폐쇄형 블록체인 방식을 활용함으로서 전자어음의 유통을 전반적으로 파악하고 이중유통을 블록 검증을 통해 자동으로 파악할 수 있는 체계를 구축하는 것이 무리가 없을 것으로 생각된다.

그런데 스마트 컨트랙트를 통한 전자어음의 발행과 배서는 또 다른 문제이다. 스마트 컨트랙트를 통하면 전자어음의 발행절차를 간소화할 수 있어 이용자의 입장에서는 어음발행과 어음배서의 수수료를 절감할 수 있다. 현행 전자어음법 체계에서 전자어음은 전자발행문서 혹은 전자배서문서가 발행인과 수취인 사이에서 직접 이전되는 것이 아니고, 앞서 전자어음 업무흐름도에서 보았듯이, 발행은행과 전자어음관리기관 그리고 수취은행의 개입이 반드시 요구된다. 그런데 스마트 컨트랙트를 통한 전자어음의 발행은 수취인과 발행인 사이에 제3자의 개입을 필요로 하지 않는다. 이러한 P2P 방식의 전자어음의 발행은 블록체인 자체가 전자어음의 이중유통을 검증하기 때문에 가능해 지는 것이다. 요컨대, 스마트 컨트랙트는 현행 금융기관이 전자어음관리기관에 하는 어음의 발행요청과 배서요청의 단계와 전자어음관리기관의 등록 단계를 생략하는 효과를 부여한다.

〈그림 3〉 기존 전자어음의 업무흐름도

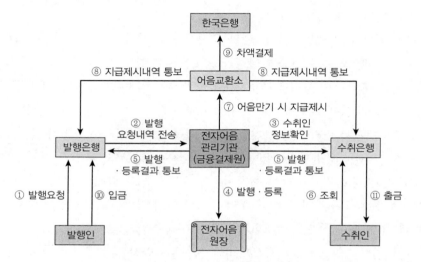

〈한국은행 보도자료, 「2016년 중 전자어음 이용현황」〉[42]

2. 전자어음법 적용의 문제점

(1) 전자어음법과 충돌문제

하지만 기술적으로 이중유통의 문제를 해결 하고 이용 수수료가 절감되는 등의 여러 이점에도 불구하고, 현행 전자어음법상 전자어음 제도는 발행인과 수취인 이외에도 전자어음관리기관, 은행 등의 여러 이해관계자를 가지고 있기 때문에 결국 스마트 컨트랙트와 분산원장이 어느 정도 수준에서 현행 전자어음 제도를 대체하도록 할 것이냐는 입법정책적 판단이 필요한 부분이다. 물론 분산원장제도와 스마트 컨트랙트 기술 자체를 전자어음에 도입하도록 할 것인가의 문제 역시도 입법정책적 판단이 필요하다.

블록체인과 스마트 컨트랙트를 전자어음에서의 활용한다는 전제로 살펴보자. 앞서 지적했듯 가령 전자어음 발행과 유통에 있어 스마트 컨트랙트를 통해 발행과 배서를 자동화하고 이를 블록체인에 기록하여 이중유통의 문제를 해결한다고 하더라도, 1) 현재의 전자어음관리기관은 그대로 남겨두고 그 역할에 있어서는 분산원장을 모니터링하는 정도로 축소할 수 있을 것이고(폐쇄형 블록체인), 혹은 2) 개방형 블록체인을 이용하여 사인 간의 완전한 P2P 방식의 전자어음의 발행과 배서가 가능하도록 구현할 수도 있다.

전자의 예의 경우에는 현행 전자어음법의 규율 체계에 따라 전자어음기관의 등록을 통한 발행, 은행도 어음의 발행만을 허용하고 있는 점, 배서전자문서 및 보증전자문서에 배서 등의 사실을 기록하도록 함으로서 이중유통에 대한 대비를 하도록 하는 규정 등의 많은 부분에 있어서 충돌이 예상된다. 나아가 블록체인의 원장이 전자어음관리기관이 관리 원장과 기능적으로 동등함을 예정하는 규정이 필요하다.

후자의 예는 현행 전자어음법상의 전자어음등록기관의 존재와 역할을 부정하는 것이며, 은행을 거치는 현행 전자어음의 유통구조를 뒤엎는 것이 되어버리기 때문에 신중을 기해야 한다. 더불어 오로지 사인 간의 전자어음의 발행과 유통의 효력을 현행 전자어음법상으로 인정할지에 대한 문제도 생긴다.

현행 전자어음법은 전자등록방식과 전자문서방식을 혼재하여 규율하고 있는 점,[43] 전자약속어음만을 규율대상으로 하는 점, 은행도 어음만을 규율대상으로 하는 점, 전자어음관리기관의 등록에 대한 효력 규정을 두지 않고 있는 점 등 다수의 사항 문제로 지적되고 있다.[44] 특히 전자어음의 이중유통 문제와 관련하여 전자어음법의 전자등록방식의 규율 혼선에 대한 비판적 견해에 따르면 현행 전자어음법의 해석만으로는 스마트 컨트랙트와 분산원장 기술에 바탕을 둔 전자어음에 동법이 적용되도록 하는 것은 불가능하며 기술적 중립성의 원칙에 따라 새로운 기술이 전자어음에도 도입될 수 있도록 하는 전자어음법의 개정 필요성이 있다.

(2) 스마트 컨트랙트를 통해 발행된 전자어음의 법적 효력

스마트 컨트랙트를 활용한 전자어음의 발행이 기술적으로 가능하다 할지라도 현행 전자어음법에 따르면 스마트 컨트랙트를 활용한 전자어음의 발행은 전자어음법상의 전자어음의 효력을 갖지 못할 가능성이 높다.[45] 원칙적으로 완전한 분산화의 방식으로 발생된 전자어음은 중앙의 관리주체를 불필요로 하므로 전자어음법상의 전자어음과는 완전히 구별된다.[46] 이는 개방형 블록체인에서 발행되고 관리되는 비트코인과 동일한 원리다. 그리고 특정 발행자가 존재하고 제한된 노드만이 블록체인을 관리하도록 설계하는 것도 기술적으로 얼마든지 가능하므로 발행 및 배서의 트랜잭션을 관리하는 주체를 제한함으로서 해석상 어느 정도 현행 전자어음법의 요건을 충족시킬 수 있으리라 보아도, 현행 전자어음법의 규정 체계에 비추어 볼 때 은행을 통한 발행요청과 전자어음관리기관의 등록을 통한 발행과정이 일정부분 생략될 가능성이 높음으로 이 역시 전자어음법상 효력이 인정되기 어려워 보인다.

하지만 전자문서법은 모든 문서는 전자적으로 기록되었다는 이유만으로 그 효력이 부인되지 않는다고 선언하고 있고(전자문서법 제4조), 전자어음에 관하여 전자어음법에서 정한 것 외에는 어음법에서 정하는 바에 따르도록 하므로(전자어음법 제4조) 문리적 해석상 스마트 컨트랙트의 형식으로 발생된 전자어음의 당사자 간에는 그 어음행위의 효력이 인정된다고 보여진다.

(3) 전자어음법상 공인전자서명의 문제

스마트 컨트랙트를 통해 발행·배서된 전자어음이 컨소시엄 형태의 패쇄형 블록체인으로 중앙의 관리인이 관리하게 된다고 가정할지라도 현행 전자어음법이 요구하는 공인전자서명은 또 다른 문제로 남는다. 전자어음법 제6조 제3항은 발행인이 전자어음에 '공인전자서명'을 한 경우에 어음법[47]에 따른 기명날인 또는 서명을 한 것으로 본다.[48] 전자서명법 제2조 제3호에 따르면 공인전자서명이란 공인인증서에 기초한 전자서명을 말하며, 공인인증서에는 가입자의 이름, 가입자의 전자서명검증정보, 가입자와 공인인증기관이 이용하는 전자서명 방식, 기타 공인인증서에 관한 사항[49] 등을 반드시 포함하도록 한다.(전자서명법 제15조 제2항)

하지만 블록체인의 전자서명은 공개키 암호화 방식의 기술을 사용한다는 점에 있어서는 공인전자서명과 동일하지만 인증서 혹은 공인인증서의 개념은 존재하지 않는다. 때문에 스마트 컨트랙트로 발행되는 전자어음에서 행해지는 전자서명이 공인전자서명 방식을 취하지 않는다면 전자어음법이 인정하는 유효한 전자어음으로 볼 수 없게 된다.[50] 살피건대, 현행 전자어음법 제6조 제3항은 공인전자서명 이외의 동등한 기능을 하는 서명기술을 배제하고 있는 것으로 생각된다.

UNCTRAL 전자양도성기록 모델법 제9조는 기능적 등가성 원칙에 따라 '법률이 서명을 요구하는 경우, 서명자를 확인하고 전자기록에 포함된 정보에 관한 서명자의 의사intention를 표시하기 위해 수단method이 사용된 경우 전자양도성기록의 사용에 관해 요건을 충족한다'고 규정하고, 이것은 분산원장을 기반으로 하는 전자양도성기록의 관리 시스템에서도 충족될 수 있다고 설명한다.[51]

예를 들어, 블록체인 기반의 전자어음행위에서의 전자서명은 전자서명검증정보인 공개키를 서명자의 지갑주소를 가지고 확인 가능하고, 서명자의 이름 등은 전자서명의 외부 데이터베이스인 오라클에서 확인하도록 하는 경우, UNCITRAL의 제9조에 따르면 이러한 전자어음행위의 전자서명은 전자어음법이 서명을 요구하는 경우의 서명의 요건을 충족하게 될 것이다. 향후 우리 전자어음법도 이와 같이 기능적 등가성 원리에 따라 전자서명 관련 개정의 논의가 필요하다고 생각된다.

3. 현행 전자어음법의 개정방안

스마트 컨트랙트의 형식을 빌어 전자어음을 발행하는 것도 가능하다. 물론 이렇게 발생된 전자어음은 전자어음법상의 전자어음과는 구별되지만 전자문서법은 모든 문서는 전자적으로 기록되었다는 이유만으로 그 효력이 부인되지 않는다고 선언하고 있어(제4조) 스마트 컨트랙트의 형식으로 발생된 전자어음의 효력도 일응 인정된다고 본다. 특히 블록체인 기술에 바탕을 둔 경우 사실 전자어음관리기관에 의해 보안이 유지되는 전자어음에 결코 거래의 안전성 면에서 뒤진다고 보기 어렵기 때문이다. 이러한 점을 고려할 때 전자어음법을 개정하여 스마트 컨트랙트에 의해 발행된 전자어음도 포괄할 수 있도록 할 필요가 있다.

등록방식과 전자문서 방식이 혼재되어 있는 현행 전자어음의 발행·유통시스템을 이에 국한하지 않고 기술 중립적으로 보안이 유지될 수 있는 요건만 규정하여 정하고 당사자 간의 법률관계는 기존의 어음법을 그대로 적용되도록 하는 방식이 적절하리라 본다. UNCITRAL 전자양도성기록 모델법에서도 규정된 바와 같이 등록방식과 토큰방식에서 더 나아가 분산원장방식도 포괄할 수 있도록 하는 논의가 필요하다.[52] 다만, 전자어음법만을 개정하는 것은 의미가 없고 전자문서법, 전자서명법 등 관련 타법을 함께 고려해야 할 것이다.

V. 결론

본 절은 크게 전자상거래, 전자금융거래, 전자어음거래 등의 측면에서 블록체인의 구체적 활용 형태를 살펴보았다. 더욱이 블록체인은 스마트 컨트랙트 기술과 함께 기존의 전자거래의 효율성을 높이는 방향으로의 적용이 예상되므로 이러한 관점에서 현행 법률에의 적용가능성과 발생 가능한 법률적 쟁점에 대해 살펴보았고, 전자거래에서의 블록체인 기술의 활용을 전제로, 현행 법률의 향후 개정 방안을 모색해 보았다.

먼저 블록체인 기반의 전자거래 플랫폼에서 이루어지는 전자거래는 통신판매중개자가 존재하지 않는다는 점과 재화 및 용역 이외에도 암호화폐를 거래 대상으로 할 수 있다는 점에서 기존의 전자상거래 플랫폼과는 차이가 있다. 이러한 새로운 플랫폼에서의 상품과 용역을 판매하는 경우, 전자상거래 등에서의 소비자보호에 관한 법률의 전자상거래 해당하고 동법의 규율대상이 될 수 있다. 블록체인 기반 전자상거래 플랫폼은 기존의 통신판매중개업자를 배제하고 탈중앙 · 분산화된 특성을 강하게 띠고 있다. 따라서 통신판매업자에 대한 의무와 책임 규정 등은 기존과 동일하게 적용 가능할 것이나 통신판매중개업자에 대한 의무와 책임 규정은 플랫폼적 특성에 따라 적용의 여지가 없다. 또한 분산형 전자상거래 플랫폼을 이용하면서 소비자 분쟁이 발생하였을 경우, 전자상거래법의 판매업자는 분쟁해결에 관하여 법령 및 약관에 따라 일정한 의무를 부담하게 된지만, 분쟁에 있어서 중개업자 관련된 규정은 적용의 여지가 없어 결국 전자상거래법의 특수한 보호를 받을 수 없다.

한편, 블록체인 기반의 암호화폐의 거래 구조는 전자지급수단 거래에서 '중계자'를 상정하고 있는 전자금융거래법의 기본적 구조와는 차이가 있다. 결국 전자금융거래법과 관련하여는 전자금융거래의 정의규정을 신설하고 전자지급수단의 유형에 대한 개정이 필요하다. 스마트 컨트랙트를 이용하여 지급을 자동화하는 암호화폐는 현행 전자지급수단과 비교하여 그 거래구조가 상이함에 따라 해석상으로도 전자금융거래의 개념에 포섭되지 않으며 전자지급수단에도 포섭할 수 없으므로 특별한 입법적 조치가 없으면 전자금융거래법을 암호화폐에 적용할 수 없기 때문이다.

전자어음과 관련하여서는 UNCITRAL의 모델법의 기술적 중립성을 토대로 향후 우리 전자어음법의 개정이 필요하다는 점을 지적했다. 스마트 컨트랙트를 통한 어음의 발행과 유통은 기술적으로 이중유통의 문제를 해결 가능하게 하고 이용 수수료가 절감되는 등의 여러 이점에도 불구하고, 현행 전자어음법의 규율 체계는 전자어음기관의 등록을 통한 발행, 은행도 어음의 발행만을 허용하고 있는 점, 배서전자문서 및 보증전자문서에 배서 등의 사실을 기록하도록 함으로서 이중유통에 대한 대비를 하도록 규정하고 있어 많은 부분에 있어서 충돌이 예상된다. 현행 전자어음법의 해석만으로는 스마트 컨트랙트와 분산원장 기술에 바탕을 둔 전자어음에 동법이 적용되도록 하는 것은 불가능하며 기술적 중립성의 원칙에 따라 새로운 기술이 전자어음에도 도입될 수 있도록 하는 전자어음법의 개정 필요성이 있다. 따라서 블록체인의 원장이 전자어음관리기관이 관리 원장과 기능적으로 동등함을 예정하는 규정이 필요하다. 물론 현행 전자어음법상 전자어음 제도는 발행인과 수취인 이외에도 전자어음관리기관, 은행 등의 여러 이해관계자를 가지고 있기 때문에 결국 스마트 컨트랙트와 분산원장이 어느 정도 수준에서 현행 전자어음 제도를 대체하도록 할 것이냐는 입법 · 정책적 판단이 필요한 부분이다. 분산원장제도와 스마트 컨트랙트 기술 자체를 전자어음에 도입하도록 할 것인가의 문제 역시도 입법 · 정책적 판단이 필요하다.

"블록체인과 전자거래법"에 대해 더 알고 싶다면

1   이규옥(2019), 81면.

2   블록체인 전자상거래 플랫폼은 네트워크 체제 자체가 P2P 방식일 뿐만 아니라 당사자 간 거래의 방식도 P2P 방식이라는 점에서, 서버와 클라이언트 기반의 중앙집중식 네트워크 체제를 기반으로 하는 P2P와는 구분된다.

3   OpenBazaar 홈페이지, https://openbazaar.org (2019. 6. 6. 최종 확인).

4   크로스웨이브, "오픈바자, 블록체인계 아마존으로 성장할까", 2018. 5. 11., https://crosswave. net/?p=8566.

5   오픈바자에서의 모든 당사자 간 거래는 리카디안 컨트랙트(Ricardian contracts)로 구축되며 거래의 각 단계에는 암호로 서명된다. 이를 통해 데이터의 신뢰성을 보장하고 계약 변경을 방지하며 분쟁 발생 시 중재가 가능하게 된다. 대금의 지급은 에스크로 기능을 하는 다중서명 계좌를 사용하여 수행되며 거래가 완료되면 구매자, 판매자 및 중재자 중 3분의 2 이상의 동의로 자금을 이동시킬 수 있다. 지불은 암호화폐를 사용하여 수행된다. Wikipidia, "OpenBazaar", https://en.wikipedia.org/wiki/OpenBazaar (2018. 12. 12. 확인) ; Sam Patterson, "What are moderated payments?", OpenBazaar, https://openbazaar. zendesk.com/hc/en-us/articles/207548366-What-is-a-Moderator-What-are-moderated-payments (2019. 6. 6. 최종 확인).

6   "플랫폼사업자는 플랫폼을 중심으로 자신의 생태계를 규율하는 사적인 지침을 운용하는 데 이러한 사전 지침은 생태계 내에서 비즈니스를 하려는 모든 사업자들에게는 공적 규율 이상의 중요성을 가지게 된다." 최승재(2012), 220면 참조.

7   플랫폼의 순기능과 역기능에 관한 더 자세한 논의는 최승재(2012), 215-230면 참조.

8   만일 디지털자산의 재화성을 인정할 수 있다고 보는 견해에 따르면(정경영/백명훈(2017 Ⅰ), 163면) 스마트 컨트랙트의 대상이 되는 암호자산의 거래도 전자상거래법의 규율 대상에 포함시킬 수 있을 것이다.

9   전자서명법 제2조 제1호에 따르면 전자문서란 정보처리시스템에 의하여 전자적 형태로 작성, 송신·수신 또는 저장된 정보를 말한다.

10   전자상거래의 개념을 확정하는 데 있어서 상행위 내지 상거래에 한정되는지 일반 민사거래도 포함하는지에 관하여는 견해의 차이가 있다. 손진화(2018), 27면.

11   암호화폐의 재화성을 인정하는 견해로는 정경영/백명훈(2017 Ⅰ), 120면.

12   관련된 자세한 내용은 정경영/백명훈(2017 Ⅰ), 117-125면.

13   여기서는 트랜잭션을 전자문서로 볼 수 있는가에 대한 의문이 생길 수 있으나 전자서명법은 '전자문서'란 정보처리시스템에 의하여 전자적 형태로 작성, 송신·수신 또는 저장된 정보를 말한다고 하였으므로 트랜

객션을 전자문서로 보는 데는 문제가 없을 것이다. 이와 별개로 분산원장 그 자체를 전자문서로 볼 수 있을 것인가 하는 점에 대해서도 논쟁의 여지가 있을 수 있다.

14 전자상거래 플랫폼 오픈바자의 경우에 그러하다.

15 정경영/백명훈(2017 Ⅰ), 139면.

16 정경영/백명훈(2017 Ⅰ), 139면.

17 전자상거래법 제32조(시정조치 등) ① 공정거래위원회는 사업자가 다음 각 호의 어느 하나에 해당하는 행위를 하거나 이 법에 따른 의무를 이행하지 아니하는 경우에는 해당 사업자에게 그 시정조치를 명할 수 있다. 2호. 제21조 제1항 각 호의 금지행위 중 어느 하나에 해당하는 행위; 제45조(과태료) ① 제32조의2 제1항을 위반하여 영업을 계속한 자에게는 1억 원 이하의 과태료를 부과한다. 2. 제21조 제1항 제1호부터 제5호까지의 금지행위 중 어느 하나에 해당하는 행위를 한 자.

18 손진화(2018), 227면.

19 손진화(2018), 227면.

20 전자상거래법이 정하는 통신판매중개란 '사이버몰의 이용을 허락하거나 그 밖에 자신의 명의로 통신판매를 위한 광고수단을 제공하거나 그 광고수단에 자신의 이름을 표시하여 통신판매에 관한 정보의 제공이나 청약의 접수 등 통신판매의 일부를 수행하는 방법으로 거래당사자 사이의 통신판매를 알선하는 행위'를 말한다(제2조 제4호 및 동 규칙 제3조).

21 정경영/백명훈(2017 Ⅰ), 147면.

22 블록체인 기반 전자상거래의 판매자 입장에서 기존의 플랫폼 제공자에 대한 수수료를 지출하지 않기 때문에 사업비용을 절감할 수 있다는 이점이 있으며, 구매자의 입장에서는 대금의 결제 시에 은행 등에 지불하는 높은 금액의 이체수수료를 절감할 수 있다는 이점이 있다.

23 플랫폼 가입 시 구매자가 선택한 화폐의 종류 가령, 원화 또는 달러와 같은 각 나라의 법정화폐가 결제 화면에 나타나지만 최종적인 결제는 현재 환율에 따른 암호화폐로 송금하도록 되어 있다.

24 가령 멜론이라는 음원 제공 플랫폼에서 온라인 콘텐츠를 이용하는 대가로 원화로 지급하기를 선택하고, 전자적 결제수단의 방식으로 신용카드 내지는 선불전자식지급수단을 이용한 결제 방식을 선택하는 것을 생각해 볼 수 있다. 또 다른 예로 당사자 사이에서 비트코인이라는 암호화폐로 대금을 지불하기로 하고, 그 결제수단으로 블록체인을 기반으로 하는 비트코인 전송 프로그램을 사용하기로 합의할 수도 있다.

25 정경영/백명훈(2017 Ⅰ), 168면.

26 같은 취지, 정경영/백명훈(2017 Ⅰ), 168면.

27 정경영/백명훈(2017 Ⅰ), 168면.

28 동법 제2조 제1호 "전자금융거래"라 함은 금융회사 또는 전자금융업자가 전자적 장치를 통하여 금융상품 및 서비스를 제공(이하 "전자금융업무"라 한다)하고, 이용자가 금융회사 또는 전자금융업자의 종사자와 직접 대면하거나 의사소통을 하지 아니하고 자동화된 방식으로 이를 이용하는 거래를 말한다고 규정한다.

29 같은 취지, 정경영/백명훈(2017 Ⅰ), 169면.

30 정경영(2018), 129면.

31 전자금융거래의 안전성을 확보의무(제21조), 정보보호 최고책임자의 지점(제21조의2), 전자금융기반시설의 취약점 분석·평가(제21조의3, 침해사고의 통지(21조의 5) 및 침해사고의 대응(제21조의6), 전자금융거래기록의 생성·보존 및 파기(제22조) 및 약관과 관련한 규정(제24조 및 제25조) 등.

32 전자금융거래법 제3조 ① 이 법은 다른 법률에 특별한 규정이 있는 경우를 제외하고 모든 전자금융거래에 적용한다. 다만, 금융회사 및 전자금융업자간에 따로 정하는 계약에 따라 이루어지는 전자금융거래 가운데 대통령령이 정하는 경우에는 이 법을 적용하지 아니한다.

33 동법 제2조 1호 전자금융거래라 함은 금융기관 또는 전자금융업자가 전자적 장치를 통하여 금융상품 및 서비스를 제공(이하 "전자금융업무"라 한다)하고, 이용자가 금융기관 또는 전자금융업자의 종사자와 직접 대면하거나 의사소통을 하지 아니하고 자동화된 방식으로 이를 이용하는 거래를 말한다고 규정하고 있다(제2조 제1호).

34 전자금융거래의 포괄적 정의에 따르면 인터넷 증권거래 및 전자보험거래 등 전자지급거래 이외의 전자금융거래는 동법에 용어정의 및 각칙의 규정이 없음에도 불구하고 해석상 전자금융거래에 해당하게 된다고 볼 수 있어 전자금융거래에 관한 규정이 보완될 것이 예상되고 있다. 이에 관한 더 자세한 논의는 정경영(2008), 686-694면 참조.

35 정경영(2008), 686-694면 참조.

36 UNCITRAL, "UNCITRAL Model Law on Electronic Transferable Records (2017)", http://www.uncitral.org/uncitral/en/uncitral_texts/electronic_commerce/2017model.html (2019. 6. 1. 최종 확인).

37 정경영(2008), 434면.

38 UNCITRAL, "Report of Working Group IV (Electronic Commerce) on the work of its fifty-fourth session ", A/CN.9/897, Fiftieth session, Vienna, (3-21 July 2017) para. 52, 64 참조, https://undocs.org/en/A/CN.9/897 (2019. 6. 1. 최종 확인).

39 UNCITRAL, "UNCITRAL Model Law on Electronic Transferable Records (2017)", http://www.uncitral.org/uncitral/en/uncitral_texts/electronic_commerce/2017model.html (2019. 6. 1. 최종 확인).

40 "전자문서"란 정보처리시스템에 의하여 전자적 형태로 작성, 송신 · 수신 또는 저장된 정보를 말한다.

41 한편, 시행령 제6조 제1항은 수취인 등록을 전자어음 관리기관을 통해 하도록 정하고 있는데 실무는 수취은행을 통해 관리기관에 등록이 요청되는 것이므로 시행령에 수취은행을 통한 발행요청에 대한 근거규정을 두는 등의 개정이 필요해 보인다.

42 한국은행 보도자료, "2016년중 전자어음 이용현황", 금융결제국 전자금융조사팀, 2017. 2. 26., 4면.

43 오직 약속어음을 전자어음의 형식으로 발행할 수 있도록 하였으며, 전자어음의 이중유통 방지를 위해 전자어음관리기관인 금융결제원에 어음의 발행에 관한 등록을 요구하고 있는 전자어음등록방식을 취하고 있으면서도, 어음의 배서 등 유통과정에 있어서는 전자어음관리기관에 등록하도록 하는 규정을 두고 있지 않고, 유가증권을 전자문서화 함으로써 재산적 가치를 전자문서에 표창하는 전자문서방식을 통하고 있다.

44 전자어음법의 규율 체계에 대한 문제점은 정경영(2008), 686-698면 참조.

45 같은 취지, 정경영/백명훈(2017 Ⅰ), 172면.

46 같은 취지, 정경영/백명훈(2017 Ⅰ), 172면.

47 제75조 제7호

48 이는 전자어음의 배서와 보증에 있어서도 준용되고 있다.

49 일련번호, 공인인증서의 유효기간, 공인인증기관의 명칭 등 공인인증기관임을 확인할 수 있는 정보, 공인인증서의 이용범위 또는 용도를 제한하는 경우 이에 관한 사항, 가입자가 제3자를 위한 대리권 등을 갖는 경우 또는 직업상 자격 등의 표시를 요청한 경우 이에 관한 사항, 공인인증서임을 나타내는 표시.

50 스마트 컨트랙트를 통한 전자어음의 발행과 배서에 전자어음법상의 공인전자서명이 불가능하다면 이는 어음요건에 흠이 있는 것이며 결국 어음법 제76조에 따라 어음의 효력을 인정할 수 없다.

51 UNCITRAL, "UNCITRAL Model Law on Electronic Transferable Records (2017)", http://www.uncitral.org/uncitral/en/uncitral_texts/electronic_commerce/2017model.html (2019. 6. 1. 확인), p. 37 para 78.

52 UNCITRAL, "UNCITRAL Model Law on Electronic Transferable Records (2017)", http://www.uncitral.org/uncitral/en/uncitral_texts/electronic_commerce/2017model.html (2019. 6. 1. 확인), para 52 참조.

{ 신규코인공모(ICO)와 법 }

본 절은 2018. 9. 이화여자대학교 법학연구소 법학논집 제23권 제1호에 발표한 "신규코인공모의 법적 논점"을 발췌, 수정, 가필한 것이다.

제8절 { 신규코인공모(ICO)와 법 }

손경한 · 오윤경 · 김예지

I. 서론 - 글로벌 신규코인공모(ICO)의 현황

오늘날 블록체인 기술은 우리 사회에서 광범하게 사용되고 있다. 금융, 보험, 물류, 에너지, 의료, 공공 분야 등 거의 모든 경제, 사회 영역에서 사용된다. 이러한 블록체인기술의 특징으로 그에 관한 법체계도 종래의 법체계와 다른 접근을 하여야 할 필요성이 제기된다.[1] 블록체인 기술은 금융분야에서 송금, 결제, 증권 거래, 자동차금융 등 소비자금융에서 사용되고 있을 뿐 아니라 최근에는 투자유치방법으로 각광을 받고 있다. 그것이 바로 신규코인공모Initial Coin Offerings(이하 통례에 따라 ICO라 약칭한다)이다. ICO는 2013. 7. 최초로 마스터코인Mastercoin이 약 5,000개의 비트코인을 모금하여 당시 기준 50만 달러 상당을 조달한 것을 시발로 하는데, 2018년 이후 각국의 ICO에 대한 규제가 점점 심해지고 있는 상황에서도 상당한 투자를 유치하고 있는 점[2]이 주목할 만하다.

그런데 우리나라 금융위원회는 2017. 9. 29. ICO를 전면금지하는 방침을 발표하였다. 정부는 ICO로 발행되는 토큰이 증권에 해당됨을 불문하고 모든 형태의 ICO를 금지하고 자본시장법, 유사수신행위규제법 및 방문판매법 등을 적용하여 처벌하겠다는 뜻을 밝혔다. 그러나 미국, 스위스, 일본 등 세계 주요국들은 증권법의 적용을 받는 경우를 제외하고는 자금세탁 방지 규정 등을 준수할 경우 ICO에 별다른 규제를 가하지 않는다는 점에서 한국정부의 방침은 정책적으로나[3] 법적으로 많은 논란을 불러일으키고 있다. 실제로 한국기업들은 국내에서 ICO가 금지되자 외국에서 ICO를 진행하였다.[4] 그러나 인건비와 법인세 및 수수료 등을 현지에 지급하고 나면 실질적으로 국내로 들어오는 금액은 현저히 적고 실제 국내로 돌아오지 않고 현지에서 소모됨으로써 심각한 국부유출이 발생하였다.[5] 본 절에서는 이러한 문제점을 해결하기 위한 방안을 검토하고자 하며 이하에서는 먼저 ICO의 개념과 절차(Ⅱ), ICO의 유형과 법적 성격(Ⅲ)을 살펴보고, 국내에서의 규제를 고찰한 뒤(Ⅳ) 마지막으로 그 개선방안을 검토해 보기로 한다(Ⅴ).

 Ⅱ. ICO의 개념과 절차

1. ICO의 개념

(1) ICO의 정의

ICO는 기업이 토큰token을 발행하여 이를 대가로 투자자를 공모하고 투자자로부터 암호화폐나 현실화폐를 투자받아 자금을 조달하는 것을 말한다.[6] 주식시장에서 신규 주식을 공모하는 IPOInitial Public Offering에 빗대어 만든 용어이다.[7] 그러나 ICO는 공개된 주식시장에서 토큰을 발행하지 않고 기업이 독자적인 토큰을 발행하여 자금을 조달한다는 점에서 IPO와는 전혀 다르다. 따라서 ICO는 신규코인공모라 번역할 수 있고 아래에서 살펴보는 바와 같이 투자자에게 발행되는 것은 코인이 아니라 토큰이므로 정확하게는 신규토큰공모라고 부르는 것이 타당할 것이다.

(2) 토큰의 개념

먼저 토큰의 개념을 명확히 할 필요가 있다. ICO에서 투자자는 암호화폐를 투자하고 그 대가로 발행자가 교부하는 토큰을 받는다. 토큰은 블록체인 플랫폼 위에서 일정한 재산적 가치를 표창하는 것으로서 디지털 비즈니스 서비스 등에 대한 일정한 권리를 표창하는 것을 말한다.[8] ICO 실무에서는 토큰뿐만 아니라 코인coin도 발행하고 있고 토큰과 코인은 함께 암호화폐로 불리어 개념상 혼동을 가져 오고 있어 그 개념을 정확히 정의할 필요가 있다. 먼저 그 기능면에 있어서 토큰은 발행자에 대한 일정한 권리를 표창하는데 중점이 있고 상장 절차를 거쳐 유통성을 획득하는데 반하여 코인은 그 자체가 가치저장수단으로서의 기능을 가지고 유통성을 그 본질적 속성으로 한다는 점에서 토큰과 차이가 있다. 기술적으로 토큰과 코인을 구별해 본다면 토큰은 이더리움이나 웨이브Wave 플랫폼상의 스마트계약 표준 양식에 따라 이를 제조할 수 있고 별도로 프로토콜이나 블록체인을 창설할 필요가 없는 점에서 그러한 과정이 필요한 코인coin과는 구별된다.[9] 즉, 코인은 자체 블록체인이 있으며, 코인 거래가 이루어질 수 있도록 지갑 및 기타 클라이언트 프로그램이 개발되어 자체적인 생태계를 지니고 있다. 토큰과 코인은 거래소를 통해 투자수단으로서 기능을 할 수 있는 점에서 공통하며 또한 토큰은 코인으로 전환할 수 있다. 즉, 이더리움과 같은 플랫폼 위에 토큰을 발행한 후 메인넷main network의 과정, 즉 기존 블록체인 플랫폼에 종속되어 있지 않고 자체 블록체인 생태계를 구축하여 코인으로 전환할 수 있다.[10] 따라서 ICO에 있어서는 코인이 실제 기능에 있어서 토큰에 접근하고 있고 그 법적 성격도 유사하므로 본 절에서는 ICO에서 발행되는 기술적 개념에 있어서의 코인을 법적 개념에 있어서의 토큰에 포함시켜 논하기로 한다.[11]

(3) 암호화폐와의 구별

본 절에서는 토큰과 암호화폐를 구별되는 개념으로 사용하기로 한다. 암호화폐란 블록체인 기술을 바탕으로 분산형으로 발행되고 일정한 네트워크에서 화폐처럼 사용할 수 있는 전자정보를 말한다.[12] 암호화폐가 화폐가 되기 위하여는 화폐로서의 기능, 즉 교환의 매개수단, 가치의 척도 및 가치의 저장수단으로서의 기능을 할 수 있어야 한다. 토큰은 화폐로서 기능할 수 없기 때문에 암호화폐가 될 수 없다. 또한 암호화폐는 원칙적으로 액면가치가 처음부터 존재하지 않고, 공급량이 처음부터 일정 양으로 예정되어 있으며 일정 시점이 경과하게 되면 더 이상 발행 자체가 불가능하게 되는 반면, 토큰은 액면가치가 존재하고 거의 무한정 언제나 발행할 수 있는 점에서도 암호화폐와 구별할 수 있다. 다만, 토큰의 개념에 포함되는 코인 중에는 발행자도 있고 또 액면가치도 있는 것이 있어 암호화폐로 분류할 수 있는 것이 있다는 점에서 토큰과 암호화폐는 교집합을 가진 개념이라 할 수 있다.

(4) 토큰의 유형

스위스의 FINMA 가이드라인[13]은 토큰을 (ⅰ) 지급형 토큰, (ⅱ) 이용권형 토큰, (ⅲ) 자산형 토큰의 3가지 유형으로 구분하고 있는바 이에 더하여 (ⅳ) 복합형 토큰hybrid token을 추가하기로 한다.[14]

1) 지급형 토큰

지급형 토큰은 특정 상품 및 서비스를 구입할 때 지급 결제 수단으로 쓰이거나 송금 등에 활용된다.[15] 완성된 형태를 기준으로 할 경우 지급형 토큰은 화폐에 갈음하는 것이다.[16] 암호화폐 그 자체와는 구별된다.[17] 이는 원칙적으로는 증권으로 취급되지 않지만, 자금세탁법이 적용될 수 있다.

2) 이용권형 토큰

이용권형 토큰은 유틸리티 토큰Utility Token 또는 편익토큰이라고도 부르는데 ICO를 하는 기업이 제공하는 블록체인 기반 애플리케이션이나 서비스를 이용할 수 있는 권리를 표창하는 토큰을 말한다.[18] 이 유형의 토큰은 장래에 일정한 상품이나 서비스 예컨대 비트코인과 교환할 수 있다는 점에서 경제적 가치를 가진다. 이 유형 역시 일반적으로 증권으로 취급되지 않는다.

3) 자산기초토큰 Asset Backed Token

자산기초토큰, 자산형 토큰, 펀드형 토큰 또는 로얄티 토큰Royalty Token이라고도 불리는 이 유형은 자산에 대한 권리 특히 프로젝트의 수익의 분배를 받을 권리를 표창하는 것이다. 즉, 토큰이 회사의 미래 영업이익 또는 미래 자본흐름에 따라 배당을 받는 몫으로 쓰이는 경우이고, 경제적 측면에서 이 토큰 중 주식, 채권, 파생상품과 유사한 토큰은 특히 증권형 토큰이라 부른다.[19]

4) 복합형 토큰 Hybrid Token

위와 같은 분류는 서로 배타적이지 않기 때문에 자산기초토큰이나 이용권형 토큰이 지급형 토큰으로 널리 사용되는 경우도 많이 있으며, 이러한 토큰을 복합형 토큰Hybrid Token이라 부른다.[20] 이 유형에는 지급형 토큰 내에 스마트계약 등의 기능을 통해 증권형 토큰으로 전환될 가능성이 있는 토큰이나 증권형 토큰에 이용권형 토큰의 기능을 탑재한 토큰, 또는 증권형 토큰이 지급형 토큰 즉 암호화폐로 전환될 수 있는 토큰 등도 포함될 수 있다. 복합형 토큰에는 각 유형에 적용되는 규제가 2 중적으로 부과된다.

5) 소결

토큰의 성격은 처음부터 정해져있거나 명명으로 분류되는 것이라기보다는 토큰에 부여된 권리의 성격, ICO과정 이후 분산소유 여부, 조달한 자금의 사업개발 사용 여부 등 제반 요소에 의하여 달리 분류될 수 있다고 보아야 할 것이다.[21] 후술하는 바와 같이 이용권형 토큰은 규제를 받지 않는 경우가 많으나 자산기초토큰은 대부분의 국가에서 규제를 하고 있다.

2. ICO의 절차 개관

(1) 개설

ICO는 통상 비즈니스 모델 연구 → 모델링 → 사업백서 → 기술백서 → 펀딩 페이지 → 토큰 세일 플랫폼 탑재 → 토큰 생성 → 토큰 배포 순으로 8단계로 전개된다. 즉, 일반적으로 설립자와 관리자로 구성된 비영리 재단과 영리 기업이 투자자들에게 토큰을 교부하고 받은 자금으로 프로젝트를 추진하고 이 프로젝트가 성공적일 경우 토큰을 보유한 투자자들은 배당을 받거나 토큰 가치가 올라가면 거래소에서 이를 팔아 이익을 실현할 수 있게 된다. 이를 조금 더 구체적으로 보면 먼저 (ⅰ) 사업 아이디어를 작성하고 개발자들이 이를 기술적으로 구현한 다음 (ⅱ) 소셜미디어 등을 통한 마케팅을 하고 (ⅲ) ICO 진행 주체인 비영리재단의 설립한 연후에 (ⅳ) 백서를 작성, 배포한 데 이어 (ⅴ) 신뢰할 수 있는 어드바이저를 영입한 후 (ⅵ) ICO를 실행하게 된다.[22] 이를 발행자가 실제 해나가야 하는 일의 관점에서 구체화하여 보면 (ⅰ) 사업모델의 구상, (ⅱ) 자금조달계획의 수립, (ⅲ) 백서의 초안,

(iv) 팀 및 자문단 그룹의 구성, (v) 국제 ICO의 경우 대상국의 결정 및 재단/법인의 설립, (vi) ICO 대상국의 현지 자문단을 선임하여 법적, 회계적 조언의 청취[23] (vii) ICO 실행을 위한 시스템 구현 및 웹사이트 개발, (viii) ICO 마케팅, (ix) 이용할 암호화폐거래소의 선정[24] (x) 토큰 판매, (xi) ICO 종료후의 후속 업무 처리의 단계로 나눌 수 있다.[25]

(2) 비영리재단 등의 설립

비영리재단foundation 또는 영리 기업company을 설립하여 진행하나 경우에 따라서는 두 개의 조직을 동시에 설립하기도 한다.[26] 재단과 사업 운영자를 분리하는 것이 필요하다. 비영리재단을 설립한 후 운영자 지갑에 개인키를 보관하고 제네시스 블록을 생성한다.[27] 비영리재단을 설립하는 이유는 암호화폐가 탈중앙화를 이념으로 하므로 비영리로 하는 것이 이념에 맞고 또 비영리재단에 내는 돈이 기부금으로 처리되어 면세 혜택을 받을 수 있기 때문이다. 사업의 수익은 영리 기업이 비영리재단과 서비스 계약을 맺어서 거두는 구조를 갖게 된다. 이 영리기업은 비영리재단과 반드시 같은 국가에 소재할 필요는 없다. 그러나 비영리재단의 경우에는 투자자들에게 직접 수익을 배당할 수 없으므로 배당을 목적으로 하는 증권형 토큰을 발행하는 경우에는 비영리재단을 이용할 수 없고 이용권형 토큰이나 배당권이 없는 증권형 토큰을 발행하는 경우에 이용 가능하다고 할 것이다.

3. 백서의 작성과 기능

(1) 백서의 작성

사업주체는 백서White Paper를 작성, 배포한다. ICO 투자자들은 백서를 기반으로 해당 프로젝트의 타당성과 경쟁력을 판단해 투자를 결정하기 때문에 백서는 ICO에서 매우 중요한 역할을 한다. 백서에는 관련 시장 성장성과 분석, 자사 프로젝트 소개와 활용 사례부터 구체적인 개발 로드맵, 투자 규모와 목적, ICO 예상 소요 기간 등이 명시된다. 그 구체적 내용에 관하여는 후술한다.

(2) 백서의 법적 성격

사모투자펀드나 IPO처럼 토큰 발행자가 작성, 제시하는 백서는 투자계약의 청약 내지 청약의 유인이 되고 발행자와 투자자간의 투자계약의 일부를 이룬다. 따라서 발행자나 투자자 모두 투자하거나 투자를 받기에 앞서 백서에 대한 법적 분석을 제대로 하여야 한다.

(3) 백서의 내용

발행자는 백서에 사업모델에 대한 구체적인 설명과 사업모델을 구현하는 기술에 대한 구체적인 설명을 담아야 한다. 그리고 토큰이 해당 사업모델에서 어떠한 기능을 하는지와 프리세일 등 토큰의 분배 방침 역시 기재해야 한다. 또한 팀 및 어드바이저 그룹을 소개하고 위험의 고지 및 면책 규정을 구체적으로 기재해야 한다.[28] 나아가 추가 자금 모집이 필요한 경우 어떻게 할 것인지, 계획된 사업이 기술적, 법적, 경제적으로 실현가능성이 없어진 경우의 처리에 관하여 규정하여야 한다.[29]

이를 기술 순서에 따라 보면 (1) 면책사항 및 투자 유의 사항, (2) 블록체인의 특성 제안하는 ICO 소개, (3) 제안의 동기 및 필요성 즉, 문제의 설명, (4) 솔루션을 설명한 해결책: ICO가 문제를 어떻게 해결할 수 있는지와 플랫폼 및 시스템에 대한 심층적 설명, (5) 재단 소개, (6) 마일스톤: 사업 개시 시기 등 사업 계획, (7) 코인 발행 정보: 토큰 상용화에 대한 설명 (제품, 경제 및 상용화 기술 조항), (8) 발행 알고리즘 소개: 디지털 토큰 및 토큰 작동 방식, (9) 예산 배정: 토큰으로 모금 된 자금이 사업에 어떻게 투여되는지, (10) 투자자보호 장치, (11) 비즈니스 로드맵 개요: 상장 시기와 미래 계획, (12) 팀 소개: 자문위원회 및 ICO 팀 소개의 순으로 작성하는 것이 일반적이다.[30]

4. 토큰 매각의 진행Token Sales

ICO는 전 단계를 다 실행하여야 하는 것은 아니며 프라이빗 세일만 할 수도 있고 프리세일에서 끝낼 수도 있으나 통상 프라이빗 세일private sale[31], 프리세일pre-sale[32] 및 메인 세일main sale[33] 3단계로 진행된다. 최근에는 프라이빗 세일 물량이 점차 증가하는 경향이 있으므로 발행자의 입장에서는 초기에 적절한 기관투자자를 물색하는 것이 중요하다. 시장에서의 명성에 비해 투자 물량이 매우 적은 경우가 있으므로 일반 투자가는 기관투자가의 투자 물량을 살펴보아야 한다.

5. 토큰의 상장Listing Token on Exchange

마지막으로 토큰을 암호화폐거래소에 상장하는 절차를 밟을 수 있다. 거래소에 상장을 희망하는 기업은 프로젝트등록 후 신청서를 제출하여 검증 절차를 통과하여야 플랫폼 로그인 계정을 받을 수 있다. 상장 심사 사항에는 (ⅰ) 코드의 분석 및 블록체인 생태계에서의 활용 가능 여부 확인, (ⅱ) 사업성 및 사기 코인(스캠) 여부를 포함한 백서 분석, (ⅲ) 토큰 개발팀의 개발자 인원 및 배경 확인, 파트너십 및 투자회사 확인, (ⅳ) 토큰 이코노미 상세 분석, 프로젝트 진행 상황 및 경과 확인, (ⅴ) 타 거래소에 이미 상장된 코인일 경우, 거래량 및 최근 가격 현황 파악 등이 포함된다. 거래소는 토큰 상장 신청 절차를 간소화하고 투명한 절차를 위하여 '상장 자동화 플랫폼'Automated Listing Platform을 제공하기도 한다. 거래소는 나아가 해당 플랫폼에서 프로젝트 보고서, 영상, 라이브 방송을 제공하는 '블록체인 프로젝트쇼 센터'를 개설하기도 한다.[34] 해외에서 토큰을 상장하는 경우 그 비용[35]은 일반적으로 1백만 달러, 더 신속한 상장에는 3백만 달러가 소요되고 거래 자문 수수료는 모집 금액의 5%정도가 소요된다.[36] 토큰을 거래소에 상장하면 다른 암호화폐와 교환하는 것도 가능하게 되며 서비스의 동향에 따라 토큰의 가격이 시장에서 등락할 수 있다.

상장된 토큰을 거래소에서 거래하기 위하여는 이용자는 거래소와 거래소의 지갑에 원화 또는 암호화폐를 임치하는 계약을 체결하여 상장하거나 대금의 지급 또는 수취를 위한 원화와 토큰 지갑서비스를 제공 받는다. 그리고 이용자들은 거래소의 중개에 따라 이용자들 간에 암호화폐 또는 토큰과 원화 또는 암호화폐와 토큰을 매매 또는 교환하는 거래를 한다. 이용자는 이러한 임치계약에 따라 거래소에게 언제든지 임치물 반환청구권에 기하여 거래소 지갑에 있는 토큰 내지 현금에 대하여 임치물 반환청구권을 행사해서 개인 지갑(월렛)으로 이체할 것을 청구할 수 있다.

Ⅲ. ICO의 유형과 법적 성격

1. 개설

위에서는 ICO의 개념과 ICO절차를 개괄적으로 살펴보았는 바 이러한 개념이나 절차도 ICO의 유형과 법적 성격에 따라 그에 대한 규제 내용이 판이하게 달라질수 있으므로 여기에서는 ICO의 유형과 그 법적 성격을 살펴보기로 한다. 한편으로는 ICO의 효용이 입증되자 스타트업이 아닌 기업들도 ICO를 하고 있으며 다른 한편으로는 ICO의 폐해가 문제되자 투자자 보호를 ICO시스템 내에서 해결하고자 하는 유형도 나타났다.

2. ICO의 유형

(1) 토큰의 성질에 따른 ICO의 유형

앞서본 바와 같이 토큰은 지급형, 이용권형 및 자산형으로 나눌 수 있고 발행되는 토큰의 성격에 따라 ICO의 유형도 달라진다. 여기에서는 최근에 부상하고 있는 역ICO와 직상장, 즉 IEO, IBO, DAICO, SAFT 및 STO의 개념을 살펴보기로 한다.

(2) 역 토큰공모Reverse ICO

역逆ICO란 기존의 체제로 운영되던 회사가 탈중앙화를 선언하고 토큰을 발행해 순환적 경제 체제를 활성화시키는 ICO를 말한다. 2018년 국내에서 300개에 달하는 역 ICO가 진행되었다고 한다.[37] 이처럼 기존 기업이 역 ICO를 하고자 하는이유는 네트워크 효과 선점과 중앙집중적 시스템의 비효율성에 도전하는 데 있다고 할 수 있다.[38] 현재의 시장점유율에 불만을 가진 기존 기업은 중앙화된 플랫폼으로는 구현 불가능한 메커니즘을 탈중앙화 거버넌스 플랫폼이 가진 효율성을 선택함으로써 독점적으로 지속가능한 발전을 기할 수 있기 때문에 역 ICO를 하게 되는 것이다.

(3) 거래소 위탁형 토큰공모[IEO]

거래소 위탁형 토큰공모[Initial Exchange Offering], 즉 암호화폐거래소를 통해 직상장하는 거래소 공개가 이용되고 있다. 이러한 공모 방식은 암호화폐거래소가 자체 코인을 발행해서 대중에게 공매하는 비즈니스 모델에서 시작되었다. ICO절차를 생략하고 거래소의 심사만으로 상장을 하는 것이다. 그러나 IEO는 중앙관리자를 두지 않는다는 블록체인의 이념에 반하고 토큰이 소수의 사람에게 집중되어 가격을 조작할 위험에 있으며 거래소에서 가격이 상승하는 경우 그들이 더 많은 이익을 얻게 된다는 근본적인 문제가 있다. 이 문제를 해결하는 방안으로는 거래소에서 다수의 토큰을 고정가격으로 판매하는 방식으로 ICO를 할 것을 강제하는 방안이 논의되고 있다.

(4) 포상형 토큰공모[IBO]

포상형 토큰공모[Initial Bounty Offering]란 블록체인 플랫폼을 제작하는 데 기여하는 참여자들에게 기여의 대가로 해당 플랫폼에서 이용 가능한 토큰을 지급하는 방식으로 토큰을 발행하는 것을 말한다. 다른 신규토큰공모절차에서는 토큰 발행에 대한 대가를 법정화폐나 암호화폐로 지급받으나 신규포상형공모에서는 플랫폼에 참여하여 이를 활성화시키는 작업을 수행하는 자에게 토큰을 지급한다는 점에서 특색이 있다. 토큰공모를 통한 자금조달이 필요하지 않을 때 토큰의 유통량을 늘리기 위하여 이용하는 방법이다.

(5) 탈중앙 자율형 토큰공모[DAICO]

탈중앙 자율신규코인공모[Decentralized Autonomous ICO]는 이더리움의 설립자인 비탈릭 부테린[Vitalik Buterin]이 제안한 혁신적인 모금 모델로서 DAO[39]의 장점을 ICO에 접목한 것이다. 즉, DAICO는 개발자가 이더리움 네트워크상에 스마트계약으로 프로젝트에 필요한 자금을 토큰과 교환하여 출자하도록 하고 DAICO가 종료되면 투자자들은 개발자가 가져갈 수 있는 투자금액을 제한할 수 있는 한도[tap]를 설정할 수 있다. 투자자들은 투표로 증자를 할 수도 있고 개발자팀이 실패할 경우 투자계약을 해제하여 프로젝트를 폐지하고 투자금을 환불받을 수 있도록 설계되었다는 점에서 출자자의 ICO에 대한 통제권을 강화한 새로운 모델로 인정받고 있다.[40]

(6) 미래토큰인수계약SAFT

미국에서는 토큰을 즉시 발행하지 않고 그 발행을 약속하는 미래토큰인수계약, 즉 SAFT를 통한 ICO방식이 사용되었다.[41] SAFT는 투자계약증권의 일종인 SAFE Simple Agreement for Fuuture Equity를 모델로 설계된 기금 모금의 한 형태로, 공인된 투자자accredited investors만을 대상으로 하여 프로젝트 또는 회사가 운영될 때 토큰 발행을 약속하는 것이다.[42] 즉, 일반적 ICO에서는 토큰이 즉시 발행되지만 SAFT를 통할 경우 토큰의 전달을 약정하는 것이다. 이 방식은 재단이나 비영리법인을 설립하지 않는다. 다만, 해당 기업은 추진 예정인 프로젝트 소개 및 토큰의 성격 등 ICO와 관련한 제반 정보를 증권거래위원회SEC에 자발적으로 신고하는 등 미국 증권법상의 규제를 준수하여야 한다.[43]

(7) 증권형 토큰공모STO

증권형 토큰공모Security Token Offering는 회사 자산을 기반으로 주식처럼 토큰을 발행하는 것을 의미한다. 토큰을 보유한 이들은 실제 주주처럼 권리를 행사할 수 있으므로 STO는 '가장 이상적인 ICO'란 평가를 듣는다. 토큰이 각국의 증권법에 따른 증권security에 해당하는지 여부에 관하여는 논쟁이 계속되고 있으며, 이에 관한 명확한 기준이 없는 실정이다.[44] 따라서 블록체인을 이용한 사업 및 토큰 공모에 대한 법적 불확실성을 제거하기 위하여 증권의 발행에 적용되는 규제 법규를 준수하여 증권형 토큰security token을 공모하는 방식이 선호되고 있다. STO는 미국 증권거래위원회SEC의 인정 아래 미국에서 활발하게 진행되고 있다. 미국 증권법상 등록의무 면제 규정에 따를 경우, 증권거래위원회에 이사진의 성명, 주소 및 발행에 관한 간단한 정보 등을 기재한 서류를 제출하는 것으로 등록 의무에 갈음할 수 있다.[45]

3. ICO의 법적 성격

(1) 개설

ICO의 법적 성격은 아직 명확하게 규명되어 있지 않으나 확실한 것은 투자자들은 피투자 기업의 성쇠에 따른 리스크를 부담하여야 한다는 점이다.[46] 자산형 토큰을 발행하는 ICO는 IPO와 크라우드 펀딩의 개념과 유사하므로 이 양자와 비교하여 그 법적 성격을 규명해 본다.[47]

(2) IPO와의 비교[48]

IPO Initial Public Offering, 즉 신규공모는 설립된 회사가 일정한 절차에 따라 신규로 주식을 공모[49]함으로써 일반 대중에게 기업의 주식을 분배하고 기업의 자금조달 능력을 확보하는 방법이다.[50] ICO도 초기단계의 개발 프로젝트에서 일정한 절차에 따라 최초로 토큰을 공모하며 토큰을 적정하게 분배하게 하고 토큰의 시장가치를 형성하도록 한다는 점에서 IPO와 유사하다.[51] 그러나 IPO의 경우 현금을 투자하나 ICO의 경우 원칙적으로 현금 아닌 암호화폐를 대가로 지급한다. 또 IPO의 경우 초기단계의 프로젝트에 대한 자금조달은 전통적으로 벤처캐피털이나 엔젤투자자 등의 전문투자자를 통한 엄격한 심사가 선행되고 뒤이어 공개모집을 하는 방식을 취하였다.[52] 반면, ICO 경우에는 원칙적으로 프로젝트의 상당한 초기단계에서부터 바로 공개모집을 통한 투자 유치를 하고 벤처캐피털 등이 관여하는 경우가 희소하여 IPO에 비해 투자 위험이 매우 높은 반면, 발행자의 입장에서는 조기에 개발에 필요한 자본금을 확보함과 동시에 대중의 지지를 확인할 수 있을 뿐 아니라 사업 경영에 있어 의사결정의 독립성을 확보할 수 있다는 점에서 IPO와 차별화된다.

또한 토큰은 총 발행량 대비 공개모집으로 분배된 양과 발기인의 보유량 등이 블록체인상에 실시간으로 투명하게 나타나기 때문에 토큰의 현 분배비율이 시장에 신속하게 공시될 수 있고, 이를 통하여 시장 가격이 변화한다는 순환이 이루어진다.[53] 이러한 블록체인의 기술적 측면은 IPO에서 요구되는 증권의 발행시장 및 유통시장에서의 공시요건을 충족시킬 수 있다.[54] 따라서 IPO에 적용되는 엄격한 규제를 ICO에 적용하여서는 안 되고 실제 ICO를 진행함에 있어 절차나 방법에 대한 제약이 없이 이를 기획하는 발행자가 신속하게 진행할 수 있도록 하는 장점을 살릴 필요가 지적된다.

(3) 크라우드펀딩과의 비교

크라우드 세일 crowd sale이라고도 불리는 ICO는 전통적인 크라우드펀딩 crowd-funding의 요소들을 블록체인 기술을 통해 구현한 것으로서, 크라우드펀딩의 확장으로 이해된다.[55] 먼저 크라우드펀딩이란 자금이 필요한 개인, 단체, 기업이 웹이나 모바일 네트워크 등을 이용하여 불특정 다수의 대중들로부터 자금을 모으는 것을 말한다.[56] 우리 자본시장법은 창업초기기업이 창의적 아이디어만으로 대중으로부터 자금을 조달할 수 있는 길을 열어주기 위하여 2016. 1. 25.부터 '증권형 크라우드펀딩'제도를 시행하고 있다. 이를 위하여 온라인 소액투자 중개업자에 대한 특례규정을 신설하여 중개업자 및 온라인소액증권발행인에 대한 영업행위 및 증권 모집에 대한 규제를 완화하였다.[57, 58] 증권형 크라우드펀딩은 아이디어 차원의 개발 단계에서 투자를 받을 수 있고, 인터넷 매체를 이용하여 직접 자금을 모금하고 투자의 반대급부 내지는 증거로서 증권을 발행한다는 점과 사업 계획 초기부터 불특정 다수에게서 자금을 모집할 수 있으며, 수익에 대한 보장이 없다는 점에서 자산형 ICO와 유사하다. 또한 ICO는 기부donation나 출자contribution를 할 수 있게 함으로써 후원형 크라우드펀딩과 같이 취급될 수 있다는 점에서도 개념적인으로 그 구별이 용이하지 않다.[59, 60]

그러나 증권형 크라우드펀딩은 자금 모집의 방식으로 지분증권·채무증권·투자계약증권을 발행하는 반면, ICO는 토큰을 발행한다는 점에서 본질적인 차이가 있고 ICO에서는 자금 모금을 위한 중개인이 반드시 필요하지 않다는 점에서도 차이가 있다.[61]

(4) 소결

위에서 살펴본 것처럼 ICO는 IPO 그리고 크라우드펀딩과는 본질적으로는 구별되는 개념이지만, IPO와 크라우드펀딩, 양자의 성격을 모두 가지고 있다고 할 수 있다.[62] 그러나 IPO나 증권형 크라우드펀딩의 경우 증권을 발행하는 반면, ICO는 토큰을 발행하므로 토큰의 성격을 어떻게 설정하느냐에 따라 ICO가 자본시장법의 규율을 받는지 여부가 결정될 것이다.[63, 64] 이 점은 뒤에서 다시 살펴보기로 한다.

4. ICO에 대한 해외에서의 규제

(1) 개설

전 세계 각 국가들의 ICO에 대한 태도는 매우 상이하다. 이를 분류하여 보면 ICO를 전면적으로 금지하는 국가, ICO를 기존의 틀에서 규제하려는 국가, ICO만을 위한 특별한 법체계를 구축하는 국가 그리고 특별히 ICO를 규제하지 않는 국가 4종류로 대별할 수 있다.[65]

ICO를 전면 금지하는 대표적인 국가는 중국이다. 2017. 9. 4. 중국의 중앙은행인 인민은행PBOC은 ICO에 의한 자금 조달은 경제 및 금융 질서를 현저히 문란하게 함을 이유로 전면 금지하였다. 한국도 앞서 본 바와 같이 이 부류에 속한다. 기존의 틀 안에서 ICO를 규제하는 국가로는 미국[66]과 독일[67]을 비롯한 대부분의 나라가 이 부류에 속한다. 특히 이 부류에서도, 금융 선진화 차원에서 경쟁적으로 ICO를 유치하기 위하여 ICO를 비교적 자유스럽게 허용하는 국가로는 싱가포르, 스위스 등이 있다. 프랑스[68]나 러시아[69] 등은 ICO를 위해 특유의 규제체계를 구축하고 있고, 벨라루스[70]와 몰타[71]는 ICO를 국가차원에서 합법화하고자 하고 있다. 이러한 나라에서의 ICO규제에 관하여는 별도의 기회에 따로 살펴보기로 하고 이하에서는 우리나라 기업들이 활발하게 이용하고 있는 싱가포르, 스위스 및 몰타의 법제를 검토해 보기로 한다.

(2) 싱가포르의 ICO규제[72]

아시아에서 ICO가 가장 활발한 국가인 싱가포르는 통화청Monetary Authority of Singapore, MAS이 공표한 가이드라인으로 ICO를 규제하고 있다.[73] 동 가이드라인은 토큰이 자본시장상품capital market products에 해당되면 MAS의 규제대상이 된다고 규정하였다. 자본시장상품이란 증권이나 선물 등을 말하고, 증권이나 집합투자에 해당되면 증권선물법의 규제를 받는다. 그러나 일정한 경우 발행자가 규제샌드박스 적용을 신청할 수 있고 투자설명서 등록의무가 면제되기도 한다.[74] 그 절차는 앞서 본 바와 같이 ICO를 위한 비영리법인을 설립한다.[75]

(3) 스위스에서의 ICO에 대한 규제[76]

스위스 금융감독원이 공표한 가이드라인[77]에 의하면 토큰을 지급형, 이용권형 및 자산형으로 나누어 규제하고 있음은 위에서 본 바와 같다. 그 토큰 중 비트코인과 이더리움 같은 지급형 토큰은 전통적인 증권과 같은 기능이 없으므로 증권규제 대상이 아니라고 하고,[78] 이용권형은 서비스 이용권한을 부여할 뿐 자본시장과의 연결 고리가 없으므로 이 또한 증권이 아니라고 하였다.[79] 그러나 자산형은 표준화된 형태로 대량거래에 적합하므로 증권에 해당한다고 한다. 토큰이 증권에 해당할 경우, 증권거래법의 규정이 적용된다. 앞서 본 바와 같이 스위스에서는 비영리법인 foundation, Stiftung을 설립하여 ICO를 진행한다.[80] 그리고 암호화폐기업에 대한 조세지원제도가 있다.[81]

(4) 몰타에서의 ICO에 대한 규제

몰타는 2018. 6. 암호화폐와 블록체인에 관한 3개 입법, 즉 몰타 디지털혁신청법 Malta Digital Innovation Authority Act, 혁신기술약정 및 서비스법 Innovative Technology Arrangements and Services Act, 가상금융자산법 Virtual Financial Assets Act, VFAA을 발효시킴으로써 블록체인, 암호화폐 및 ICO에 대한 법적 기반을 공고히 하였다. 이 중 가상금융자산법이 ICO와 그 외 지정서비스제공자, 포트폴리오 관리자, 거래소 및 투자자문역 제도를 규제하고 있다. 구체적으로 ICO를 통해 자본을 조달하는 회사의 설립요건, 공시 요건, 백서 양식, 광고 규정 등을 규정하고 있다. 동법을 구체화하는 가상금융자산규칙 Virtual Financial Assets Rules, VFAR이 제정되었으며 몰타 금융청 Malta Financial Services Authority, MFSA이 그 집행을 담당하고 있다. 몰타의 블록체인 산업진흥정책에 힘입어 바이낸스 Binance, 비트베이 Bitbay 등 대형 글로벌 암호화폐거래소들이 본사를 몰타로 이전하거나 확장하여 사업영역을 넓히고 있다.[82] 가상금융자산법상 ICO절차를 보면 (ⅰ) 투자증권해당여부 심사 Financial Instrument Test, (ⅱ) 가상금융자산 에이전트의 임명 VFA Agent 및 이사회 구성, (ⅲ) 유한회사 또는 재단의 설립, (ⅳ) 기술 감사, 후견인, 자금세탁방지 감사 등 임명, (ⅴ) 투자설명서 Prospectus 또는 백서 작성,[83] (ⅵ) 사업등록신청, (ⅶ) 후속 의무사항의 이행의 순으로 진행된다.[84]

(5) 기타 국가에서의 ICO에 대한 규제

그 외에도 지브롤터, 에스토니아, 모리셔스, 케이맨 제도, 영국령 버진 아일랜드 등에서 ICO를 유치하기 위하여 법제를 정비하고 있으나 그에 대한 논의는 생략하기로 한다.

Ⅳ. ICO에 대한 국내에서의 규제

1. 개설

한국 금융위원회는 2017. 9. 29. ICO를 전면금지한다는 방침을 발표하여 ICO로 발행되는 토큰이 증권에 해당됨을 불문하고 모든 형태의 ICO를 금지하고 자본시장법, 유사수신행위규제법 및 방문판매법 등을 적용하여 처벌할 의사를 천명하였다.[85] 이로써 앞서 본 바와 같이 우리나라는 중국과 더불어 세계에서 가장 강력한 ICO 규제국가로 간주되고 있다. 그러나 미국, 스위스, 일본 등 세계 주요국들은 자금세탁 방지 규정 등을 준수할 경우 ICO에 별다른 규제를 가하지 않는다는 점에서 한국정부의 방침은 정책적으로 문제가 있고[86] 법률적으로도 아래와 같은 문제가 있다.[87]

2. 자본시장법상의 규제

먼저 자본시장법 적용가능성을 본다. 자본시장법의 적용대상이 되는 증권은 어떤 권리가 화체되어 그 증권이 그러한 권리를 표창하고 있음이 본질적인 특성이라고 할 수 있다. 구체적으로는 자본시장법의 대상은 금융투자상품[88]이고 이를 증권[89]과 파생상품[90]으로 구분한다.[91]

먼저 이용권형 토큰은 토큰에 특정 권리가 화체되어 있는 것이 아니라 특정 기능이나 혜택이 부여된 특수한 프로그램에 불과하여 자본시장법상의 채무증권, 지분증권 또는 투자계약증권 등 어디에도 해당하지 않고 유가증권 법정주의를 채택하고 있는 현행 자본시장법에 명시된 기타 어느 증권에 해당하지 않으며 파생상품에는 더더욱 해당하지 않으므로[92] 자본시장법의 적용대상이 되지 않는다. 지급형 토큰의 경우에도 마찬가지이다. 따라서 지급형 토큰이나 이용권형 토큰의 경우 증권을 포함한 금융투자상품에 해당하지 않으므로 동법의 적용이 없다고 할 것이다.

그러나 자산기초토큰의 경우 증권 중 투자계약증권에 해당할 가능성이 높다. 왜냐하면 자본시장법상 "투자계약증권"이란 특정 투자자가 그 투자자와 다른 투자자 등 타인간의 공동사업에 금전등을 투자하고 주로 타인이 수행한 공동사업의 결과에 따른 손익을 귀속받는 계약상의 권리가 표시된 것을 말한다고 정의하고 있기 때문이다. 즉, (ⅰ) 투자자의 '이익획득 목적'이 있고, (ⅱ) 금전 등의 투자가 있고, (ⅲ) 주로 타인이 수행하는 공동사항에 투자하고, (ⅳ) 원본까지만 손실발생 가능성이 있고, (ⅴ) 지분증권, 채무증권, 집합투자증권 등 정형적인 증권에 해당되지 않는 비정형증권이라는 요건을 충족하면 투자계약 증권에 해당하는 것이다.[93] 따라서 증권형 토큰을 발행하여 수십억 원의 거액을 모집하는 ICO의 경우 증권신고서를 금융위원회에 제출하는 등[94] 자본시장법의 규제를 받는다.[95]

결론적으로 말하면 지급형 토큰이나 이용권형 토큰을 발행하는 ICO는 자본시장법의 적용을 받지 않고 증권형 토큰을 발행하는 ICO는 일종의 선구매형 크라우드 펀딩과 같아 그에 대한 자본시장법의 규제를 받을 수 있을 것이다. 이 점에서 암호화폐가 증권에 해당되지 않아 자본시장법의 적용대상이 되지 않는 것과 대조된다. 토큰이 완성된 형태가 아닌 상태에서 프리세일과 같이 미리 ICO를 하는 것은 토큰의 유형에 관계없이 모두 증권에 해당되어 증권에 대한 규제와 동일한 규제를 받게 될 것이라는 견해가 있다.[96]

3. 전자금융거래법상의 규제

전자금융거래법상 전자금융거래란 이용자가 금융회사/전자금융업자와 전자금융업무를 함에 있어 직접 대면/의사소통없이 자동화된 방식으로 하는 거래를 말한다.[97] 토큰은 동법상 전자화폐[98]나 선불식지급수단[99]에 해당하지 않는다. ICO는 전자금융거래법상 전자화폐의 발행 및 관리업무나 선불전자지급수단의 발행 및 관리 등의 업무에 해당하지 않으므로 금융위원회 허가나 등록을 할 필요는 없다.

4. 외국환거래법상의 규제

외국환거래법의 적용여부가 문제된다. 예컨대 ICO를 위한 해외 법인 설립의 경우 해외직접투자신고를 하여야 하고,[100] 해외에서 진행된 ICO를 통하여 모집된 암호화폐를 국내로 반입한 경우나 해외에서 진행되는 ICO에 참여한 경우 등에도 외국환거래법이 적용될 수 있다. 또 외국에서 실시된 ICO에서 비트코인, 이더리움 등의 암호화폐를 투자하고 토큰을 받은 후 이를 국내 거래사이트에서 환전하는 경우 이를 환치기, 즉 통화가 서로 다른 나라에서 금융기관을 거치지 않고 개인 간에 이뤄지는 불법 외환거래에 해당한다고 보는 경우 외국환거래법에 위반될 수 있다. 법원은 2018년 환전의뢰인이 외국 환전상에 외국화폐를 송금하고 그 환전상이 외국 거래소에서 암호화폐를 매입하여 국내로 전송하고 국내 환전상이 국내 거래소에서 이를 매도한 후 그 대금을 환전의뢰인이 지정한 계좌로 송금하는 행위에 외국환거래법을 적용하였다(인천지법 부천지원 2018고단250판결).

5. 특정금융정보법상의 규제

특정금융정보법은 금융회사 등에게 고객의 신원확인의무,[101] 고액거래 및 불법재산 등으로 의심되는 거래를 금융정보분석원에 보고할 의무[102] 등을 부과하는 등 외국환거래 등 금융거래를 이용한 자금세탁행위와 공중협박자금조달행위를 규제하기 위하여 제정되었던 바 금융위원회는 동법에 의거, 암호화폐를 규제하기 위하여 2018. 1. 30. "가상통화 관련 자금세탁방지 가이드라인"을 제정, 시행하고 있다.[103] 동법의 적용대상은 가상통화, 즉 "거래상대방으로 하여금 교환의 매개 또는 가치의 저장 수단으로 인식되도록 하는 것으로서 전자적 방법으로 이전 가능한 증표 또는 그 증표에 관한 정보"이다. 그 주된 내용은 가상통화 취급업소에 대한 은행의 자금세탁방지 의무강화 등의 조치를 취한 것이다. 지급형 토큰이나 자산형 토큰은 동법의 규제대상이나 이용권형 토큰을 발행하는 ICO는 애플리케이션/서비스 내에서만 비금융 영역에서의 블록체인 기술에 대한 접근권을 부여하는데 그치므로 이는 교환의 매개 또는 가치의 저장수단이 아니어서 특정금융정보법의 규제 대상이 아니라 할 것이다.

6. 국내기업의 해외 ICO에 대한 국내법의 적용

자본시장법은 국외에서 이루어진 행위로서 그 효과가 국내에 미치는 경우에도 적용되므로[104] 국내 기업이 해외에서 진행한 ICO 역시 자본시장법의 적용을 받을 가능성이 있다. 역외적용이 인정되는 경우는 국내 자본시장의 신뢰성과 안정성에 영향을 미치거나 국내 투자자 보호 필요성이 인정되는 경우와 일련의 행위 중 일부가 자국 내에서 이루어진 경우이다. ICO의 모든 절차가 해외에서 이루어지는 경우 그 해외 ICO가 국내 자본시장의 신뢰성과 안정성에 영향을 미치는 예외적인 경우가 아닌한 자본시장법이 역외적용되지는 않을 것이다. 다만, 해외 ICO가 실제로는 주로 국내 투자자를 대상으로 하여진행되는 등 국내 투자자 보호의 필요성이 인정되는 경우에는 자본시장법이 역외적용될수 있을 것이다. 그 외 국내법상의 규제는 대체로 역외적용까지 되는 것은 아니라고 이해되므로 그에 대한 검토는 생략하기로 한다.

V. 결론

ICO를 도입하여 활성화하고 그 과정에서 투자자를 보호하기 위한 전제조건은 ICO에서 모집되는 암호화폐의 법적 성격을 명확히 하는 것이다. 실제 토큰을 증권 등 금융투자상품으로 규정하지 않을 경우, ICO를 통해 암호화폐를 모집하는 행위를 규율할 수 있는 법적 근거가 없다. 또한 ICO를 허용한다는 것은 투자자 보호 측면에서 암호화폐와 토큰을 정부가 합법화하는 것이 전제되는 것으로 암호화폐 및 그 거래소에 대한 정부의 규제 방향이 먼저 정해져야 할 것이다.[105] 정부는 세계적인 대세를 거슬러 ICO를 전면 금지할 것이 아니라 원칙적으로 이를 허용하되 투자자 보호를 위한 규제 장치를 갖추어야 할 것이다. 이를 위하여 다음과 같은 방안을 제안한다.[106]

무엇보다도 크립토법의 이념을 존중하여 탈중앙적이고 자율적인 시스템을 정립을 전제로 규제를 할 것이며 ICO의 폐해를 자율적으로 해소해 나가야 할 것이다. 이점과 관련하여 그동안 한국블록체인산업협회가 암호화폐에 대한 자율규범을 정립하려는 노력을 하고 있는 것을 높이 평가한다.[107] ICO에 관하여도 외국의 자율규범을 참고하여 ICO표준규약 및 표준 백서 제정, 표준 토큰상장규정 등 한국의 실정에 맞는 투자자보호에 관한 자율규범을 제정하고 관련 당사자들이 스스로 준수하여 나가야 할 것이다.[108]

둘째, 암호화폐 취급자나 거래소의 집금계좌 개설을 전면적으로 금지하는 것은 특정금융정보법상 근거가 있다고 보기 어렵다. ICO진행하는 기업이 국내 은행에 계좌를 개설할 수 있도록 허용하되 개설 시 은행에서 기업이 자체적으로 자금세탁 방지를 위한 규칙을 제대로 세웠는지 확인하도록 함으로써[109] 자금세탁이나 테러 자금에 이용되지 않도록 계좌 개설인에 대한 감시를 강화하는 것으로 합법적인 규제를 하여야 할 것이다.

셋째, 자본시장법이 일정한 요건하에서 사모 방식으로 자금을 조달하는 것은 허용하고 있으므로 기술에 대해 아는 투자자를 대상으로 한 ICO는 허용하여야 할 것이다.[110] ICO를 사모투자의 위험구조를 가진 크라우드펀딩으로서 간주한다면, 증권형 크라우드 펀딩과 사모투자를 규제하는 방식을 응용하여 용이하게 할 수 있도록 할 수 있을 것이다.[111]

넷째, 현재 ICO에 대한 규제를 완화하기 위한 입법이 제안되고 있으나 실제 입법에는 다소 시간이 소요될 것이므로 우선은 다음과 같은 두 가지 조치를 하여야 할 것이다. 그 하나는 입법 중인 금융혁신지원특별법상 샌드박스나 특구지정에 블록체인금융을 포함시켜 그에 대한 규제를 완화하는 것이고 또 다른 하나는 외국처럼 정부가 ICO에 대한 가이드라인을 제정하여 이를 합리적으로 규제하는 것이다. 이미 외국에 많은 선례가 있으므로 과도한 노력 없이도 가이드라인을 제정할 수 있을 것이다.

"**신규코인공모(ICO)와 법**"에 대해 더 알고 싶다면

1 이러한 새로운 법 영역을 크립토법(Crypto Law)라 부른다. 크립토법은 스마트계약을 비롯하여 자율적, 지능적으로 작동되는 암호화 컴퓨터 코드에 관한 제반 법 영역을 말한다. 크립토법에 대한 자세한 설명은 Carla L. Reyes(2017) 참조.

2 2014년에는 이더리움이 ICO를 통해 1,800만 달러를 조달하였고, 2016년에는 러시아 가상화폐 거래 플랫폼 업체인 웨이브스(Waves)의 1,600만 달러를 비롯하여 도합 43건에 95,181,391달러를 조달하였으며 2017년 340여 개, 2018년 1,200여 개의 ICO가 성공하여 78억 달러 유치하였는 바 대표적인 사례로는 블록체인 기반의 소프트웨어 이오스(EOS.IO)를 만드는 기업 블록원(Block.one)사는 1년에 걸친 ICO를 통해 기술 개발에 필요한 약 40억 달러의 투자금 유치하여 2018. 6. 초기 버전인 EOS.IO 1.0을 공개하였고 2018년 전 세계 10억 명이 사용하는 메신저 프로그램인 텔레그램(Telegram)도 약 17억 달러를 ICO로 유치하였다.

3 이러한 이유로 한국 정부도 2017. 12. 일반 투자자를 대상으로 하는 공모방식의 ICO는 원칙적으로 금지하나 일정 요건을 갖춘 기관투자자 등을 대상으로 하는 사모방식의 ICO는 허용할 방침을 밝힌바 있었으나 아직 실행되지 않고 있다. 조선비즈, "정부, 가상화폐 ICO 기관투자자 등 일부 허용 검토", 2017. 12. 8., http://biz.chosun.com/site/data/html_dir/2017/12/08/2017120801540.html.

4 보스코인, 글로스퍼 '하이콘' 및 엑스블록시스템즈 '애스톤'은 스위스에서, 지퍼는 홍콩에서, 메디블록은 지브롤터에서 각 투자자를 모집하였던바 2017년 1년간만 하여도 200개 이상의 국내 기업이 해외에서 ICO를 하였으며 그 모금액이 1조 원 정도로 추정된다.

5 오정근(2018 Ⅰ).

6 성희활(2018 Ⅰ), 65면은 ICO를 "가상화폐를 통한 자금조달"이라고 추상적으로 정의하나 어떤 형태의 자금을 받고 그 대가로 지급하는 것이 무엇인지를 명확히 하지 않으면 개념을 알 수 없고 따라서 더 이상 논의를 진전시켜 나갈 수가 없다는 점에서 이러한 정의에는 의문이 있다.

7 Iris M. Barsan(2017), p. 54.

8 토큰은 블록체인에서 구동되는 애플리케이션인 탈중앙화 앱(Decentralized Application/Dapp)이 발행하는 바 토큰이 이더리움의 통화인 이더와 호환성을 충족시킬 수 있는 프로그래밍 기준이 ERC20이다. 따라서 ERC20 기준을 맞춰 디앱을 설계한 후 토큰을 발행하면, 이더와 쉽게 교환할 수 있고, My Ether Wallet에 자유롭게 전송할 수 있다.

9 암호화폐와 토큰의 차이에 관하여는 Aziz, "Coins, Tokens & Altcoins: What's the Difference?", https://masterthecrypto.com/differences-between-cryptocurrency-coins-and-tokens/ (2019. 7. 1. 확인); 백명훈/이규옥(2017), 9면 참조.

10 예컨대 퀀텀(QTUM)의 경우 토큰으로 시작하여, 2017. 10. 자체 시스템을 구축하여 코인으로 전환하였으

며 EOS토큰도 ICO가 종료한 2018. 5. EOS코인으로 전환하였고 TRON도 2018. 6. 25. 메인넷을 거쳐 코인으로 전환하는 등 수많은 토큰이 코인으로 전환하였다.

11 후술하는 바와 같이 스위스 FINMA가이드라인은 오히려 토큰의 개념 속에 코인, 즉 암호화폐(cryptocurrency)를 포함시켜 이를 지급형 토큰으로 분류한다.

12 비트코인이 암호화폐의 대표적인 예이며 그 외 이더리움(Ethereum) 플랫폼에서 사용하는 이더(Ether)나 에이다(ADA) 등의 알트코인(Altcoin)도 암호화폐에 속한다. 스타트업 테더(Tether Limited)가 달러와 1대 1로만 교환할 수 있도록 발행한 테더 코인(Tether Coin)은 코인 상품권이라 불리나 화폐로서 기능하므로 암호화폐의 하나라고 할 수 있다. 테더코인에 대한 소개로는 Wikipedia, "Tether (cryptocurrency)", https://en.wikipedia.org/wiki/Tether_(cryptocurrency (2019. 7. 1. 확인).

13 Swiss Finma(2018).

14 다른 분류 방법으로는 Topcourt International Law Firm, "ICOの 8 つの法律規制と合法的資金調達のやり方とは？弁護士が解説", http://topcourt-law.com/virtual_currency/ico_regulations_financing (2019. 7. 1. 확인) 참조.

15 앞서 언급한 테더 코인(Tether Coin)이 지급형 토큰의 예이다.

16 suica와 PASMO, Edy처럼 발행 기업의 상품이나 서비스에 사용 가능한 선불형 토큰이나 이더리움이나 비트코인처럼 결제 수단 및 송금 수단으로 일반 거래에 사용할 수 있는 암호화폐형 토큰도 이 유형에 포함시킬 수 있을 것이나 후자는 코인에 해당함은 이미 언급한 바와 같다.

17 FINMA는 암호화폐를 지급형 토큰(payment token)에 포함시키나 앞서본 바와 같이 토큰에는 발행자가 있고 그 보유자가 발행자에 대하여 일정한 청구권을 가진다는 점에서 원칙적으로 발행자가 없고 따라서 발행자에 대해 아무런 청구권도 없는 암호화폐와는 그 근본적 성격을 달리한다 할 것이므로, 다만 가치저장기능과 지급기능을 가진 토큰은 암호화폐로도 분류할 수 있다.

18 토큰을 보유하고 있는 것으로, 발행 기업의 회원 우대를 받을 수 있는 회원권형 토큰이나 네트워크 애플리케이션 플랫폼을 이용하기 위해 발행되는 토큰으로 나눌 수 있다.

19 ICO를 증권형과 코인형으로 나누고 전자는 프로젝트에서 나오는 수익을 배분하거나 기업에 대한 일정한 권리·배당을 부여하는 방식이고 후자는 플랫폼에서 신규 암호화폐를 발행하는 방식이라고 설명하나 ICO는 기본적으로 토큰을 발행하는 것이고 코인을 발행하는 것이 아닐 뿐 아니라 증권에 해당하지 않는 편익을 제공하는 유형이 많고 플랫폼에서 신규 암호화폐를 발행하는 경우는 오히려 예외적이라는 점에서 올바른 분류라 할 수 없다.

20 복합형 토큰을 논자에 따라서는 자산형 토큰이 채권형 토큰과 주식형 토큰 간에 서로 전환할 수 있는 토큰, 즉 전환 토큰(Convertible Token)을 의미 하는 것으로 사용하기도 한다. 또한 전통적 자금 모집방식과 ICO를 함께 또는 연이어 하는 ICO를 복합ICO(Hybrid Token Offering) d이라고 부르기도 하는 바 이는 결국 역ICO와 같은 개념이 된다.

21 위클리오늘, "가상화폐와 ICO매뉴얼, 이더리움의 법적성격 판단기준", 2018. 6. 17., http://www.weeklytoday.com/news/articleView.html?idxno=66480.

22 ICO의 자세한 절차에 대해서는 Michael R. Meadows(2018), pp. 281-284 참조.

23 주로 사업을 진행하는 데 필요한 인허가 사항이 있는지, 백서에 기재된 토큰이 증권형에 해당되는지 등이 주요 검토 사항이 된다.

24 최근에는 후술하는 IEO를 할 수도 있으므로 프로젝트 개발 단계에서 바로 거래소와 협의를 진행하기도 한다.

25 법무법인 디라이트(2018).

26 이러한 진행은 대륙법계 국가나 영미법계 국가에 공통하다.

27 천창민(2017 Ⅰ), 128면.

28 발행자가 유의해야 할 사항으로는 사실과 다른 내용이나 추측을 기재하지 않아야 하고, 규제 적용 여부와 직접적 관련이 있기 때문에 용어 사용에 신중을 기해야 한다. 예를 들어 증권형 토큰이 아닌 경우 '투자'와 같은 용어는 사용하지 말아야 한다. 법무법인 디라이트(2018).

29 법무법인 디라이트(2018).

30 지디넷코리아, "ICO 백서 이렇게 작성한다", 2018. 5. 17., https://www.zdnet.co.kr/view/?no=2018051 7155336&re=R_20180514152651. 백서의 예로는 2019. 6. 공개된 리브라 사업의 백서 https://libra.org/ en-US/wp-content/uploads/sites/23/2019/06/LibraWhitePaper_en_US. pdf 참조.

31 이는 일반인에게 공개되지 않는 기관투자나 비상장주식의 상장 전 IPO에 유사한 것으로 비공개로 진행하는 프리세일로서 최소 투자금액이 100이더 같이 높은 대신 수익률이 높은 투자방식이다.

32 이는 일반 ICO 전에 하는 사전 판매로서 1차 프리세일, 2차 프리세일 등으로 나누어진행하기도 한다. 프리세일도 일반인이 알기는 쉽지 않으나 프라이빗 세일보다는 접근성이 좋으며 프리세일로 모든 토큰을 인수시킬수 있다면 가능성이 큰 토큰이라 할 수 있다. 수익률은 프라이빗 세일보다는 못하나 일반 ICO에 비해서는 높다.

33 이는 본격적, 공개적으로 크라우드 펀딩을 받는 것으로 누구나 참여가 가능하지만 프라이빗 세일이나 프리세일보다는 수익률이 낮다. ICO를 함에 있어 발행분의 30% 내지 70%를 매각하는 것이 바람직한 바 너무 적게 매각하면 매점매석이나 가격조작의 위험이 있고 너무 많이 매각하면 투자자들은 발행자가 더 이상 토큰에 무관심해 질 것을 걱정하기 때문이다.

34 토큰포스트,"후오비, 토큰 상장 절차 간소화 시스템 출시", 2018. 8. 21., https://www.tokenpost.kr/ article-3864.

35 거래소가 토큰 상장 비용을 받는 것이 원칙은 아니나 많이 발생하고 있다. 암호화폐거래소 코팍스는 투명한 거래소 운영의 일환으로 상장 수수료 및 상장 대가의 수취를 내부 규정으로 금지하고 있다. 토큰포스트, "고팍스, 암호화폐 상장절차 · 내부규정 공개", 2018. 6. 26., https://www.tokenpost.kr/article-3157.

36 한편, 주식 거래소들은 증권 상장에 12만 5천 달러에서 30만 달러를 부과하고 10~50만 달러의 연회비를 추가로 받고 있다. 또한 거래 자문 수수료로 3~8%를 요구하므로 ICO상장에 과도한 비용이 소요되고 있다.토큰포스트, "암호화폐거래소, 토큰 상장에 수백만 달러 요구", 2018. 4. 4.,https://tokenpost.kr/ article-2103.

37 예를 들면 앱 개발사인 키크(Kik)가 사상 최초의 역ICO를 감행하였고 더루프가 선보인 '아이콘'은 스위스에서 진행한 ICO로 450억 원을,코스닥 상장사인 한빛소프트는 홍콩에서 ICO를 진행해 500억 원을, 헬스케어 웨어러블 기기제조업체 직토는 2018. 4. 블록체인 기술 기반의 보험+기술 플랫폼인 '인슈어리움 프로토콜' 구축하고, ICO에서 '인슈어리움'토큰을 발행하여 프라이빗 세일단계에서 200억 원을 각 조달하였으며 현대BS&C도 2017년 스위스에서의 ICO에서 '에이치닥(Hdac)'토큰을 발행하여 비트코인 1만 6,786개를 모았다. 매일경제, "새로운 기업 자금조달 창구 vs 주주가치 훼손...리버스 ICO를 보는 두 가지 시선", 2018. 8. 10., http://news.mk.co.kr/newsRead.php?year=2018&no=502032.

38 네트워크 효과란 일단 어떤 상품이나 서비스에 대한 수요가 형성되면 이것이 다른 사람들의 상품이나 서비스의 선택에 큰 영향을 미치는 현상을 말한다.

39 DAO(Decentralized Autonomous Organization)는 분산자율조직으로 투자자들이 암호화폐(대표적인 것

이 이더리움이다)를 출자받아 제3자가 운영하는 프로젝트에 자금을 투자하여 그로부터 생기는 수익을 투자자에게 나누어 주는 구조이다. 이더리움 창시자 Vitalik Buterin는 DAO를 "a virtual entity that has a certain set of members or shareholders which, perhaps with a 67% majority, have the right to spend the entity's funds and modify its code"라고 정의하였다. Vitalik Buterin(2017), p. 23.

40 Chrisjan Pauw, "What is a DAICO, Explained", Cointelegraph, https://cointelegraph.com/explained/what-is-a-daico-explained (2018. 2. 13. ET).

41 SAFT를 이용한 ICO 프로젝트에 대해서는 Juan Batiz-Benet et al.(2017) 참조.

42 Aron Hakin, "What is a SAFT? A crypto fundrasing method drawing regulatory scrutiny", MarketWatch,https://www.marketwatch.com/story/what-is-a-saft-a-crypto-fundraising-method-drawing-regulatory-scrutiny-2018-05-10 (2018. 5. 10. 9:50 ET).

43 Rahul Dev(2018).

44 심지어는 암호화폐가 플랫폼 내에서 단순한 이용권형 토큰(utility token)으로 사용된다고 하더라도 토큰의 매수인들은 실질적으로 투자의 목적으로 매수하므로 증권법의 규제를 받아야 한다는 주장까지 있다.

45 면제절차로 Reg D filing 이나 Reg A+filing이 사용된다. AmaZix, "Everything You Should Know Before Launching an STO in the USA", https://www.amazix.com/blog/2019-04-25-everything-you-should-know-before-launching-an-sto-in-the-usa/ (2019. 7. 1. 확인).

46 Emtseva S. S. & Morozov N. V.(2017), p. 78.

47 증권형 토큰의 법적 분석에 관하여는 천창민(2017 Ⅱ) 참조.

48 ICO와 IPO 및 크라우드 펀딩의 성격을 비교하는 내용은 기본적으로 백명훈/이규옥(2017), 84-87면 참조.

49 공모란 일반적으로 증권을 투자자에게 분산매각하는 행위를 말한다.

50 백명훈/이규옥(2017), 84면.

51 백명훈/이규옥(2017), 85면.

52 백명훈/이규옥(2017), 85면.

53 백명훈/이규옥(2017), 85면.

54 백명훈/이규옥(2017), 85면.

55 Michael R. Meadows(2018), p. 284.

56 Michael R. Meadows(2018), p. 284.

57 백명훈/이규옥(2017), 86면.

58 자본시장법에서는 증권형 크라우드 펀딩과 관련해 사업계획과 경영자에 대한 사실확인, 투자금 예치 또는 신탁과 환불, 손해배상 등 법적책임 명시와 투자자 손해배상 방안, 투자정보 및 광고 등에 대한 규제를 하고 있다. 동법 제 48조 및 117조의9, 10, 11 참조.

59 미국의 법제에 관하여는 Michael R. Meadows(2018), EU법제에 관하여는 Gutfleisch, Mag. Georg (2018) 각 참조.

60 백명훈/이규옥(2017), 86면

61 백명훈/이규옥(2017), 86면

62   백명훈/이규옥(2017), 87면

63   원종현(2018), 6면.

64   지디넷코리아, "증권형 크라우드펀딩 규제, ICO에 지침될 수 있어", 2018. 5. 23., http://www.zdnet.co.kr/
news/news_view.asp?artice_id=20180514143006.

65   小笠原(2018).

66   미국은 Howey test에 의거하고 있는데 이는 1946년 미국 대법원 판결인 SEC v. Howey Co., 328 US 293
(1946)에서 인용된 test로서 어떠한 약정이나 거래가 투자 약정에 해당하는지 여부를 확인하는 시험으로
투자계약을 증권의 한 유형으로 규정하였다. 만약 특정거래가 투자계약에 해당되면 이 거래는 증권으로
간주되고 따라서 미국 증권법 등에 따라 공개 및 등록 의무가 발생하게 된다. 미국 증권법에서는 증권에
어음, 주식, 채권, 투자계약 등과 같은 투자상품이 포함된다. 미국 와이오밍주는 2018. 3. 송금자법(Money
Transmitter Act) 및 통일 증권법(Uniform Securities Act)를 개정하여 오픈 블록체인 토큰에 동법 적용
을 면제하였다.

67   독일감독기관인 Bundesanstalt für Finanzdienstleistungsaufsicht(BaFin)는 2017. 11. 15. ICO 투자의 위
험성을 경고한 뒤를 이어 2018. 2. 27. ICO 규제 지침을 발표하고, 다른 나라의 규제 상황을 개관한 후 기
존의 규제 틀에서 규제할 수 있다는 해설을 내놓았다. 예를 들면, 토큰을 금융상품으로 평가할 수 있다면
각 기존 법률에 규정된 투자 설명서등 관련 서류의 제출의무가 생길 수 있다고 설명한다.

68   프랑스 재무부는 ICO 규제 특별법을 제정하기로 결정하고 2018. 4. 5. 법안 초안을 발표하였다. 기존 법령
의 개정이나 가이드라인 제정대신 프랑스 금융재정법(Monetary and Financial Code)에 새로운 장을 추
가하는 형식으로 발표하였다.

69   러시아 연방 의회는 2018. 5. 22. 암호화폐 산업을 규제하는 새로운 법률을 통과시켰다.

70   벨라루스 정부는 2017. 12. 이미 민간 부문의 성장을 촉진시키고 경제 자유화를 통해 외국인 투자를 유치
하기 위해 수단의 일환으로 암호화폐 거래를 합법화했다. 동법안이 통과됨에 따라 벨라루스에서 암호화폐
와 ICO 관련된 모든 거래가 합법화되었으며 향후 5년간 면세 혜택이 주어진다.

71   몰타에서는 암호화폐에 관한 3가지 법제를 완비하였다. 몰타에서의 ICO에 관하여는 Megan Frydel,
"How to launch an ICO in Malta?", https://bitemycoin.com/guides/how-to-launch-an-ico-in-
malta/ (2019. 7. 1. 확인).

72   WanHsi Yeong, "An overview of how ICOs are regulated in Singapore and other markets",
TECHINASIA, https://www.techinasia.com/talk/current-ico-regulations (2019. 7. 1. 확인).

73   A Guide to Digital Token Offerings. 동 가이드라인은 2017. 11. 14.최초로 공표되었다

74   등록의무 면제 요건은 (i) 모집금액이 500만 싱가포르달러(약 US$3,700,000) 이내일 것, (ii) 12개월 내에
50인을 넘지 않는 사모일 것 및 (iii) 일정한 조건하에서 기관투자자를 대상으로 할 것이다.

75   비영리재단에 준하여 보증공익회사(Public Companies Limited by Guarantee, CLG)를 이용한다.

76   Meyer Manuel et al.(2018).

77   The Swiss Financial Market Supervisory Authority(FINMA)는 2017. 9. 29. FINMA's Guidance를 공표
한 데 이어, 2018. 2. 16. 개정 가이드라인을 발표하였다. FINMA press release, "FINMA publishes ICO
guidelines", 2018. 2. 16., https://www.finma.ch/en/news/2018/02/20180216-mm-ico-wegleitung/
(2019. 7. 1. 확인).

78   지급형 토큰이라도 프리 세일의 경우에는 FINMA의 규제를 받으며 지급형 토큰을 스위스에서 발행하는

경우 스위스 자금세탁법이 적용된다.

79 그러나 이용권형 토큰이라 하더라도 ICO 도중에 투자자들에게 편익을 제공하는 실제적인 플랫폼이나 어플리케이션이 없는 경우 이는 프리세일로 보며, 이용권형 토큰이 어떤 형태로든 투자기능을 하는 경우에는 증권의 매도로 간주됨을 유의하여야 한다.

80 2014년 이더리움이 최초의 ICO를 할 때 스위스에서 재단을 설립한 바 있었다.

81 스위스의 Zug주는 14.6%의 법인세율을 적용하고 있는바 외국 기업은 9-10%의 저율의 법인세를 부과하여 암호화폐기업을 유치하고 있다.

82 IBK 경제연구소(2018).

83 12개월 동안 총 EUR 1,000,000 미만의 증권을 판매(offer)하는 경우와 적격투자자만(Qualified investor)을 대상으로 증권을 판매하는 경우에는 투자설명서 작성이 면제된다.

84 STA Law Firm, "Malta: ICOs And ICO Regulations In Malta", Mondaq, http://www.mondaq.com/x/800132/fin+tech/ICOs+And+ICO+Regulations+In+Malta (2019. 2. 25. ET).

85 그러나 유사수신행위규제법상 유사수신행위란 장래에 출자금의 전액 또는 이를 초과하는 금액을 지급할 것을 약정하고 출자금을 받는 행위를 말하는데(제2조 제1호) ICO상의 토큰 발행자가 ICO투자자의 출자금 반환을 보장하지 않는 한 토큰 발행을 통한 자금 모집 행위가 유사수신행위가 된다고 볼 수 없고 방문판매법상 방문판매 또는 전자상거래법상 통신판매의 대상인 재화에 토큰이 포함된다 가정하더라도 토큰 발행자는 자신의 토큰을 판매하는 것이므로 타인의 재화를 판매하는 방문판매업자나 통신판매업자라 할 수 없어 그 적용이 없다.

86 한국정부는 앞서 본 바와 같이 일반 공모방식의 ICO는 원칙적으로 금지하나 일정 기관투자자 등을 대상으로 하는 사모방식의 ICO는 허용한다고 밝힌 바 있다.

87 2018. 5.말 '국회 4차 산업혁명 특별위원회'가 발표했던 결과 보고서를 토대로 ICO 허용 등 암호화폐 거래를 법률로 가능하게 하려는 법안이 발의되고 있다. 신용우(2018).

88 동법은 "금융투자상품"을 "이익을 얻거나 손실을 회피할 목적으로 현재 또는 장래의 특정 시점에 금전, 그 밖의 재산적 가치가 있는 것을 지급하기로 약정함으로써 취득하는 권리로서, 투자성이 있는 것, 즉 그 권리를 취득하기 위하여 지급하였거나 지급하여야 할 금전 등의 총액이 그 권리로부터 회수하였거나 회수할 수 있는 금전 등의 총액을 초과하게 될 위험이 있는 것"이라 정의한다.

89 "증권"이란 금융투자상품 중 "투자자가 취득과 동시에 지급한 금전등 외에 어떠한 명목으로든지 추가로 지급의무를 부담하지 아니하는 것"을 말하고 (i) 채무증권, (ii) 지분증권, (iii) 수익증권, (iv) 투자계약증권, (v) 파생결합증권, (vi) 증권예탁증권으로 구분된다(동법 제4조).

90 "파생상품"이란 상품의 가치가 기초자산을 바탕으로 결정되는 금융투자상품을 말한다(동법 제5조).

91 동법 제3조 참조.

92 토큰은 기초자산의 가격에 따라 가치가 결정된다고 보기 위한 기초자산이 따로 존재하지 않기 때문에 파생상품에 해당한다고 볼 수 없다. 정경영/백명훈(2017 Ⅰ), 122면.

93 금융위원회 e-금융민원센터, "투자계약증권의 성격에 대한 질의", http://www.fcsc.kr/C/fu_c_01_02_02.jsp?answer_seq=3931 (2014. 3. 16. ET).

94 ICO로 발행한 토큰이 증권에 해당된다면 자본시장법상 증권 모집 규정위반으로 동법 소정의 과징금, 과태료 부과 또는 형사처벌을 받을 수 있다(동법 제119조, 제429조 제1항 제1호 및 제2호, 제444조 제12호 및 제13호, 제446조 제20호, 제22호, 제23호 및 제24호, 제449조 제1항 제36호 참조). 그러나 ICO를 한다

고 하여 동법상 금융투자업 인가를 받아야 하는 것은 아니다.

95 ICO가 프리세일 단계에서 종료하는 경우에는 자본시장법상 사모방식에 관한 규정을 준용하여 진행할 수 있다. 일례로 법 제117조의10은 '온라인소액투자중개의 방법으로 같은 법 시행령 제118조의15에서 정하는 금액 이하의 증권을 모집하는 경우'에는 온라인소액증권발행인에게 증권신고서 제출의무(동법 제119조)를 면제하도록 함으로써 일반 공모규제에 비하여 완화된 요건을 적용하고 있다. 백명훈/이규옥(2017), 87면.

96 성희활(2018 Ⅰ), 69면.

97 동법 제2조 제1호 참조.

98 동법 제2조 제15호는 "전자화폐"라 함은 이전 가능한 금전적 가치가 전자적 방법으로 저장되어 발행된 증표 또는 그 증표에 관한 정보로서 (i) 일정한 기준 이상의 지역 및 가맹점에서 이용될 것, (i) 발행인 외의 제3자로부터 재화 또는 용역을 구입하고 그 대가를 지급하는데 사용될 것, (iii) 구입할 수 있는 재화 또는 용역의 범위가 5개 이상으로서 일정한 업종 수 이상일 것, (iv) 현금 또는 예금과 동일한 가치로 교환되어 발행될 것 및 (v) 발행자에 의하여 현금 또는 예금으로 교환이 보장될 것의 요건을 모두 갖춘 것을 말한다고 정의한다.

99 동법 제2조 제14호는 "선불전자지급수단"이라 함은 이전 가능한 금전적 가치가 전자적 방법으로 저장되어 발행된 증표 또는 그 증표에 관한 정보로서 (i) 발행인 외의 제3자로부터 재화 또는 용역을 구입하고 그 대가를 지급하는데 사용될 것과 (ii) 구입할 수 있는 재화 또는 용역의 범위가 2개 업종 이상일 것의 요건을 모두 갖춘 것을 말한다. 다만, 전자화폐를 제외한다고 정의한다.

100 ICO와 관련된 해외직접투자신고는 외국환은행에서 사실상 신고를 받아주지 않고 반려하고 있다고 하는 바 그 법적 근거가 무엇인지는 명확하지 않다.

101 동법 제5조의2 참조.

102 동법 제4조 및 제5조 참조.

103 동 가이드라인은 2018. 6. (i) 취급업소의 '비집금계좌'에 대한 금융회사의 모니터링 강화, (ii) 해외 가상통화 취급업소의 목록도 금융회사 간에 공유, (iii) 금융회사가 취급업소에 대한 거래를 거절할 경우, 거절 시점을 명시하고 거절 사유를 추가하는 것으로 개정되었다.

104 동법 제2조 참조.

105 원종현(2018), 6면.

106 암호화폐거래소에 대한 규제 중심의 대책으로는 박재성(2018), 8-9면 및 성희활(2018 Ⅰ),, 82-95면 각 참조.

107 한국블록체인협회, "한국블록체인협회 자율규제안"(2018. 4. 17. 발표).

108 일본에서는 민간 기업이 중심이 된 ICO ビジネス研究会에서 2018. 4. 5. ICO에 관한 원칙과 가이드라인을 제정한 바 있다. 多摩大学 ルール形成戦略研究所(2018), "ICO ビジネス研究会提言レポ_",https://www.tama.ac.jp/crs/2018_ico_ja.pdf (2019. 7. 1. 확인). 이 가이드라인을 국내에 소개한 논문으로는 성희활(2018 Ⅰ), 77-78면.

109 권오훈(2018).

110 ICO의 투자자보호 방안에 대해서는 기본적으로 원종현(2018)를 참조.

111 원종현(2018), 11면.

제**3**장

블록체인의 개별적 법률 문제

{ 블록체인과 프라이버시 }

유영무

Ⅰ. 서론

　　최근 암호화폐 열풍에 힘입어 블록체인blockchain이라는 신기술이 큰 주목을 받았다. 블록체인은 탈중앙화decentralization 및 검열 저항성 censorship resistance을 본질적 특성으로 갖는다. 즉, 중앙화된centralized 서버나 관리자가 없어 사전 검열이 어렵고 일단 기록된 정보는 임의로 삭제할 수 없다.[1] 이러한 점에서 블록체인은 데이터 독점 시대의 적절한 대안으로 평가되며, 나아가 초연결사회hyper-connected society의 기반 기술로 활용될 수 있다.[2]

　　블록체인은 대개 퍼블릭public 블록체인과 프라이빗private 블록체인의 2가지 유형으로 분류된다. 여기에 컨소시엄consortium 블록체인을 추가하여 3개 유형으로 나누거나,[3] 읽기public/private와 쓰기permissionless/permissioned 각 권한의 조합에 따라 4가지 블록체인으로 구분할 수도 있다.[4] 프라이버시 규제 이슈는 public · permissionless 블록체인에서 주로 문제될 것이므로, 본 절에서는 부연 설명이 없는 한 이를 전제로 논의하겠다.

Ⅱ. 블록체인과 프라이버시 간의 충돌

1. 개 요

블록체인은 '변경할 수 없는' 분산 장부이다. 반면, 각 개인정보의 정보주체는 이른바 삭제권right to erasure 내지 잊힐 권리right to be forgotten를 갖는다. 블록체인을 활용하는 여러 형태의 서비스(이하 '블록체인 서비스'라 함)에서 개인정보를 처리하기 위해서는 당연하게도 해당 국가의 프라이버시 규제를 따라야 한다. 프라이버시 규제는 수집된 개인정보가 목적 달성 또는 정보주체의 요구 등에 따라 '파기 · 삭제될 수 있음'을 전제로 구성되었다. 따라서 블록체인과 프라이버시 규제 간의 충돌은 피할 수 없어 보인다.[5]

2. 프라이버시 규제

유럽연합EU의 일반 개인정보 보호법General Data Protection Regulation(이하 'GDPR'이라 함)은 개인정보 처리 관련 원칙principles relating to processing of personal data 7가지를 제시하였다.[6] 그 중 블록체인의 프라이버시 이슈와 밀접한 것으로는, (ⅰ) 데이터 최소화의 원칙data minimisation(개인정보는 적절하고 관련성 있으며 처리 목적에 관하여 필요한 것으로 제한되어야 함), (ⅱ) 저장 제한의 원칙storage limitation(개인정보는 처리되는 목적에 필요한 기간 동안만 정보주체를 식별할 수 있는 형태로 보유되어야 함)이 있다.[7]

나아가 GDPR은 삭제권('잊힐 권리')을 규정한다. 즉, 정보주체data subject는 컨트롤러controller에게 부당한 지체 없이 본인에 관한 개인정보를 삭제하도록 하는 권리를 가지며, 컨트롤러는 (ⅰ) 개인정보가 수집 또는 처리된 목적과 관련하여 더이상 필요치 않은 경우, (ⅱ) 정보주체가 동의를 철회한 경우 및 처리의 다른 법적 근거가 없는 경우 등에는 부당한 지체 없이 개인정보를 삭제할 의무를 진다.[8]

한편, 우리 헌법재판소는 개인정보 자기결정권을 "자신에 관한 정보가 언제 누구에게 어느 범위까지 알려지고 또 이용되도록 할 것인지를 그 정보주체가 스스로 결정할 수 있는 권리" 내지 "정보주체가 개인정보의 공개와 이용에 관하여 스스로 결정할 권리"라고 정의하고, "개인정보 자기결정권을 헌법상 기본권으로 승인하는 것은 현대의 정보통신기술의 발달에 내재된 위험성으로부터 개인정보를 보호함으로써 궁극적으로는 개인의 결정의 자유를 보호하고, 나아가 자유민주체제의 근간이 총체적으로 훼손될 가능성을 차단하기 위하여 필요한 최소한의 헌법적 보장장치"라고 판시했다.[9] 그리고 이 개인정보 자기결정권을 바탕으로, 개인정보 보호법(이하 '개인정보 보호법'이라 함)은 개인정보의 정정·삭제 요구권, 처리정지 요구권 등을 규정하였다.[10]

3. 소결

GDPR은 식별된 또는 '식별가능한'identifiable 자연인에 관련된 일체의 정보를 개인정보라고 정의하면서, 식별가능한 자연인이란 특히 이름, 식별번호, 위치정보, 온라인 식별자 또는 그 자연인의 신체적, 심리적, 유전적, 정신적, 경제적, 문화적 또는 사회적 정체성에 하나 이상의 요소를 참조함으로서 직접적 또는 간접적으로 식별될 수 있는 자라고 하였다.[11]

우리 개인정보 보호법은 살아 있는 개인에 관한 정보로서 성명, 주민등록번호 및 영상 등을 통하여 개인을 알아볼 수 있는 정보 외에도 '해당 정보만으로는 특정 개인을 알아볼 수 없더라도 다른 정보와 쉽게 결합하여 알아볼 수 있는 것'을 개인정보의 범주에 포함시킨다.[12] GDPR과 개인정보 보호법이 각 규정한 개인정보의 정의는 상당히 유사한 것으로 볼 수 있다.[13]

이렇게 프라이버시 규제의 적용을 받아야 하는 개인정보의 범위는 고정되어 있지 않으며 오히려 첨단기술의 발전에 따라 확대되는 추세에 있으므로,[14] 블록체인 서비스를 운영하려는 개인이나 회사는 프라이버시 규제 준수에 더욱 각별한 주의를 기울여야 한다. 그런데 일단 저장된 데이터의 불변성은 블록체인이 지닌 속성이므로, 블록체인 내에 담긴 개인정보의 정보주체가 삭제권을 행사하려는 때에 누가 삭제 의무를 지며 어떻게 삭제할 것인지가 문제된다. 이하 목차를 바꾸어 GDPR의 삭제권 관련 조항을 중심으로 블록체인과 프라이버시 규제의 충돌을 구체적으로 살피고, 우리의 개인정보 보호 법제와 비교해 보겠다.

1. 블록체인과 GDPR의 해석

(1) 누가 컨트롤러인가?

GDPR에는 3가지 형태의 행위자actor가 등장한다. 정보주체data subject, 컨트롤러controller, 관리자, 프로세서processor, 처리자가 그것이다. GDPR의 적용을 검토하는 경우, 무엇보다 '컨트롤러'가 누구인지 특정할 수 있어야 한다. 그런데 블록체인 세계에서는 컨트롤러를 특정하는 작업이 쉽지 않을 때가 많다.[15]

GDPR의 컨트롤러란 단독으로 또는 타인과 공동으로 개인정보 처리의 목적과 수단the purposes and means을 결정하는 자연인 또는 법인, 공공기관, 에이전시, 기타 기구를 뜻한다.[16] 여기서 컨트롤러는 개인정보 보호법의 위탁자 개념과 유사하나 일정한 차이가 존재한다. 위탁자는 보통 직접 수집한 개인정보를 수탁자에게 제공하지만, 컨트롤러는 개인정보 처리의 목적과 수단을 정하면 되고 스스로 개인정보를 수집하여 프로세서에서 제공할 필요가 없다.[17]

블록체인이 아닌 종래의 중앙화된 데이터베이스 모델에서는 누가 컨트롤러인지, 즉 개인정보 처리의 목적과 수단을 누가 결정하는지 특정하기는 대체로 수월한 편이다. 나아가 private · permissioned 블록체인의 경우에도, 이와 유사한 접근법을 택하는 것이 나름 적합하다.[18] 예컨대 프랑스 CNIL정보자유국가위원회의 권고에 따르면, 블록체인 컨소시엄은 프로젝트 내에서 가능한 신속하게 컨트롤러를 특정해야 한다.[19]

반면, public · permissionless 블록체인에서는 과연 어떻게 컨트롤러를 특정할 수 있을지 간단치 않다. EU Blockchain Observatory and Forum의 Blockchain and the GDPR(이하 'EU 블록체인 보고서'라 함) 18면은 public · permissionless 블록체인의 컨트롤러 특정에 관한 일반적인 견해를 요약하였는데, 그 주요 내용을 표로 정리하면 다음과 같다.

〈표 1〉 블록체인에 관여하는 여러 행위자와 컨트롤러 해당 여부

행위자	컨트롤러 해당 여부
프로토콜 개발자 (protocol developer)	컨트롤러로 취급되지 않는다. 프로토콜 개발자는 단지 유용한 도구를 만들었을 뿐, 해당 도구가 어떻게 사용되어야 할지 규정하지는 않았다.
검증 노드 또는 참여 노드 (validating node or participating node)	노드는 개인정보 처리의 목적과 수단을 결정하지 않는다고 주장하면서 컨트롤러가 아니라는 견해가 있으나, 소프트웨어를 내려 받아 실행하는 행동을 통해 노드는 실제로 개인정보 처리의 목적과 수단을 결정한 것이라는 반론도 있다.
네트워크 유저 (network user)	네트워크 유저는 노드를 통해 블록체인 네트워크에 서명(sign)을 하고 거래를 제출(submit transaction)한다. 만약 비즈니스 행동의 일환으로 블록체인 장부에 개인정보를 제출하는 경우라면, 컨트롤러로 간주될 가능성이 가장 크다. 그러나 만약 암호 자산을 사고 파는 것처럼 개인적 사용을 위해 '자기 자신의' 개인정보를 제출하는 경우에는, 가사 활동으로서 GDPR 적용 면제(household exemption)에 해당할 수 있으며, 컨트롤러로 여겨지지 않을 것이다.
스마트 컨트랙트 발행자 (publisher of smart contract)	스마트 컨트랙트는 네트워크 유저가 호출(call)했을 때만 실행(execute)되므로, 이것이 발행자에 의하여 운영(operate)되는 것으로 볼지, 아니면 호출하는 네트워크 유저에 의하여 운영된다고 볼지, 또는 양자 모두에 의하여 운영된다고 볼지 다툼이 생긴다.

이러한 논쟁은 아직 데이터 보호 당국인 EDPB(EU 개인정보 보호위원회) 또는 법정에서 결론적으로 해결되지는 않았다.[20] 결국 현재로서는 각 블록체인 서비스가 갖는 모델에 따라 개별 사안별로 case-by-case 판단할 수밖에 없으며, 충분한 검토를 거치더라도 결국 컨트롤러가 누구인지 특정하지 못하는 사례가 많을 것으로 예상된다.

(2) 삭제란 무엇을 의미하는가?

블록체인 서비스에서 누가 컨트롤러인지 특정하더라도 더 큰 문제가 남아 있다. 블록체인은 데이터를 오직 추가하도록 append-only 구성되었으므로, GDPR의 삭제 erasure를 기술적으로 구현할 수 있는지, 그렇다면 삭제가 정확히 무엇을 의미하는지를 따져야 한다.

GDPR이 정보주체의 삭제권을 정하였음은 앞서 II. 2. 단락에서 본 바와 같으며, 컨트롤러가 개인정보를 공개하였고 해당 개인정보를 삭제할 의무가 있는 경우, 가용 기술과 시행 비용을 참작하여 taking account of available technology and the cost of implementation 개인정보를 처리하는 컨트롤러에게 정보주체가 해당 개인정보에 대한

링크, 사본 또는 복제본의 삭제를 요청하였음을 통지하기 위한 기술적 조치를 포함한 합리적인 조치를 취해야 한다.[21]

참고로, 처리의 보안security of processing 조항은 컨트롤러와 프로세서에게 기술적 수준과 이행 비용을 참작하여taking into account the state of the art, the costs of implementation 적절한 기술적 · 관리적 조치appropriate technical and organizational measures를 이행할 의무를 부여하였다.[22] 이때 GDPR은 기술적 · 관리적 조치를 언급하면서도 그 구체적인 기준이 무엇인지를 따로 정하지는 않았다는 특색이 있다.[23]

2. 블록체인과 개인정보 보호법의 해석

(1) 누가 개인정보처리자인가?

개인정보 보호법은 업무를 목적으로 개인정보파일을 운용하기 위하여 스스로 또는 다른 사람을 통하여 개인정보를 처리하는 공공기관, 법인, 단체 및 개인 등을 개인정보처리자라고 정의하며,[24] 여기서 개인정보파일은 개인정보를 쉽게 검색할 수 있도록 일정한 규칙에 따라 체계적으로 배열하거나 구성한 개인정보의 집합물을 말한다.[25] 개인정보처리자의 요건 중 업무란 직업상 또는 사회생활상의 지위에 기하여 계속적으로 종사하는 사무나 사업의 일체를 의미하며, 개인적 활동 내지 가사 활동을 위하여 개인정보를 수집 · 이용하는 자는 개인정보처리자가 되지 않는다.[26]

이러한 개인정보처리자를 비롯해 위치정보의 보호 및 이용 등에 관한 법률의 위치정보사업자, 정보통신망 이용촉진 및 정보보호 등에 관한 법률(이하 정보통신망법이라 함)정보통신망법의 정보통신서비스 제공자Internet Service Provider(이하 'ISP'라 함) 등의 개념은 전통적인 중앙화된 데이터베이스 모델을 전제로 만들어졌다. 즉, public · permissionless 블록체인과 같이 누구나 데이터를 보관 · 추가할 수 있고 네트워크 소유자나 가입 · 등록 절차가 없는, 탈중앙화된 데이터베이스 모델에는 위 개념이 어울리지 않는다. 따라서 public · permissionless 블록체인에서 누가 개인정보처리자 등인지 특정하는 일은 쉽지 않으며, 대개 앞의 III. 1. (1) 단락과 유사한 결론에 도달할 것이다.

(2) 삭제란 무엇을 의미하는가?

GDPR에서의 논의와 비슷하게, 누가 개인정보처리자인지 특정되어도 우리 프라이버시 규제가 요구하는 진정한 의미의 삭제가 가능할지는 여전히 고민스럽다. 예를 들어, 개인정보 보호법은 개인정보를 삭제할 때에는 '복구 또는 재생되지 아니하도록' 조치하여야 한다고 규정하였다.[27] 정보통신망법에서도 이용자는 언제든지 개인정보 수집·이용·제공 등의 동의를 철회할 수 있고, 이용자가 동의를 철회할 경우 ISP는 지체 없이 수집된 개인정보를 '복구·재생할 수 없도록' 파기하는 등 필요한 조치를 해야 한다.[28] 이처럼 우리 개인정보 보호 법제는 복구·재생이 불가능해야 한다고 명시하였다는 점에서, 삭제의 의미를 정확히 지정하지 않은 GDPR과 다르다.

 ## Ⅳ. 블록체인과 권리침해정보 삭제·임시조치

1. 개요

블록체인의 무결성은 전형적인 개인정보 보호 외에도 타인의 사생활을 침해하거나 명예를 훼손하는 정보의 유통과도 충돌한다. 예컨대 블록체인 기반 SNS인 스팀잇steemit과 같은 공간에서 어려움이 발생할 수 있다. 스팀잇은 이른바 토큰 이코노미token economy를 도입한 대표적인 SNS로서, 사용자의 활동에 대하여 자체 암호화폐인 스팀STEEM, 스팀파워SP, 스팀달러SMD를 보상으로 지급한다.[29]

그런데 스팀잇은 게시물을 작성하고 7일이 지난 후에는 더 이상 수정·삭제가 불가능하도록 설계되어 있다.[30] 따라서 스팀잇과 같은 블록체인 기반 SNS의 게시물에 사생활 침해, 명예훼손 등 정보가 게재된 경우 정보통신망법의 제 규정을 따를 수 있을지 문제된다.

2. 정보통신망법상 사생활 보호 조치

정보통신망법은 "이용자는 사생활 침해 또는 명예훼손 등 타인의 권리를 침해하는 정보를 정보통신망에 유통시켜서는 아니 된다"라고 규정하면서, ISP에게 자신이 운영·관리하는 정보통신망에 타인의 권리를 침해하는 정보(이하 '권리침해정보'라 함)가 유통되지 아니하도록 노력하여야 할 의무를 부과하였다.[31] 이때 이러한 의무는 이른바 선언적宣言的 규정으로서 그 자체로는 법률상 의무를 발생시키지 않는다고 한다.[32]

정보통신망법에 따르면 사생활 침해 등 권리의 침해를 받은 자는 ISP에게 침해사실을 소명하여 정보의 삭제 또는 반박내용의 게재를 요청할 수 있으며, 이러한 요청을 받은 ISP는 지체 없이 삭제·임시조치 등 필요한 조치를 해야 한다.[33] ISP는 이러한 삭제요청을 판단하기 어렵거나 이해당사자 간에 다툼이 예상되는 경우 30일 이내의 임시조치를 할 수 있고, 삭제·임시조치 등 필요한 조치를 하면 배상책임을 감경 또는 면제받을 수 있다.[34]

참고로, 여기서 '타인의 권리'의 범위를 어떻게 볼지 해석상 다툼의 소지가 있다. 이에 대하여 사생활 침해나 명예훼손과 같은 인격권에 국한하는 견해(제한설)와 인격권 외에 재산권도 포함시키자는 견해(무제한설)이 대립한다고 한다.[35] 문언文言 및 체계만 놓고 보면 '타인의 권리'를 인격권에 국한해야 할 논리적 이유를 찾기 어려우나, 대법원[36]이 지적한 바와 같이 타인의 모든 권리까지 포함시키면 ISP에게 지나치게 과중한 부담을 지운다는 큰 문제가 생긴다. 결국 타인의 권리는 좁게 해석하되(제한설), 개별적·구체적 사안에 따라 ISP의 책임을 부여하는 게 적절하다.

3. 소결

국내의 주요 ISP, 예컨대 네이버, 카카오 등은 게시중단 요청 서비스(naver.com)나 권리침해 신고(daum.net)와 같은 공간을 마련해 정보통신망법의 제 규정을 반영하였다. 반면, 스팀잇 등 블록체인 기반 SNS에서는 누가 어떻게 삭제나 임시조치를 취할 수 있을지, 앞서 본 개인정보 삭제의 경우와 마찬가지의 논쟁에 도달할 수밖에 없다.

V. 결론 - 가능한 대안

먼저 개인정보 자체를 삭제하기보다는 블록체인에 저장된 개인정보에 접근하지 못하게 만든 대안이 가능하다. 예를 들어 암호키를 파괴하는 대체적 수단을 사용하거나[37] 기술적 조치로 내용을 확인할 수 없게 하면 삭제라고 간주할 수도 있다.[38] GDPR은 '삭제'의 의미를 정확하게 정의하지 않았고, 개인정보 삭제 시 '가용 기술과 시행 비용을 참작하도록' 하였다는 점에서 적용의 여지는 있다.[39] 반면, 복구나 재생이 불가능하게 삭제해야 한다고 정한 우리 개인정보 보호 법제에서는 입법적 보완이 필요해 보인다.

블록체인과 프라이버시 규제의 공존을 꾀할 수 있는 두번째 대안으로서, 되도록이면 블록체인에 개인정보를 저장하지 않는 수단도 가능하다. 즉, 개인정보 자체는 블록체인 밖off-chain에 저장하고, 특정한 개인정보가 어디에 존재한다는 불변의 증거immutable proofs만을 블록체인에 남기는 식이다.[40] 현실의 프라이버시 규제를 나름대로 준수할 수 있다는 장점을 갖지만, 블록체인이 추구하려는 탈중앙화 효과를 반감시키게 된다.

위 두 가지 대안을 두고 근본적인 해결책이라 하기는 어려울 수 있다. 어쩌면 블록체인과 프라이버시 규제는 서로 맞선 채 평행선을 달릴 것만 같다. 그러나 프라이버시 규제의 컴플라이언스compliance, 준수는 '기술 자체'에 관한 것이 아니라, '기술을 어떻게 사용하느냐'에 관한 것이다.[41] 이에 EU 블록체인 보고서는 개인정보를 체인 밖에 저장하거나 불가피하다면 private · permissioned 블록체인에 저장하라고 권고하였다.[42] 이러한 관점에서, 우선은 GDPR이나 개인정보 보호법 등을 준수하는 블록체인 사용 사례를 만들어 가는 게 적절하다고 생각한다. 물론 블록체인이라는 신기술이 우리 사회에 새로운 혁신을 이끌어 낼 수 있도록 규제의 개선 역시 고민해야 하겠다.

"블록체인과 프라이버시"에 대해 더 알고 싶다면

1   김열매(2018), 70면.

2   김열매(2018), 3면.

3   김열매(2018), 23-25면.

4   다니엘 드레셔(2018), 269-271면.

5   블록체인의 프라이버시 규제 이슈는 '파기·삭제'에 국한되지 않는다. 다만, 가장 중요한 쟁점이라고 생각하므로 본 절에서는 이를 중심으로 다루겠다.

6   GDPR 제5조 제1항 참조.

7   Michele Finck(2018), p. 170.

8   GDPR 제17조 제1항 참조.

9   헌재 2005. 5. 26. 99헌마513, 2004헌마190(병합).

10 동법 제36조 및 제37조 참조. 우리 개인정보 보호 법제는 개인정보 보호법을 일반법으로 하면서도, 신용정보의 이용 및 보호에 관한 법률, 위치정보의 보호 및 이용 등에 관한 법률, 정보통신망 이용촉진 및 정보보호 등에 관한 법률 등 여러 개인정보 관련 특별법을 갖고 있다. 본 절에서는 논의상 편의를 위해 일반법인 개인정보 보호법을 기준으로 설명하겠다.

11 GDPR 제4조 제1항 참조.

12 동법 제2조 제1호 참조.

13 함인선(2018), 199면.

14 온주 개인정보 보호법 제2조 (2016. 7. 11.).

15 EU Blockchain Observatory and Forum(2018), p. 11.

16 GDPR 제4조 제7항 참조.

17 한국인터넷진흥원(2018), 27면.

18 EU Blockchain Observatory and Forum(2018), p. 17.

19 EU Blockchain Observatory and Forum(2018), p. 17.

20 EU Blockchain Observatory and Forum(2018), pp. 17-18.

21 GDPR 제17조 제1항 및 제2항 참조.

22   GDPR 제32조 제1항 참조.

23   박상철(2016), 308면. 같은 문헌은 우리 개인정보 보호법은 EU법을 계수하였음에도, 기술적 · 관리적 조
        치에 관하여 하위 법령에서 상세한 기준을 정하였다는 차이가 있다고 한다.

24   동법 제2조 제5호 참조.

25   동법 제2조 제4호 참조.

26   행정자치부(2016), 16면.

27   동법 제36조 제2항 참조.

28   동법 제30조 제1항 및 제3항 참조.

29   김지훈(2018), 2-4면.

30   김지훈(2018), 7면.

31   동법 제44조 제1항 및 제2항 참조.

32   서울고등법원 2010. 5. 10.자 2009라1941 결정.

33   동법 제44조의2 제1항 및 제2항 참조.

34   동법 제44조의2 제4항 및 제6항 참조.

35   오병철(2016), 188-189면.

36   정보통신서비스 이용자 수의 증가와 함께 정보통신망에서 유통되는 정보의 영향력이 매우 커지고 있고,
        이에 따라 개인정보의 침해나 각종 명예훼손성 정보의 유통 등으로 인한 사회적 피해도 커지고 있음을 고
        려하여 이에 대처한다는 취지에서 입법된 것으로서, (중략) 위 규정 중 "등 타인의 권리"라는 문언에 집착
        하여 이를 제한 없이 '타인의 모든 권리'라고 해석할 경우에는 과연 위 조문이 의미하는 "타인의 권리를 침
        해하는 정보"의 범위가 어디까지인지 매우 불명확하게 되고, 그 결과 이렇듯 불명확한 정보의 유통을 방지
        하기 위하여 정보통신서비스제공자가 어느 정도의 노력을 기울여야 하는지 또한 모호하게 되어 정보통신
        서비스제공자에게 지나치게 과중한 부담을 지우게 된다. 이런 점을 고려할 때, 위 법 제44조 제1항의 "사
        생활 침해 또는 명예훼손 등 타인의 권리를 침해하는 정보"는 '사생활을 침해하는 정보'나 '명예를 훼손하
        는 정보' 및 '이에 준하는 타인의 권리를 침해하는 정보'만을 의미할 뿐, 거기에서 더 나아가 '타인의 상표
        권을 침해하는 정보'까지 포함하지는 않는다고 보는 것이 합리적이다(대법원 2012. 12. 4.자 2010마817
        결정).

37   Michele Finck(2018), p. 172.

38   김혜리/홍승필(2018), 90면.

39   GDPR 제17조 제2항 참조.

40   EU Blockchain Observatory and Forum(2018), p. 29.

41   EU Blockchain Observatory and Forum(2018), p. 16. 같은 문헌은, GDPR을 준수하는 인터넷이나
        GDPR을 준수하는 AI 알고리즘이 존재하지 않는 것과 같다고 한다.

42   EU Blockchain Observatory and Forum(2018), p. 30.

{ 블록체인과 데이터 관리 }

본 절은 인권과 정의 제483호에 발표한 "블록체인과 개인데이터법제에 관한 소고"를 수정한 것이다

{ 블록체인과 데이터 관리 }

제**10**절

박진아

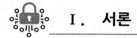

I . 서론

　　데이터가 경제의 중심이 되는 4차 산업혁명시대[1]에 진입하면서, 사물인터넷기기의 보급과 인공지능의 진화 등으로 다양하고 많은 양의 데이터를 효율적이고 효과적으로 수집 · 공유 · 분석 · 활용할 수 있게 됨에 따라 데이터를 활용하여 신규 서비스를 창출하고, 생산 활동의 고도화 · 효율화와 함께 국민생활의 안전성과 편의성을 향상시키는 것이 가능해지고 있다.

　　그러나 데이터 속에는 거의 필연적으로 개인데이터가 포함되어 있고, 이용자가 자신의 개인데이터 수집 및 사용 방법에 대하여 통제권을 상실하면서 광범위한 데이터 침해가 일어나도 아무런 통제도 할 수 없는 상황이 될 위험이 있다. 이에 인터넷 서비스 제공자를 신뢰하기 어려우며 데이터주체의 개인정보 자기결정권에 심각한 위협을 초래하는 상황에서, 이용자와 인터넷 서비스 제공자간 데이터 이용에 대한 이익공유가 불균등한 상황이 전개되고 있다. 아울러 현재와 같이 인터넷 서비스 제공자가 개인데이터를 중앙집중적으로 관리하는 모델에서는 대기업과 중소기업 간에 데이터 소유와 활용에 있어서도 부익부 빈익빈 현상이 나타나고 있어서 데이터의 집중 및 시장 지배력 문제가 있다.[2]

　　특히 우리나라에는 강력한 개인정보 보호법 등 데이터 활용을 저해하는 법제와 이를 보완하는 시스템의 부족으로 데이터의 활용이 기업 내부 또는 기업 그룹에 그치는 경우가 많아서 창의적인 아이디어를 가진 중소벤처들이 데이터를 활용하여 사업을 전개하는 데 어려움이 많다.

이에 데이터가 핵심 동력인 제4차 산업혁명의 시대에 데이터 활용의 큰 걸림돌로 지적되는 기업주도의 데이터 관리 구조와 개인정보 보호 법제도를 변혁하여 개인주도의 데이터 유통구조를 구축할 필요성이 커지고 있으며, 이러한 필요성에 부응할 수 있는 기술로 블록체인기술이 부각되고 있다. 그러나 블록체인관련 기술, 아키텍처 및 네트워크 서비스 방식은 아직 계속 발전 중이며 확장성 등 기술적 한계도 극복하고 있지 못한 약점이 있는 것도 사실이다.[3]

본 절에서는 블록체인에 의한 개인데이터의 개인주도 관리와 이를 둘러싼 법제도 현황을 중심으로 논의한 후 블록체인 기술을 활용하여 개인데이터를 보호하면서 유통 활성화를 기하는데 필요한 데이터법제의 개선방안을 모색해 볼 것이다. 구체적 논의 순서로 첫째 블록체인기술을 이용한 개인정보의 개인주도관리에서 블록체인의 기본개념과 최근 기술 동향과 활용 사례를 살펴본 후(II), 둘째 블록체인과 개인데이터권 관련 입법에 대한 제외국의 동향에서는 헌법, 개인정보 보호법, 지적재산권에 의한 보호를 중심으로 살펴보고(III), 셋째 블록체인과 개인데이터권 관련 입법의 개선방향에서는 개인데이터의 개인주도관리에 관한 입법, 블록체인과 데이터 프라이버시권의 변용, 사이버물권으로의 데이터권을 중심으로 다룰 것이다(IV).

 II. 블록체인과 개인데이터의 개인주도적 관리

1. 데이터의 개인주도적 관리에 관한 세계적 동향

4차 산업혁명 시대에는 기술의 발전에 힘입어 사업자가 소비자의 개인데이터를 활용함에 있어 어떻게 개인데이터를 보호할 것인가의 문제를 넘어 개인데이터의 주체가 개인데이터를 통제, 관리할 수 있고 사업자의 개인데이터 활용에 적극적으로 관여할 수 있도록 하는 형태로 접근하고 있다. 세계 주요국에서는 특히 데이터의 활용 증진을 위하여 국가 또는 민간의 주도이든 상관없이 개인데이터 스토어Personal Data Store, PDS 또는 개인데이터 서비스와 같이 개인이 주도하여 개인데이터를 안전하고 구조화된 방식으로 저장, 관리 및 배포할 수 있도록 하는 서비스를 시도하고 있다.[4]

미국은 공공과 민간 부문이 보유한 데이터를 재이용하기 쉬운 형태로 본인에게 돌려주고 본인 참여 하에 데이터 활용을 확대하기 위한 MyData사업을 시행하고 있다. MyData는 개인이 기업으로부터 자기 데이터를 전자형식으로 직접 내려받아 이용하거나 제3자 제공을 허용하는 방식으로 데이터 활용체계를 데이터주체 중심으로 전환하여 개인데이터 보호와 활용이 양립가능하도록 하고 있다. 마이데이터 사례로 에너지 분야의 그린버튼Green Button[5] 및 의료 분야의 블루버튼Blue Button,[6] 교육 분야 마이스튜던트버튼,[7] 태양광(오렌지버튼) 등이 있다.

영국의 2011년 정부 주도로 'Better Choice, Better Deals' 정책의 일환인 "마이데이터midata정책"에 따르면 개별 개인은 기업이 보유하는 개인의 마이데이터를 전자 형식으로 취득할 수 있고 취득한 마이데이터를 제3자에게 제공할 수 있다.[8] 2013년 기업규제개혁법에 의하여 금융, 에너지, 모바일 분야에서 소비자 데이터 제공을 의무화하고 제공 방식 및 전담기관을 지정하고 있다. 마이데이터 정책을 통해 새로운 서비스를 창출하기 위해 2013년에 영국 BIS는 midata Innovation Lab을 설립하여 개인에게 환원된 데이터를 이용하여 개인에게 편리한 서비스를 제공하는 앱을 개발하였고,[9] HAT는 영국 연구회의 지원으로 '개인 주도 데이터 관리 구조'를 개발하였다.[10]

프랑스에서는 2012년부터 민간 연구 기관인 Fing Foundation Internet Nouvelle Generation이 은행Banque Postale, Credit Cooperatif, Société Générale, 보험사Maif, AXA, 전력회사EDF, Enedis, 통신사Orange, 플랫폼 제공사Cozycloud의 참여하에 MesInfo Experiment를 실시하고 있는 등 개인 데이터를 이용한 실증실험, 개인 데이터 관리 앱 서비스 구축, 플랫폼 제공기업의 퍼스널 클라우드 활용, 자치단체의 공개 데이터를 활용한 실증실험, 교육기관, 대기업 등에 의한 실험결과 활용 등이 활발하게 행해지고 있다.[11]

그밖에 유럽의 소규모 국가들에서는 정부 주도로 PDS가 이루어지는 예가 많다. 핀란드에서는 2015년부터 MyData 정책을 제창하여 개인 데이터를 보관·유통할 수 있는 플랫폼을 구축하고 개인의 일상 생활에 관한 의료, 에너지, 금융기관 등의 다양한 개인 데이터의 투명성과 관리 방법을 제공하는 앱이나 서비스를 제공하고 있다.[12] 에스토니아는 국가 ID카드를 이용하여 자신의 개인 데이터(은행 계좌 정보, 의료기관 진료 기록 등)를 확인할 수 있는 서비스를 추진하고 있다.[13]

일본에서는 개인이 자발적으로 개인데이터를 신탁하는 정보은행, 소비자 자신이 개인데이터를 관리하고 그 데이터를 제공하는 서비스 사업자를 선택할 수 있는 VRM, 본인의 동의에 따라 여러 IT 서비스가 연계하는 ID 연계 신뢰체계 등 개인데이터를 활용한 실증 실험이 행해지고 있다. 동경대학 PLR^Personal Life Repository이나 후지쯔 퍼스널 데이터 스토어PDS의 실증실험이 그 예이다.

우리나라 4차 산업혁명위원회도 개인주도 관리를 통한 개인데이터 보호와 활용 촉진과 금전적 이익 확보를 위하여 K-PDS를 구축하여 K-PDS에 개인데이터를 올리고 기업과 기관에 익명 처리해 제공하는 것에 동의하는 사용자에게는 별도의 혜택을 주는 이익환원 구조를 마련하고자 한다. 이러한 제도 개편을 위해 개인정보 보호법을 비롯해 정보통신망 이용촉진 및 정보보호 등에 관한 법률(이하 '정보통신망법'이라 한다)과 신용정보보호법 등의 개정을 준비 중이다.[14] 또한 과학기술정보통신부에서 추진하는 개인데이터 플랫폼인 K-마이데이터^K-Mydata는 개인이 기업이나 기관 쪽에 넘어간 자신의 개인데이터를 스스로 파일 형태로 내려받거나 또 다른 곳에 직접 제공할 수 있는 형태로 서비스하는 것을 목표로 한다.

최근에는 PDS를 가능하게 하는 기술의 하나로서 블록체인기술이 부각되고 있다. 블록체인 분산원장을 활용하여 이용자의 데이터를 서버에서 분리하여 스스로 관리할 수 있게 하는 방법이 사용된다. 이하에서는 블록체인의 기본 개념과 최근 기술 동향, 블록체인을 이용하여 개인주도로 데이터 관리를 가능하게 하는 기업들의 프로젝트 사례를 중심으로 살펴보기로 한다.

2. 개인데이터 관리 관련 블록체인 기술

개인 주도로 개인데이터를 관리함에 있어서도 이러한 블록체인의 특성을 이용하게 다양한 응용 서비스가 개발되고 있는바,[15] 이에 관련한 블록체인 기술을 살펴본다.

(1) 브라우저

블록체인 기반 분산형 브라우저 Blockstack은 서비스 사업자가 이용자의 데이터를 소유하지 않고 이용자가 블록체인을 활용한 ID를 소유함을 통하여 다양한 웹사이트와 서비스에 접근할 수 있도록 한다.[16] 이 브라우저는 이용자가 소유한 ID를 이용자가 선택하는 백엔드에 암호화하여 저장함으로써 이용자가 응용 프로그램을 새롭게 이용할 때는 응용 프로그램 서버에 있는 프로필 정보가 아닌 ID를 사용하게 되므로 응용 프로그램으로부터 개인데이터를 완벽하게 제어할 수 있다.

(2) 데이터 보안

Enigma와 같은 프로젝트는 블록체인을 활용하여 이용자의 개인정보 보호를 유지한 상태에서 데이터를 클라우드 서비스나 타사에 제공한다. Enigma의 플랫폼에서 데이터를 암호화하여 몇 개로 분할하고 해독할 수 없는 덩어리를 네트워크의 여러 노드에 무작위로 분배하여 데이터를 보호한다. Enigma는 자사 서비스를 제공함에 있어서 각각의 노드가 개별 데이터 덩어리를 계산하고 그 결과를 이용자에게 돌리고 이용자는 이를 다른 데이터와 결합하여 최종 결과를 내는 "여러 사람에 의한 안전한 계산 방식"을 사용한다. 이용자는 자신의 데이터 덩어리를 블록체인에서 관리·소유하고 제3자 서비스 이용에도 실제로 데이터를 전달하지 않고 접근 여부가 결정된다.

(3) 개인 데이터 저장소

Pillar는 개인 데이터 저장소와 스마트 지갑을 개발하고 있는 오픈 소스 블록체인 프로젝트이다.[17] Pillar는 이용자의 암호화폐, 건강 기록, 연락처, 서류 등 디지털 자산을 블록체인에 저장·관리하는 모바일 앱으로 이를 이용하여 이용자는 자신의 디지털 자산을 완전히 소유하고 관리할 수 있다. Pillar는 인공지능 지원 서비스도 하는데, 이용자에게 필요한 서비스를 찾을 때 민감한 개인 정보를 복제하여 사업자의 서버에 저장하는 것이 아니라 지갑의 데이터를 이용하여 서비스를 제공해 준다.

3. 개인데이터 관리를 위한 블록체인 활용사례

(1) 소셜 미디어 사례

소셜 미디어 "넥서스"[18]와 "Indorse"라는 플랫폼은 블록체인에서 정보를 축적하고 이용자들에게 데이터 접근 및 공유 보상을 관리하도록 함으로써 프라이버시와 데이터의 소유를 강화한다. 예컨대, Indorse의 경우는 토큰 모델과 탈중앙화 모델을 이용하여 기존의 플랫폼과는 다르게 각 사용자들이 본인의 데이터를 직접 소유하도록 도와주고, 사용자들이 보유한 기술을 공유하며 이 플랫폼을 사용할수록 더 많은 보상을 제공한다. Indorse는 내부 보상체계와 평판관리를 사용하여, 사용자들이 자신이 보유한 기술들이나 이전 이력들을 기록하고, 다른 사람의 신청서를 심사하는 것에 대해서 인센티브를 제공한다.[19]

(2) Online.io 사례

Online.io는 웹 사이트의 운영자가 광고 수입에서가 아니라 사이트 자체의 품질에 따라 이익을 얻을 수 있는 블록체인 기반의 플랫폼이다.[20] "proof of online"이라는 독자적인 승인 방법이 채용되고 있으며, 정해진 기준에서 높은 평가를 얻으면 사이트 운영자는 자신의 OIO 토큰을 얻을 수 있다. 이용자는 개인데이터를 뺏길 염려가 없고, 웹 사이트가 얻는 이익은 이용자의 행동에 기반을 두고 있다는 점이 획기적이다.

(3) Peer Mountain 사례

Peer Mountain은 개인정보를 블록체인상에서 분산원장에 저장하고 상거래까지 안전하게 연결하는 플랫폼이다.[21] 변경이 불가능하고 유출의 가능성이 낮고, 정보의 소유권이 중앙기관에 속하지 않는다는 블록체인의 특징을 활용하여 개인정보의 소유, 관리권을 이용자에게 돌려주는 것을 목표로 하고 있다. 또한 이용자의 합의하에 상거래 등에서 정보를 제공할 때 스마트계약을 활용하여 프로세스가 원활하게 진행되도록 한다. 블록체인으로 안전하게 개인 데이터의 저장에서 이용까지 프로세스를 진행할 수 있는 것이다.

(4) DOVU 사례

DOVU는 적극적으로 이용자가 기업 측에 개인데이터를 공개함으로써 쌍방이 이익을 얻을 수 있는 시스템이다.[22] DOVU은 다양한 교통기관의 유동성을 높이는 것을 목적으로 하고 있다. 이용자가 각 지역 혼잡상황률을 기반으로 혼잡 회피 경로를 선택하면 자신의 DOVU 토큰을 얻을 수 있고, 그러한 개인데이터를 이용하고자 하는 기업이 토큰을 지불하는 구조로 되어 있다. 또한 이용자는 자전거와 자동차의 리스료 등 교통 관련되는 결제를 DOVU 토큰으로 할 수 있기 때문에 교통 정보 및 결제를 한꺼번에 관리할 수 있는 편리한 도구이다.

(5) 한국 메디블록 사례

메디블록은 병원이나 정부, 회사가 의료데이터를 쥐고 관리하는 것이 아니라 블록체인을 통해 개인 의료정보가 진본임을 공증함으로써 개인이 의료데이터 플랫폼이 되어 직접 관리·통제하는 플랫폼이다.[23] 이 플랫폼에서 개인은 병원으로부터 전자문서 형태의 의료데이터를 받는다. 이를 메디블록이 만든 탈중앙화된 저장소에 암호화한 상태로 저장한다. 그리고 이 데이터에 대한 해시값을 받아 메디블록 블록체인에 올린다. 의료데이터는 용량이 매우 크기 때문에 블록체인 밖에 저장하고 해시값만 블록체인에 저장해, 데이터를 실제로 사용할 때 진본 여부를 확인하는 것이다. 개인의 휴대용 의료기기를 통해 생성된 데이터도 똑같이 관리된다. 의료진은 메디블록 플랫폼에 올라온 환자의 의료데이터를 바탕으로 불필요한 중복검사를 피할 수 있다.

나아가 개인 간[P2P] 의료데이터 거래도 가능하다. 메디블록은 암호화폐 '메디토큰'MED을 발행해 플랫폼 내 경제 생태계를 구축한다. 플랫폼 참여자는 자신의 의료데이터에 대한 판매 의사를 선택할 수 있다. 판매 의사를 밝힌 개인의 의료데이터는 메디블록이 제공하는 검색 시스템에 등록된다. 연구자는 메디블록의 검색 시스템에서 의료데이터를 검색하여 만약 해당 데이터가 존재할 경우 중앙 시스템을 통해 데이터 주인에게 구매 의사를 알리고 메디토큰을 보상으로 제시한다. 데이터의 주인이 판매를 선택하면 스마트계약이 성사된다. 이와 함께 메디블록은 인공지능을 이용한 메디컬 챗봇을 이용하여 의료데이터에 대한 안내도 함께 제공한다.

4. 소결

위에서 살펴본 바와 같이 미국, 영국 등 유럽 주요국들은 개인에게 데이터 주도
권을 환원하는 마이데이터 등 퍼스널 데이터 스토어Personal Data Store: PDS 사업을 통
하여 데이터를 활용한 사업 고도화를 위한 노력을 진행하고 있으며, PDS에는 분산
원장방식의 블록체인 기술을 이용하여 개인이 직접 자신의 정보를 관리하는 기술
개발도 포함된다. 블록체인기술은 기업이 고객을 관리하는 기존 방식이 소수의 대
기업에게 데이터 집중을 가져오는 폐해를 없애고 이용자가 주도하여 자신의 정보를
관리하는 것을 가능하게 한다. 이는 소비자 입장에서는 자신의 개인 데이터를 기업
으로부터 돌려받아 필요로 하는 기업에 데이터를 제공하고 이용료를 받거나 반대급
부로 최적의 서비스를 받는 것을 가능하게 하고, 중소벤처 등 개인정보를 이용하여
사업을 하려는 사업자 입장에서는 비용을 지불하고 누구나 원하는 개인데이터를 이
용할 수 있어서 데이터의 활용도를 높이는 효과를 가져올 수 있다. 개인정보의 자기
주도적 관리가 성공하기 위하여는 이를 뒷받침하는 법제 정비도 필요하므로, 각국
에서는 소비자에 대한 데이터제공을 의무화하거나 제3자에 대한 이동을 허용하는
법규정이 신설되고 있다. 이는 인격권으로서 이해되던 개인데이터에 재산권적 성격
을 부여한 것으로 보기에는 한계가 있다. 이하에서는 블록체인을 둘러싸고 개인데
이터권 관련 주요국의 입법 동향을 살펴보기로 한다.

 Ⅲ. 블록체인과 개인데이터법제 동향

1. 일반

앞에서 블록체인기술을 이용한 개인데이터의 개인주도관리 현황을 살펴보았으
므로, 이제 법제적 측면에서 개인데이터가 어떻게 보호되고 있는지 살펴볼 필요가
있다. 지금까지 개인데이터는 인격권으로 이해되어 헌법상의 자기정보결정권을 구
체화하는 개인정보 보호법에서 보호되어왔다. 유럽에서는 개인정보권을 헌법에서
명문화하기까지 하였다. 다른 한편, 개인데이터를 재산권으로 이해하려는 움직임도

꾸준히 발전해 왔는데, 특히 세계주도적 IT기업들이 국가 경제를 이끌어가고 있는 미국에서 개인데이터를 폭넓게 활용하기 위하여 그러한 논리가 발전해왔다. 이하에서는 이러한 개인데이터권의 헌법상의 보호부터 시작해서 개인정보 보호법에 의한 보호, 재산권으로서 지적재산권에 의한 보호에 이르기까지 지금까지 보호 현황과 그 한계점에 대하여 고찰해 보고자 한다.

2. 헌법에 의한 보호

과거에는 프라이버시 보호를 형법상 명예훼손이나 민법상 불법행위책임의 문제로 이해하였으나 오늘날 미국을 비롯하여 세계 각국은 프라이버시 보호를 헌법상 기본권으로서 인정하고 있다. 오늘날에는 프라이버시권은 타자의 관여로부터 사적 영역을 통제할 수 있는 권리로서, 소극적으로 "사생활의 평온을 침해받지 아니하고 사생활의 비밀을 함부로 공개당하지 아니할 권리"로 이해하던 것에서 한걸음 나아가 적극적으로 "자신에 관한 정보를 관리·통제할 수 있는 권리"를 포함하는 의미로 이해하는 추세에 있다. 즉, 프라이버시권을 소극적으로 "혼자 있을 권리"가 아니라 적극적으로 "사생활을 함부로 공개당하지 않을 권리" 및 "자기에 관한 정보유통을 스스로 통제할 수 있는 권리"로 이해하여 개인정보 자기결정권 역시 헌법이 규정하는 사생활의 비밀과 자유에서 도출된다고 보는 것이다.[24]

이와 같이 21세기 정보화 사회에 들어와서 프라이버시 보호가 자신에 관한 정보를 관리·통제할 수 있는 개인정보 자기결정권으로서의 프라이버시권으로 확대되면서 유럽연합EU은 유럽 헌법에 '개인정보에 관한 권리'를 명문화하여 기본권화하기에 이르렀다.[25] 즉, 유럽헌법 제8조에서는 "모든 사람은 자신에 관한 개인정보의 보호에 대한 권리를 갖는다"고 하여 개인정보의 보호에 대한 권리를 명문으로 천명하고(동조 제1항), "개인정보는 규정된 목적을 위하여 당사자의 동의 또는 법률이 정하는 기타 적법한 근거에 기초하여 공정하게 취급되어야 한다. 모든 사람은 자신에 관하여 수집된 정보에 접근하고 그 정보의 정정을 요구할 권리를 갖는다"고 하여 개인정보의 공정한 취급과 개인정보에 접근하고 정정을 요구할 권리를 규정하고 있다(동조 제2항).

우리나라 헌법재판소의 결정례에서는 개인정보 자기결정권을 "자신에 관한 정보가 언제 누구에게 어느 범위까지 알려지고 또 이용되도록 할 것인지를 그 정보주체가 스스로 결정할 수 있는 권리, 즉 정보주체가 개인정보의 공개와 이용에 관하여 스스로 결정할 권리"로 정의한다.[26] 또한 헌법재판소에서는 개인정보 자기결정권의 보호대상이 되는 개인정보를 "개인의 신체, 신념, 사회적 지위, 신분 등과 같이 개인의 인격주체성을 특징짓는 사항으로서 그 개인의 동일성을 식별할 수 있게 하는 일체의 정보"라 하고, "반드시 개인의 내밀한 영역이나 사사私事의 영역에 속하는 정보에 국한되지 않고 공적 생활에서 형성되었거나 이미 공개된 개인정보까지 포함한다"고 하고, 그러한 "개인정보를 대상으로 한 조사 · 수집 · 보관 · 처리 · 이용 등의 행위는 모두 원칙적으로 개인정보 자기결정권에 대한 제한에 해당한다"고 판시하고 있다.[27]

개인정보 자기결정권의 법적 근거에 대하여 우리나라 판례의 입장은 제외국과 마찬가지로 헌법이 보장하는 사생활의 비밀과 자유(헌법 제17조)에 개인정보 자기결정권이 포함되는 것으로 본다. 그 예로서 고등법원 판결에서 "사생활의 비밀과 자유의 불가침은 사생활의 내용을 공개당하지 아니할 권리, 자신에 관한 정보를 스스로 관리 · 통제할 수 있는 권리 등을 내용으로 하는 인격권으로서 오늘날 정보사회가 급속히 진행되면서 그 보호가 절실한 권리이다"라고 판시하였고,[28] 대법원에서도 "헌법 제17조는 개인의 사생활 활동이 타인으로부터 침해되거나 사생활이 함부로 공개되지 아니할 소극적인 권리는 물론, 오늘날 고도로 정보화된 현대사회에서 자신에 대한 정보를 자율적으로 통제할 수 있는 적극적 권리까지도 보장하려는 데에 그 취지가 있다"며 사생활의 비밀과 자유를 개인정보 자기결정권의 근거로 들면서 개인정보 자기결정권의 독자적 기본권성을 인정하였다.[29] 우리 헌법은 사생활의 비밀과 자유를 보장하고 인간의 존엄과 가치, 행복추구권을 규정하고 있으며 이로부터 일반적 인격권이 도출된다. 헌법재판소는 "개인정보 자기결정권의 헌법상 근거로는 헌법 제17조의 사생활의 비밀과 자유, 헌법 제10조 제1문의 인간의 존엄과 가치 및 행복추구권에 근거를 둔 일반적 인격권 또는 이 조문들과 동시에 우리 헌법의 자유민주적 기본질서 규정 또는 국민주권원리와 민주주의원리 등을 고려할 수 있으나, 개인정보 자기결정권으로 보호하려는 내용을 이 같은 기본권들 및 헌법원리들 중 일부에 완전히 포함시키는 것은 불가능하다"며 "개인정보 자기결정권은 이들을 이념적 기초로 하는 독자적 기본권으로서 헌법에 명시되지 아니한 기본권이라고 보아야 할 것"이라고 판단한 것이다.[30] 이후의 헌법재판소 결정에서는 2005년 헌법재판소 결정과 같이 헌법 제17조의 사생활의 비밀과 자유 외에 인간의 존엄과 가치, 행복추구권을 규정한 헌법 제10조 제1문에서 도출되는 일반적 인격권이라고 설시하면서 자유민주적 기본질서나 국민주권원리에 대하여는 언급하고 있지 않은데,[31] 그렇다고 하여 개인정보 자기결정권에 관한 헌법적 근거에 관한 견해를 변경한 것으로 보기는 어렵다고 할 것이다.[32] 이 헌법재판소 결정을 인용한 대법원도 개인정보 자기결정권의 도출근거로 "인간의 존엄과 가치, 행복추구권을 규정한 헌법 제10조 제1문에서 도출되는 일반적 인격권 및 헌법 제17조의 사생활의 비밀과 자유"만을 언급하고 있다.[33]

판례는 이와 같이 개인정보 자기결정권을 헌법 제17조의 사생활의 비밀과 자유에서 도출된다고 하거나, 헌법 제10조 제1문의 인간의 존엄과 가치 및 행복추구권에 근거를 둔 일반적 인격권과 헌법 제17조의 사생활의 비밀과 자유 양자에서 도출된다고 하거나 이에서 한걸음 더 나아가 헌법 제10조와 제17조를 이념적 기초로 하는 독자적 기본권이라고 한다. 독자적 기본권을 인정하려는 입장은 헌법 제37조 제1항에 따라 헌법에 열거된 권리가 아니어도 기본권으로 보장될 수 있지만 정보의 불평등, 정보의 통제와 독점, 개인정보 침해 등의 정보사회에서 새로이 발생한 문제를 해결하기 위하여 별도의 기본권을 신설하자는 것이다. 이에 2018년 제안된 헌법개정안에 정보기본권에 관한 조항이 포함되었다.[34] 이는 개인정보에 관한 권리를 별도로 인정하는 유럽헌법의 입장과도 유사하다.

3. 개인정보 보호법에 의한 보호

(1) 유럽연합

유럽연합은 일반정보보호규정 General Data Protection Regulation, GDPR을 제정하여 가명처리 pseudonymisation 정보와 익명처리 anonymisation 정보를 구분한다. 전자의 경우 일정한 법률요건을 충족하는 경우 목적 외 처리를 허용하고, 후자의 경우 GDPR의 적용을 배제하고 있다. 데이터 이동권, 삭제권 등을 인정하고 개인정보에 관한 충분한 보호가 주어지지 않는 제3국으로의 데이터 이동을 제한하는 규정도 포함하는 등 개인 관련 데이터 보호를 강화하면서, 본인의 의사를 중시한 데이터 활용을 실현하고 자 한다. 2016. 12.에는 EU지침 제29조의 실무작업반Article 29 Working Party, 29WP에서 정보이동권에 관한 지침Guidelines on the right to data portability이 채택된 데 이어 2017. 4. 5. 1차 개정안이 채택되었다.[35, 36]

GDPR 제20조는 개인데이터 주체가 (a) 개인데이터를 동의 또는 계약에 의하 여 처리하는 경우와 (b) 자동화된 수단에 의하여 처리하는 경우, 구조화되어 있고 통상 사용하는 것으로 기계로 읽을 수 있는 양식에 따라 데이터처리자controller에 게 제공한 자신에 관한 개인데이터를 수령하거나 다른 데이터처리자에게 전송할 권리를 가지며(제20조 제1항), 기술적으로 가능하다면 그 개인데이터를 데이터처리 자로부터 다른 데이터처리자에게 직접 전송되도록 하는 권리를 가진다고 규정한 다(동조 제2항). 데이터 이동권에 대한 제한으로서 공익을 위하여 행하는 작업의 수 행에 필요하거나 또는 데이터처리자에게 부여된 공적 권한을 행사함으로써 하는 정보처리에는 적용되지 아니한다고 규정한다(동조 제3항). 아울러 이러한 데이터 이 동권이 다른 사람의 자유와 권리에 부정적인 영향을 미쳐서는 아니된다고 규정한 다(동조 제4항).[37]

이러한 데이터 이동권은 개인이 개인데이터처리자에게 제공한 자신의 데이터 를 일반적으로 사용되는 기계판독 가능한 전자 형식으로 해당 데이터처리자로부터 수신하거나 다른 데이터처리자에게 이관을 요구할 수 있는 권리를 의미한다는 점에 서 데이터소유권을 인정한 것이라거나 개인정보의 개인주도관리에 대한 법적 근거 로 들어질 수 있는지 문제된다. 이에 대하여는 개인데이터처리자에게 자신의 데이 터를 전자형식으로 돌려줄 것을 요구하거나 제3의 사업자에게 이관을 요구할 수 있 음을 규정하고 있다고 하여 데이터의 권리귀속에 대하여 규정하고 있는 것은 아니 므로 직접적으로 데이터소유권을 인정한 것으로 보기에는 무리가 있다. 그러나 데 이터이동권이 데이터처리자 간에 있어서 개인정보의 전송을 주로 상정하고 있다고 하더라도 개인이 자신의 개인정보를 데이터처리자로부터 전자적으로 수령하는 것 을 허용하므로 블록체인 등 기술을 이용한 개인정보의 개인주도관리에 대한 법적 근거로 보아도 무방하지 않을까 생각해 볼 수 있으나 아무래도 직접적 법적 근거로 보기는 어려울 것이다.

(2) 미국

미국의 경우 원칙적으로 개인정보 자율규제에 따르고 있어 개인정보 보호에 관한 일반법이 존재하지 않는다. 구체적 개인정보 보호의 필요에 따라 개별 법령들에 의하여 규정하고 있다. 이에 개인정보의 활용에 있어서는 유럽의 경우보다 상대적으로 자유롭다고 할 수 있다. 또한 유럽GDPR에서 데이터 보호와 이용 간의 조화를 꾀하면서 개인에게 데이터 자기주도권을 환원하는 의미에서 데이터 이동권을 신설한데 비하여 아직 미국에서는 입법화할 움직임은 보이고 있지 않다. 다만, 해밀턴 프로젝트에서는 데이터 이동성identity portability을 보다 넓은 개념의 신원 이동성으로 일반화하면서, 플랫폼 간에 검증된 연결(관계) 사이의 메시지(즉, 다른 사용자와 공유하려는 통신 및 콘텐츠)를 이동할 수 있게 함으로써 광범위한 전환 비용을 줄이고 경쟁을 촉진하도록 제안한다.[38] 이러한 제안과 유사하게 시카고대학 경영대학원University of Chicago Booth School of Business의 Luigi Zingales 교수와 Guy Rolnik 교수는 개인이용자에게 사회적 관계망 운영자 간 사회적 관계 이동요구권을 인정하는 사회적 관계 이동법Social Graph Portability Act을 제안한다. 그 개요는 다음과 같다. 각 이용자에게 자신이 만든 모든 디지털 연결all the digital connections의 소유권, 즉 "사회적 관계"social graph를 재양도할 수 있게 한다. 각 이용자가 사회적 관계를 소유한 경우, 페이스북 경쟁자인 MyBook에 로그인하여 그 네트워크를 통해 페이스북 친구들의 메시지를 MyBook으로 즉시 다시 보낼 수 있다. 다른 사회관계망을 통해 페이스북 친구와 연락할 수 있거나 그 반대의 경우도 가능하다면, 이용자들은 새로운 사회관계망 이동을 시도할 가능성이 더 높다. 새로운 사회관계망 사업을 검토하는 자들이 기존 Facebook 고객을 유치할 수 있다는 것을 알게 되면 용이하게 새로운 사회관계망 사업을 시작할 수 있고 경쟁력도 갖출 수 있게 된다.[39, 40]

이들이 주장하는 데이터이동권도 유럽 GDPR과 마찬가지로 직접적인 데이터 소유권을 인정한 것이라고 보기에는 무리가 있고, 개인이용자에게 사회적 관계망 운영자간 사회적관계 이동을 요구하는데 그치고 있어 개인정보의 개인주도관리기술 내지 서비스를 이용하여 직접 주도적으로 자기정보를 관리하고자 하는 개인의 법적 권리를 인정한 것으로 보기에는 무리가 있다는 점에서 한계가 있다.

(3) 아시아

1) APEC

APEC 내의 전자상거래 운영위원회Electronic Commerce Steering Group, ECSG의 데이터보호 하위 위원회Data Protection Subgroup, DPS에서는 차세대 프라이버시 이슈의 하나로 정보이동권에 관한 스터디그룹을 만들어 논의 중에 있다.[41]

2) 일본

일본 개인정보 보호법상 익명가공정보를 신설해 익명가공정보로 처리한 이후에는 목적 범위에 제한 없이 다른 처리자들과 공유가 자유롭도록 하고 있고, 차세대 의료기반법의 제정으로 의료데이터의 '익명가공'화를 통하여 보건의료기관 외의 제약회사 등에게 제공을 가능하게 하고, 실효적인 의료데이터 규제 완화를 위하여 옵트아웃opt-out 방식을 채용하고 있다. 그러나 아직 유럽 GDPR의 데이터이동권을 신설하고 있지는 않다.

3) 필리핀

필리핀이 아시아국가로는 최초로 2012. 8. 데이터보호법Data Protection Act을 제정하면서 정보주체의 권리로서 데이터이동권을 도입하였다.[42] 즉, 데이터 주체는 개인데이터가 전자적 수단과 구조화되고 일반적으로 사용되는 형식으로 처리되는 경우, 데이터 주체에 의한 추가 사용을 허용하는 전자 형식 또는 구조적이고 일반적으로 사용되는 형식으로 처리되는 데이터의 사본을 개인데이터 관리자로부터 얻을 권리를 가진다. 집행위원회는 위에서 언급한 전자 형식과 그 이전을 위한 기술 표준, 양식 및 절차를 규정할 수 있다.[43]

(4) 우리나라

우리나라는 강력한 개인정보 보호법이 데이터의 활용에 장애가 되는 점을 극복하기 위하여 개인정보에 대한 비식별화를 통해 개인의 동의없이도 빅데이터 처리를 가능하게 하고 있으나,[44] 익명화 내지 비식별화의 정도를 둘러싼 논의가 있고 비식별화에도 불구하고 다른 정보와 결합하여 결과적으로 식별가능하게 되는 등 여러 문제점이 드러나고 있다. 개별 법률로서 정보통신망법에도 마찬가지의 문제가 있다.

최근 이러한 문제를 해결하기 위한 방법으로 개인정보 보호법이나 정보통신망법에 이용자에게 직접 또는 다른 정보통신서비스제공자에게 전송할 것을 요구할 권리인 정보이동권을 신설하려는 움직임이 보이고 있다. 바람직한 방향은 정보통신망법에 정보이동권 등을 신설하기 보다는 개별 법률의 차원을 넘어 일반법인 개인정보 보호법에서 이를 규정하는 것이다.

한편, 금융위원회[45]의 신용정보보호법 개정안에서는 금융분야 마이데이터 MyData 산업을 위한 개인신용정보 이동권을 포함하고 있어 주목된다.[46] EU GDPR의 개인정보 이동권과 같이 금융분야에 새로운 개인정보 자기결정권을 도입하였는데, 개인인 신용정보주체가 금융회사, 정부·공공기관 등에 대하여 본인에 관한 개인신용정보를 본인이나 본인신용정보관리회사, 다른 금융회사 등에게 전송하여 줄 것을 요구할 수 있는 개인신용정보 전송요구권을 도입하였다(안 제33조의2 신설). 이를 통해 신용정보주체가 능동적으로 본인 정보를 통제하고 활용할 수 있도록 하는 기반을 마련하고 있다.

동개정안에서는 개인의 신용관리를 지원하기 위하여 개인의 신용정보를 일정한 방식으로 통합하여 그 개인에게 제공하는 행위를 영업으로 하는 본인신용정보관리업을 도입하고 있다. 본인신용정보관리업을 하려는 자는 금융위원회로부터 허가를 받도록 하여, 본인신용정보관리회사가 금융회사 등으로부터 안전성과 신뢰성이 보장될 수 있는 방식으로 본인의 개인신용정보를 전송받을 수 있도록 하며 데이터 분석 및 컨설팅, 신용정보주체의 개인정보 자기결정권의 대리 행사 및 일정한 투자일임업·투자자문업 등을 부수업무나 겸영업무로 허용하는 등 본인신용정보관리업을 개인인 금융소비자의 신용관리·자산관리 및 정보관리를 지원하는 새로운 금융분야 데이터 산업으로 육성하도록 하고 있다.[47] 이 개정안에 대하여는 개인의 개인정보이동권을 인정하여 개인 주도의 개인정보관리의 의미보다는 개인정보 브로커업을 활성화하기 위한 데 의도가 있다는 비판도 있다.[48] 어쨌든 이러한 개정이 직접적인 데이터소유권을 인정하는 것으로 보기는 어려우나 개인이 자신의 개인정보를 데이터처리자로부터 전자적으로 수령하는 것을 허용하므로 블록체인 등 기술을 이용한 개인정보의 개인주도관리에 대한 법적 근거로 보는 것도 가능할 것이다.

(5) 소결

현행 개인정보 보호법제하에서는 플랫폼 서비스제공자가 각 개인의 데이터를 집중적으로 관리하는 인터넷 플랫폼을 전제로 한다. 개인정보 보호법은 중앙집중적으로 개인데이터를 처리하는 인터넷 시스템 하에서 헌법상 개인정보 자기결정권을 보호하기 위하여 구체화된 입법이라 할 것인 바, 사업자가 소비자의 개인데이터를 처리하고 활용함에 있어 어떻게 개인데이터를 보호할 것인가 하는 사업자 규제에 초점이 맞춰져 있다. 그러나 최근 데이터경제 시대에 접어들어 등장한 블록체인기술이 여러 문제점을 극복하고 발전한다면 개인데이터의 주체가 개인데이터를 통제, 관리할 수 있게 되어 개인이 자신의 개인데이터에 대한 주도권을 회복할 수 있을 것이다. 그 단계가 되면 개인정보 보호법 역시 체계상의 전면적 변화를 필요로 한다. 블록체인으로 개인이 자신의 데이터를 관리할 수 있게 되면 법이 아닌 기술에 의하여 개인데이터가 보호될 수 있게 되므로, 개인의 데이터관리에 관한 구체적 내용이 법에 보완되어야 할 것이다. 인터넷 서비스제공자의 주도적 개인데이터 관리로부터 각 개인을 보호하는 체계에서 개인데이터에 대한 개인의 권리와 그 이용 활성화 체계로의 변모가 그것이다.

4. 지적재산권에 의한 보호

데이터의 지적재산권에 의한 보호는 인터넷 서비스제공자나 정보수집가공자에게 개인데이터에 대한 소유권이 인정되는지의 문제를 중심으로 살펴본다. 개인데이터에 대한 소유권 인정과 관련해서는 해당 개인의 인격권적 성격을 가지기 때문에 인터넷 서비스제공자나 정보수집가공자에게 소유권을 인정하는 것은 논란의 여지가 있으나, 최소한 인터넷 서비스제공자가 구축한 개인데이터 데이터베이스에 대한 권리를 인정할 수 있을 것이고, 데이터수집가공자에게는 데이터가공에 대한 권리를 인정할 수는 있을 것이며, 개인데이터 이용권이나 가공처리한 데이터에 대한 이용권을 인정하는 것은 무방할 것이다.

이와 같이 인터넷 서비스제공자가 수집한 개인데이터를 사내에 데이터베이스화하고 있는 경우 데이터베이스권 또는 영업비밀로의 보호가 가능하다. 데이터수집

가공자에게는 가공된 데이터에 저작물성이 인정된다면 2차적 저작물작성자로서의
권리가 인정될 수 있을 것이다.

　　문제는 기존에 인터넷 서비스제공자가 보유하고 있는 개인데이터의 데이터베
이스에 대한 권리를 인정할 경우, 인터넷 서비스 제공자가 개인데이터를 중앙집중
적 방식으로 관리하는 모델에서 블록체인 기술을 활용하여 이용자가 중심이 되어
자신의 개인데이터를 관리하는 구조로 변화하는 움직임이 본격화되면 인터넷서비
스제공자가 이미 가지고 있는 데이터베이스권과 충돌하게 되므로 대기업이 소유하
고 있는 개인데이터의 지적재산권 문제 정리 등 많은 법적 과제가 제기되며, 인터넷
서비스제공자의 사업운영 모델에도 많은 변화가 생길 것으로 보인다.

 ## Ⅳ.　블록체인과 개인데이터법제의 변용

1. 개인데이터의 개인주도적 관리에 관한 입법

　　앞에서도 살펴본 바와 같이 현행 개인정보 보호법은 서비스제공자에 의한 중앙
집중식 개인데이터관리를 전제로 만들어졌기 때문에 각 개인이 주도가 되어 개인데
이터를 보유, 관리하는 분산형 시스템에는 적합하지 않다. 개인주도의 개인정보관
리를 입법화하는 노력의 일환으로 유럽의 GDPR에 데이터이동권에 관한 규정을 두
고 있는 예라든지 필리핀의 개인정보 보호법상의 데이터 이동권, 일본의 관민 데이
터 활용 추진 기본법에서 개인데이터를 가진 개인의 참여하에서 개인에 관한 관민
데이터를 적정하게 활용할 수 있도록 기반을 마련해야 한다는 규정이나, 우리나라
신용정보보호법 개정안의 개인신용정보의 전송요구권이 들어질 수 있다. 그러나 데
이터이동권의 도입은 개인이 직접 자기정보를 관리하는 기술이나 서비스가 활성화
되고 있지 않은 단계에서는 개인이 자신의 데이터의 사본을 요구하고 서비스제공
자 간에 데이터 이동을 요구할 권리를 의미하는데 그치고 있으나, 블록체인과 같이
진정한 의미의 개인정보의 개인주도관리 기술과 서비스가 일반화되면 개인의 자기
정보 직접 관리를 위한 입법적 근거로 활용될 수 있을 것이다. 보다 바람직하기로는

개인의 자기정보관리에 대한 직접적 근거규정을 두는 것이다. 진정한 의미의 개인의 개인정보자기관리를 지원하기 위하여는 데이터이동권 차원을 넘어서 전격적으로 개인데이터 이동에서 가치 창출을 지원하는 구조를 구축하는 제도 개선이 이루어져야 할 것이다. 아울러 개인의 개인정보자기관리시스템의 구축은 개인데이터의 공유를 위한 안전한 환경이 전제되어야 한다. 이를 위하여 기술적으로 정보보안과 상호운용성interoperability의 문제, 정보이전에 필요한 기술의 표준화, 표준 계약조건 및 그 적용범위, 절차 부분이 정비되어야 할 것이다.[49] 그러한 전제 없이 개인이 데이터에 대해 갖는 새로운 권리는 개인데이터 사업 투자를 저해하고 개인이 개인 데이터 시장에 보다 적극적으로 참여하지 못하게 하는 등 해당 개인과 상호 작용하는 기관 모두에게 새로운 잠재적 위험을 초래하게 됨을 유념하여야 할 것이다.

이상의 제외국 입법과 유의점을 토대로 개인정보 보호법을 개정함에 있어서는 개인의 정보이동권을 인정함과 아울러 타인과 연계된 정보의 처리문제를 해결하고, 개인정보관리기관의 인가 등에 대하여도 구체적인 기준을 제시함과 아울러 실증실험을 위한 샌드박스제도에 대하여도 규정을 마련하여야 할 것이다.

2. 블록체인과 데이터 프라이버시권의 변용

(1) 일반

지금까지는 정보사회에 들어와서 개인데이터의 기본권으로서의 보호에 관하여 프라이버시의 일종으로서 데이터 프라이버시권을 인정할지 아니면 아예 독자적 기본권으로서의 데이터 인격권을 인정해야 하는지의 문제를 중심으로 논의가 이루어졌다면, 블록체인기술과 같이 개인데이터를 개인주도하에 관리할 수 있는 기술이 발전하면서 이제 개인데이터의 경제적 측면인 재산권으로서의 성격으로 관심이 이전되고 있다. 블록체인 기술을 활용하여 개인데이터의 개인주도 관리를 하는 서비스가 시도되고 여러 실증실험들이 진행됨에 따라 앞으로 블록체인이 데이터 프라이버시권의 성격에도 크게 영향을 미칠 것으로 보인다. 이하에서는 데이터 프라이버시권의 인격적 측면과 함께 경제적 측면의 성격에 대하여 검토하기로 한다.

(2) 양면적 성격의 검토

1) 데이터 프라이버시권의 인격적 측면

데이터 프라이버시권은 지금까지 인격적 측면에서 논의되어왔다. 데이터 프라이버시가 침해되는 경우 민사구제방법으로서는 손해배상청구[50]나 명예회복처분[51] 및 금지청구가 인정된다. 인격권침해에 대한 금지청구권을 인정하는 명문규정은 없지만, 인격권을 물권과 같은 배타성을 가진 권리로 보아 물권과 마찬가지로 금지청구권을 인정하는 것이 학설의 일반적인 입장이고, 대법원 역시 이를 인정하고 있으며[52] 같은 취지의 하급심 판결도 다수 있다.[53, 54] 실무상으로는 주로 인격권침해금지가처분의 형태로 금지청구권의 행사가 이루어져왔다.[55]

2) 데이터 프라이버시권의 경제적 측면

블록체인에 의한 개인데이터의 개인주도관리가 일반화될 때, 지금까지 소수의 대기업인 인터넷 서비스 제공자가 사내 내부에 개인데이터를 저장하고 처리하면서 독점적으로 이용하는 개인데이터에 대한 권리의 법적 성격을 논하는 것에서 개별 개인의 개인데이터에 대한 재산권을 인정할지로 문제의 핵심이 이전하게 된다.

개인데이터를 개인의 식별가능성을 기준으로 정의하고 그 범위를 확정하게 되면 빅데이터 분석기술이 발전하면 할수록 거기에 맞추어 개인데이터의 범위가 확대되는 것은 불가피하다. 즉, 개인데이터를 개인과 연결될 수 있는 데이터로 넓게 정의할 경우 개인데이터의 범위를 확정할 수 없기 때문에 재산권으로 정의하기가 곤란하게 된다. 이에 빅데이터 시대에는 개인데이터의 범위가 불명확할 수밖에 없으므로 범위확정이 어려운 개인데이터에 대한 물권성을 부인하는 견해도 있다.[56] 그러나 블록체인기술로 개인이 스스로 자신의 정보를 관리할 수 있게 되는 점을 고려하면 개인데이터에 물권성을 인정하지 못할 바도 아니라고 생각된다. 즉, 블록체인이 개인의 주도로 개인데이터를 안전하고 구조화된 방식으로 저장, 관리 및 배포할 수 있고 개인데이터를 필요로 하는 자들과 미리 설정된 거래조건에 따라서 편리하게 거래하고 대가도 즉시 지급받을 수 있게 된다면, 개인데이터에 대한 제공을 제어할 권리가 있는 개인들에게 경제적 권리도 인정할 수 있을 것이다.

3) 소결

이상과 같이 블록체인 기술이 데이터 프라이버시권에도 큰 영향을 미치게 되는 바, 개인데이터의 개인 주도 관리가 가능해지는 블록체인 서비스들이 정착되면 퍼블리시티권처럼 인격/경제 복합적 성격의 권리로 규정될 수도 있지 않을까 조심스럽게 예측해 본다. 이하에서는 사이버물권이라는 제하에서 개인데이터의 경제적 성격에 대하여 본격적으로 살펴보기로 한다.

3. 사이버물권으로서의 데이터권

(1) 개인 주도적 관리를 위한 데이터권의 법적 성격 변용

페이스북과 구글 등 IT 대기업은 이용자의 개인정보를 대량으로 수집, 저장하고 이를 바탕으로 알고리즘을 개선하여 서비스를 운영하면서 이익을 거두고 있다. 그러나 이용자는 개인데이터가 이러한 플랫폼에 축적된 채로 선택과 통제를 빼앗기고 있다.[57] 즉, SNS 계정이 폐쇄당하면, 오랜 시간에 걸쳐 쌓은 데이터와 교류 관계, 평판, 선호, 거래 등이 모두 소실된다. 이는 이용자가 데이터의 소유권을 가지지 않은 채, 구글이나 유튜브, 아마존 닷컴, 트위터, 페이스북 등 통합 서비스에 자신의 정보 보관 및 보호를 맡길 수밖에 없기 때문이다.

과거 중앙집중적 인터넷 환경에서 기업이 개인데이터를 관리하면서 법이 개인데이터 보호를 위하여 기업의 개인정보관리를 규제하는 방식이었다면 앞에서 살펴본 바와 같이 블록체인기술의 등장으로 이제 개인이 주도적으로 자신의 개인데이터를 관리하고 소유하며 이익도 창출할 수 있는 상황으로 변화하고 있다. 이에 이러한 개인이 주도적으로 관리하고 소유하고 이익도 창출할 수 있는 개인데이터에 대한 권리에 대한 법적 성격을 어떻게 볼 수 있는지 검토를 요한다.

(2) 사이버물권으로서의 데이터권

우리 민법은 물건을 "유체물 및 전기 기타 관리할 수 있는 자연력"으로 정의한다.[58] 일반적으로 물건은 교환되어져야 할 어떤 가치를 가진 것으로서 정의되고 그 형태는 부동산, 동산, 지적재산을 포함한다. 이러한 현실세계의 물건에 대응하는 개념으로 사이버물cyber-objects은 사이버공간에서 특정되고 독립한 존재로서 배타적 지배가 가능한 것이라고 정의될 수 있는데, 사이버공간에 존재하기 때문에 물리적으로 존재하지 않는다는 점에서 현실세계 물건과 큰 차이가 있으며, 사이버공간에서 거래의 대상이 되거나 경제적 가치를 가지며, 항구성, 대항력, 배타성을 가지기 때문에 현실세계의 물건으로 인정될 수 있을 것이다.[59] 사이버물의 경우 배타성은 네트워크에 연결된 자원에 대한 타인의 접근을 배제함에 의하여 달성될 수 있다. 이러한 사이버물에 대한 권리가 사이버물권이고, 이는 사이버물을 지배하여 이익을 얻을 수 있는 배타적인 권리를 말한다.[60] 블록체인기술에 의한 개인정보의 개인주도 관리는 블록체인에 정보를 축적하고 개인에게 타인의 데이터 접근과 공유에 대한 보상을 관리하도록 할 수 있으므로 블록체인에 의하여 관리되는 개인정보의 경우도 배타성을 가진다고 할 것이다.[61] 이렇게 본다면 개인정보도 사이버물에 포함될 수 있을 것으로 생각한다.[62] 이와 같이 블록체인 기술은 각 개인이 자신의 데이터를 소유, 통제하는 것을 가능하게 하는바, 블록체인기술을 통하여 일반 이용자의 개인 데이터는 비로소 유용한 가치를 가지게 된다.

(3) 사이버물권으로서의 데이터권의 법적 효력

데이터권이 사이버물권으로 인정받기 위하여는 먼저 물권법정주의의 원칙에 따라 법률로 그 범위와 효력이 인정되어야 할 것이다. 나아가 물권에 대한 대외적 공시방법을 갖추어 그 권리의 주체와 범위를 명확히 하여야 할 것이다. 아울러 데이터권 보유주체의 경제적 이익 확보를 위하여 그 데이터 이용 허가절차와 그 이용에 대한 대가 지급에 관한 시스템을 구축하여야 할 것이다. 이러한 시스템은 불록체인을 활용하여 온라인상 비교적 용이하게 구축할 수 있을 것이다.

데이터권의 침해에 대한 구제방법도 이를 법정하고 시스템화하는 것이 필요할 것이다. 인격권으로서의 데이터권 침해에 대하여는 위자료 상당의 손배해상청구권을 인정하면 족하나 물권으로서의 데이터권 침해에 있어서는 그 경제적 손해에 대한 평가가 필요하므로 손해액 산정이 용이하지 않은 어려움이 있다. 이 손해액 산정에 관하여는 지식재산권 침해에 대한 손해액 산정방법을 원용할 수 있을 것이다. 먼저 종량적인 법정손해배상제도를 도입할 수 있고 침해자가 얻은 이익을 데이터권자의 손해로 보거나 데이터이용료 상당의 손해에 일정한 이익을 가산하는 방법도 고려할 수 있을 것이다. 이를 위하여 데이터권 침해에 대한 손해배상액 산정 가이드라인을 제정하여 그 수요에 대응할 수 있을 것이다.

V. 결론

이상에서는 개인데이터의 개인 주도적 관리 기술 중 블록체인 기술의 동향과 블록체인 기술로 개인의 자기 데이터에 대한 주도권 회복에 따라 과거 인터넷 플랫폼 서비스제공자의 주도하에 관리되던 개인데이터에 대한 현행 법제의 변용을 블록체인과 개인정보 보호법의 변화, 블록체인 기술과 서비스의 발전과 안착으로 퍼블리시티권처럼 인격 · 경제 복합적 성격의 권리의 인정이라는 블록체인과 정보프라이버시권의 변용과 함께 사이버물권의 일 유형으로서의 데이터권을 중심으로 검토하였다.

블록체인과 같은 개인데이터의 자기 주도적 관리 기술의 사회적 수용은 법제도적 측면에서도 많은 변화를 필요로 한다. 우선 개인정보 보호법제에 있어서 유럽 GDPR상의 데이터 이동권은 개인정보 자기결정권을 인터넷서비스제공자를 선택할 권리를 제공함에 의하여 달성하려 하는데 그치고 있어 엄밀한 의미에서 개인이 스스로 개인데이터를 관리하는 경우를 상정한 개인정보 보호법제는 아직 없다. 이에 블록체인과 같은 개인데이터의 자기 주도적 관리 기술의 사회적 수용으로 개인이 스스로 개인데이터를 관리하는 경우가 보편화되면 인터넷 서비스제공자에 의한 개인데이터의 중앙집중식 관리 하에서 개인의 자기정보결정권을 보호하기 위하여 마련된 현재의 개인정보 보호법의 체계는 많은 변화를 필요로 하며 개인데이터법제에 대한 접근도 달리할 필요가 있을 것이다. 권리관리기관의 관리법제 정비와 기술적 측면의 안전성 기준 마련 등과 함께 개인데이터 권리귀속관계를 비롯한 개인정보의 공사법적 성격 명확화, 대기업이 소유하고 있는 개인데이터의 지적재산권 문제 정리 등 많은 법적 과제가 제기된다.

블록체인기술은 집중형 온라인 서비스가 안고 있는 많은 문제를 해결할 수 있는 분산형 인터넷으로서 신규 ICT 기술 도입에 따른 단편적인 제도개선이 아닌 개인데이터보호법제의 체계의 변화를 필요로 한다. 중앙집중형, 분산형 기술 양자를 포섭하는 기술 중립적인 개인데이터보호 법제 마련이 필요하다 할 것이다. 블록체인 시스템을 개인정보 보호법 안으로 수용하는 것은 블록체인의 개인정보 보호 책임자가 개인정보 보호법을 블록체인 프로젝트에 적용하는 방법에 대한 지침을 제공하고 사용자에게 개인데이터를 제어할 권리를 부여하여 개인이 스스로 자신의 데이터를 축적·관리하고 제3자에 대한 데이터 제공 통제를 가능하게 할 것이다. 아울러, 블록체인 서비스가 개인정보를 보호할 수 있도록 설계될 필요가 있다.

아울러 정보사회의 진전에 따라 프라이버시권에서 개인정보 자기결정권이라는 데이터 프라이버시권을 도출하는 데에서 한걸음 더 나아가 유럽연합과 같이 정보기본권이라는 독자적 기본권을 인정하자는 입장에도 관심을 기울여 볼 필요가 있다. 인터넷 환경에서 개인의 자기정보결정권을 프라이버시권의 일부로서 이해하는 과거 법해석론도 별도의 기본권으로서 정보기본권의 신설을 통하여 많은 변화가 있을 것이며, 인격적 성격과 경제적 성격을 복합적으로 지닌 개인데이터에 대한 권리에 물권성을 인정하는 문제도 함께 고려되어야 할 것이다. 개인데이터에 재산권적 성격의 물권성을 인정하는 것이 이용편의성을 도모하는 것이 될 것이며, 실제로 개인에게 정보의 주도적 관리권을 넘김으로서 개인이 직접 관리하고 다양한 이용조건을 설정하는 방식으로 실효적이고 배타적 지배가 가능하게 될 것이다.

물론 블록체인과 같은 개인데이터의 자기주도적 관리 기술이 현실화되어 데이터경제에 활력을 제공하고 지속적 발전을 이어나가기 위하여는 정부차원에서 샌드박스 내에서 자유롭게 실험할 수 있도록 아직은 현실화하기에 부족한 실험 프로젝트들을 전폭적으로 지원하여야 할 것이다. 이 논문이 블록체인을 활용한 개인데이터관리를 둘러싼 법제 정비에 도움이 되기를 기대한다.

"블록체인과 데이터 관리"에 대해 더 알고 싶다면

1   지금은 신기술이 글로벌 경제를 재편하는 시대이며, 그 혁명적 특성에 착안하여 2016년 1월 OECD 다보스포럼에서 클라우드 슈밥이 "제4차 산업혁명(The 4th industrial revolution)"이라는 용어를 처음 사용하였다. Klaus Schwab(2016); 4차 산업혁명을 사람과 기계의 잠재력을 획기적으로 향상시키는 "사이버-물리적 시스템"의 출현이라고 정의하면서, 중요한 기술유형에 블록체인기술을 게놈 편집, 새로운 형태의 기계지능, 신소재 등과 함께 언급하고 있다. Nicholas Davis(2016).

2   이에 프랑스 디지털공화국법에서는 중소규모 기업이나 개인이 활용할 수 있도록 "공익데이터"라는 개념과 같이 일종의 데이터 공개념을 도입하려는 시도도 있었다.

3   정진근(2018), 13면 참조.

4   PDS를 개인이 자신의 데이터를 수집, 축적, 갱신, 수정, 분석 및/ 또는 공유할 수 있게 하는 기술로 정의하고 이 기술의 핵심은 제3자의 권리주체 데이터에 대한 접근을 허용할지를 결정하는데 있다거나(Guillaume Brochot et al.(2015)), 개인의 삶을 향상시키기 위해 정보를 수집 · 저장 · 관리 · 활용 · 공유할 수 있게 하고, 어떤 정보를 언제 어떤 사람이나 조직과 공유할 지를 관리할 수 있게 하는 기술로 정의하거나(mydex, "What is a Personal Data Store?", https://pds.mydex.org/what-personal-data-store-0 (2019. 6. 1. 확인)), 개인에게 자신의 데이터의 복사본을 저장하기 위한 장소를 제공하고 어떻게 이용되는지를 관리하는 것을 가능하게 하는 것이라고 정의하기도 한다(World Economic Forum(2013); デ_タ流通環境整備検討会(2017), 10頁에서 재인용).

5   Green Button Data 홈페이지, http://www.greenbuttondata.org/ (2019. 6. 1. 확인).

6   National Coordinator for Health Information Technology (ONC), "Blue Button", https://www.healthit.gov/topic/health-it-initiatives/blue-button (2019. 6. 1. 확인).

7   Federal Student Aid(Office of the U.S. Department of Education), "MyStudentData Download", https://studentaid.ed.gov/sa/resources/mystudentdata-download (2019. 6. 1. 확인).

8   Ctrl Shift(2018), p. 29.

9   midata innovation lab 홈페이지, http://www.midatalab.org.uk. (2019. 6. 1. 확인).

10 Graham Hill(Ctrl-Shift associate), "Guest post: 'How Marketing-as-a-Service builds trust and engagement' by Graham Hill",Ctrl Shift, https://www.ctrl-shift.co.uk/news/general/2014/07/25/guest-post-how-marketing-as-a-service-builds-trust-and-engagement-by-graham-hill/ (2014. 7. 25. ET).

11 MesInfos 홈페이지, http://mesinfos.fing.org/english/ (2019. 6. 1. 확인).

12 MYDATA FINLAND 홈페이지, https://mydata.org/finland/ (2019. 6. 1. 확인).

13   e-estonia 홈페이지, "e-identity", https://e-estonia.com/solutions/e-identity/id-card/ (2019. 6. 1. 확인).

14   4차 산업혁명위원회 홈페이지, www.4th-ir.go.kr (2019. 6. 1. 확인) 참조; 제355회 국회 제5차 4차 산업 혁명 특별위원회(2018).

15   자세한 내용은 박진아(2018) 참조.

16   CCN, "Blockstack Unveils Decentralized Tokenized Blockchain Web Browser", 2017. 5. 27., https://www.ccn.com/blockstack-joins-browser-wars-decentralized-tokenized-blockchain-web-browser.

17   Wikipedia, "Pillar Data Systems", https://en.wikipedia.org/wiki/Pillar_Data_Systems (2019. 6. 1. 확인).

18   Nexus Social Network 홈페이지, https://socialmnexus.com/ (2019. 6. 1. 확인).

19   가우랑 토버칼/데이비드 모스코윗츠(2017).

20   online.io 홈페이지, https://online.io/ (2019. 6. 1. 확인).

21   Peer Mountain 홈페이지, https://www.peermountain.com/ (2019. 6. 1. 확인).

22   DOVU 홈페이지, https://dovu.io/ (2019. 6. 1. 확인).

23   메디블록 홈페이지, https://medibloc.org/ko/About (2019. 7. 1. 확인) 참조.

24   이에 대하여는 성낙인(2005), 62-5면 참조.

25   이와 같이 유럽헌법은 개인정보 보호를 별도의 기본권으로서 보장하고 있는 입법례이다. Charter of Fundamental Rights of the European Union 2010.03.30 2010/C 83/02.

26   헌법재판소 2005. 5. 26. 자 99헌마513, 2004헌마190(병합) 결정.

27   헌법재판소 2005. 5. 26. 자 99헌마513, 2004헌마190(병합) 결정.

28   서울고법 1995. 8. 24, 94구39262 판결.

29   대법원 1998. 7. 24. 선고 96다42789 판결.

30   헌법재판소 2005. 5. 26. 자 99헌마513, 2004헌마190(병합) 결정.

31   헌법재판소 2015. 7. 30. 2014헌마340 · 672, 2015헌마99(병합) 결정.

32   2005년 결정의 설시를 명시적으로 반박하거나 부정하는 결정이 존재하지 않고 동일한 설시를 반복하거나 인용하고 있다는 등의 이유를 들고 있는 글로는 채성희(2017), 295-296면 참조.

33   대법원 2014. 7. 24. 선고 2012다49933 판결.

34   문재인대통령이 제안한 2018. 3. 20.자 헌법개정안에서는 제22조에서 정보기본권을 인정하고 자기정보통 제권을 인정하였다. 홍선기(2018), 18-19면 참조.

35   European Commission, Guidelines on the right to data portability, Article 29 Data Protection Working Party, http://ec.europa.eu/justice/data-protection/index_en.htm (2019. 6. 1. 확인).

36   프랑스의 디지털공화국법에도 이메일 등 데이터의 회수와 이동성에 관한 규정을 두고 있다.

37   GDPR 제20조에 대하여 박훤일(2017), 214-5면 참조.

38   Joshua Gans(2018).

39   Will Rinehart, "The Social Graph Portability Act Doesn't Take Tech Seriously, and That's Worrying", Medium, https://techpolicycorner.org/the-social-graph-portability-act-doesnt-take-tech-

seriously-and-that-s-worrying-63c7259a6fec (2017. 10. 13. ET).

40   이 제안에 대하여는 그들이 사회적 관계와 관계 API를 혼동하고 있다는 비판이 있다. Christian Davepon, ANDREA ZORZETTO and Julius Lang, "Changing the rules of the game—How regulation of social networks could look like", Medium, https://medium.com/@julius_h_lang/changing-the-rules-of-the-game-how-regulation-of-social-networks-could-look-like-97c5c4b12edc (2018. 4. 12. ET).

41   Data Portability: Selected Recent Resources,2018/SOM3/ECSG/DPS/0082018/SOM3/ECSG/DPS/008 Agenda Item: 3(b)Data Privacy Sub-Group Meeting, Port Moresby, Papua New Guinea, 9 August 2018 등.

42   Republic Act 10173 – Data Privacy Act of 2012. National Privacy Commission 홈페이지, https://www.privacy.gov.ph/data-privacy-act/ (2019. 6. 1. 확인).

43   SEC. 18. Right to Data Portability. – The data subject shall have the right, where personal information is processed by electronic means and in a structured and commonly used format, to obtain from the personal information controller a copy of data undergoing processing in an electronic or structured format, which is commonly used and allows for further use by the data subject. The Commission may specify the electronic format referred to above, as well as the technical standards, modalities and procedures for their transfer.

44   정부 관련 부처가 합동으로 작성하여 2016. 7. 1. 시행된 개인정보 비식별 조치 가이드라인에 따라 구체적인 비식별 조치를 하도록 하고 있다.

45   금융위원회는 2018. 3. 금융분야 데이터활용 및 정보보호 종합방안, 2018. 5. 금융분야 개인정보 보호 내실화 방안, 2018. 7. 금융분야 마이데이터 산업 도입 방안, 2018. 11. 데이터 경제 활성화를 위한 신용정보산업 선진화 방안을 이어서 발표했다.

46   2018. 11. 15. 신용정보의 이용 및 보호에 관한 법률 일부개정법률안을 김병욱 의원이 대표발의함.

47   동 개정안에 신설된 제2조 · 제9호의2 · 제9호의3, 제4조제1항 · 제2항, 제11조 제4항, 제11조의2 제5항, 제22조의8부터 제22조의10까지 참조.

48   신용정보법 개정안(김병욱 의원 대표발의)에 대한 시민사회 의견서, 2018. 12. 12.

49   박훤일(2017), 227-8면 참조.

50   민법 제751조 제1항은 재산 이외의 손해에 대한 배상책임을 규정한다.

51   민법 제764조는 명예훼손에 대한 구제로서 손해배상에 갈음하여 명예회복에 적당한 처분을 하거나 손해배상과 함께 명예회복에 적당한 처분을 할 수 있다고 규정한다.

52   대법원 1996. 4. 12. 선고 93다40614, 41621 판결.

53   서울지방법원 1998. 7. 1. 선고 97가합88720 판결, 서울지방법원 1997. 10. 10. 선고 97카합2923 판결, 서울지방법원 북부지원 1998. 7. 4. 선고 97가합88720 판결 등. 이에 대하여는 권영준, 인터넷과 표현의 자유, 사이버불법행위법연구회 발표원고 9면.

54   2004. 10. 12. 민법(재산편) 개정안 제1조의2 제2항은 인격권 보호에 대하여 규정하고 있다.

55   이러한 문제는 인격권보호에 관한 명문규정을 필요로 한다고 할 것인바, 민법개정안에서는 인격권보호규정을 포함되기도 하였다.

56   예컨대, Purtova교수도 현단계에서는 그러한 입장에 있는 것 같다. Nadezhda Purtova(2017).

57   스콧 갤러웨이(2018)에서 구글, 아마존, 페이스북, 애플과 같은 대표적 플랫폼기업들의 데이터 정보 축적 과 이용에 대하여 잘 설명하고 있다.

58   민법 제98조.

59   이에 대하여 자세한 내용은 박진아(2011).

60   무엇보다도 물권의 가장 큰 특징은 배타적으로 소유하고, 제3자의 간섭을 배제하는 배타성을 가진다는 것 이며, 물건의 사용 뿐 아니라 양도할 권리도 포함한다. 또한 물권은 관리가능성, 독립성 및 통제가능성을 가진다. 이에 대하여는 Joshua Fairfield(2009); F. Gregory Lastowka & Dan Hunter(2004), pp. 1, 40-41 참조.

61   라스토카(Lastowka) 교수가 그렇게 주장한다. Michael A. Carrier & Greg Lastowka(2007); Wagner, R. Polk(2005); Patricia L. Bellia(2004), (defining the term to embrace a network resource owner's right to "set the terms of access to the resource").

62   경제적 권리를 인정할 필요성을 반영하여 물권성을 인정하는 것과는 다른 대안으로서 이용허락권을 본질 로 한 무체재산권을 인정하는 방법도 고려할 수 있을 것이나, 이에 대한 논의는 데이터권에 관한 후속 논 문에서 다루기로 한다.

{ 블록체인과 지식재산권 }

제11절　{ 블록체인과 지식재산권 }

심현주

I. 서론

블록체인은 참여하는 모든 노드node들이 거래 내역이 담긴 장부transaction를 거래에 참여하는 모든 구성원들에게 분산하여 저장하는 기술로서, 분산원장 기술이라고도 한다. 블록은 체인으로 연결되어 있어, 블록 데이터의 위변조가 매우 어렵다는 특성이 있다.[1]

현재 블록체인 기술은 금융 분야를 중심으로 활용방안이 모색되고 있지만, 블록체인 기술이 활용 가능한 분야는 금융 분야에 한정되지 않는다. 먼저, 디지털 정보를 저장·보관하는데 활용될 수 있다. 즉, 네트워크 참여자들이 공동으로 거래 정보를 검증하고 이를 기록하여 보관할 수 있다. 이는 향후 개별 거래와 관련된 정보추적이 용이하다는 점이 분산원장 기술의 장점을 활용할 수 있는 예이다. 또한 현 시스템하에서는 물리적 자산을 거래할 때마다 발생하는 복잡한 조사와 검증과정으로 인해 계약 체결에 소요되는 비용과 시간이 늘어나고 있는데, 유형자산 뿐만 아니라 주식, 채권, 지식재산 등 무형자산의 소유권을 블록체인에 기록함으로써 온라인 장부상에서 쉽게 소유권 이전이 가능할 것이다. 뿐만 아니라 블록체인 기술에 기반한 스마트계약smart contract의 내용과 실행 조건 등을 사전에 분산원장에 저장하여 향후 자동적인 계약 진행을 위한 시스템 개발이 가능하다.[2]

본 절에서는 위와 같은 블록체인 기술의 특성에 따른 활용 방안을 지식재산 분야에도 적용해 보고자 한다.

 ## Ⅱ. 지식재산의 특징과 법적 규제

1. 개관

'지식재산권'이라는 법적 권리가 부여되지 아니한 지식재산은 공유公有, public domain 상태로 누구든지 자유로이 이용할 수 있는 것이 원칙으로 이러한 지식재산을 기초로 모방 등 인간의 창조적 활동을 통해 새로운 지식재산을 창출하기도 한다. 지식재산권법에 의해 독점적·배타적인 권리가 인정된 지식재산권이 침해된 경우 그 구제수단으로 침해금지청구권, 손해배상청구권, 원상회복청구권, 부당이득청구권 및 형사적 보호가 인정된다. 그러나 지식재산이 지식재산권법상 지식재산권으로 보호되는 데에는 일정한 제약이 따른다. 발명에 대하여 특허권이 인정되기 위하여는 일정한 요건을 갖추어야 함은 물론 그 요건의 구비 여부를 심사하기 위하여 장기간의 세월이 소요된다. 또한 어떠한 발명은 발명자가 선택하는 바에 따라 특허 출원되지 않고 남아 있을 수도 있다. 인간의 사상이나 감정의 표현 중에는 창작성을 갖추지 못하여 저작권의 보호를 받지 못하는 표현물도 있다. 이처럼 지식재산권으로 보호받지 못하는 지식재산 중에도 법적 보호를 받을 가치가 있는 것이 얼마든지 존재할 수 있다.

2. 지식재산의 유형

지식재산은 그 대상과 성격에 따라 아이디어, 디자인, 표장, 표현물로 나눌 수 있고 이러한 유형에 속하지 않는 지식재산은 총칭하여 신지식재산이라 부를 수 있을 것이다. 이하에서는 지식재산의 종류를 구분하여 살펴보기로 한다.

(1) 아이디어

아이디어idea[3]란 지식재산 창출의 기초가 되는 다양한 형태의 사상 또는 관념을 통칭하는 것으로[4] 우리말로는 창안創案이라 부를 수 있다. 아이디어는 기술 · 제품 · 상품의 개발의 초기단계인 발상 또는 착상, 착안, 구상, 사상뿐만 아니라, 상업 · 경영의 판매방법, 고객관리, 재고관리, 시장정보 분석, 영업방법 등에 대한 발상 또는 착상, 착안, 구상, 사상 등을 포함하는 넓은 개념이다.[5] 이러한 아이디어에 속하는 것으로는 발명, 고안, 영업비밀, 식물신품종 등이 있다. 특허법에서는 발명이란 자연법칙을 이용한 기술적 사상의 창작으로서 고도한 것을 말하는데(특허법 제2조 제1호), 여기서 창작적 사상이 바로 아이디어에 해당한다. 고안은 일종의 저급한 발명으로 역시 아이디어라 할 수 있다. 영업비밀은 일정한 요건을 갖춘 기술상, 경영상의 정보를 말하는데 이 역시 아이디어의 개념에 포함된다. 이러한 개념은 서로 배타적인 개념은 아니다. 발명과 고안 중 영업비밀로서의 요건을 갖춘 기술상의 정보는 영업비밀이 되고 또한 식물신품종의 대부분은 발명의 개념에 포섭될 수 있다. 경영상의 새로운 정보는 아이디어 중 영업비밀에는 해당될 수 있으나 발명에는 해당되지 않는다.

(2) 디자인

전통적인 지식재산권으로 보호되는 디자인design이란 "물품의 형상 · 모양 · 색채 또는 이들을 결합한 것으로서 시각을 통하여 미감(美感)을 일으키게 하는 것", 즉 산업디자인industrial design을 말한다.[6] 그러나 일반적으로 디자인은 이보다 훨씬 넓은 개념으로 사용되어 왔다. 이는 디자인이 함축적인 어원語原을 갖고 있기 때문이다.[7] 문맥에 따라 디자인은 계획, 프로젝트, 의도, 과정이라는 의미로도 쓰이고, 또 다른 한편으로는 스케치, 모델, 동기, 장식, 시각적 구성, 스타일이라는 의미로 사용된다.[8]

(3) 표장

표장標章, mark이라 함은 "어떠한 대상을 표시하기 위한 일체의 감각적 표현수단"[9]이라고 정의할 수 있다.[10] 이와 같이 표장은 넓은 개념으로서 그 대상에 따라 인적 표장과 물적 표장으로 나눌 수 있다. 인적 표장에는 성명name과 상호trade name가 대표적이고, 단체표장collective mark 등도 이에 포함된다. 물적 표장은 상표trademark, 서비스표service mark가 대표적이며, 지명geographic term, 지리적 표시geographical indication 등도 포함한다.

(4) 표현물

표현물이란 인간의 사상 또는 감정을 표현한 것을 말하며, 즉 표현물에 해당하기 위하여는 ① 인간의 사상, 감정 또는 사실에 관한 것이어야 하고 또한 ② 표현한 것이어야 한다. 데이터베이스나 전화번호부가 창작성 없는 표현물의 대표적인 예이다. 저작물이란 표현물 중 사상 또는 감정을 표현한 창작물을 말한다(저작권법 제2조 제1호). 즉, 표현물 중 저작권으로 보호되는 저작물에 해당하기 위하여는 인간의 사상 또는 감정에 관한 것에 한하고 나아가 창작성이 있어야 한다. 우리나라 및 일본의 저작권법은 저작물의 종류를 예시하고 있다.[11]

표현물이 되기 위해서는 "표현된 것"이 "사상, 감정 또는 사실"이어야 한다. 데이터 등 사실 그 자체는 사상 또는 감정이라고 할 수 없어 저작물이 될 수는 없으나[12] 인간의 정신활동의 표현인 한 표현물로 될 수 있다. 표현이란 사상, 감정 또는 사실을 무형적으로 표출하는 것 또는 그것을 유형물에 고정하는 것을 말한다. 즉, 인간의 사상, 감정 또는 사실 그 자체가 표현물로 되는 것이 아니라, 사상 또는 감정이 외부에 구체적으로 표현되어야 표현물이 될 수 있다. 저작물이 되기 위하여는 창작성이 있어야 하나 표현물에는 창작성이 없는 것도 포함된다. 단순한 역사적 사실의 기록이나 사진 등은 표현이기는 하나 창작성이 없으므로 저작물 아닌 표현물로 남게 된다.

(5) 신지식재산

이상에서 검토한 지식재산 외에 나머지 지식재산은 신지식재산新知識財産으로 분류할 수 있을 것이다. 신지식재산이란 경제·사회 또는 문화의 변화나 과학기술의 발전에 따라 새로운 분야에서 출현하는 지식재산을 말한다.[13] 즉, 인간의 창조적 활동 또는 경험 등에 의하여 창출되거나 발견된 지식·정보·기술, 사상이나 감정의 표현, 영업이나 물건의 표시, 생물의 품종이나 유전자원, 그 밖에 무형적인 것으로서 재산적 가치가 실현될 수 있는 것 중 이미 지식재산으로 알려진 것을 제외하고 새로운 분야에서 발생하는 것을 말한다. 최근 논의되고 있는 빅데이터Big Data, 퍼블리시티권Right of Publicity, 전통지식Traditional Knowledge, TK, 유전자원Genetic Resources, GR 등이 그 예이다.

3. 실정법상 지식재산권의 종류

지식재산권은 지식재산 자체에 인정되는 물권적 권리를 말하며, 통상 특허권, 실용신안권, 디자인권, 상표권 등의 산업재산권과 저작권의 두 가지 유형으로 크게 나누어진다.[14] 지식재산권은 배타적이고 독점적 지배권이라는 점에서 소유권과 유사한 성질을 가지지만 소유권의 객체가 일정한 동산·부동산과 같은 유체물인데 반하여, 지식재산권은 그 객체가 무형적인 사상의 표현, 발명, 고안, 디자인, 반도체배치설계, 식물신품종 또는 영업상의 표지와 같은 관념적인 무체물이라는 점에서 큰 차이가 있다. 그러나 이러한 지식재산권 중 저작권, 특허권, 실용신안권, 디자인권, 반도체배치설계권 및 품종보호권은 인간의 지적·정신적 창작활동에 의한 창작물을 보호하고 있는 것임에 반하여 상표, 상호 등은 산업활동에서의 식별표지에 관한 권리로서 그 보호객체는 영업상의 표지라는 점에서 차이가 있다.[15]

(1) 특허권

특허권이란 발명이라는 기술적 사상의 창작에 대해 법률이 부여하는 독점·배타적인 권리를 말한다.[16] 특허법에 의하여 보호될 수 있는 발명은 자연법칙을 이용한 기술적 사상의 창작으로서 고도한 것이며(특허법 제2조 제1호), 발명은 산업상 이용가능성, 신규성, 진보성을 갖추어야 비로소 특허권을 부여받는다. 이러한 특허권은 설정등록에 의하여 그 효력이 발생한다(특허법 제87조). 즉, 특허권의 설정등록은 특허결정을 받고 특허료를 납부한 후 특허등록원부에 기재됨과 동시에 효력이 발생하며 특허권이 발생한다. 특허권은 특허권의 설정등록이 있는 날부터 특허출원일 후 20년이 되는 날까지 존속한다(특허법 제88조 제1항).

(2) 실용신안권

실용신안권은 물품의 형상·구조·조합에 관한 고안에 대하여 부여되는 권리로서,[17] 인간생활에 유용한 새로운 물품을 창작하였지만 특허부여에 필요한 기술적 진보 또는 발명의 고도성 기준에 달하지 못한 소발명小發明을 짧은 기간 동안 신속하게 보호하기 위하여 입법화[18]된 것으로 특허 · 디자인 및 상표와 함께 산업재산권에 속한다.[19] 특허법과 마찬가지로 실용신안법 또한 심사주의를 취하고 있다. 따라서 고안이 심사를 거쳐 등록되면 실용신안권이 발생한다. 이렇게 발생한 실용신안권은 설정등록을 한 날부터 실용신안등록출원일 후 10년이 되는 날까지 존속한다(실용신안법 제22조 제1항).

(3) 디자인권

디자인보호법상 보호되는 디자인이라 함은 "물품[물품의 부분(제42조는 제외한다) 및 글자체를 포함한다. 이하 같다]의 형상 · 모양 · 색채 또는 이들을 결합한 것으로서 시각을 통하여 미감美感을 일으키게 하는 것"을 말한다(디자인보호법 제2조 제1호). 디자인보호법에 의하여 디자인으로 등록받기 위해서는 ① 물품에 표현되어야 하고(물품성), ② 물품의 형상 · 모양 · 색채 또는 이들의 결합으로서(형태성), ③ 시각을 통하여(시각성), ④ 미감을 일으키게 하는 것(심미성)이어야 한다. 디자인보호법상 보호되는 디자인은 형상 · 모양 · 색채 또는 이들을 결합한 것이 "물품"에 표현되어 있어야 하므로, 디자인은 물품의 외관형태를 구성하며 물품을 떠나서는 존재할 수 없다.[20] 디자인권은 설정등록한 날부터 발생하여 디자인등록출원일 후 20년이 되는 날까지 존속한다(디자인보호법 제91조).

(4) 상표권

일반적으로 상표는 자타상품을 식별하기 위하여 상품의 표지로서 사용되는 표장을 의미한다.[21] 상표는 문자, 기호, 도형 등의 수단에 의하여 상품을 표상하는 상징적 표지며, 상표소유자는 그것으로 자기 상품을 형상적으로 표현하여 상품의 출처, 품질, 성능 등을 나타내고, 일반 소비자는 상품을 연상하게 하는 심리적 작용에 따라 상품선별의 수단으로 삼는다.[22] 그러나 이와 같은 사회통념상 상표와는 달리 상표법상 보호를 받기 위한 상표는 그 구성 요건상 일정한 제한이 있다. 즉, 상표법상 상표란 상품을 생산 · 가공 또는 판매하는 것을 업으로 영위하는 자가 자기의 업무에 관련된 상품을 타인의 상품과 식별되도록 하기 위하여 사용하는 표장을 말한다(상표법 제2조 제1항 1호). 그리고 표장과 관련하여 상표법은 ① 기호 · 문자 · 도형,

입체적 형상 또는 이들을 결합하거나 이들에 색채를 결합한 것, ② 다른 것과 결합하지 아니한 색채 또는 색채의 조합, 홀로그램, 동작 또는 그 밖에 시각적으로 인식할 수 있는 것, ③ 소리·냄새 등 시각적으로 인식할 수 없는 것 중 기호·문자·도형 또는 그 밖의 시각적인 방법으로 사실적寫實的으로 표현한 것으로 한정하여 규정하고 있다.[23] 이러한 상표권의 존속기간은 설정등록이 있는 날부터 10년이며, 그 기간은 10년씩 갱신이 가능하다(상표법 제83조 제1항 및 제2항).

(5) 저작권

저작권은 저작물에 대하여 부여되는 독점적·배타적인 권리이다. 즉, 저작권은 인간의 사상 또는 감정을 표현한 창작물에 대하여 법이 그 창작자에게 일정 기간 동안 그 창작물을 독점적으로 사용하게 하고, 다른 사람이 무단으로 복제·공연·공중송신·전시·배포·대여 및 2차적 저작물 작성 등의 행위를 하거나 그 창작물에 대한 창작자의 인격권을 침해하는 행위를 금지하는 권리이다.[24] 저작권의 보호를 받는 저작물이 되기 위하여는 인간의 사상 또는 감정에 관한 것일 것, 표현일 것, 창작성이 있을 것이 요구된다(저작권법 제2조 제1호).

저작권은 다른 지식재산권과 달리 창작한 때부터 발생하며 어떠한 절차나 형식의 이행을 필요로 하지 않는다(저작권법 제10조 제2항). 이러한 저작권은 저작자가 자신의 저작물에 대하여 가지는 인격적·정신적 이익을 보호하는 저작인격권[25]과 저작물의 이용으로부터 생기는 경제적 이익을 보호하기 위한 저작재산권[26]으로 구성된다. 저작인격권은 일신전속권으로 저작자가 존재하지 않게 되는 경우, 즉 자연인인 저작자가 사망한 경우 또는 법인인 저작자가 소멸된 경우에는 저작인격권은 소멸되고 상속성은 없다.[27] 한편, 저작재산권은 원칙적으로 저작자의 사망 후 70년간 존속한다(저작권법 제39조).

4. 소결

과학기술이 발전함에 따라 다양한 종류의 지식과 표현 및 그 유통방법이 발생하였고, 이러한 지적 성과물 중 일부는 기존의 지식재산권법에 규정된 요건을 충족시키지 못하는 경우임에도 어떠한 사업이나 거래의 핵심으로서 중요한 경제적 가치를 가지게 되었다. 그러나 지식재산권법상 보호를 받기 위해서는 일정한 권리취득 절차를 거쳐야 하고, 각 법률에서 규정하는 보호요건을 충족해야 하므로, 이러한 요건을 충족하지 못한 지식재산은 지식재산권으로 권리화되지 못한다. 이러한 부분을 해결하기 위한 수단으로 블록체인 기술을 활용할 수 있을 것이다. 또한 현행 법제도상 지식재산권의 창출, 보호, 관리를 하는데 블록체인 기술이 활용될 수도 있을 것이다.

 ## Ⅲ. 지식재산 분야에서 블록체인의 활용 가능성

1. 블록체인을 활용한 지식재산 창출

(1) 블록체인 기술과 특허

1) 블록체인 기술의 등장

블록체인 기술은 2008년 10월 31일 사토시 나카모토(가명)에 의해 처음 배포되었고[28] 2009년 실제로 구현되었다. 블록체인은 일련의 거래정보를 기록하고 이를 분산 공유하는 데이터베이스를 말하여, 디지털 통화 비트코인의 거래기록 저장 기술로 최초 개발된 블록체인은 금융·상거래의 분산장부distributed ledger 기술로서 새로운 위상을 확보해 나가고 있다. 즉, 초기의 특허출원은 은행과 금융기관에서 암호화폐와 관련한 출원이 많이 이루어졌지만, 최근에는 물류·의료 공공서비스 등으로 범위가 확대되어 다양한 산업분야에 걸쳐 출원이 이루어지고 있다.[29]

2) 국가별 블록체인 특허 출원 동향

전 세계의 블록체인 특허출원을 살펴보면, 미국과 중국의 경쟁이 치열하다. 즉, 미국과 중국의 주요 정보기술IT 업체와 금융기관들이 전 세계 블록체인의 기술개발 및 응용 분야를 선도하고 있는 것으로 나타난다.

지식재산 선진 5개국(한국, 미국, 일본, 유럽, 중국)에 출원되어 2018. 1.말 기준 공개된 블록체인 관련 특허출원은 모두 1,248건으로 나타났다. 특허출원의 양은 많지 않으나 2009년 블록체인이 최초 구현된 이래, 2013년 17건에서 매년 2~3배 증가해 2015년에는 258건, 2016년에는 594건(미공개건 제외)에 이르는 것으로 조사되었다.[30] 출원건수가 가파르게 증가하고 있는 추세이다.

미국과 중국이 전체 특허출원의 대부분인 78%를 점유하고 있고, 3, 4위를 차지한 우리나라와 일본의 점유율은 각각 8%와 3%에 불과하여 미국과 중국의 편중현상이 심한 것으로 나타났다.

〈표 1〉 연도별 · 국가별 출원현황[31]

출원인 국적 \ 출원년도	'07년	'08년	'09년	'10년	'11년	'12년	'13년	'14년	'15년	'16년	'17년	'18년	합계
미국	4	4	5	2	10	12	18	62	136	186	58		497
중국		4	2	2		3	3	9	25	321	103		472
한국				1			2	11	33	41	10	1	99
일본		4	2		2	1	2	4	11	2	8		36
유럽				1		2	2	6	24	22	16		73
기타				2	1	3		6	29	22	8		71
총합계	4	12	9	8	13	21	27	98	258	594	203	1	1,248

※ 2007. 1. 이후 출원되어 2018. 1.말까지 공개된 한 · 미 · 일 · 중 · 유럽 특허의 키워드 검색("해쉬체인(Hash-chain)", "블록체인(Block-chain)", "분산원장(distributed ledger)" 포함 여부 검색) → 노이즈 제거 → 유효특허 1,248건 추출 및 분석

3) 블록체인 출원 기업

전자산업과 통신산업 분야의 대기업과 소프트웨어 분야 기업이 블록체인 특허출원을 다수 하고 있다. 미국의 IBM, INTEL, QUALCOMM, MICROSOFT, 일본의 PANASONIC, NEC, 한국의 삼성전자, 한국전자통신연구원 등이 그들이다. 코인플러그 등의 암호화폐 개발기업과 BANK OF AMERICA와 같은 금융회사도 주요 출원인으로 분류된다. 2007년부터 2017년까지 블록체인 기술 관련 최다 특허 보유자는 110건의 특허를 출원한 IBM이다. 한국의 경우 삼성전자, 한국전자통신연구원, 코인 플러그, 엘지전자 등 4개 기업이 주류를 형성하고 있다.[32]

4) 블록체인 특허 출원 기술 분야

블록체인의 기본 개념은 이미 오픈 소스Open Source로 공개되어 누구도 특허를 갖지 못하는 자유 기술이므로 블록체인 특허출원은 주로 보안,[33] 운용,[34] 활용[35] 등 주변 기술을 중심으로 이루어지고 있는 것으로 나타나고 있다. 특히, 블록체인이 암호화폐에서 물류·의료·공공 서비스 등으로 활용 범위가 점차 확대됨에 따라 특허출원도 덩달아 활용 분야를 중심으로 증가할 것으로 전망된다.[36]

블록체인 기술의 세부 기술별 특허출원 동향을 보면 블록체인 보안기술 분야와 블록체인 네트워크 기술 분야가 비슷한 규모의 특허가 출원되었고 블록체인 운용 서비스 기술분야가 그 뒤를 이었다. 첫째 블록체인 보안기술 분야로는 블록체인 보안 및 암호화 기술, 블록체인 신원확인, 권한확인, 인증 및 검증 기술, 블록체인 프라이버시 기술, 블록체인 접근제어 기술, 블록체인 개인키 관리 기술이 출원되었고, 둘째 블록체인 네트워크 기술 분야로는 블록체인 트랜잭션 및 이전 기술, 블록체인 저장, 출력 및 저장관리기술, 동기화synchronization 기술, 합의 블록체인 기술, 블록체인 모니터링 및 추적 기술이 있고, 셋째 블록체인 운용서비스 기술로는 블록체인 응용 서비스 관련기술로 전자투표, 사물인터넷, 헬스케어, 스마트계약 등을 포함하는 융합기술이 있다.[37]

〈그림 1〉 세부기술별 출원동향[38]

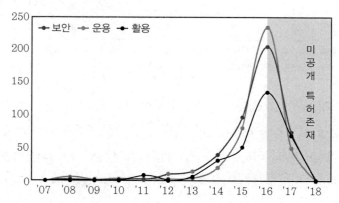

한편, 블록체인은 최근에 부상한 기술이라 표준 특허는 전무한 상황이고, 국제 논의도 아직 초기 단계이다.[39] 2017년부터 국제 표준화 기구ISO, ITU에서 관련 논의가 시작되어, 현재 보안, 의료정보 관리, 디지털화폐 등 블록체인 전반에 걸쳐 논의

가 진행 중이고, 우리나라도 전자통신연구원, KAIST 등이 주요 회원으로 참여하고 있다.[40]

(2) 블록체인과 영업비밀

기업이나 발명가는 자신이 보유한 핵심 기술을 영업비밀로 관리할 것인지 아니면 특허로 출원하여 보호받을 것인지에 관해 선택이 필요하다. 영업비밀은 비공개를 전제로 영업비밀 보유자가 비밀로서 계속 관리할 경우 영구히 자신만이 사용할 수 있지만, 타인이 동일한 기술을 정당하게 취득 또는 개발하여 사용할 경우 이를 금지할 수 없으며, 타인이 특허권을 획득할 경우 영업비밀 보유자는 영업비밀 사용에 있어서 제약을 받게 될 수도 있다. 반면, 특허는 기술 공개를 전제로 일정한 심사과정을 거쳐 출원 후 20년 동안 독점배타적인 권리가 부여된다(특허법 제88조 제1항).[41] 이에 따라 특허권을 침해당할 경우 민사상, 형사상 강력한 구제수단을 확보할 수 있다. 그러나 특허권 존속기간의 만료 후에는 누구나 그 기술을 사용할 수 있게 되어 보호를 받을 수 없게 된다. 따라서 기업은 기본적으로 당해 기술이 공개될 경우 빠른 시일 내에 역설계逆設計, reverse engineering를 통해 제품의 제조가 불가능한 기술정보, 기업 경영정보 등 특허권으로 보호받기 어려운 정보, 특허 권리화 이전 단계의 연구 아이디어 등은 영업비밀로 관리하고 있다. 따라서 기업이나 발명가의 선택에 따라 블록체인 관련 기술 그 자체는 지식재산권 중 하나인 영업비밀로 보호될 수도 있다.

2. 블록체인을 활용한 지식재산 보호

(1) 현행법상 등록원부에 활용

1) 산업재산권 등록

현행 지식재산권법제하에서는 특허권을 비롯한 산업재산권은 등록요건을 갖추어서 특허청에 출원하여 심사관에 의한 심사절차를 거쳐 거절결정을 받지 않는 것은 설정등록에 의하여 산업재산권으로서 그 효력이 발생한다. 즉, '산업재산권 등록'

이란 산업재산에 관한 권리의 발생·변경·소멸·기타 산업재산권에 대한 일정한 사항을 특허청장의 직권이나 당사자의 신청 또는 법원 등 국가기관의 촉탁에 의하여 특허청에 비치한 산업재산(등록)원부에 기재하는 것 또는 기재된 사항을 총칭한다. 여기서 '등록원부'란 특허청장이 산업재산권 및 그에 관한 권리에 대하여 법령에서 정하는 소정의 등록사항을 기재하기 위하여 특허청에 비치하는 공적장부를 말한다. 산업재산권에 관한 등록원부에는 특허원부, 실용신안등록원부, 디자인등록원부, 상표원부 4종류가 있으며, 각 등록원부에는 신탁원부가 별도로 존재한다. 특허발명의 명세서 및 도면, 디자인의 도면과 상표를 표시하는 서류는 등록원부의 일부로 본다.[42]

이러한 산업재산권 등록을 블록체인 기술을 활용하여 디지털화된 스마트 자산으로 기능을 할 수 있을 것이다. 먼저 산업재산권 등록시 발생하는 비용이 절감될 수 있을 것이다. 통상 산업재산권 등록시 신규권리설정 등록료, 연차등록료, 상표권의 경우 존속기간 갱신등록료 등 권리자에게 적지 않은 비용이 발생하게 되는데, 블록체인 기술을 활용하면 이러한 등록 비용을 절감할 수 있을 것이다. 또한 산업재산권 등록의 처리과정에서 발생하는 과실을 크게 줄일 수 있다는 것도 블록체인의 장점 중 하나가 될 것이다.

2) 저작권 등록

저작권은 산업재산권과 달리 권리의 발생을 위하여 심사의 절차를 요하지 않고 그 저작물의 완성과 동시에 권리가 발생하는 무방식주의를 취하고 있다(저작권법 제10조 제2항). 그러나 우리 저작권법은 저작물에 관한 일정한 사항(저작자 성명, 창작연월일, 맨 처음 공표연월일 등)과 저작재산권의 양도, 처분제한, 질권설정 등 권리의 변동에 대한 사항을 저작권 등록부라는 공적인 장부에 등재하고 일반 국민에게 공개, 열람하도록 공시하는 저작권 등록제도를 별도로 두고 있다(저작권법 제53조 이하). 저작권 등을 등록하지 않으면 저작권 관련 분쟁 발생 시 권리자가 모든 주장사실을 입증해야 하는데, 이러한 부담을 덜어주기 위해서이다. 즉, 저작권을 등록하게 되면 법적 추정력[43]과 대항력[44]이 발생한다. 또한 법정 손해배상청구가 가능하다. 즉, 민사소송에서는 원고가 실제 발생한 손해를 입증해야 그에 상응하는 손해배상을 받을 수 있다. 그러나 침해행위가 일어나기 전에 미리 저작물을 등록하였다면 원고가 실손해를 입증하지 않은 경우라도 사전에 저작권법에서 정한 일정한 금액(저작물 마다 1

천만 원, 영리를 목적으로 고의의 경우 5천만 원 이하)을 법원이 원고의 선택에 따라 손해액으로 인정할 수 있도록 한 법정 손해배상제도를 이용할 수 있게 된다(제125조의2 제3항). 이외에도 보호기간 연장,[45] 침해물품 통관 보류 신고자격 취득[46] 등 저작자의 권리를 쉽게 보호할 수 있다는 장점이 있다.

이러한 저작권 등록을 산업재산권과 마찬가지로 블록체인 기술을 활용하여 디지털화된 스마트 자산으로 기능을 할 수 있을 것이다. 다만, 저작권은 산업재산권과 달리 무방식주의를 취하고 있으므로, 공적기관에서 운영하는 블록체인이 아닌 사적기관에서 운영하는 블록체인에 기재하여도 현행 법제도상 저작권 보호의 문제는 없을 것이다. 물론 저작권 등록을 사적기관에서 운영하는 블록체인에 기재한 경우, 현행 저작권법상 저작권 등록의 효과를 그대로 누리는 데에는 한계가 있을 것이다.

(2) 증거로서의 기능

1) 선행기술 등의 증거

선행기술 조사는 출원된 발명의 신규성이나 진보성 등 특허요건을 심사하기 위하여 관련된 선행기술을 검색하는 것을 말한다. 선행기술조사는 불필요한 출원으로 발생되는 비용을 절감하게 하고, 선행기술 조사를 통해 권리범위를 재설정하여 심사과정에서 발생되는 거절이유를 사전에 방지할 수 있게 한다. 블록체인에 발명의 기술을 기재하여 수록하는 경우 해당 기술에 대한 타인의 특허등록을 방지하는 선행기술의 증거로 활용할 수 있다.

2) 특허 선사용권 입증을 위한 증거

특허출원 시에 그 특허출원의 발명의 내용을 알지 못하고 그 발명을 하거나 그 발명을 한 사람으로부터 알게 되어 국내에서 그 발명의 실시사업을 하거나 이를 준비하고 있는 자는 그 실시를 하거나 준비하고 있는 발명 및 사업목적의 범위에서 그 특허출원된 발명의 특허권에 대해 통상실시권을 가진다(특허법 제103조). 선사용권은 기술의 공개를 권장하는 특허법 체계에서는 예외적인 규범에 속하지만, 한편으로는 기업으로 하여금 자신의 발명을 영업비밀로 유지·활용할 수 있도록 하는 제도적 장치로서 기능한다. 특허권자로부터 특허침해 제소를 받은 자가 당해 특허발명의 선사용권자임이 입증되는 경우에는 특허출원 시에 실시하거나 준비하는 사업의 범위 내에서 계속 실시한 발명은 특허침해를 구성하지 않는다.[47] 특허권자로부터 경고를 받았거나 특허침해소송이 제기된 경우에 특허권자에게 대항하기 위하여 선사용권의 입증의 증거로서 블록체인 기술이 활용될 수 있다.[48]

3) 상표 사용의 증거

상표의 사용이란, 상품 또는 상품의 포장에 상표를 표시하는 행위, 상품 또는 상품의 포장에 상표를 표시한 것을 양도 또는 인도하거나 양도 또는 인도할 목적으로 전시·수출 또는 수입하는 행위, 상품에 관한 광고·정가표定價表·거래서류, 그 밖의 수단에 상표를 표시하고 전시하거나 널리 알리는 행위 중 어느 하나에 해당하는 행위를 말한다(상표법 제2조 제1항 제11호). 상표법상 상표의 사용은 상표법의 핵심적인 개념요소로서 상표의 사용의 범위에 대한 명확한 기준이 필요하다. 즉, 상표의 사용은 상표권의 효력(상표법 제89조), 상표권의 침해(상표법 제107조), 불사용 취소심판 판단(상표법 제119조 제1항 제3호), 사용에 의한 식별력(상표법 제33조 제2항) 등을 판단하는 데 중요한 요소가 된다. 블록체인은 거래의 기록이 위변조가 불가능하므로, 불사용 취소심판에 대항하여 상표 사용의 사실을 입증하기 위한 증거로서 활용, 사용에 의한 식별력 판단에 있어 상표의 사용에 대한 증거로서 활용될 수 있다.[49]

(3) 지식재산 침해예방의 효과

1) 저작권의 권리증명

앞서 본 바와 같이 저작권법은 권리자의 권리증명 등을 용이하게 하기 위하여 저작권 등록제도를 두고 있다. 현재 음악, 드라마, 영화 등 많은 저작물들이 표절 시비, 저작권 침해 등의 분쟁을 겪고 있지만, 저작권 등록을 통해 저작물에 대한 정보를 공표한 경우 이 사실을 기반으로 적극적으로 법적 대응의 증거로 활용하며 자신의 정당성을 주장할 수 있다.[50] 이러한 저작권 등록제도에 블록체인 기술이 활용된다면 단순한 권리 증명을 넘어서 저작권 침해 예방의 효과도 거둘 수 있을 것이다.

한편, 저작권법은 저작권 등록제도 이외에 저작권 인증제도도 두고 있다. 저작권법상 '인증'은 저작물 등의 이용허락 등을 위하여 정당한 권리자임을 증명하는 것을 말하며(저작권법 제2조 제33호), 저작권 인증은 저작권법에 의해 보호되는 권리에 대한 인증(권리 인증)과 권리자로부터 받은 이용허락에 대한 인증을 말한다(저작권법

제56조). 저작권 인증제도는 저작권자의 권리를 명확히 하고, 신뢰할 수 있는 저작물 유통환경을 조성하기 위하여 도입하였다. 또한 저작권 인증제도의 이용을 활성화하기 위하여 저작권 인증표시를 하고 있다.[51]

현재 금융분야는 블록체인 기술이 가장 활발하게 논의되고 있는 산업군이라고 할 수 있다.[52] 이는 블록체인 기술을 통해 안전하게 거래할 수 있고, 인증에 대한 신뢰성 때문이다. 분산원장에 저장된 저작권 정보의 확인과 검증을 통해 거래기록을 생성하고 생성된 정보는 위변조가 불가능함에 따라 저작물에 대한 정당한 권리자임이 확인될 수 있으므로 거래의 신뢰성을 확보할 수 있을 것이다.

2) 영업비밀의 증명

〈그림 2〉 영업비밀보호센터의 원본증명[53]

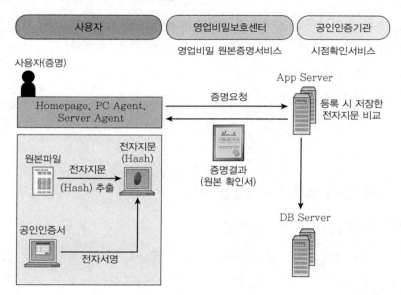

현재 부정경쟁방지법상 영업비밀 보유자는 영업비밀이 포함된 전자문서의 원본 여부를 증명받기 위하여 영업비밀 원본증명기관에 그 전자문서로부터 추출된 고유의 식별값(전자지문)을 등록할 수 있다(부정경쟁방지법 제9조의2). 영업비밀이 포함된 전자문서의 전자지문을 원본증명기관에 등록하면, 등록 당시에 해당 전자문서에 기재된 내용대로 정보를 보유한 것으로 추정한다. 이는 영업비밀의 전자문서에서 추출한 고유한 전자지문[Hash] 값[54]과 타임스탬프[55] 기술을 적용하여 영업비밀(전자문서)

의 원본의 존재와 존재 시점을 확인하고 있다. 이러한 영업비밀의 원본 증명은 블록체인과 각 블록마다 고유의 Hash 값을 가지고 있고, 타임스탬프 기능이 있으며, 위변조가 불가능하므로 현행 영업비밀 원본 증명서비스를 탈중앙화한 시스템으로 활용하는 것이 가능할 것이다.[56]

(4) 미등록 지식재산의 보호

저작권을 제외한 산업재산권은 원칙적으로 등록되어야만 법적 보호를 받을 수 있다. 그러나, 블록체인 기술을 활용한다면 등록이 필요 없는 저작권 외에 등록되지 않은 발명, 아이디어, 디자인, 영업비밀 등과 같은 미등록 지식재산의 창작성originality에 대한 증거로 활용될 수 있을 것이다.[57] 즉, 미등록 지식재산도 블록에 기재함으로써 해당 지식재산의 창작 시점, 창작자, 국가 등 정보를 확인할 수 있다. 이와 같이 블록에 독창적인 지식재산에 관한 데이터를 기재하면, 타임스탬프 등을 통하여 증거로도 활용할 수 있다. 다만, 블록체인에 발명, 저작물, 디자인, 영업비밀 등을 최초로 등록한 자가 진실한 창작자, 발명자라는 증명의 문제는 이와는 별개의 문제가 될 것이다.

3. 블록체인을 활용한 지식재산 거래

(1) 디지털 콘텐츠 비즈니스에 활용

블록체인은 불변의 추적가능한 출입 로그 체인을 생성하기 때문에, 블록체인 기술 기반 지식재산 등록은 지식재산 소유자가 자신의 창작물 등을 보다 잘 통제할 수 있는 실용적인 방법이 될 수 있다.[58] 현재 음악, 영상, 출판, 게임 등 광범위한 분야에서 블록체인 기술을 활용한 권리정보 확인, 유통을 위한 거래시스템이 구축되어 있다.

〈표 2〉 콘텐츠 분야에서의 블록체인 기술의 활용[59]

분야	사업자	주요 서비스의 내용
음악	Dot Blockchain Music(미국)	• 권리정보 데이터베이스 • 권리관계 또는 음악재생 권한 등 모든 악곡의 정보를 블록체인 상에 기재하여 누구나 열람 가능
	Ujo Music(미국)	• 권리정보 데이터베이스, 유통 플랫폼 • 각 창작자의 창작물에 관한 데이터를 집적하여 창작물의 업로드로 저작권/관리자의 등록 가능 • 다운로드나 스트리밍, 실연 등의 방법마다 이용료의 설정과 결제·분배 처리가 가능
영상	Viuly(에스토니아)	• 유통 플랫폼 • 영상 제작자는 프리미엄 콘텐츠에 대한 접속을 판매하여 사용자의 기부를 받거나 광고주로부터 직접 수익을 얻고, 사용자는 무료로 영상을 감상함으로써 토큰의 보수를 받을 수 있음 • 플랫폼상의 지불은 모두 토큰(VIU)으로 이루어짐
	Livepeer(미국)	• 유통 플랫폼 • Livepeer로 동영상을 전송한 사용자, Livepeer의 소프트웨어 개발 참가자에게 토큰(LPT)을 배포 • 기존의 동영상 플랫폼과 달리 중간 수수료가 없고, 운영자에 의한 발신 정지조치가 없음
출판, 사진	Kodak(미국)	• 권리정보 데이터베이스, 유통 플랫폼 • WENN디지털과 제휴하여 프로 사진가를 위한 서비스, 권리정보의 기록과 저작료 지불대행 포함 • 업로드 한 사진의 라이선스 가능, 이용자(사진가, 소비자)는 토큰 "KODAKCoin"으로 지불
	Alis(일본)	• 유통 플랫폼 • 블록체인을 활용한 SNS 프로젝트로서, 신뢰성이 낮은 기사와 정보가 넘친 인터넷에서 신뢰할 수 있는 기사를 빠르게 전달할 수 있는 플랫폼 지향
게임	EverdreanSoft (스위스)	• 유통 플랫폼 • 게임 내 카드의 발행 매수가 누구나 확인되므로 복제 등이 일어나지 않고 카드의 가치가 보장됨 • 게임 내에서의 거래에는 토큰(BCY)이 이용되고, 카드는 사용자끼리 받아 송신, 거래할 수 있음
	Worldwide Asset eXchange(미국)	• 유통 플랫폼 • 기존의 개인 간 거래, 중앙집권 시스템 상에서의 거래보다 안전하고 간편하게 아이템 거래를 함

또한 현재 우리나라는 온라인으로 유통되는 콘텐츠 거래의 투명성·공정성·효율성을 확보하고 우수 콘텐츠의 유통을 촉진하기 위하여 콘텐츠 거래사실에 관한 자료를 보관하고 거래사실을 확인·증명하는 콘텐츠 거래사실 인증제도를 실시하고 있다(콘텐츠산업 진흥법 제21조). 동 제도는 콘텐츠의 유통 가치사슬구조에서 발생하는 모든 거래의 투명성과 공정성, 효율성을 위해 콘텐츠 서비스 거래내역을 확인·증명하는 인증사업이다. 콘텐츠 거래사실 인증제도는 온라인으로 유통되는 디지털 콘텐츠 전 분야를 대상으로 하며, 콘텐츠명, 콘텐츠ID, 콘텐츠제공자, 거래일시, 거래가격 등 콘텐츠 거래사실에 수반되는 다양한 정보들을 거래인증토큰[60]발급을 통해 인증하고 있다. 이러한 거래사실인증시스템은 인증대상관리시스템, 거래인증토큰관리시스템, 모니터링시스템, 통계정보시스템 등 거래사실인증 과정에 필요한 하위 시스템으로 구성되어 있는데, 각 시스템에 블록체인 기술을 활용할 수 있을 것이다.

〈그림 3〉 거래 사실인증 시스템[61]

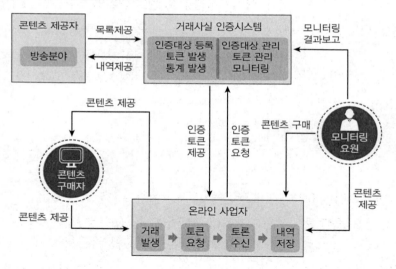

한편, 각종 디바이스와 통신의 발전에 따라 디지털 콘텐츠가 증가하고 있다. 현재 디지털 자원에 대한 보호라고 한다면 디지털 콘텐츠 자체에 대한 보호뿐 아니라 유통 전 과정의 보호 및 관리를 의미한다. 디지털 콘텐츠 보호 방법으로는 수신제한, 저작권 관리기술, 워터마킹 및 포렌식 마킹 기술 등으로 분류할 수 있다. 대표적으로는 디지털 저작권 관리Digital Right Management(이하 'DRM'이라 한다)를 들 수 있다.[62] 음악 콘텐츠의 경우 DRM 기술을 대부분으로 사용하고 있다. 음악 콘텐츠를 DRM 암호화 기술로 보호하고 해당 콘텐츠 이용에 대한 승인을 받은 경우만 콘텐츠 접근을 허가하는 방식이다. 영상콘텐츠의 경우 DRM 기술 워터마킹. 포렌식 마킹 등의 기술이 사용된다. e-book이나 게임의 경우에도 DRM 시스템을 대표적으로 사용하고 있다.[63] 이러한 콘텐츠 보호방법에 대한 해킹 및 침해 사례, 불공정 거래 사례는 빈번하게 발생되고 있다.[64] 따라서 블록체인 기술을 활용하여 디지털 콘텐츠에 대한 스마트계약을 추진하고 유통과정에서 투명한 거래를 공유하는 방식도 가능할 것이다.

(2) 영업비밀 자체의 거래

오늘날 기술은 기업의 가치 창출을 넘어 기업의 흥망을 좌우하고 있으며 국가 경쟁력 강화에 영향을 미치는 핵심 요소로 작용하고 있어, 기업 간 그리고 국가 간 기술 보호의 중요성이 증대되고 있다.[65] 이와 같이 영업비밀의 중요성이 확산됨에 따라 전 세계적으로 영업비밀의 보호는 강화되는 추세이다. 특히 기술의 발달, 산업의 전문화 및 세분화, 기업 간 기술적 우위 확보를 위한 경쟁 심화 등으로 기술 유출 및 영업비밀 침해로 인한 피해가 날로 심각해지고 있다.[66] 이러한 흐름 속에 최근 해외 주요국은 국내 관련법의 개정을 통해 영업비밀 보호요건을 완화하거나, 영업비밀 침해에 대한 민사상·형사상 조치를 강화하고 있다.[67] 우리나라도 2019년 1월 부정경쟁방지법 개정[68]을 통해 민사상·형사상 조치를 강화한 바 있다. 영업비밀로서 보호되려면 비공지성 요건을 충족하여야 하므로 거래의 대상이 될 수 없었으나, 영업비밀에도 블록체인 기술이 활용된다면, 영업비밀 자체도 필요에 따라 기업 간 거래의 대상이 될 수도 있을 것이다.

Ⅳ. 결론 - 향후 과제

1. 블록체인의 운영형태

(1) 지식재산권 보호의 이론적 근거에 따른 블록체인 운영형태

지식재산권 보호의 이론적 근거는 자연권 이론과 공리주의 이론으로 대표된다. 먼저, 지식재산권 보호의 근거를 자연권에서 찾는 자연권 이론Natural Right Theory[69]은 그 구체적인 근거를 어디에서 찾는가에 따라 노동이론Labor Theory과 관념론Idealism 으로 구별된다. 반면, 공리주의Utilitarianism 이론은 지식재산에 대한 독점권을 부여하는 근거를 창작활동을 유인하기 위한 인센티브가 주어져야 한다고 하는 인센티브 이론Incentive Theory과 지식재산을 보다 효율적으로 사용하기 위해 공유보다는 사유가 효과적이라는 효율적 배분이론Efficient Allocation Theory으로 구분된다.[70]

지식재산권 보호의 이론적 근거를 자연권 이론에서 찾는다면, 블록체인의 운영형태는 퍼블릭 블록체인Public Blockchain[71]에 가까운 형태가 될 것이고, 공리주의 이론에서 찾는다면 프라이빗 블록체인Private Blockchain[72]에 가까운 형태가 될 것이다.

(2) 현행법상 보호대상 여부에 따른 블록체인 운영형태

현행 지식재산권법은 일정한 요건을 갖춘 지식재산에 한하여 국가에서 권리를 부여하여 보호하고 있다. 따라서 지식재산권법상 보호의 대상이 되는 지식재산권의 창출, 보호, 거래에서의 블록체인 기술의 활용에 있어서 블록체인의 운영형태는 프라이빗 블록체인이 적합하고, 지식재산권법상 보호의 대상이 되지 않는 미등록 지식재산 등은 프라이빗 블록체인 또는 퍼블릭 블록체인이 적합할 것이다.

2. 법적 과제

(1) 블록체인 외에서의 권리관계와의 불일치

현재 지식재산권법상 지식재산의 권리증명에 관한 제도 하에서는 블록체인상의 장부는 반드시 현실의 권리관계와 일치된다는 사실을 법적으로 보증하지는 않는다. 예를 들면, 어떠한 콘텐츠를 무권리자가 자신의 것으로 블록체인상의 등록하는 경우도 있을 수 있다. 또한 콘텐츠의 정당한 권리자가 블록체인상에서 제3자에 대한 양도나 라이선스를 등록하는 한편, 블록체인 외에서는 다른 제3자에게 권리를 양도하는 경우도 존재할 수 있다.

이와 같이 무리자가 블록체인상에서 자기 자신을 권리자로 등록해도 실체법상의 권리자로서의 권리를 행사할 수 있는 것은 아니다. 또한 이중양도에 대해서도 블록체인상의 양수인이라고 할지라도 블록체인 외에서 권리를 양수한 제3자가 저작권법상의 등록을 하면, 이에 대항할 수 없다.

따라서 블록체인 기술을 활용한 지식재산 보호나 거래의 활성화를 위해서는 블록체인에 기록된 사실이 증명력을 가질 수 있도록 제도를 개선하는 논의가 필요할 것이다.

(2) 침해의 예방, 침해시 집행에서의 한계

블록체인 기술은 높은 신뢰성과 안정성을 바탕으로 계약의 체결부터 이행까지를 프로그램에 의하여 자동화되어 고효율화를 실현할 수 있다. 그러나 지식재산의 제3자에 의한 복제를 방지하거나 침해된 지식재산을 추적하는 기능까지 보유하고 있는 것은 아니다. 특히, 온라인상에서의 콘텐츠 관리를 할 때에는 DRM을 통해 복제 또는 접근을 관리하거나 전자워터마크 기술을 이용해서 침해를 발견하기 쉽게 하는 등의 방법이 일반적으로 이용되는데, 블록체인 기술과 이들 기술과 결합할 필요가 있을 것이다.

또한 위법행위를 한 제3자에 대한 침해정지 등의 강제집행은 스마트계약을 활용해도 실현할 수는 없고 법원 등을 통한 분쟁해결수단을 활용할 수밖에 없다. 다만, 분쟁해결시 블록체인에 의하여 지식재산에 타임스탬프가 찍혀서 등록된다면 원창작자를 증명하기 위한 유용한 수단이 될 수 있을 것이다. 블록체인에 기록되어 이러한 상태가 확보된 지식재산은 지식재산 분쟁의 예방에 도움이 될 것이다.

(3) 준거법 및 국제재판관할의 문제

지식재산권은 일반적으로 속지주의, 즉 지식재산권은 그 권리를 부여한 국가

내에만 효력을 미치고 그 권리의 내용은 권리를 부여한 국가의 법에 따른다는 것이 원칙이고(국제사법 제24조), 특히 특허 등 산업재산권의 경우 권리를 행사하기 위해서는 각 국가별로 심사와 등록을 받아야 한다. 이러한 지식재산권의 속지주의 성격은 블록체인 기술과 충돌하게 된다. 즉, 블록체인은 분산된 원장을 보유한 다수의 노드에서, 하나의 거래 성립 여부를 검증하고 민주적으로 결정하는 구조이므로 다수의 노드가 여러 국가에 위치할 때 어디서 재판을 할 것인가 하는 국제재판관할이나 어느 국가의 법을 적용할 것인가 하는 준거법의 문제가 발생하게 된다. 따라서 블록체인이 저작권과 같은 미등록 지식재산 뿐만 아니라 산업재산권과 같이 등록을 필요로 하는 지식재산 분야에까지 활용되는 경우 지식재산제도의 대원칙인 속지주의는 의미가 없게 되어 지식재산권 침해지법의 적용이나 침해지의 국제재판관할은 인정하기 어렵고 결국 침해자의 소재지나 지식재산권자의 소재지를 중심으로 준거법과 국제재판관할을 결정할 수밖에 없을 것이다. 이러한 어려움을 해소하기 위하여는 이점에 관한 지식재산 관련 국제기구에서의 진전된 논의가 필요할 것이다.[73]

"블록체인과 지식재산권"에 대해 더 알고 싶다면

1   황정식/김현곤(2018), 82면.

2   이제영(2017), 8면.

3   원래 아이디어란 이데아(Idea)라 하여, 플라톤 철학에서는 육안(肉眼)이 아니라 영혼의 눈으로 볼 수 있는 형상을 의미하였다. 따라서 그것은 아이데스(보이지 않는 것)라고 불리며, 이성(理性)만이 파악할 수 있는 영원불변하고 단일한 세계를 이루어, 끊임없이 변천하는 잡다한 감각세계의 사물과는 구별된다는 것이다. 플라톤이 말하는 이데아(Idea)는 근본적으로 불변이며 영원하고 비물질적인 본질로서, 우리가 보고 감각하는 현실적, 시각적 대상들은 단지 이데아의 조악한 모사에 불과하다는 것이라고 하였다(오승택 (2013), 10면).

4   맹정환(2011), 60면.

5   권태복(2013), 4면.

6   디자인보호법 제2조 제1호 참조. 다만, 디자인의 정의에는 물품의 부분 및 글자체를 포함된다. 동호 참조.

7   디자인은 원래 라틴어인 "데지그나레(designare)"에서 파생되었다고 한다(브리짓 보르자 드 모조타 저, 브리짓 보르자 드 모조타(2008), 19면.

8   브리짓 보르자 드 모조타(2008), 19면.

9   송영식 외(2013), 46면("특정의 물건 또는 사항을 나타내기 위하여 이용되는 일체의 감각적 표현수단"); 국립국어원 표준국어대사전, "표장", https://stdict.korean.go.kr/search/searchView.do(2019. 7. 1. 확인)("무엇을 표시하기 위한 부호나 휘장"); J. J. Thomas McCarthy(2014), § 4:17("The term 'mark' is often used as a shorthand generic reference to cover all the categories of trademark, service mark, certification mark and collective mark."); 小野/三山(2013), 8-10頁("「標章」は , 「標識」に属して「商標」を含み, これより広い概念である゜…マーク(標章)は , 広い概念であるから , 役務標(service mark) はもちろん , 証明のための「証明標」団体の「団体標」などすべてを含む゜").

10   우리 상표법은 표장에 관하여 따로 정의규정을 두고 있지 않지만, 판례는 "상품의 보통명칭을 보통으로 사용하는 방법으로 표시한 표장만으로 된 상표"(대법원 2005. 10. 14. 선고 2005도5358 판결), "공산품인 상품의 내부에 조립되어 기능하는 부품에 표시된 표장으로서 그 상품의 유통이나 통상적인 사용 혹은 유지행위에 있어서는 그 존재조차 알 수 없고, 오로지 그 상품을 분해하여야만 거래자나 일반 수요자들이 인식할 수 있는 표장은 그 상품에 있어서 상표로서의 기능을 다할 수 없을 것이므로 이를 가리켜 상표법에서 말하는 상표라고 할 수 없다."(대법원 2005. 6. 10. 선고 2005도1637 판결)고 하는 등 표장을 상표보다 넓은 의미로 사용하고 있다(윤선희(2007), 5면).

11   저작권법 제4조, 일본 저작권법 제10조 내지 제13조.

12 이해완(2012), 32면.

13 지식재산기본법 제3조 제2호 참조.

14 지식재산권을 이와 같이 분류하는 것은 일반적으로 승인되고 있고, 국제적으로도 산업재산권은 산업재산권 보호를 위한 파리협약(Paris Convention for the Protection of Industrial Property)과 그에 기초한 특별 협정인 특허협력조약((Patent Cooperation Treaty) 등에 의해, 저작권은 문학적 및 미술적 저작물의 보호에 관한 베른협약(Berne Convention for the Protection of Literary and Artistic Works) 및 세계저작권협약(Universal Copyright Convention)에 의해 발전되어 왔다.

15 박성호(2007), 96면.

16 임병웅(2013), 661면.

17 김정완/김원준(2011), 29면.

18 현재 독일, 프랑스, 중국 등에서 채택하고 있으나, 미국은 이를 채택하지 않고 있다(특허법원 지적재산소송 실무연구회(2014), 143면, 각주 3).

19 임병웅(2013), 1159면.

20 특허법원 지적재산소송 실무연구회(2014), 425면.

21 小野/三山(2013), 10頁("商品及び役務の標識として用いられている標章が，商標(trademark) である。"); 이영훈(2014), 39면("일반적으로 상표란 자타상품을 식별하기 위하여 사용하는 일체의 감각적인 표현수단을 의미한다.").

22 송영식 외(2013), 45면.

23 상표법은 보호대상으로서의 표장의 개념을 거래실정에 맞게 점차 확대하여 왔다. 2007년, 2012년 상표법 개정을 통해 "기호 · 문자 · 도형, 입체적 형상 또는 이들을 결합하거나 이들에 색채를 결합한 것" 외에 "다른 것과 결합하지 아니한 색채 또는 색채의 조합, 홀로그램, 동작 또는 그 밖에 시각적으로 인식할 수 있는 것" 및 "소리 · 냄새 등 시각적으로 인식할 수 없는 것 중 기호 · 문자 · 도형 또는 그 밖의 시각적인 방법으로 사실적(寫實的)으로 표현한 것"으로 그 보호대상을 확대하였다(박종태(2013), 33면).

24 오승종(2013), 8면.

25 저작인격권은 공표권, 성명표시권, 동일성유지권으로 구성된다. 자세한 내용은 이해완(2012), 269면 이하; 박성호(2014), 251면 이하; 오승종(2013), 357면 이하 참고.

26 저작재산권은 복제권, 공연권, 공중송신권, 전시권, 배포권, 대여권, 2차적 저작물작성권으로 구성된다. 자세한 내용은 이해완(2012), 324면 이하; 박성호(2014),307면 이하; 오승종(2013), 436면 이하 참고.

27 岡村(2013), 297頁; 이해완(2012), 316면; 박성호(2014), 254면; 송영식 외(2013), 593면. 이에 대하여 저작인격권의 일신전속성에 대해 규정한 저작권법 제14조 제1항은 주의적 규정이 아닌 창설적 규정이라고 하여 저작인격권의 일신전속성이 부당하다고 판단되는 경우에는 입법적 개정을 통해 동 규정을 삭제하여 그 일신전속성을 배제할 수 있다고 하여 저작인격권이 본질적으로 일신전속성을 가지는 것은 아니라는 견해도 있다(강명수(2013), 745-749면).

28 Satoshi Nakamoto(2008) 및 이에 대한 번역, 임민철 번역, "비트코인: 개인-대-개인 간 전자 화폐 시스템", https://encodent.com/wp/wp-content/uploads/2017/09/bitcoin-translated-korean-170927.pdf (2019. 7. 1. 확인).

29 특허청/한국지식재산연구원(2018), 159면.

30 특허청 보도자료, "블록체인, 핵심 · 표준 특허 확보 서둘러야", 2018. 3. 21.

31 특허청 보도자료, "블록체인, 핵심 · 표준 특허 확보 서둘러야", 2018. 3. 21. 붙임자료.

32 이영석(2018), 45면

33 투명한 거래와 데이터의 안전한 보호를 위한 개인인증, 위변조, 암호화 등에 관한 기술.

34 거래, 엑세스, 합의, 동기화, 저장 등의 과정을 포함한 분산 네트워크 운영에 관한 기술.

35 블록체인을 기반으로 금융서비스, 투표, 게임 등 다양한 서비스에 활용하는 기술.

36 암호화폐 분야 : 2014년, 32건 → 2015년, 46건 → 2016년, 60건, 암호화폐를 제외한 활용 분야 : 2014년, 0 건 → 2015년, 19건 → 2016년, 75건.

37 이영석(2018), 40면

38 특허청 보도자료, "블록체인, 핵심 · 표준 특허 확보 서둘러야", 2018. 3. 21. 붙임자료.

39 특허청 보도자료, "블록체인, 핵심 · 표준 특허 확보 서둘러야", 2018. 3. 21.

40 특허청/한국지식재산연구원(2018), 161면.

41 제88조(특허권의 존속기간) ① 특허권의 존속기간은 제87조제1항에 따라 특허권을 설정등록한 날부터 특 허출원일 후 20년이 되는 날까지로 한다.

42 자세한 내용은 특허청 홈페이지, www.kipo.go.kr (2019. 7. 1. 확인) 참고

43 저작자로 성명이 등록된 자는 그 등록 저작물의 저작자로 추정 받으며, 저작인접권자 및 데이터베이스 제 작자도 이와 같다. 또한, 저작물의 창작연월일과 공표연월일 등 해당 사실을 등록하면 법에서 부여하는 추 정력을 받게 된다(다만, 저작물을 창작한 때로부터 1년이 경과한 후에 창작연월일을 등록하는 경우에는 등록된 연월일에 창작된 것으로 추정하지 않는다.) 아울러 등록되어 있는 저작권을 침해한 자는 그 침해행 위에 과실이 있는 것으로 추정을 받게 된다. 등록을 하지 않았다면 권리자는 본인이 주장하는 사실을 직접 입증해야 하지만, 등록한 경우에는 등록된 추정사실에 대한 입증책임을 면하며, 추정사실을 부인하려는 자가 법률상 추정을 번복할 증거를 제시하여야(입증책임 전환) 한다.

44 권리 변동의 사실을 등록하지 않아도 권리 변동의 당사자 사이에는 변동의 효력이 발생하지만, 당사자가 아닌 제3자가 권리 변동 사실을 부인할 때에는 제3자에 대하여 변동행위가 있었음을 주장할 수 없다. 그러 나 저작재산권, 저작인접권, 데이터베이스 제작자의 권리 변동 사실이나 출판권 설정 등을 등록하면 이러 한 사실에 대해 제3자에게도 대항할 수 있게 된다.

45 무명 또는 널리 알려지지 않은 이명으로 공표한 저작물의 경우, 저작자가 실명을 등록하면 저작물의 보호 기간이 공표 후 70년에서 저작자 사후 70년으로 연장되는 효과가 있고, 업무상저작물이나 영상저작물의 경우 공표연월일을 등록하면 창작 후 70년에서 공표시 기준으로 70년까지 보호기간이 연장되는 효과가 있다.

46 저작권 등록을 한 자는 세관에 저작권 등록 사실 등을 신고하여 침해물품의 수출입으로부터 자신의 저작 권을 보호받을 수 있다.

47 선사용권에 의한 통상실시권에 대한 자세한 내용은 정상조/박성수(2010), 1258면 이하 참고.

48 増島 / 岡田(2017), 508頁.

49 Camilleri Preziosi, "Blockchain's applicability to Intellectual Property Management", LEXOLOGY (2017), https://www.lexology.com/library/detail.aspx?g=a4697ac4-2dd1-46b7-b6c0-12650c7a5714 (2019. 7. 1. 확인). 실제 미국에서는 세계 최초로 블록체인에 기반한 상표관리 플랫폼인

COGNATE(www.cognate.com)가 상용화되어 운영되고 있다.

50 미래콘텐츠전략연구소(2017), 11면.

51 미래콘텐츠전략연구소(2017), 14면.

52 2019년 신한은행은 국내 최초로 대출 업무에 필요한 증명서류 검증 과정을 대체할 수 있는 블록체인 자격 검증시스템을 최근 도입해 '신한 닥터론'에 첫 적용하였고, KEB하나은행은 블록체인 기술을 활용한 해외 결제서비스인 GLN(글로벌로열티네트워크)을 2018년 4월 대만에서 처음 시작하기도 하였다. 한편, 농협은행도 2019년 4월 P2P금융 투자자의 원리금 수취권 증서를 'NH스마트고지서'로 조회할 수 있는 'P2P 금융증서 블록체인 서비스'를 은행권 최초로 출시했다(세계파이낸스, "블록체인 활용도 높이는 은행권", 2019. 6. 26., http://www.segyefn.com/newsView/20190626001320?OutUrl=naver#0BhL).

53 영업비밀보호센터 홈페이지 www.tradesecret.or.kr (2019. 7. 1. 확인).

54 전자문서가 가지고 있는 고유한 전자값으로 같은 데이터로부터는 반드시 같은 결과가 나오나 정보가 조금만 변경되어도 전혀 다른 값이 생성되는 특성을 가지고 있어 원본의 위·변조 여부를 완벽하게 증명할 수 있다(영업비밀보호센터 홈페이지, www.tradesecret.or.kr, 2019. 7. 1. 확인).

55 특정시점에 데이터가 존재했다는 사실과 그 시점 이후에 데이터가 변경되지 않았음을 증명하는 전자적 기술을 말한다영업비밀보호센터 홈페이지, www.tradesecret.or.kr, 2019. 7. 1. 확인).

56 특허청/한국지식재산연구원(2018), 176면.

57 Camilleri Preziosi, "Blockchain's applicability to Intellectual Property Management", LEXOLOGY (2017), https://www.lexology.com/library/detail.aspx?g=a4697ac4-2dd1-46b7-b6c0-12650c7a5714 (2019. 7. 1. 확인).

58 특허청/한국지식재산연구원(2018), 173면.

59 株式会社野村総合研究所(2018), 20-25頁 재가공.

60 개별 거래사실에 대한 인증을 증명하는 수단을 말하며 암호화된 문자열로 구성되어 있다.

61 한국데이터산업진흥원 홈페이지, www.kdata.or.kr (2019. 7. 7. 확인).

62 디지털 저작권 관리(Digital Right Management)는 디지털 컨텐츠의 저작권 보호를 위하여 개발된 기술로서, 디지털 컨텐츠 안에 고유마크를 삽입하거나 사용권한을 제한하는 등의 기술을 적용하여 저작권을 효과적으로 보호한다(황정식/김현곤(2018), 82면).

63 백영태/민연아(2018), 74면.

64 디지털콘텐츠 사업체 불공정거래 경험률은 2016년, 29.8% → 2017년, 31.2%로 나타난 바 있다(하세정(2018), 5면).

65 2015년 9월 일본의 新日鐵住金과 한국의 포스코 및 일본의 東芝와 한국의 SK하이닉스가 기술 정보의 부정유출과 관련한 소송에서 한국의 포스코가 약300억 엔을, 한국의 SK하이닉스가 약 330억 엔을 지불하는 것으로 하는 화해가 성립한 사건이 발생하였다(齋藤/岡村(2016), 14-17頁).

66 월간조선, 국내 中企 기술유출 솜방망이 처벌 기술유출 부추겨… 매년 피해 기업 늘어나, 2019. 2. 7. http://pub.chosun.com/client/news/viw.asp?cate=C01&nNewsNumb=20190230423&nidx=30424 (2019. 7. 1. 확인). 또한 2016년 영업비밀을 보유한 616개 기업을 대상으로 한 영업비밀 피침해 현황조사에 따르면, 616개 기업 중 86개 기업(14%)이 국내에서의 영업비밀 피침해를 경험했으며, 24개 기업(3.8%)이 해외에서의 영업비밀 유출을 경험하였다고 한다. 그 피해규모는 국내의 경우 평균 21억 원, 국

외의 경우 평균 17억 원으로 나타났다. 특허청(2016).

67 구체적으로는 미국의 영업비밀보호법(Defend Trade Secrets Act, DTSA)의 제정, 유럽연합의 영업비밀지침(Trade Secret Directive)의 통과, 일본의 영업비밀 침해 처벌 강화를 위한 부정경쟁방지법 개정을 들 수 있다.

68 법률 제16204호, 2019. 1. 8., 일부개정, 시행 2019. 7. 9.

69 중세유럽의 봉건적 법리에 따르면 모든 창조물의 주인은 신이므로 신의 대리인인 왕만이 특정물건에 대한 소유권을 가지며, 개인은 국왕으로부터 직접 또는 간접적으로 수여받은 사용권만을 가질 뿐이었다. 근대 소유권 개념은 이러한 왕의 절대적 권한에 대한 견제로부터 시작되었다. 즉, 인간이 노동에 의하여 취득한 것은 신이 인간에게 직접 부여한 것이므로, 왕도 이러한 개인의 권리를 침해하지 못한다는 자연권으로서 소유권 사상이 싹트게 되었다(심미랑(2011), 82면).

70 남형두(2008), 289면.

71 공개형 블록체인이라고도 불리며 거래 내역뿐만 아니라 네트워크에서 이루어지는 여러 행동(Actions)이 다 공유되어 추적이 가능하다. 퍼블릭 블록체인 네트워크에 참여할 수 있는 조건(암호화폐 수량, 서버 사양 등)만 갖춘다면 누구나 블록을 생성할 수 있다.

72 폐쇄형 블록체인이라고도 불리며 허가된 참여자 외 거래 내역과 여러 행동(Actions)은 공유되지 않고 추적이 불가능하다. 프라이빗 블록체인 네트워크에 참여하기 위해 한 명의 주체로부터 허가된 참여자만 참여하여 블록을 생성할 수 있다.

73 특허청/한국지식재산연구원(2018), 187면.

{ 블록체인과 과세 }

본 절은 2018. 6. 경희대학교 법학연구소 경희법학 제53권 제2호에 발표한 "가상화폐에 대한 과세방안" 및 2018. 12. 법조 제67권 제6호에 발표한 "가상통화 과세를 위한 입법론적 고찰 – 양도소득세를 중심으로–"를 중심으로 종전 연구를 반영, 수정 · 보완한 것이다.

{ 블록체인과 과세 }

김병일

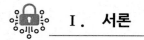 ## Ⅰ. 서론

최근 핀테크, 블록체인 등으로 대변되는 제4차 산업혁명의 도래로 디지털화의 물결이 급속히 확산됨에 따라 비트코인 등 암호화폐에 대한 관심이 증대되고 있다. 암호화폐 내지 가상통화virtual currency에 대하여 일치된 정의를 찾기는 쉽지 않으나, 대체로 중앙은행 · 금융기관이 아닌 민간에서 발행한 "가치의 전자적 표시"digital representation of value를 의미한다.[1] 국제자금세탁방지기구Financial Action Task Force on Money Laundering, FATF는 암호화폐 용어를 "가상자산"virtual asset으로 사용하기로 한 바 있다.[2]

우리나라에서 암호화폐 내지 가상통화의 정의는 가상통화 관련 금융거래에 관하여 ① 특정 금융거래정보의 보고 및 이용 등에 관한 법률(이하 '특정금융정보법'이라 함)과 그 하위법령의 시행에 필요한 사항을 명확히 하고, ② 자금세탁 및 공중협박자금 조달 행위(이하 '자금세탁 등'이라 함)를 효과적으로 방지하기 위해 금융회사 등의 준수가 필요한 사항을 규정하기 위하여 마련된 가상통화 관련 자금세탁방지 가이드라인[3]에 따르면 다음과 같다. 가상통화란 거래상대방으로 하여금 교환의 매개 또는 가치의 저장 수단으로 인식되도록 하는 것으로서 전자적 방법으로 이전 가능한 증표 또는 그 증표에 관한 정보를 말하며, 다음의 것은 이를 제외한다. ① 화폐 · 재화 · 용역 등으로 교환될 수 없는 전자적 증표 또는 그 증표에 관한 정보로서 발행인이 사용처와 그 용도를 제한한 것, ② 상품권, ③ 게임산업진흥에 관한 법률 제32조 제1항 제7호에 따른 게임물의 이용을 통하여 획득한 유 · 무형의 결과물, ④ 전자금융거래법 제2조 제14호에 따른 선불전자지급수단 및 같은 법 제2조 제15호에 따른 전자화폐를 들고 있다.[4]

그런데 암호화폐는 그 가격의 큰 변동성으로 인하여 단기간 내 많은 매매차익을 낼 수 있어 투자의 수단으로 인식되고 있다. 2018. 11. 10. 현재 세계시장에서는 2,094종의 암호화폐가 15,844개의 거래소에서 거래 중이며, 1일 거래량은 약 119.9억 달러, 시가총액은 약 2,133.8억 달러에 달하고 있다.[5] 시장점유율은 비트코인이 52.3%로 수위를 점하고 있으며 이더리움 및 리플이 그 뒤를 잇고 있다. 비트코인 가격은 2017.8.1. 2,871달러에서 2017. 12. 17. 19,475달러로 약 5.8배가 상승한 바 있으며, 2018. 11. 10. 기준으로 6,412.8달러에 거래된 바 있다.[6]

우리나라는 국내 대표적인 암호화폐거래소인 빗썸에서 2017.4.27. 1비트코인당 거래가격은 약 140만 원, 2018. 1. 6. 2,598.8만 원으로 최고가를 기록하여 약 18.5배가 상승한 바 있으며 2018. 11. 10. 22:40 기준 727만 원으로 하락하였다.[7] 아울러 2018. 4. 13. 빗썸을 운영하는 비티씨코리아닷컴과 코빗의 재무제표가 공시되었는 바,[8] 빗썸의 수수료 수익은 2016년도 40억 46백만 원에서 3,332억 84백만 원으로 무려 82배 증가했고, 코빗은 2016년도 7억 31백만 원에서 754억 29백만 원의 수수료 수익을 올려 약 103배나 증가하였다.[9]

이와 같이 2017년의 경우 많은 투자자들이 암호화폐거래소를 이용함에 따라 중개거래소가 대규모의 수수료 수익을 벌어들이고 있다. 빗썸의 경우 암호화폐 실제거래액은 거래수수료율trading fees 0.15%로 단순 계산하면 222조 원에 달할 것으로 추정된다. 할인 · 정액 쿠폰사용 시 수수료는 0.01~0.075%이므로 그 비중이 늘어날 경우에는 거래액의 증가요인으로 작용하며, 출금수수료withdrawal fees 1,000원을 감안할 경우에는 감소요인으로 작용할 것이다. 아무튼 암호화폐 가격의 급상승으로 거액의 매매차익 등이 발생하였음에도 불구하고 이에 대한 과세규정이 마련되지 않아 조세형평성이 저해되는 문제 등이 발생한다.

따라서 본 절에서는 암호화폐 과세방안에 대한 국내연구[10] 중 구체적으로 다루지 않은 암호화폐의 거래에 따른 매매차익 등에 대한 양도소득세 과세를 포함하여 암호화폐에 대한 과세 전반적인 문제를 고찰하고자 한다. 이를 위하여 우선 암호화폐에 대한 과세 일반을 살펴보고(Ⅱ), 이어 소득세 부과(Ⅲ), 부가가치세 부과(Ⅳ) 문제를 고찰한 뒤 암호화폐 거래에 따른 양도소득세 과세의 필요성, 양도소득세 과세를 위한 입법론 및 양도소득세 과세 실효성 확보방안을 살펴본 후(Ⅴ) 마지막으로 결론을 맺고자 한다.

Ⅱ. 암호화폐에 대한 과세 일반

1. 암호화폐의 법적 성격

(1) 화폐에 해당하는지 여부

화폐money는 상품의 교환·유통을 원활하게 하기 위한 일반적 교환수단(예: 소금, 금, 은행권 등)으로, 교환의 매개, 가치척도, 가치저장의 3가지 본질적 기능[11]을 지닌다. 즉, 화폐는 '교환의 매개물'로 별도의 결제·청산을 거치지 않고 지급만으로 거래가 종료되며 이 점에서 수표, 주식 등의 거래와 차이가 있다. 그런데 암호화폐는 ① 지급의 제한, ② 높은 변동성, ③ 불확실한 가치 등으로 화폐의 기능을 충족시키지 못한 것으로 평가된다.[12] 암호화폐가 별도 청산·결제과정을 거치지 않고(다만, 설계에 따라서 청산 결제 가능) '교환의 매개물'로서 사용되는 점에서 금전과 비슷하나, 한국은행 등 특정한 발행주체가 존재하지 않고, 국가에 의한 강제통용력이 인정되지 않으며,[13] 전자화된 형태로만 존재하는 점에서 통상적인 금전과 차이가 있다.[14]

(2) 통화에 해당하는지 여부

통화currency[15]는 거래에서 지급·유통수단으로서의 기능을 지닌 은행권과 주화를 의미하며 현금통화 외 예금통화도 포함한다. 통화는 법률에 따라 법화의 지위가 부여되고 강제통용력을 가진다. 그런데 암호화폐는 민간에 의해 개발되고 거래당사자간 합의에 따라 이용되는 것으로서[16] 지급수단으로 사용되는 경우에는 사실상 화폐로서 기능하지만 발행주체가 없고 미리 정해진 알고리즘에 따라 발행될 뿐이라는 점에서 통화와는 차이가 있다.

(3) 유가증권에 해당하는지 여부

유가증권은 사권私權이 화체되어 있는 증권으로서 그 권리의 행사에 증권의 소지가 필요한 것으로서 주권, 선하증권, 창고증권, 상품권, 어음, 수표 등이 이에 해당한다. 암호화폐는 그 자체가 '교환의 매개물'이고 별도의 권리나 청구권이 화체되어 있지 않으며[17] 암호화폐로 가격을 표시한 상품에 대해서 암호화폐를 지급하는 것은 계약의 본지에 따른 지급이고, 지급에 갈음하거나, 지급을 위하거나, 지급을 담보하여 건네주는 것이 아니므로 유가증권으로 보기는 어렵다.

(4) 금융투자상품에 해당하는지 여부

자본시장법은 금융투자상품financial instruments을 증권과 파생상품으로 분류한다.[18] 암호화폐는 블록체인 기술을 사용한 분산장부에 불과하므로 금융투자상품과 같은 계약상의 권리라고 보기 어려우며 자본시장법의 직접적인 적용대상에도 해당하지 않는다.[19] 다만, 암호화폐를 기초자산으로 하는 파생상품은 파생상품의 규제를, 암호화폐에 투자하는 펀드 등은 증권이나 집합투자 규제의 적용가능성이 높다.

(5) 일반상품에 해당하는지 여부

일반상품commodity은 대량으로 매매의 대상이 될 수 있는 유무형의 모든 재산을 말한다. 일반상품은 인간의 물질적 욕망을 만족시킬 수 있는 사용가치, 교환가치 등 실질적 가치를 가지는 바 금gold은 화폐, 통화에 준해서 사용되지만 내재가치intrinsic value도 존재하므로 일반상품의 한 예이다. 암호화폐는 금을 모델로 설계되어 실물자산인 금과 비슷하나 교환의 매개 또는 거래의 단위로서의 기능을 위주로 하고, 별도의 내재가치나 사용가치가 없다는 점에서 일반상품과 차이가 있다.

(6) 소결

결국 암호화폐는 통화, 유가증권, 상품 등의 속성을 함께 가지는 새로운 유형의 '복합적 상품'hybrid product이라 할 수 있는바 거래의 목적, 내용 등 구체적인 상황이나 사정에 따라서 관련법규를 탄력적으로 적용할 필요가 있다.[20]

2. 암호화폐의 자산성

우리 대법원은 비트코인은 재산적 가치가 있는 무형의 재산이라고 판시하여 그 자산성을 인정하였다. 2018. 5. 30. 대법원은 피고인이 음란물유포 인터넷사이트를 운영하면서 정보통신망 이용 촉진 및 정보보호 등에 관한 법률(이하 '정보통신망법'이라 함) 위반(음란물유포)죄와 도박개장방조죄에 의하여 취득한 암호화폐인 비트코인Bitcoin을 범죄수익으로 보아 몰수한 사안에 대하여 다음과 같이 판결을 내린 바 있다. 이는 암호화폐인 비트코인의 법적 성격과 관련하여 의미있는 판결이라 사료된다.

우선 제1심은 피고인이 보유한 비트코인[21]의 객관적인 기준가치를 상정할 수 없고, 보유 비트코인 중 범죄수익에 해당하는 부분만을 특정하기 어려울 뿐만 아니라 현금과는 달리 물리적 실체 없이 전자화된 파일의 형태로 되어 있어 몰수하는 것이 적절하지 아니하다고 판시하였다.[22]

이에 반하여 항소심은 압수된 비트코인이 범죄수익으로 취득된 것이라는 점을 인정한 다음, ① '비트코인'은 예정된 발행량이 정해져 있고 P2PPeer-To-Peer 네트워크 및 블록체인 기술에 의하여 생성, 보관, 거래가 공인되는 암호화폐로서, 무한정 생성 · 복제 · 거래될 수 있는 디지털 데이터와는 차별화되는 점, ② '게임머니'도 '재산적 가치가 있는 모든 유체물과 무체물'을 의미하는 구 부가가치세법상의 '재화'에 해당한다고 할 것이므로,[23] 물리적 실체가 없이 전자화된 파일의 형태로 되어 있다는 사정만으로 재산적 가치가 인정되지 않는다고 단정할 수 없는 점, ③ 수사기관은 피고인이 보유하고 있던 비트코인을 특정한 다음 위 비트코인을 수사기관이 생성한 전자지갑에 이체하여 보관하는 방법으로 압수하였고, 위와 같은 이체기록이 블록체인을 통해 공시되어 있으므로 비트코인의 블록체인 정보가 10분마다 갱신된다는 점만으로 수사기관에 의해 압수된 비트코인의 동일성이 상실되었다고 보기 어려운 점, ④ 현실적으로 비트코인에 일정한 경제적 가치를 부여하는 것을 전제로 다양한 경제활동이 이루어지고 있는 점 등을 종합하면, 비트코인은 범죄수익은닉의 규제 및 처벌 등에 관한 법률(이하 '범죄수익은닉규제법'이라 함)에서 규정하는 '재산'에 해당하여 몰수의 대상이 된다는 이유로, 제1심판결을 파기하고 압수된 비트코인 중 범죄수익에 해당하는 부분에 대하여 몰수를 선고하였다.[24]

대법원도 2018. 5. 30. 피고인의 정보통신망법 위반(음란물유포)죄와 도박개장방조죄는 범죄수익은닉규제법에 정한 중대범죄에 해당하며, 비트코인은 경제적인 가치를 디지털로 표상하여 전자적으로 이전, 저장 및 거래가 가능하도록 한, 이른바 '암호화폐'의 일종인 점, 피고인은 위 음란사이트를 운영하면서 사진과 영상을 이용하는 이용자 및 음란사이트에 광고를 원하는 광고주들로부터 비트코인을 대가로 지급받아 재산적 가치가 있는 것으로 취급한 점에 비추어 비트코인은 재산적 가치가 있는 무형의 재산이라고 보아야 하고, 몰수의 대상인 비트코인이 특정되어 있다는 이유로, 피고인이 취득한 비트코인을 몰수할 수 있다고 본 원심판단이 정당하다고 판결한 바 있다.[25] 따라서 세법상으로도 암호화폐는 자산으로 취급된다 할 것이다.

3. 암호화폐에 대한 과세 일반론

암호화폐에 대한 과세 문제에 관하여는 비과세 방안, 소득세 과세 방안, 부가가치세 과세 방안, 양도소득세 과세 방안 및 상속·증여세 과세 방안이 논의되고 있다. 이 중에서 암호화폐 거래에 따른 매매차익에 대한 과세방안을 구체적으로 살펴보면 다음과 같다.

(1) 암호화폐 거래차익에 과세하지 않는 방안

암호화폐 거래차익에 과세하지 않는 것은 소득 있는 곳에 과세 있다는 조세원칙을 훼손할 수 있다. 자금세탁, 테러자금 조달 등 부작용이 심하거나 기존 금융질서에 심한 악영향을 주어 암호화폐 거래를 전면금지하는 조치를 내리거나 암호화폐 거래가 일시적 현상으로 조만간 없어지지 않는 한 비과세하는 방안은 그 정당성을 찾기가 쉽지 않다. 암호화폐 거래차익에 대하여 과세를 하지 않기 위해서는 예컨대 1세대 1주택의 양도로 발생하는 소득에 대한 소득세의 비과세제도와 같이 주거생활의 안정과 거주·이전의 자유를 보장하기 위하여 인정된 것이라는 합당한 이유가 있어야 할 것이다.[26] 소액주주가 증권시장을 통하여 양도한 주권상장법인의 주식 등의 양도차익에 대하여 자본시장의 육성을 위하여 양도소득세를 과세하지 않는 것도 마찬가지이다.

비과세방안의 논거로 암호화폐에 대한 명확한 법적 성격이 규명되지 않는 상태에서 자칫 암호화폐 거래차익에 대하여 과세를 하는 경우 정부가 암호화폐를 공식적으로 인정하는 신호로 받아드려 투기 등 부작용이 우려될 수 있다는 점을 들고 있다. 그러나 암호화폐 거래차익에 대한 과세문제와 암호화폐의 인정문제는 구별되어야 한다. 개인의 경우 뇌물 · 알선수재 및 배임수재에 따라 받는 금품이 소득세의 과세대상이 되는 기타소득에 해당하다고 명시적으로 규정하고 있으며,[27] 범죄행위로 인한 위법소득이라 하더라도 경제적 측면에서 보아 현실로 이득을 지배 · 관리하면서 향수하고 있다면 과세소득을 구성한다.[28] 이와 같이 위법소득에 대하여 과세한다고 하여 위법소득을 낳게 한 범죄행위 등을 인정하지 않음은 너무나 당연하다 할 것이다. 그 밖에 2018년 세법개정안[29]에서 암호화자산 매매 · 중개업[30]에 대하여 창업중소기업 세액감면 및 중소기업 특별세액감면대상에서 제외하여 암호화폐 취급업소를 배제한 점도 간접적으로나마 암호화폐를 상정하고 있었던 것으로 미루어 짐작된다. 따라서 암호화폐 거래차익에 대해 비과세하는 것은 타당하지 않다고 할 것이다.

(2) 소득세 과세 방안

미국 국세청IRS: Internal Revenue Service은 암호화폐와 토큰 거래에 의한 손익을 자산 거래 손익으로 보고 대량 거래 계좌의 거래내역에 대한 제출의무를 부과하고 있으며 암호화폐를 그 공급 제한성을 이유로 화폐가 아닌 '일반상품'으로 규정해 소득세를 부과하고 있다. 일본의 경우에도 암호화폐 거래로 인한 소득에 대하여 소득세 내지 법인세를 과세한다. 우리나라에 있어서도 암호화폐로 인한 소득에 소득세나 법인세를 부과할 수 있을 것이다. 이에 대한 자세한 내용은 Ⅲ. 2.에서 다시 살펴보기로 한다.

(3) 거래세 과세 방안

이는 개인 간 거래의 경우 암호화폐의 거래포착의 어려움, 거래가격의 큰 변동성, 자산의 성격은 다르나 소액주주의 주권상장법인 양도차익에 대한 비과세 등과의 형평성 등을 고려하여 각 거래별로 간접세 형태인 거래세를 과세하는 방안이다.[31] 다만, 외국의 입법례가 없으며 증권거래세법과 같은 별도의 (가칭)암호화폐 거래세법을 새로이 입법하여야 하는 부담이 큰 제약요인으로 작용할 것이다.

(4) 양도소득세 과세 방안

양도소득이란 자산의 양도에 따라 실현된 소득으로 우리나라의 경우 양도소득세의 과세대상이 되는 자산에는 토지 · 건물 · 부동산에 관한 권리 · 주식 등과 기타 자산과 같은 특정자산이 이에 해당한다. 자본이득의 개념은 자본적 자산의 범위에 의하여 한정되며, 일반적으로 자본적 자산이란 매매의 목적으로 구입한 재고자산이나 소비목적으로 구입한 자산을 제외하고 소득을 획득할 목적으로 취득하여 보유하고 있는 자산이라고 정의할 수 있다. 자본이득의 발생원천이 되는 자본적 자산의 범위는 각국의 입법정책에 따라 상이하다.[32] 주요국에서도 암호화폐를 자산으로 인식하고 있으며 우리나라에서도 그 자산성은 인정되고 있다. 또한 암호화폐가 거래소를 통하여 거래되는 경우 거래차익에 대하여 양도소득세를 과세하는 경우 대주주에 대한 주권상장법인의 주식양도차익 과세제도, 파생상품 등 의 거래 · 행위로 발생하는 소득에 대한 과세제도와 그 과세방식을 유사하게 마련할 수 있어 큰 저항감 없이 제도를 도입할 수 있다는 점에서 양도소득세 과세방안이 타당할 것이다.

(5) 소결

암호화폐의 거래로 발생한 이익에 대하여는 소득세 내지 양도소득세를 과세할 수 있을 것이다. 이에 대한 논점 및 부가가치세 과세 방안에 대하여는 아래에서 상세히 살펴보기로 하고 여기에서는 우선 상속 · 증여세 과세여부에 관하여 간단히 살펴보기로 한다.

4. 암호화폐의 상속 · 증여에 대한 과세

(1) 상속 · 증여세법상 과세대상

상속세의 과세 대상이 되는 상속재산은 피상속인에게 귀속되는 모든 재산을 말한다. 금전으로 환산할 수 있는 경제적 가치가 있는 모든 물건과 재산적 가치가 있는 법률상 또는 사실상의 모든 권리를 포함하나 피상속인의 일신에 전속하는 것으로서 피상속인의 사망으로 인하여 소멸되는 것은 제외된다.[33] 증여세의 과세대상인 "증여재산"은 증여로 인하여 수증자에게 귀속되는 모든 재산 또는 이익을 말하며 금전으로 환산할 수 있는 경제적 가치가 있는 모든 물건, 재산적 가치가 있는 법률상 또는 사실상의 모든 권리 및 금전으로 환산할 수 있는 모든 경제적 이익을 포함한다.[34] 여기에서 "증여"가 무엇인지가 문제되는데 우리 법제는 완전포괄주의를 취하여 그 행위 또는 거래의 명칭·형식·목적 등과 관계없이 직접 또는 간접적인 방법으로 타인에게 무상으로 유형·무형의 재산 또는 이익을 이전하거나 타인의 재산가치를 증가시키는 것을 말하며, 다만 유증[35]과 사인증여[36]는 제외된다.[37]

(2) 암호화폐의 상속세 및 증여세 과세대상 해당 여부

위에서 살펴본 상속·증여세법상 상속·증여재산은 금전으로 환가할 수 있는 경제적 가치가 있는 모든 물건과 재산적 가치가 있는 법률상 또는 사실상의 모든 권리를 포함하므로 암호화폐를 경제적 가치를 가진 유형·무형의 재산으로 간주할 경우 암호화폐는 상속세 및 증여세의 과세대상에 해당한다고 할 것이다. 이러한 해석은 암호화폐가 결제수단으로 취급되고 있다는 사실에 기반을 두며, 결제수단이 된다는 것은 경제적 가치가 존재하는 무형의 재산으로서 기능하고 있다는 것으로 해석할 수 있기 때문이다.[38] 따라서 거주자가 가상통화를 상속하거나 증여하는 행위에 대하여 상속세 및 증여세 과세가 가능하다고 할 것이다. 일본에 있어서는 2016. 5. 25. 개정 자금결제법에서 가상화폐를 "재산적 가치"를 있는 것으로 정의하고 있고 상속세는 원칙적으로 피상속인의 재산을 상속이나 유증(사인증여 포함)에 의해서 취득했을 경우에 그 취득한 재산에 부과되는 바 그 과세대상이 되는 재산이란 현금, 예적금, 유가증권, 보석, 토지, 가옥 등 외 대출금, 특허권, 저작권 등 금전으로 평가할 수 있는 경제적 가치가 있는 모든 물건을 말하므로 일본 국세청의 입장은 "재산적 가치"를 가지는 가상통화를 피상속인이 소유하고 있을 경우 현금 및 예적금 등과 마찬가지로 상속재산에 포함된다고 해석하고 있다.

(3) 암호화폐 상속·증여세 과세시 검토 과제

먼저 암호화폐의 평가문제가 있는바 시가주의 원칙를 기본원칙으로 하여 암호화폐의 상속개시일 또는 증여일 현재의 시가에 따라야 할 것이지만, 암호화폐의 시세는 그 등락이 심하므로 그 평가의 시기 등 구체적인 평가방법에 관한 관련 규정을 정비하여야 할 것이다.

암호화폐에 과세를 하기 위하여는 거래이력의 파악하여야 하는 바 암호화폐 중 가장 거래량이 많은 비트코인의 경우 이를 취득하는 방법은 ① 채굴(마이닝), ② 거래소에서 거래로 인한 취득, ③ 제3자에게 어떠한 대가로 수취하는 3가지 방법이 있는바, 이 중 ①은 대규모 컴퓨터 시스템을 필요로 하기 때문에 이를 제외하고 일반적으로 ②나 ③의 방법으로 취득한다. ②의 방법에 의해 비트코인 취득시 본인의 은행계좌에서 거래소의 계좌에 자금을 송금하기 때문에, 은행계좌의 거래이력으로 비트코인 취득을 파악할 수 있다. ③의 경우는 제3자로부터 대가로 송금받은 비트코인을 전용지갑wallet에 넣는 경우 거래이력을 파악하기가 어려워진다.

또한 비밀 키 분실의 문제가 있다. 피상속인이 생전에 비트코인 거래를 하고 있음을 상속인이 인식하고 있거나, 유언장에 기재하여 지갑에 비트코인을 보유하는 것이 판명되어 있는 경우에도 상속인이 비트코인을 지갑에서 끌어내기 위한 패스워드인 비밀 키를 모르면[39] 비트코인 잔액을 알 수 없고, 지갑에 정말 비트코인이 있는지도 모른다. 이 경우 암호화폐는 상속재산이 되지 않고 상속할 수 없게 된다. 반대로 상속인이 비밀 키를 알고 있지만, 모르는 척하는 경우 상속재산의 은닉에 해당하나, 상속인이 비밀 키를 정말 모르는지를 제삼자가 증명하기는 어렵다.

암호화폐를 증여한 경우, 증여세나 상속세(상속개시전 10(5)년 이내에 피상속인의 증여)의 대상이 되는바, 예를 들어 부모가 암호화폐를 자녀에게 증여한 경우에도, 개인을 특정하여 거래를 파악하기 어렵기 때문에 증여사실을 파악하기가 용이하지 않다. 암호화폐가 널리 거래되는 경우 상속재산이 미지의 컴퓨터상의 데이터로 남아버린다든가 증여의 수단으로 ID와 패스워드를 적은 종이를 넘겨준다고 하여도 이러한 사실을 파악하는 일은 매우 어려워 과세상의 중립성과 형평성을 유지하기가 어려울 것으로 예상된다. 또한 피상속인이 해외에 거주하고 해외 거래소를 이용하여 암호화폐를 보유하고 있는 경우에도 암호화폐 파악이 용이하지 않다.

(4) 상속·증여세 법령의 개정방향

먼저 암호화폐의 평가기준을 마련하여야 할 것인 바 주권상장법인의 주식평가기준을 준용하여 평가기준일 이전·이후 각 2개월 동안 공표된 매일의 암호화폐거래소의 최종 시세가액의 평균액으로 평가할 수 있을 것이다.[40] 다만, 암호화폐의 변동 폭이 매우 크다는 점을 고려 평가기준일 이전·이후 각 2개월을 각 3개월로 하는 방안 등 검토하여야 할 것이다. 그리고 국세부과 제척기간을 조정할 필요가 있는 바 블록체인상의 지갑이 누구의 것인지 파악하기가 어려운 점을 고려하여 예컨대 이를 현금으로 인출하는 달의 말일부터 기산하여 15년간으로 정할 수 있을 것이다.

 Ⅲ. 암호화폐 소득에 대한 소득세 과세

1. 소득세 및 법인세의 과세 대상

개인이든 법인이든 그 소득에 대하여는 소득세가 부과된다. 소득세의 과세대상은 소득세법에 열거된 납세자 개인의 모든 소득이며 이 소득에는 이자소득, 배당소득, 사업소득, 근로소득, 연금소득 및 기타소득을 합산한 종합소득과 퇴직소득 및 양도소득이 포함된다.[41] 이 중에서 암호화폐의 계속적인 거래로 인한 소득은 사업소득에 해당할 수 있다. 법인의 경우 우리 법인세법이 순자산증가설에 따른 포괄적 과세주의를 채택하고 있으므로 법인의 순자산을 증가시킨 경우 법인세가 과세된다. 즉, 법인은 수익사업, 즉 사업 또는 수입에서 생기는 소득에 대하여 법인세를 납부할 의무가 있고 그 수입에는 유형자산 및 무형자산의 처분으로 인한 수입이나 대가對價를 얻는 계속적 행위로 인한 수입에서 생기는 소득도 포함된다.[42]

2. 암호화폐 소득에 대한 소득세 과세

(1) 암호화폐 소득의 분류

위에서 본 소득세법에서 열거하고 있는 소득 중 암호화폐와 가장 관련이 있는 소득은 다음에 살펴볼 양도소득을 제외하면 사업소득과 기타소득을 들 수 있다. 사업소득은 도매 및 소매업에서 발생하는 소득 등 사업성 요건을 만족하는 경제활동으로부터 발생되는 소득을 사업소득으로 보고 있으나 우리 소득세법은 완전포괄주의 개념을 채택하고 있지는 않고 열거주의를 채택하되 보충적인 소득유형으로 열거된 소득과 유사한 소득으로서 영리목적성, 독립성, 사업 활동 계속성을 충족하는 경우, 즉 영리를 목적으로 자기의 계산과 책임 하에 계속적·반복적으로 행하는 활동을 통하여 얻는 소득을 사업소득을 보고 있다.[43] 기타소득이란 이자소득·배당소득·사업소득·근로소득·연금소득·퇴직소득 및 양도소득 외의 소득으로서 소득세법에서 기타소득으로 열거하고 있는 소득만을 가리킨다.[44] 기타소득과 다른 소득 간에 경합하는 경우에는 다른 소득으로 우선적으로 구분한다는 의미이다. 기타소득은 대체로 일시적·우발적으로 발생한 소득들로 이루어져 있다.[45]

(2) 암호화폐 관련 소득에 대한 사업소득으로의 과세

영리를 목적으로 자기의 계산과 책임하에 계속적·반복적으로 암호화폐 관련 사업을 통하여 소득을 얻었다면 이는 사업소득으로 소득세 부과대상이 된다. 다만, 암호화폐로 인한 소득이 전형적인 사업소득[46]과 유사한 경우인지에 대한 논란이 제기될 가능성이 있으므로 조세법률주의의 관점에서 소득세법에 "암호화폐 채굴업", "암호화폐 중개(교환)업", "암호화폐 매매업" 등에서 발생하는 소득을 사업소득 과세대상으로 명시적으로 열거하여야 할 것이다.

(3) 암호화폐 관련 소득을 기타소득으로 과세

일시적이거나 비계속적 또는 우발적으로 암호화폐 거래를 하여 소득을 얻은 경우에는 사업소득이 될 수 없고 기타소득에 해당할 수 있다. 만일 암호화폐에 대한 법적 성격을 저작물에 해당하는 것으로 보는 경우에는 저작권을 상속·증여 또는 양도받은 자가 그 저작권을 타인에게 양도하고 받는 대가는 기타소득에 해당할 수 있다. 다만, 이에 대한 논의는 지식재산권분야의 전문가에 의한 심도있는 논의가 필요하다.[47] 다음으로 암호화폐에 대한 거래차익을 기타소득으로 규정하는 경우 기타소득금액은 해당과세기간의 총수입금액에서 이에 사용된 필요경비를 공제한 금액으로 하며 필요경비의 경우, 예컨대 산업재산권을 양도하고 그 대가로 받은 금품은 필요경비 산입액을 해당 기타소득의 수입금액의 60%와 실제 사용된 필요경비 중 큰 금액으로 하는 것[48]과 같이 예외로 할 것인지도 정해야 한다. 또한 무조건 종합과세방식으로 할 것인지, 무조건 분리과세[49]로 할 것인지 아니면 선택적 분리과세[50]로 할 것인지에 대한 판단이 필요하다. 현행 소득세법상 기타소득에 대한 과세구조가 복잡하고 암호화폐가 대부분 거래소를 통하여 이루어지고 있는 점을 감안하면 일반적으로 일시적 · 우발적으로 발생한 소득이라고 보기에도 다소 무리가 있다. 따라서 암호화폐 거래차익을 기타소득으로 과세하기보다는 다른 대안을 모색할 필요가 있다고 생각된다.

(4) 익명성이 높은 암호화폐의 등장과 소득세 부과

비트코인과 마찬가지로 블록체인 기술 중 "제로지식증명"[51]이라는 암호 기술을 바탕으로 설계된 "Zcash"이라는 암호화폐가 최근 개발되었는 바 이는 완전한 프라이버시 보호를 위해 각 거래의 암호화폐 양과 금액을 완전히 비공개로 하고 완전히 비밀을 담보할 수 있는 높은 익명성을 가지고 있어 거래추적에 어려움이 있다.[52] 향후 암호화폐 거래가 보급되고 특히 "Zcash"와 같은 매우 익명성 높은 암호화폐를 이용한 거래가 늘어 가는 경우 점점 거래의 파악이 어렵고, 악의의 납세자에 의한 탈세 등이 예상되므로 만약 시대의 흐름에 걸맞은 적절한 대응을 하지 않을 경우 세무상의 불평등 발생 및 종전 거래와의 사이에 과세상 중립성과 형평성을 훼손할 우려가 있다.

이러한 암호화폐 거래를 파악하기 위하여는 국내 모든 거래를 슈퍼컴퓨터에 의한 게이트웨이[53] 서버를 경유하게 하는 것이 필요할 것이다. 다만, 모든 거래에 대하여 슈퍼컴퓨터를 경유토록 하는 것은 헌법이 보호하는 사생활보호권, 통신비밀보호권을 침해할 위험이 있으므로 세원의 포착 등 국가안전보장 · 질서유지 또는 공공복리를 위하여 필요한 경우에 한하여 법률로써 국민의 기본권을 제한한다 하더라도 그 본질적인 내용을 침해할 수 없다는 점에 유의하여야 할 것이다.[54]

3. 법인세 과세 여부

(1) 암호화폐 소득에 대한 법인세의 과세

법인인 암호화폐의 채굴업자, 거래소 등 중개업자, 암호화폐 구입 · 판매업자 등 암호화폐 관련 사업을 영위하는 자는 그 사업에 관한 소득에 대하여 법인세의 납세의무를 진다. 매매목적의 재고자산으로 보유 또는 투자목적으로 보유하는 경우에도 마찬가지이다. 앞서 본 바와 같이 우리 대법원도 암호화폐의 자산성을 인정함은 물론 법인의 경우 순자산증가설에 따른 포괄주의 과세주의를 채택하고 있으므로 법인세를 부과하는데 아무런 지장이 없다 할 것이다.

(2) 암호화폐에 관한 회계기준의 정립

암호화폐에 대한 회계처리 기준이 명확치 않아 국내 최대 암호화폐거래소인 빗썸은 비트코인을 유동자산 내 당좌자산으로 분류하고 있다.[55] 거래소 내에서의 거래가격이 장부상 적정 가치로 평가되는 것이 공정한지, 측정 가치가 명확한지를 확인할 필요가 있을 것이다. 또한 암호화폐는 가격변동이 매우 심하기 때문에 사업연도말에 보유하는 암호화폐의 평가손익의 처리 문제가 발생될 수 있다.[56] 그리고 비트코인이 매매목적으로 보유하는 재고자산에 해당되는 경우 단기매매상품에 해당될 수 있으므로 단기매매증권과 같이 공시되는 시장가격이 있거나 공정가치를 신뢰성 있게 측정할 수 있는 것의 가치는 공정가치로 평가[57]하도록 하는 회계처리에 대한 규정 등이 보완되어야 할 것이다.

 ## Ⅳ. 암호화폐 거래에 대한 부가가치세 과세

1. 부가가치세의 과세대상

우리나라의 부가가치세법에 따르면 부가가치세 과세대상은 '사업자가 행하는 재화 또는 용역의 공급과 재화의 수입'으로 정의하고 있고 재화란 '재산 가치가 있는 물건과 권리'로 정의되고 있고 용역은 '재화 외의 재산가치가 있는 모든 역무와 그 밖의 행위'로 정의하고 있다.[58] 암호화폐도 재산적 가치가 있는 자산에 해당되므로 부가가치세 과세대상에 포함될 수 있을 것이나 각국의 입법례는 통일되어 있지 않다.

2. 암호화폐에 대한 부가가치세 과세에 관한 입법례

(1) 과세국

싱가포르는 암호화폐를 자산으로 취급하여 이를 매개한 거래에 부가가치세 부과하고 있다. 비트코인을 통화나 디지털 재화가 아닌 일반적인 용역으로 분류하여 비트코인과 현실 경제에서의 통화 간의 환전 거래는 용역 공급 거래에 해당되어 부가가치세 과세 거래가 된다고 보고 있다.

(2) 비과세국

먼저 유럽연합에 있어서는 2015. 10. 22. 유럽연합사법재판소CJEU가 화폐거래에 거래세를 부과하지 않는 것과 마찬가지로 암호화폐의 거래에 대하여도 부가가치세가 면제된다는 판결을 하여[59] 유럽연합 내에서는 암호화폐가 부가가치세의 부과 대상이 아니다. 미국에서는 암호화폐의 화폐성 인정 여부에 대하여 주별로 해석이 다르나, 모든 주가 암호화폐를 현금으로 인식하거나 무형자산으로 간주하여 판매세를 부과하지 않는다. 호주는 종래 암호화폐 거래에 물품서비스세GST를 부과하였으나 2017. 7.부터 화폐적 성격을 인정하여 면세하고 있다. 일본도 2017. 7. 1.부터 암호화폐의 거래에 대하여는 소비세를 부과하지 않고 있다.[60]

(3) 소결

종래 독일, 영국, 호주 등의 국가들이 암호화폐 거래에 부가가치세를 부과하여 왔으나 암호화폐가 지불수단으로서의 화폐적 성격이 강화되는 현상을 반영하여 부가가치세를 부과하지 않기로 한 것에 대하여 주목할 필요가 있다.

3. 암호화폐에 대한 부가가치세 과세에 관한 선례

(1) 게임머니에 대한 부가가치세 부과 판례

대법원은 게임머니에 대하여 사업성을 갖고 반복적으로 매매한다면 부가가치세 과세대상이라고 판단하였다. 과세관청이, 게임아이템 중개업체의 인터넷 사이트를 통해 온라인 게임 '리니지'에 필요한 게임머니를 게임제공업체나 게임이용자에게서 매수한 후 다른 게임이용자에게 매도하고 대금을 중개업체를 경유하여 지급받은 甲이 사업자로서 게임머니를 판매하면서도 매출신고를 누락하였다는 이유로 甲에게 부가가치세 부과처분을 한 사안에서, 대법원은 게임머니는 부가가치세법상의 '재화'에 해당하고, 甲의 게임머니 매도거래는 재화의 '공급'에 해당하며, 甲은 부가가치를 창출해 낼 수 있는 정도의 사업형태를 갖추고 계속적이고 반복적인 의사로 재화인 게임머니를 게임이용자에게 공급하였다고 봄이 타당하므로 부가가치세법상의 '사업자'에 해당한다고 보아 부가가치세 부과처분이 적법하다고 한 원심판단을 수긍하였다.[61]

그러나 본 사안의 경우에는 게임머니가 지급수단으로 사용된 바 없고 대금을 받고 게임머니를 매도한 것에 지나지 않으므로 이 판결을 암호화폐에 유추하는 것은 적절치 않다고 할 것이다.

(2) 국세청의 유권해석

국세청은 비트코인이 화폐로서 통용되는 경우에는 부가가치세 과세대상에 포함되지 아니하나, 재산적 가치가 있는 재화로서 거래되는 경우에는 부가가치세 과세대상이 된다고 유권해석하였다.[62]

4. 암화화폐에 대한 부가가치세 과세에 관한 견해

(1) 암호화폐의 성격과 부가가치세 과세

우리나라 부가가치세법상 암호화폐의 법적 성격에 관하여는 재화설, 용역설 그리고 비재화용역설이 대립하고 있다.

(2) 재화나 용역이라는 견해

재화설은 암호화폐의 교부로 재산권이 이전된다는 점에서 암호화폐를 부가가치세법상 재화로 볼 수 있다고 한다.[63] 즉, 암호화폐는 새로운 유형의 무형자산으로서 재산적 가치가 있는 재화로 볼 수 있으므로 사업자가 암호화폐를 매매·교환하거나 일반 재화 및 용역 공급에 대한 결제 수단으로 사용하는 경우 모두 재화의 공급으로 보아 부가가치세를 과세하고자 한다. 이와는 달리 용역설은 암호화폐의 특성을 비추어 동법이 열거하고 있는 물건이나 권리 등의 재화에 해당하기는 어렵고 암호화폐 공급행위를 용역재공행위로 볼 수 있다고 한다. 암호화폐를 재화로 보든 용역의 제공으로 보든 부가가치세의 대상이 된다는 점에서는 차이가 없다. 그러나 암호화폐를 결제수단으로 지급하는 거래를 과세거래로 보면 하나의 거래에 대해 이중으로 부가가치세를 과세하는 결과가 된다는 비판이 있다.

(3) 재화나 용역에 해당하지 않는다는 견해

비재화용역설은 암호화폐는 지급수단으로서 화폐나 주식·채권 성격의 금융상품에 가까우므로 재화로도 용역으로도 볼 수 없고 특히 일반 재화를 공급받은 대가로 암호화폐를 지급할 수 있으므로 단순히 지급(송금)수단으로서 암호화폐를 이전하는 경우 부가가치세는 과세되지 않아야 한다고 본다.[64] 또한 암호화폐를 지급수단으로 보거나 새로운 지급수단으로 발전할 가능성을 고려하여[65] 부가가치세를 면제하여야 한다고 한다.[66] 나아가 조세법률주의의 관점에서 과세대상은 엄격히 해석해야 하므로 암호화폐의 거래에 대하여는 부가가치세를 부과할 수 없다고 한다. 그러나 이 견해에 대하여는 암호화폐는 당사자들이 지급수단으로 사용하는 것에 합의하여 그들 간에만 사용되는 것이므로 국가가 강제통용력을 인정하는 법화 또는 법정통화와는 그 성질이 다르므로 우리 법체계상 암호화폐를 화폐의 일종으로 받아들이기는 어렵다는 비판이 있다.

(4) 암호화폐가 연계된 거래내용에 따라 달리 보는 견해

먼저 사업자가 소비자에게 재화 등을 공급하고 암호화폐를 지급수단으로 제공받는 경우에는 사업자는 공급하는 재화 등의 시가(환산된 현실통화의 가치)에 따라 부가가치세 과세표준을 계산하고, 사업자가 다른 사업자에게 재화 또는 용역을 공급받고 대가로 암호화폐를 지급하는 경우에는 암호화폐를 지급수단 목적으로만 활용한 것으로 암호화폐 공급(결제)거래를 별개의 부가가치세 과세대상 거래에 해당되지 않는 것으로 봄이 타당하며 암호화폐를 신종 무형자산으로 보아 재화 간 교환거

래로 볼 여지가 있으나 동일 거래에 대해 이중과세로 볼 수 있고 과세실익도 크지 않다고 한다.[67]

반면, 비트코인 등 암호화폐와 현실의 통화 간의 교환거래의 경우에 있어서는 암호화폐 채굴업자, 매매업자, 중개업자(교환업자)가 암호화폐를 매매하거나 법정통화 또는 다른 암호화폐와 교환하는 거래에 대해 부가가치세를 과세할 것인지에 대한 것으로 세제당국의 정책적 판단이 필요한 사항인 바 암호화폐와 법정통화 또는 다른 암호화폐와의 교환거래의 경우, 실질적으로는 금융거래 성격에 해당되지만 암호화폐를 신종 무형자산인 재화로 규정한다면 현행 부가가치세법상 과세대상 거래로 보아야 한다고 한다.

5. 소결

우리나라 부가가치세법 체계 하에서 암호화폐 이용 거래를 일률적으로 과세 또는 비과세로 단정하기 어려운 측면이 있으므로 거래내용에 따라 유형별로 접근하여 부가가치세 과세 여부를 판단하는 마지막 견해가 타당하다고 할 것이다. 즉, 암호화폐를 재산적 가치가 있는 재화로 보아 사업자가 계속적·반복적으로 암호화폐를 매매하는 경우 부가가치세를 과세하되, 암호화폐를 재화나 용역의 구입을 위한 지급수단으로 사용하는 경우에는 비과세하는 방향으로 나아가야 할 것이다. 다만, 세계적으로 암호화폐에 대하여는 부가가치세를 과세하지 않는 추세로 전환되었으므로 이를 면세 재화로 규정하거나, 화폐와 같은 지급결제수단으로 인정하여 부가가치세 과세대상에서 제외하는 방안을 검토할 필요가 있을 것이나 이 경우에도 면세대상인 암호화폐의 범위를 어디까지 볼 것인지에 대한 문제는 남아 있다. 현행 세법은 암호화폐 거래에 대한 부가가치세 과세여부에 관하여 납세자의 혼란을 야기하고 있으므로 부가가치세법을 개정하거나 기본통칙에서 과세대상 여부를 명확하게 하여야 할 것이다.

Ⅴ. 암호화폐 거래에 따른 양도소득세 과세

1. 암호화폐 거래에 따른 양도소득세 과세 필요성

(1) 과세형평성 제고

암호화폐 시장의 성장과 더불어 암호화폐 거래를 중개하는 거래소 역시 막대한 수익을 올리고 있다. 2018. 1. 발간된 한 보고서는 국내 1, 2위 암호화폐거래소 업비트와 빗썸이 거둬들이는 하루 수익은 20~30억 원대 규모로, 연간 1조원에 달하는 것으로 추산하였다.[68] 아울러 암호화폐 중 비트코인의 가격은 2017. 8. 1. 319만 원에서 2018. 1. 6. 2,598.8만 원으로 상승하는 등 2017년 암호화폐 시장의 대폭적인 성장에 따라 이를 암호화폐거래소별 수수료율로 환산할 경우 암호화폐의 매매차익이 크게 발생하였을 것으로 추정된다.[69] 이와 같이 2017년의 경우 암호화폐의 거래가 폭증한 바 있으며 이를 통해 매각이익 등이 발생하여 실제 현금화되고 있는 등 이익을 실현시키고 있기 때문에 다른 거래와의 형평을 위해서라도 과세하는 것이 바람직할 것이다.

(2) 암호화폐의 자산성 인정

위에서 본 바와 같이 우리 대법원 판결이 암호화폐에 대하여 몰수를 선고하여 그 자산성을 인정함으로써 암호화폐 거래에 따른 이익에 대한 양도소득세 과세기반이 마련되었다고 볼 수 있다. 비록 암호화폐의 몰수가 가능하다거나, 거래를 통하여 많은 수익이 발생한다고 해서 과세의 당위성이 인정되는 것은 아니나, 위법 여부를 떠나 경제적 측면에서 보아 현실로 이득을 지배·관리하면서 향수하고 있고 담세능력이 있다면 비과세할 합리적인 근거가 없는 한 과세형평상 과세하는 것이 바람직할 것이다. 그 동안 서화·골동품의 양도로 발생하는 소득, 종교인소득에 대한 소득세 과세제도 등도 동일한 과정을 밟아 왔다. 소득세법상 열거주의에도 불구하고 이런 논의는 꾸준히 이어질 것이다.

(3) 주요국의 암호화폐 매매차익에 대한 과세

2014. 3. 미국 국세청[IRS]은 암호화폐에 관한 세무상 취급을 공표하여,[70] 비트

코인은 통화가 아니라 법률상 자산property로 취급되어, 비트코인의 매각익은 자본이득으로 과세대상이 된다고 하였다. 2017. 12. 세법개정안tax bill에서 미연방세법 제1031조의 동종자산교환like-kind exchange71을 부동산 거래로만 한정하여 비트코인과 알트코인altcoin 간의 거래, 즉 암호화폐 간 거래는 과세대상에 포함되도록 하고 있다.72 암호화폐 거래이익에 대한 과세방법을 살펴보면 우선 첫단계로 취득원가를 결정하는데 이는 암호화폐의 구입가격에 구입 관련 모든 비용을 더한 금액이다. 구입관련 비용에는 일반적인 거래비용 및 거래소의 중개수수료 등이 포함된다. 두 번째 단계로 거래 시 공정한 시장가치를 결정한다. 공정한 시장가치는 판매 · 거래 당시의 암호화폐의 가치이다. 그리고 암호화폐 간의 거래도 과세대상에 포함된다.73, 74

영국에서는 개인의 경우 비트코인에 의한 이득이나 손실은 자본이득세capital gain tax, CGT가 부과된다.75, 76 세율은 대부분 10%나 20%이다.77 일본에서는 2016. 5. 자금결제법을 개정하여 암호화폐에 전자결제, 송금 등 결제수단으로서의 기능을 부여하여 암호화폐 거래에 대한 규제 및 이용자 보호의 법적 근거를 마련하고 암호화폐를 자산과 같은 가치asset-like values를 지닌 것으로 인정하여78 암호화폐 거래 이익을 잡소득으로 취급하고 있다.79

위와 같이 미국, 영국 등 주요국의 경우 암호화폐 거래차익에 대하여 자본이득세가 과세되며, 일본의 경우에는 잡소득으로 과세되고 있다.

2. 암호화폐 양도소득세 과세를 위한 입법

(1) 소득세법령 개정

위에서 살펴본 바와 같이 암호화폐는 그 자산성을 인정할 수 있으므로 개인이 암호화폐를 투자목적으로 보유하여 매각하는 경우 그 매각익은 양도소득으로 과세하는 것이 바람직하다.80 다만, 소득세법81상의 항목들과 완전히 부합하지 않아 현행법으로는 과세가 어려울 것이므로 입법 조치가 필요할 것이다.82 다만, 새로운 법률의 제정 혹은 전자금융거래법을 개정하거나83 자금세탁을 위하여 악용되는 암호화폐 거래를 규제할 수 있는 근거를 특정금융정보법에서 마련하기 위하여 이들 법률에서 암호화폐의 법적 성격 내지 개념을 정할 수도 있을 것이다. 이와 같이 소득세법에서 암호화폐의 정의를 별도로 규정하는 것보다 위 전자금융거래법이나 특정 금융정보법상의 암호화폐의 개념을 인용하는 방안이 암호화폐를 규제하는 법률과 유기적으로 연결시킬 수 있다는 점에서 바람직하다고 생각한다.

(2) 양도소득세 과세거래의 설정 방안

양도소득세는 토지, 주식 등의 양도로 인하여 실현된 소득에 대하여 과세한다. 양도는 자산에 대한 등기 또는 등록과 관계없이 매도, 교환, 법인에 대한 현물출자 등을 통하여 그 자산을 유상有償으로 사실상 이전하는 것을 말한다.[84] 소득세법에서 예시하고 있지 않는 경우에도 대가적 관계가 수반되는 이전의 경우에는 양도에 해당한다.[85] 암호화폐의 경우 매도, 교환, 재화·서비스의 구매 등이 양도에 해당한다고 볼 수 있다. 암호화폐 거래별 과세소득액 계산방법을 구체적인 예를 들어 살펴보면 다음과 같다.[86]

(3) 과세거래별 양도소득금액 계산방법의 설정 방안

1) 보유하는 암호화폐를 매도하는 경우

이는 과거에 구입하여 보유하고 있는 암호화폐를 가격상승시점 등에 원화로 매도하는 경우이다. 즉, 암호화폐를 원화로 환전하는 경우와 다름없다. 예컨대, 201×년 6월 10일 5,000만 원으로 5비트코인BTC을 구입하여 같은 해 11월 20일에 2BTC를 3,000만 원에 매도한 경우 기타 필요경비 등을 고려하지 않을 경우 암호화폐의 매각가액과 취득가액과의 차액이 과세소득금액인 양도소득금액이 된다. 즉, 과세소득금액 = 매각가액 − (1BTC당의 취득가액)×(지급 비트코인)으로 실제로 계산하면 3,000만 원 − (5,000만 원 ÷ 5BTC) × 2BTC =1,000만 원이 과세대상으로 된다.

2) 암호화폐로 재화나 용역을 구입한 경우

보유하는 암호화폐로 재화·용역을 구입한 경우로 그 사용 시점에서의 재화·서비스 제품가액(원화로 대금을 지급하는 경우 세금 포함한 지급총액인 공급대가)과 암호화폐의 취득가액과의 차액이 과세소득금액이 된다. 예컨대, 201×년 6월 10일 5,000만 원으로 5비트코인BTC을 구입하여 같은 해 11월 20일에 3,000만 원의 상품 구입에 2BTC를 지급한 경우 과세소득금액은 상품 가액에서 (1BTC당의 취득가액) ×(지급 BTC)를 차감한 금액이 과세대상이 된다. 즉, 3,000만 원 - (5,000만 원 ÷ 5BTC) × 2BTC = 1,000만 원이 된다. 그리고 1,500만 원의 상품 구입에 1BTC(취득가액 1,000만 원)을 지급하고 1,500만 원의 상품과 잔액 100만 원을 돌려받았을 경우에는 1BTC의 가액이 1,600(1,500+100)만 원이 되므로 과세소득금액은 600(1,600-1,000)만 원이 된다. 이는 전자화폐나 법정화폐로 결제하는 경우와 다르다고 볼 수 있다. 다만, 소비자가 일상용품을 구입할 때마다 암호화폐의 취득가액과의 차액을 계산하여 양도소득금액을 산출하는 것은 쉽지 않을 것이다. 따라서 일정금액 미만의 소액거래에 대해서는 과세대상에서 제외하는 방안이 강구되어야 할 것으로 생각된다.

3) 보유하는 암호화폐로 다른 암호화폐를 구입한 경우

이는 보유하는 암호화폐로 다른 암호화폐를 구입한 경우로 암호화폐 간의 교환[87]이므로 과세를 할 수 없다는 생각도 할 수 있으나 위의 상품을 구입할 때와 동일하게 다른 암호화폐와 교환한 시점에 이익이 발생하면 이 또한 과세대상으로 된다. 예컨대, 201×년 6월 10일 5,000만 원으로 5비트코인[BTC]을 구입하고 같은 해 11월 20일에 그 중 2BTC(지급수수료를 포함)로 3,000만 원의 10이더리움[ETH]을 매입한 경우 과세소득금액은 다른 암호화폐인 10ETH의 구입가액(결제시점의 시가)에서 보유하는 암호화폐 중 지급한 암호화폐의 취득가액(1BTC당의 취득가액×지급 BTC)과의 차액이 과세소득금액이 과세대상이 된다. 즉, 3,000만 원 - (5,000만 원 ÷ 5BTC) × 2BTC = 1,000만 원이다.

이와 같은 암호화폐 간의 교환에 대해서는 거래의 포착은 물론 세액계산이 쉽지 않으므로 암호화폐 간의 교환에 관한 손익을 과세상 인식하지 않고 법정통화의 교환이나 결제수단으로 이용 시까지 과세를 이연하는 방안도 신중히 검토할 필요가 있다.

4) 암호화폐의 분할에 의해서 새로운 암호화폐를 취득한 경우

암호화폐로 경제적 가치가 있는 것을 취득했을 경우 그 취득시점의 시가를 기준으로 과세소득금액을 계산하여야 할 것이다. 그런데 암호화폐의 하드포크[hard-fork88]로, 즉 암호화폐가 분할되어 새로운 암호화폐를 취득한 경우이다. 예컨대 비트코인BTC의 경우 하드포크를 통해 2017. 8.에 비트코인 캐시BCH, 같은 해 10월 비트코인 골드BTG 등이 만들어진 바 있다. BTC의 분할시점에서는 BCH나 BTG의 거래시세가 존재하지 않아 그 취득금액은 제로零로 간주된다. 따라서 BCH나 BTG를 그대로 계속하여 보유하고 있으면 과세가 되지 않는다. 다만, 새로운 암호화폐인 BCH나 BTG를 매도하거나 사용한 경우에 소득이 발생하게 되며 그 취득가액은 제로이므로 매도 내지 사용금액 전체가 과세대상으로 되어야 할 것이다.

5) 채굴 및 상속 · 증여에 의해 암호화폐를 취득하는 경우

채굴을 통하여 암호화폐를 취득하는 경우 과세소득금액은 채굴에 의해 취득한 암호화폐의 취득시점에서의 시가에서 채굴에 소요된 비용인 전력비 등 필요경비를 차감하여 계산하여야 할 것이다. 그리고 채굴에 의해 취득한 암호화폐를 매도 또는 사용한 경우의 과세소득 금액 계산시 취득가액은 암호화폐를 채굴에 의해 취득한 시점에서의 시가로 한다.

그리고 상속 · 증여에 의하여 암호화폐를 취득하는 경우 취득가액 산정은 주권상장법인의 주식평가기준을 준용하는 방안 등이 검토되어야 하며,[89] 이 경우에도 아래 의제 취득가액제도의 도입에서 살펴보는 바와 같이 암호화폐는 365일 24시간 거래되는 점을 고려하여 일정시점의 거래가격을 당일 시세가액으로 특정할 필요가 있을 것이다. 상속 · 증여에 의해 취득한 암호화폐를 매도 또는 사용하는 경우 과세소득금액 산정은 위 취득가액을 차감하여 계산하여야 할 것이다.

(4) 양도소득세 과세대상 등 설정 방안

암호화폐의 종류 및 거래소가 다양하고 거래빈도가 많은 점, 소비자가 암호화폐로 일상용품을 구입할 때 암호화폐의 취득가액과의 차액을 계산하여 확정된 이익을 산출하기가 쉽지 않은 점 등을 감안하여 과세연도의 일정 거래금액 미만에 대해서는 다음과 같이 과세대상에서 제외하는 등 납세자의 신고 및 세부담을 완화하기 위한 방안이 강구되어야 할 것이다.

첫째, 연간 암호화폐 거래금액이 일정금액, 예컨대 3천만 원 내지 5천만 원 이상의 거래에 의한 이익에 대해서만 과세대상으로 하는 방안이다. 다만, 이 경우에도 자금세탁 등을 목적으로 하는 거래에 대해서는 동 제도의 적용을 배제하는 것이

거래질서를 위하여 바람직할 것이다. 이 방안은 취득가액이 매우 낮은 경우 과세형평을 저해할 수 있다는 단점이 있다. 따라서 연간 암호화폐 거래금액이 3천만 원 내지 5천만 원 미만의 경우에도 동 거래에 따른 양도소득금액에서 양도소득기본공제 250만 원을 차감한 금액이 일정금액, 예컨대 250만 원을 초과하는 경우에는 과세하는 방안을 마련하여 다소나마 과세형평을 제고할 수 있을 것이다.

둘째, 소액비과세제도를 도입하는 방안이다. 이는 연간 암호화폐 거래금액이 위의 일정금액, 예컨대 3천만 원 내지 5천만 원 이상의 거래에 대해서도 동 거래에 따른 양도소득금액에서 양도소득기본공제 250만 원을 차감한 금액이, 예컨대 50만 원 미만의 경우와 같이 소액인 경우에는 이를 비과세대상으로 하는 방안이다.

(5) 암호화폐의 취득가액 산정 방안

1) 의제 취득가액제도의 도입

암호화폐 거래에 따른 이익에 대한 양도소득세 과세제도가 도입되는 경우 개정 세법의 시행일에 암호화폐의 취득원가가 불분명한 경우 취득가액을 명확히 하여 향후 매매 등에 따른 불필요한 조세마찰을 해소할 필요가 있다. 토지 및 주식 등의 경우에도 의제취득일의 일정 가액을 취득가액으로 한 바 있다.[90] 그런데 암호화폐의 경우에는 위의 토지 또는 주식 등과는 달리 암호화폐의 종류가 너무 많고 거래소에서 거래되지 않는 경우도 다수발생하며 암호화폐 교환업 등의 등록 내지 인가제 등 제도적 장치가 마련되어 있지 않음은 물론 암호화폐에 대한 평가제도의 정립되지 않아 매매사례가액·감정가액 또는 환산가액을 찾아내기가 용이하지 않다. 이러한 불가피한 사정을 고려하여 다음과 같은 방안을 제시한다.

첫째, 의제취득일 현재 암호화폐거래소에서 거래되는 암호화폐에 대해서는 의제취득일 현재의 거래가액을 취득가액으로 의제하고 납세자가 의제취득일 이전의 실지거래가액을 입증하는 경우에는 이를 인정한다. 그런데 암호화폐는 1년 내내 24시간 거래되므로 주권상장법인 주식거래 마감시간인 15시 30분이나 18시 등 일정 시점의 거래가액을 당일 시세가액으로 특정할 필요가 있으며 하루에도 변동폭이 크므로 의제취득일 전·후 일정 기간의 거래가액을 기준으로 정하는 방법도 대안 중의 하나라고 생각된다.

둘째, 의제취득일 현재 암호화폐거래소에서 거래되지 않는 암호화폐에 대해서는 보유 암호화폐를 법정통화로 교환하거나 결제수단으로 이용하는 시점에 거래가액의 일정비율, 예컨대 10% 내지 30%를 취득가액으로 의제하여 원활한 과세를 도모할 필요가 있다. 이 경우에도 납세자가 실지거래가액을 입증하는 경우에는 이를 인정하여야 할 것이다.

다음으로 상속 또는 증여로 암호화폐를 취득하는 경우에 대하여 살펴보자. 이 경우에도 상속개시일 또는 증여일 현재 암호화폐거래소에서 거래되는 암호화폐를 상속 내지 증여받은 경우에는 원칙적으로 상증세법상 상속개시일 또는 증여일 현재의 시가에 따라야 할 것이다. 다만, 이에 대한 구체적인 평가기준이 보완되어야 할 것이다.

한편, 암호화폐거래소에서 거래되지 않는 암호화폐를 상속 내지 증여받은 경우에는 동 암호화폐의 시가를 산정하기가 쉽지 않을 것이다. 이 또한 상증세법상 평가기준에 따라야 하나 이에 대한 제도적 장치가 아직 구체적으로 마련되어 있지 않으므로 평가기준 마련 전까지는 위의 두 번째 경우와 같이 상속이나 증여로 취득한 암호화폐를 법정통화로 교환하거나 결제수단으로 이용하는 시점에 거래가액의 일정비율, 예컨대 10% 내지 30%를 취득가액으로 의제하는 방법 등이 강구되어야 할 것이다.

2) 암호화폐 취득가액 구체적인 산정방법

보유하는 암호화폐 등 재고자산은 매입시점에 취득원가가 결정되어 자산으로 인식된다. 이후 당해 재고자산이 판매되면 자산에 계상되어 있는 금액 중 판매된 부분은 비용으로 대체하고 미판매분은 기말재고자산으로 남아있게 된다. 당기 중 암호화폐를 수차례 매입할 경우 매입시점마다 암호화폐의 단위당 취득원가가 동일하다면 판매된 암호화폐의 취득원가, 즉 매출원가는 어렵지 않게 파악될 수 있다. 하지만 암호화폐의 단위당 취득원가가 매입시점마다 다르면 얼마에 취득한 암호화폐가 판매되었는지를 파악하기가 쉽지 않다. 이에 따라 동일한 암호화폐의 매입단가가 매입시점마다 다른 경우 당기에 판매된 암호화폐와 당기말까지 미판매된 암호화폐에 얼마의 매입단가를 적용하는가에 따라 매출원가 및 기말재고자산금액이 달라지게 되어 당기손익에 영향을 미치게 된다. 그러므로 암호화폐의 단위 원가를 결정할 필요가 있다.[91] 이하에서는 이동평균법과 총평균법을 중심으로 살펴보기로 한다.

❶ 이동평균법

이동평균법moving average method은 암호화폐를 매입할 때마다 그 구입수량과 금액을 앞의 잔액에 가산하여 새로운 평균단가를 산정하고, 이것에 의해서 출고단가를 계산하여 기장하는 방법이다.[92] 이 방법에 의하면 암호화폐의 재고자산가액이 평균화되기 때문에, 매출원가가 매입가액이 달라짐에 따라 받는 영향이 적은 반면에, 매입회수가 빈번하게 이루어지는 경우 평균단가를 산출함에 있어서 단수가 생기며 계산이 번잡하다는 단점이 있다.

예를 들어 201×년 3월 10일 2,000만 원(지급수수료 포함, 이하 동일)에 4BTC를 구입하여, 같은 해 5월 20일 0.2BTC를 110만 원에 매도하고 9월 30일에 155만 원의 상품구입에 0.3BTC를 사용하였다. 11월 10일 결제시점에 시가 600만 원인 다른 암호화폐 구입에 대한 결제를 위하여 4BTC를 지급하였다. 11월 30일에 1,600만 원으로 2BTC를 구입하였다.

위 사례의 경우 이동평균법을 적용하여 1BTC당 취득가액을 구하면 3월 10일 시점에서는 500만 원, 11월 30일에는 633.33만 원이다. 즉, 3월 10일에 취득한 1BTC당 취득가액은 500만 원(2000만 원 ÷ 4)이며, 3월 11일부터 11월 30일 사이에 1.5BTC를 매각 또는 사용하였으므로 11월 30일 BTC 구입 직전에 보유하고 있는 BTC의 장부가액은 1,250만 원{500만 원 ×(4-1.5)BTC}이다. 11월 30일에 2BTC를 1,600만 원 구입하였으므로 11월 30일 구입 직후에 1BTC당 취득가액은 633.33만 원{(1,250+1,600)만 원[93] ÷ (2.5+2)BTC[94]}이다.

❷ 총평균법

재고자산의 원가를 평가하는 방법의 하나로 기초의 재고자산 금액의 기중에 취득한 재고자산금액을 합하고 이를 총수량으로 나누어 평균원가를 산출하는 방식을 말한다.[95] 이러한 계산을 1개월마다 실시하는 경우를 월별 총평균법이라 하고, 1회계기간을 대상으로 하는 것을 기별 총평균법이라 한다. 총평균법은 계산이 간단하다는 장점이 있으나 월말 또는 기말에 평균원가의 산출이 이루어지기 때문에 출고시 개별원가를 알 필요가 있을 경우에는 부적당하다. 위 사례를 총 평균법을 적용하여 1BTC당 취득가액을 구하면 600만 원이 된다. 즉, 1년간 취득한 BTC의 취득가액의 총액(2,000+1,600만 원)을 1년간 취득한 BTC 매수(4+2 BTC)로 나누면 1BTC당 취득가액 600만 원이 산출된다.

❸ 소결

실제 암호화폐를 거래소 등을 통하여 수회에 걸쳐 반복적으로 매매를 하고 있는 것이 대부분이므로 기준기간 전체의 매입금액 합계를 매입수량 합계로 나누어 산출하는 방법인 총평균법이 계산이 편리할 수 있다. 이는 소득세법상 양도소득에 대하여는 발생연도의 다음연도 5월 중에 확정신고[96]를 하도록 되어 있으므로 총평균법에 의하여 취득가액을 산정하는 것이 계산의 편리성이라는 측면에서 바람직 할 수 있다.

다만, 총평균법의 경우 기간 도중에 과세소득액을 파악할 수 없는 등 경제적인 실태와 괴리될 수가 있는 점을 고려하여 납세의무자가 일정기간 계속 적용하는 것을 요건으로 총평균법, 이동평균법 중 신고한 방법에 따르도록 하는 것도 무방할 것이다. 암호화폐거래소를 통하여 거래하는 경우에는 IT기술의 발달에 의하여 계산의 번잡성이라는 이동평균법의 단점을 보완할 것으로 생각된다.

참고로 매매 또는 단기투자를 목적으로 매입한 채권 이외의 유가증권(「자본시장과 금융투자업에 관한 법률」에 따른 투자매매업자 또는 투자중개업자가 거래소에 예탁한 증권을 포함)의 평가방법은 총평균법, 이동평균법 중 사업자가 신고한 방법에 따르도록 되어 있다.[97] 재고자산 및 유가증권의 평가방법("재고자산등의 평가방법"이라 함)을 해당 사업을 개시한 날이 속하는 과세기간의 과세표준 확정신고기한까지 재고자산 등의 평가방법을 신고하지 아니하거나 신고한 평가방법에 의하지 아니한 때에는 납세지 관할세무서장은 유가증권의 경우에는 총평균법에 의하여 재고자산 및 매매 또는 단기투자를 목적으로 매입한 유가증권을 평가한다.[98] 그리고 일본의 경우에는 동일한 암호화폐를 2회 이상 걸쳐서 취득한 경우 해당 암호화폐의 취득가액의 산정방법은 이동평균법을 이용하도록 하고 있다. 다만, 계속하여 적용하는 것을 요건으로 총평균법을 이용하는 것도 허용하고 있다.[99]

(6) 양도차손의 공제 및 이월공제 허용 문제

암호화폐의 거래로 인하여 양도소득금액에 손실이 발생한 경우 이에 대한 손익통산문제 등을 검토하여야 할 것이다. 양도소득금액은 ① 토지·건물, 부동산에 관한 권리 및 기타자산의 양도소득금액, ② 주식 및 출자지분의 양도소득금액, ③ 파생상품 등의 거래·행위로 발생하는 양도소득금액으로 구분하여 계산하므로[100] 암호화폐 등의 거래·행위로 발생하는 양도소득금액에 대해서도 동일한 원칙에 따라야 할 것이다. 즉, 암호화폐의 거래에 따른 양도차손의 공제는 암호화폐의 거래로 인한 양도소득금액에 대해서만 공제하도록 하여야 할 것이다.

그리고 양도소득금액을 계산할 때 발생하는 결손금은 구분하여 계산하는 다른 양도소득금액과 합산하지 아니한다. 향후 다른 자산의 양도소득금액에서 암호화폐 거래로 인한 양도차손을 공제하는 문제와 이월공제 허용여부는 다른 자산과의 형평성, 암호화폐 가격의 급락 폭이 큰 점 등을 감안하여 신중히 접근할 필요가 있다.[101]

(7) 양도소득기본공제

양도소득과세표준은 양도소득금액에서 양도소득기본공제를 적용하는 것으로 하고 있는바,[102] 양도소득이 있는 거주자에 대해서는 ① 토지·건물, 부동산에 관한 권리 및 기타자산의 양도소득금액, ② 주식 및 출자지분의 양도소득금액, ③ 파생상품 등의 거래·행위로 발생하는 양도소득금액별로 해당 과세기간의 양도소득금액에서 각각 연 250만 원을 공제한다.[103] 따라서 암호화폐 등의 거래·행위로 발생하는 양도소득금액에 대해서도 과세의 형평을 위하여 양도소득 기본공제 250만 원을 공제하여야 할 것이다.

(8) 암호화폐 양도소득세액 계산을 위한 세율체계

양도소득에 대한 소득세는 종합소득 및 퇴직소득에 대한 소득세와는 구분하여 별개로 세액을 계산하고 있으며,[104] 이에 적용되는 세율은 종합소득 및 퇴직소득에 대한 소득세율(최저 6%에서 최고 42%의 7단계 초과 누진세율)과는 달리 양도자산의 종류에 따라 다음과 같이 초과누진세율과 비례세율구조로 이루어져 있다.

첫째, 토지·건물,[105] 주택(주택부수토지 포함)·조합원입주권[106] 및 특정주식 등 기타자산에 대한 양도소득세의 기본세율은 6%에서 42%로 7단계 초과 누진세율구조를 취하고 있다.[107] 둘째, 주식 및 출자지분에 대해서는 대주주로서 ① 중소외의 법인(1년 미만 보유)의 주식은 30%, ② ①에 해당하지 않는 경우는 20% (과세표준 3억 원 초과분은 25%), 대주주가 아닌 자로서 ③ 중소기업주식은 10%, ④ ③에 해당하지 않는 경우는 20%이다. 기본적으로 20%를 기준으로 하면서 5%~10%p를 가감하고 있다.

셋째, 파생상품 등에 대한 세율은 양도소득과세표준의 20%로 한다. 다만, 자본시장 육성등을 위하여 필요한 경우 그 세율의 75%의 범위에서 대통령령으로 인하할 수 있다.[108] 이에 따라 현재 파생상품등에 대한 양도소득세 탄력세율은 10%로 한다.[109]

이하에서는 위 3가지 유형에 따른 대안을 중심으로 살펴보고자 한다. 첫째, 토지 등과 같은 초과누진세율(6%~42% 7단계)을 적용하는 방안을 검토해 본다. 소득세는 각 개인의 부담능력을 가장 직접적으로 표상하는 소득을 과세물건으로 하면서 개인적인 사정을 고려하고 누진세율을 적용하기 때문에 응능부담의 원칙에 충실한 조세로서 공평한 과세를 달성할 수 있다.[110] 일본은 암호화폐의 거래로 인한 자본이득에 대하여 잡소득으로 분류하여 최저 5%에서 최고 45%의 7단계 초과누진세율을 적용하고 있다. 다만, 과세의 형평성을 위해 초과누진세율을 적용하기 위해서는 암호화폐 거래내역을 파악할 수 있도록 암호화폐 관련 법 등 인프라를 구축하여 암호화폐거래소 등에 대하여 자금세탁방지[111] 및 자료제출의무[112]를 부과할 필요가 있을 것이다.[113] 이와 같은 제도적 장치를 마련하지 않고 초과누진세율을 적용할 경우 조세를 회피하려는 유인이 증대되어 오히려 과세의 불공평을 심화시키는 요인으로 작용할 수 있다. 그 밖에도 양도소득세가 부과되는 주식, 파생상품 등 다른 자산과의 형평성도 고려할 필요가 있을 것이다.

둘째, 주식 등과 같은 비례세율(10%~30% = 20% ± 10%)을 적용하는 방안을 검토해 본다. 암호화폐는 주식과 그 법적 성격은 상이하나 거래빈도 등 거래형태가 유사하다고 할 수 있다. 암호화폐거래소를 통하여 거래되는 경우와 그 밖에 거래소 이외에서 거래되고 있으므로 암호화폐 거래에 따른 이익에 대하여 과세하는 경우 비상장법인 주식이나 일정요건을 충족하는 주권상장법인 주식의 거래에 대하여 과세하는 경우와 유사하게 생각하여 친숙하게 여겨진다. 아울러 비례세율에 의한 과세의 편의성은 물론 초과누진세율 보다 도입초기에 따른 납세자의 심리적 중압감 및 조세저항도 완화할 수 있을 것이다. 두 번째 안을 적용할 경우 암호화폐는 주식과 같은 대주주 및 중소기업 개념 등이 없으므로 세율적용은 기본적으로 20% 비례세율로 하되 과세표준이 3억 원을 초과하는 경우에 한하여 25%로 하는 방안과 국내 암호화폐거래소를 통하여 거래되는 경우에는 비례세율 20%로 하고, 그 밖에 해외 거래소나 국내 거래소를 통하지 않고 거래되는 경우에는 그 세율을 5%~10%p 상향조정하는 방안 등이 대안으로 고려될 수 있다.

셋째 파생상품 등과 같은 비례세율(탄력세율 10%) 적용하는 방안을 검토해 본다. 두 번째 안과 동일하다고 사료되며 파생상품 등에 대한 세율은 자본시장 육성 등을 위하여 그 필요성이 인정되어 기본세율 20%에서 탄력세율 10%를 적용하고 있으므로 자본시장육성 등과 크게 관련되지 않는 암호화폐 거래에 대한 세율은 탄력세율을 적용하지 아니하고 기본세율 20%로 하는 것이 바람직할 것이다.

일본의 경우 세무전문가 그룹이 자금결제법에 의한 국내 등록 교환사업자에 의한 암호화폐 거래에 관한 이익의 과세방법에 대하여 20%의 신고분리과세, 그 밖에 해외 거래소 등에서의 거래는 현재와 같이 잡소득으로서 취급하는 방안을 제안하고 있다.[114] 이를 통하여 참여자 증가에 의한 시장 활성화, 전체 세수증가와 더불어 비등록사업자나 해외시장에서의 거래가 아닌 본인확인의무가 부과되는 국내등록교환사업자에 대한 인센티브로 작용하고, 암호화폐 거래에 관련되는 자금세탁 등의 대응측면에서도 건전성 향상이 기대된다는 이유에서이다. 그리고 영국의 경우에도 2016. 4월부터 자본이득세의 세율을 일부 자산 이외의 경우 종전 18%, 28%에서 10%, 20%로 인하한 바 있다. 따라서 우리나라에서도 암호화폐 거래에 대한 양도소득세 도입시 두 번째 안을 제안한다. 그 중에서도 주식과 같이 국내외거래소 차별없이 적용세율은 20% 비례세율로 하되 과세표준이 일정금액을 초과하는 경우 예컨대 3억 원을 초과하는 경우에 한하여 25%로 하는 방안이 세율체계상 바람직 할 것이다.

(9) 비거주자의 암호화폐 양도소득에 대한 과세방법

비거주자가 보유중인 암호화폐를 국내 암호화폐거래소를 통하여 거래하는 경우 암호화폐 양도소득에 대하여 암호화폐거래소에게 원천징수의무를 부과하여야 할 것이다. 즉, 조세채권의 조기확보를 위하여 암호화폐의 양수자가 양수대가를 지급할 때에 양도소득세를 원천징수하여 납부토록 한다. 이 경우 원천징수세액은 암호화폐의 대가로 지급하는 금액(양도가액)의 10%에 상당하는 금액과 양도가액에서 필요경비를 차감한 소득금액의 20%에 상당하는 금액 중 적은 금액으로 한다.

참고로 국내사업장이 없는 비거주자는 주식 · 출자지분이나 그 밖의 유가증권("주식 등")을 국내사업장이 없는 비거주자 또는 외국법인에 양도하는 경우로서 대통령령으로 정하는 경우에는 그 양도로 발생하는 소득금액에 10%를 곱한 금액(양도한 자산의 취득가액 및 양도가액이 확인되는 경우에는 그 지급금액 등의 10%에 상당하는 금액과 소득금액의 20%에 상당하는 금액 중 적은 금액)을 받은 날이 속하는 달의 다음다음 달 10일까지 납세지 관할세무서장에게 신고 · 납부하여야 한다.[115]

3. 암호화폐 양도소득세 과세의 실효성 확보방안

정부는 암호화폐 거래에 대하여 실명제를 도입하는 등 암호화폐 거래에 대한 투명을 제고하여 거래질서를 확보하려는 노력을 지속적으로 기울이고 있지만, 이에 더하여 암호화폐 양도소득세 과세의 실효성 확보를 위한 다음과 같은 제도적 장치를 강구할 필요가 있다.

첫째, 암호화폐와 현금거래의 중개를 행하는 암호화폐거래소에 대하여 지급조서 제출의무 등 거래자별 암호화폐 거래내역을 과세당국에 제출하도록 하여야 할 것이다. 2016. 11. IRS는 코인베이스[116]에 대한 2013년부터 2015년까지 3년간 거래 기록과 계좌 보유자의 정보를 제출하도록 요구했다. 2017. 11. 29. 연방지방법원은 코인베이스 계정과 세금기록 사이의 큰 불일치가 IRS 요청 정보에 합법적인 목적을 가지고 있다는 점을 입증하기에 충분하다고 판결하고, 코인베이스에게 위 기간 중 어느 한 해에 적어도 하나의 거래 유형(구매, 판매, 송금 또는 수령)으로 2만 달러 상당의 고객 계좌에 대한 납세자 식별번호taxpayer identification number, 거래로그를 포함한 계정활동기록records of account activity including transaction logs 등의 정보를 제출하도록 한 바 있다. 코인베이스에 대한 IRS의 조사는 거의 600만 명의 고객을 자랑했음에도 불구하고 800~900명만이 디지털 통화로 인한 손익에 대한 연방소득세를 신고한 사실을 알고 시작되었다.[117]

둘째, 양도소득세 부과제척기간을 원칙적인 제척기간에도 불구하고 과세당국이 암호화폐의 양도가 있음을 안 날로부터 1년 이내에 양도소득세를 부과할 수 있도록 한다. 참고로 납세자가 부정행위로 상속세 · 증여세를 포탈하는 경우로서 제3자의 명의로 되어 있는 피상속인 또는 증여자의 재산을 상속인이나 수증자가 보유하고 있거나 그 자의 명의로 실명전환을 한 경우 등에는 10년 또는 15년의 원칙적인 제척기간에도 불구하고 해당 재산의 상속 또는 증여가 있음을 안 날부터 1년 이

내에 상속세 및 증여세를 부과할 수 있도록 하고 있다.[118]

셋째, 암호화폐가 자금세탁을 위하여 사용되는 것을 방지하기 위하여 암호화폐 거래소가 범죄수익은닉규제법 제5조 제1항[119]에 따른 신고주체에 해당될 수 있도록 관련 규정을 정비하여야 할 것이다.[120]

넷째, 국내 관계부처 간 공조를 강화하고 국제적 통합대응기구를 설치하는 등 국가간 협력방안을 적극 모색할 필요가 있다.[121]

다섯째, 암호화폐에 대한 체계적인 회계기준 마련 등이 필요하다. 일본의 경우 활성시장이 존재하는 경우에는 대차대조표가액을 시장가격에 의한 가액으로 하고, 활성시장이 존재하지 않는 경우에는 취득원가로 하고 있다.[122]

Ⅵ. 결론

암호화폐에 대한 주요국의 과세기준을 보면 대부분의 국가에서 암호화폐의 자산적 성격과 결제수단으로서의 성격 모두를 인정하는 과세방안을 마련하고 있음을 알 수 있다. 거의 모든 국가에서 암호화폐의 가치변동으로 인한 자본이득에 과세하는 방안을 제시하고 있으며, 독일, 호주, 일본 등 국가에서는 결제수단으로서의 성격 또한 고려하여 부가가치세를 비과세하는 방식을 취하고 있음도 보았다. 우리나라의 경우 암호화폐 거래와 관련하여 사업소득세, 법인세 외에 양도소득세, 상속·증여세, 그리고 부가가치세 등의 과세를 위해서는 암호화폐의 법적 성격의 정립과 관련 세법규정의 개정 등 입법적 보완이 필요함을 지적하였다.

부가가치세의 과세에 관하여도 암호화폐를 순수한 재산적 가치가 있는 재화의 거래로 보는 경우에는 현행 규정으로 과세가 가능하나 거래 형태가 재화나 용역 구입을 위한 지급수단으로 보는 경우에는 비과세할 수 있도록 세법령을 개정하거나 기본통칙에서 명확한 해석기준을 마련할 필요가 있을 것이며 이와 별개로 암호화폐 거래 관련 글로벌 과세기준을 반영하여 부가가치세를 비과세하는 방안에 대해서도 검토할 필요가 있음을 지적해 둔다.

상속세 및 증여세 과세에 있어서도 암호화폐를 경제적 가치를 가진 유형·무형의 재산으로 간주할 경우 상속·증여세의 과세는 가능하다고 할 것이다. 다만, 상속·증여세 과세를 위해 암호화폐의 자산가치를 원화로 환산하기 위한 평가규정의 보완이 필요할 것이다.

암호화폐의 거래에 따른 매매차익 등에 대한 양도소득세 과세를 위한 입법론적 고찰은 그동안 국내에서의 암호화폐 과세방안에 대한 연구에서 구체적으로 다루지 않았던 바 이를 요약하면 아래와 같다.

첫째, 암호화폐의 거래 또는 행위로 발생하는 소득에 대하여 양도소득세를 과세할 수 있도록 소득세법상 관련 규정을 보완하여야 할 것이다. 둘째, 암호화폐의 경우 매도, 교환, 재화·서비스의 구매 등을 과세거래로 규정하여야 한다. 셋째, 암호화폐의 종류 및 거래소가 다양하고 거래빈도가 많은 점, 소비자가 암호화폐로 일상용품을 구입할 때 암호화폐의 취득가액과의 차액을 계산하여 확정된 이익을 산출하기가 쉽지 않은 점 등을 감안하여 과세연도의 일정 거래금액 미만에 대해서는 과세대상에서 제외하는 등 납세자의 신고 및 세부담을 완화하기 위한 방안이 강구되어야 할 것이다. 넷째, 암호화폐 거래에 따른 이익에 대한 양도소득세 과세제도가 도입되는 경우 개정 세법의 시행일에 암호화폐의 취득원가가 불분명한 경우 취득가액을 명확히 하여 향후 매매 등에 따른 불필요한 조세마찰을 해소할 필요가 있다. 그 예로 의제 취득가액제도를 들 수 있다. 다섯째, 암호화폐의 거래에 따른 양도차손의 공제는 암호화폐의 거래로 인한 양도소득금액에 대해서만 공제하도록 하여야 할 것이다. 여섯째, 암호화폐 양도소득세액 계산을 위한 세율은 20%의 비례세율로 하되 과세표준이 일정금액을 초과하는 경우에 5%p를 추가하는 방안이 바람직할 것이다. 일곱째, 비거주자가 보유중인 암호화폐를 국내 암호화폐거래소를 통하여 거래하는 경우 암호화폐 양도소득에 대하여 암호화폐거래소에게 원천징수의무를 부과하여야 할 것이다. 이외에도 암호화폐거래소에 대하여 거래자별 암호화폐 거래내역을 과세당국에 제출하도록 하여 암호화폐 양도소득세 과세의 실효성을 제고할 필요가 있다.

마지막으로 조세회피를 막기 위한 방안을 강구할 필요가 있음을 지적하고자 한다. 이를 위하여는 암호화폐 관련 산업에 축적되는 거래정보들을 활용하여 과세대상 거래를 관측할 필요가 있고 암호화폐 교환업의 등록제 등 중개인들을 적절히 규제하는 것을 통해 암호화폐의 익명성을 이용한 조세회피를 막을 수 있을 것이다. 아울러 특정 국가에 속하지 않는 전자적 기록이라는 암호화폐의 성격을 고려할 때, 다른 국가들과의 공조하에서만 실질적으로 효과를 거둘 수 있음에 유의할 필요가 있다. 요컨대 주요국의 과세기준 및 규제 방안 논의에 지속적으로 주의를 기울이고 그 추세에 맞게 우리나라의 기준 또한 유연하게 적용하는 정책적 대응을 하여 나가야 할 것이다.

"블록체인과 과세"에 대해 더 알고 싶다면

1 용어의 출처는 불분명하나, 디지털 통화(digital currency)·암호화 통화(cryptocurrency) 등의 용어가 혼용되다가 최근 암호화폐(virtual currency)로 통용하는 것이 일반적이라고 한다. 금융위원회 보도자료, "보도자료 별첨: 가상통화(virtual currency) 현황 및 대응방향", 관계기관 합동, 2017. 9. 4. 1면; 최근 P2P 방식의 탈(脫)중앙집권적 분산형 시스템을 갖춘 비트코인으로 대표되는 암호화폐를 암호화 화폐(cryptocurrency)로도 칭하며, 미국 국세청(IRS)은 과세대상 암호화폐를 'convertible virtual curreny'로 정의하는 등 그 용도와 원리에 따라 다양한 명칭으로 정의되고 있다. Internal Revenue Service, "IRS Static Files Directory-irs-drop-n-14-21", https://www.irs.gov/pub/irs-drop/n-14-21.pdf (2018. 10. 24. 확인).

2 금융위원회 보도자료, "국제자금세탁방지기구(FATF) 총회 참석 결과", 금융정보분석원, 2018. 10. 20., 2면; Financial Action Task Force (FATF), "Regulation of virtual assets", http://www.fatf-gafi.org/publications/fatfrecommendations/documents/regulation-virtual-assets.html (2018. 11. 10. 확인).

3 이 가이드라인은 2018. 1. 30.부터 시행되고, 시행일을 기준으로 하여 그로부터 12개월 동안 적용된다.

4 금융위원회 보도자료, "가상통화 투기근절을 위한 특별대책(2017. 12. 28.) 중 금융부문 대책 시행, 붙임2 암호화폐 관련 자금세탁방지 가이드라인", 가상통화대응팀, 2018.1. 23., 1면.

5 CoinMarketCap, "Global Charts-Total Market Capitalization", https://coinmarketcap.com/charts/ (2018. 11. 10. 22:36 확인).

6 CoinMarketCap, "24 Hour Volume Rankings (Currency)", https://coinmarketcap.com/currencies/volume/24-hour/ (2018. 11. 10. 22:36 방문).

7 빗썸(bithumb) 홈페이지, https://www.bithumb.com/ (2018. 11. 10. 22:40 확인).

8 매일경제, "투자광풍 겪은 가상화폐거래소의 재무제표 뜯어보기", 2018. 4. 18., https://www.mk.co.kr/news/home/view/2018/04/246141/.

9 전자공시시스템(DART), "주식회사 비티씨코리아닷컴 재무제표에 대한 감사보고서(2018. 4. 13.)", http://dart.fss.or.kr/dsaf001/main.do?rcpNo=20180413001775 (2018. 10. 24. 확인).

10 김병일(2017); 김병일(2018 Ⅰ); 김병일(2018 Ⅱ); 신상이/전홍민(2018); 신상화/강성훈(2015); 윤명옥(2018); 이강(2014); 이창규(2018); 정승영(2015); 정승영(2016); 조근형(2018); 홍도현/김병일(2015) 참조.

11 화폐의 3가지 본질적 기능: ① 교환의 매개(medium of exchange): 화폐는 임의의 재화와의 교환에서 반드시 수령된다고 하는 일반적 구매력을 보유하나 가상통화는 지급수단으로의 활용 사례 및 거래규모가 제한되어 교환의 매개체로 한계가 있으며, 거래목적보다는 주로 투기목적으로 보유되고 있다. ② 가치척도(unit of account): 화폐는 개개의 상품과 가치를 통일적으로 표현하는 재료가 됨. 즉, 모든 재화·서비스

의 가치를 가격으로 표시하는 역할을 수행하는 데 반하여 가상통화는 높은 가격 변동성, 불확실한 시장가
치 등으로 가치척도로 사용하기가 곤란하다. ③ 가치저장(store of value): 화폐는 언제, 어떤 재화·서비
스에 대해서도 대가로 수령될 것이 기대되므로, 가치저장수단으로 기능하며 자산의 한 형태로 보유된다.
한편, 가상통화는 가격변동성이 매우 높고, 향후 거래에 활용될 것이라는 당사자 간 합의에 의존하므로 장
기적으로 가치를 저장하는데 한계가 있다.

12 Dong He et al.(2016), p. 17. At present, VCs do not completely fulfill the three economic roles associated with money : High price volatility of VCs limits their ability to serve as a reliable store of value. The current small size and limited acceptance network of VCs significantly restricts their use as a medium of exchange. As of now, there is little evidence that VCs are used as an independent unit of account.

13 한국은행법 제47조(화폐의 발행) 화폐의 발행권은 한국은행만이 가진다. 동법 제48조(한국은행권의 통용)한국은행이 발행한 한국은행권은 법화(法貨)로서 모든 거래에 무제한 통용된다.

14 김홍기(2017), 35면.

15 소재가치(素材價値)를 중시했던 금속주의와 달리, '일반적 교환 내지 유통수단'으로의 화폐의 본질을 중시하는 명목주의에서 화폐와 통화의 개념은 구별하기가 쉽지 않다.

16 VCs(Virtual Currencies) are digital representations of value, issued by private developers and denominated in their own unit of account(Dong He et al.(2016), ..7).

17 김홍기(2017), 36면.

18 자본시장법 제3조 제2항.

19 김홍기(2017), 36면.

20 김홍기(2017), 34면 및 37면.

21 216.1249474 비트코인으로 2017. 4. 17. 기준으로 약 5억 원에 해당하였다.

22 수원지방법원 2017. 9. 8. 선고 2017고단2884 판결.

23 대법원 2012. 4. 13. 선고 2011두30281 판결 참조.

24 수원지방법원 2018. 1. 30. 선고 2017노7120 판결.

25 대법원 2018. 5. 30. 선고 2018도3619 판결.

26 김완석/정지선(2018), 591면.

27 소득세법 제21조 제1항 제23호 및 제24호.

28 김완석 외(2017), 219면; 대법원 1983. 10. 25. 선고 81누136 판결 참조.

29 기획재정부(2018), 29면; 조세특례제한법 제6조 및 제7조 참조.

30 벤처기업육성에 관한 특별조치법 제3조, 같은 법 시행령 제20조의3 제1호의2및 제2조의4 별표1 개정(대통령령 제29216호, 2018. 10. 2., 일부개정). 벤처기업에 포함되지 않는 업종으로 블록체인 기반 암호화 자산 매매 및 중개업을 포함하였다. 그 이유로 "종전에는 벤처기업에 포함되지 아니하는 업종으로 일반 유흥 주점업 및 무도 유흥 주점업 등 5개 유흥 또는 사행성 관련 업종을 정하고 있었으나, 최근 블록체인 기반 암호화 자산과 관련하여 비정상적인 투기과열현상과 유사수신·자금세탁·해킹 등의 불법행위가 발생함에 따라 블록체인 기반암호화 자산 매매 및 중개업을 벤처기업에 포함되지 아니하는 업종으로 추가하여 건전한 산업생태계를 형성하고 우리나라 산업의 경쟁력을 높이려는 것임"을 밝히고 있다

법제처, 벤처기업육성에 관한 특별조치법 시행령 개정이유, 국가법령정보센터, http://www.law.go.kr/LSW/nwRvsLsInfoR.do?lsNm=&cptOfi=&searchType=&lsKndCd=&p_spubdt=&p_epubdt=&p_spubno=&p_epubno=&pageIndex=1&chrIdx=0&sortIdx=0&lsiSeq=204736 (2019. 6. 1. 확인).

31   김병일(2018 Ⅱ), 259면 참조.

32   김완석/정지선(2018), 101-102면.

33   싱속증여세법 제2조 제3호.

34   상속증여세법 제2조 제7호.

35   유증(遺贈)이란 유언에 의하여 유산을 무상으로 다른 사람에게 물려주는 것을 말한다.

36   사인증여(死因贈與)란 증여자가 사망하면 효력이 발생하는 증여로서 유언으로 하는 것이 아니라는 점에서 유증과 차이가 있다.

37   상속증여세법 제2조 제6호. 유증과 사인증여는 상속에 준하여 다루어 질 것이다.

38   신상화/강성훈(2015), 93면.

39   비트코인을 거래하기 위해 지갑(wallet)이란 것이 존재. 이 지갑은 자신의 비트코인을 말 그대로 안전하게 보관하기 위한 것으로서 타 서비스가 제공하는 일반적인 지갑은 사용자에게 본인 인증을 위해 하나의 비밀키를 제공한다. 그래서 하나의 비밀키를 잃어버리게 되면(혹은 해킹당하게 되면) 자신의 비트코인을 모두 잃어버릴 수 있는 위험성이 존재한다. 이러한 것을 방지하기 위해 암호화폐거래소(예 : 코인원)에서는 비밀키 3개를 제공하는 멀티시그 지갑을 제공하고 있다. 하나는 보안을 위해 거래소에서 보관하고, 나머지 두 개는 멀티시그 사용자가 가진다. 그리고 사용자는 지갑을 이용하기 위해서 두 개의 키가 있어야 하므로 비밀키 하나를 잃어버리더라도 다른 비밀키를 분실하지 않는다면 비트코인을 잃어버릴 염려가 없다. APGC, "[수요일 수요일은 기업가] 디바인랩 대표 차명훈", 네이버블로그, http://blog.naver.com/PostView.nhn?blogId=apgc_lab&logNo=220310893118 (2015. 3. 25. 17:38 확인).

40   상속증여세법 63조 제1항 제1호 가목.

41   소득세법 제3조 제1항, 제4조 제1항 참조.

42   법인세법 제3조 및 제4조.

43   소득세법 제19조 제1항은 21개 유형의 소득을 열거하고 있다. 특히 동항 제21호는 "제1호부터 제20호까지의 규정에 따른 소득과 유사한 소득으로서 영리를 목적으로 자기의 계산과 책임 하에 계속적 · 반복적으로 행하는 활동을 통하여 얻는 소득"을 보충적인 소득 유형으로 규정하고 있다.

44   소득세법 제21조 참조.

45   김완석/정지선(2018), 226면.

46   소득세법 제19조 제1항 제1호 내지 제19호.

47   홍도현/김병일(2015), 124면.

48   소득세법 시행령 제87조 제1호의2.

49   소득세법 제14조 제3항 제8호 나 · 다 · 라목.

50   소득세법 제14조 제3항 제8호 가목.

51   이는 "영 지식 상호 증명(zero knowledge interactive proof, 零知識相互證明)"으로도 불리는 것으로 약어로는 ZKIP로 표기된다. 비밀을 알고 있다는 사실을 밝히지 않고 증명하는 방법으로 통상의 패스워드 방

식에서는 본인임을 증명하기 위해 비밀 패스워드를 그대로 표시하게 되므로 항상 위험이 따르는데 이러한 결점을 극복한 것이 영지식상호증명이다. 일반 난수와 비밀 정보로부터 연산한 결과를 증명자(본인임을 주장하는 자)와 검증자 간에 주고받아서 확률적으로 납득시킨다. 이와 같이 주고받는 횟수를 증가시키게 되면 확신도는 높아진다.

52 山下/酒井(2017), 12頁.

53 게이트웨이(gateway)란 글자 그대로 문을 의미하는 것으로 IT 분야에서는 통신 네트워크의 출입구를 의미한다. LAN 통신은 게이트웨이를 통해 이루어진다. 게이트웨이의 구성은 프로토콜을 이용하여 다른 통신망과 상호 접속할 수 있는 하드웨어와 소프트웨어, 다른 시스템에 접속할 수 있는 장비로 이루어져 있다. 게이트웨이의 구성 요소에는 네트워크 내에서 통신을 제어하는 컴퓨터와 인터넷 서비스 제공자(ISP) 컴퓨터 게이트웨이 노드가 있다. 게이트웨이 노드는 종종 프록시 서버(Proxy Server)나 파이어월(Firewall) 서버로 동작한다. 또한 게이트웨이는 헤더와 포워딩 테이블(Forwarding Table)을 사용해 패킷을 보낼 곳을 결정하는 라우터이며, 게이트웨이에서 패킷이 들어오고 나가도록 실제적인 통로를 제공하는 스위치가 포함된다. 이외에도 프로토콜 변환기, 임피던스 매칭 장비, 비율변환기(Rate Converters), 장애절연장치(Fault Isolators) 혹은 시스템 호환을 제공하는 데 필요한 신호변환기와 같은 장비가 포함된다.

54 헌법 제17조, 제18조 및 제37조 제2항 참조.

55 조선비즈, "비트코인 회계처리, 증권 자산? 파생상품? … 법원 '전자파일에 불과'", 2017. 11. 9., http://biz.chosun.com/site/data/html_dir/2017/11/09/2017110900370.html.

56 금융회사 등 외의 법인이 보유하는 화폐성 외화자산 등의 평가에 관련한 법인세법 시행령 제76조 참조.

57 한국회계기준원 회계기준위원회(2011), 46문단; 이창희(2017), 871면; 임승순(2017), 671면.

58 부가가치세법 제2조 참조.

59 CJEU Case C-264-14 Skatteverket v David Hedqvist, 22 October 2015.

60 일본은 자금결제법에서 특정다수간의 지불수단 기능, 법정통화와의 교환기능 및 전자거래 기능을 갖지만 법정통화는 아닌 것으로 하고 있다(岡野(2016), 10-11頁).

61 대법원 2012.4.13. 선고 2011두30281 판결. 게임머니를 '디지털 콘텐츠'로 보고 이를 사업성을 갖고 반복적으로 매매한다면 부가가치세 과세대상으로 본 판결로는 광주지방법원 2011구합1184 판결 참조.

62 국세청, 서면법규과-920, 2014.08.25

63 홍도현/김병일(2015), 135면은 비트코인을 저작권에서 보호되는 저작물로 보는 경우에도 저작권이 부가가치세법상 재화에 해당되기 때문에 과세대상이 될 수 있다고 보나 비트코인 등 암호화폐를 인간의 사상이나 감정을 표현한 것으로 보기 어려우므로 이 견해에는 의문이 있다.

64 가상통화를 거래매체적 성격, 즉 상품 및 용역의 대가 지급을 위한 매개체로서 지급수단으로만 사용되는 경우 부가가치세법 기본통칙 4-0-3〔유가증권 등〕상 화폐대용증권으로 보아 과세에서 제외될 수 있다고 본다. 片岡(2014), 45頁.

65 정순섭(2017 Ⅰ), 14~15면.

66 그러나 암호화폐는 발행자에 의하여 사용잔액을 환급하거나 현금 또는 예금으로 교환이 보장되지 않으며 현재 전자금융거래법상 선불전자지급수단 또는 전자화폐에 해당되지 않는다. 이재인(2017), 13면.

67 정승영(2016), 78-86면 참조.

68 "업비트의 하루 거래대금은 약 7조 원 수준으로, 보수적으로 원화마켓의 수수료율을 적용해 산출한 일평

균 수수료 수익은 35억 5,000만 원 수준"이라며 "이를 연간으로 환산한 수익은 1조 3,000억원에 이른다"고 분석했다. 이투데이, "[특징주] 우리기술투자, 암호화폐거래소 업비트 기업가치 최대 13조 분석", 2018. 1. 2., http://www.etoday.co.kr/news/section/newsview.php?idxno=1580223.

69　일본 국세청에 따르면, 2017년분의 소득세에 대해 확정신고를 한 2,198만명 중 공적연금을 제외한 잡소득의 수입이 1억엔 이상인 납세자는 549명이며, 이 549명 중 암호화폐의 거래에 의한 경우가 331명에 이른다고 한다. 日本經濟新聞, "仮想通貨、収入1億円以上は331人　17年確定申告で" 2018. 5. 25., https://www.nikkei.com/article/DGXMZO30957770V20C18A5EA1000/.

70　Internal Revenue Service(IRS), Notice 2014-21, https://www.irs.gov/pub/irs-drop/n-14-21.pdf; Internal Revenue Service(IRS), "Internal Revenue Bulletin(IRB) No.2014-16", p. 938.

71　미국에서 동종의 자산을 교환한 경우는 그 자산을 매각하기까지 과세대상으로 삼지 않겠다는 제도를 말한다.

72　Bitcoin, "Trading Bitcoin for an Altcoin Won't Shield You From the IRS Anymore", 2017. 12. 18., https://news.bitcoin.com/trading-bitcoin-for-an-altcoin-wont-shield-you-from-the-irs-anymore/.

73　세금신고는 먼저 IRS양식 8949를 작성하여야 하며 동 양식에는 과세연도의 암호화폐 거래와 매각일, 취득일, 취득원가 및 자본이득을 포함한다. 또한 총소득에 대하여 1040 Schedule D에 신고하여야 한다. Bitcoin Magazine, "Op Ed: Cryptocurrency Capital Gains Taxes — Breaking Down the Problem", 2018. 12. 30., https://bitcoinmagazine.com/articles/op-ed-cryptocurrency-capital-gains-taxes-breaking-down-problem.

74　단기 자본이득세율(short-term capital gains tax rates)은 통상 소득세율(10~37%)과 동일하며, 1년 이상 보유한 자산양도로 인한 장기 자본이득에 대한 세율은 과세대상소득 및 신고형태에 따라 0%,15% 또는 20%이다. 예컨대, 기혼·부부합산신고의 경우 과세표준이 0~77,200달러 구간은 0%, 77,201~479,000달러 구간은 15%, 479,001달러 이상은 20%이다.

75　HM Revenue and Customs of UK(2014), p. 4.

76　암호화폐를 스털링 또는 다른 법정통화로 교환하거나 판매하는 등 처분이 이루어질 때 자본이득을 계산하여야 한다. 2018/2019년 동안 개인 자산이득(asset gains)에 대한 연간 비과세공제액(annual tax-free allowance)은 11,700파운드이다. 그럼에도 불구하고 암호화폐의 연간 공제액의 4배(2018/2019의 경우 46,800파운드)까지 판매할 경우에는 수익이 11,700파운드 미만이더라도 세입관세청(Her Majesty's Revenue and Customs : HMRC)에 보고되어야 하며, 과세연도는 4. 6.부터 다음 해 4. 5.까지이다. CryptoDaily, "Crypto Tax And ICO Regulations In The United Kingdom", 2018. 8. 31., https://cryptodaily.co.uk/2018/08/crypto-tax-and-ico-regulations-in-the-united-kingdom (2018. 12. 7. 확인).

77　과세소득(taxable income)이 기본소득세 범위(basic Income Tax band)내에 있으면 10%(또는residential property는 18%)를 부담한다. 기본세율을 초과하는 금액에 대해서는 20%(또는 residential property는 28%)를 납부한다. GOV.UK, "Capital Gains Tax", https://www.gov.uk/capital-gains-tax/rates (2018. 12. 7. 확인).

78　Topcourt International Law Firm, "仮想通貨交換業の法律規制とは？改正資金決済法を弁護士が5分で解説", http://topcourt-law.com/virtual_currency/virtual_currency_exchange (2018. 10. 25. 확인).

79　2017. 4. 1. 암호화폐 거래 이익에 대하여 잡소득으로 취급하여 2018. 2. 16부터 같은 해 3. 16.까지 확정신고를 받은 바 있다. 암호화폐의 매각 또는 사용에 의한 소득이 20만엔 이하의 경우에는 다른 소득이 없으면 확정신고를 할 필요가 없다. 과세대상거래로는 암호화폐의 매각, 암호화폐에 의한 상품의 구입, 암호화

폐간의 교환 거래가 이에 해당한다. 암호화폐에 관한 소득에 대한 세율은 7단계 누진세율 구조로 5~45%이다. 여기에 도도부현민세 4%와 시정촌민세 6%가 추가된다. 日本國稅廳(2017); 仮想通貨ポータル, "仮想通貨の税金はいくら？仮想通貨の税金計算をどこよりもわかりやすく解説", https://coin-portal.net/basics/zeikin_keisan/ (2018. 10. 25. 확인).

80　비트코인을 거래하는 인터넷상의 장소가 존재하고, 매일 비트코인 가격이 공표되며 공표된 가격을 기준으로 하여 현금과의 교환이 자유롭게 이루어진다. 따라서 비트코인 양도 시 발생하는 양도소득에 과세하는 것이 타당할 것이다(신상화/강성훈(2015), 92면).

81　소득세법 제94조 참조.

82　예컨대 암호화폐를 소득세법 제94조 제1항 제4호의 기타자산으로 규정하는 방안이나 소득세법 제94조 제1항 제6호(대통령령으로 정하는 암호화폐의 거래 또는 행위로 발생하는 소득)를 신설하는 방안이 있다.

83　2017. 7. 31. 박용진 의원 등 10인이 제안한 전자금융거래법 개정안(의안번호 2008288)을 들 수 있다. 동 개정안 제2조 제23호에서 "'암호화폐'란 교환의 매개수단 또는 전자적으로 저장된 가치로 사용되는 것으로서 전자적 방법으로 저장되어 발행된 증표 또는 그 증표에 관한 정보를 말한다. 다만, 화폐·전자화폐·재화·용역 등으로 교환될 수 없는 전자적 증표 또는 그 증표에 관한 정보 및 전자화폐는 제외한다."라고 규정하고 있다.

84　소득세법 제88조 제1항.

85　김완석/정지선(2018), 572면.

86　日本國稅廳(2017). 1-4頁 참조.

87　민법 제596조(교환의 의의) 교환은 당사자 쌍방이 금전 이외의 재산권을 상호이전할 것을 약정함으로써 그 효력이 생긴다. 교환은 목적물이 금전 외의 재산권에 한한다는 점에서 매매와 다르지만, 매매와 마찬가지로 낙성·쌍무·유상·불요식계약이다. 교환도 유상계약이기 때문에 매매에 관한 규정이 일반적으로 준용된다(민법 567조). 지원림(2013), 1463-1464면.

88　블록체인의 주요 기능을 변경하는 업데이트 방식이다. 하드포크를 진행하면 이전 버전과 호환되지 않으며, 블록체인을 이용하기 위해서는 의무적으로 업데이트를 해야 한다. 변경 후 바꾸거나 되돌릴 수 없으며, 블록체인에 하드포크를 적용하면 새로운 블록체인에서 기존과 다른 암호화폐를 생성하게 된다. 하드포크는 블록체인(암호화폐) 업데이트 과정에서 이해관계자들의 의견이 갈리거나 해킹 등의 문제로 인해 진행하는 경우가 많다. 다음백과, "하드포크", http://100.daum.net/encyclopedia/view/47XXXXXd1513 (2019. 6. 1. 확인).

89　상속세 및 증여세법 제63조 제1항 제1호 가목; 김병일(2018 Ⅱ), 261-262면 참조.

90　소득세법 시행령 제176조의2 제4항. 1984. 12. 31. 이전에 취득(상속 또는 증여받은 자산을 포함)한 토지·건물·부동산에 관한 권리 및 기타자산과 1985. 12. 31. 이전에 취득한 주식 등에 대하여 매매사례가액·감정가액 또는 환산가액을 계산함에 있어서 의제취득일(법률 제4803호 소득세법 개정법률 부칙 제8조에서 정하는 날을 말한다. 토지 등의 경우에는 1985. 1. 1, 주식 등의 경우에는 1986.1. 1.이다.) 현재의 취득가액은 ① 의제취득일 현재 매매사례가액·감정가액 또는 환산가액, ② 취득 당시 실지거래가액·매매사례가액 또는 감정가액이 확인되는 경우로서 해당 자산(상속 또는 증여받은 자산 제외)의 실지거래 가액·매매사례가액 또는 감정가액과 그 가액에 취득일부터 의제취득일의 직전일까지의 보유기간 동안의 생산자물가상승률을 곱하여 계산한 금액을 합산한 가액 중 많은 것으로 하도록 하고 있다.

91　신현걸 외(2018), 331면.

92　소득세법 시행열 제92조 제2항 제5호 참조. "이동평균법"이란 자산을 취득할 때마다 장부시재금액을 장부

시재수량으로 나누는 방법으로 평균단가를 산출하고 그중 가장 나중에 산출된 평균단가에 따라 해당 과세기간 종료일 현재의 재고자산의 가액을 평가하는 방법을 말한다.

93 201×년 11월 30일 시점에 보유하고 있는 BTC 장부가액의 총액을 가리킨다.

94 201×년 11월 30일 시점에 보유하고 있는 BTC 매수를 가리킨다.

95 소득세법 시행열 제92조 제2항 제4호 참조. "총평균법"이란 재고자산을 품종별·종목별로 해당 과세기간 개시일 현재의 재고자산에 대한 취득가액의 합계액과 해당 과세기간에 취득한 자산의 취득가액의 합계액의 총액을 그 자산의 총수량으로 나눈 평균단가에 따라 해당 과세기간 종료일 현재의 재고자산의 가액을 평가하는 방법을 말한다.

96 소득세법 제110조 제1항 및 제3항.

97 소득세법 시행령 제93조(매매 또는 단기투자를 목적으로 매입한 유가증권의 평가방법) 법 제39조를 적용할 때 매매 또는 단기투자를 목적으로 매입한 유가증권(자본시장과 금융투자업에 관한 법률에 따른 투자매매업자 또는 투자중개업자가 거래소에 예탁한 증권을 포함한다)의 평가방법은 다음 각 호의 방법 중 사업자가 신고한 방법에 따른다. 1. 개별법(채권의 경우에 한한다) 2. 총평균 법 3. 이동평균법.

98 소득세법 제95조(재고자산등의 평가방법을 신고하지 아니한 경우의 평가방법) 제1항 참조.

99 日本國稅廳(2017), 3頁.

100 소득세법 제102조 제1항.

101 김병일(2018 Ⅱ), 259면.

102 소득세법 제92조 제2항.

103 소득세법 제103조 제1항.

104 소득세법 제4조, 제15조 및 제92조.

105 보유기간이 2년 이상인 것을 말한다.

106 보유기간이 1년 이상 2년 미만인 것을 말한다.

107 소득세법 제104조 제1항 제1호.

108 소득세법 제104조 제6항.

109 소득세법 시행령 제167조의9.

110 김완석/정지선(2018), 25면.

111 범죄수익은닉규제법 제5조(금융회사등의 신고 등) 제1항 참조.

112 과세자료의 제출 및 관리에 관한 법률 제4조 내지 제7조 참조.

113 김병일(2018 Ⅱ), 266면.

114 暗号通貨に関する租税制度研究会, "仮想通貨税制にかかる課題への税務専門家等有志による検討について", 2018. 4., https://jba-web.jp/wp-content/uploads/2018/04/Tax_system_study_group_on_cryptocurrency_JAB_Meeing_20180410.pdf (2019. 6. 1. 확인), 7頁.

115 소득세법 제126조의2 제3항 참조.

116 Coinbase Inc.는 2015년 말까지 비트코인을 달러로 교환하는 미국 최대의 플랫폼으로 570만 고객에게 서비스를 제공하고 매매거래기능을 통해 비트코인으로 60억 달러를 교환하였다. Jounal of Accontancy,

"Court grants IRS summons of Coinbase records", 2018. 3. 1.,https://www.journalofaccountancy.com/issues/2018/mar/irs-summons-of-coinbase-records.html.

117 Fortune, "IRS Wins Bitcoin Fight, Gets Access to 14,000 Coinbase Accounts", 2017. 11. 30., http://fortune.com/2017/11/29/irs-coinbase/.

118 국세기본법 제26조의2 제4항.

119 범죄수익은닉규제법 제5조(금융회사등의 신고 등) ① 특정 금융거래정보의 보고 및 이용 등에 관한 법률 제2조 제1호에 따른 금융회사등(이하 "금융회사 등"이라 한다)에 종사하는 사람은 같은 법 제2조 제2호에 따른 금융거래와 관련하여 수수한 재산이 범죄수익 등이라는 사실을 알게 되었을 때 또는 금융거래의 상대방이 제3조의 죄에 해당하는 행위를 하고 있다는 사실을 알게 되었을 때에는 다른 법률의 규정에도 불구하고 지체 없이 관할 수사기관에 신고하여야 한다.

120 김병일(2018 Ⅱ), 266면.

121 김병일(2018 Ⅱ), 267-268면.

122 企業会計基準委員会(2018), 2-3頁.

{ 블록체인 분쟁의 해결 }

{ 블록체인 분쟁의 해결 }

손경한 · 김성훈

I. 서론

블록체인 기술의 발전과 블록체인을 이용한 거래의 증가로 블록체인 분쟁이 늘어나고 있다. 한편으로는 블록체인기술을 분쟁해결절차에 적용하여 신속하고 신뢰할 수 있는 분쟁해결시스템을 구축하려는 시도가 있다. 이는 블록체인기술을 적용하여 구축한 플랫폼을 통하여 온라인분쟁해결시스템을 만듦으로써 분쟁해결절차의 보안성, 투명성 및 비밀성을 강화하자는 시도이다. 이러한 시도는 블록체인의 탈중앙적 성격과 밀접한 관계가 있다.

혹자는 블록체인거래는 스마트계약으로 이행까지 완료되므로 분쟁이 발생할 여지가 없고 스마트계약이 하나의 분쟁해결방법이 된다고 주장한다.[1] 물론 스마트계약에 의하여 분쟁이 대폭 감소할 것은 분명하나 스마트계약을 이용한다고 하여 분쟁이 전부 예방되거나 발생하지 않는 것은 아니다. 통상 법적 개념은 그 주관적 성격으로 인하여 컴퓨터 로직으로 표현하는데 한계가 있고 불완전 이행 등 모든 결과를 사전에 예측하여 프로그래밍을 하는 것은 불가능하다. 또한 블록체인 코드에 버그 등 오류가 있거나 입력을 잘못할 수 있고, 해킹 등 코드에 취약성이 있을 수도 있으며 현실세계의 문제 예컨대 무능력, 계약 체결상의 과실, 착오, 사기, 이행을 현저하게 곤란하게 하는 사유의 발생, 주관적 판단에 따른 이행 등의 사유로 스마트계약의 사용에도 불구하고 분쟁이 발생할 가능성은 여전히 상존한다.[2] 또한 스마트계약에 따른 계약의 이행이 신의칙 위반, 금반언칙 위반 등에 해당하는 경우 불공정한 결과를 막기 위하여 이러한 법원칙을 적용할 필요가 있다. 이것이 스마트계약에도 불구하고 분쟁해결시스템이 필요한 이유이다.[3]

이러한 블록체인 분쟁이 발생하였을 때 가장 원칙적인 분쟁해결방법은 법원의 재판을 받는 것이다. 그러나 블록체인 분쟁을 법원의 재판에 의하여 해결하는 것은 블록체인의 탈중앙적 성격과 충돌하는 측면이 있음을 부정할 수 없다. 따라서 블록체인 분쟁을 자율적으로 해결하는 시스템을 지향하게 된다. 블록체인 생태계에서 에스크로escrow제도[4]처럼 국가재판제도가 아닌 자신들의 선정하는 사적 재판관private adjudicators에 의한 재판 제도를 창설하고 하는 것이다. 본 절에서는 먼저 블록체인분쟁의 유형을 살펴보고(Ⅱ), 이어 블록체인 소송과 집행(Ⅲ, Ⅳ) 및 블록체인분쟁의 재판외 해결Alternative Dispute Resolution, ADR제도(V)를 고찰한 뒤, 마지막으로 국제적 블록체인분쟁해결방법(Ⅵ)을 모색해 보기로 한다.

 ## Ⅱ. 블록체인분쟁의 유형

블록체인분쟁은 그 분류기준에 따라 다양한 유형으로 나눌 수 있다. 이하에서는 블록체인 분쟁의 유형을 분쟁의 대상, 성격 및 그 국제성을 기준으로 나누어 보기로 한다.

1. 분쟁의 대상에 따른 유형

크게는 블록체인 일반에 관한 분쟁과 암호화폐에 관한 분쟁으로 나눌 수 있다. 현재에 문제되고 있는 블록체인 관련 소송은 대부분 암호화폐 관련 분쟁이 주류를 이루고 있다. 암호화폐에 관한 분쟁은 다시 암호화폐 거래당사자 간의 분쟁과 암호화폐거래소를 당사자로 하는 분쟁이 있다. 암호화폐 거래당사자 간의 분쟁에는 암호화폐 판매자와 구매자 간의 분쟁과 암호화폐구매대행자와 구매자 간의 분쟁 등이 포함된다. 암호화폐거래소를 당사자로 하는 분쟁에는 암호화폐거래소와 회원 간의 분쟁과 암호화폐거래소와 제3자 간의 분쟁이 있다.

2. 분쟁의 성격에 따른 유형

블록체인 분쟁의 성격에 따라 계약관련 분쟁, 블록체인 지재권 분쟁, 해킹 등 불법행위 분쟁으로 나눌 수 있다. 계약관련 분쟁에 있어서는 당사자가 분쟁해결방법에 미리 합의할 기회가 있으나 지재권 분쟁이나 기타 불법행위 분쟁은 사전에 분쟁해결방법에 합의할 기회가 없어 법원의 재판으로 갈 수밖에 없는 어려움이 있다.

3. 분쟁의 국제성에 따른 유형

분쟁의 국제성 유무에 따라 국제적 분쟁과 국내적 분쟁이 있다. 그러나 블록체인의 무국경성으로 인하여 국제성 여부를 판단하는 것은 용이하지 않다. 국제분쟁에 있어서는 적용규범과 국제재판관할 나아가 외국 재판의 승인과 집행에 있어 복잡한 문제가 생긴다.

 # Ⅲ. 블록체인 소송

1. 블록체인소송의 특징

(1) 블록체인 기록의 문서성

블록체인분쟁을 소송으로 해결하려면 먼저 블록체인기록에 대한 증거능력을 인정하고 스마트계약의 계약으로서의 유효성을 인정하여야 한다. 미국 버몬트주는 2016. 6. 블록체인 기록의 증거능력을 인정하는 입법을 하였고 애리조나주는 2017. 3. 블록체인 기술에 의해 보호 처리되는 서명의 법적 효력과 스마트계약의 유효성을 인정하는 입법을 하였으며 이어 네바다주도 2017. 6. 블록체인기술의 활용과 스마트계약의 효력을 인정하는 입법을 한 바 있다.

(2) 블록체인 기록의 입증 방법

블록체인 기록에 대하여 증거능력을 인정하고 구체적인 입증 방법을 규정하고 있는 나라는 중국이다. 중국 최고인민법원은 2018. 9. 7. 인터넷법원 소송 판결에 관한 새로운 규칙을 공표하여 블록체인 증거의 증거능력을 인정하고 있다. 증거로 제출된 블록체인 기반 증거는 전자서명, 믿을만한 타임스탬프, 해시값 등이 포함되어 있어야 하는바 인터넷법원은 관련 당사자가 디지털 서명, 신뢰할 수 있는 타임스탬프timestamps[5] 및 해시값hash value[6] 검증을 통해 또는 디지털 증착 플랫폼을 통해 이러한 데이터를 수집 및 저장한 경우 증거로 제출되는 디지털 데이터를 인식하고 이러한 기술의 신뢰성을 증명할 수 있어야 적법한 증거로 인정한다.

(3) 블록체인 기록의 소송상의 취급

블록체인 기록의 문서성을 인정한다 하더라도 구체적으로 블록체인 기록과 관련하여 증거적격에 대한 제한 법리가 적용되는지 여부에 관하여는 의문이 있다. 예컨대 블록체인 기록에 변호사의 비밀유지의무 특권이 인정될 수 있는가 하는 점이다. 블록체인 거래상의 소유권의 귀속을 결정함이 없이는 누가 그러한 특권을 주장할 수 있는지 증거개시절차에 관한 규정이 적용되는지 여부가 불확실하다. 다만, 스마트계약 당사자의 신원이 공개된다면 그 공개된 신원에 따라 법률관계를 정할 수는 있어 보인다.

(4) 전자소송 및 화상재판의 진행

우리나라에서도 전자소송을 할 수 있으나 변론 등의 재판 진행이 온라인으로 진행되는 것은 아니다. 중국에서는 인터넷법원[7]을 설치하여 소송 서류의 온라인 제출은 물론 변론도 온라인으로 진행하고 있어 블록체인 증거가 용이하게 사용되고 있다. 중국 인터넷법원은 인터넷 구매, 인터넷 서비스 계약, 저작권, 소액 인터넷 대출 및 결제 등과 관련한 민사 분쟁 사건을 처리하고 있다.

2. 암호화폐에 관한 형사 소송

(1) 암호화폐를 몰수한 사례

암호화폐에 관한 형사 소송으로는 암호화폐의 법적 성격에 관한 최초의 대법원 판결에 관한 형사 사건이 유명하다. 이 사건의 피고인은 2013. 12. 4.경부터 성인사이트를 개설하여 운영하면서 유료회원들로부터 이용료로 비트코인을 지급받았다. 수사 과정에서 경찰은 피고인이 위와 같은 방법으로 보유하고 있던 비트코인을 압수하였다. 이 사건 제1심 법원은 비트코인의 객관적 기준가치를 상정할 수 없고, 현금과는 달리 물리적 실체 없이 전자화된 파일의 형태로 되어 있으므로 이를 몰수할 수 없다고 판단하였다. 또한, 피고인이 보유하고 있던 비트코인이 범죄수익인지 여부를 특정할 수 없다고 보아 이를 추징하지도 않았다.

그러나 이 사건의 항소심 판결[8]은 우선 압수된 비트코인이 범죄수익으로 취득한 것이라는 점을 인정한 다음, ① 비트코인은 예정된 발행량이 정해져 있고 P2P 네트워크 및 블록체인 기술에 의하여 그 생성, 보관, 거래가 공인된 점, ② 일반적인 '게임머니'도 '재산적 가치가 있는 모든 유체물과 무체물'을 의미하는 개념인 구 부가가치세법상의 '재화'에 해당하므로, 물리적 실체가 없이 전자화된 파일이라도 재산적 가치를 인정할 수 있다는 점, ③ 비트코인은 거래소에서 법정화폐로 환전할 수 있고, 비트코인을 지급수단으로 인정하는 비트코인 가맹점이 존재하는 등 비트코인에 일정한 경제적 가치가 인정되는 점 등을 종합하여, 비트코인은 범죄수익 은닉의 규제 및 처벌 등에 관한 법률(이하 "범죄수익법")상 몰수의 대상인 '재산'에 해당한다고 판단하고 이를 몰수하였다.

이러한 항소심 판결에 대하여 대법원[9]은 범죄수익법은 "중대범죄에 해당하는 범죄행위에 대하여 범죄행위에 의하여 생긴 재산 또는 그 범죄행위의 보수로 얻은 재산"을 범죄수익으로 규정하고, 그 범죄수익을 몰수할 수 있다고 규정하고 있으며 같은 법 시행령은 "은닉재산이란 몰수·추징의 판결이 확정된 자가 은닉한 현금, 예금, 주식, 그 밖에 재산적 가치가 있는 유형·무형의 재산을 말한다"고 규정하고 있으므로 재산적 가치가 인정되는 무형 재산도 몰수할 수 있으며 정보통신망법상 동 범죄는 범죄수익법상 중대범죄이고 비트코인은 재산적 가치가 있는 무형의 재산으로서 특정할 수 있는바 피고인이 보유하고 있던 비트코인 중 중대범죄에 의하여 취득한 금액에 상당하는 부분만 몰수하는 것이 가능하고 따라서 항소심의 몰수 및 추징액 산정에 관한 판단은 정당하다고 판시하였다.

3. 암호화폐거래소의 책임에 관한 소송

(1) 암호화폐거래소의 지위

우리나라 하급심 판결[10] 중 암호화폐거래소의 역할을 기술한 사례가 있어 이를 살펴 본다. 동 판결에 의하면 암호화폐[11]거래소는 자체 약관 등에 근거하여 불특정 다수의 고객들로부터 매매대상물(현금과 암호화폐)을 입금 또는 이체받아 보관하고 있는 상태에서 매매주문의 접수, 체결 청산을 통해 암호화폐 매매를 중개, 청산 및 출금(출고)해 주는 사업체로 암호화폐 매매 내지 유통 시장'을 개설하는 기능을 하고 있다. 통상 암호화폐거래소에서는 고객들로 하여금 먼저 고객이 암호화폐거래소에 회원가입 신청을 하여 거래소 시스템상에 계정(ID 및 비밀번호)을 생성하고 지정된 은행계좌에 현금을 입금하거나 거래소 전자지갑에 암호화폐를 이체하도록 한 뒤, 위와 같이 현금과 암호화폐가 입금, 이체되면 거래시스템 상 해당 계정별로 입금된 현금액과 이체된 암호화폐량을 그대로 반영하여 KRW 포인트 및 암호화폐 포인트를 충전해주어 시스템 내에서 고객간에 암호화폐 거래를 할 수 있도록 하고, 고객이 계정에 보유하고 있는 KRW 포인트, 암호화폐 포인트에 대해서 언제든지 출금 또는 출고 요청을 할 경우 그 계정의 잔여 포인트 범위 내에서 지급 또는 이체해야 할 의무를 부담한다. 한편, 암호화폐거래소 고객 입장에서는 자신들의 매매대상물 잔고 및 계약 체결 내역이 실제 금융계좌나 블록체인 네트워크에 기록되지 않은 채 오로지 거래소 자체의 전산시스템에 기록·처리·보관되는 방식으로 운영되므로, 고객들로서는 거래소가 제공하는 거래시스템에 게시되는 정보를 그대로 믿고 그 정보에 기초하여 암호화폐 매매 주문, 계약 체결, 출고 여부를 결정할 수밖에 없었다.

(2) 암호화폐거래소와 고객 간의 암호화폐에 관한 법률관계

위 하급심 판결은 나아가 암호화폐거래소의 약관과 현금 및 암호화폐의 성질, 암호화폐거래소의 기능에 비추어 보면 암호화폐거래소와 고객 사이의 매매대상물 (현금과 암호화폐)에 관한 일반적인 법률관계는 다음과 같다고 판시하였다. 먼저, 고객이 현금을 암호화폐거래소가 금융기관에 개설한 법인계정에 입금하면 그 현금에 대한 소유권은 금융기관에 이전되고, 암호화폐거래소는 금융기관에 대하여 예금청구권을 취득하게 되며, 고객은 암호화폐거래소에 대하여 현금 출금청구권을 취득하게 된다. 그리고 고객이 암호화폐를 암호화폐거래소의 전자지갑에 입고하면 암호화폐에 대한 소유 내지 처분권은 암호화폐거래소에 이전되고, 고객은 암호화폐거래소에 대하여 암호화폐 출고청구권을 취득하게 된다. 한편, 고객은 암호화폐거래소에 암호화폐 매매를 위하여 매매대상물을 입금, 입고한 것이고, 암호화폐거래소는 암호화폐 매매를 중개, 청산, 출금(출고)해 주어야 하므로 암호화폐거래소는 고객에 대하여 매매대상물을 중개, 청산하면서 고객으로부터 출금, 출고 요청을 받을 때까지 이를 사용하지 말고 보관하다가 고객으로부터 언제든지 반환요청이 있을 경우 이를 반환할 의무를 부담한다. 다만, 암호화폐거래소인 X와 고객 사이에서 매매대상물의 소유 내지 처분권이 누구에게 귀속되는지, X가 구체적으로 어떤 의무를 부담하는지, 그리고 그러한 의무를 위반한 경우 어떤 책임을 부담하는지에 관하여는 관련 법령이 아직 마련되어 있지 아니하므로 구체적인 사안에서 기존 법령의 해석과 당사자 사이의 계약관계에 비추어 판단하여야 한다고 판결하였다.

(3) 암호화폐거래소의 고유자산인 암호화폐와 고객 예치 암호화폐의 분리 보관 의무

위 하급심 판결은 암호화폐거래소의 분리 보관 의무를 다음과 같은 근거로 인정하였다. 암호화폐거래소들로 구성된 한국블록체인협회에서 정부의 암호화폐 규제 흐름에 맞추어 2017. 12. 15.에 처음 자율규제안을 마련하였고 2018. 4. 17. 일부 수정하여 시행하고 있는데 자율규제안 작성에는 X거래소도 관여하였고 피고인 A는 대표이사로서 자율규제안에 관한 설명 및 기자간담회에도 참석하였으며 X거래소는 자율규제안을 보관하고 있었다. 자율규제안은 장래를 향하여 적용되는 것이기는 하나 시행 당시까지 각 거래소들의 운영 방식 및 고객들과 형성한 법률관계의 내용이 반영될 수밖에 없다. 그런데 자율규제안에도 암호화폐의 70% 이상을 콜드월렛에 보관하는 것을 의무화하고, 거래소의 고유자산인 암호화폐과 고객들이 거래소에 입고한 암호화폐를 별도로 분리, 보관해야 한다는 내용이 포함되어 있다.

(4) 암호화폐거래소 관여자의 형사책임을 인정한 사례

위 하급심 판결은 아래와 같은 사실을 인정하고 암호화폐거래소 관여자의 형사책임을 인정하였다. 즉, X암호화폐거래소는 거래를 위한 신규 자금을 입금받을 수 없게 되어 암호화폐 거래량이 급감하였고, 이로 인해 X거래소의 암호화폐 시세가 국내의 다른 대형 암호화폐거래소들과 비교하여 낮게 형성되는 바람에 고객들의 이탈이 늘어나 거래량이 더욱 감소하는 등 거래소 운영과정에서 악순환이 계속되었다. 이에 피고인들은 X의 다른 직원들 몰래 X거래소에 개설된 피고인 B의 계정(ID: Z)에 마치 수백억 원의 예탁금이 현금으로 실제 입금된 것처럼 위 계정의 KRW 포인트를 임의로 조작하고 이를 토대로 거래소에서 매수주문을 제출하여 그러한 점을 알지 못하는 X의 다른 고객들을 기망하여 그들로부터 암호화폐를 매수하는 방법으로 X거래소의 암호화폐 시세를 인위적으로 끌어올리는 한편, 위와 같은 고객들로부터 매수한 암호화폐를 X거래소보다 높은 시세가 형성되어 있는 타 거래소에 개설된 피고인 B의 계정으로 이체한 후 그곳에서 매각하여 금 382억 9,645만 1,860원 상당의 재산상 이익을 취득한 데 대하여 사전자기록등위작 및 동행사, 사기, 배임의 형사책임을 인정하였다.

(5) 암호화폐거래소의 해킹에 대한 책임

암호화폐거래소에 예치된 고객의 금전 또는 암호하폐가 해킹 등으로 부정인출되는 사례가 많은 바 이 경우 암호화폐거래소의 책임이 문제된다. 암호화폐거래소 유빗은 2017. 12. 19. 약 259억 원을, 코인레일은 2018. 6. 10. 약 530억 원을, 빗썸은 2018. 6. 19. 약 350억 원을 각 해킹 당하였다.[12] 이로 인하여 수많은 민형사사건이 발생하였다.[13] 이러한 해킹에 대한 암호화폐거래소의 책임에 관한 판결[14]을 살펴본다.

2017. 11. 30. 원고 박안은 암호화폐거래소 빗썸에 개설된 계정이 해킹을 당하여 동 계정에 예치된 4억 7,800여만 원 상당의 원화KRW 포인트가 이더리움으로 교환돼 빗썸 직원의 승인을 받아 출금됐다. 이에 박안은 빗썸을 운영하는 비티씨BTC

코리아닷컴을 상대로 빗썸 측이 전자금융거래법에 따라 금융기관과 비슷한 고도의 보안조치를 해야 했다'며 4억 7,800여만 원의 손해배상 소송을 제기하였다. 법원은 빗썸이 가상화폐는 이를 가지고 재화나 용역을 구입할 수 없고, 가치 변동이 커 현금·예금으로 교환할 수 없으며, 투기 수단으로 주로 이용되고 있다는 점에서 전자금융거래법상의 '전자화폐'에 해당하지 않음을 전제로 암호화폐거래소는 전자금융거래법이 정한 '금융회사'나 '전자금융업자'에 해당하지 않는다고 판단하고 금융위원회 허가 없이 가상화폐 거래를 중개하는 빗썸에게 전자금융업자에 준해 전자금융거래법을 적용하는 것은 타당하지 않다고 판시하면서 원고의 청구를 기각하였다.

이 사건에서 원고는 2017. 4. 빗썸 관계사가 악성코드 공격을 받아 빗썸 회원 3,100여 명의 개인정보가 유출된바 있고 그때부터 3개월 가까이 이어진 해킹 공격으로 5천여 개의 계정(아이디, 비밀번호)이 해커에 의해 탈취당하기도 한 사실을 들어 빗썸이 선량한 관리자로서 주의의무를 다하지 않았다고 주장하였다. 이에 대해 법원은 원고가 해킹 피해를 입었을 당시 해커가 어떤 방법을 이용해 로그인했는지 알수 없고 해킹 공격으로 유출된 정보에 원고의 정보가 포함됐다고 볼 만한 증거도 없으며 해킹 발생 당시 빗썸이 10차례에 걸쳐 출금 인증코드 문자메시지를 원고의 휴대폰으로 전송해 이더리움 출금 절차가 진행되고 있다는 사실을 알렸지만, 원고가이 메시지를 수신하지 못한 사실에 비추어 볼 때 원고의 휴대폰이 해킹당하거나 복제당하였을 가능성도 있어 원고의 핸드폰이나 컴퓨터가 해킹당해 개인정보가 탈취되었을 가능성도 있다는 근거로 원고가 본 피해와 빗썸이 당한 해킹 공격 사이에 인과관계가 있다고 판단하기 어렵다고 보았다. 또한 컴퓨터, 스마트폰 등을 통해 접속하면 위치나 시간에 따라 아이피 주소가 변경될 수 있다. 박 씨가 주로 사용하는 아이피 주소와 다른 주소로 접속한 것을 막지 못하였다 하여 빗썸이 주의의무를 다하지 못한 것으로 보기는 어렵다고 판시하였다.[15] 결국 이 판결에 따르면 암호화폐거래소의 책임을 인정받기 위하여는 고객이 입은 피해와 암호화폐거래소가 당한 해킹 공격 사이에 인과관계를 입증하여야 한다는 결론이 되어 피해자에게 기술적으로 과도한 입증책임을 지운다는 비판을 받을 수 있다.

(6) 암호화폐거래소의 정보보호관리체계 인증과 주의의무

이러한 사고를 방지하기 위하여 정부는 2017. 12. 암호화폐 관련 긴급대책'을 발표, 정보통신서비스 부문 직전년도 매출액 100억 원 이상, 전년도 직전 3개월간 일평균 방문자 100만 명 이상인 암호화폐거래소에 정보보호관리체계ISMS 인증을 의무화하고 정보보호최고책임자CISO 지정제도를 도입하였다. 2017. 10. 암호화폐거래소 고팍스가 최초로 ISMS 인증을 받은 이래 2018. 11. 업비트가, 2018. 12. 빗썸, 코인원 및 코빗이, 2019. 6. 한빗코가 각 인증을 받았다.[16] 그러나 암호화폐거래소가 이러한 정보보호관리체계 인증을 받았다고 하여 해킹에 대한 책임이 면제되는 것은 아니며, 다만 주의의무 위반 여부를 판단함에 하나의 고려 사항이 될 수는 있을 것이다.

 ## IV. 암호화폐에 대한 강제집행

1. 암호화폐반환청구권에 대한 강제집행

(1) 암호화폐거래소에 보관된 암호화폐에 대한 강제집행

법원은 암호화폐거래소에 보관된 암호화폐에 대한 출금청구채권의 압류 또는 가압류를 인정하고 있다. 즉, 암호화폐거래소에 채무자가 개설한 전자지갑에 보관되어 있는 암호화폐에 대한 출금청구권을 가압류한 사례가 있고[17] 2018. 2.초, '암호화폐거래소에 대해 채무자가 가지고 있는 암호화폐의 전송, 매각 등 일체의 이행청구권'을 대상으로 가압류 결정을 한 사례도 있었다고 한다.[18] 일본의 법원도 암호화폐판매회사가 암호화폐거래소에 암호화폐를 맡겨 놓은 경우 암화화폐판매회사로부터 암호화폐를 구매한 사람이 판매회사를 상대로 판매회사가 거래소에 보유하는 암호화폐 반환청구권을 압류하였다.

이 경우 피압류채권을 특정하는 것이 문제로 된다. 채권집행을 하기 위해서는 압류채권 목록에 기재하는 채권의 특정이 문제되는 바 일본의 사례에서 채권자는 채무자인 이용자의 제3채무자인 암호화폐거래소(가상통화 교환업자)에 대한 채권을 "채무자와 제3채무자 사이의 가상통화(자금결제에 관한 법률 제2조 제5항)의 매매, 교환, 양도, 이체, 송부, 대차, 관리, 임치 등에 관한 계약에 근거하여 채무자가 제3채무자에 대하여 보유하고 있는 가상통화 등(금전을 포함)의 반환청구권 중, 채권자가 정한 순서(각 가상통화 종류별로 지갑의 순서를 나열하고, 동종의 가상통화에 대한 지갑의 경우에는 채권가압류, 채권압류가 되지 않은 지갑을 먼저 압류하는 것으로 특정)에 따라 본 압류명령이 제3채무자에 송달된 시점에 있어서 제3채무자의 가상통화 시가에 의해 엔화로 환가한 금액 중 청구금액에 이르는 금액"이라고 특정한 바 있다.

그 외에도 법원은 암호화폐 지급청구권, 암호화폐 전송, 매각청구권 등의 가압류를 허용한 바 있다.[19]

(2) 개인에게 위탁한 암호화폐반환청구권에 대한 집행

암호화폐거래소가 아닌 개인에게 위탁한 경우 그 개인에 대한 암호화폐반환청구권도 강제집행의 대상이 될 수 있다.[20] 암호화폐거래소에 위탁한 경우와 구별할 이유가 없기 때문이다.

2. 토큰발행자에 대한 토큰지급청구권에 대한 강제집행

신규코인공모[ICO] 절차에서 투자자가 토큰발행자에 대하여 가지는 토큰지급청구권에 대한 강제집행도 허용된다. 스위스 아이콘 파운데이션이 발행하는 아이콘이라는 토큰의 프리세일에서 그 구매대행을 위탁한 채권자가 구매대행회사인 채무자가 제3채무자인 아이콘 파운데이션에 대하여 가지는 2017. 9. 프리세일에 기한 일정 수량의 아이콘 지급청구권을 가압류한 사례가 있다.[21]

3. 암호화폐 인도청구 및 대상청구

암호화폐 인도청구 및 그에 대한 대상代償청구도 허용된다. 원고가 피고에게 암호화폐인 비트코인을 보내 주면 피고가 이를 사용한 뒤 원고에게 같은 수량의 비트코인으로 반환할 것을 당사자 간에 약정하였던 바 피고가 원고로부터 받은 비트코인 중 일부만을 반환하자 원고가 피고에게 반환받지 못한 비트코인의 인도 및 그 강제집행이 불능일 경우 시가에 해당하는 금액의 지급을 구하였던 바 법원은 피고는 원고에게 미반환 비트코인을 인도하고, 그 강제집행이 불가능하면 변론종결일 당시의 비트코인의 국내 시가로 환산한 돈을 지급하라고 판결하였다.[22]

 ## V. 블록체인분쟁의 재판외 분쟁 해결

1. 재판외 분쟁 해결이 필요한 이유

블록체인분쟁을 소송으로 해결하는 데에는 여러 가지 난점이 있다. 먼저 블록체인 분쟁에 관하여 소송을 제기하려면 피고를 특정하여야 한다. 그러나 블록체인 거래에 있어서는 가명을 사용할 수 있으므로 당사자를 특정할 수 없는 경우가 생긴다. 또 코드의 하자나 운영시스템상의 버그 또는 메시지의 손상 등으로 인한 손해에 대하여 누구를 상대로 책임을 물어야 할지를 결정하기 어렵다. 블록체인거래나 불법행위는 전세계에 흩어져 있는 컴퓨터 노드상에서 이루어지므로 그에 적용될 준거법과 관할 법원을 결정하기 어렵고 준거법과 국제재판관할에 관한 분쟁이 선결 문제로 발생한다. 다음으로 법원의 판결을 받았다 하더라도 이를 집행하기 어렵다는 문제가 있다. 위에서 본 바와 같이 암호화폐를 상대로 하는 집행의 어려움뿐 아니라 상대방이나 암호화폐거래소가 소재하는 국가의 법원이 다른 나라에서 내려진 판결을 승인, 집행하여 줄지를 알 수 없다. 그리고 블록체인 분쟁에는 기술적인 내용이 많이 포함되므로 블록체인 기술 전문가를 분쟁해결의 주재자로 삼을 필요가 있고 또한 당사자들이 외부에 공개하기를 꺼리는 소프트웨어나 하드웨어에 관한 증거가 문제되는 경우가 많아 그 과정이 공개되는 재판을 받고 싶어 하지 않는 경향이 있다. 이러한 이유로 블록체인 분쟁에 있어서는 재판외 분쟁해결방법Alternative Dispute Resolution, ADR을 선호하게 된다.[23] 재판외 분쟁해결방법으로는 조정과 중재가 있으나 조정의 경우 조정이 성립하지 않거나 조정에 따른 이행이 되지 않으면 다시 재판을 할 수밖에 없다는 점에서 중재를 많이 이용하고 있다. 블록체인 중재에 있어서는 스마트계약 등을 활용하여 중재기관, 중재법 및 중재절차에 있어 새로운 시도를 하고 있는바 다음에서 그 예를 살펴본다.

2. 블록체인 중재 시스템의 예[24]

(1) 오픈바자 OpenBazaar

오픈바자는 블록체인계약에 있어 공증기능[25]을 제공함과 아울러 중재서비스를 제공한다. 블록체인거래에서 분쟁이 발생하면 당사자는 공증인notary에게 분쟁발생사실을 통지한다. 이 공증인의 역할은 중재인의 판정에 따른 거래를 생성하고 서명하는 것이다. 중재인을 선정하는 데는 세 가지 방법이 있다. 먼저 자동 매칭방법은 양 당사자의 선호 중재인목록'preferred arbiter' list에 기초하여 자동적으로 중재인을 선임하는 것이다. 둘째는 당사자의 합의로 중재인을 선임하는 방법이다. 당사자 일방이 중재인 선임에 협력하지 않는 경우 공증인이나 타방 당사자가 중재인을 선임할 수 있다. 세 번째 방법은 공증인이 중재인의 역할을 하는 것이다. 분쟁이 발생하면 당사자들은 중재합의를 하여 구체적인 사항에 명시적으로 합의를 하여 중재인의 승인을 받는다. 중재 서비스를 제공하고자 하는 자는 목록에 중재인의 직무, 소요기간, 보수 및 중재 이력을 기재하여 공시한다. 처리중재사건의 공시를 통하여 현지 중심의 상인법polycentric merchant law이 형성될 수도 있다. 초기에는 무료로 봉사하는 중재인도 있을 것이나 중재인 보수를 결정하는 메커니즘도 사전에 합의해 둘 필요가 있다. 중재절차를 개시하기 전에 당사자들은 3심까지의 상소제도에 합의할 수 있다. 상소비용은 상소 당사자가 부담한다.[26]

(2) 클레로스 Kleros

게임이론, 블록체인과 크라우드소싱crowdsourcing기법을 활용하여 분쟁을 신속하고 투명하며 저렴하게 처리하는 탈중앙 중재 프로토콜이다. 이 시스템에 의하면 중재인으로 선임되기 위하여는 토큰을 기탁하여야 한다. 기탁하는 토큰의 금액이 클수록 중재인으로 선임될 가능성도 높아진다. 중재인으로 선임되지 않으면 기탁한 토큰을 반환받는다. 중재인은 익명이며 판정도 익명으로 내려진다. 중재인이 중재판정의 다수의견과 같은 의견을 제시하면 토큰을 받으나 소수의견을 제시하면 토큰을 잃는 구조이다. 중재판정에 대하여는 상소할 수 있도록 되어 있다.[27] 이 방식은 신속하고 저렴한 절차이나 중재인의 등급을 어떻게 매길 수 있을지 중재합의는 유효한지, 법원의 관여가 배제되는지, 블록체인외의 쟁점off-chain issues도 대상이 되는지 등이 불확실한 문제가 있다.

(3) 삼바 SAMBA, Smart Arbitration & Mediation Blockchain Application

삼바는 스마트중재계약에 기초하여 블록체인 기술을 활용한 안전하고 효율적인 국제적 분쟁해결 플랫폼을 제공하고자 한다. 삼바계정에 등록하고 중재신청서를 제출하면 이를 회원사인 중재기관에 송부하고 그 중재기관이 이를 수락하면 중재절차가 개시된다. 삼바는 사건관리 플랫폼을 제공하고 분쟁해결절차의 연혁을 기록하며 절차규칙을 코드화한다. 이 방식은 현실의 중재기관을 이용한다는 점에서 친숙하나 사건관리플랫폼 등에 블록체인기술을 반드시 사용해야 되는지에 의문이 있고 기술적 제약도 있다는 비판을 받는다.

(4) 증권형 토큰 JuryOnline

이는 스마트계약에 기초한 ICO실행 플랫폼에 분쟁해결기능을 추가한 것이다. 이 플랫폼은 프로젝트와 투자자 간의 관계를 체계화하여 투자의 단계별로 이정표 milestones를 정하고 이 이정표에 도달할 때마다 사전에 예탁된 자금을 인출할 수 있도록 하고 있다. 만약 투자자가 이 인출에 동의하지 않는 경우에는 전문가/중재인이 그 분쟁을 해결하거나 결정을 하는 데 중재인은 가부 중 하나만 결정하도록 하고 있다.

(5) 컨피딜 Confideal

컨피딜은 이더리움 블록체인사에 스마트계약을 구축할 수 있도록 도와주는 서비스인데 분쟁해결메커니즘을 포함하고 있다. 분쟁이 발생한 경우 컨피딜이 제3자 중재인 임명하고 중재인이 당사자를 접촉하여 판정을 내린다.

3. 블록체인 분쟁 중재의 법적 쟁점

(1) 블록체인 중재의 장점

블록체인 거래 약관 예컨대 스마트계약 자체에 당사자 일방의 신청에 따라 중재법상 시스템이 발동될 수 있도록 중재 조항을 삽입하는 방안이 있고 이 경우 스마트계약에서 중재인이 지정되고 그가 행한 중재판정이 자동으로 코드에 반영되도록 처음부터 프로그래밍되어 있으면 중재판정 집행의 어려움이 없으며 중재인의 역할은 분쟁이 발생한 사건에 한정되므로 슈퍼노드의 재등장이라는 비판을 받지도 않을 것이고 해킹의 위험도 회피할 수 있다. 또한 블록체인 중재 판정의 집적은 블록체인에 관한 실체 법규범의 정립에 큰 기여를 할 수 있을 것이다.

(2) 중재합의의 유효성

스마트계약상에서 이루어진 중재합의의 유효성이 문제될 수 있다. 스마트계약은 코드 속에 내장되어 컴퓨터로 체결되므로 중재법이 요구하는 중재합의로 인정되지 못할 수도 있다. 블록체인 분쟁에 관한 중재합의를 함에 있어서는 중재지의 법률이 스마트계약의 적법성과 유효성을 인정하고 나아가 그에 포함된 중재합의의 효력을 인정하는지를 확인하는 것이 필요하다. 중재합의가 중재지법상 유효 요건을 갖출 뿐 아니라 중재판정의 집행예정지에서도 유효하여야 함에 유의하여야 한다. 코드상의 중재합의는 중재판정의 승인, 집행에 관한 뉴욕협약이 요구하는 중재합의의 서면 요건을 충족시키지 못할 위험에도 대비하여야 한다.[28]

(3) 중재 절차

중재인을 선임함에 있어서도 블록체인 기술에 대한 이해와 계약법에 대한 전문성을 가진 사람을 선택하여야 한다. 블록체인전문가 풀을 만든 다음 중재인을 그 목록 중에서 제비뽑기식으로 선정하는 분산형 중재를 선택할 수도 있다. 중재인이 의거하여야 할 절차 규칙을 미리 정해 둘 필요가 있다. 비기관중재에 사용하는 UNCITRAL중재규칙을 원용하는 것도 한가지 방법이다. 기존의 중재기관에 중재를 의뢰할 수도 있다. 기존의 중재기관도 ODR에 스마트계약 등 블록체인 기술을 접목하는 등 ODR을 활용하고 있으므로 블록체인 분쟁을 중재할 수 있을 것이다.

(4) 중재판정의 집행

중재인이 내린 중재판정은 블록체인에 기록될 수 있고 중재판정을 집행할 대체거래시스템을 블록체인에 설치하는 등 중재인이 판정을 자동적으로 집행할 수 있는 메커니즘을 만들 수도 있으므로 위에서 살펴본 바와 같은 국가 법원의 집행 판결을 받을 필요가 없는 편리함이 있다. 그러나 블록체인 중재판정을 현실적으로 집행하여야 하는 경우도 생긴다. 이 경우에는 특정 블록체인이 특정한 법원 · 중재기관의 판결 · 판정이나 자체 자율조직Self-Regulation Organization, SRO의 결정을 집행 법원이 이를 승인하는 시스템이 마련되어 있지 않으므로 이를 가능하게 하는 다국간 국제 규범을 제정할 필요가 있다. 블록체인 분쟁해결 시스템은 궁극적으로는 외부의 법원이나 중재기관의 관여 없이 블록체인 내에서 자율적으로 분쟁을 해결할 수 있도록 그 기술적인 방법을 갖추어야 할 것이다.

 ## VI. 국제적 블록체인분쟁의 해결

1. 개설

블록체인 기술로 만들어진 서비스나 프로그램은 다른 인터넷 서비스와 마찬가지로 전 세계 어디에서나 사용 가능하고 데이터를 복제한 뒤 전 세계에 분포되어 있는 참여자들의 노드에 분산하여 보관되고 중앙 서버나 관리자도 존재하지 않는다. 블록체인 플랫폼상에서 전세계적으로 이루어지는 블록체인 거래는 예외적인 경우를 제외하고는 국경이 없다. 따라서 해당 서비스나 프로그램을 사용할 때 법적인 문제나 분쟁이 발생하면 누구에게 책임을 물어야 할지, 어느 나라의 어떤 법을 따라야 할지 명확하지 않다. 암호화폐로 익명성에 기반한 거래를 하다가 법적 문제가 일어난 경우, 특히 그 거래가 국제적으로 이루어진 것임이 밝혀진 경우 어디에서 어떻게 분쟁을 해결할 것인가가 문제된다.

이 문제를 해결하는 데에는 두 가지 방법이 있다. 한 가지는 관련된 국가의 국제사법, 즉 국제재판관할과 준거법 결정 규칙에 따라 정해지는 국가의 법원에서 그 준거법에 따라 재판으로 분쟁을 해결하는 것이다. 다른 한 가지 방법은 블록체인 분쟁에 적용될 규범을 통일하는 것이다. 이러한 규범 통일의 필요는 당사자 간의 권리의무를 정하는 사법적 영역뿐 아니라 실제로 블록체인 기술을 이용한 암호화폐가 자금 세탁, 조세 회피 등에 활용되므로 블록체인 시스템 남용을 방지하기 위한 국제적인 공조 등 공법적 영역에서도 필요하다. 즉, 각국의 중앙은행과 정부 당국은 블록체인에 관련한 통화정책, 재정 측면, 또는 공법적 측면의 금융법, 세법 및 소비자 보호에 관한 규범의 통일에 노력하고 있다.

2. 블록체인에 관한 국제규범의 정립

(1) 블록체인 국제규범 정립의 필요성

4차 산업혁명의 진행과 함께 스마트계약을 이용한 국제거래가 많아지고 블록체인에 관련한 국제분쟁도 증가할 것이 예측되므로 그에 적용될 국제규범의 통일을 위한 작업이 필요하나 아직은 큰 성과를 거두지 못하고 있는 실정이다. 유엔국제거래법위원회UNCITRAL를 비롯한 여러 국제기구가 국제물품매매협약CISG이나 중재에 관한 뉴욕협약 등을 제정하여 국제거래와 분쟁해결 규범의 정립에 큰 기여를 하였듯이 블록체인 영역에 있어서도 블록체인 기술 및 거래 전문가들과 머리를 맞대고 국제규범 정립에 나서야 할 것이다. 기술적, 공법적 영역에 있어서의 국제규범 정립 노력에 관한 그동안의 성과는 아래와 같다.

(2) 블록체인 기술 표준에 관한 국제규범

국제표준기구인 ISO는 2016. 9. 블록체인 및 분산원장 기술 국제기술위원회ISO/TC 307(Blockchain and distributed ledger technologies)를 설치하여 2021년까지 설계, 체계론taxonomy, 존재론ontology, 보안, 사생활 보호, 신원identity 및 스마트계약에 관한 국제 표준을 개발하여 신뢰할 수 있고 효율적인 블록체인 기술 적용을 가능하게 할 목표로 활동하고 있다. 그 외 ITU-T는 연구반SG 및 포커스 그룹FG에서 블록체인 및 분산원장 기술 표준화를 진행하고 있으며 W3C에서도 표준 전문가들이 웹페이먼트, 블록체인 및 분산원장 기술 관련 웹표준을 개발하고 있다.[29]

(3) 자금세탁방지국제기구FATF의 암호화폐 규제 규범

국제자금세탁방지기구Financial Action Task Force on Money Laundering(이하 '자금세탁방지기구 또는 FATF로 약칭함)는 2019. 6. 21. "암호화폐 규제에 관한 가이드(정식명칭은 '암호자산과 암호자산사업자에 대한 규제 가이드'Guidance for a Risk-Based Approach to Virtual Assets and Virtual Asset Service Providers임)를 제정하였다.[30] 국제자금세탁방지기구는 자금세탁방지 및 테러자금조달금지를 총괄하는 국제기구로서 1989년 설립되어 동 분야에 관한 국제기준을 제정하고 세계 각국의 기준이행을 감독하는 OECD 산하 독립기구이다.[31]

이 규제가이드에 따르면 규제당국은 암호화폐거래소를 포함하는 암호화폐사업자Virtual Asset Service Provider를 허가하거나 등록하게 하여 감독하여야 하고 문제를 일으킨 암호화폐사업자 고객의 계정을 동결하거나 차단할 수 있는 권한을 보유할 수 있다. 또한 자금을 송금하는 암호화폐사업자는 일정한 고객 정보, 즉 (ⅰ) 송금인 성명, (ⅱ) 거래 처리에 사용된 송금 계좌번호(예: 암호화폐 지갑), (ⅲ) 송금인 주소 또는 국가등록 신분번호 또는 신원 식별이 가능한 처리업체 등록 고객번호(거래번호 불가), 또는 출생연도, 출생지, (ⅳ) 수취인 성명, (ⅴ) 거래 처리에 사용된 수취계좌번호(예: 암호화폐 지갑)를 확인·보관하여야 하고, 수취기관도 일부 송금인에 관한 정보와 정확한 수취인 정보를 수령, 보관할 의무를 진다.

이 규제가이드는 법적 구속력이 있는 국제규범은 아니나 회원국은 이에 부합하는 입법을 하고 이를 집행할 의무를 진다. 이 규제가이드를 심각하게 위반한 회원국은 이 국제기구의 블랙리스트에 등재되고 그렇게 되면 다른 회원국과 금융 거래에 심한 어려움을 겪게 된다.[32]

3. 국제 블록체인분쟁의 준거법

(1) 준거법 지정의 개념과 그 필요성

준거법은 외국적 요소가 있는 법률관계에 적용될 특정 국가의 법을 말한다. 통상 준거법은 당사자의 권리의무관계를 지정하는 실질법을 말하고 그 국가의 국제사법[33]은 포함하지 않는다. 국제소송이 제기된 경우 소를 제기 받은 법원이 그 분쟁의 준거법을 자국, 즉 법정지의 국제사법에 따라 지정한 후 그 실질법을 적용하여 판결을 내리게 된다.[34] 외국적 요소가 있는 사건에 있어 준거법 선택의 연결점을 찾기 위하여 그 법률관계를 유형화하는 바 이를 법률관계 성질결정이라고 한다.[35] 스마트계약은 미리 입력한 프로그램에 따라 자동적으로 이행되기 때문에 계약 후 이행의 문제가 남지 않아 여러 나라의 법의 충돌의 문제, 즉 국제거래에서 준거법 선택의 문제가 남지 않는다는 의견이 있다.[36] 그러나 스마트계약이 이행의 문제를 남기지 않더라도 무효나 취소사유가 발생하였을 경우 각국의 법은 그 요건을 달리 규정하고 또 그에 따른 법률효과도 다르기 때문에 준거법의 지정의 문제는 여전히 남는다고 할 수 있다. 블록체인은 그 국제적 성격으로 인하여 그 준거법에 따라 계약의 성립시기나 이행 여부가 달라질 수 있고 당사자의 책임에 있어 차이를 가져올 수 있다. 또한 스마트계약의 디지털 코드와 별도로 스마트계약은 독립적으로 계약당사자 간 권리와 의무관계를 형성하게 된다.[37] "갑"이 "을"에게 대가로 금전을 수령하고 물건을 인도하는 물품매매계약을 체결할 경우 자동판매기에 고장이 난 것처럼 프로그램상에 오류가 발생한 경우 스마트계약은 이행되지 않더라도 계약은 이행되어야 하므로 그에 관한 분쟁에 적용할 준거법을 지정할 필요가 있게 된다.[38]

(2) 준거법 합의가 있는 경우

블록체인 거래의 준거법에 관하여 거래당사자 간에 준거법에 관한 합의가 있으면 원칙적으로 그 합의에서 지정한 국가의 법을 적용할 수 있을 것이다. 그러나 블록체인 거래가 소비자거래이거나 근로제공계약 기타 경제적 약자가 일방당사자인 거래인 경우 준거법합의의 유효성을 바로 인정하기에는 어려움이 있다. 또한 스마트계약과 같이 사전에 약관의 형태로 준거법합의를 한 경우 당사자 간에 진정한 준거법합의가 있었는지 여부가 문제될 수 있다.

(3) 준거법 합의가 없는 경우

블록체인 거래에서 준거법합의가 없는 경우 통상 그 거래와 가장 밀접한 관련이 있는 곳의 법이 준거법이 되는 것이 일반원칙이나 블록체인에 있어서는 어디가 그 거래와 가장 밀접한 관련이 있는지를 판단하기 어렵다. 거래와 가장 밀접한 관련을 가지는 곳은 통상 계약 체결지나 이행지일 것이나 블록체인 거래는 익명으로 이루어지기도 하고, 서버도 서버를 관리하는 자도 없고 전 세계에 흩어져 있는 모든 노드가 그 역할을 하고 있다고 할 수도 있으므로 계약 체결지나 이행지를 특정할 수 없어 예측하지 못한 국가의 법을 적용 받을 위험이 있다.[39] 이 문제는 블록체인에 관련한 국제적 불법행위의 경우 불법행위지를 특정할 수 없어 더욱 심각하다. 이 문제는 그 해결이 쉽지 않으므로 현 단계에 있어서는 앞서 언급한 바와 같이 블록체인에 관한 실질 규범을 통일하여 준거법 지정의 필요성을 대폭 감소시켜야 할 것이다. 그 전 단계로 우선 블록체인 거래의 공정성을 담보하는 표준계약의 채택에 노력하여야 할 것이고 블록체인 시스템 운영자의 책임에 관한 국제 규범을 서둘러 제정하여야 할 것이다.

4. 국제블록체인거래분쟁의 재판관할

(1) 국제제판관할 결정의 일반원칙

국제재판관할 결정의 일반적 원칙은 당사자 또는 그 분쟁이 된 사안이 제소된 국가의 법원과 "실질적 관련"이 있어야 한다는 것이다.[40] 실질적 관련이 인정기준에 대해서 대륙법계에서는 법정지와 사안 간의 관련, 영미법계에서는 법정지와 피고 간의 관련, EU의 국제재판관할 통일법규인 브뤼셀 규정에서는[41] 의무이행지에 기초하여 법정지와 사안 간의 관련성을 그 근거로 두고 있다. 우리 국제사법도 이점에 관하여 "법원은 당사자 또는 분쟁이 된 사안이 대한민국과 실질적 관련이 있는 경우에 국제재판관할권을 가진다. 이 경우 법원은 실질적 관련의 유무를 판단함에 있어 국제재판관할 배분의 이념에 부합하는 합리적인 원칙에 따라야 한다."고 규정한다.[42] 여기서 '실질적 관련'이라 함은 우리나라 법원이 재판관할권을 행사하는 것을 정당화할 수 있을 정도로 당사자 또는 분쟁의 대상이 우리나라와 관련성을 갖는 것을 말한다.[43] 판례는 hp 도메인사건[44]에서 "국제재판관할을 결정함에 있어서는 당사자 간의 공평, 재판의 적정, 신속 및 경제를 기한다는 기본이념에 따라야 할 것이고, 구체적으로는 소송당사자들의 공평, 편의 그리고 예측가능성과 같은 개인적인 이익뿐만 아니라 재판의 적정, 신속, 효율 및 판결의 실효성 등과 같은 법원 내지 국가의 이익도 함께 고려하여야 할 것이며, 이러한 다양한 이익 중 어떠한 이익을 보호할 필요가 있을지 여부는 개별 사건에서 법정지와 당사자와의 실질적 관련성 및 법정지와 분쟁이 된 사안과의 실질적 관련성을 객관적인 기준으로 삼아 합리적으로 판단하여야 할 것이다"라고 하여 실질적 관련성 판단의 기준을 제시하였다.

그러나 실제에 있어서 실질적 관련이 있는지 여부의 판단이 어려우므로 국제사법은 국내법의 관할 규정[45]을 참작하여 국제재판관할의 유무를 판단하되, 국제재판관할의 특수성을 충분히 고려하여야 한다."라는 추가적인 기준을 제시하고 있다.[46] 이러한 취지에서에서 국제재판관할 유무의 판단순서를 (ⅰ) 민사소송법상의 토지관할 규정에 관한 검토, (ⅱ) 개인적 이익 및 법원의 이익 측면에서 국제재판관할 배분의 이념 및 국제재판관할의 특수성을 감안하여 국제재판관할 판단에서 고려하여야 할 다른 관할이익의 검토, (ⅲ) 관할권 행사를 포기할 만한 다른 사유의 검토라는 판단 구조를 취한 사례도 있다.[47]

(2) 국제재판관할합의가 있는 경우

퍼블릭 블록체인이나 허가가 불필요한 블록체인에 있어서 국제재판관할 결정의 문제도 준거법 지정 문제와 마찬가지의 어려움이 있다. 블록체인 거래에 있어서의 국제재판관할합의도 원칙적으로는 유효하여 그 합의에서 지정된 분쟁해결기관이 관할권을 가질 것이다. 그러나 블록체인 거래가 소비자거래이거나 근로제공계약 기타 경제적 약자가 일방당사자인 거래인 경우 재판관할합의의 유효성을 바로 인정하기 어려움은 이미 준거법 지정 문제에서 살펴본 바와 같다. 특히 스마트계약과 같이 사전에 약관의 형태로 재판관할합의를 한 경우 그 구속력을 인정하기 어려운 문제가 있다.

(3) 국제재판관할합의가 없는 경우

블록체인 불법행위의 경우나 블록체인 거래에서 국제재판관할합의를 하지 않은 경우에는 일반원칙에 의거하여 국제재판관할을 정할 수밖에 없다. 일반원칙을 적용함에 있어 블록체인 분쟁에 있어서는 어디에 실질적 관련이 있는지 판단하기 어렵다. 중앙 서버 관리자가 있으면 그의 소재지에 국제재판관할이 집중될 수 있겠지만 블록체인에서는 그러한 중앙 서버가 없어 전 세계 노드의 위치 모두에 국제재판관할이 인정하여야 하는 어려움에 봉착하는 점은 준거법 지정의 경우와 마찬가지이다. 특히 불법행위 사건의 경우 불법행위지와 결과발생지에 수백개의 피해가 발생하였을 경우 그 행위지와 결과발생지 모두에 국제제판관할이 모두 인정될 수도 있다.[48] 따라서 블록체인 분쟁의 국제재판관할 결정에 관한 공정한 국제 규범을 정립함과 아울러 앞서본 바와 같이 재판외 분쟁해결 메커니즘을 블록체인 시스템 내에 설치할 필요가 있음이 강조되고 있다.

VII. 결론

　블록체인 분쟁 해결에 관한 문제는 우리에게 수많은 새로운 과제를 던져 주고 있다. 우선 블록체인에 적용되는 규범이 정립되어 있지 않아 그 분쟁에 적용할 마땅한 규범이 없다는 점이다. 국제재판관할이나 준거법에 관한 법이론이 블록체인에 있어서 무용한 것은 그 연결점이나 실질적 관련성 판단 근거가 없거나 애매하다는 것 보다는 그 분쟁에 적용할 실질 규범이 없다는 점이 더 큰 장애이다. 자금세탁방지기구FATF 등이 자금세탁 등을 방지하기 위하여 암호화폐거래소 등에 부과하는 규범이 막 제정되고 있는 단계이다. 이러한 자금세탁방지 규범도 각국의 국내입법을 통하여 구속력을 가지는 데에는 상당한 시간이 걸릴 것으로 예상된다. 이 또한 자금세탁방지를 위한 공법적 규율에 한정되고 그 이의 공법적 영역, 즉 금융법, 세법, 기타 소비자 보호법 등의 영역에 있어서는 국제 규범이나 국내규범이 없는 상황이다. 나아가 블록체인 거래나 불법행위 당사자 간의 권리의무에 관한 국제규범은 전무한 상태이고 또 국내법도 미비한 상황이다. 즉, 블록체인에 적용될 사법 법규가 대단히 미비한 상태라는 점이다. 전통적인 법체계를 블록체인 분쟁에 적용하려 하나 많은 무리가 뒤따른다. 우선 스마트계약 등 블록체인 계약의 구속력을 인정하고 그에 따른 이행의 확보수단을 강구하며 그 불이행시 이를 강제할 방도가 실제로 있어야 할 것이다.

　이러한 어려운 상황에서 그 역할이 기대되는 것은 블록체인 커뮤니티의 자율규범이다. 2018. 1. 한국블록체인협회 자율규제안 발표하고 암호화폐 이용자 보호 등에 관한 규정, 암호화폐취급업자의 금전 및 암호화폐 보관 및 관리 규정, 본인확인 규정 및 시스템 안정성 및 정보보호에 관한 규정을 제정하였다. 일본에서도 2018. 4. 5. 일본 블록체인 전문가 집단Center for Rule-making Strategies, CRS이 일본 금융청에 ICO가이드라인을 제시하였고 일본 금융청은 2018.10. 일본 암호화폐거래소 협회'JVCEA에 규제 권한을 넘겨 관련 산업의 관리와 감독을 하게 할 계획을 발표하였다. 미국에서는 2018. 11. 27. 디지털자산시장협회ADAM를 설립하여 디지털 자산 거래의 표준을 마련하고 자율규제를 하고 있으며 갤럭시디지털캐피탈, BTIG, 제네시스 글로벌 트레이딩 등 10개 업체가 가입하였다. 또한 블록체인 분쟁을 재판외의 방법으로 해결하기 위하여 앞서 본 바와 같이 여러 기구가 활동하고 있다. 정부는 이러한 블록체인 커뮤니티의 자율적 규범제정과 집행의 노력을 지원하여 블록체인 산업을 발전시키는 한편, 그에 종사하고 투자하는 자들을 보호하도록 하여야 할 것이다.[49]

"블록체인 분쟁의 해결"에 대해 더 알고 싶다면

1   Riikka Koulu(2016).

2   Jaya Harrar, Are We Prepared for Blockchain Disputes?, Mar 4, 2019, https://www.lawyer-monthly. com/2019/03/are-we-prepared-for-blockchain-disputes/(2019. 7. 1. 확인); Dominik Vock & Jonatan Baier(2018).

3   Mykyta Sokolov(2018).

4   에스크로란 계약을 이행하기 위하여 필요한 서류 기타 계약의 목적물을 변호사 등 제3자에게 맡기고 그 제3자가 계약 이행의 조건이 성취되면 상대방에게 그 목적물을 인도하는 것을 말한다.

5   타임스탬프는 특정 시점에 데이터가 존재한 사실을 증명하기 위하여 특정 위치에 표시하는 시각을 말한다.

6   해시값이란 복사된 디지털 증거의 동일성을 입증하기 위해 파일 특성을 축약한 암호 같은 수치로서 범죄 수사에서 디지털 증거의 지문이라 불린다.

7   중국에서 인터넷법원은 2017. 6. 26. 항저우에 최초로 설치된 이래, 2018. 9. 9. 베이징에, 2018. 9.28. 광저우에 각 설치되었다.

8   수원지방법원 2018. 1. 30. 선고 2017노7120 판결.

9   대법원 2018. 5. 30. 선고 2018도3619 판결.

10   서울남부지법 2018. 10. 18. 선고 2018고합182 판결 참조. 동 사건은 2019. 6. 현재 피고인의 항소로 서울 고등법원 2018노3017 특경법 위반(배임) 사건으로 계류중이다.

11   동 판결은 "비트코인을 필두로 하여 블록체인 기술로 개발된 전자기록상의 화폐 또는 통화들을 지칭하는 명칭은 공소장 기재와 같은 '가상화폐(Virtual Currency)' 이외에도 '가상통화', '암호화폐(Crypto Currency)', '암호통화', '디지털화폐(Digital Currency)', '디지털 통화' 등 매우 다양하다. 대법원 2018. 5. 30. 선고 2018도3619 판결에서 비트코인을 이른바 '가상화폐'라고 지칭하였고 사용하는 용어에 따라 이하에서 이루어질 판단이 달라지지도 않으므로, 이 판결에서는 약관, 규정 등의 문구를 그대로 인용하는 경우를 제외하고는 공소장 및 위 대법원 판결에 따라 '가상화폐'라는 용어를 사용하기로 한다."고 전제하고 가상화폐라는 용어를 사용하고 있으나 본 절에서는 본서의 일관성을 위하여 암호화폐라는 용어로 바꾸어 쓰기로 한다.

12   중앙일보, "정부 점검했지만 암호화폐거래소 1,100억 원대 해킹 당했다", 2018. 7. 9., https://news.joins. com/article/22783640.

13   예컨대 2017. 12. 해킹을 당한 암호화폐거래소 유빗의 고객 22명은 2018. 1. 4. 유빗을 운영하는 야피안, 이진희 대표 및 관련 임원을 배임 혐의로 고소하였다.

14 서울중앙지방법원 2018. 12. 24. 판결 (박안 대 비티씨 코리아, 민사30부 재판장 이상현).

15 한겨레신문, "해킹으로 가상화폐 4억 증발…법원 '거래소 책임 못 물어'", 2018. 12. 24., society/society_general/875596.html#csidx76ed9333139b7d1a3a54c6803f8c345.

16 더노디스트, 암호화폐거래소 한빗코 '정보보호관리체계(ISMS) 인증 획득', 2019. 6. 4., https://kr.thenodist.com/articles/26136; 한국인터넷진흥원, "ISMS 인증서 발급현황", https://isms.kisa.or.kr/main/isms/issue/ (2019. 6. 29. 확인).

17 울산지방법원 2018. 1. 5. 고지 2017카합10471결정.

18 최종화, 집행채권으로서의 암호화폐반환청구권, 대한변협신문, 2019. 1. 28., news.koreanbar.or.kr/news/articleView.html?idxno=19428.

19 박영호(2018), 41면 참조.

20 서울중앙지방법원 2018. 3. 19. 고지 2018카단802743결정.

21 서울중앙지방법원 2018. 4. 12. 고지 2018카단802516 결정.

22 부산지방법원 서부지원 2018. 10. 23. 선고 2017가단11429 판결.

23 Norton Rose Fulbright(2017).

24 Dominik Vock & Jonatan Baier(2018).

25 여기서 공중인이 하는 역할은 인간과 컴퓨터 모두가 읽을 수 있는 디지털 계약인 리카아도계약(Ricardian contracts)에 서명하고 다중서명거래(multisignature transactions)를 생성하고 제3자로서 서명하는 것이다.

26 Washington Sanchez, "Dispute Resolution in OpenBazaar", GitHub, https://gist.github.com/drwasho/405d51bd1b1a32e38145 (2019. 6. 20. 확인).

27 Jordan Yerman, "How Kleros' Blockchain Justice System Could Revolutionize Passenger Claim Arbitration", apex, https://apex.aero/2018/01/29/kleros-blockchain-justice-system-affect-passenger-claim-arbitration (2019. 6. 26. 확인).

28 Norton Rose Fulbright(2017).

29 Touradj Ebrahimi, "Standardization activities in Blockchain and Distributed Ledger Technologies", https://www.wto.org/english/res_e/reser_e/session_3_1_touradj_ebrahimi.pdf (2019. 6. 29. 확인); 차홍기 외(2019).

30 동 규제가이드는 암호화폐라는 용어 대신 가상자산(virtual assets)라는 용어를 사용한다.

31 2019년 현재 39개국이 가입되어 있으며 한국은 2009년 정회원으로 가입하였다. FATA 홈페이지, http://www.fatf-gafi.org/ (2019. 6. 20. 확인).

32 2019. 7. 현재 14개국이 고위험 관찰대상국이며 그중 북한과 이란은 조치대상국으로 지정되어 있다. FATA, "High-risk and other monitored jurisdictions", http://www.fatf-gafi.org/countries/#high-risk (2019. 6. 20. 확인).

33 준거법 지정 원칙에 관한 법을 말한다. 영미법계 국가에서는 저촉법, 즉 'conflict of laws', 대륙법계 국가에서는 국제사법, 즉 'private international law'라고 각 부른다. 넓은 의미로는 국가의 국제재판관할 결정 원칙과 외국재판승인, 집행에 관한 법, 즉 국제민사소송법까지 포함한다.

34 법률관계와 준거법을 연결시키는 연결수단을 연결점, 또는 연결소라 한다. 준거법지정규칙은 각종의 단위

법률관계를 기준으로 하여 그 준거법을 지정함에 있어 법률관계의 당사자의 국적, 주소지, 행위지 등의 요소를 매개로 하여 이루어지는바, 이 요소를 연결점이라 한다.

35 characterization이라 부른다. 예컨대 계약, 불법행위, 상속 등과 같은 법률관계의 유형화를 말한다.

36 Alexander Savelyev(2016), p. 21.

37 Riccardo de Caria(2017).

38 한종규(2018), 421면 이하 참조.

39 Alessandro Mazzi, "Blockchain and the Law: Legal Challenges of a Disruptive Technology", Medium, https://medium.com/@info_45047/blockchain-and-the-law-legal-challenges-of-a-disruptive-technology-90ae4eabdd0f (2018. 2. 24. ET).

40 외국에서는 "substantial connection" 또는 "real and substantial connection"이라는 기준을 제시한다.

41 종래 유럽공동체와 유럽연합에는 1968년 체결된 민사 및 상사사건의 재판관할과 집행에 관한 유럽공동체협약('브뤼셀 협약')이 있었는데 이는 EU 의회의 창설로 2000년 12월 22일 공표되었고 2002년 3월 1일 자로 브뤼셀 규정(브뤼셀Ⅰ)으로 대체되었다. 정식명칭은 'Council Regulation EC no. 44/2001 of 22 December 2000 on jurisdiction and recognition and enforcement of judgments in civil and commercial matters'이다.

42 한국 국제사법 제2조 제1항.

43 서울중앙지방법원 2007. 8. 30. 선고 2006가합53066 판결.

44 대법원 2005. 1. 27. 선고 2002다59788 판결.

45 민사 및 상사사건의 경우에는 민사소송법의 토지관할규정, 가사사건의 경우에는 가사소송법의 토지관할규정.

46 국제사법 제2조 제2항.

47 미쓰비시 중공업 사건에 관한 대법원 2012. 5. 24. 선고 2009다 22549 판결.

48 한종규(2018).

49 이러한 의미에서 2018년 중반 한국블록체인협회가 야심차게 초안하여 심사를 요청한 암호화폐거래소 표준약관에 대하여 공정거래위원회가 근거 법률이 없음을 이유로 그 심사를 거부한 것은 비판받아 마땅할 것이다. 일반적으로 약관이란 근거 법률이 없거나 명확하지 않아 당사자 간의 법률관계를 명확히 하기 위하여 마련하여 사용하는 것이기 때문에 근거 법률이 없음을 이유로 심사를 거부한 것은 본말이 전도된 논리라 할 것이다.

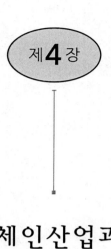

제**4**장

블록체인산업과 법

{ 블록체인 금융과 법 }

본 절은 블록체인과 법 포럼 (2018. 11. 19.)에서 필자가 "블록체인과 법– 무엇이 문제인가?" 제목으로 발표한 자료를 수정·보완하여 2018. 11. 한국외국어대학교 법학연구소 외법논집 제42권 제4호에 발표한 "블록체인과 국내 금융제도에 관한 법적 검토"를 일부 편집한 것이다.

{블록체인 금융과 법}

제**14**절

박선종

Ⅰ. 서론

　인터넷상에서는 대부분의 정보가 자유롭게 국경을 넘나들고 전 세계로 확산되어왔다. 따라서 인터넷 세상의 상당 부분은 소유 중심에서 접속중심으로 변화하였다. 그럼에도 불구하고 금융거래에서는 일반적으로 국경이 존재했었다. 즉, 금융거래에서는 개인의 접속이 국가별 통제에 의하여 제한된 것이다.

　그러나 비트코인은 인터넷 세상에서의 국경을 간단히 뛰어 넘었다. 비트코인은 약 10년 전인 2008년 10월 개발되고, 2009년 1월 프로그램 소스를 배포되면서 세상에 등장했다. 블록체인은 초기에는 비트코인을 보조하는 거래장부로서 알려지기 시작하였지만, 블록체인의 위상은 해를 거듭할수록 커져서, 최근에 들어서는 양자의 지위가 역전된 것으로 보인다. '블록체인은 지난 1년간 빠르게 진화했고 앞으로 블록체인을 통해 실물경제 상당 부분의 거래가 진행될 것으로 보인다. 금융·에너지 분배·사물인터넷IoT·온라인 콘텐츠·헬스케어 등 다양한 분야에서 큰 영향을 미칠 것이다.'¹라는 전망이 있을 정도로 블록체인의 위상은 높아졌고, 블록체인의 탈중앙성과 탈중개성의 사상과 가치에 부합하는 거래를 위주로 블록체인 기술 또는 사상이 활용될 것으로 기대된다.

　블록체인은 비트코인을 통하여, 기존의 중앙은행이 발행한 각국 통화시장과 경쟁을 하는 등 기존 금융제도와 대립을 한 일면도 있으나, 최근에는 인증, 지급결제 등의 측면에서 기존의 금융제도를 보완하는 면이 돋보인다.[2] 한편, 블록체인은 금융산업 시스템에 상당한 변화를 가져올 것으로 전망되고 있다.[3] 2016년 기준으로 전세계 GDP의 0.05%인 약 20조 원이 비트코인을 비롯한 블록체인에 유입되었는데, 2025년에는 GDP의 약 10%가 유입될 것으로 기대된다.[4] 약 10년간 200배의 성장을 기대하는 것이다. 과기부에 따르면 2017년 국내 블록체인 시장규모는 약 500억 원 수준에 불과하였으나 2022년까지 20배가량 성장해 국내 블록체인 시장 규모가 1조 원에 달할 것으로 예측한다.[5]

본 절에서는 블록체인 기술의 활용이 가능한 다양한 분야 가운데에서, 국내 금융제도와 관련된 사항으로 좁혀서 검토한 후, 양자의 조화 방안에 관하여 몇 가지 제안을 하고자 한다.

II. 블록체인과 국내의 금융제도

1. 블록체인과 분산원장기술 개념의 이해

블록체인은 일반적으로 안정성과 신뢰성을 보장하면서 중앙기관의 개입 없이도 참여자 간 거래가 가능한 혁신적인 기술로 설명되고 있다. 이를 블록체인의 탈중앙화 · 보안성 · 투명성의 특징이라고도 부르며, 이러한 블록체인의 특징은 4차 산업 혁명의 기반이 되는 네트워크 인프라의 신뢰성을 강화하고 효율성을 제고하는 수단이 될 수 있다.[6]

한편, 블록체인은 지급결제, 증권 발행 및 거래 등 금융산업 전반에 적용될 잠재력을 보유하고 있으며, 더욱이 기술적으로는 현금 · 채권 · 주식 · 보험 복권 등 다양한 자산의 보유 및 거래가 블록체인 구조 위에서 가능한 것으로 알려진다.[7] 탈중앙화를 대표적 특징으로 하는 블록체인의 모습은 분산원장distributed ledger으로 구현되고 있는데, 블록체인의 핵심은 분산원장기술로 볼 수 있다. 분산원장기술distributed ledger technology(이하 "DLT"라 한다)은 신뢰가 없는 네트워크상에서 신뢰비용을 최소화하고 익명의 상대방과 거래할 수 있는 기반기술이라고 할 수 있다.[8] 전통적인 '중앙집중형 지급결제시스템'은 신용도가 높은 금융 중개기관 만이 원장Ledger을 보유하고 관리하는 방식인 반면에 DLT는 원장을 모든 구성원이 보유하고 관리하는 '분산저장형 지급결제시스템'인 것이 일반적이다.[9] 이러한 시스템에서는 언제든지 모든 구성원이 동일한 장부를 갖고 있는 점을 입증함으로써 변조가 불가능하다는 점을 신뢰할 수 있도록 해준다.[10]

〈표 1〉 세대별 블록체인 세대별 특징

	1세대(1.0)	2세대(2.0)	3세대(3.0)
시기	2009~2014년	2015년~현재	미래
주요 특징	−가상통화 (암호화폐) −자산거래	−스마트계약 (비즈니스 자동화) −분산 앱(디앱DApp)	−사회 전반에 블록체인 적용 −블록체인 간 상호 운용성 −사물인터넷 지원
한계점	−낮은 확장성 −느린 거래속도	−의사결정 문제 −하드포크 증명방식 −트랜잭션 용량 제한	−
대표 사례	비트코인	이더리움, 하이퍼레저	다양한 블록체인 플랫폼 등장

*자료 과기정통부 한국예탁결제원

최근에는 블록체인을 위 〈표 1〉과 같이 분류하기도 한다. 즉, 비트코인을 블록체인 1.0이라하고, 이더리움을 블록체인 2.0이라 하며, 생활 속 기술로 진화될 미래의 블록체인을 블록체인 3.0이라 분류한다.

2. 국내 금융제도와 블록체인의 관계: 충돌과 융합

금융제도는 ① 금융거래가 이루어지는 금융시장과 ② 금융거래를 중개하는 금융기관, ③ 금융거래를 지원하고 감시하는 금융하부구조의 세 가지로 구분된다.[11] 예컨대, 블록체인을 기반으로 기존의 금융제도를 모방한 새로운 금융기법 중 대표적인 것으로서 ICO Initial Coin Offering를 들 수 있다. ICO는 일면 IPO와 충돌하는 부분이 있어 보이나, IPO로 해결할 수 없는 여러 문제를 해결할 수 있다는 점에서 보완기능을 갖는 것으로 볼 여지도 있다. 이하에서 국내 금융제도와 블록체인 간의 몇 가지 충돌사례와 융합사례를 살펴본다.

(1) 충돌사례

1) 비트코인과 한국은행

2009년 비트코인bitcoin 등 가상통화virtual currency[12]가 등장한 이후, 각국 중앙은행 및 국제기구에서 디지털화폐를 발행하는 방안에 관한 논의와 연구가 활발하다. 이는 비트코인 자체를 각국 통화시스템을 위협하는 존재로 인식하고, 그에 대하여 대비하는 측면에서의 연구로 볼 수 있다.

중앙은행이 디지털화폐를 발행할 경우, 1) 발행 주체의 모호에 따른 책임 주체의 불명 및 2) 공적 안전성public safety의 결여에 따른 평판 위험reputation risk의 급증 등, 가상통화의 문제점들을 상당 부분 극복할 수 있고, 최신의 기술혁신에 부응하여 장기적으로 실물화폐를 대체함으로써 화폐제도 발전의 촉진이 가능할 것이다.[13]

한국은행도 비트코인 등 가상통화의 팽창현상을 목도하면서 디지털화폐의 발행을 검토한 바 있다. 그러나 중앙은행이 발행하는 디지털화폐는 법정화폐로서 전자적 형태로 저장되며 이용자 간 자금이체 기능을 통해 현금과 같이 지급payment과 동시에 결제settlement가 완료되는 특징이 있는바, 한국은행이 디지털화폐를 발행할 경우, 기존의 실물화폐를 전제로 한 지급결제시스템에서 매우 중추적인 역할을 담당하여온 상업은행commercial bank과 같은 금융중개기관financial intermediary의 역할이 사실상 배제될 수도 있다는 지적이 있다.[14]

더욱이 중앙은행의 디지털화폐 발행은 단순히 실물화폐를 대체하는 수준을 넘어, 기존 상업은행들이 담당하던 지급결제시스템의 패러다임을 전면적으로 전환할 뿐 아니라 상업은행을 매개체로 활용하던 기존 중앙은행의 통화정책이나 금리결정시스템을 완전히 뒤바꿔 놓을 수 있으며, 이는 은행의 건전성soundness 및 금융제도의 안전성safety에도 직접적이고 광범위한 영향을 미칠 수 있다는 점 등이 지적된 바[15], 한국은행은 디지털화폐의 발행을 잠정 보류하기로 결정한 바 있다.[16]

2018년 4월말 현재 전 세계 비트코인 등 암호자산의 시가총액은 4,288억 달러로 주요국(한국, 미국, 유로지역, 일본, 중국) M2 대비 0.6% 수준에 불과하다.[17] 그러므로 현재로서는 암호자산이 법정화폐와 경쟁하며 경제 내에서 광범위하게 확산될 가능성은 낮은 것으로 보인다. 그럼에도 불구하고, 블록체인 기술의 발전으로 안전성 및 효율성이 개선될 경우 암호자산이 지급수단으로 보다 널리 활용될 가능성을 완전히 배제하기는 어렵다.[18]

2) 분산원장과 한국거래소Korea Exchange

탈중앙화를 대표적 특징으로 하는 블록체인의 모습은 분산원장distributed ledger으로 구현되고 있다. 우리 자본시장법에서는 한국거래소가 시장을 개설하여 운영하도록 규정(동법 제386조)[19]하고 있는데, '원장'ledger은 시장의 전반적인 거래상황을 담고 있는 것인 바, 블록체인 시스템에서 복수의 분산원장에 거래기록을 이관하는 것 자체가 거래소의 시장운영에 해당할 수 있다는 점에서, 동 규정과의 상충이 우려된다.[20] 이는 현행법 규정이 한국거래소의 '중앙집중형 원장'을 전제로 만들어진 것이기 때문일 것이다.[21]

탈중앙화를 주창한 비트코인의 거래활성화가 결국 한국거래소와 같은 원래의 '중앙화'된 거래소는 아니지만, 빗썸, 코인원 등 '신중앙화'된 거래소를 통해서 실현되고 있다는 점은 시사하는 바가 있다. 이는 P2P 거래에 비하여 중앙화된 거래가 시장의 활성화에는 일면 기여하는 바가 있다는 방증으로 볼 수도 있다.

3) ICO와 금융위원회

ICO는 블록체인 기술과 소셜네트워크서비스SNS의 발전이 자본시장의 영역으로 스며든 현상으로 이해된다.[22] 금융위는 2017년 9월 29일 '모든 형태의 ICO를 금지'한다는 방침을 밝혔다.[23]

〈 주요국 ICO 규제 사례 〉

- 미국 증권거래위(SEC)는 가상통화 취급업자의 토큰발행을 증권법상 증권발행으로 보고 증권법 규제를 적용('17. 7월)
- 중국 인민은행 등은 ICO를 금융사기 · 다단계 사기와 연관되는 불법 공모행위로 규정하고, ICO의 전면금지 발표('17. 9. 4일)
- 싱가포르 통화청(MAS, '17. 8월), 홍콩 금융감독원(SFC, '17. 9. 5일)도 증권발행 형식의 ICO의 경우 증권법에 따른 규제방침을 발표
- 미국 증권거래위(SEC, '17. 8월), 싱가포르 통화청(MAS, '17.8월), 말레이시아 증권위(SC, '17. 9. 7일), 영국 금융감독청(FCA, '17. 9. 12일) 등은 ICO 관련 투자경고

동 방침의 발표 직전인 동년 9월 1일 관계기관은 증권발행 형식으로 가상통화를 이용한 자금조달 행위는 자본시장법 위반으로 처벌하는 방침을 발표한 바 있었다. 그 배경은 ICO가 전 세계적으로 증가하고 있으며, 각국의 규제 방침이 발표되는 상황에서 국제적 규제에 동참하는 취지로 보였다. 그러나 규제의 대상과 강도에 있어서 우리 금융위의 방침은 매우 포괄적이고 강력한 것이다.[24]

그럼에도 불구하고 ICO 전면금지 정책으로 인해 문제가 완전히 해결된 것은 아니다. 일부 국내 기업들은 규제의 불확실성을 피하기 위하여 ICO에 우호적인 해외 국가에 재단이나 법인을 설립하여 ICO를 진행하였거나 진행할 계획을 가지고 있는 것으로 보이며,[25] 상당수 국내투자자들은 해외에서 진행되는 국내기업의 ICO에 투자하는 것으로 알려지고 있는데, 이러한 점에서 투자자보호 측면에서 우려가 있다.

블록체인 기술의 혁신성에 대해서는 학계나 업계의 공감대가 형성된 것으로 보인다. 이러한 상황하에서, 다양한 블록체인의 혁신 기술을 구현할 수 있는 ICO를 전면 금지하는 것은 재고가 필요하다.[26] 이러한 강력한 금지를 관철시키기 위해서는 다양한 의견을 수렴한 후 법적·제도적 개선의 선행이 필요할 것인데, 현재 금융위원회의 ICO 전면금지 정책은 명확한 법적 근거를 제시하지 않고 있다는 점에서 타당하다고 보기 어렵다. 더욱이 ICO는 여러 국가들이 관망자세로 지켜보거나 또는 적극적으로 유치하고자 하는 경우도 상당수 있어서, 규제의 국제정합성 측면에서도 문제점이 지적될 수 있다.[27]

(2) 융합사례

1) 공개형 블록체인과 폐쇄형 블록체인

현재의 금융업계는 비트코인이 채택한 공개형 블록체인public block chain이나 이더리움을 직접 활용하기보다는, 그 원리를 원용하여 폐쇄형 블록체인private block chain이나 콘소시움형 블록체인의 개발에 참여하는 것을 선호하는 것으로 보인다.[28]

그 대표적인 예로는 글로벌 블록체인 콘소시움인 R3CEV를 들 수 있다. R3CEV는 블록체인 기반으로 글로벌 은행들 간 국제송금 서비스를 구축하는 프로젝트로 JP모건, 씨티그룹 등 글로벌 대형 금융사들이 회원사로 참여하고 있다. 국내에서는 KB국민은행과 신한은행, KEB하나은행, 우리은행, NH농협은행 등 총 5곳이 참여하

고 있다.[29]

　그러나 폐쇄형 블록체인은 ① 공개형 블록체인에서 다수성이 갖는 보안성의 강점을 가질 수 없다는 구조적인 문제점과 ② 비용절감의 핵심적 대상이 되는 금융기관을 배제할 수 없다는 점 등에서 비용절감효과에 관한 의문이 제기되며, ③ 혁신의 대상이 되는 '탈금융기관'이 '원천적으로 배제'되는 상황이 모순점으로 지적된다.[30]

2) 블록체인과 자본시장

　자본시장에서는 발행과 매매 및 청산 등에서 각각 블록체인 기술이 원용되고 있다. 대표적인 예로는 미국 Nasdaq을 들 수 있다. Nasdaq은 일부 장외 주식 및 채권의 발행시장에서, 실물 증권을 발행하지 않고, 블록체인 망에서 거래가 가능하도록 증권에 관한 모든 권리를 디지털화(증권을 블록체인 내에 토큰Token) 형태로 보관·관리)하여 발행한다. 뿐만 아니라 Nasdaq은 장외주식의 호가 게시, 매매 상대방 탐색Matching Engine, 거래 협상·체결Allocation 및 청산 등의 업무에 블록체인 기반 시스템을 도입했다.[31]

　한국거래소KRX는 블록체인 기반 거래시스템을 통해 투자자가 스타트업이 발생한 비상장주식의 거래, 매매체결(호가 게시부터 매매 상대방 탐색, 협상·체결 및 청산·결제까지 증권사의 별도 입력 없이 개별 투자자간의 입력만으로 거래가 성사되는 시스템)이 가능토록 했다.[32]

　그럼에도 불구하고, 예컨대 알고리즘 매매 및 HFTHigh Frequency Trading와 같은 '빠른 속도를 필요로 하는 주문체결' 등의 부문에서는, 현재까지의 블록체인 기술로는 적용 상 한계가 있는 것으로 보인다. 왜냐하면, 알고리즘 매매나 HFT 속도경쟁의 경우 mille second(1천분의 1초)이나, micro second(1백만분의 1초)을 지나 nano second(10억분의 1초)까지 격화되었기 때문이다. 따라서 일 블록체인의 근본적인 구조가 속도경쟁을 최우선으로 설계된 것이 아닌 한, 속도경쟁에서는 불리한 면이 있다.

3) 블록체인과 보험·은행

　국내 보험사들은 블록체인 플랫폼을 구축해 다양한 보험서비스를 선보이고 있다. 이는 블록체인을 활용한 보험금 자동 청구, 모바일 보험증권 발행, 금융권 공동 본인인증 등이다. 개별회사별의 사정은 다음과 같다. 예컨대, 오렌지라이프는 회사

자체적인 블록체인 플랫폼을 구축했는데, 이 플랫폼은 모바일 보험증권 발급에 운용되며, 고객에게 전달되는 모바일 보험증권 정보를 블록체인에 저장하는 것으로, 소비자는 위변조 차단과 진본 여부를 확인할 수 있다. 교보생명도 실손의료보험 보험금 청구를 위한 블록체인 기반 본인인증 시스템과 생명보험 컨소시엄의 본인인증 시스템 구축 사업을 추진하고 있다.

보험금 자동청구 시스템은 의료기관, 보험사와 고객 간 구축된 블록체인 통합 인증망이 핵심이다. 보험가입자가 보험금 지급조건만 충족하면 의무기록 사본과 보험금 청구서가 자동으로 생성돼 보험사에 전달된다. AXA는 블록체인 기반 플랫폼을 개발하고 항공지연보험 상품을 출시했다.[33] 한편, 국내 은행들을 중심으로 블록체인 기술을 원용한 인증서비스 공동개발이 진행 중이다. 즉, 국내 시중은행들은 지난 2016년 11월 은행권 블록체인 컨소시엄을 구성하고 블록체인 플랫폼 구축을 추진해 왔는데, 최근 블록체인 기반의 15개 은행공동 인증서비스인 '뱅크사인'을 개발하였다.[34]

(3) 소결

앞에서 살펴 본 바와 같이, 지금까지의 국내 금융제도와 블록체인의 관계는 '충돌과 융합'으로 요약될 수 있다. 그러나 향후 양자의 전반적인 관계에 있어서 충돌은 점차 줄어들고, 융합을 통한 혁신적 발전관계는 점차 확대될 것으로 기대된다. 왜냐하면 블록체인 자체가 우리의 생활과 밀접한 방향으로 변모하며 발전하고 있기 때문이다.[35] 그럼에도 불구하고 범위를 좁혀서 금융소비자 보호의 측면에서는 새로운 문제점을 야기할 수 있을 것으로 보인다.

3. 블록체인과 금융소비자

블록체인이 기존의 금융제도에 도입되면서, 금융혁신이 기대되는 면이 크다. 그러나 한편으로는 금융소비자 보호의 관점에서 새로운 문제점을 야기하기도 하는 것으로 보인다. 이하에서는 블록체인의 도입과 관련되는 금융소비자 보호상의 문제점 몇 가지를 살펴본다.

(1) IPO와 ICO

IPO^{Initial Public Offering}와 ICO^{Initial Coin Offering}는 큰 틀에서 보면, 투자자들을 통한 자금조달 방법이라는 점에서 공통점과 투자자보호의 필요성이 있다. 그러나 구체적 사항으로 들어가면, 같은 정도의 투자자보호가 필요하다고 단정할 수는 없다. 특히, IPO는 소규모 벤처 기업들이 수행하기에 한계가 있는 반면, ICO는 소규모 회사들도 손쉽게 자금을 조달할 수 있도록 함으로써 해당 회사들이 다양한 사업을 수행해 볼 수 있는 기회를 제공한다[36]는 점 등에서 근본적인 차이점이 발견된다.

ICO의 경우 최근과 같이 인터넷을 통해 전 세계가 연결되어 있는 상태에서 국내뿐만 아니라 해외의 투자자들로부터도 손쉽게 투자받을 있다는 점에서 장점이 있다.[37] 반면, 이는 국내의 ICO규제를 피하기 위하여 국내기업이 국외에서 ICO를 실행하는 경우에도, 국내투자자들로부터 어렵지 않게 투자받을 수 있다는 점에서, 규제의 실효성에 대한 의문이 제기된다.

요컨대, ICO를 통한 자금조달은 아직 시작조차 하지 않은 사업에 투자하는 것이라는 점, 투자에 대한 요건 및 절차가 확립되어 있지 않다는 점 등에서 투자자들에게 손해가 발생할 위험이 상대적으로 크다.[38] 반면, 아이디어만으로도 출자를 받을 수 있다는 점에서, 새로운 기술 및 새로운 서비스 개발 촉진이 가능[39]한 구조라는 점에서 IPO와 차별성을 갖는다. 그럼에도 불구하고 백서만으로 투자가 이루어지는 현재의 ICO관행에서는 투자자보호의 문제가 제기될 가능성이 상대적으로 높아 보인다.

(2) 블록체인과 개인정보 보호

블록체인 기술은 개인정보 보호^{privacy}[40] 규정과 충돌하기 때문에 해결방안의 논의가 필요하다. "블록체인은 검열에 대한 저항을 위해 특별히 고안된 것이므로 잊혀지는 것이 불가능하며, 또한 블록체인 기술인 분산원장기술^{DLT}은 데이터를 늘리고 축적하기 때문에 정보 수집의 최소화 정신에 반한다."[41]

개인정보 보호법에서는 '정보주체가 개인정보의 처리 정지, 정정·삭제 및 파기를 요구할 권리'를 가지는 것으로 규정하고(동법 제4조 제4호[42] 및 제36조 제1항, 제2항[43]) 있는데, 이는 비단 공개형 블록체인뿐만 아니라 폐쇄형 블록체인이라 하더라도 블록체인 기술의 취소불가능 특성은 동규정과 상충하는 면이 있다.[44]

블록체인은 관련된 거래에 참여하는 금융소비자의 개인정보 보호 측면에서 불리한 면이 있다.

(3) 블록체인과 공인인증

블록체인 기술의 핵심은 일정시간동안 발생한 거래내역을 모아 블록block 단위로 기록 및 검증하고 이를 기존 블록에 연결chain해 나가는 방식을 계속해 감으로써 인위적인 기록의 변경이나 가감을 사실상 불가능하게 하는 것이다. 이러한 블록체인의 기능은 인증업무에 상당히 적합한 것으로 볼 수 있다.

"인증은 온라인, 비대면 세계에서 본인임을 증명하는 중요한 제도이다. 신뢰할 수 있는 인증기관이 본인임을 확인(인증)해 주어야 이를 신뢰한 파생적 거래가 나타날 수 있다. 신뢰할 수 있는 인증기관을 어떻게 설계할 것인가가 주요한 관건인데, 크게 보면 시장 자율에 맡겨 경쟁과 소비자의 선택에 따라 인증기관의 신뢰성을 담보하는 방법과 법률에 의한 자격 부여와 정부의 감독에 의해 인증기관의 공신력을 제도적으로 보증하는 방법이 있다. 우리나라는 후자의 방식을 채택하였으나, 규제산업이 시장경쟁, 자율규제, 공동규제의 영역으로 이전하는 추세에서 현행공인인증제도의 방향성이 문제되고 있다."[45]

블록체인을 활용한 인증시스템은 여러 가지 장점에도 불구하고 거버넌스governance에 대한 문제가 남아 있는 것으로 보인다.[46]

Ⅲ. 블록체인과 국내 금융제도의 조화

1. 규제 패러다임의 전환

(1) 자율규제의 역할 강화

금융산업 규제의 역사는 19세기로 거슬러 올라간다. 19세기의 느슨한 공적규제는 대공황과 제2차 세계대전을 거치면서 강화되다가, 1970년대 들어서 국가 간 자본이동의 장벽이 무너지게 되면서 상당한 기간 동안 소위 de-regulation의 시대를 구가하게 된다. 그러나 2008년 글로벌 금융위기의 결과 re-regulation의 시대로 접

어들게 된다.[47]

　금융규제의 1차적 목적은 투자자를 보호하는 것이고, 2차적 목적은 금융시장의 건전성을 유지·강화하는 것이다.[48] 공적규제는 규제의 엄격성과 공정성을 확보하기 용이한 장점이 있고, 자율규제는 전문성과 시기탄력성 등을 제고할 수 있는 장점이 있다.[49] 자율규제는 공적규제를 보완하기 위한 제도인 바, 법률에는 공적규제기관의 권한과 업무를 규정하고, 공적규제기관은 권한의 일부를 자율규제기관에 위임할 수 있다고 규정함으로써 자율규제의 틀이 설정된다.[50]

　금융규제의 중요한 목적은 금융산업의 효율성 제고로 볼 수 있다. 효율성 제고를 위하여, 금융규제에서는 공적규제뿐만 아니라 자율규제의 적절한 배분도 중요하다. 특히 블록체인과 금융산업의 '산업융합'과 같은 새로운 분야일수록 자율규제의 장점은 더욱 부각될 수 있다. 제4차 산업혁명시대를 맞이하여 다양한 금융분야가 새롭게 창출되는 현재의 상황에서는 자율규제를 공적규제의 보조적인 수단으로 보는 전통적인 규제 패러다임을 전환하여, 자율규제를 기본적인 수단으로 하고 보충적으로 공적규제를 적용할 필요가 커 보인다.[51]

(2) 원칙중심의 규제체제 구축

　블록체인을 활용한 핀테크 혁명 등, 새로운 산업융합 금융기법이 급속도로 발전함에 따라, 금융규제법의 관련 조항들은 빈번하게 개정될 운명에 처해 있다. 이러한 상황하에서 기존의 규정 중심의 규제체제는 효율성이 크게 저하될 수밖에 없다. 뿐만 아니라 심지어는 기존의 규제규정이 신산업의 도입과 발전을 가로막는 상황도 발생할 수 있다. 따라서 블록체인과 같이 빠르게 발전하는 제4차 산업혁명시대의 신기술에 대하여는 원칙중심의 규제체제 도입을 검토할 필요가 크다.

　예컨대, 비트코인은 기존의 법제에서 규정된 바가 없으므로 통화로도 인정할 수 없고, 금융투자상품으로도 인정할 수 없다는 규정중심 규제의 사고의 틀에서 벗어나, 실제로 거래를 통하여 투자성이 인정되는 경우 '투자성'이라는 원칙을 충족한 것으로 보아, 금융투장상품의규제를 적용 하는 등 원칙 중심의 접근이 필요하다.

　이러한 규제체계의 혁신을 이룬 예는 영국을 들 수 있다. 영국은 2007년 원칙 중심 규제를 도입한 이래, 이를 토대로 한 규제 샌드박스Regulatory Sandbox 설정 등 금융규제의 기본 골격을 변화시킴으로써 핀테크 혁신의 선도국 중 하나가 되었다.[52] 영국의 사례는 면밀히 분석할 필요가 있다.

2. 규제 샌드박스 도입

영국 FCA^{Financial Conduct Authority}의 자료에 따르면, 규제 샌드박스의 의미는 다음과 같다.[53] 즉, 샌드박스는 기업의 혁신적인 제품, 서비스 및 사업모델이, 적합한 보호장치^{appropriate safeguards}하에 소비자에게 제공됨으로써, 실제 시장 환경에서 더욱 효과적인 경쟁을 심화시키는 것을 목적으로 하는 규제정책이다. 한편, 규제 샌드박스에서 공적규제기관의 역할은 다음과 같다.[54] 즉, 참여기업에는 공적규제기관의 전속 담당자가 배정되고, 양자 간의 긴밀한 접촉을 통하여 혁신적인 사업모델이 규제의 틀에 안착할 수 있도록 지원하는 것이다.

한편, 우리나라에도 규제 샌드박스와 관련된 법률들이 없는 것은 아니지만, 현실적으로 충분히 활용되고 있다고 보기는 어렵다. 우리나라의 규제 샌드박스 관련 법률로는 지역특구법,[55] 산업융합촉진법[56] 및 정보통신융합법[57]을 꼽는다. 동법률들은 신산업이나 지역별 전략산업에 대한 규제를 '포지티브(원칙적 금지, 예외 허용)' 방식에서 '네거티브(원칙적 허용, 예외 규제)'로 바꾸는 것을 골자로 하고 있다.[58]

지역특구법은 '지역특화발전특구의 지정 및 운영을 통하여 지역특성에 맞게 선택적으로 규제특례를 적용함으로써 지역의 특화발전을 제도적으로 뒷받침하고 나아가 지역경제의 활성화'를 목적(동법 제1조)으로 제정되었으며, 중소벤처기업부장관이 관계 행정기관의 장과의 협의 및 특구위원회의 심의·의결을 거쳐 특구를 지정(동법 제9조)하도록 규정하고 있다. 동법에 관하여는 인천, 경기도 등 수도권 경제자유구역과 그 외 지방의 경제자유구역 간의 이해가 상충됨에 따라 국회에서 법 개정에 관한 활발한 움직임이 있다.[59]

산업융합촉진법은 "산업융합"이란 산업 간, 기술과 산업 간, 기술 간의 창의적인 결합과 복합화를 통하여 기존 산업을 혁신하거나 새로운 사회적·시장적 가치가 있는 산업을 창출하는 활동으로 정의(동법 제2조 제1호)하고 있다. 블록체인 기술을 금융산업에 적용하는 것은 ① '기술과 산업 간 결합과 복합화'라는 점, ② 기존 금융산업을 혁신할 수 있다는 점, ③ 새로운 사회적·시장적 가치가 있는 분산원장 기반의 금융산업이 창출될 수 있다는 점에서 동법의 산업융합 정의에 부합하는 것으로 보인다. 동법 제3조는 국가와 지방자치단체에게 산업융합 촉진에 필요한 책무[60]를 규정하고 있다. 이러한 면에서, 금융위의 ICO 전면 금지 방침은 동법 제3조와 상충되는 것으로 해석될 여지가 있다.

한편, 정보통신융합법은 "정보통신융합"에 관하여 정보통신 간 또는 정보통신과 다른 산업 간에 기술 또는 서비스의 결합 또는 복합을 통하여 새로운 사회적·시장적 가치를 창출하는 창의적이고 혁신적인 활동 및 현상으로 정의(동법 제2조 제1항 제2호)하고 있다. 동 정의 규정에 비추어 보자면, ICO는 온라인상의 코인(정보통신)과 금융투자산업의 투자서비스의 결합이라는 점에서 "정보통신융합"으로 해석될 여지가 있다. 이렇게 해석되는 경우에는, ICO업무에 대하여 동법 제37조[61]에 규정된 '임시허가'제도의 활용이 가능할 것이다.

블록체인 기술과 금융산업의 '산업융합' 및 '정보통신융합'이 성공적으로 수행되기 위해서는 일정 지역을 특정하여 규제 샌드박스를 도입하는 방안도 유의미할 것이다. 예컨대, 인천 송도지역과 경기도 판교지역은 각각 국제교통 및 기존 블록체인 업체의 집중가능성 면에서 유리한 점이 있어 보인다. 현행 관련 법률들은 규제샌드박스를 포함하고 있는 것으로 보이지만, 실효성 면에서 의문이 있다. 따라서 규제 샌드박스의 경우 장소 및 내용 등에 관한 구체적인 규정의 제정이 선행되어야 할 필요가 있다. 규정의 제정을 통하여 우선 규제샌드박스가 가동되고, 이후에 장단점을 판단하여 종국적 방향설정이 가능 할 것이다.

3. 금융혁신법상의 규재 샌드박스 제도

한국정부는 2018. 12. 31. 법률 제16183호로 금융혁신지원 특별법을 제정하여 2019. 4. 1.부터 시행하고 있다. 4차 산업혁명에 따른 금융과 IT 융합Fin-tech으로 새로운 금융서비스가 생겨나고 있고 그 시장테스트가 필요한 바 동법은 일반 핀테크 기업이 금융관련법령상 금융업 인·허가가 없이도 시장테스트를 진행할 수 있게 하고 금융업 인·허가가 있는 금융회사도 기존의 규제 틀을 뛰어넘는 서비스의 테스트를 기존의 사전적·열거적 금융규제에 불구하고 할 수 있도록 한 것이다. 이는 영국이 지난 2015년 11월 혁신적 금융서비스를 한정된 범위 내(이용자 수, 이용기간 제한 등)에서 테스트하는 경우 기존 금융규제를 면제 또는 완화하는 금융규제 샌드박스regulatory sandbox 제도를 도입한 이후 싱가포르, 호주 등도 유사한 제도를 도입한 것을 벤치마킹하여 우리나라도 금융분야에서 혁신과 경쟁을 촉진함으로써 혁신성장을 선도할 수 있도록 혁신적 금융서비스의 테스트 공간으로서 금융규제 샌드박스를 도입 · 운영할 수 있는 제도를 마련한 것이다.

동법은 규제 적용의 특례로 혁신금융사업자가 지정기간 내에 영위하는 혁신금융서비스에 대해서는 사업 또는 사업자의 인허가 · 등록 · 신고, 사업자의 지배구조 · 업무범위 · 건전성 · 영업행위 및 사업자에 대한 감독 · 검사와 관련이 있는 금융관련법령의 규정 중 지정 시 특례가 인정되는 규정은 적용하지 않도록 하고(동법 제17조), 혁신금융사업자에게는 지정을 거쳐 인 · 허가 등을 받은 경우 혁신금융서비스를 배타적으로 운영할 권리를 가지고, 배타적 운영기간 중에 해당 혁신금융서비스와 내용 · 방식 · 형태 등이 실질적으로 동일한 금융서비스를 제공하는 행위에 해당하는 행위를 하거나 할 우려가 있는 자에 대해 금융위원회 및 관련 행정기관에 배타적 운영권 보호에 관한 조치를 요구할 수 있도록 하는 배타적 운영권을 부여 하는 한편(동법 제23조), 혁신금융서비스를 제공하려는 금융회사 등은 금융위원회에 법령 등의 적용 여부 등을 확인해 줄 것을 신청하는 경우 금융위원회는 30일 이내에 회신하도록 하는 규제 신속 확인제도를 도입하였다(동법 제24조). 동법에 따라 금융위원회는 2019. 4. 17. 디렉셔널사ᵻᵻ의 블록체인을 활용한 "P2P방식 주식대차" 중개 플랫폼을 통해 개인투자자에게 주식대차거래의 기회를 제공하는 서비스를 포함하여 9건의 혁신금융 서비스를 지정하였다.[62]

 ## Ⅳ. 블록체인 금융 사례

1. 블록체인 금융 적용 영역

블록체인 기술은 금융분야에서 다양하게 활용되고 있다. 프라이빗 블록체인을 사용하여 기존의 시스템과 절차를 개선함은 물론 사업모델에 있어 범산업적인 협력 관계를 재설정하는 혁신을 시도하고 있다. 현재 블록체인 기술을 사업에 적용하는 것은 세계적으로 진행되고 있으며 업무의 개선보다는 새로운 사업 형태를 창출하는 기반 플랫폼으로 산업의 내부뿐 아니라 외부와의 관계에서도 확산 적용되고 있다. 금융업계는 2017년에만 블록체인 기술에 미화 17억 달러를 투자하였다고 한다. 아래에서는 이 문제를 자본시장, 은행업, 증권업, 보험업, 기타 공공 금융으로 나누어 살펴보기로 한다.[63]

2. 자본시장에서의 블록체인 기술의 활용

(1) 청산 결제

이는 대표적인 중개자 및 중개수수료 제거 모델로서 스마트계약을 포함한 블록체인 플랫폼이 금융기관 등 제3자의 역할을 대체한다. 그런데 이를 위해 가장 적극적으로 참여하는 자는 오히려 현재 중개자역할을 하고 있는 청산결제업체이거나 거래소이다. 현재 전 세계 거의 모든 청산결제업체와 거래소가 블록체인 기술을 검증하고 적용하고 있다.

(2) 채권債券 거래

채권의 발행과 거래에는 여러 기관이 승인 기타 관여하는 복잡한 과정을 거친다. 이를 자동화한 스마트계약으로 처리한다면 업무를 매우 효율화할 수 있다. 블록체인 시스템은 다수의 스마트계약을 실행할 수 있으므로, 절차와 요건이 다른 상황별로 서로 다른 스마트계약을 사용하거나 절차와 요건이 바뀌면 기존 스마트계약을 변경하여 사용할 수 있다. 예컨대 글로벌 개발 프로젝트에 자금을 지원하기 위해 50~60억 달러의 채권을 발행하는 세계은행IBRD은 호주연방은행Commonwealth Bank of Australia과 함께 이더리움에 블록체인 채권을 출시하는바 그 인프라는 마이크로소프트 애저 클라우드 플랫폼에서 실행된다.

3. 은행업에서의 블록체인 기술의 활용

(1) 금융기관간 결제

예컨대 R3는 블록체인 기술을 활용한 글로벌 금융 컨소시엄은 회원사가 바클레이, 메릴린치, 방콕은행, BNP파리바 등 100개 이상이며 그 가운데 40개 이상은 세계적인 대출 기관이다. 이 그룹은 오픈소스 블록체인 플랫폼인 코타^{Corda}와 비즈니스 사용자를 위해 최적화된 블록체인 플랫폼인 코다 엔터프라이즈^{Corda Enterprise}를 개발하고 있다. RBS와 영국 금융감독청^{Financial Conduct Authority, FCA}은 코다 플랫폼을 사용하여 은행에 대한 담보채무금 납부 영수증의 생성을 자동화하였고, 그 데이터는 FCA에 전송되도록 설계하였다. 또다른 예로 스위스 은행인 UBS는 바클레이와 HSBC의 참여하에 블록체인을 기반으로 만든 새로운 지불 시스템인 '유틸리티 결제 코인'을 출시하는 바 이 코인은 중앙은행에서 현금으로 환전할 수 있도록 되어 있다.

(2) 무역금융

무역 당사자와 이를 지원하는 금융기관, 통관 등 무역 관련 행정과 물류 담당 기관 간에 신뢰할 수 있는 정보 공유의 어려움으로 인한 절차의 비효율을 블록체인 기술로 개선할 수 있다. 개별 금융기관이 도입하는 경우에는 일부 절차를 개선할 수 있으나 만약 관련 기관과 기업들이 모두 참여하는 경우 혁신적인 개선을 할 수 있다.

(3) 비대면 대출

예컨대 우리나라의 신한은행은 2019. 5. 블록체인 기술을 활용해 비대면 대출을 실시한다. 이 기술로 위변조 위험을 현저하게 낮추고 제출한 정보의 진위 확인에 걸리는 시간도 3일가량으로 단축할 수 있다. 생체인증이나 간편 비밀번호를 적용한 인증수단에 블록체인을 도입해 한번 로그인으로 신한금융그룹 각 계열사를 서비스를 이용할 수 있는 통합 인증 서비스도 제공한다.

(4) 송금 서비스

미국, 프랑스, 싱가포르, 홍콩, 호주. 스페인 등 선진국의 핀테크 기업이나 은행은 기존 국제 결제 시스템인 스위프트^{SWIFT} 대신 리플과 스텔라 등 블록체인 기술을 활용하여 빠르고 안전하며 저렴한 수수료로 해외송금 서비스를 하고 있다. 우리나라에서는 2016. 3. 설립된 블록체인 핀테크 기업 모인^{MOIN}이 기획재정부로부터 소액해외송금사업허가를 받아 일본, 중국, 미국, 싱가포르 등 4개국에 대한 송금 서비

스를 하고 있으며 2019. 1. 임시허가와 실증특례를 허용하는 규제 샌드박스를 신청한 바 있다.[64]

(5) 감사보고 및 법령준수감시

감사보고와 준법감시를 담당하는 기관과 피감업체간의 정보 신뢰도를 블록체인을 통해서 제고할 수 있다. 동일한 대상 정보를 실시간 공유함으로써 감사 대상 업무의 조작 가능성을 배제하여 감사기관은 감사 정보의 신뢰성을 높이고 피감기관은 감사준비에 소요되는 노력과 시간을 절감할 수 있다.

4. 증권업에서의 블록체인 기술의 활용

미국 나스닥Nasdaq은 블록체인 기술을 증권의 발행과 매매에 활용하고 있다. 나스닥은 2014. 3. 스타트업 기업의 주식거래를 위한 장외시장private market을 출범시키고[65] 장외주식의 호가 게시, 매매 상대방 탐색matching engine, 거래 협상 및 체결allocation 등의 업무에 블록체인 기반 시스템을 도입하였다. 우리나라에서는 2017. 10. 금융투자협회를 중심으로 25개 증권사들이 컨소시엄을 구성하여 세계 최초로 블록체인 기반 공동인증 서비스인 체인아이디를 출범시켰다. 하나의 아이디로 참여 증권회사 모두에서 사용할 수 있으며 기존 공인인증서는 매년 갱신을 하여야 하나 해당 기술을 활용하면 3년 동안 인증을 유지할 수 있다.

5. 보험업에서의 블록체인 기술의 활용

(1) 보험 인수 업무

보험가입자의 신원과 가입 내용을 확인하고, 보험 세부 약관과 금액을 정하는 일련의 프로세스는 그룹 내외부와의 고객정보의 공유와 자동화를 적용한 스마트계약을 통하여 효율화 할 수 있다.

(2) 보험금 청구

보험금 청구는 정보입력의 디지털화와 해당 정보의 신뢰성제고가 필요한 절차이다. 각각 보험의 종류에 따른 보험금 청구에 필요한 절차와 정보를 스마트계약으로 정의하여 사용할 수 있으며, 신뢰가 필요한 외부정보는 해당시스템을 블록체인과 연동하여 실시간 정보확인이 가능하다. 예컨대 InsurETH 사례는 블록체인에 외부 항공기 정보시스템을 연동하여 고객이 요청한 비행기 결항과 취소에 따른 보험금 지급을 별도의 신청 없이 자동 접수, 심사 및 모바일/이메일 통보까지 자동으로 진행한다. 이는 신뢰성 있는 외부정보를 연동하고 기록하는 블록체인의 장점을 활용한 예이다.

6. 기타 공공 금융 서비스에서의 블록체인 기술의 활용

(1) 디지털 인증

현재 국내에서 은행업, 증권업, 보험업 각 영역별로 등에서 블록체인을 기반으로 한 통합인증플랫폼 사업이 진행되고 있는바 이로써 금융권과 공공에서 사용되고 있는 공인인증서를 신기술로 대체하고 효율개선과 비용절감을 하고자 한다. 세계적으로 진행되는 탈중앙인증은 개별 금융기관의 독립적인 인증정보 보관과 상호교차인증으로 실행된다.

(2) 고객 가입 및 서비스

금융서비스에 블록체인 기반의 디지털 인증을 연동하여 고객 가입과 서비스 개시에 관한 사용자 편의성UX을 개선할 수 있다. 예컨대 중국양광보험社는 블록체인 기반의 전자지갑을 개발하여 관계사, 파트너사 간의 멤버쉽 포인트 사용과 적립을 통합 관리하였다. 기존의 멤버쉽 포인트와 다른 점은 암호화폐처럼 개인간의 자유로운 거래가 가능하며, 은행과의 연계를 통해 현금으로 환전할 수 있도록 함으로써 B2C는 물론 C2C에도 활용된다고 한다.

V. 결론

블록체인 기술이 금융산업에 접목되면서 일부 충돌도 있었지만, 대개는 융합을 통한 혁신적 발전으로 평가될 수 있을 것이다. 일반적인 산업에서는 수요량와 공급량이 교차하는 점에서 가격이 결정된다. 그러나 금융산업에서는 공급자인 금융회사와 수요자인 금융소비자 간 정보비대칭이 크기 때문에 단순히 수요공급의 시장원리를 적용하기보다는, 규제를 통하여 양 당사자 간의 균형을 확보하는 것이 계약자유의 원칙에 부합한다고 이해된다. 금융소비자 보호의 필요성은 정보의 비대칭에서 도출되는 것이고, 금융산업은 기본적으로 규제산업이라는 면에서 일반산업과 차이가 있다.

규제가 너무 강하면 새로운 제품의 출시가 어려워지고, 이는 소비자 후생 증진에 장애가 될 수 있다는 점은, 일반산업이나 금융산업이나 공통적으로 적용될 수 있는 원칙이다. 어찌 보면 블록체인 등 핀테크가 접목된 금융상품의 출시는 일반적인 상품의 제조에 필요한 생산설비가 불요하다는 점에서, 아이디어의 중요성이 더 클 수 있다. 뿐만 아니라 새로운 아이디어가 시장에서 검증을 거쳐서 소비자의 후생을 제고하는 제품으로 자리 잡거나 또는 도태되어 소멸하는 cycle 면에서 핀테크 기반 금융상품은 일반적인 상품에 비하여 짧을 수 있을 것이다.

블록체인 기반의 새로운 금융상품에 대하여 기존의 규정중심의 규제체제를 적용하는 것은 쉽게 한계에 봉착할 수 있어 보인다. 즉, 기존 규정이 신제품 개발의 장애물이 되는 경우가 있을 것이고, 신제품을 기존 규정으로 포섭할 수 없는 경우도 있을 것이다. 이러한 점들을 감안한다면, 제4차 산업혁명 시대의 금융규제는 '원칙 중심 규제로의 과감한 전환'이 필요해 보인다. 이러한 패러다임의 전환을 통하여, 블록체인과 국내 금융제도의 조화가 달성될 수 있을 것으로 생각된다.

1 진대제(2018), 블록체인의 탈중앙성과 탈중개성의 사상과 가치에 부합하는 거래를 위주로 블록체인 기술 또는 사상의 도입될 것으로 보인다.

2 블록체인의 중심 사상인 탈중앙화(decentralization)에 관하여, 역사의 긴 안목으로 볼 때, '중앙화된 시스템'은 농업이 발전되기 시작한 이후인 최근 1만 년 정도에 불과하고, 그 밖의 대부분의 기간을 인류는 '탈중앙화된 시스템'에서 살아왔고, 블록체인 기술에 힘입어 미래에도 '탈중앙화된 시스템'에서 살게 될 것으로 전망하는 이도 있다. Johann Gevers, "The four pillars of a decentralized society", 유튜브 TEDx Talks 채널, https://www.youtube.com/watch?v=8oeiOeDq_Nc (2018. 9. 29. 확인).

3 블록체인의 금융산업에 대한 활용 예로는 스마트계약, 국경 간 지불시스템, 거래의 청산 및 결제 업무 등을 꼽고 있다. 클라우스 슈밥(2017), 106면.

4 최윤일(2018), 29면.

5 사이언스타임즈, "블록체인이 불러오는 인증 혁신", 2018. 8. 20., https://www.sciencetimes.co.kr/?news=%EB%B8%94%EB%A1%9D%EC%B2%B4%EC%9D%B8%EC%9D%B4-%EB%B6%88%EB%9F%AC%EC%98%A4%EB%8A%94-%EC%9D%B8%EC%A6%9D-%ED%98%81%EC%8B%A0.

6 박한진/손인균/최영길(2018), 1면.

7 이대기(2016), 12면.

8 이영환(2016), 1~2면.

9 블록체인의 종류에 따라서는, 모든 구성원이 보유하지 않는 경우도 가능하다.

10 박선종(2017), 97~98면. 변조불가능성을 달성하는 과정을 상술하면 다음과 같다. DLT는 특정시간 단위로 블록이라는 단위의 거래장부를 생성한다. 이후 이를 모든 구성원에게 전송하여 다수의 구성원이 거래 타당성을 검증하고 전송된 블록의 유효성을 승인할 경우 모든 구성원이 각자 분산 관리하는 원장, 즉 기존의 블록더미에 새로운 블록을 체인의 형태로 연결해준다. 이러한 연쇄적인 과정을 소위 블록체인(block chain)이라 하는데 이와 같이 모든 구성원에게 동일한 내용의 분산원장을 갖게 하면 변조불가능성이 달성되는 것이다. 한편, 분산원장기술 대신 블록체인(block chain)이라는 용어를 사용하기도 한다. 왜냐하면 일정시간동안 발생한 거래내역을 모아 블록(block) 단위로 기록 및 검증하고 이를 기존 블록에 연결(chain)해 나가는 방식을 계속해 감으로써 인위적인 기록의 변경이나 가감을 사실상 불가능하게 하는 것이 이 기술의 핵심이기 때문이다.

11 한국은행(2011), 3면.

12 '가상통화'는 정부 측에서 주장하는 용어이고 '암호화폐'는 업계에서 주장하는 용어인데, 본 절에서는 법화가 아닌 경우는 가상통화로 칭하고 법화인 경우는 디지털화폐로 칭한다.

13 Ben S. C. Fung & Hanna Halaburda(2016); Ben Dyson & Graham Hodgson(2016); 박선종/김용재 (2018), 350면.

14 박선종/김용재(2018), 351면.

15 박선종/김용재(2018), 351면.

16 김동섭(2018).

17 45면 각주 94)

18 한국은행(2011), 47면.

19 자본시장법 제386조 (시장의 개설·운영) 거래소는 시장을 효율적으로 관리하기 위하여 증권시장 또는 파생상품시장별로 둘 이상의 금융투자상품시장을 개설하여 운영할 수 있다.

20 한국거래소는 거래소 주문체결에 관한 원장을 직접 관리하는 기관은 아니다. 원장은 증권회사와 예탁결제원이 관리한다. 그럼에도 불구하고 원장의 관리는 자본시장법 제386조 시장운영에 포함되는 것으로 볼 수 있으며, 한국거래소의 승인 없는 분산원장은 개념적으로 동 조항과 상충되는 면이 있다.

21 박선종(2017), 104-105면.

22 김준영 외(2018), 203면.

23 금융위원회 보도자료, "기관별 추진현황 점검을 위한「암호화폐 관계기관 합동TF」개최", 전자금융과,2017. 9. 29.

24 금융위 ICO규제방침의 골자는 다음과 같다. 'ICO를 앞세워 투자를 유도하는 ① 유사수신 등 사기위험 증가, ② 투기수요 증가로 인한 시장과열 및 소비자피해 확대 등 부작용이 우려되는 상황 하에서, 실제 ICO가 프로젝트에서 나오는 수익을 배분하거나 기업에 대한 일정한 권리·배당을 부여하는 방식('증권형') 뿐만 아니라, 플랫폼에서의 신규 가상통화를 발행하는 방식('코인형') 등 다양한 유형으로 이루어지고 있기 때문에, 기술·용어 등에 관계없이 모든 형태의 ICO를 금지'한다는 것이다. 금융위원회, 전게보도참고자료, 2017. 9. 29.

25 김준영 외(2018), 225면.

26 금융위원장(최종구)은 2018. 3. 20. 개최된 "핀테크 혁신 활성화 현장 간담회"에서 '블록체인 등 새롭게 나타난 금융서비스의 융합촉진'을 언급한 바 있다.

27 성희활(2018 Ⅱ), 65면.

28 오키나 유리 외(2018), 89면.

29 토큰포스트, "글로벌 블록체인 컨소시엄 R3CEV, 내달 일본서 첫 시연회 개최…신한·농협·우리銀 참여", 2018. 2. 26, https://tokenpost.kr/article-1628.

30 박선종(2017), 99면.

31 더보안, "증권거래 기능별 블록체인 기술 활용범위", 네이버블로그, https://blog.naver.com/theboan/221333392872 (2018. 9. 18. 9:00 ET).

32 더보안, "국내 증권유관기관의 블록체인 기술도입 사례", 네이버블로그, https://blog.naver.com/theboan/221332040202 (2018. 9. 21. 9:00 ET).

33 신아일보, "더 편하게, 더 안전하게 … 블록체인플랫폼 구축하는 보험사", 2018. 10. 1. http://www.shinailbo.co.kr/news/articleView.html?idxno=1107926.

34 은행연합회 보도자료, "은행권, 블록체인 플랫폼 본격 가동", 2018. 8. 27.

35 블록체인 3.0 시대를 여는 핵심 키워드는 공존과 협력이다. 앞으로 수많은 블록체인 플랫폼과 서비스들이

융합과 분화를 반복하며 거대 생태계를 꾸밀 것이라는 전망이다. "기술이 곧 일상생활 곳곳으로 파고들며 삶의 변화를 이끌 것이다." '블록체인 서울 2018'에 모인 국내외 전문가들이 진단한 블록체인의 미래다. 블록체인 3.0 시대가 곧 도래한다는 설명이다. 블록체인 기반 가상통화(암호화폐) '비트코인'이 등장한 1세대, 스마트계약 기능과 디앱(DApp) 등 기술 진화가 이뤄진 2세대를 넘어 이제 인터넷, 모바일처럼 사회 전반에 블록체인 기술이 녹아드는 3세대가 열릴 전망이다., 머니투데이, "'블록체인 3.0 시대' 온다 ⋯ '생활 속 기술'로 진화", 2018. 9. 19., http://news.mt.co.kr/mtview.php?no=2018091907580990771.

36 김준영 외(2018), 206면.

37 김준영 외(2018), 207면.

38 리버스 ICO는 기존의 성공기업이 진행한다는 점에서 예외이다.

39 김준영 외(2018), 207면.

40 프라이버시(개인정보 보호)에 대해서는 세계적으로 2가지 흐름이 있다. 광의의 프라이버시는 독일식의 인격권(personality right)처럼 개인에 관한 모든 정보를 보호대상으로 삼는 것을 원칙으로 하되 타인에 의한 정보이용 및 공유의 필요성이 인정되면 비로소 그와 같은 정보이용 및 공유를 허용하는 방식이며 소통이 더욱더 제3자를 통해 이루어지고 이에 따라 감시의 위험이 높아지는 디지털시대에 들어서서 더욱 힘을 얻어가며 세계 각국에서 개인정보 보호법으로 구체화 되고 있다. 협의의 프라이버시는 미국 식으로 프라이버시를 개인이 은밀하게 보호해왔던 정보나 영역에 대한 침입을 막는 규범으로 한정하여 생각하는 방식이다. 박경신(2018), 1면.

41 미셸 피니크(독일 막스플랑크연구소, 선임연구원), "인공지능의 시대: 기술 발전에 따른 책임과 규제", 서울대 주최 포럼 (2018. 8. 24. 발표).

42 개인정보 보호법 제4조(정보주체의 권리) 정보주체는 자신의 개인정보 처리와 관련하여 다음 각 호의 권리를 가진다.
4. 개인정보의 처리 정지, 정정 · 삭제 및 파기를 요구할 권리

43 개인정보 보호법 제36조(개인정보의 정정 · 삭제) ① 제35조에 따라 자신의 개인정보를 열람한 정보주체는 개인정보처리자에게 그 개인정보의 정정 또는 삭제를 요구할 수 있다. 다만, 다른 법령에서 그 개인정보가 수집 대상으로 명시되어 있는 경우에는 그 삭제를 요구할 수 없다.
② 개인정보처리자는 제1항에 따른 정보주체의 요구를 받았을 때에는 개인정보의 정정 또는 삭제에 관하여 다른 법령에 특별한 절차가 규정되어 있는 경우를 제외하고는 지체 없이 그 개인정보를 조사하여 정보주체의 요구에 따라 정정 · 삭제 등 필요한 조치를 한 후 그 결과를 정보주체에게 알려야 한다.

44 박선종(2017) 본 절에서는 일반적인 경우를 논하고 있다. 예외적으로 취소가능한 블록체인도 있으며, 개인정보의 경우에도 블록체인 분산원장에서 보관하지 않는 구조로 설계가 진행되는 경우도 있다.

45 전응준(2017), 287면.

46 공개형 블록체인과 같이 탈중앙화된 네트워크에서 시장 상황의 변화에 올바른 대응을 하기 위하여 거버넌스를 어떻게 가져갈 것인지가 중요하다. 예컨대, 비트코인 블록체인의 경우 일부 이해관계자 연합이 51% 이상의 지배력을 가지게 되면서, 향후 시장변화에 따른 대응에서 지배력을 가진 세력 편향의 정책이 등장할 우려가 지적되고 있다. 거버넌스의 대표적인 문제점은, 예컨대 비트메인과 제휴 풀이 현재 비트코인 전체 해시파워의 53% 가량을 보유하고 있다는 점이다.

47 Youssef Cassis et al.(2016), p. 420.

48 임재연(2009), 3면.

49 김용재(2016), 308면.

50 김용재/박선종(2016), 17면.

51   물론 자율규제만으로 시장 및 소비자 보호가 완전히 이루어진다고 볼 수는 없다. 예컨대, 원칙에 관한 부분은 공적규제가 당위성을 가질 수 있을 것이고, 세부사항에 관한 규제는 자율규제가 유리한 부분이 많을 것이다. 즉, 공적규제와 자율규제는 상호보완 할 부분이 있으며, 상호 간의 유기적인 보완을 통하여 시장 및 소비자보호의 강화가 달성될 수 있을 것이다.

52   김용재(2018), 162면.

53   Financial Conduct Authority(2017), p. 4. "The sandbox aims to promote more effective competition in the interests of consumers by allowing firms to test innovative products, services and business models in a live market environment, while ensuring that appropriate safeguards are in place."

54   Financial Conduct Authority(2017), p. 4.. "Sandbox firms are assigned a dedicated case officer who supports the design and implementation of the test. This close contact enables case officers to help firms understand how their innovative business models fit within the regulatory framework."

55   지역특화발전특구에 대한 규제특례법, 시행 2017. 7. 26.,법률 제14839호.

56   시행 2018. 4. 17.,법률 제15344호.

57   정보통신 진흥 및 융합 활성화 등에 관한 특별법, 시행 2017. 7. 26.,법률 제14839호.

58   한경 경제용어사전, "규제 샌드박스 3법", 네이버지식백과, https://terms.naver.com/entry.nhn?docId=5670046&cid=42107&categoryId=42107 (2018. 10. 3. 확인).

59   매일신문,"지역특구법 유명무실. 수도권 경제자유구역에도 규제프리"(기사),2018. 10. 2.,http://news.imaeil.com/Politics/2018093019100803020 (2018. 10. 3. 확인).

60   산업융합촉진법 제3조(국가 등의 책무) ① 국가와 지방자치단체는 산업융합을 촉진하기 위하여 필요한 시책을 마련하여야 한다.
② 국가와 지방자치단체는 산업융합을 촉진하기 위한 다음 각 호의 사항 등을 위하여 필요한 노력을 하여야 한다.
1. 산업융합의 촉진을 위한 추진 체계의 구축과 관련 제도의 개선
2. 산업융합 관련 연구사업의 지원
3. 중소기업 등의 산업융합 관련 역량의 강화

61   정보통신융합법 제37조(임시허가) ① 과학기술정보통신부장관은 제36조 제1항에 따라 신속처리를 신청한 신규 정보통신융합등 기술 · 서비스가 같은 조에 따라 다른 관계 중앙행정기관의 장의 소관 업무에 해당하지 아니한다는 회신을 받거나 해당하지 아니한다고 간주된 경우, 해당 신규 정보통신융합등 기술 · 서비스의 특성을 고려할 때 그에 맞거나 적합한 기준 · 규격 · 요건 등을 설정할 필요가 있는 경우에는 임시로 허가 등(이하 "임시허가"라 한다)을 할 수 있다. 이 경우 과학기술정보통신부장관은 신규 정보통신융합등 기술 · 서비스의 안정성 등을 위하여 필요한 조건을 붙일 수 있다.

62   비즈니스포스트, "금융위, 금융규제 샌드박스로 선보일 혁신금융 9건 선정", 2019. 04. 17, http://www.businesspost.co.kr/BP?command=article_view&num=123666.

63   이하의 설명은 김상환(2019)을 참고하였다.

64   이 송금서비스에 대한 규제 샌드박스 적용은 과기정통부에서 하지 못하고 2019. 4. 시행된 금융 규제 샌드박스의 문제로 다루어지고 있다.

65   나스닥은 장외주식의 해시값(hash)을 비트코인 블록체인에 입력하여 관리하는 방식, 즉 컬러드 코인(colored coin) 기술 방식으로 주식을 발행한다고 한다.

{ 블록체인 보험과 법 }

본 절은 성균관대학교 공익과 법 연계과정에서 손경한 교수의 지도 아래 수강생인 김현우·우민우·엄태윤·이재윤·최혜빈 학생이 작성한 것임을 밝힌다.

<table>
<tr><td rowspan="2">제 15 절</td><td colspan="2" align="center">{ 블록체인 보험과 법 }</td></tr>
<tr><td></td></tr>
<tr><td></td><td colspan="2" align="center">감수 손경한</td></tr>
</table>

 I. 서론

'보험'이란 미래의 불확실한 '사고'에 대비하여 일정한 금액을 미리 준비해 두는 것을 말하는 것으로 반드시 불확실성이 존재하여야 하고 그것이 사고여야 한다. 보험업의 구조를 살피면 '보험심사', '보험계리', '손해사정'의 세 단계를 거치는데 보험심사란 보험계약의 조건과 가격을 결정하여 보험을 인수하는 것을 말하며 보험계리란 수학과 통계적 방법을 이용하여 보험의 위험률을 측정하여 보험상품을 개발하는 것이다. 손해사정이란 사고로 인해 생긴 피해액을 산정하고 보험금을 지급하는 것이다.

최근 보험업계는 사물인터넷[IOT], 인공지능,[AI] 블록체인 등 정보기술의 혁명적인 발달로 많은 변화를 겪고 있다. IOT의 발달로 사람들의 삶은 사소한 영역까지 정보통신망으로 연결되어 모든 삶을 디지털 정보로 기록하게 되었고 신경망이론에 기반한 데이터분석은 관련된 학문의 이론이 존재하지 않아 모형을 설정할 수 없어도 통계학적인 예측분석을 가능하게 해 주었으며 블록체인은 이러한 정보기술들의 원천인 정보들의 무결성을 보장하고 나아가 정보를 기반으로 하는 새로운 화폐를 탄생시켰다. 이처럼 블록체인을 비롯한 인공지능[AI], 핀테크 등의 IT기술을 보험산업에 적용한 개념을 인슈어테크[InsureTech]라 부른다.

블록체인 내지 분산원장기술^{DLT}(이하 이를 블록체인기술이라 부른다)이 가지는 특징은 암호화를 통한 보안성, 블록체인에 참여하고 있는 모든 사람들이 정보를 나누어 갖는 분산성(탈중앙화), 관련된 기록을 전부 남겨서 저장하기 때문에 추적이 가능한 무결성[2]이다. 또한 블록체인은 정보를 기록하고 무결성을 보증하는 작업에 있어서 막대한 계산량을 처리할 컴퓨터시스템 자원이 필요했고 이에 대한 대가로 '코인'을 발행하여 해결하였는데 이것이 암호화폐의 탄생이다. 이제는 개개인이 보안을 유지하면서 암호화폐를 거래할 수 있게 되어 중앙화된 금융기관의 필요성이 점차 약화되고 있다.

블록체인이 가져다주는 '탈중앙화'는 여러 산업에 영향을 미치고 있는데 보험산업에 있어서는 암호화폐를 통해 직접 거래할 수 있다는 점을 이용하여 보험의 원시적 형태인 '상호부조'를 구현했다. 비슷한 위험을 가진 개인이 모여 플랫폼을 통해 블록체인 내부에 '스마트계약'을 체결, 상호 간의 투표를 통해 보험금을 지급함으로서 도덕적 해이를 방지하고 보다 다양한 소비자의 필요를 충족시킬 수 있는 P2P보험이 출현하였다.

이러한 관점에서 볼 때 블록체인기술은 보험의 성격인 공공성과 사회성을 더욱 충족시키게 되었다. 생명보험은 IOT와 융합되어 헬스케어 서비스와 보험을 통합하려는 시도가 지속적으로 이루어지고 있으며 손해보험은 딥러닝기술을 접목하여 보험심사와 손해사정의 효율을 증대시키고 있는데 이러한 정보기술의 전제는 정보의 무결성을 확보하는 것이기 때문이다. P2P보험$^{Peer\ to\ Peer\ Insurance}$, 크라우드보험 등의 출현은 이에 더해 기존의 생명보험과 손해보험에서 담보하지 않는 위험까지 담보할 수 있게 되었다. 뿐만 아니라 블록체인은 스마트계약을 통해 보험금을 자동으로 지급함으로서 지급구조를 단순화 해 소비자의 편익을 증가시킬 것으로 기대된다.

그러나 블록체인을 활용한 보험업의 전망이 밝은 것만은 아니다. 블록체인의 정보의 무결성은 한편으로 한 번 기록된 정보는 파기할 수 없음을 의미하기 때문에 본질적으로 개인정보 보호법과의 충돌은 불가피하며, 스마트계약을 활용한 보험계약 역시 계약의 성립과 이행 및 무효와 취소 등에 있어 상법 및 민법상의 문제가 있다. 헬스케어 보험 역시 의료법상 의료행위에 해당할 수 있어 상품 출시에 어려움이 있다. P2P보험의 경우 아직 국내 도입의 사례가 없으며, 협의의 P2P보험[3]의 경우에는 현행 보험업법상 보험업에 해당하지 않기 때문에 오히려 법적규제가 전무한 상황이다.

본 절에서는 위와 같은 이유로 먼저 블록체인기술의 보험산업에의 활용 가능성을 살펴본 뒤(Ⅱ) 블록체인을 활용한 스마트보험계약의 모형 및 성질을 밝히고(Ⅲ) 그에 따른 플랫폼의 책임(Ⅳ), 개별적 법적 문제(Ⅴ)를 다룬 뒤 개선방안으로서 정책적 논의(Ⅵ)를 하고자 한다.

 Ⅱ. 블록체인 기술의 보험산업에의 활용 가능성

1. 블록체인을 활용한 보험업의 장점

(1) 블록체인기술의 보안성

블록체인 구조에서는 모든 네트워크 참여자가 동일한 정보를 공유하기 때문에 기본적으로 모든 정보가 투명하게 개방된다는 장점이 있다. 또한 하나의 데이터를 임의로 변경하기 위해서는 네트워크에 참여하는 모든 컴퓨터를 동시에 해킹해야 하기 때문에 중앙집중형으로 정보를 관리하는 것보다 보안성이 높다. 이러한 높은 보안성을 바탕으로 기존에는 취급하지 못하던 개인정보, 의료 정보 등을 전자화하고 저장, 전송하여 보험에 활용할 수 있다. 또한 정보 저장의 분산성이 담보되기 때문에 제3의 기관을 설립하여 운영 · 감독하는 데 소요되는 높은 사회적 비용을 절감할 수 있다. 제3자의 공증이 없어지기 때문에 불필요한 수수료가 들지 않는다.[4]

(2) 의료 데이터 수집을 통한 보험료율의 최적화

사물인터넷과 블록체인의 결합으로 보험계약자의 개인정보, 행동정보, 의료정보가 실시간으로 보험자에게 전송될 수 있다. 또한 내부적으로 분산되어 있던 정보를 통합하여 일원화할 수 있다. 이를 통해 보험자는 실시간으로 정보를 최신화하고 개인에 최적화된 위험을 계산할 수 있다. 보험자는 최적화된 위험을 기반으로 보험료율을 산출하고 보험 상품을 개인화할 수 있다.[5] 보험자는 보험자와 보험계약자

간의 정보 비대칭성을 해소하고, 보험계약자의 도덕적 해이를 방지할 수 있다. 보험계약자는 개인화된 보험 상품을 통해 효용을 극대화할 수 있고, 운동 등의 건강에 이로운 행위를 하고 특약에 의한 보험료 할인 혜택을 누릴 수 있다.

(3) 스마트계약을 통한 자동화

스마트계약의 도입으로 보험업에서의 인간의 개입을 최소화하고, 많은 기능들의 자동화가 가능하다. 자동화가 가능한 영역은 보험 계약의 체결, 데이터의 전송, 보험금의 지급이 있다. 현재 보험계약 체결의 경우는 완전히 비대면으로 이루어지기에는 제약이 있으나, 보험계약 체결 시 필요한 서류작업 등이 전자화되어 블록체인을 통해 전송될 수 있다. 보험계약자가 생성하는 데이터 역시 스마트계약에 의해 자동으로 보험자에게 전송될 수 있다. 또한 보험금 지급이 성립하기 위한 기본 조건을 코드화하여 기록하고, 조건 만족 시 네트워크가 자동으로 보험금 지급을 진행하고 절차를 감독하는 역할을 수행하도록 할 수 있다. 스마트계약으로 비대면으로 보험계약을 체결하고, 보험계약자의 일생생활에서 생성된 의료 데이터를 자동으로 플랫폼을 통해 전송받으며, 보험사고 발생 시 자동으로 보험금을 지급할 수 있다.

(4) 검토대상 보험산업

보험은 크게 광의의 보험과 협의의 보험으로 나눌 수 있다. 광의의 보험이란 유사위험에 노출되어 있는 사람들이 모여 합리적인 방법으로 기금을 형성해 위험을 공유하는 형태의 보험으로 P2P보험 또는 계꿋 등이 이에 해당한다. 협의의 보험이란 보험자가 중앙에서 통제되는 위험 풀링centrailized risk pooling방식을 기반으로 통계학적 방법론을 사용하여 손해를 예측하고 피보험자의 '위험을 인수'하는 형태의 보험이다. 현행 보험업법상의 보험은 협의의 보험을 의미하며, 이를 생명보험, 손해보험 및 제3보험으로 나누고 있다. 한편, 협의의 P2P보험의 경우 현행 보험업법상의 보험에 해당하지 않아 별도의 논의가 필요할 것이다.[6] 여기에서는 생명보험, 손해보험, P2P보험 및 크라우드 보험 등에 있어서 블록체인기술 활용 현황을 살펴본다.

2. 생명보험에의 활용

(1) 생명보험의 개념

통상 생명보험은 상법에서 규정하는 인보험에 해당하며 보험의 목적은 피보험자의 생명 또는 신체에 관한 것이 된다. 위험에 따라 다르지만 대다수 보험금을 계약 당시 일정 금액으로 정한 정액보험이다. 사람을 보험의 목적으로 하기 때문에 목적이 되는 위험이 대부분 동질적이고 매우 많은 표본을 얻을 수 있다. 따라서 이 위험은 '객관적 위험'[7]에 해당하여 대수의 법칙[8]에 따라 표본을 통해 이를 제거함으로써 보험료와 보험금을 산출할 수 있다. 따라서 표본을 많이 획득할수록 위험을 더 제거할 수 있고 생명보험이 발전할 수 있다. 보험심사[9]와 보험계리에서 고려하는 것은 주로 신체적 요소로서 과거병력, 가족병력, 체격조건 등이다. 보험가입금액이 작고 저축성이 크기 때문에 청약서에 기재된 가입자의 신체적 특징에 관한 정보를 기초로 보험심사를 한다.

(2) 블록체인을 활용한 생명보험의 현황

생명보험은 '객관적 위험'을 분산[10]하는 것이기 때문에 바르고 가치 있는 정보를 획득하는 것이 중요하다. 예를 들어 신체적 요소 외에도 직업적 요소나 음주, 흡연 등의 유무는 가입자의 신체 상태와 밀접한 관련이 있다. 최근에는 스마트폰과의 연동으로 피보험자들의 건강정보를 얻어 효율을 증대시키려고 노력을 하고 있는데 '걸음수'와 연동되는 보험이 출시되었다.[11] 이는 생명보험이 꿈꾸는 궁극적 상품인 '헬스케어보험'의 기초단계이다. 헬스케어보험은 사물인터넷을 활용하여 피보험자의 건강상태에 영향을 미칠 수 있는 모든 정보를 수집, 실시간으로 연동하여 개개인의 위험에 걸맞는 보험료를 산출하고 피보험자에게 주기적으로 인식시킴으로써 피보험자가 스스로 건강관리에 힘쓰도록 유도한다. 이는 정보기술의 발달로 잠재적인 피보험자 개인도 자신이 지닌 위험을 정확하게 측정할 수 있게 되면서 보험자가 감당해야 하는 정보의 비대칭성에 따른 위험이 커졌기 때문이다.[12]

(3) 블록체인을 활용한 생명보험의 참여자

블록체인을 활용한 생명보험의 가장 기본적인 형태의 참여자는 보험계약자,[13]

보험자[14] 그리고 블록체인 플랫폼의 운영자 내지는 개발자 및 의료 기관으로 구성된다. 일반적으로 생명보험에서는 보험계약자와 보험수익자[15] 및 피보험자[16]가 서로 다를 수 있으나, 여기에서는 논의의 단순화를 위해 보험계약자, 보험수익자 및 피보험자가 동일인임을 상정한다. 위 모형에서 보험자는 보험운영에 필요한 블록체인을 직접 개발 및 운영하거나 블록체인 플랫폼 제공자와의 계약을 통해 그 플랫폼을 이용할 수도 있다. 우선 보험자가 직접 블록체인을 개발 운영하는 경우, 그 형태는 제한된 참여자의 접근만을 허용하는 컨소시엄 블록체인이 될 것이며, 보험자는 보험자 내부 블록체인 시스템을 통해 보험계약자의 의료 데이터를 수집·저장하고 이에 대한 보상을 지급할 수 있다. 다음으로 보험자가 타인의 블록체인 플랫폼을 이용하는 경우, 보험자는 플랫폼 이용계약을 통하여 제3자가 구축한 의료 데이터베이스를 활용하고, 보험계약자의 의료 정보를 전송받을 수 있다. 이때 보험자는 플랫폼 및 의료 데이터 이용에 대한 보상을 플랫폼 제공자에 제공한다.

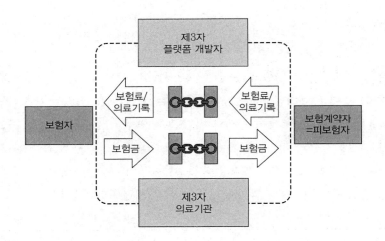

(4) 보상의 지급

보험계약자는 보험자 또는 제3자 플랫폼에 의료 데이터를 제공하고 보상을 지급받을 수 있다. 보상의 형태는 현금, 코인[17] 또는 토큰[18]이 될 수 있으며, 퍼블릭 블록체인 기반의 제3자 플랫폼인 경우 독립적인 가치를 지니고 있는 코인을 발행해 보상을 지급하는 것이 일반적이고 보험자가 컨소시엄 블록체인 기반의 플랫폼을 운영하는 경우에는 토큰을 지급하는 것이 보통이다.

3. 손해보험에의 활용

(1) 손해보험의 개념과 특징

손해보험계약은 당사자 일방이 약정한 보험료를 지급하고 재산에 불확정한 사고가 발생할 경우에 상대방이 일정한 보험금이나 그 밖의 급여를 지급할 것을 약정함으로서 효력이 생기는 보험계약이다.[19] 대표적인 손해보험의 종류로는 화재보험, 해상보험, 자동차보험, 보증보험, 재보험, 책임보험, 기술보험 등이 있다. 손해보험은 보험계약법상 인보험인 생명보험을 제외한 전부를 포섭한다.[20]

손해보험은 생명보험과는 달리 일반적으로 실제 발생한 손해를 보상한다는 이른바 '실손 보상'을 한다.[21] 따라서 손해보험은 생명보험과는 달리 손해사정의 절차가 복잡하다. 생명보험은 의사에게 '진단'을 받았다면 그에 따른 보험금을 지급하면 되지만 손해보험은 사고가 발생하면 손해사정사가 그 손해액을 측정해야 한다. 따라서 손해가 발생하는 재산의 종류는 천차만별로 동질성과 다수성을 보장할 수 없기 때문에 이는 통계적 방법론을 적용하는 것이 불가능하며 손해보험이 담보하는 위험은 '주관적 위험'이 대부분이다.

이에 일반적으로 손해보험의 경우 블록체인 기술 도입을 통한 계약 체결 및 이행의 자동화에 어려움이 있으므로 손해보험 중에서도 보험의 목적이 '객관적 위험'인 상품을 다룬다. 대표적인 것이 자동차보험과 항공기 지연보험이다. 이러한 유형의 손해보험은 생명보험과 같은 논리로 계약을 자동화하거나 안전한 데이터베이스를 구축할 수 있기 때문에 블록체인기술을 활용할 수 있다.

(2) 블록체인을 활용한 손해보험의 현황

현재 프랑스 보험회사 AXA는 '피지'Fizzy라는 비행기 지연 보장상품을 통해 보험금을 자동으로 지급하는 서비스를 한다.[22] 이더리움 기반의 스마트계약을 통해 전세계 항공 교통 데이터베이스와 연결되어 피보험자의 비행을 모니터링하다가 비행기가 2시간 이상 지연되면, 보험계약자가 따로 보험금 신청이나 입증절차를 거치지 않아도 자동으로 보험금을 지급한다.

(3) 블록체인을 활용한 손해보험의 참여자

블록체인을 활용한 손해보험에 의료기관이 참여하지 않는다는 것을 제외하면 기본적으로 생명보험과 같다. 즉, 보험계약자, 보험자, 블록체인 플랫폼 운영자 내지는 개발자로 구성된다. 보험자가 스스로 블록체인 플랫폼을 개발, 운영할 수도 있다.

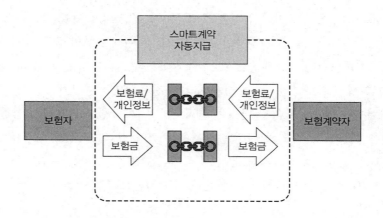

(4) 보상의 지급

손해보험의 경우에도 보험계약자의 정보제공에 대한 보상을 지급할 수 있다. 예를 들어 자동차보험의 경우 보험계약자가 네비게이션과의 연동을 통하여 운행경로나 운행시간 및 주행거리 등의 정보를 제공하면 보험자는 보험계약자에게 보험료 할인혜택을 제공하거나 토큰이나 코인 등의 보상을 제공할 수 있다.

4. P2P보험에의 활용

(1) 의의 및 특징

P2P보험은 유사 위험에 노출되어 있는 보험계약자들이 모여 그룹을 형성해 위험을 공유risk share하는 형태의 보험으로, 기존의 중앙에서 통제되는 위험 풀링 centralized risk pooling방식의 보험이 가진 한계를 극복하기 위해 개발되었다. 전통적 보험과 비교한 P2P보험의 특징은 다음 표와 같다.

		전통적인 보험	P2P보험
	의의	• 중앙에서 통제되는 위험 풀링방식을 기반으로 보험자가 피보험자의 '위험을 인수'하는 형태의 보험	• 유사위험에 노출되어 있는 보험계약자들이 모여 그룹을 형성해 '위험을 공유'하는 형태의 보험
특성	정보 비대칭성	• 보험계약자(피보험자)와 보험자 간의 정보비대칭이 심함 • 저위험 가입자일수록 보험 가입을 포기, 보험가입금액 축소의 '역선택'의 문제가 발생함 • 보험계약자가 사고방지 노력을 게을리하여 동일 조건 하의 비가입자보다 사고발생률이 높아지는 '도덕적 해이'가 발생함	• 유사한 수준의 위험을 가진 친구 · 가족 · 지인들로 단체가 구성되므로 정보비대칭이 적음 • 유사한 위험을 가진 사람들 간에 계약 체결이 가능하므로 '역선택'의 문제 개선 가능 • 보험기간 말에 보험금 지급 후 남은 적립금을 환급받을 수 있어 보험계약자의 '도덕적 해이'를 억제할 유인이 있음
	보험료	• 보험료는 사업비 부분과 위험보험료 부분으로 구성 • 보험 상품의 개발 및 판매 · 보험료 산정 · 건물 임대료 등에 있어 높은 사업비 지출 • 보험계약자의 역선택 및 도덕적 해이로 상대적으로 높은 위험보험료 산정	• 보험가입자들이 직접 단체의 구성원을 모집, 계약조건을 합의하므로 사업비 지출이 적음 • 유사 위험보유자들로 단체가 구성되며, 도덕적 해이 및 역선택 감소로 보험료 절감 • 설령 초기에 높은 보험료가 산정되어도 환급 가능한 구조
	상품의 다양성	• 소비자와 보험자가 직접 소통하는 구조가 아니므로 소비자의 수요에 부합하는 다양한 보험 상품의 개발이 어려움 • 정보의 비대칭성으로 보험료 산출이 어려운 영역이나 보험사고 위험이 큰 고위험자에 대하여 보험의 사각지대 존재	• 보험계약자들이 직접 자신들의 필요에 부합하는 보험 상품을 설계할 수 있으므로 다양한 보험상품의 개발 가능 • 정보비대칭성의 완화 및 유사한 위험을 보유한 가입자들간의 위험 공유가 가능해 보험 사각지대 일부 해소 가능

요컨대 P2P보험은 첫째로 유사한 수준의 위험을 가진 지인들로 보험단체가 구성되기 때문에 전통적인 보험에 비해 정보비대칭성이 낮으며 이를 통해 보험시장의 비효율성을 개선할 수 있다. 둘째로 사업비 및 보험료를 절감할 수 있고 보험기간 말에 남은 적립금을 환급해 주는 구조로 가입자들이 보다 저렴한 보험료를 지불한다. 셋째로 소비자들의 수요에 부합하는 다양한 보험 상품의 개발 및 정보비대칭성의 완화로 기존의 보험의 사각지대를 상당 부분 해소할 수 있다.

(2) P2P보험의 유형

P2P보험은 운영주체에 따라 크게 1) 보험중개사가 운영하는 형태, 2) 보험자가 운영하는 형태, 3) P2P보험 운영 플랫폼만 제공받아 계약자들이 직접 보험을 운영하는 형태의 세 가지 유형으로 분류할 수 있다. 이 중 보험자가 운영하는 형태의 경우 전통적 보험과 크게 차이점이 없으며, 위험의 공유라는 P2P보험의 본질적 특성에 부합하지 않아 아래의 논의에서는 제외하고 나머지 두가지 형태의 P2P보험에 대하여만 살펴본다.

첫째, 보험중개사가 운영하는 형태는 가장 초기에 도입된 P2P보험의 형태로 독일의 'Friendsurance'와 영국의 'So-Sure'가 여기에 해당한다. 그 구조는 보험계약자들이 그룹을 형성하면 보험중개사가 이들로부터 보험료를 지급받아 이 중 일부는 적립금으로 보관하고 나머지 금액으로 재보험에 가입하는 형태로, 보험사고의 발생시 우선 적립금에서 보험금을 지급하되 적립금의 규모를 넘어서는 보험금의 경우에는 재보험에서 지급한다. 보험기간 내 보험금 청구가 없거나 보험금 지급률이 낮은 경우 일정 한도 내에서 보험료를 환급받을 수 있는 장점이 있고, 보험금을 청구할 때마다 본인과 네트워크 내 계약자들의 보험료 환급액이 줄어들므로 도덕적 해이나 역선택의 문제를 완화할 수 있다.[25]

둘째, 플랫폼만을 제공받아 계약자들이 직접 보험을 운영하는 형태는 가장 최근에 출현한 P2P보험으로 보험회사나 보험중개사가 개입하지 않고 보험계약자들이 서로를 보장해주는 완전 손실 공유[26] 형태의 보험이라는 점에서 가장 P2P보험의 본질에 부합하는 형태로 영국의 'Teambrella'가 그 대표적인 예이다. 보험계약자 상호간의 신뢰도를 높이기 위해 블록체인 플랫폼을 사용하며, 플랫폼 제공회사는 자금의 운용에 대해 일체 개입하지 않고, 플랫폼만 제공하고 수수료를 수취하는 구조이다. 보험계약자들이 보험인수부터 보험금 지급 심사까지 모두 결정하기 때문에 자율규율의 모형이다. 하지만 재보험 없이 보험계약자들의 적립금으로만 손실을 보장하기 때문에 보험사고의 규모가 크면 충분한 보상을 하지 못할 위험이 있다.[27]

(3) P2P보험의 현황

보험중개사가 운영하는 형태의 P2P보험 플랫폼으로는 독일의 Friendsurance가 대표적이며, 보험중개회사가 보험료의 일부는 적립금으로 일부는 재보험료 지급으로 운용하고, 보험만기 시 보험금 지급 후 남은 적립금을 환급해주는 구조이다. 현재 주택보험, 개인배상책임보험, 법률비용보험 등을 판매하고 있으며, Friendsurance 가 제공한 자료에 의하면 2013년 및 2014년에 가입자의 80%가 무사고 보너스를 받았고, 재물보험의 경우 평균적으로 보험료의 33%를 환급받았다고 한다.[28]

플랫폼을 제공받아 계약자들이 직접 보험을 운영하는 형태의 P2P보험 플랫폼으로는 영국의 'Teambrella'가 대표적이다. 영국의 'Teambrella'는 이더리움에 기반한 P2P보험 시스템을 운영하는데, 지급수단으로서 비트코인을 활용한다. 계약자들이 보험인수부터 보험금 지급심사까지 모든 절차를 스스로 결정하고 실행하는 자율규율 모델로, 가입자들은 블록체인 플랫폼상의 개별 전자지갑wallet에 자신의 적립금을 비트코인의 형태로 보관하고 있다가, 보험사고의 발생시 가입자들이 투표를 하여 지급 여부와 금액을 결정한다. 그 결정에 따라 스마트계약 방식으로 개별 가입자들의 전자지갑에서 자동으로 보험금이 지급된다. 보험만기 시 남은 적립금은 계약자들이 나누어 갖는다.[29]

2019년 현재 국내에는 보험중개회사가 보험계약자들을 모집하여 보험회사와 연계해 주는 '크라우드 보험'[30] 플랫폼만 존재하며 보험계약자들 간에 서로의 위험을 보장하는 탈중앙 'P2P보험' 및 'P2P보험 플랫폼'은 도입되지 않고 있다.

5. 블록체인 위험 보험

보험산업에 블록체인을 안정적으로 활용하기 위해서는 블록체인기술 그 자체가 갖는 위험을 관리하는 것 또한 중요한 과제이다. 이를 위해 블록체인에 내재되어 있는 위험을 목적으로 하는 보험을 생각할 수 있다. 그러나 블록체인기술은 아직 수학적으로 '객관적 위험'의 가능성을 확보하지 못하였고 통계적으로 충분한 자료를 확보하지 못하였기 때문에 위험을 계량화 하는 것에 어려움이 있다. 블록체인 위험 보험에 대해 다룬 자료 중 Law360사社의 아래 기사[31]를 통해 몇 가지 대안을 제시한다.

지금껏 다룬 블록체인기술을 활용한 사업을 보험의 목적으로 하는 보험계약은 그 기술의 특성에 기인한 한계점을 지니고 있다. 예를 들어, 피보험자가 블록체인 사업을 목적으로 보험에 가입하는 경우, 기존의 중앙화된 시스템에 기반한 보험보다 익스포저[32]와 보험의 가치가 높아진다는 단점이 있다. 특히 블록체인상의 모든 노드를 통제하는 것이 실질적으로 불가능하기 때문에 익스포저와 보험료의 상승인 필연적이다. 이는 블록체인에 기록된 개인정보침해나 기밀유출의 위험성을 보험의 목적으로 하기 때문이다. 따라서 이러한 위험은 블록체인에 내재된 소프트웨어, 해시함수 혹은 분산원장기술 코드에 대한 의존성이 높아진다. 이외에도 블록체인 기술에 의존하는 암호화폐 가치의 평가문제도 존재한다.

이에 따라 피보험자인 기업은 위와 같은 익스포저의 문제에 대처하기 위해 다음과 같은 보험의 유형을 고려할 수 있다.

첫째, 피보험자는 (당사자와 제3자 모두에 의한) 데이터 손실, 시스템 오류, 시스템 중단, 사이버 범죄, 그리고 데이터 변형이나 디지털 자산 손실에 의한 비용을 보험의 목적으로 하는 사이버 보험을 활용할 수 있다. 이미 일부 피보험자들은 사이버 범죄 및 랜섬웨어를 부보하는 보험으로써 암호화폐 및 랜섬웨어에 의한 위험을 관리하고 있다.

둘째, 기업의 피용자에 의한 컴퓨터 사기 및 절도를 목적으로 하는 상업 범죄 보험도 활용할 수 있다. 다만, 피용자의 디지털 자산 절도를 부보범위에 포함하는 보험상품은 아직 없다.

셋째, 계약자들에게 제공하는 서비스의 하자로 인한 손해에 대한 전문인 책임보험[33]을 도입할 수 있다. 이러한 보험은 블록체인기술을 통해 서비스를 제공하고 있던 중 코딩 오류가 발생하는 등의 경우에 특히 유용하다. 이사회나 핵심간부의 행위를 대상으로 하는 임원배상책임보험도 이 유형에 포함시킬 수 있다. 기업의 임원은 해킹 기타 보안사고 등 블록체인의 사용에 있어서 관여 또는 감독의 해태에 대한 책임을 져야 할 경우에 대비하여 이러한 보험을 활용할 수 있다.

마지막으로, 블록체인기술이 사업에 필수적인 기업은 재산보험 및 사업중단보험에 가입할 수 있다. 네트워크 또는 컴퓨터 시스템 중단으로 인한 손해는 사이버 보험에 부보할 수 있고, 회사가 화재나 자연 재해 등으로 컴퓨터 시스템 기타 유형 자산에 물리적 손상으로 인한 손해나 해당 자산의 손상으로 인해 또는 타인의 재산에 물리적 손상을 입힘으로써 발생한 사업 중단 손해는 부동산 보험으로 부보할 수 있다.

이와 별개로 암호화폐 및 디지털 자산에 대한 보험 가입을 고려하여야 한다. 예를 들어 이러한 위험을 보험상품이 담보하는지 여부 및 예외조항의 여부, 그리고 계약상의 익스포저를 보험의 목적으로 하는지 여부를 검토해야 한다. 또한 보험에 가입하는 외에 계약을 통하여 위험을 제3자에게 이전할 수도 있다.

그러나 위와 같은 사례를 현실적으로 적용하기에는 한계가 있다. 국내 사이버 보험과 책임보험은 현재 개발 초기 단계이며, 충분한 자료를 확보하지 못해 상용화하기 어려운 실정이다. 그러나 2019. 6. 13.부터 개정 정보통신망법이 시행되어 정보통신서비스제공자 등은 이용자의 개인정보 보호 등 이용자의 권리 침해에 대한 손해배상책임을 이행하기 위하여 보험 또는 공제에 가입하거나 준비금을 적립하는 등 필요한 조치를 취할 의무를 부과하고 있으므로[34] 이러한 보험상품이 점차적으로 개발될 것으로 보인다.

Ⅲ. 블록체인 보험계약

1. 블록체인 보험계약에서의 스마트계약의 활용

블록체인을 이용한 보험계약에 있어 스마트계약은 성립과 이행이 동시에 이루어지는 특징을 지닌다. 승낙의 의사표시만으로 계약이 체결되는 것이 아니고, 소정의 대금을 지급하여야 계약이 체결되는 것이다.[35] 따라서 보험계약 체결의 경우 보험계약의 성립은 보험계약에 동의한 시점이 아니라, 보험료를 지불하는 시점이 된다. 조건이 성취되면 자동으로 계약이 이행되므로, '정지조건부 계약으로서의 특성'을 지니며 불이행의 문제를 남기지 않아 계약의 이행과 관련된 비용을 최소화할 수 있다.[36] 스마트계약의 조건 달성 여부는 컴퓨터가 판단하며, 인간의 개입 없이 조건의 성취 여부를 검증하여 그에 따른 계약을 이행하고, 이를 블록체인에 등록한다.[37]

상법과 약관법에 의하면 보험계약 체결은 종이에 작성된 약관을 전제로 하고 있다. 더하여 현재 보험계약자 보호를 위해 도입된 설명의무제도는 원칙적으로 대면거래에서 보험 모집인이 보험가입자에게 구두로 설명하는 것을 전제하고 있다. 현실적으로 인터넷상에서 이루어지는 보험계약은 설명의무를 다하지 못한 것으로 판단될 가능성이 커, 보험업자는 간단한 보험만을 인터넷 보험으로 제공하고 있다. 그러나 인터넷 보험 가입을 원천적으로 막고 있지는 않으며, 새로운 상법에서 모든 보험 계약에 전자서명을 허용하도록 개정된 점,[38] 한화손보가 인터넷전문보험사 출범을 신청한 것[39] 등을 고려하였을 때, 스마트계약 기반 보험계약 또한 상용화 될 수 있을 것으로 보인다.

스마트계약은 그 이행을 요건으로 하는바, 보험계약에 동의한 것만으로는 스마트계약이 체결되었다 볼 수 없고 보험료를 지급하는 계약 이행의 시점이 스마트계약 체결 시점이 될 것이다.[40] 보험가입자는 보험사의 코드공개(코드 자체는 일반인이 이해할 수 없으므로 일반인이 이해할 수 있도록 제안서 등을 마련해야 한다)라는 청약에 대하여 추후 보험료 지급이라는 사실적 행위에 들어있는 포함적 의사표시에 의한 계약이라고 볼 수 있다.

스마트계약에 기반하여 보험계약이 체결된 이후에는 스마트계약에 내재된 코드에 따라 계약이 이행된다. 별도의 보험금 청구 행위의 필요 없이 병원에서 수납하는 사실행위에 의해 자동으로 보험금 청구와 지급이 이루어진다.

2. 블록체인 보험계약의 철회·취소

스마트계약에 기인한 보험계약 또한 계약의 일종이므로, 미성년, 사기[41]·강박의 경우는 민법상의 취소 법리가 적용될 수 있을 것이다. 더하여 보험계약만의 특징으로 약관교부·설명의무 위반[42] 시에는 보험계약자는 보험계약을 취소할 수 있다. 보험증권을 받을 날부터 15일 이내에는 아무런 불이익 없이 청약의 철회도 가능하다.[43] 계약의 취소가 이루어질 경우 새로운 블록체인에 취소에 관한 내용이 기록된다. 여기서 착오의 경우를[44] 논한 후 설명의무에 관한 문제를 살펴보도록 하겠다.

스마트계약은 프로그램 코드로 설계되기 때문에 일반인은 그 내용을 알기 쉽지 않다. 따라서 만일 거래당사자가 코드 내용을 알지 못하고 스마트계약을 체결하거나 계약 체결을 발생시키는 트랜잭션[45]을 전송하였으나 그 불확실성을 인식하지 못한 경우에 착오를 이유로 계약을 취소할 수 있는지의 여부가 문제된다. 코드설계자가 제안서에서 계약내용을 잘못 설명한 경우, 즉 제안서에 담긴 계약 내용에 대한 설명이 계약의 실제 내용과 차이가 있고, 이에 대한 착오와 계약 체결을

의도하는 의사표시 사이에 인과관계가 있을 경우, 거래상대방은 스마트계약을 취소할 수 있다.[46]

현행 보험업·상법·약관규제법은 대면거래를 상정하고 있어 비대면 거래에서 보험계약상의 설명의무를 이행하기 곤란한 문제점이 있다.[47] 판례 역시 보험약관에 대한 서명만을 근거로 설명의무 위반이 아니라고 항변할 수 없음을 명확히 하고 있다.[48] 이에 따라 스마트 보험계약이 비대면으로 체결되는 경우 보험사가 설명의무를 다하지 못하여 보험계약이 취소되는 경우가 발생할 수 있다. 이에 대하여 첫째, 특별법을 제정하거나 현행법을 개정하여 비대면 방식으로 체결된 보험계약의 경우 전자적 방식의 설명의무를 인정하는 방안과 둘째, 보험계약의 체결에 있어서는 현재의 해피콜제도와 마찬가지로 보험자에서 전화 및 문자를 통해 보험의 내용을 보험계약자에게 설명하는 방식의 두 가지 해결 방안을 제시할 수 있다.

계약 취소의 법리에 따라 보험계약이 취소되는 경우, 계약이 처음부터 없었던 것으로 간주된다. 보험계약자 또는 피보험자가 계약을 해지하는 경우 보험회사는 이미 납입한 보험료를 보험계약자에게 돌려주어야 하고 보험료를 받은 기간에 보험계약대출 이율을 연단위로 계산한 금액을 더해 지급해야 한다.[49] 보험금을 지급받은 경우, 이를 보험자에게 전액 반환해야 한다. 청약을 철회할 때에 이미 보험금 지급사유가 발생하였으나 계약자가 그 보험금 지급사유가 발생한 사실을 알지 못한 경우에는 청약철회의 효력은 발생하지 않고 보험자는 보험금을 지급해야 한다.[50]

3. 블록체인 보험계약의 무효

계약 당시 보험사고가 이미 발생하였거나 또는 발생할 수 없는 보험계약,[51] 심신상실자 등을 피보험자로 하는 사망보험, 타인의 사망보험 시 그 타인의 서면동의가 결여된 보험계약, 그리고 선량한 풍속 기타 사회질서에 반하거나 법률이 금하고 있는 불법적인 이익을 목적으로 하는 보험계약은 각 무효이다.[52]

이때 '무효'의 실현 방안에 있어 계약 초기부터 원천 무효로, 블록체인에 그 기록을 삭제하는 것은 사실상 불가능하다. 민법의 법리상 무효가 되는 경우 해당 계약이 소급적으로 실효되지만, 블록체인상 한 번 입력된 정보를 삭제하는 것이 불가능하기 때문에 (i) '무효'를 폭넓게 해석하여 거래의 기록이 남아있더라도 무효가 되

었다는 정보가 입력되면 무효인 것으로 하거나, (ⅱ) 블록체인 기술의 경우 무효가
되었다는 정보가 블록체인 시스템 및 노드에 입력되면 거래의 기록이 잔존하더라도
무효인 것으로 보는 입법을 하는 방안을 고려할 수 있다.

보험계약이 무효가 되는 경우는 약관에 특별히 정하는 바가 있는 경우를 제외하
고는, 보험금 부정취득이 의심된다는 이유로 사후 재판을 청구하는 경우가 많다. 약
관에 정함이 있어, 예컨대 보험 가입 후 3개월 내에 암발병 진단 시 보험계약을 무효
로 하는 내용이 약관에 존재하는 경우, 암진단과 동시에 자동으로 보험계약은 무효
로 판단되어 보험계약은 무효가 되고(블록체인에 계약이 '무효'라고 적힘, 사실상 취소) 계
약자는 지급한 보험료에 대하여 선의이며 중대한 과실이 없는 경우 반환을 청구할
수 있다.[53] 이 외에 보험금 부정취득반환의 소를 제기하여 보험계약이 무효임이 판
명 나는 경우, 블록체인상 계약의 무효가 표시되고, 지급되었던 보험금은 반환된다.

4. 블록체인 보험계약상 보험자의 책임

(1) 블록체인 보험자의 책임

블록체인 보험자가 보험계약자에 대하여 보험계약상의 채무불이행책임을 지는
것은 일반 보험계약과 다를 바 없다. 여기에서 전제하는 블록체인 보험의 모델은 프
라이빗 내지는 컨소시엄이므로 이를 중심으로 서술한다.[54] 일반적으로 보험계약을
체결하는 주체들은 플랫폼을 구성하는 코드의 내용을 이해할 능력이 없다고 할 것
이므로 보험계약상의 책임은 문서화된 계약서대로 이행되어야 한다. 따라서 보험자
는 계약서에 작성된 내용대로 책임을 지고, 다만 극히 예외적으로 보험자가 보험계
약의 중요부분에 착오가 있고 그 착오에 중대한 과실이 없는 때에는 보험계약을 취
소할 수 있을 것이다.[55] 블록체인 플랫폼 운영자가 제3자인 경우에도 보험자는 실
제 계약서의 내용대로 코드가 설계되었는지 확인할 의무가 있으므로 그 확인의무를
소홀히 한 데 과실이 있다면 보험계약자에게 책임을 져야 할 것이다. 이러한 채무불
이행책임 외에 보험자가 고의 과실에 의한 위법행위로 보험계약자에게 손해를 가한
때에는 불법행위책임도 져야 한다.

(2) 보험자의 보험계약자 개인정보유출에 대한 책임

보험계약자의 개인정보 유출[56]에 대한 보험자의 책임을 살펴보면 현 법제도하에서는 개인정보 유출에 대해 네트워크의 컨트롤러가 책임을 지지만 중앙집중형 네트워크를 사용하지 않는 블록체인의 경우 이를 정의하기가 사실상 불가능하여 개인정보 보호책임관의 책임을 추궁하는 것이 어렵다. 블록체인 기반 스마트 보험은 그 기술의 특성상 각 노드에 거래내역이 저장되며 사전에 암호화된 정보가 각 노드에게 전달된다는 것에 대해 동의를 받는 과정이 전제되어 있다. 따라서 ① 비록 보험계약자가 제3자의 데이터에 접근할 수 있게 되어도 이를 '권한 없는 자의 접근'이라고 보기는 어렵고 ② 데이터 자체에 대해 접근이 가능하게 되더라도 전자서명으로 암호화되고 해시함수로 복호화된 정보를 해독하는 것은 사실상 불가능하다는 점에서 블록체인 플랫폼상 데이터의 접근 자체를 개인정보 유출로 보기는 어렵다. 이에 따라 블록체인 보험의 경우 개인정보 유출의 정의를 재정비할 필요가 있는데, 단순히 제3자가 개인정보에 접근권한을 가지게 되는 것이 아닌, 암호화된 정보가 해독되어 각 노드 또는 제3자가 개인정보에 접근할 수 있게 되는 경우를 개인정보 유출로 보아야 할 것이다. 프라이빗 또는 컨소시엄 블록체인의 경우 블록체인상 개인정보가 유출되는 문제는 블록체인 보험 시스템 관리자[57]가 보관하는 암호화 키에 대해 제3자의 접근을 막지 못하는 데서 발생할 가능성이 높다. 이 관리자는 현행법상 개인정보 보호책임관에 해당하는 자로서 개인정보처리자의 책임을 진다고 할 것이다.[58] 보험계약자의 개인정보가 유출되는 경우 보험자는 그에 대한 책임을 지고 블록체인 플랫폼 운영자가 별도로 있다면 그 자와 공동하여 책임을 지게 될 것이다.

5. 블록체인 보험계약의 해지

해지란 장래에 대하여 계약의 효력을 소멸시키는 것이다. 보험계약을 계속해서 유지시킬 수 없을 때 보험계약자나 보험자는 보험계약을 해지할 수 있다. 보험계약자는 보험자의 책임 개시 전 임의해지가 가능하며,[59] 보험자가 파산하는 경우, 약관의 규정에 의거하여 해지가 가능하다. 보험자는 보험료의 납부가 되지 않는 경우, 보험계약자 또는 피보험자가 중요한 사실을 고지하지 않은 경우, 위험이 현저하게 증가된 경우,[60] 보험자가 파산하는 경우, 약관에 규정이 있는 경우 등에 보험계약을 해지할 수 있다. 보험계약이 해지되면, 지금까지 진행되어 왔던 보험계약은 유효하지만 장래의 남은 기간에 대한 계약은 그 효력을 잃게 된다. 따라서 보험계약이 해지되는 경우 해당 보험계약자에 대한 프로그램은 중지할 것이고, 블록체인에는 계약의 해지가 기록될 것이다. 보험사고가 발생한 후라도 보험자가 보험계약자의 보험금 지급 지체, 고지의무 위반, 위험의 현저한 증가[61]의 이유로 계약을 해지하였을 때에는 보험금을 지급할 책임이 없고 이미 지급한 보험금의 반환을 청구할 수 있다.[62] 보험자는 잔여기간분에 대한 보험료, 즉 해약환급금을 반환해야 한다.

 IV. 블록체인 보험 플랫폼 제공자의 책임

1. 블록체인 보험 플랫폼 제공자의 지위

(1) 블록체인 보험 플랫폼 제공자의 책임 개관

블록체인 보험 플랫폼 제공자(이하 '플랫폼 제공자')가 제공하는 블록체인 플랫폼에 기반하여 블록체인 보험을 운용하다가 코드의 에러 등으로 인해 계약의 체결 및 이행에 문제가 생기는 경우 그 책임의 귀속 문제가 발생한다. 보험자가 플랫폼 제공자의 지위를 겸하는 경우에는 보험자의 책임 문제로 해결할 수 있으므로 여기에서는 플랫폼 제공자가 보험자가 아닌 경우만을 다룬다. 플랫폼 제공자의 책임 문제는 보험자에 대한 책임과 보험계약자에 대한 책임으로 나누어 볼 수 있다.

(2) 블록체인 플랫폼 제공계약의 법적 성격

플랫폼 제공자의 책임을 논하기 위하여는 먼저 블록체인 플랫폼 제공계약의 법적 성격이 규명되어야 한다. 블록체인 기술은 "컴퓨터 그리고 컴퓨터 네트워크로 구성된 정보시스템과 그 시스템을 작동하거나 또는 작동결과인 데이터에 관련된 일체의 기술과 그 가치"로서의 '정보기술'에 해당한다고 볼 수 있는바, 이러한 정보기술을 통하여 구현한 블록체인 플랫폼 제공계약은 비전형계약으로서의 '정보기술계약'에 해당한다.[63] 그 구체적 법적 성질은 블록체인 플랫폼 제공의 형태에 따라 달라질 수 있다. 먼저 플랫폼 제공자가 보험계약이 체결될 수 있는 플랫폼을 설계하여 이를 보험자에게 납품하는 경우에는 도급계약의 성질을 가진다. 반면, 플랫폼 제공자가 미리 완성된 플랫폼을 보험자가 사용할 수 있도록 하거나, 설계된 플랫폼을 보험자가 직접 관리하지 않고 플랫폼 제공자가 운용하도록 하는 경우 블록체인 플랫폼 기술에 대한 라이선스계약 내지 플랫폼 설비 임대차계약에 유사하고 플랫폼 제공자의 운용인력을 이용하여 서비스를 제공받는다는 점에서는 위임계약과 유사한 성격을 갖는다고 할 수 있으며, 타인의 소프트웨어를 비롯한 정보기술의 이용을 허락받는다는 점에서는 비전형계약인 정보기술 라이선스계약의 성격을 갖는다고 볼 수 있다. 결국 블록체인 플랫폼 제공계약은 현행법상 전형계약에 해당하지 않는 신종 계약이라 할 것이다.

2. 블록체인 보험 플랫폼 제공자의 보험자에 대한 책임

(1) 플랫폼 제공자와 보험자의 관계

위에서 본 바와 같이 보험자와 플랫폼 제공자 사이에는 블록체인 플랫폼 제공계약이 체결되는 바 그 법적 성격은 경우에 따라 도급계약 또는 라이선스 내지 임대차계약 및 위임계약이 된다.

(2) 플랫폼 제공자 책임의 내용

블록체인 플랫폼의 코드에서 설계상의 문제점이 발견되는 경우 보험자는 플랫폼의 설계자를 상대로 계약의 내용에 합치하지 않는 코드의 작성 등이 도급계약에 위반됨을 주장할 수 있고 또한 플랫폼 제공자의 관리·운영상의 문제로 인해 보험계약 체결상의 책임이나 이행상의 책임이 발생하는 경우 라이선스계약 위반을 주장하여 손해배상을 청구할 수 있다. 플랫폼 제공자가 고의 또는 과실로 위법한 행위를 하여 보험자에게 손해를 입힌 때에는 불법행위책임을 질 수도 있다.

3. 플랫폼 제공자의 보험계약자에 대한 책임

(1) 플랫폼 제공자의 보험계약자에 대한 불법행위책임

뒤에서 살펴보는 바와 같이 P2P보험에서 플랫폼 제공자가 직접 보험계약자들과 플랫폼 제공계약을 체결하는 경우를 제외하고는 플랫폼 제공자와 보험계약자 사이에는 계약관계가 없으므로 원칙적으로 채무불이행책임은 문제되지 아니하고 플랫폼 설계·운용상의 잘못으로 시스템이 오작동하는 등 블록체인 플랫폼의 하자로 인하여 보험계약의 성립·이행이 이루어지지 않거나 기타 보험계약자가 피해를 입은 때에는 블록체인 플랫폼 제공자의 불법행위책임을 물을 수 있을 것이다. 블록체인 플랫폼이 보험업에 사용되는 경우 그 특성상 한 번 자금이나 개인정보유출이 발생할 경우 큰 피해가 발생할 것이므로 현행법의 적용을 통한 사후적인 구제에만 의존하기에는 사회적 위험이 크다고 볼 수 있다. 이에 플랫폼 제공자의 과실로 인한 손해가 발생할 경우를 대비하여, 플랫폼 제공자에게 책임보험에의 가입을 의무화하거나, 현행 보험업법상 보험중개인에게 부과되는 영업보증금 제도를 원용하여 주무관청에 영업보증금을 예탁하도록 할 수 있을 것이다. 하지만 보다 궁극적인 문제의 해결책은 기술상의 문제점을 사전에 예측하고 예방하는 것으로 가장 바람직한 형태는 현재 블록체인협회가 시행중인 자율규제를 활성화하여 플랫폼 제공자가 자발적으로 플랫폼에 대한 안전성을 사전에 철저히 검증하는 것이라 하겠다.

(2) 개인정보유출에 대한 플랫폼 제공자의 책임

플랫폼 제공자의 개인정보 유출에 대한 책임에 관하여 보면 먼저 블록체인 플랫폼 제공자와 같은 정보통신서비스제공자의 책임이 쉽사리 인정되지 않는다는 문제가 있다.[64] 기존의 판결례는 "정보통신서비스 제공자가 해킹 등 침해사고 당시 사회통념상 합리적으로 기대 가능한 정도의 보호조치를 다하였는지 여부를 기준으로 판단하여야 한다"고 하여 개인정보 유출에 대한 책임을 인정하는 데 소극적이었다.[65] 그러나 계속되는 개인정보유출 사건에 따라 판례의 태도가 변하여 대법원은 "정보통신서비스 제공자가 이 사건 고시[66]에서 정하고 있는 기술적·관리적 보호조치를 다하였다고 하더라도, 정보통신서비스 제공자가 마땅히 준수해야 한다고 일반적으로 쉽게 예상할 수 있고 사회통념상으로도 합리적으로 기대 가능한 보호조치를 다하지 아니한 경우에는 위법행위로 평가될 수 있다"고 판시하였다.[67] 따라서 개인정보처리자 및 정보보호 책임자가 합리적으로 기대 가능한 보호조치를 다하였는지 면밀히 판단하여 보험계약자들을 보호하기 위해 관련부처의 역할을 강화할 필요가 있다. 이에 대해서는 주무관청이 행정조치를 취하는 경우 이를 원용하여 과실을 입증하는 등 방안이 제시된다. 두 번째 문제는 책임이 인정되더라도 그 배상액수가 과소하다는 것이다. 이에 대해서는 배액배상제도를 도입하거나 손해액의 입증 없이도 법원의 판단에 따라 일정액의 배상액을 부과할 수 있는 법정손해배상제도를 도입하고, 개인정보 분쟁조정절차를 강화하는 등 방안이 해결책으로 제시된다.[68]

 ## V. 블록체인 보험의 개별적 법적 문제

1. 블록체인보험에 있어서의 개인정보 보호

블록체인에 기반한 스마트 보험계약은 계약 체결에 따른 개인정보 및 거래내역의 파기가 불가능하다는 점에서 현행법과 충돌한다.[69] 또한 블록체인에 연결된 각 노드가 현실적으로 개인정보 보호책임관을 일일이 지정할 수 없는 만큼 현행법 위반의 문제가 있다.[70] 이에 대해서는 다음과 같은 해결책이 제시된다.

(1) 오프 체인 스토리지 Off Chain Storage

오프 체인 스토리지란 개인정보를 블록 내에 저장하는 것이 아닌 블록 밖에 저장하고, 필요시 블록체인의 이를 호출해 일치 여부를 확인하고 사용하는 방식이다.[71] 이 경우 현행 인터넷 포털이나 인터넷쇼핑몰의 시스템과 동일하게 고객의 개인정보 및 거래정보를 중앙집중화된 서버에 저장하게 된다. 개인정보 보호책임관의 지정 역시 중앙 서버의 운영주체가 이행하면 되는 것으로 블록체인을 도입하면서도 현행 법규에 위반될 소지가 없는 것이 장점이다. 따라서 블록체인 기술을 보험업에 적용하려는 기업은 이러한 오프 체인 스토리지 방식을 선호할 것으로 예상된다.

그러나 오프 체인 스토리지 방식을 도입하는 경우 신뢰성 대신 투명성에 의지하는 블록체인의 특성과 조화시키기 어렵고, 블록이 고객의 의료·거래 정보를 업데이트하기 위해 상시적으로 중앙 서버에서 정보를 불러오는 데서 오는 효율성의 상실 등 문제점이 많다. 따라서 블록체인 고유의 장점을 살리기 위해서는 추가 입법을 통하여 다른 해결책을 도입하는 것이 바람직하다.

(2) 블랙리스팅Blacklisting 기타 기술적 조치

블랙리스팅이란 개인정보에 접근할 수 있는 개인키Private Key를 파괴하여 지정된 개인정보에 접근하지 못하게 만드는 방법이다. 이 경우 스마트 보험계약에 참여하는 개별 노드의 거래 데이터 중 개인정보에 해당하는 내용은 개인키를 이용해 암호화되고, 피보험자와 보험사는 각각 암호 키를 부여받는다.[72] 개인정보 보호책임관은 중앙 서버에 저장된 암호 키의 보안을 관리하며, 개인정보 파기 시 암호 키를 삭제하는 것으로 갈음할 수 있다.

그러나 현행법은 개인정보에 대한 '복구·재생할 수 없는 파기'를 요구하는 만큼[73] 블랙리스팅 방법을 채택하더라도 법률 위반의 소지가 있다. 따라서 특별법 도입 또는 개인정보 보호법의 개정을 통하여 이를 해결하여야 한다. 이에 대한 입법례로는 EU의 개인정보 보호법인 일반데이터보호규정GDPR이 있다. GDPR의 경우 개인정보 파기 시 '삭제'의 의미를 명확하게 정의하지 않고 '가용 기술과 시행 비용을 참작'하도록 규정하였음을 볼 때 EU에서는 블랙리스팅 기술이 활용될 여지가 있다.[74] 한국도 '파기'의 개념을 재정의하거나 기준을 완화하는 조치가 필요하다.

2. 의료법상의 문제

블록체인 기반의 스마트 의료보험은 개인정보의 보호 및 파기의 문제 외에 두 가지 지점에서 현행법과 충돌한다. 첫째, 의료법상 환자의 의료기록을 열람하기 위해서는 그 대리권을 증명해야 한다. 이에 따라 보험사 및 블록체인 플랫폼이 진료정보를 열람할 수 있는지에 대해 문제가 있다. 둘째, 보험사가 환자의 의료 데이터를 상시적으로 제공받고 이에 따른 헬스케어 서비스를 제공하는 경우 의료법[75] 위반의 문제가 있다.

(1) 의료 기록 열람

1) 대리권 수여에 있어 자필서명의 요건

의료법에 따르면 환자의 허가를 받은 대리인은 진료정보를 제공받을 수 있다.[76] 따라서 스마트 의료보험을 위해 피보험자가 보험사에게 대리권을 수여해야 하며 정보를 제공받고자 하는 대리인은 환자가 자필 서명한 동의서 및 위임장을 제출해야 한다.[77] 그러나 현행 전자서명법상 전자서명은 기명날인을 대신하는 효과가 있을 뿐 자필서명을 대신하지는 못한다. 이 점에 대해서는 의료보험의 체결과정에서 대리권을 수여하는 과정만은 대면으로 이루어지도록 하는 방안이 제시된다. 그러나 스마트 의료보험의 경제적 효율성을 극대화시키기 위해서는 비대면계약이 허용되어야 할 필요성이 있다. 따라서 스마트 의료보험 관련 특별법을 제정하거나 전자서명법을 개정하여 공인인증서에 기반한 전자서명이 기명날인에 더불어 자필서명까지 대신할 수 있도록 하는 것이 바람직하다.

2) 의료정보의 비의료인에의 전달

블록체인 기술의 특성상 피보험자의 의료정보는 각 노드에 저장되며, 암호화되어 일반적인 방법으로 접근할 수 없다고 해도 의료정보를 의료인이 아닌 제3자에게 전달하게 됨에 따라 현행법에 위배되는 문제가 있다. 이 문제에 대해, 일본에서는 차세대의료기반법을 제정하여 익명가공 의료정보(비식별화 처리된 개인 의료 데이터)는 법령에 의거하여 익명가공 의료정보작성 사업자 및 제3자에게 제공할 수 있도록 하고 있다.[78] 이처럼 특별법을 제정하거나 의료법을 개정하여 비식별화 및 암호화 과정을 거친 정보에 대해서 제3자에게 위탁할 수 있도록 하는 법 개정이 필요하다. 이에 더불어 보험사는 피보험자로부터 제3자인 노드들이 비식별화, 암호화 처리된 의료정보에 접근할 수 있음(그러나 열람은 불가능함)을 설명하고 동의를 받아야 할 것이다.

(2) 무면허의료행위에 대한 책임

1) 헬스케어 보험의 개념

헬스케어 보험은 사물인터넷을 활용하여 피보험자들의 건강정보를 수시로 보험자가 모니터링하며 정보 비대칭의 문제를 방지하고, 동시에 건강관리에 대한 정보를 제공함으로써 피보험자로 하여금 질병을 예방하고 건강을 유지하도록 하는 보험의 형태를 지칭한다. 이 과정에서 보험자는 보험료를 할인해 주거나 토큰을 발행해 주는 등 보상을 제공하여 피보험자가 건강한 생활방식을 영위할 유인을 제공한다.

2) 질병예방조언의 의료행위 해당 여부

의료법은 위에서 본 바와 같이 의료인이 아닌 자의 의료행위는 불법으로 하고 있는데 문제는 의료행위가 무엇인지에 대한 뚜렷한 법적 정의가 없다는 데에 있다. 의료법은 의료인으로서 의사, 치과의사, 한의사, 조산사, 간호사를 의료인으로 하고 있으며 이들이 하는 일을 '의료행위'로 정의하고 있다.[79] 판례는 "의학적 전문지식을 기초로 하는 경험과 기능으로 진찰, 검안, 처방, 투약 또는 외과적 시술을 시행하여 하는 질병의 예방 또는 치료행위 및 그 밖에 의료인이 행하지 아니하면 보건위생상 위해가 생길 우려가 있는 행위를 의미한다"라고 한다.[80] 의료인이 아닌 자의 의료행위는 무면허의료행위로 엄격히 금지된다.[81] 헬스케어 보험과 같이 개인의 의료정보를 기록 · 이용하여 피보험자의 건강을 실시간으로 체크하고 피보험자로 하여금 질병을 예방하도록 하는 것이 '진찰'에 또는 '간호'에 해당하는지를 밝혀야 위법성을 논할 수 있는데 이 역시 법령에 명확한 정의가 없는 실정이다. 국내보험회사는 의료행위에 대한 정의의 모호함으로 인하여 헬스케어 보험 산업에 적극적으로 진출하고 있지 않다.[82]

3) 의료행위 여부 문제의 해결책

현행 의료법상 의료행위를 좁게 해석하거나 특별법을 신설하여 헬스케어 보험에서 제공하는 서비스가 의료법에 충돌하지 않도록 하는 작업이 필요하다. 국내에서는 2018. 2. 의료행위에 대한 유권해석을 담당하는 법령해석팀이 신설되어 의료행위를 보다 명확히 정의하는 일을 추진하고 있다.[83] 또한 국민건강보험공단은 의료시설을 세울 수 있으며,[84] 의료시설의 의료인이 원격진료 등을 통해 합법적으로 의료서비스를 제공할 수 있다. 따라서 법령해석 정비에 따라 국민건강보험은 충분히 헬스케어 보험 산업으로 발전할 수 있을 것이다.

3. P2P보험에 대한 법적 문제

(1) P2P보험 도입에 관한 법적 문제

P2P보험과 관련된 구체적인 법률관계의 문제는 P2P보험의 도입을 전제로 할 수밖에 없다는 점에서 P2P보험의 도입에 관한 법적 문제를 살펴볼 필요가 있다. 아래에서는 보험중개사가 운영하는 형태의 P2P보험과, 플랫폼을 바탕으로 계약자들이 직접 보험을 운영하는 형태의 P2P보험의 도입에 관한 법적 문제를 살펴본다.

첫째, 보험중개사가 운영하는 형태의 P2P보험의 경우 인슈어테크 전문회사인 보험중개사가 P2P보험의 보험료의 수수 및 보험금의 지급에 관여하게 되는데, 이러한 보험료의 수수 및 보험금 지급을 영업으로 하는 행위는 '보험업법'상의 '보험업'의 일부에 해당하므로,[85] 이는 허가를 받은 보험회사만을 보험업의 영위 주체로 엄격히 정의하고 있는 '보험업법'에 반하는 것이다.[86] 보험업법에 따르면 현행 보험업법 상 보험업을 경영할 수 있는 보험회사로 허가받기 위해서는 300억 원 이상의 자본금 또는 기금을 납입하여야 하며, 보험종목의 일부만을 취급하는 경우에도 최소 50억 원 이상의 자본금 또는 기금을 납입하여야 한다.[87] 이 외에도 보험업을 수행하기 위한 전문 인력과 물적 시설을 갖추어야 하며 대주주에 대한 제한 등의 복잡한 요건들을 충족시켜야 하므로 현실적으로 현행 법 체계 하에서 P2P보험의 보험중개사가 보험회사로서 보험업법상의 허가를 받는 것은 매우 어렵다고 할 것이다. 이에 보험중개사가 P2P보험의 적립금을 직접 운영하기 위해서는 보험업법을 개정하여야 할 것이나, 일정한 자본금 유지 및 자격요건을 갖추지 못한 단체가 보험 상품을 운영할 경우 소비자의 피해가 우려되는 만큼 재보험 가입의무 부과 등 소비자 보호를 위한 대책이 수반되어야 할 것이다.

둘째, 플랫폼을 제공받아 보험계약자들이 직접 보험을 운영하는 형태의 P2P보험의 경우, 보험중개사나 보험회사의 개입 없이 계약자들이 보험 인수부터 보험금 지급심사까지의 모든 절차를 스스로 결정하고 실행하며, 플랫폼 회사는 플랫폼만을 제공하고 자금의 운용에 간섭하지 않으므로 현행 '보험업법'상의 보험업에 해당하지 않으며 상호부조의 성격을 지닌다. 따라서 보험중개인이 운영하는 P2P보험과는 달리 보험업법에 위배되는 문제가 없다.

결론적으로 보험중개사가 운영하는 형태의 P2P보험의 경우, 보험중개사라는 자금의 중앙 관리자가 있는 만큼 그의 보험자금 운영행위가 보험업법에 위배될 소지가 있어, 국내 도입을 위하여는 보험업법의 개정이 필요하다. 한편, 플랫폼을 바탕으로 계약자들이 직접 보험을 운영하는 형태의 P2P보험의 경우, 블록체인 기술을 활용하여 보험중개사라는 중앙관리자의 도움 없이 플랫폼을 통해 적립금을 안전하게 보관 및 지급할 수 있고 보험계약자들이 보험업무를 자율적으로 관리하므로 보험업법 위반의 소지가 없다. 즉, 블록체인 기술을 적용한 P2P보험의 경우 블록체인 기술의 장점인 공공성과 투명성 그리고 안정성을 바탕으로 보험계약자들 간의 상호 신뢰도를 높일 수 있어 기존의 보험업법의 적용을 받는 보험회사나 보험중개사 등의 중앙관리자를 필요로 하지 않는다는 점에서 보험업법상의 규제로부터 비교적 자유롭다고 볼 수 있다.

(2) P2P보험의 법률관계

현재 국내에 P2P보험이 도입되지 않아 P2P보험과 관련된 기존의 학술연구 역시 P2P보험의 도입을 위한 논의에 그치고 있으며, P2P보험의 도입 시 발생할 구체적 법률관계에 관한 연구는 이루어지지 않고 있다. 이에 여기에서는 보험블록체인 플랫폼을 활용하여 계약자들이 직접 보험을 운영하는 형태를 중심으로 P2P보험과 관련된 법률관계의 성질을 살펴본 후에, 이와 관련하여 발생할 수 있는 P2P보험의 소비자 보호의 문제에 대하여 논의하기로 한다.

플랫폼을 활용하여 계약자들이 직접 보험을 운영하는 형태의 P2P보험에 참여하는 당사자는 크게 P2P보험의 단체를 구성하는 '계약자들'과, 이들에게 블록체인 플랫폼 사용 서비스를 제공하는 '플랫폼 제공자'로 나눌 수 있다. 따라서 블록체인을 활용한 P2P보험에 관련된 법률관계는 크게 1) 단체를 구성하는 계약자들 간의 법률관계와 2) 블록체인 플랫폼 제공자와 계약자들 간의 법률관계로 구성된다고 볼 것이다.

1) 계약자들 간의 법률관계

위에서 살펴본 바와 같이 블록체인 P2P보험은 블록체인 플랫폼을 통하여 갹출금을 보관 및 지급한다는 점을 제외하면, 계약자들의 관계는 상호부조의 성격을 띤다. 이는 그 성질상 계꿏와 유사하므로 계꿏의 법적 성격을 규명함으로써 이를 통해 P2P보험의 단체의 성격 및 단체 구성원들 사이의 법률관계를 유추해 볼 수 있다. 판례에 따르면 "계는 다 같이 금전을 급부물로 하는 것이라도 그것을 조직한 목적과 방법, 급부물의 급여방법과 급부 전후의 계금지급방법, 계주의 유무 및 계주와 계 또는 계원 상호 간의 관계 여하와 기타의 점에 관한 태양 여하에 따라 그 법률적 성질을 달리하는 것"인바[88] 정해준 순번에 따라 곗돈을 받는 방식을 따르는 단순 번호계의 경우 당사자 사이에 특별한 약정이 없다면 계원 상호 간의 금융저축을 목적으로 하는 하나의 조합계약으로 보았다.[89] 이에 비추어 보건데 P2P보험상의 단체의 경우 주로 지인·가족·친구 등으로 구성되고, 구성원들 간 신뢰관계를 바탕으로 단체가 구성되고, 별도로 대표자를 갖추지 않고, 보험금 지급 등 재산의 처분에 있어서 구성원의 결의를 필요로 한다는 점에서 그 법적 성질은 2인 이상이 상호 출자하여 계약자 상호 간의 위험의 보장을 목적으로 설립한 단체로서 조합에 해당한다고 보는 것이 합당할 것이다. 따라서 P2P보험상 단체의 법적 성질은 조합이며, 그 구성원들 간의 법률관계는 조합계약의 성질을 가진다고 할 것이다.

2) 플랫폼 제공자와 계약자들 간의 법률관계

계약자들이 직접 보험을 운영하는 형태의 P2P보험에 있어서 플랫폼 제공자는 보험자금의 운영에 일절 관여하지 않으며, 보험계약자들에게 자사가 구축한 블록체인 플랫폼의 사용 서비스 및 이에 수반된 스마트계약 서비스를 제공하는 역할만을 한다. 따라서 플랫폼 제공자와 계약자들간의 '블록체인 플랫폼 제공 계약'의 법적 성격은 블록체인 플랫폼 상의 일정한 저장 공간을 제공한다는 점에서는 전통적인 임대차 계약과 유사한 성격을 가지며, 정보기술의 이용을 허락받는다는 점에서는 비전형계약인 정보기술 라이선스계약의 성격을 갖는다고 볼 수 있다. 그러므로 블록체인 플랫폼 제공 계약에 따른 양자 간의 법률관계는 임대차계약 내지 라이선스계약의 법리 및 구체적 내용에 따라 결정될 것이다.

(3) P2P보험 소비자 보호의 문제

앞선 논의에 의하면 P2P보험은 가입자들 간의 조합계약 및 가입자들과 블록체인 플랫폼 제공자 간의 플랫폼 제공계약으로 구성되어 있는데, 조합계약상의 관계에 관하여는 민법의 조합에 관한 규정을 준용하면 될 것이므로 새로운 법적 문제가 발생하지 아니하나, 가입자들과 블록체인 플랫폼 제공자 간의 플랫폼 제공계약의 경우 복수의 계약의 성격을 지닌 비전형계약으로서 이와 관련한 새로운 법적 문제가 발생할 가능성이 높다. 첫째로, 계약 체결에 있어서의 당사자 간의 정보의 비대칭성으로 인하여 소비자의 권리가 침해될 가능성이 높다. 플랫폼 제공계약은 비전형계약으로서 그 구체적인 계약의 내용은 당사자의 합의에 의해 결정될 것인바, 현실적으로는 기술상 정보의 우위에 있는 플랫폼 제공자가 사전에 플랫폼 제공계약의 내용을 일방적으로 마련하고 이를 약관의 형태로 제시하여 사용자가 이에 '동의'함으로써 계약이 체결되는 형태가 될 것이므로, 플랫폼 제공자가 사전에 마련하는 계약의 내용을 자신에게 유리하게 정함으로써 소비자인 계약자들의 지위를 약화시킬 수 있는 문제가 있다. 이러한 불공정 약관에 의한 사업자의 거래상 지위의 남용은 약관규제법을 통하여 규제하고 있으므로 플랫폼 제공계약에 있어서 어떠한 약정을 공정성을 잃은 것으로 볼 것인지에 대한 기준을 제시할 필요에 부응하여 사업자 및 소비자 단체가 공정거래위원회에 표준약관의 심사 및 제정을 요청하는 표준약관제도를 적극적으로 활용하는 것이 좋을 것이다. 일단 표준약관이 제정되면 사업자는 표준약관과 다른 내용을 약관으로 사용하는 경우 표준약관 표지를 사용하여서는 아니되며, 이를 어길 경우 표준약관의 내용보다 고객에게 더 불리한 약관의 내용은 무효가 되므로 플랫폼 제공 계약 체결에 있어서 소비자인 계약자들의 권리를 보호할 수 있는 좋은 방안이라 할 것이다.[90]

 VI. 정책적 논의

1. 개설

앞선 논의에서는 블록체인을 활용한 보험업의 현행법상 충돌점과, 그에 따른 입법론적인 해결책을 살펴보았다. 블록체인을 활용한 보험업이 성공적으로 국내에 정착되려면, 미시적인 차원의 입법론적 해결책 이상으로 거시적인 관점에서 해결책을 제시하는 정부의 역할이 확대되어야 할 것이며 그에 대한 정책적 논의를 이어가야 할 것이다.

2. 보험 플랫폼 운영자에 대한 규제

현행법상 보험업을 영위하려는 자는 보험 종목별로 금융위원회의 허가를 받아야한다(보험업법 제4조). 생명보험 및 연금보험의 최소자본금 요건은 각각 200억 원이고 상해보험, 질병보험, 간병보험의 경우 각각 100억 원으로 규정하고 있고, 생명보험업 또는 손해보험업의 모든 종목을 영위하려면 최소 자본금이 300억 원 이상이되어야 한다. 이는 미국, 일본, 독일 등 선진국의 최소자본금에 비해서도 높은 수준으로 보험업자의 자격을 엄격하게 규제하고 있다고 할 수 있다.[91]

보험은 개인적으로는 개별 보험계약자가 보험료를 납입하고 사고발생 시 보험자로부터 안전하게 보험금을 지급받을 수 있어야 한다. 또한 보험자는 다수인으로부터 보험료를 납입받아 거액의 보험기금을 운영하기 때문에 이러한 기금을 건전하게 운영하는 것은 국가 경제적으로 대단히 중요한 문제가 된다. 따라서 개인적 측면과 국가적 측면 모두에서 보험업에 대한 국가의 감독은 필수적이라고 인정되어 왔다.[92] 그러나 보험 플랫폼은 보험금의 지급과 보험기금 운영의 안정성이라는 동일한 위험을 내포하고 있음에도, 규제의 대상이 되고 있지 않다. 나아가 보험 플랫폼에 유추적용할 만한 플랫폼에 대한 일반적인 규제 역시 없는 상황이다.

3. 정부운영 의료블록체인

(1) 정부운영 의료블록체인 도입의 필요성

건강보험공단과 건강보험심사평가원은 국민 건강보험 제도를 운영 및 심사 · 평가하기 위해 전 국민의 보건의료 데이터를 보유하고 있다.[93, 94] 그러나 우리나라 보건의료 전달체계는 의료기관의 급여청구 목적으로 구축한 행정 데이터라는 특성과 보건복지부가 규제를 통해 간접적으로 병원을 관리하는 상황 때문에 연구 목적의 제공 외에는 보험업을 포함한 보건의료산업계의 데이터 요구에 기민하게 대응하지 못하고 있다. 따라서 정부가 보험 플랫폼의 운영주체가 되는 방안을 검토할 필요가 있다.

(2) 정부운영 의료블록체인 도입의 효과

1) 개인정보 및 의료정보의 불법행위 책임 해소

정부가 보험 플랫폼의 운영주체가 되면 기존 보험사나 플랫폼 운영자들이 가지고 있던 개인정보 및 의료정보 처리에 대한 불법행위 책임에서 자유로울 수 있다. 앞서 보았듯이 정부는 현재 운영하고 있는 건강보험심사 평가원을 통해 합법적으로 의료 빅데이터를 구축하고 있다.[95] 정부는 공공성을 대변하는 공익적 주체이고, 정부가 추진하는 사업은 국민의 행복 증진을 전제하는 것이기 때문에 '국민건강보험제도'를 통해 국민들의 의료 데이터를 보유하고, 취급하는 것에 대한 사회적 합의가 이미 형성되어 있는 것으로 볼 수 있다.

현재 우리나라에서는 보건복지부 주도로 블록체인을 활용한 진료정보교류사업이 시범적으로 시행되고 있다. 진료정보교류사업에서는 블록체인을 활용한 거점 의료기관(대학병원)과 이에 협력하는 의료기관(병의원) 간의 진료기록 공유가 가능하도록 진료기록전송 지원시스템을 운영한다.[96] 미국의 경우에도 국가보건정보기술국The Office of the National coordinator for health Information Technology, ONC HIT은 의료 데이터의 저장 및 활용을 위해 블록체인 기술을 활용하고 있다.[97] 일본 역시 차세대의료법 제정을 통하여 총리가 본부장을 담임하는 '건강의료전략 추진본부'를 신설하였으며, 이를 바탕으로 블록체인 등의 신기술을 활용한 신서비스의 창조를 위해 의료정보를 활용한 스마트인프라 구축을 추진하고 있다.[98]

2) 거래비용의 최소화

정부가 하나의 단일한 플랫폼을 운영함으로써 데이터 연동의 필요성이 제거되어 거래비용이 최소화된다. 보험사가 개별적인 플랫폼을 운영했을 경우, 각 보험사마다 수집하고 있는 데이터가 공유되지 않아, 보험 계약자들이 각각의 보험사와 정보 제공에 관한 계약을 체결해야 하는 비효율성이 존재했다. 실제로 생명보험협회가 주도한 블록체인 플랫폼 사업은 보험사간의 합의 지연으로 난항을 겪고 있는 것으로 보아, 보험사 간의 데이터 연동은 쉽지 않은 과제이다.[99]

하지만 정부가 단일한 의료 블록체인 플랫폼을 운영한다면 제한된 범위 내에서 참여자를 포함시킬 수 있는 '컨소시엄 블록체인'[100]의 특성을 활용하여 이러한 비효율성을 극복할 수 있다. 보험사, 의료기관 등이 플랫폼에 참여하여 보험계약자와 보험 계약 및 데이터 제공 계약을 체결할 수 있다.

3) 기본 소득과 지급 수단

한국에서 2000년대 초반부터 제기된 기본소득[101]에 관한 논쟁은 2016년도 성남시의 '청년배당'을 기점으로 학술적, 대중적인 이슈로 부각되었다. 특히 최근 급속도로 발전하고 있는 인공지능에 의한 직업 대체 가능성과 플랫폼 기업들의 낮은 고용률로 인하여 기본소득에 관한 논의가 확대되었고, 정부에 의한 기본소득 보장의 필요성이 지속적으로 제기되었다.[102]

정부가 보험 플랫폼의 운영주체가 됨으로써 국민들에게 기본소득을 지급할 수 있다는 정책적인 효과도 기대할 수 있다. 국민들은 국가가 운영하는 블록체인 플랫폼에 의료 데이터를 전송하고, 그에 대한 보상의 개념으로 기본소득을 얻을 수 있다. 기본소득의 형태는 컨소시움 블록체인 내에서 발행되는 토큰, 현금 또는 코인의 형태가 될 수 있다.

첫째는 보험계약자들이 다른 사람이 생산한 사회적 생산물을 무료로 향유하거나 비영리 공공기관으로부터 적은 화폐적 보상을 받는 방법이다. 이는 선물경제의 영역으로, 블록체인 생태계 내에서 활용되는 토큰을 지급하는 것에 해당된다. 그러나 선물경제 방식은 친밀성이 강한 공동체 내에서는 실효성이 높지만 이를 넘어서는 공유지 비극 발생의 위험이 있다. 그리고 공공기관에 의해 비영리적으로 운영될 때는 예산적자를 초래하거나 예산제약으로 인해 보상적 정의를 충족할 만큼 충분한 대가를 받기 가 어려운 문제점이 있다.

둘째는 의료 데이터 수집을 통한 이윤을 사유화하는 플랫폼이 보험계약자에게 개별적으로 화폐를 통해 보상하도록 법제화하는 시장주의적 방법이다. 이 경우에는 보상을 현금으로 지급한다. 유튜브 등 플랫폼 기업이 콘텐츠 제공자에게 보상하는 소액결제가 대표적인 사례라 할 수 있다. 하지만 정부주도의 운영주체는 의료 정보를 사유화한다고 할 수 없고, 이를 통해 적극적으로 이윤창출을 하지 않기 때문에 현금으로 지급할 가능성은 적다고 할 수 있다.

셋째는 사회적 · 공통적으로 생산된 가치에 대해 보편적 기본소득을 통해 보상하는 방법이다. 대표적인 예시로 플랫폼의 수익에 연동된 코인을 발행하는 것이다. 각 개인의 의료 데이터 성과를 기본소득으로 보상하는 방법은 구글이나 유튜브 등과 같은 플랫폼기업의 이익에 대한 배당권을 법제화하거나, 아니면 모든 사회구성원들이 공유지분을 갖는 포털이나 플랫폼기업이 수익형 공유 코인을 발행하여 순수익의 일정비율을 기본 소득으로 배당하고, 코인의 독립적인 가치를 인정하는 방안이 있다.[103] 하지만, 컨소시움 블록체인에서 코인의 발행이 필수적이지 않다는 점, 코인의 자산적 가치가 고정되지 않는다는 문제점이 있다.

(3) 검토해야 할 사항

1) 기술적인 실현 가능성

전 국민과 보험회사를 단일한 컨소시움 블록체인으로 연결하려면 엄청난 컴퓨팅 파워가 필요할 것으로 예측된다. 현재 스마트계약을 구현하는 데 가장 널리 활용되고 있는 블록체인 플랫폼은 이더리움 기반 플랫폼이다. 이더리움 기반 플랫폼의 거래 처리 능력은 'TPA'로 표현될 수 있는데, 최근 이더리움 네트워크상에서 일정 수준 이상의 계약이 발생할 경우 'TPA'가 급감하는 현상이 나타났다.[104] 이렇듯 현재의 기술 수준으로는 블록체인 플랫폼 내에서 처리할 수 있는 계약의 숫자가 한정적이므로 전 국민과 의료기관 그리고 보험사가 연결될 수 있는 수준의 컴퓨팅 파워가 구현 가능할 지 검토해야 할 것이다.

2) 비급여 부문의 표준화

또한 국민건강보험 비급여 부문[105]의 표준화문제를 해결해야 한다. 보험금 지급이 완전히 자동화되려면 블록체인상의 비급여 부문이 확정되고, 비급여 부문의 자동지급 코드가 표준화되어야 하여야 한다. 하지만 현행법상 의료기관들이 비급여 항목을 표준화하고 의료 항목을 정의와 함께 건강보험심사평가원에 신고하도록 강제할 수 있는 장치가 없다. 또한 의료기관이 비급여 항목 표준화를 위한 원가계산 자료를 제공하지 않아 지급코드를 표준화할 자료가 부족하다. 이러한 문제의 해결을 위하여 비급여 항목의 분류 및 항목의 표준화를 통해 비급여 항목 표준코드를 부여하는 방안을 생각해 볼 수 있다. 나아가 치료재료의 세부표준코드[106]를 설정하는 것도 보험금의 자동지급 및 건강보험료 산출에 필수적인 작업이 될 것이다.[107]

Ⅶ. 결론

블록체인 기술을 활용한 보험업의 형태는 크게 두 가지로서 기존의 보험업에 암호화된 공동데이터베이스 구축을 목적으로 블록체인 기술을 활용하는 형태와, 블록체인 그 자체가 지닌 '탈중앙화'의 속성을 통해 보험의 본질인 상호부조를 실현한 P2P보험이 있다. 전자의 경우에 블록체인 기술은 보다 민감한 정보를 기록 및 처리할 수 있게 하는 '데이터베이스'로서의 가치만을 지닐 것으로 보인다. 이러한 블록체인 데이터베이스의 활용은 개인정보 보호법 및 의료법상의 '민감정보'를 처리하는 것과 관련하여 현행법과 충돌하는 측면이 존재한다. 이에 본 절에서는 이에 관한 기술적 혹은 입법론적 보완책을 제시하고자 하였다. 또한 블록체인 기술을 활용한 스마트계약 체결과 관련해서도 계약법상의 문제가 발생하는 바 이에 관한 해석론적 및 입법론적 해결책에 관하여도 검토하였다. 한편, 후자인 P2P 보험의 경우 현행법상 '보험업'에 해당하지 않아 법적 공백으로 인한 다양한 문제가 예상되고 있다. 특히 본 절에서는 P2P보험의 소비자 보호 및 플랫폼 운영자의 책임과 관련하여 해결책을 강구하고자 하였다.

블록체인은 아직 초기단계로서 그 활용이 아직까지는 시험단계에 있다. 따라서 여기에서는 보험업의 활용에 대해 검토하고 앞으로의 산업과 전망을 예측하여 '의료블록체인' 등의 모델을 제시하였다. 그러나 블록체인은 계속해서 진화하고 있으며 3세대 4세대 블록체인이 등장하게 됨에 따라 새로운 형태와 새로운 방향으로 블록체인이 보험산업에 활용될 것이다. 따라서 이에 따른 법적쟁점에 대해 다시 논해야 할 필요가 생길 것이며 그에 따른 정책적 논의도 수반되어야 할 것이다.

1   여기에서 AI라 함은 약한 인공지능, 즉 딥러닝(신경망이론)에 기반한 데이터분석 시스템을 의미한다.

2   데이터를 '정상'인 상태로 항상 유지하도록 하는 것으로 단순히 데이트의 변환을 막는 것이 아닌 데이터가 정상의 범주에서 벗어났다면 데이터가 변환된 과정 등등을 추적하여 '정상'인 상태로 복구토록 하고 최신의 데이터로 갱신되는 등 보다 확장된 개념이다.

3   협의의 P2P보험이란 보험자나 보험중개업자의 개입 없이 계약자들의 갹출금만으로 서로의 위험을 완전 보장하는 상호부조 형태의 P2P보험이다.

4   진재현/고금지(2018), 4면.

5   PWC consulting group(2017), 25면.

6   협의의 P2P보험이란 보험자의 개입없이 계약자들의 갹출금만으로 위험을 완전 보장하는 형태의 P2P보험을 말한다.

7   객관적으로 측정할 수 있는 위험을 의미하는데 이는 동질적이고, 독립적인 통계적 시행이 반복되는 사건의 횟수가 커지면 '중심극한 정리' 등을 통해 통계적 확률분포를 계산할 수 있는 위험이다.

8   표본의 개수가 충분히 클 때 수리적 확률이 통계적 확률과 같음을 보증한다.

9   보험심사(언더라이팅; Underwriting)란 생명보험 계약 시 계약자가 작성한 청약서상의 고지의무 내용이나 건강진단 결과 등을 토대로 보험계약의 인수 여부를 판단하는 최종 심사 과정을 말한다.

10 방지 또는 헤지(hedge)라고도 하며 위험을 줄이는 것을 말한다.

11 AIA생명보험, "걸음수에 따라 매년 보험료 할인율 변동, AIA 생명 독점 판매", 2018. 10. 10., https://www.aia.co.kr/ko/about-aia/media-center/press-release/2018/press-release_2018_10_10.html.

12 한국보험신문, "[다다익선과 함께하는 '인슈포트라이트'⟨22⟩]암보험 그 밝은 미래", 2018. 12. 2., http://insnews.co.kr/design_php/news_view.php?firstsec=5&secondsec=27&num=56392.

13 보험에 가입하는 사람으로서 보험료 납입의 의무를 지는 사람을 말한다.

14 보험사고가 발생할 때 보험금 지급의무를 부담하는 자를 말한다. 주로 보험회사를 지칭한다.

15 보험사고 발생 시에 보험자로부터 보험의 목적인 보험금을 받게 되는 사람을 말한다.

16 생명보험에서는 보험사고 발생의 객체가 되는 사람을 말한다.

17 코인은 자체 블록체인 기술이 있으며, 코인 거래가 이루어 질 수 있는 지갑 및 기타 클라이언트 프로그램이 개발되어 있어 자체적인 생태계를 구축하고 있다; 손경한/김예지(2018), 4면 참조.

18 토큰은 같은 블록체인 생태계 내에서만 활용이 가능하다는 점에서 코인과 구별된다.

19 상법 제638조, 제665조 참조.

20 김덕희(2013), 16면.

21 손해와 손실은 엄연히 다른 개념이지만, 우리 상법에서는 '손해'라는 표현을 사용하고 있다.

22 이 블록체인 플랫폼을 구축한 '직토'사는 블록체인 기술을 활용해 보험자, 보험계약자, 제3자를 연결하는 보험 플랫폼 '인슈어리움 프로토콜'을 개발한 보험 스타트업으로 2018년 글로벌 손해보험자 악사 등과 업무협약을 맺고 보험 상품을 공동개발하였다.

23 김규동(2017), 9면.

24 김규동(2018), 13-14면.

25 김규동(2018), 12면.

26 P2P보험은 손실공유의 정도에 따라 보험계약자들의 적립금에서 우선적으로 손실을 보장하고, 적립금을 초과하는 손실에 대하여는 재보험을 통해 보장하는 '일부손실공유형'과 보험회사나 보험중개사의 개입 없이 보험계약자들이 스스로 적립금의 한도 내에서 서로의 손실을 보장하는 '완전손실공유형'으로 나눌 수 있다.

27 김규동(2018), 13면.

28 김규동(2017), 4면.

29 김규동(2018), 13면.

30 크라우드 보험이란 플랫폼회사가 동일 위험에 대한 보험을 원하는 다수의 사람들을 모아 그룹을 형성하고, 집단 구매력을 바탕으로 소비자들이 보험사로부터 유리한 조건의 보험 계약을 맺을 수 있는 형태의 보험을 말한다. 크라우드 보험과 P2P보험은 공통적으로 플랫폼을 매개로 다수의 가입자들로 구성된 단체를 구성함으로써 상대적으로 저렴한 보험료를 보장받을 수 있다는 공통점을 갖지만, P2P보험의 경우 유사한 위험을 지닌 보험계약자들 간의 위험의 공유 및 상호 보장을 본질로 하는 반면, 크라우드 보험의 경우 기존의 보험과 마찬가지로 보험자에 의한 위험의 인수 및 위험의 중앙화를 가져온다는 점에서 본질적인 차이를 갖는다.

31 Brian Scarbrough & Justin Steffen(2017), 5-6면.

32 익스포저(Actuarial exposure)란 위험에 노출된 보험의 목적에 대해 위험을 제거할 수 있는 최소단위를 말하며 금액으로 산정하기도 한다. 즉, 보험자가 담보해야 할 위험이라고 볼 수 있으며 보험자는 이를 대가로 보험료를 지급받는다.

33 책임보험은 기업의 실수를 보장하는 것을 보험의 목적으로 한다.

34 개정 정보통신망법 제32조의3(손해배상의 보장) 제1항은 "정보통신서비스 제공자 등은 제32조 및 제32조의2에 따른 손해배상책임의 이행을 위하여 보험 또는 공제에 가입하거나 준비금을 적립하는 등 필요한 조치를 하여야 한다."고 규정한다.

35 Max Raskin(2017), 332면

36 김제완(2018), 70면 각주35.

37 Alexander Saveyev(2016), 15면.

38 매일경제, "모든 보험계약에 전자서명 허용… '가입편의 제고 · 인터넷 전용보험 활성화 기대'", 2018. 11. 1., http://news.mk.co.kr/newsRead.php?year=2018&no=683392.

39 조선비즈, "한화손보, SKT와 손잡고 인터넷전문보험사 설립 추진", 2018. 10. 5., http://biz.chosun.com/site/data/html_dir/2018/10/05/2018100503861.html.

40 제650조(보험료의 지급과 지체의 효과) ① 보험계약자는 계약 체결 후 지체없이 보험료의 전부 또는 제1회 보험료를 지급하여야 하며, 보험계약자가 이를 지급하지 아니하는 경우에는 다른 약정이 없는 한 계약 성립 후 2월이 경과하면 그 계약은 해제된 것으로 본다.

41 보험계약자의 사기로 인한 초과·중복가입의 경우 그 계약은 무효로 된다(상법 제669조제4항).

42 상법 제638조의3(보험약관의 교부·설명 의무) ① 보험자는 보험계약을 체결할 때에 보험계약자에게 보험약관을 교부하고 그 약관의 중요한 내용을 설명하여야 한다.
    ② 보험자가 제1항의 규정에 위반한 때에는 보험계약자는 보험계약이 성립한 날부터 3월 내에 그 계약을 취소할 수 있다.

43 보험업감독업무시행세칙 별표15. 생명보험 표준약관 제17조 제1항 본문

44 민법 제109조(착오로 인한 의사표시) ① 의사표시는 법률행위의 내용의 중요부분에 착오가 있는 때에는 취소할 수 있다. 그러나 그 착오가 표의자의 중대한 과실로 인한 때에는 취소하지 못한다.

45 트랜잭션이란 처리되는 특정한 업무나 특정한 거래, 또는 그 결과 얻어지는 데이터 기록을 뜻한다.

46 정진명(2018), 957면

47 장만영(2017), 2-8면.

48 "보험약관만으로 보험계약의 중요사항을 설명하기 어려운 경우에는 보험회사 또는 보험모집종사자는 상품설명서 등 적절한 추가 자료를 활용하는 등의 방법으로 개별 보험 상품의 특성과 위험성에 관한 보험계약의 중요사항을 고객이 이해할 수 있도록 설명하여야 한다." 대법원 2014. 4. 27. 선고 2012다22242 판결.

49 보험업감독업무시행세칙 별표 15. 생명보험 표준약관 제18조 제4항.

50 보험업감독업무시행세칙 별표 15. 생명보험 표준약관 제17조 제5항.

51 상법 제644조 참조.

52 민법 제103조 및 제104조 참조.

53 상법 제648조(보험계약의 무효로 인한 보험료반환청구) 보험계약의 전부 또는 일부가 무효인 경우에 보험계약자와 피보험자가 선의이며 중대한 과실이 없는 때에는 보험자에 대하여 보험료의 전부 또는 일부의 반환을 청구할 수 있다. 보험계약자와 보험수익자가 선의이며 중대한 과실이 없는 때에도 같다.

54 퍼블릭 블록체인에 있어서 개인정보가 유출되는 경우 각 노드 모두가 피해자이면서 동시에 개인정보 처리자가 되기 때문에 책임 소재가 불분명한 바 각 참여 노드의 법적 성질 및 책임을 규명하는 것이 선행 과제가 될 것이다.

55 민법 제109조(착오로 인한 의사표시) ① 의사표시는 법률행위의 내용의 중요부분에 착오가 있는 때에는 취소할 수 있다. 그러나 그 착오가 표의자의 중대한 과실로 인한 때에는 취소하지 못한다.

56 표준 개인정보 보호지침 제25조는 개인정보 유출에 대해 "개인정보의 유출은 법령이나 개인정보처리자의 자유로운 의사에 의하지 않고, 정보주체의 개인정보에 대하여 개인정보 처리자가 통제를 상실하거나 권한 없는 자의 접근을 허용한 것"라고 정의하고 있다.

57 이 관리자는 보험자가 지정하는 자로서 블록체인 플랫폼 제공자에 속하는 자일 수도 있다.

58 개인정보 보호법 제31조는 개인정보 처리자(업무를 목적으로 개인정보파일을 운용하기 위하여 스스로 또는 다른 사람을 통하여 개인정보를 처리하는 공공기관, 법인, 단체 및 개인 등, 이 경우 블록체인 플랫폼 운

영주체)가 개인정보의 처리업무를 담당할 개인정보 보호책임관을 지정할 것을 요구하고 동법 제39조는 "개인정보처리자의 고의 또는 중대한 과실로 인하여 개인정보가 분실 · 도난 · 유출 · 위조 · 변조 또는 훼손된 경우로서 정보주체에게 손해가 발생한 때에는 법원은 그 손해액의 3배를 넘지 아니하는 범위에서 손해배상액을 정할 수 있다"고 규정한다.

59 상법 제647조 참조.

60 이들 경우에 관하여는 상법 653조, 제650조 내지 제653조 각 참조.

61 이들 해지사유에 관하여는 상법 제650조 내지 제653조 참조.

62 상법 제655조.

63 손경한(2010), 433면.

64 보안뉴스, "역대급 개인정보 유출사건의 판결, 어떻게 변해왔나", 2018년. 4. 26., https://www.boannews.com/media/view.asp?idx=68756.

65 서울중앙지방법원 2018. 1. 17. 2015나61155 판결.

66 방송통신위원회 고시 제2011-1호.

67 대법원 2018.1.25. 선고 2015다24904 판결.

68 김강미 외(2015).

69 개인정보 보호법 제21조(개인정보의 파기) ① 개인정보처리자는 보유기간의 경과, 개인정보의 처리 목적 달성 등 그 개인정보가 불필요하게 되었을 때에는 지체 없이 그 개인정보를 파기하여야 한다. 다만, 다른 법령에 따라 보존하여야 하는 경우에는 그러하지 아니하다.
② 개인정보처리자가 제1항에 따라 개인정보를 파기할 때에는 복구 또는 재생되지 아니하도록 조치하여야 한다.
③ 개인정보처리자가 제1항 단서에 따라 개인정보를 파기하지 아니하고 보존하여야 하는 경우에는 해당 개인정보 또는 개인정보파일을 다른 개인정보와 분리하여서 저장 · 관리하여야 한다.
④ 개인정보의 파기방법 및 절차 등에 필요한 사항은 대통령령으로 정한다.

70 개인정보 보호법 제31조(개인정보 보호책임자의 지정) ① 개인정보처리자는 개인정보의 처리에 관한 업무를 총괄해서 책임질 개인정보 보호책임자를 지정하여야 한다. (후략).

71 조선일보, "[김경환 변호사의 핀테크법 바로알기] 블록체인 환경에서의 개인정보 파기", 2018. 6. 19., http://it.chosun.com/site/data/html_dir/2018/06/19/2018061900075.html.

72 거래내역 데이터 중 개인정보 데이터를 구별하는 방법에 대해서는 이수현 외(2018), 478-479면. 참조.

73 제21조(개인정보의 파기) ① 개인정보처리자는 보유기간의 경과, 개인정보의 처리 목적 달성 등 그 개인정보가 불필요하게 되었을 때에는 지체 없이 그 개인정보를 파기하여야 한다. 다만, 다른 법령에 따라 보존하여야 하는 경우에는 그러하지 아니하다.
② 개인정보처리자가 제1항에 따라 개인정보를 파기할 때에는 복구 또는 재생되지 아니하도록 조치하여야 한다.
③ 개인정보처리자가 제1항 단서에 따라 개인정보를 파기하지 아니하고 보존하여야 하는 경우에는 해당 개인정보 또는 개인정보파일을 다른 개인정보와 분리하여서 저장 · 관리하여야 한다.
④ 개인정보의 파기방법 및 절차 등에 필요한 사항은 대통령령으로 정한다.

74 유영무(2018), 18면.

75 의료법 제27조(무면허 의료행위 등 금지) ① 의료인이 아니면 누구든지 의료행위를 할 수 없으며 의료인도 면허된 것 이외의 의료행위를 할 수 없다. 다만, 다음 각 호의 어느 하나에 해당하는 자는 보건복지부령으로 정하는 범위에서 의료행위를 할 수 있다.

76 의료법 제21조 참조.

77 의료법 시행규칙 제13조의 3 참조.

78 이승현/오정윤(2018), 5-11면.

79 의료법 제2조 참조. 이는 일종의 순환논법으로 실질적으로 의료행위에 대한 정의가 없다고 할 수 있다.

80 대법원 2012. 5. 10. 선고 2010도5964 판결.

81 의료법 제27조 제1항 본문은 "의료인이 아니면 누구든지 의료행위를 할 수 없으며 의료인도 면허된 것 이외의 의료행위를 할 수 없다."고 규정하고 있다.

82 다만, AIG, ING, KB손보, 삼성화재의 4개 보험사는 예외이다. 이데일리, "의료법에 막힌 헬스케어 보험… '지나친 규제가 오히려 국민건강권 침해'", 2018. 8. 24., http://www.edaily.co.kr/news/read?newsId=01226726619310600&mediaCodeNo=257.

83 비즈니스워치, "'헬스케어 보험상품' 물꼬 트였다", 2018. 2. 9., http://news.bizwatch.co.kr/article/finance/2018/02/09/0013.

84 건강보험법 제14조 제7호 참조.

85 보험업법 제2조 제2호 참조.

86 김규동(2018), 7면.

87 보험업법 제6조, 제9조 참조.

88 대법원 1983.3.22.선고 82다카1686 판결.

89 서울고등법원 1968.6.28. 선고 68나175 판결.

90 그러나 2018년 블록체인산업협회가 '암호화폐거래소 표준약관' 제정하여 심사를 요청하였으나 공정거래위원회는 암호화폐 관련 기본 법률이 없는 상황에서 표준약관부터 만들 수는 없다는 이유로 그 심사를 거부한 바 약관이 그 효용을 발휘하는 것은 특정거래에 관한 법률이 정비되지 않은 이른바 법의 흠결을 보완하는데 있다는 점에서 이 거부사유는 본말이 전도된 것이라 할 것이다.

91 이기형 외(2012), 7면.

92 박영준(2012), 1-2면 .

93 건강보험법 시행령 제9조의2는 공단의 업무로 아래 사업 등을 열거한다.
    1. 가입자 및 피부양자의 건강관리를 위한 전자적 건강정보시스템의 구축 · 운영
    2. 생애주기별 · 사업장별 · 직능별 건강관리 프로그램 또는 서비스의 개발 및 제공
    3. 연령별 · 성별 · 직업별 주요 질환에 대한 정보 수집, 분석 · 연구 및 관리방안 제공
    4. 고혈압 · 당뇨 등 주요 만성질환에 대한 정보 제공 및 건강관리 지원

94 건강보험법 시행령 제81조(민감정보 및 고유식별정보의 처리)에 의하면 공단 등은 개인정보 보호법에 따른 건강에 관한 정보, 범죄경력자료에 해당하는 정보, 주민등록번호, 여권번호, 운전면허의 면허번호 또는 외국인등록번호가 포함된 자료를 처리할 수 있다.

95 건강보험법 시행령 제9조 참조.

96   진료정보교류사업 참여기관은 2019. 5.현재 종합병원 135개소, 병원 384개소, 요양병원 140개소, 의원 3159개소 등 3818곳이다.

97   진재현/고금지(2018), 5면.

98   이승현/오정윤(2018), 2-3면.

99   '생명보험업권 블록체인 플랫폼 구축 및 블록체인 기반 혁신과제 구현 사업'은 블록체인 플랫폼을 구축해 본인인증 · 보험금 청구 등을 목표로 하는 사업이다. 하지만 사업 첫 단계인 생보사 본인인증 관련 인증서 발급을 놓고 협회와 개별사간 이견을 좁히지 못해 난항을 겪고 있다. 전자신문, "인증서 발급, 공동vs단독 … 생보업권 블록체인 플랫폼 사업 '난항'", 2018. 10. 3., http://www.etnews.com/20181002000214.

100   컨소시움 블록체인은 여러 기관들이 컨소시움을 이뤄 구성하고 허가된 기관만 네트워크에 참여할 수 있는 블록체인이다.

101   국가가 국민들에게 최소한의 인간다운 삶을 누리도록 조건 없이, 즉 노동 없이 지급하는 소득이다. 즉, 재산의 정도 근로 여부에 관계없이 모든 사회구성원에게 일정 수준의 소득을 무조건적으로 지급하는 것으로 무조건성, 보편성, 개별성을 특징으로 한다.

102   백승호/이승윤(2018).

103   곽노완(2017), 15-20면.

104   송제호 외(2018), 2면.

105   비급여의료비는 환자 본인이 100% 비용을 부담하는 것으로 선택진료비, 간병비가 대표적이다.

106   치료 재료의 재료, 규격, 모양을 의미한다.

107   박세민(2018), 20-25면.

{ 블록체인 의료와 법 }

본 절은 2019. 3. 인하대학교 법학연구소 법학연구 제22권 제1호에 발표한 "블록체인 의료의 법적 문제"를 일부 수정하여 전재한 것이다.

{블록체인 의료와 법}

제 16 절

손경한 · 박도윤

I . 서론

　　의료분야에 있어서도 4차 산업혁명의 바람이 거세게 불고 있다. 디지털 헬스케어 기기의 보급, 인공지능의 질병 진단, 의무 기록의 공유, 블록체인 기술의 활용 등 새로운 논의가 봇물 터지듯 쏟아지고 있다. 그 중심에 의료데이터가 있다. 이 의료데이터를 안전하게 보관하고 필요한 자들이 활용할 수 있는 시스템을 갖추는 것이 의료의 질과 비용에 절대적인 영향을 미치고 있다. 또한 종래의 의료기관 중심의 의료체계에도 큰 변화가 오고 있다. 과거에는 환자는 의료의 객체일 뿐이고 의료에 대해 자신의 목소리를 낼 수 있는 여건이 조성되어 있지 못하였다. 전자의무기록Electronic Medical Record, EMR시스템으로 대표되는 의료기록의 전자화도 환자의 의료데이터에 대한 통제를 더욱 어렵게 하고 있다. 또한 이 전자의무기록은 특정 병원 내에 머물 뿐 다른 병원이나 의료관련 서비스제공자에게 잘 제공되지 않는 문제는 여전히 남아 있다. 그 이유로는 개인정보 보호라는 법적 규제도 있지만 기술적인 문제와 운용상의 애로 때문으로 이해되고 있다. 나아가 오늘날 발병한 후 치료를 받는 것 보다 질병을 예방하는 것이 개인적으로는 물론 국가 사회적으로 유익하다는 인식이 일반화되었다. 그럼에도 개인의 건강 정보를 의료와 연결하여 운용하는 시스템은 법적, 기술적 장애로 실현되지 못하는 문제가 잔존하고 있다.

그런데 블록체인은 이러한 제반 문제를 일거에 해결할 수 있는 새로운 기술로 각광받고 있다. 먼저 블록체인 기술은 환자가 의무기록 전부를 열람하는 것은 물론 이를 안전하게 관리 통제, 전송할 수 있게 해준다. 또한 블록체인 기술로 의료기관은 약국, 보험회사, 임상 연구원 등 의료관련 기관에 실시간으로 환자에 관한 데이터를 안전하게 전송할 수 있다. 즉, 의료데이터를 블록체인 위에 저장함으로써 해킹으로부터 의료데이터가 안전하게 보관될 수 있고 환자, 병원, 약국, 보험회사 등 의료주체 간의 정보의 공유로 시간과 비용이 단축됨은 물론 새로운 서비스를 개발할 수도 있다. 환자가 블록체인 시스템으로 의료기관으로부터 처방전을 발행받으면 바로 약값 결제 및 조제를 청구할 수 있고 각종 증명서 발급신청과 보험금 수령에 필요한 서류도 전송할 수 있다. 이는 블록체인망이 메시 네트워크Mesh Network1 로서의 기능을 할 수 있다는 말이 된다. 심지어 환자는 자신이 보유하는 의무기록을 이를 필요로 하는 사업자에게 판매할 수도 있다. 이로써 환자는 자신의 의료데이터에 대하여 자주적인 통제를 할 수 있고 의료관련 기관 간의 상호운용성interoperability을 획기적으로 향상시켜 의료의 민주화와 효율화를 동시에 달성할 수 있게 된다.

본 절에서는 이러한 블록체인 의료의 법적인 쟁점을 다룬다. 이하에서는 먼저 의료와 의료데이터의 특수성을 살펴보고(Ⅱ) 나아가 블록체인 의료의 활용가능성을 검토한 다음(Ⅲ), 블록체인의료에 있어 두 가지 큰 쟁점인 의료데이터의 보호(Ⅳ)와 상호운용성(Ⅴ)에 관하여 살펴보기로 한다.

Ⅱ. 의료 및 의료데이터의 특수성과 법적 규제

1. 의료의 특수성

(1) 보건의료의 공공성

인간은 질병으로부터 자유로워져야 하며 건강한 생활을 영위할 수 있어야 한다. 우리 헌법은 "모든 국민은 보건에 관하여 국가의 보호를 받는다."2고 선언하여 보건권을 국민의 기본권의 하나로 열거하고 있다. 이 보건권은 인간으로서의 존엄과 가치의 수호와 행복추구권의 중요한 전제를 이루고 있다고 할 수 있다.[3] 국민의 건강권을 보장하기 위하여 의료인[4]은 진료를 거부하여서는 안 되며[5] 환자에게 양질의 보건의료서비스를 제공하고[6] 의료의 질을 높이며 병원감염을 예방하고 의료기술을 발전시킬 의무를 부담한다.[7] 이러한 의료제공의무를 보장하기 위하여 의료기재에 대한 압류는 금지된다.[8]

(2) 의료의 개인성

의료는 맞춤형이어야 한다. 특정 개인에 적합한 의료를 제공하기 위해서는 그 개인의 유전정보를 포함하여 신체적, 정신적 정보에 접근할 수 있어야 하는 반면, 인간은 대부분 자신의 질병에 관한 기록을 심지어는 의사에게도 공개하고 싶어 하지 않을 것이다. 여기에 환자와 의사 간의 특별한 신뢰관계의 구축[9]과 비밀유지의무[10]가 부과되는 이유가 있다.

(3) 의료의 기술성과 산업성

오늘날 의료기술은 비약적으로 발전하고 있다. 질병 치료에 유익한 의약품의 발명은 물론 줄기세포 치료와 같은 생명공학적 치료법도 개발되고 있다. 인간의 유전자가 해독되고 AI가 진단과 치료에 활용되고 로봇이 수술을 하며 3D프린터로 인간의 장기와 뼈를 대신하는 보형물이 제작되고 있다. 나아가 웨어러블 디바이스를 비롯한 헬스케어를 위한 스마트 측정 장비가 시판되고 있다.[11] 이렇게 나날이 개발되는 새로운 의료기술의 활용을 위하여 의료법은 신의료기술평가제도를 두고 있다.[12] 오늘날 의료는 단순한 의료서비스가 아니며 인류의 건강을 증진하는 거대한 의료산업을 형성하고 있으며 이 의료시장은 빠르게 성장하고 있다.[13]

2. 의료관계자 간의 법률관계의 특수성

(1) 환자와 의료인 간의 법률관계

환자와 의료인 간의 법률관계의 성격에 관하여는 여러 가지 견해가 대립하고 있는바[14] 의료의 공공성에 비추어 의료인에게 환자를 보호할 의무가 부과되는 특수한 위임계약이라고 할 수 있다. 따라서 의료인은 환자에게 당시의 의료수준에 맞는 의료행위를 하고 그러한 의료에 대한 설명의무를 부담한다.[15] 위에서 본 바와 같이 진료거부가 금지되므로 의료계약 체결이 강제되기도 한다.

(2) 의료기관과 약국 간의 법률관계

의료기관과 약국 간에는 의약분업의 원칙[16]에 따라 직접적인 법률관계는 없고 환자가 의료인으로부터 처방전을 발급받아 약국에 가서 의약품을 조제받는 과정에서 서로 협력할 의무를 지고 있다고 할 수 있다. 특히 약국이 의료기관으로부터 발행받은 전자처방전에 따라 약품을 조제하는 제도가 도입되면 의료기관과 약국은 환자의 의료정보가 누설되지 않도록 하는 등 긴밀한 협력관계에 놓인다.

(3) 의료기관과 기타 관련기관과의 법률관계

의료기관과 관련을 맺고 있는 그 외 기관으로는 의료기관에 각종의 의약품이나 서비스를 제공하는 제약회사, 의료기기 공급회사, 정보시스템 제공회사 등이 있고 환자와 관련하여서는 건강보험회사가 있다. 원칙적으로는 건강보험회사와 계약을 맺고 보험금을 받아 의료기관에 의료비를 지급할 수 있는 자는 환자이고 의료기관은 보험회사에 대하여 어떠한 청구를 할 수 있는 지위에 있지 않지만 국민건강보험법에 따른 요양급여의 청구처럼 의료기관이 건강보험공단에 직접 권리를 행사할 수 있는 경우도 있고[17] 실손보험 등 사보험의 경우에도 환자, 보험회사 및 의료기관 3자 간의 계약으로 의료기관이 직접 보험회사에 의료비, 즉 보험금을 청구할 수도 있다.[18] 이러한 예외적인 경우에는 의료기관과 보험회사는 일정한 법률관계를 맺게 된다.

3. 의료데이터의 특수성

(1) 의료데이터의 비밀정보성과 공공이용의 필요성

여기에서 의료데이터라 함은 "환자[19]로부터 생성된 보건의료에 관한 일체의 데이터"를 의미하는 것으로 사용하며 의료데이터 이전 단계라고 할 수 있는 개인의 신체·생체정보, 유전정보를 비롯한 식이·운동·수면·이동거리·운전상태 등 건강에 영향을 미치는 개인의 데이터를 의료데이터와 구별하여 건강데이터라 부르기로 한다. 보건의료기본법은 "보건의료정보"란 개념을 두고 이를 "보건의료와 관련한 지식 또는 부호·숫자·문자·음성·음향·영상 등으로 표현된 모든 종류의 자료를 말한다"고 정의한다.[20] 보건의료정보가 일반적 의학 지식 등을 포함하고 환자와의 관련성을 요구하지 않음에 반하여[21] 의료데이터는 환자로부터 생성된 데이터라는 점에서 보건의료정보보다는 좁은 개념이나[22] 어떠한 의미를 가진 정보가 아닌 단순한 데이터도 포함한다는 점에서는 의료데이터가 더 넓은 개념일 수도 있다. 의료데이터는 다시 환자 자신이 생성한 데이터(이를 '환자의료데이터'라 부르기로 한다)와 환자의료데이터를 가공하여 생성된 2차 데이터(이를 '가공의료데이터'라 한다), 그리고 환자의료데이터에 대한 의학적 소견이나 평가, 나아가 치료 내용에 관한 데이터(이를 '의사의료데이터'라 부르기로 한다)로 나눌 수 있다. 의료데이터는 앞서 본 바와 같은 의료의 개인성으로 인하여 비밀정보적 성격을 가지고 있어 그에 대한 환자의 접근과 이해가 보장되어야 하는 반면,[23] 환자 자신뿐 아니라 다른 환자의 치료와 연구에 활용될 수 있는 공공정보로서의 성격을 겸유하고 있다. 의료데이터의 보호와 활용에 관하여는 뒤에서 자세히 살펴보기로 한다.

(2) 의료데이터의 전자화

의료법은 먼저 의료기관이 안전하게 관리 및 보존할 수 있는 시설과 장비를 갖추어 진료기록부등을 전자의무기록EMR으로 작성·보관할 수 있도록 하고 표준화된 전자의무기록시스템의 사용을 권장하고 있다.[24,25] 또한 정부는 진료기록의 사본 및 진료경과에 대한 소견 등의 전송 업무를 지원하기 위하여 진료기록전송지원시스템을 구축·운영하기도 한다.[26] 그러나 세계 주요국은 전자의무기록의 표준화에 그치지 않고 이를 통합, 관리하는 전자건강기록Electronic Health Record, EHR[27] 그리고 이를 개인이 생성한 개인건강정보Personal Health Information, PHI와 재차 통합한 개인건강기록PHR으로 발전시키고 있어 전자의무기록의 상호운용성의 필요가 지적되고 있다. 이점에 관하여는 뒤에서 자세히 살펴보기로 한다.

(3) 전자처방전의 발급

의료법은 전자처방전 사용을 전제하고 있다.[28, 29] 의료기관이 발급한 전자처방전을 바코드나 QR코드 형태로 환자 스마트폰을 통해 약국에 제시하고 약국에서는 약사 스마트폰이나 리더로 바코드를 읽어 조제 · 투약한다. 처방전 원본은 의료기관 컴퓨터에 저장한다. 이로써 2015년 기준 연간 5억 건이 넘는 종이처방전 발급 비용을 절약하고 처방전 보관 문제도 해결하며 처방 데이터를 기반으로 스마트폰 앱을 통한 개인 맞춤형 서비스도 할 수 있다.[30] 이처럼 의무기록이나 처방전 등의 의료데이터가 전자화하는 것은 피할 수 없는 시대적 현상이 되었다.

Ⅲ. 블록체인 의료의 활용 가능성

1. 개설 – 블록체인 병원 운영 시스템의 예

블록체인 기술은 전자의무기록 관리나 의약품 유통, 의료비청구 등 다양한 분야의 적용될 수 있다. 그 기술적 우수성과 산업적 활용가능성은 이미 널리 알려져 있다.[31] 블록체인 기술을 활용한 병원운영시스템, 의료보험금청구, 건강상태 및 질병의 예측 · 예방시스템 등의 사업이 진행되고 있다. 먼저 1차적으로 병원에서 블록체인을 이용한 병원 운영 시스템이 거론될 수 있는바 서울의료원의 '블록체인 기반 Smart Hospital(의료 · 금융 융합) 서비스 사업'의 예를 중심으로 살펴본다. 서울의료원은 블록체인을 이용하여 진료 예약, 검사조회, 일정조회 등 환자 진료 서비스의 간편화, 진료비 및 주차료의 모바일 결제, 병원 내부 및 외부의 위치기반 서비스 안내, 개인 진료이력정보 및 만성질환 맞춤형 건강관리 정보 제공과 전자처방전 발행, 제증명 발급, 실손보험청구 서비스 등 의료에 관한 거의 모든 과정을 실현하려고 한다.[32, 33]

<그림 1>　전자처방전 발행및 결제 서비스 예시도[34]

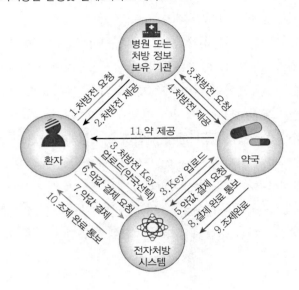

2. 블록체인을 활용한 전자의무기록의 공유

블록체인 기술로 의료기관의 건강·의료기록 보관 및 전송, 의료기관과 보험회사간 전송, 처방전 및 개인의무기록의 발급에 있어 무결성을 보장하고 그 거래비용을 절감하며 환자 신원 확인을 할 수 있다.[35] 국내적으로는 전자의무기록을 인증하는 기관을 둘 수 있으나 국제적으로는 그런 기관이 없으므로 환자가 자신의 인증된 의무기록을 외국에서 열람할 수 없게 된다는 문제가 있다. 이러한 문제를 블록체인 기술로 해결한다면 성형수술, 암수술 등을 목적으로 외국으로 의료관광을 가는 환자에게는 큰 도움이 될 수 있다.[36]

3. 블록체인을 활용한 보험금지급 시스템

보험금 청구 절차가 복잡하고, 허위 보험금 청구, 과잉 진료 및 진료비 과다 청구 등 보험사기가 횡행하고 있는바[37] 블록체인 기반 건강보험은 보험금 지급을 자동화하고 보험사기를 최소화할 수 있는 방안이 될 수 있다. 우리나라에서도 교보생명은 블록체인 기술을 이용하여 환자가 진료 후 보험금을 청구하지 않아도 간편한 인증만으로 의료보험금을 자동청구하고 지급하는 서비스를 시범 운영하고 있다. 또한 블록체인과 스크래핑 기술로 다른 보험회사 계약정보를 개인정보 유출 우려 없이 불러와 원스톱 보험 컨설팅 서비스도 제공한다.[38] 장래 국민건강보험에 블록체인을 도입한다면 보험심사평가원에서의 의료기록 및 보험금 지급을 위한 블록체인 공동망을 구축하여,[39] 의무기록과 환자 개인의 사보험계약약관을 연계하여 보험금 청구절차를 자동화하여 환자의 편의를 도모하고 보험금 미지급을 최소화하고 의료기관의 건강보험심사평가원에 대한 국민건강보험 및 요양급여 비용 청구 시 허위청구, 과다청구 및 중복청구 등의 부정 청구와 환자의 의료쇼핑 또는 보험사기를 예방 또는 적발하고, 의료기관간 비급여 진료비 비교에 활용할 수 있을 것이다.[40, 41]

4. 블록체인을 활용한 의약품 · 의료기기 유통망 구축

블록체인에 기반하여 의료기기와 의약품 공급망을 추적, 관리하여 위조품의 유통을 방지하고[42] 개인키와 스마트계약 기능으로 공급망상의 의료기기와 의약품의 소유권을 증명하는 등 계약 관리가 가능하며 의약품 유통기한 관리, 부작용 관리, 중복 처방 및 과다 처방 관리도 가능하다. 블록체인 기술을 활용한 의약품 공급망 관리시스템SCM도 실현되고 있다. iSlove LCC라는 회사는 여러 제약 회사와 협업하여 블록체인 기술로 분산된 약품 공급망을 최적화하고 보안을 유지하며 의료데이터를 관리 및 공유할 수 있도록 하는 의약품 공급망의 무결성을 자랑하고 있다.[43] 의약품과 같이 운송 및 보관 시 일정 온도를 유지하는 것이 중요한 품목의 경우 특히 블록체인 기술이 유용하다. 또한 일본 홋카이도의 (주)INDETAIL은 블록체인을 활용하여 약국의 약품 재고 정보를 공유하고 서로 유통시켜 재고 해소를 목적으로 하는 의약품 재고 판매 플랫폼을 구축하고 있다고 한다.[44]

5. 블록체인 활용한 건강관리서비스

블록체인 기술에 기반하여 의료데이터 생산자로서의 환자 입장에서 데이터 자체나 건강에 대한 인센티브 등을 부여하여 개인의 건강을 증진하고 질병을 예방할 수 있으며 수익 모델을 만들어 새로운 시장을 창출할 수도 있다. 여기에는 의료데이터뿐 아니라 유전 정보를 비롯한 각종 생체정보를 포함하는 건강데이터를 활용하고 인터넷 사물과 지리 정보 연계 기술과 융합하여 삶의 질을 향상시킬 수 있는 시스템과 응용 프로그램 구축에 사용할 수 있다.

예컨대 모인프로젝트Moin Project는 모션데이터, 유전체 데이터, 의료기록, 일상 생활 데이터를 합하여 '정량화 된 자아', 즉 아바타를 구성하고 건강상태나 질병을 예측·예방하는 솔루션을 개발하고 있다. 이 프로젝트는 빅데이터의 방대한 정보와 본인의 활동에 의해 축적된 정보를 종합적으로 판단하고 건강데이터 분석을 통하여 질병을 예방하면서 자신에게 맞는 맞춤형 케어를 할 수 있도록 한다.[45] 또 다른 예로 메디블록Mediblock은 병원의 진료기록과 스마트워치 등 사물인터넷 기반의 의료기기가 생성하는 혈당, 혈압 등의 건강데이터를 개인이 열람할 수 있는 블록체인에 저장한 다음 모든 병원 의료기록을 조회하고 건강을 관리할 수 있게 하는 것으로 이를 운영하기 위한 보상으로 메디토큰을 발행하여 의사는 메디블록 시스템에 환자의 의료정보를 기록, 생성하면 메디토큰을 받고, 환자는 의사의 의료데이터 기록을 승인해 줄 때 및 자신의 의료데이터나 건강데이터를 원하는 연구자나 기업에 판매할 때 메디토큰을 받을 수 있게 하는 블록체인 시스템을 구축하고 있다.[46]

6. 기타 의료 산업에의 활용

그 외 의료기기의 개발에 블록체인 기술을 활용할 수 있다. 블록체인 기술을 인체삽입용 로봇을 비롯한 인체 삽입용 의료기기, 3D프린팅 의료기기, 수술용 로봇, 혈관 투입용 드론 등 첨단 의료기기에 대한 임상 및 제조허가, 그 유통과정의 추적 관리, 시술 또는 수술 후의 부작용 탐지 등에 활용하여 의료사고의 예방과 신속한 원인 규명, 책임 소재 파악 등 문제 해결을 할 수 있다.[47]

나아가 의료서비스와 의료연구의 품질 제고에 블록체인기술을 이용할 수 있다. 블록체인은 보건의료서비스에 대한 평가[48]에 활용될 수 있다. 나아가 블록체인은 안전한 의료데이터 교환을 위한 시스템의 설계와 표준을 설정하여 정밀의료 및 맞춤형 의료와 임상시험의 안전성 향상 및 연구자 간의 데이터 공유를 가능하게 한다.[49] 즉, 블록체인 시스템에서는 임상 시험, 임상 프로토콜, 임상 결과에 관한 시간 기록의 변경이 불가능하므로 임상 시험 기록의 조작을 방지하고 오류 발생률을 감소시키고 또한 임상 연구 관여자의 안전을 도모할 수 있으며 임상데이터, 생체정보데이터, 오믹스데이터, 약물특성데이터, 독성데이터, 약물의 타겟정보 등에 적용하여 약물의 부작용을 최소화하고 안전한 관리를 할 수 있다.[50]

7. 소결 – 안전하고 저렴한 의료의 제공 가능성

보건의료산업에 블록체인기술을 도입한다면 데이터침해관련 비용, IT비용, 운용비용, 지원기능 및 인력 비용을 절약하고 위조품 관련 및 보험사기를 방지하여 2025년에는 매년 1,000억 달러(약 100조 원)를 절약할 수 있다고 한다.[51] 이러한 추산이 사실이라면 보건의료분야에 블록체인기술을 도입하는 것은 필지의 길이 되지 않을 수 없다고 할 것이다. 이하에서는 블록체인 기술활용에 관련한 의료데이터의 법적 문제를 살펴본다.

 Ⅳ. 블록체인에 의한 의료데이터의 보호

1. 의료기관 등의 의료데이터 보호의무

(1) 의료기관의 법률상 비밀보지의무

먼저 보건의료기본법은 환자의 비밀을 보장하기 위하여 모든 국민은 보건의료와 관련하여 자신의 신체상·건강상의 비밀과 사생활의 비밀을 침해받지 아니한다고 선언하고,[52] 의료법은 의료인등에게 원칙적으로 의료·조산 또는 간호업무, 진단서·검안서·증명서 작성·교부 업무, 처방전 작성·교부 업무, 진료기록 열람·사본 교부 업무, 진료기록부등 보존 업무 및 전자의무기록 작성·보관·관리 업무를 하면서 알게 된 다른 사람의 정보를 누설하거나 발표하지 아니할 의무[53]와 환자가 아닌 타인에게 환자에 관한 기록을 열람, 사본 교부 기타 내용 확인을 불허할 의무[54]를 부과한다.

(2) 의료데이터의 전자화와 비밀보지의무

의료법은 진료기록전송지원시스템 운영자에게 보유 정보의 누출, 변조, 훼손 등을 방지하기 위하여 접근 권한자의 지정, 방화벽의 설치, 암호화 소프트웨어의 활용, 접속기록 보관 등 안전성 확보에 필요한 기술적·관리적 조치를 할 의무와 보유 정보를 제3자에게 임의로 제공하거나 유출하지 아니할 의무를 부과하고[55] 누구든지 정당한 사유 없이 진료기록전송지원시스템에 저장된 정보를 누출, 변조 또는 훼손하여서는 안 되며 그 운영에 개인정보 보호법을 보충적으로 적용할 것을 규정한다.[56] 또한 전자처방전에 포함된 개인정보 보호를 위하여 의료법은 모든 자의 전자처방전에 저장된 개인정보에 대한 정당한 사유 없는 탐지, 누출, 변조, 훼손을 금한다.[57]

전자의무기록의 작성과 전자처방전의 이용 등으로 의료데이터의 전자화가 진행됨으로써 의료기관 등에게 엄격한 비밀유지의무가 부과되고 이에 전자의료데이터의 비밀유지를 위하여 관련 법령은 의료데이터 저장 방식과 보안관련 설비까지 규제하고 있으며 고도의 보안을 요구하고 있다. 나아가 의료기관에서 생성된 의료데이터뿐 아니라 의료기관 외에서 디지털 헬스케어 및 사물인터넷 기기들이 생성하는 의료데이터가 급격히 증가하고 있어[58] 이러한 데이터가 의료기관 내에서 생성된 의료데이터와 결합하는 경우 그 비밀유지의무의 범위에 혼선이 생길 수 있다.

(3) 환자의 기록 통제권

의료법상 환자는 의료인 등에게 본인에 관한 기록[59]에 대하여 열람, 사본의 발급 등 내용의 확인을 요청할 권리를 가지고,[60] 의료인 등이 타 의료기관에 진료기록의 내용 확인이나 진료기록의 사본 및 환자의 진료경과에 대한 소견 등을 송부 또는 전송함에 있어서는 해당 환자나 환자 보호자의 동의를 받아야 한다.[61] 의료데이터의 전자화에 따라 환자는 자신의 의료데이터가 의료기관등에 의하여 어떻게 관리, 보관, 이용되는지를 더욱 알 수 없는 상황이 놓이게 되었으므로 환자의 기록통제권을 강화할 필요가 있다.

(4) 개인정보 보호법과의 관계

개인정보 보호법은 개인정보[62]를 보호하기 위하여 "정보주체"라는 개념을 설정하고[63] 정보주체에게 개인정보의 처리에 관한 동의 여부, 동의 범위 등을 선택하고 결정할 권리를 비롯한 이른바 개인정보 자기결정권을 부여한다.[64, 65] 또한 개인의 건강에 관한 정보 등 민감정보[66]에 대하여는 원칙적으로 정보주체의 별도의 동의를 받아야 정보처리를 할 수 있도록 하고 있다.[67] 그 외 정보통신망 이용촉진 및 정보보호 등에 관한 법률도 개인정보 보호의무를 부과한다.[68]

환자에 관한 기록에 대한 보호에 관한 의료법의 규정과 개인정보 보호에 관한 개인정보 보호법의 규정 간의 관계가 문제된다. 두 법 간의 관계에 관하여는 중첩적 적용설과 의료법 적용설이 대립할 수 있으므로 이점을 살펴본다. 먼저 중첩적 적용설은 의료법이 개인정보 보호법의 적용을 배제한다는 명문규정이 없고 또 두 법을 중첩적으로 적용함으로써 환자의 개인정보를 두텁게 보호할 수 있다는데 그 논거를 둘 수 있다. 의료법 적용설은 ① 의료법의 환자의 개인정보뿐 아니라 모든 정보에 관하여 의료기관에 엄격한 비밀보지의무를 부과하고 환자의 기록 열람권을 보장하고 있는 점, ② 의료법은 개인정보 보호의 필요에 불구하고 일정한 예외를 인정하고 있는 점,[69] ③ 만약 개인정보 보호법에 따라 환자가 의료기관에 대하여 개인정보의 처리 정지, 정정 · 삭제 및 파기를 요구할 권리[70]까지 인정한다면 의료법상 의료기관이 진료기록 등을 보존하고 다른 의료기관 등에 진료기록을 송부할 의무를 이행할 수 없게 되는 점, ④ 의료데이터는 의료행위 이외에 국가보건의료정책과 사업분야에서 이용되는 공공성 때문에 개인정보 보호보다 공익의 보호가 우선하여야 할 경우가 있는 점 등을 근거로 할 수 있을 것이다.

생각건대 먼저 앞서 본 바와 같이 개인정보와 의료데이터는 구별되는 개념으로서 그 범주를 달리하며 의료데이터는 개인의 건강에 관한 정보로서 민감정보일 가능성이 높으나 개인정보, 즉 개인식별정보에 해당하는 데이터는 의료데이터의 극히 일부를 점하는 점, 그리고 뒤에서 언급하는 바와 같이 개인정보 삭제청구권이나 잊힐 권리를 진료기록 등에 까지 인정한다면 의료법의 목적을 달성할 수 없는 점과 개인정보 보호가 필요한 부분은 의료법에서 그 적용을 명시하고 있는 점[71] 등을 고려할 때 환자기록의 보호에 관한 의료법의 규정이 개인정보 보호법에 우선하여 적용되고 의료법이 적용되는 범위 내에서는 개인정보 보호법의 적용이 배제된다고 해석하는 견해가 타당하다 할 것이다.

2. 의료데이터의 귀속

(1) 의료데이터의 귀속에 관한 일반론

의료데이터에 대한 관리지배권[72]이 의료기관에 있는지 아니면 환자에게 있는지가 논란이 되고 있다.[73] 환자의 개인정보 자기결정권을 강조하는 입장에서는 환자에게 그러한 권리가 있다고 하고[74] 의료기관이 의료데이터를 작성한다는 점을 강조하는 입장에서는 의료기관에 그러한 권리가 있다고 본다. 그러나 이 문제는 의료데이터의 유형에 따라 달리 보는 것이 타당할 것이다.[75] 먼저 환자의료데이터, 즉 환자 자신이 생성한 자신의 혈압이나 혈당 수치, 유전 정보 등 신체와 건강에 대한 데이터에 관하여는 그 측정기관이 의료기관이라 하더라도 이는 환자 개인의 건강에 관한 데이터로서 그에 대한 권리는 환자에게 속한다고 보아야 할 것이다. 그러나 환자의료데이터를 결합, 분리 기타 가공을 하여 2차 데이터로 만든 가공의료데이터의 경우에는 가공의 정도에 따라 그에 대한 권리의 귀속자를 정하여야 할 것이다. 이 경우에는 민법의 가공에 관한 법리를 유추하여 가공을 하더라도 가공물의 소유권은 원재료의 소유자에게 속한다는 원칙에 따라 환자에게 그 권리가 귀속한다 할 것이나 가공의료데이터의 가치의 증가가 원재료인 환자의료데이터의 가치보다 현저히 다액인 때에는 가공자인 의료기관 등에 속한다고 하여야 할 것이다.[76] 한편, 환자의료데이터에 대한 의학적 소견, 평가나 치료 내용에 관한 데이터, 즉 의사의료데이터에 관하여는 이는 그 작성자의 창작적이고 전문적인 작업의 결과이므로 그 권리는 의료기관에 속한다고 할 것이다.

(2) 의무기록 작성의무와의 관계

의료법상 의료인은 진료기록부, 전자의무기록 등을 작성하고 이를 관리, 보존할 의무를 진다.[77] 진료기록부등의 작성의무와 권한이나 물리적 존재로서의 진료기록부에 대한 소유권의 귀속문제는 의료데이터에 대한 관리권 내지 소유권의 귀속문제와는 직접적인 관계가 없다고 할 수 있다.[78] 진료기록부 작성의무는 공법인 의료법이 부과하는 행정적 의무로서 의료데이터에 대한 사법상의 권리 귀속의 문제와는 별개이기 때문이다.

(3) 개인정보 자기결정권과의 관계

일부 견해는 의료데이터에 관한 권리 귀속을 정보주체의 개인정보 자기결정권과 결부시키고 있으나 앞서 본 바와 같이 개인정보와 의료데이터의 개념은 엄격히 분리하여야 하고 그러한 관점에서는 개인정보가 의료데이터에서 점하는 비중은 오히려 사소하며, 개인정보 자기결정권은 정보주체가 정보보유자로부터 개인정보를 제공받을 권리와 정보처리에 동의할 권리를 그 주축으로 하는 것으로 그에 한정되며 개인정보에 대한 배타적인 관리권이나 소유권에까지 확장될 수 있는 개념이 아니라 할 것이다.

(4) 환자의 의료데이터 관리 지배 가능성

그러나 의료데이터에 대한 관리지배권이 환자에게 귀속하는지 여부가 명확하지 않았을 뿐 아니라 환자에게 관리지배권이 귀속하는 경우에도 의료데이터에의 접근성, 상호운용성, 분산저장성 및 데이터간 불일치 외에도 의료진의 소견 등 2차 생성 데이터의 부가 등의 이유로 환자가 의료데이터에 대하여 관리지배권을 실제로 행사하기는 매우 어려운 실정이다.

3. 블록체인에 의한 환자의 권리 신장

(1) 블록체인에 의한 의료데이터 보호의 제고

블록체인은 의료기관 등이 환자의 의료데이터 보호의무를 이행할 수 있는 기술적 기반을 제공해 줄 수 있다. 즉, 블록체인은 의료진 및 의료기관 간 정보를 교환할 때마다 남게 되는 기록을 모든 사용자가 나눠 갖게 되며, 수정이나 갱신이 필요할 경우에는 참여자의 동의가 필요하기 때문에 무단 도용 및 변형이 어렵게 되어 데이터에 대한 보안을 확보할 수 있는 것이다. 부연하면 블록체인의 고유 속성이라 할 수 있는 암호화된 공개키 및 비공개 키에 의한 엑세스, 작업 증명, 분산 데이터 등의 기술은 해킹과 위변조 위험으로부터 의료데이터 원장을 안전하게 보존을 할 수 있게 해준다.[79, 80] 특히 블록체인은 의료기관 외에서 모바일 의료기기에서 생성되는 의료테이터를 보호하고 안전하게 관리하며 원치 않는 데이터에 대한 접근을 제한하되 익명화되거나 공개할 거래데이터 등 의료데이터는 이를 공유할 수 있게 하여 보안과 데이터의 상호운용성을 증진할 수 있다.[81] 이처럼 블록체인은 위에서 살펴본 바와 같이 의료기관과 기타 관련 기관에게 법령상 부과된 의료데이터 보호의무를 준수할 수 있게 해준다.

(2) 블록체인에 의한 환자의 의료데이터에 대한 실질적 권리 행사 가능성 제고

무엇보다도 블록체인은 환자의 의료데이터에 대한 관리지배권 문제를 해결하여 환자의 의료데이터를 환자에게 되돌려 주는 '환자 중심 의료서비스'를 가능하게 한다. 나아가 블록체인은 환자의 의료기관, 의료진 및 진료정보, 투약정보 등 의료데이터 뿐 아니라 신체 · 생체정보, 유전체정보를 비롯한 식이 · 운동 · 수면 · 이동거리 · 운전상태 등 환자의 건강데이터의 기록, 저장 및 유통에 대한 환자의 관리지배권을 확보함으로써 개인의 건강관리와 맞춤형 의료를 받는 데 활용할 수 있고 의료기관 및 연구소에 환자가 동의하는 범위 내에서 의료데이터를 판매하여 경제적인 이익을 얻을 수 있도록 해준다.[82, 83]

4. 블록체인에서의 개인정보 삭제의무 이행의 문제

(1) 개인정보 삭제의무와 블록체인의 삭제 불가능

블록체인에서 개인정보를 이용하는 경우에는 블록체인 데이터의 비가역성으로 인해 데이터의 삭제나 변조가 불가능하다.[84] 그런데 앞서 본 바와 같이 개인정보

처리자는 보유기간의 경과, 개인정보의 처리 목적 달성 등 그 개인정보가 불필요하게 되었을 때에는 지체 없이 그 개인정보를 파기할 의무를 지며[85] 정보주체는 개인정보를 삭제하거나 그 개인정보의 처리를 제한하는 정보파기요구권을 가진다. 이는 오늘날 논의되는 '잊힐 권리'right to be forgotten도 이 범주에 속하는 정보주체의 권리이다.[86] 이처럼 서로 상용할 수 없는 블록체인의 비가역성과 정보주체의 개인정보 파기요구권 간의 충돌을 어떻게 해결할 것인가가 문제된다.

(2) 정보주체의 사전 동의를 받는 방안

데이터의 위변조를 불가능 하게 하는 블록체인이라는 기술적 장치는 블록체인 참여자에게 데이터의 무결성과 안전성이라는 신뢰를 제공한다. 이러한 장점을 향유하고자 하는 정보주체는 블록체인 시스템에 가입함에 있어 사전에 이와 같은 블록체인의 비가역성이라는 장점을 선택 대신 정보파기요구권을 포기하는 약정을 할 수 있을 것이다. 개인정보의 삭제요구권 포기에 동의하는 것은 정보주체의 '자율적 통제'의 영역에 속하는 것으로 볼 수 있어[87] 블록체인 기술이 일반화된다면 그에 대한 묵시적 동의를 가능하게 하는 입법도 가능할 것이다.[88]

(3) 블록체인에서의 개인정보 삭제의무 이행 방안

이러한 문제를 해결하기 위하여 개인정보 파기의 범주에 복원이 불가능한 방법으로 영구 삭제하는 것 외에 기술적 조치를 통해 내용을 확인할 수 없는 형태로 폐기하는 것도 포함시킴으로써 전자적으로 기록된 개인정보에 대한 접근 차단 또는 읽을 수 없는 정보로의 변환 등의 기술적 조치를 취하면 삭제 파기의무를 다한 것으로 보는 방안이 제시되었다.[89]

(4) 의료데이터에 대한 삭제요구권의 부인

정보주체의 개인정보 삭제요구권은 일반적인 개인정보에 해당되는 것이고 의료데이터에는 그 적용이 없다는 해석도 가능하다. 먼저 앞서 본 바와 같이 의료데이터 중 개인정보가 점하는 비중이 사소한 점, 의료데이터에 관하여는 의료법 등 의료관계법이 우선 적용되고 그 범위 내에서 개인정보 보호법의 적용이 배제된다면 의료관계법에 의료데이터 삭제권이 규정되어 있지 않은 이상 환자에게 의료데이터 삭제요구권을 인정하지 않을 수 있는 점, 가공의료데이터나 의사의료데이터에서 보는 것처럼 의료데이터는 2차 생성 등 추가적 작업이 예정되어 있는 점 및 의료데이터의 공공성에 비추어[90] 환자의 삭제요구권을 배제할 수 있다 할 것이므로 의료데이터에 관한한 블록체인 시스템 채용으로 인한 개인정보 삭제요구권과의 충돌은 존재하지 않는다고 할 수 있다.

V. 블록체인과 의료데이터의 상호운용성

1. 블록체인 기술을 이용한 의료데이터의 활용

(1) 의료데이터의 활용에 대한 현실적 제약

의료법의 의료데이터에 대한 기본적인 태도는 의료데이터가 의료기관 내에 머물러 있어야 한다는 것이다.[91] 의료데이터를 병원 외부에 보관하는 것도 허용되지 않았다. 그러다가 2017년 의료법 시행규칙 개정을 통해 전자의무기록의 관리·보존에 필요한 시설과 장비를 따로 갖출 것을 조건으로[92] 병원 외 기관에 의료데이터를 저장하는 것이 허용되었다.[93] 그러나 의료데이터의 의료기관 외 반출은 여전히 엄격히 규제되고 있다.

이러한 제약 속에서 의료데이터가 활용된 사례로는 건강보험공단과 건강보험심사평가원이 국민건강보험제도를 운영 및 심사·평가하기 위해 보유하고 있는 전 국민의 보건의료 데이터의 활용을 들 수 있다. 건강보험공단은 건강보험 가입자 100만 명에 대한 2002년부터 2010년까지의 진료내역, 검진결과, 거주지 및 보험료, 요양기관 정보 등을 비식별화한 전 국민 건강정보표본 데이터베이스를 연구용으로 제공하고, 운전면허 발급에 있어 국가검진자료상의 개인 시력검사 결과를 연계, 간소화하였으며, 건강보험심사평가원은 환자 개인정보를 제외한 질병별, 특정 의료행위별, 치료재료별 진료정보와 병원정보 등 각종 보건의료정보를 API를 통해 개방하고 보건의료 빅데이터 센터를 개설, 연간 200억 개(49.5TB) 분량의 보유 데이터를 활용하여 서비스 개발과 산학연 연구를 하게 한 바 있다.[94]

그러나 우리나라의 보건의료 전달체계는 보건복지부가 간접적으로 병원을 규제, 관리하는 방식이고 의료데이터도 의료기관이 요양급여청구를 하게 할 목적으로 형성한 것이라는 특성 때문에 연구 목적에의 제공 외에는 의료데이터가 잘 활용되지 못하고 있다.[95] 또한 의료데이터의 비식별화 문제, 유출 시 책임소재의 불명확성, 의료데이터 활용의 포괄적 동의의 금지가 활성화 저해 요인으로 지적되었다. 또한 의료데이터의 특수성을 무시하고 행정안전부, 산업통상부, 과학기술정보통신부, 보건복지부 등 여러 부처가 개인정보 보호라는 명목하에 부처별로 다양한 법령과 가이드라인을 제정하여 의료데이터에 적용하고 있어 현실적으로 그 활용이 어렵다는 애로가 있다.[96]

(2) 블록체인 기술에 의한 의료데이터 활용 방안

블록체인 기술은 보건의료산업에 여러 가지 이점을 제공하고 있는바 블록체인은 공개소프트웨어와 범용 하드웨어 및 공개 API를 사용함으로써 시스템 간의 신속하고도 용이한 상호운용성 확보와 대량, 다수의 데이터를 수용할 수 있게 한다. 이 시스템의 설계는 하자가 거의 없음이 입증되었고 데이터의 암호화 기술이 산업표준으로 채택되었다는 점 또한 큰 장점이다.[97] 기술적인 가능성이 증명된 만큼 이제는 블록체인 기술 채택을 방해하는 제반 법적, 현실적 제약을 타파하여 의료데이터가 블록체인 기술에 편승하여 환자, 의료기관 및 의료산업 모두에 유익하게 활용될 수 있는 길을 터 주어야 할 것이다. 보건복지부는 의료데이터의 특수성에 착목하여 의료법상의 의료데이터 보호조치를 완료하는 한 개인정보 보호법 기타 다른 부처의 관련 법령이 적용되지 않음과 의료데이터 중 개인정보의 비식별화 사용 가능성을 명시하는 의료법 개정이 이루어져야 하며 의료데이터와 건강데이터의 결합과 그 이용의 자유를 허용하는 입법을 하여야 할 것이다. 또 한가지는 의료기관과 기타 관련 기관 간의 의료데이터의 상호운용성을 확보하는 것이다. 이점에 관하여는 항을 바꾸어 상세히 살펴본다.

2. 상호운용성의 개념과 그 일반적 필요성

정보시스템에 있어서 상호운용성interoperability이라 함은 서로 다른 정보시스템과 소프트웨어 앱 간에 교신, 데이터 교환, 교환된 정보의 사용을 할 수 있는 가능성을 말한다. 먼저 의료데이터의 상호운용성 확보의 필요성은 법령에서도 찾아볼 수 있다. 국가는 균형 있는 보건의료서비스 공급의무를 지고,[98] 공공보건의료 업무를 추진할 때 의료기관과 협력할 수 있으며[99] 보건의료인은 보건의료 전문분야별 또는 전문분야 간에 상호 협력의무를 지고[100] 공공보건의료기관과 민간보건의료기관 간의 역할 분담과 상호협력 체계 수립할 의무를 지고 있는바[101] 이러한 의무를 이행하고 업무를 추진하기 위하여는 그 전제로서 관련 기관 간 의료데이터의 공유 내지 상호운용성interoperability이 확보되어야 한다. 이를 위하여는 의료데이터를 클라우드 등 의료기관 외에 보관하여 관련 기관이 접속할 수 있어야 한다.

현실적으로도 의료데이터는 의료기관 내에서 다수의 의료종사자에 의해 생성되고 타 의료기관, 약국, 보험회사 및 국가기관 등 유관 기관 간에 공동 활용되며 이는 의료데이터의 정보화로 인하여 한층 가속화되고 있다. 의료 관계당사자 간의 상호운용성 확보로 신속하게 교신함으로써 작업상의 효율을 증진하고 시간을 절약할 수 있고 영상판독이나 연구실 지시 등 임상에 관여하는 것을 줄일 수도 있다. 또한 X레이 촬영횟수를 감소시키고 임상적 치료를 충분히 할 수 있게 된다. 그러나 관련 기관 간 상호운용성을 확보한다 하더라도 생활 습관이나 휴대용 의료기기가 생성하는 건강데이터에까지 상호운용성이 있는 경우는 드물다.[102]

3. 의료데이터 상호운용성 확보의 구체적 필요성

(1) 원격의료와 의료데이터의 상호운용성

의료인은 원칙적으로 대면진료를 하여야 하나 정보통신기술을 활용하여 원격지에 있는 의료인에게 의료지식이나 기술을 지원하는 원격의료를 할 수 있다.[103] 이러한 원격진료를 원활하게 하기 위해서는 의료기관 간의 의료데이터의 상호운용성이 확보되어야 할 것이고 이 점은 향후 원격진료의 범위가 의료기관과 환자 간으로 확대될 때에는 더욱 확장되어야 할 것이다.

(2) 기타 환자와 의료기관 간 의료데이터 상호운용성 확보의 필요성

의사는 환자를 진찰하고 처방을 내리며 치료를 하며 이에 부수하여 환자가 본인에 관한 기록에 대하여 열람 또는 그 사본의 발급 등 내용의 확인을 요청하면 이에 응하여야 한다.[104] 또한 의사는 환자에게 수술 등을 하는 경우 설명하고 서면으로 동의를 받을 의무를 부담하고[105] 자신이 직접 의약품을 조제하여 환자에게 내어주는 경우 그 약제의 용기 또는 포장에 환자의 이름, 용법 및 용량 등의 사항을 적어주어야 한다.[106] 이러한 환자와 의료기관 간 의료데이터 교환을 위하여도 의료데이터의 상호운용성이 확보되어 있어야 한다.

(3) 의료기관과 약국 간의 의료데이터 상호운용성 확보의 필요성

의료기관과 약국 간에 전자처방전을 전송할 수 있기 위해서는 의료데이터의 상호운용성이 확보 되어야 한다. 이러한 상호운용성을 위하여 전자처방전전송서비스 사업자가 의료기관과 약국 간에 개입할 수 있다.

(4) 의료기관 간의 의료데이터 상호운용성 확보의 필요성

앞서본 바와 같이 보건의료인은 보건의료 전문분야별 또는 전문분야 간에 상호 협력의무를 지며 공공보건의료기관과 민간보건의료기관 간의 역할 분담과 상호 협력 체계 수립할 의무를 지고 있고 경우에 따라서는 의료기관 간에 진료기록을 송부하여야 하며[107] 의료기관 간에 시설을 공동으로 이용하여야 하는 경우도 있다.[108] 나아가 환자에 대한 적절한 의료를 위하여 의료기관을 옮기는 이른바 전원轉院의 필요가 있고[109] 경우에 따라서는 환자의 의사에 불구하고 병원의 판단으로 전원을 하는 강제전원의 필요가 있다.[110] 이러한 경우 의료기관간에 의무기록을 공유할 필요가 있고 의료기관 간 블록체인시스템으로 전자의무기록에 대한 상호운용성을 확보하다면 매우 편리하고 신속하게 환자에 대한 처치를 할 수 있을 것이다.

(5) 건강보험 관련기관 등과의 상호운용성 확보의 필요성

의료보험의 처리를 위해서는 환자, 의료기관, 약국, 보험회사 간 의료데이터의 상호운용성 확보가 중요하다. 그 외에도 현행법상 건강보험공단이나 심사평가원은 요양기관, 보험회사 등에게 주민등록 등의 자료 제공을 요청할 수 있도록 되어 있는 바[111] 이들 간의 상호운용성을 확보할 필요가 있을 것이다. 또한 새로 개발된 의료기술에 대하여 안전성·유효성 등에 관한 평가를 하고 신의료기술평가의 결과를 건강보험심사평가원에게 알려야 하고 신의료기술평가의 결과를 공표할 수 있는바[112] 이를 위하여 의료기관, 평가기관 및 건강보험심사평가원간에 의료데이터의 상호운용성을 확보할 필요가 있을 것이다.

4. 블록체인에 의한 의료데이터 상호운용성 확보

먼저 미국의 상황을 살펴본다. 미국 국가의료정보기술청 Office of the National Coordinator for Health Information Technology, ONC은 의무기록시스템의 상호 운용성 및 접근성의 요건으로 유비쿼터스성, 네트워크 보안성, 전 참여자에 대한 신원 증명 및 인증 가능성을 두루 갖추어서 건강정보교환 Health Information Exchange, HIE을 할 수 있을 것을 요구하였다.[113] 그러나 현재의 기술 수준은 국가의료정보기술청의 요구사항을 만족시키지 못하고 있어 블록체인 기술이 상호운용성 요건을 충족시키는 대안으로 주목받고 있다.[114] 또 한 가지 블록체인기술이 거론되는 이유는 상호운용성이 환자 중심 patient-centered interoperability으로 전환되고 있기 때문이다. 이러한 환자 중심 상호운용성의 요구는 기술적으로 보안과 프라이버시 보호, 가버넌스에 대한 새로운 보완이 필요하므로 블록체인 기술의 채택이 검토되고 있다.[115]

우리나라에 있어서도 환자중심의 의료가 이루어지기 위해서는 환자 중심의 상호운용성을 확보하여야 할 것인바 최근 My Data운동과 결부되어 블록체인 기술 채택을 촉발할 것으로 보인다. 블록체인 기술을 적용하기 위해서는 의료데이터의 통합이 가능하도록 기술적 표준화를 이룩하지 않으면 안 된다. 이처럼 블록체인 기술이 의료분야에 채택되어 의료데이터 자체를 블록체인 상에서 관리하게 되면 데이터의 기밀성·완결성·가용성을 바탕으로 데이터의 안전성을 확보할 수 있어 병원 간 환자의 과거 데이터 공유를 통하여 불필요한 중복검사·처방 등을 방지하며 의료비용 부담과 진료 오류를 줄일 수 있을 것이다.[116]

5. 의료 블록체인 플랫폼 운영자의 책임

(1) 의료 블록체인 플랫폼의 등장

의료데이터의 상호운용성 확보를 위하여 다양한 의료 블록체인 플랫폼이 등장할 것이다. 먼저 의료기관 중심의 플랫폼이 있고 그 범위를 확장하면 의료기관간 전송서비스 플랫폼, 전자처방전 플랫폼, 의료보험 플랫폼 등의 등장이 예상된다. 의료 블록체인 플랫폼 운영자는 의료기관이 아니므로 개인정보 보호법에 따라 의료데이터 중 개인정보를 충실히 보호할 의무를 질 것이다. 이러한 의료블록체인 플랫폼 운영자의 책임을 플랫폼 유형별로 살펴본다.

(2) 의료기관 간 의무기록 전송 플랫폼 운영자의 책임

정부는 의료기관 간의 진료기록의 사본 및 진료경과에 대한 소견 등의 전송 업무를 지원하기 위한 진료기록전송지원시스템을 구축·운영하되[117] 이를 직접 운영하기는 어려우므로 이를 전문기관에 위탁하게 되는바 위탁받은 전문기관은 보유정보 보호 등 일정한 의무를 진다.[118] 또한 정부는 의료기관에게 진료기록전송지원시스템의 구축·운영에 필요한 환자나 환자 보호자의 동의에 관한 자료 등 자료의 제출을 요구하고 제출받은 목적의 범위에서 보유·이용할 수 있도록 되어 있으므로[119] 의료기관 간 및 정부 간 진료기록전송지원시스템을 블록체인을 기반으로 운영하는 전문기관은 의료 블록체인 플랫폼 운영자로서 책임을 져야 한다. 의료 블록체인 플랫폼 운영자를 포함하여 누구든지 정당한 사유 없이 진료기록전송지원시스템에 저장된 정보를 누출·변조 또는 훼손하여서는 안 되며 진료기록전송지원시스템의 구축·운영에 관하여 개인정보 보호법을 준수하여야 함은 위에서 본 바와 같다.[120]

(3) 전자처방전 플랫폼 운영자의 책임

전자처방전을 발급하는 의사는 전자문서 작성 후 전자서명을 한 다음 이를 약국에 전송하고[121] 전자처방전에 따라 의약품을 조제하는 약사가 전자처방전에 관하여 문의한 때 즉시 이에 응하여야 한다.[122] 이러한 작업을 하기 위해서는 의료기관과 약국 간의 전자시스템에 상호운용성이 확보되어야 한다. 전자처방전사업을 영위하기 위한 블록체인 플랫폼도 생겨날 수 있다. 이 경우에도 의무기록전송서비스 플랫폼과 마찬가지로 개인정보 보호의무를 진다고 할 것이다. 블록체인 기술을 이용한 것은 아니지만 이와 관련한 사례로 SK텔레콤이 의사와 약사 사이에서 처방전을 전달하는 전자처방전 사업을 해오면서 병원 모르게 2만 3,060개 병원에서 7,802만 건의 처방전 내역을 수집, 장기간 저장한 것이 문제되어 2015. 7. 23. 검찰에 의하여 개인정보 보호법 및 의료법 위반 혐의로 기소되었고 SK텔레콤은 그 이전인 2015. 3. 15. 전자처방전 서비스 사업을 폐업한 예가 있다.[123] 의료기관이 아닌 블록체인사업자가 전자처방전사업을 하기 위한 목적의 범위 내에서 일시적으로 전자처방전에 포함된 의료데이터를 저장할 수는 있으나 그 목적이 달성된 이후까지 저장된 데이터를 인식불가능하게 하지 않고 보유하면 이는 개인정보 보호법 위반에 해당될 수 있을 것이다.

(4) 의료보험 플랫폼 운영자의 책임

보험회사를 주축으로 하는 의료보험 플랫폼 운영자의 경우에는 환자, 의료기관 및 보험회사의 정보시스템 간에 상호운용성을 확보할 필요가 있다. 의료비 자동청구 및 지급 플랫폼을 넘어 P2P보험을 운영하는 블록체인 플랫폼도 출현할 수 있을 것인바 현행 보험업법상으로는 계약자를 모집하고 보험금을 지급하는 보험업은 보험회사만이 할 수 있고 보험중개사는 직접 P2P보험을 판매하거나 내부 적립금을 운영할 수 없으므로 이를 활성화하기 위해서는 보험업법의 개정이 필요하다고 하겠다.[124]

VI. 결론

의학지식의 축적과 의료기술의 발전, 특히 의료정보기술의 비약적 발전은 보건의료에 새로운 과제를 던져 주고 있다. 먼저 첫째는 환자 중심의 의료이다. 종래의 의료가 의료기관 중심이었다면 최근에 이르러 환자 중심의 의료로 변모할 수 있는 여건이 갖추어졌다. 환자의 의료데이터에 대한 통제권이 강화되었고 유전자, 환경, 병력 건강정보 등을 종합한 정밀의료precision medicine 또는 맞춤의료 서비스가 가능하게 되었다. 이제는 이러한 의료 환경변화를 규범화하는 노력이 요구된다.

둘째, 보건과 의료의 통합 현상이다. 종래의 의료는 이미 질병에 걸린 환자에 대한 치료가 주된 영역이었으나 오늘날은 의료를 넘어 질병의 예방과 건강의 증진을 함께 도모하는 방향으로 나아가고 있다. 즉, 의료에서 헬스케어로 확장됨을 의미한다. 이 점은 인구의 고령화와도 밀접한 관계를 가진다. 고령인 사람들의 만성질환을 관리하고 건강을 유지하도록 하는 것이 의료비를 절감하는 방안이 된 것이다. 여기에서 디지털 의료기기를 활용한 건강관리서비스[125]의 중요성이 강조된다. 건강관리를 개인에게 맡겨 둘 것이 아니라 국가 차원에서 지원하고 규제해야 할 단계에 이르렀다. 건강관리서비스 가이드라인의 제정이나 건강증진 보험 가이드라인의 제정[126]을 넘어 건강관리에 관한 법제 정비를 다시 한 번 추진할 필요성이 제기된다.[127]

셋째, 국민들의 건강과 의료에 대한 의식의 선진화와 그에 부응하는 건강보험의 확충이다. 국민들의 의료과소비는 결국 자신의 부담증가로 귀결된다는 점을 인식하고 자신의 건강을 지키고 필요한 의료서비스를 제공받겠다는 공공의식의 제고가 필요하다.[128] 그에 상응하여 국민건강보험의 적용범위를 확대함은 물론 사보험의 합리적인 운영으로 국민들이 합리적인 건강보험료를 지불하고 질병의 치료는 물론 건강을 보장받는 시스템을 구축하여야 할 것이다.

넷째, 보건의료산업의 육성이다. 제조업의 국제경쟁력이 저하된 오늘날 보건의료산업 등 서비스산업을 중심으로 국가 성장 동력을 확보하여야 하는 과제가 부각되었다. 병원의 해외 진출을 포함하여 의료서비스 및 기기 수출과 의료관광시장을 개척하는 한편, 의료시장개방에 대비하여야 할 것이다. 이를 위하여 상급병원은 진료 중심에서 연구 중심으로 이동하여 새로운 의료방법과 의료기기 그리고 의약품을 개발할 수 있도록 시스템을 전환하는 것이 필요할 것이다. 한편, 정보기술을 활용하여 원격의료와 함께 국민에 대한 실시간 모니터링을 통하여 건강정보를 획득하여, 이를 환자의 의료기록과 통합하여 관리할 수 있는 시스템을 구축하고 비식별화된 의료데이터의 관리와 공유에 대한 법적 근거를 확실히 하는 등 의료데이터 안전망을 구축하는 위에[129] 헬스케어 산업의 발전을 도모하는 법제를 갖추어야 할 것이다.[130]

이와 같이 이미 현재화된 보건의료의 미래를 개척하고 그 실현을 조기화 하는 데에는 앞서 살펴본 바와 같이 블록체인 기술이 획기적인 역할을 수행할 수 있을 것이다. 특히 환자의 의료데이터를 적절하게 보호하고 활용할 수 있도록 해 주면서 환자의 의료데이터에 대한 통제권을 확대하고 의료데이터와 건강데이터의 통합을 통하여 국민의 건강을 증진하고 의료비를 대폭 절감할 수 있게 될 것이다. 블록체인 기술은 또한 건강과 보험을 연결시킴으로써 의료보험사기를 예방하고 합리적인 보험료 산정을 가능하게 할 것이다. 이처럼 보건의료를 위하여 블록체인 기술을 활용하는데 의료기관들이 주체적으로 나서야 할 것이며 정부는 이를 적절히 지원하여 국민들의 보건권을 보장하여야 하는 헌법상의 책무를 이행하여야 할 것이다.

1   이는 그물형 네트워크로 번역되며 네트워크를 구성하는 각 노드가 다른 노드의 작동 여부와 상관없이 항상 스스로 네트워크를 가동할 수 있는 형태의 컴퓨터 네트워크 구조를 말한다.

2   헌법 제36조 제3항.

3   보건의료기본법은 제2조 및 제6조 제1항 참조.

4   의료법은 의료인과 의료기관을 구분하나(동법 제2조 및 제3조) 여기에서는 교환적 개념으로 사용하기로 한다.

5   보건의료기본법 제5조 제2항 및 의료법 제15조 제1항 참조.

6   보건의료기본법 제5조 제1항 참조.

7   의료법 제4조 참조.

8   의료법 제13조 참조.

9   따라서 의료분쟁은 이러한 신뢰관계를 파괴하는 결과를 가져 오므로 가급적 조정 등 ADR로 해결하는 것이 바람직하다. 손경한(2016) 참조.

10   특히 의사, 한의사, 치과의사, 약사, 약종상, 조산사는 물론 그 직무상 보조자도 직무처리 중 알게 된 타인의 비밀을 누설하는 경우 민사책임 외에도 형사책임까지 질 수 있다(형법 제317조 제1항).

11   첨단 의료기술의 개발에 관하여는 최윤섭(2014) 참조.

12   의료법 제53조 참조..

13   세계 보건의료산업 시장은 2015년 9조 달러에서 2020년 11조5000억달러 규모로 연평균 5%씩 성장할 전망이다. 조선비즈, "[헬스케어이노베이션 2017] 세계 보건산업 시장 2020년 11조5000억달러… 정부, 제약·의료기기 종합계획 연내수립", 2017. 11. 09., http://biz.chosun.com/site/data/html_dir/2017/11/08/2017110802702.html.

14   환자와 의료인 간의 법률관계의 성격에 관하여 위임계약설, 준위임계약설, 도급계약설, 고용계약설, 비전형계약설 등이 주장되고 있다; 최행식(2004), 67-69면 참조.

15   의료법 제24조의 2 참조.

16   의사는 의약품 처방만 할 수 있고, 약사는 반드시 의사의 처방전에 따라 의약품을 조제하여야 한다(약사법 제23조 제3항).

17   국민건강보험법은 요양기관인 의료기관이나 약국은 요양급여비용의 지급을 직접 국민건강보험공단에 청구할 수 있다고 규정한다(제43조 제1항). 이 점은 의료급여법에 따라 극빈자에게 의료를 제공한 의료급여

기관이 의료급여기금이 부담하는 급여비용의 지급을 청구하는 경우에도 갖은 구조를 가진다(제11조).

18   예컨대 '민영보험 청구 중계시스템'을 구축하여 의료기관과 보험회사의 정보시스템과 연계하여 의료기관이 직접 보험금을 청구하는 시스템이나 보험회사의 소극적인 태도로 지지부진한 실정이다. 한국전자문서산업협회, 까다로운 민영보험 청구절차를 간소화하기 위한 민간의 자발적인 협업 체계 마련, http://www.dca.or.kr/gb/bbs/board.php?bo_table=notice&wr_id=530 (2019. 2. 15. 확인).

19   여기에서 환자는 현실적으로 의료의 대상이 된 사람만을 의미하고 잠재적으로 의료의 대상이 될 수 있는 사람을 제외한 개념이다.

20   보건의료기본법 제3조 제6호.

21   보건의료기본법상의 '보건의료정보'의 개념이 보건의료라는 특정한 분야라는 것을 제외하고는 개인정보의 개념과 유사하다는 견해(이한주(2014), 351면)는 보건의료정보가 개인정보 아닌 진료기록은 물론 의학적 지식까지도 포함한다는 점에서 찬성하기 어렵다.

22   따라서 보건의료정보 전체를 개인정보로 보는 일부 견해는 엄밀하게는 정확하지 않다고 할 것이다.

23   보건의료기본법 제11조 제2항 및 제12조 참조.

24   의료법 제23조 및 제23조의2 및 "전자의무기록의 관리·보존에 필요한 시설과 장비에 관한 기준"참조. 동 기준은 보건복지부고시 제2016-140호로 2016. 8. 6. 제정, 시행되다가 보건복지부고시 제2018-212호로 2018. 10. 2. 일부 개정되어 시행되었다.

25   국내 의료기관을 대상으로 의료 정보화 현황을 조사한 결과에 따르면 2015년 기준으로 환자 관리 및 수납시스템의 85.7%, 처방전달시스템은 79.2%, 전자의무기록 보급률은 71.3% 비율로 나타났다. 이 중 전자의무기록의 경우 상급종합병원에서는 100%, 종합병원에서는 90.6%, 병원은 75.9%, 의원의 경우 61.4%가 도입되었고 이 비율은 미국, 일본보다 높다고 한다. 전진옥(2018), 10면.

26   의료법 제21조의2. 보건복지부는 전자의무기록시스템 간 전자적 전송에 필요한 호환성을 위하여 "진료정보교류표준"을 보건복지부고시 제2016-233호로 2017. 1. 1. 제정, 시행하였고 진료기록전송지원시스템을 구축·운영할 전문기관으로 사회보장정보원을 지정하였다.

27   2009년 미국 재건·재투자법(American Recovery and Reinvestment Act)의 일부를 구성하는 경제적·임상적 건강을 위한 건강정보기술법(Health Information Technology for Economic and Clinical Health Act, HITECH)은 전자건강기록시스템(EHR)을 도입하는데 300억 달러를 배정하였다.

28   전자처방전제도는 일찍이 의료법이 2002. 3. 30. 법률 제6686호로 개정되어 2003. 3. 31. 시행되었을 때 이미 도입되었으나 그 시행은 지지부진하다.

29   의료법 제17조 제1항상 전자처방전이란 의사나 치과의사가 전자서명법에 따른 전자서명이 기재된 전자문서 형태로 작성한 처방전을 말한다.

30   전자신문, "3월 전자처방전 시범사업 실시… 전국 확대 기반 마련", 2018. 1. 2., http://www.etnews.com/20180102000145 (2019. 2. 15. 확인). 이 기사에 의하면 정부는 궁극적으로 처방전과 중개 사업자를 없애고 처방 데이터를 건강보험심사평가원을 통해 바로 약국으로 전달하고 심사평가원이 의약품 처방·조제 때 병용 금지 등을 하기 위하여 운용하는 의약품안전사용서비스(DUR)를 이용, 처방전 발급에 대신하게 하는 것이다.

31   Linn, L. A., & Koo, M. B.(2018).

32   서울경제신문, "[2019 블록체인 시범사업] ② 서울의료원·식품의약품안전처, 블록체인 기술로 국민 안전 지킨다", 2018. 12. 21., https://decenter.sedaily.com/NewsView/1S8JWFSCGJ/GZ01.

33 전자의무기록(EHR)을 조기에 정착시킨 미연방보훈부(US Department of Veterans Affairs, VA)도 블록체인의 도입을 검토하고 있는바 그 연구 보고서에 의하면 블록체인 기술이 환자주도의 상호운용성을 확보하고 시스템 엘리먼트 간의 통신 암호 기법이 사용자의 메시지 및 서버 노드 간 메시지의 무결성을 보장하며 환자가 자신에 관한 원장을 확인하고 거래의 안전 인증 및 검증을 할 수 있는 장점이 있다고 한다. IT WORLD, "의료 조직 20%, 2020년까지 블록체인 도입한다…IDC 보고서", 2018. 08. 08., http://www.itworld.co.kr/news/110340#csidx5c33430598f5780828ba4f0d6c05037.

34 서울특별시 서울시의료원(2019), 4면.

35 최한준(2017), 10-11면.

36 Charity Darby, "Healthcare and Blockchain Technology (Part 4)", PWeR 블로그, https://pwer.com/2018/09/13/healthcare-and-blockchain-technology-part-4/ (2018. 9. 13. ET).

37 미국의 경우 과다 청구나 부적절한 의료로 인해 전체 의료비용의 3~10%를 점하는 것으로 추정되는데, 공공의료보험센터(Centers for Medicare and Medicaid Services, CMS)는 2014년에 부정수급 등 의료사기 판결로 33억달러를 회수하였고 1997년부터 의료 사기 및 남용 통제(Healthcare Fraud and Abuse Control, HCFAC) 프로그램을 실시하여 278억 달러를 회수하였다고 한다. 최한준(2017), 16면.

38 매일경제, "[한국의 대표기업] 교보생명, 보험에 블록체인 접목…진료만 해도 자동청구", 2018. 11. 1., http://news.mk.co.kr/newsRead.php?year=2018&no=682255.

39 권혁준/최재원(2018), 30-31면.

40 김승현(2018), 23-25면; 최한준(2017), 15-18면.

41 2019. 1. 1.부터 시행한 미국 MACRA(Medicare Access and CHIP Reauthorization Act of 2015)에 의거, CMS는 진료비 지급에 있어 성과장려지급방식(Merit-Based Incentive Payment System, MIPS)과 대체지급방식(Alternative Payment Model, APM) 중 하나를 의료기관이 선택하고 그에 따라 장려금이나 벌금을 받게 되었는바 의료기관이 장려금을 받기 위해서는 의료서비스 평가 보고의무와 환자 기록과 각종 서식의 전자적 보관의무를 이행하여야 하는바 이를 위하여 블록체인 기술의 도입을 고려하고 있다고 한다. 최한준(2017), 10-11면.

42 제약업계는 개발도상국에서 판매되는 의약품의 30%가 위조약으로 추정되고 세계적으로 위조약으로 인한 손실이 연간 2,000억 달러에 이른다고 한다. Kevin A. Clauson et al.(2018); John Steiner(2018).

43 최한준(2017), 17면.

44 INDETAIL (インディテール, "Blockchain", https://www.indetail.co.jp/service/blockchain/ (2019. 2. 15. 확인).

45 전자신문, "모인프로젝트, ICO 가상화폐 실생활에 적용하는 블록체인 기술", 2018. 10. 19., http://www.etnews.com/20181019000119.

46 조선비즈, "진료 기록 떼느라 생고생? 메디블록, 블록체인으로 '나(환자)' 중심의 의료 정보 시대 준비", 2017. 10. 11., http://biz.chosun.com/site/data/html_dir/2017/10/10/2017101003245.html.

47 미국 의약품식품안전청(FDA)은 2019. 1. "Digital Health Innovation Action Plan"과 관련하여 공표한 디지털 의료기기의 사전 인증 프로그램 운영 모델 1.0 버전에 따르면 디지털 의료기기의 개별 제품이 아닌 개발 기업 인증 제도를 도입, 인증 기업의 기기는 임상시험을 면제하거나 간소한 절차로 허가하여 신속하게 출시할 수 있도록 하고 있는바 블록체인 기술을 활용하여 규제 판단의 예측가능성, 일관성, 적시성, 효율성을 향상시키고 기기의 안전성을 확보하는 책임추적성(accountability)을 제고할 수 있다. 전자신문, "美 FDA, 의료SW 사전 인증 예고 … 삼성 · 애플 시장 진입 속도", 2019. 01. 20., http://www.etnews.

com/20190118000111.

48   보건의료기본법은 보건의료서비스의 질적 향상을 위하여 보건복지부장관에게 보건의료서비스에 대한 평가를 실시할 의무를 부과하고 있다(제52조).

49   이를 위하여는 의무기록 외에도 유전체 검사데이터, 인체유래물데이터(단백질·미생물 군집 등), 수면·운동·식이 데이터, 혈압·산소포화도 등 생체데이터 가족력 및 주거·인구 환경데이터 등의 안전한 교환이 필요하다.

50   최한준(2017), 10-11면; 김승현(2018), 23-25면.

51   Blockgeeks, "Blockchain in healthcare: The Ultimate use case?", https://blockgeeks.com/guides/blockchain-in-healthcare/ (2019. 2. 15. 확인).

52   동법 제13조.

53   의료법 제19조 제1항. 그 외에도 그 외 전자처방전의 개인정보 보호에 관한 의료법 제18조 제3항, 진료기록전송지원시스템의 정보 보호에 관한 의료법 제21조의2 제8항, 정신질환자의 비밀 보호에 관한 정신건강복지법 제71조, 건강보험공단, 심사평가원 및 대행청구단체 종사자의 개인정보 보호의무에 관한 국민건강보험법 제102조, 연구대상인 사람의 개인정보 보호에 관한 생명윤리법 제3조 제3항 및 제18조 등 참조.

54   의료법 제21조 제2항. 다만, 예외적으로 환자의 진료를 위하여 불가피하거나 국민건강보험법 등 특별법상 허용된 경우에는 환자에 관한 기록을 열람하게 하거나 그 사본을 교부하는 등 그 내용을 확인할 수 있도록 하고 있다(동조 제3항).

55   의료법 제21조의2 제5항.

56   의료법 제21조의 2 제8항. 특히 제9항은 "진료기록전송지원시스템의 구축·운영에 관하여 이 법에서 규정된 것을 제외하고는 개인정보 보호법에 따른다."고 규정한다.

57   동법 제18조 제3항.

58   2020년까지 세계적으로 200~300억 개의 모바일 사물인터넷(IoMT)기기를 사용한다고 한다.

59   추가기재·수정된 경우 추가기재·수정된 기록 및 추가기재·수정 전의 원본을 모두 포함한다.

60   의료법 제21조 제1항 본문. 다만, 의료인 등은 정당한 사유가 있으면 열람 등을 거부할 수 있다(동항 단서). 환자의 기록 통제권에 관한 글로는 길라잡이, "블록체인의 산업 : 의료분야", 네이버블로그,https://blog.naver.com/infopub/221344230027 (2018. 8. 23. 8:57 ET). 의료인 등은 정당한 사유가 있으면 열람 등을 거부할 수 있다(동항 단서).

61   동법 제21조의2 제1항. 다만, 해당 환자의 의식이 없거나 응급환자인 경우 또는 환자의 보호자가 없어 동의를 받을 수 없는 경우에는 예외이다(동항 단서).

62   "개인정보"란 살아 있는 개인에 관한 정보로서 성명, 주민등록번호 및 영상 등을 통하여 개인을 알아볼 수 있는 정보(해당 정보만으로는 특정 개인을 알아볼 수 없더라도 다른 정보와 쉽게 결합하여 알아볼 수 있는 것을 포함한다)를 말하며(개인정보 보호법 제2조 제1호), 의료데이터 전부가 개인정보에 해당하는 것은 아니다.

63   처리되는 정보에 의하여 알아볼 수 있는 사람으로서 그 정보의 주체가 되는 사람으로 정의한다(동법 제2조 제3호).

64   정보주체는 자신의 개인정보 처리와 관련하여 (i) 개인정보의 처리에 관한 정보를 제공받을 권리, (ii) 개인정보의 처리에 관한 동의 여부, 동의 범위 등을 선택하고 결정할 권리, (iii) 개인정보의 처리 여부를

확인하고 개인정보에 대하여 열람을 요구할 권리, (ⅳ) 개인정보의 처리 정지, 정정·삭제 및 파기를 요구할 권리, (ⅴ) 개인정보의 처리로 인하여 발생한 피해를 신속하고 공정한 절차에 따라 구제받을 권리를 가진다(동법 제4조. 동법 제3조 제5항 참조).

65 최용혁/권헌영(2018), 1613면은 이러한 개인정보 자기결정권은 정보주체가 개인정보를 자율적으로 통제할 수 있는 권리이나 그 범위가 광범하여 정보주체가 개인정보처리자의 개인정보 이용 요청에 기계적으로 동의하는 경향이 있어 개인정보 자기결정권이 형해화 하는 결과를 초래하고 있다고 한다.

66 민감정보란 "사상·신념, 노동조합·정당의 가입·탈퇴, 정치적 견해, 건강, 성생활 등에 관한 정보, 그 밖에 정보주체의 사생활을 현저히 침해할 우려가 있는 개인정보로서 유전자검사 등의 결과로 얻어진 유전정보 등의 정보"를 말한다(동법 제23조 제1항, 동법 시행령 제18조).

67 이에 따라 민감정보를 처리하는 자는 그 민감정보가 분실·도난·유출·위조·변조 또는 훼손되지 아니하도록 내부 관리계획 수립, 접속기록 보관 등 일정한 안전성 확보에 필요한 기술적·관리적 및 물리적 조치를 취할 의무를 부과한다(동법 제23조 제1항, 제29조).

68 동법 제4장 참조. 다만, 의료기관은 정보통신서비스제공자가 아니므로 동법상의 수범자는 아니라 할 것이다.

69 동법 제21조 제1항 단서, 제3항, 제21조의2 제1항 단서 및 제2항 등.

70 동법 제4조 제4호.

71 예컨대 의료법 제21조의2 제9항은 "진료기록전송지원시스템의 구축·운영에 관하여 이 법에서 규정된 것을 제외하고는 개인정보 보호법에 따른다"고 규정하여 진료기록전송지원시스템을 구축, 운영하는 자에게 개인정보 보호법이 적용됨을 명시하고 있다.

72 일반적으로 의료데이터에 대한 소유권이라는 용어를 사용하고 있으나 데이터는 물건에 아니어서 엄밀한 의미에서는 소유권의 대상이 될 수 없으므로 여기에서는 소유권이라는 용어 대신 관리지배권이라는 용어를 사용하기로 한다.

73 이에 관한 상세한 논의는 정용엽(2012), 367-369면.

74 미국 뉴헴프셔주는 법적으로 의료데이터에 대한 환자의 소유권을 인정하고 있다고 한다.

75 이부하(2005), 187면은 의료정보를 주관적 정보, 객관적 정보 및 가치판단적 정보로 분류한다.

76 민법 제259조(가공) ① 타인의 동산에 가공한 때에는 그 물건의 소유권은 원재료의 소유자에게 속한다. 그러나 가공으로 인한 가액의 증가가 원재료의 가액보다 현저히 다액인 때에는 가공자의 소유로 한다.

77 의료법은 의료인에게 진료기록부등을 갖추어 두고 그 의료행위에 관한 사항과 의견을 상세히 기록, 서명하고 전자의무기록을 포함한 진료기록부등을 보존할 의무를 부과하고 있다(제22조).

78 서면이나 磁氣테이프에 진료기록을 의사가 수작업으로 작성하는 경우에는 그 소유권은 의사와 병원에 귀속된다는 견해(이부하(2005), 183면)가 있으나 여기에서의 논점은 진료기록부등의 물리적 존재의 소유권이 아니라 진료기록의 내용에 대한 관리권 내지 지배권이다.

79 최한준(2017), 15-18면.

80 미국의 경우, 대표적으로 2가지의 블록체인을 활용한 의료데이터 모델을 제시하고 있는데 첫 번째는 환자가 의료기관에 방문하였을 때 환자의 의료데이터에 기반한 다단계 인증을 통하여 본인인증을 한 후 의사의 의료데이터 접근을 일시적으로 허용하는 Mooti model로 환자가 있지 않은 곳에서는 환자의 의료데이터에의 접근이 엄격하게 제한된다. 두 번째는 환자의 모든 의료데이터가 암호화된 정보의 덩어리(chunk)로 나누어진 후, 의사가 다중인증을 통하여 이를 다시 조립하고 암호를 해독할 수 있게 하는 Enigma Model로 개인식별정보가 포함되지 않은 환자의 데이터를 제공받을 수 있다. Bach Nguyen(2017), pp. 112-114.

81   최한준(2017), 10-11면; 김승현(2018), 23-25면. 보안성과 상호운용성의 요구를 함께 만족시키기 위하여 하이브리드 블록체인, 즉 공개블록체인과 비공개 블록체인을 병용하여 개인정보는 비공개 블록체인에 저장하여 환자의 동의를 얻은 자에 한하여 볼 수 있게 할 수도 있다.

82   최한준(2017), 15-18면; 데일리메디, "블록체인 기술 활용 '헬스코인' 실현될까", 2017. 7. 24., http://www.dailymedi.com/detail.php?number=820896.

83   앞서 본 메디블록의 이은솔대표는 블록체인 시스템을 통하여 환자는 '헬스코인'을 받아 이를 의료데이터 거래소를 통하여 현금화할 수 있다고 한다.

84   블록체인에서는 데이터가 체인형태로 연결되어 있어 어떤 블록의 내용이 변경되면 그 이후의 모든 블록의 해시값이 순차적으로 변경되어야 하므로 데이터의 변경이 사실상 불가능하다.

85   개인정보 보호법 제21조, 정보통신망법 제29조.

86   Aurelie Bayle et al.(2018).

87   최용혁/권헌영(2018), 1613면.

88   현행법상으로는 개인정보처리자는 개인정보의 처리에 대하여 정보주체의 동의를 받을 때에는 각각의 동의 사항을 구분하여 정보주체가 이를 명확하게 인지할 수 있도록 알리고 각각 동의를 받는 절차를 밟을 의무가 있다(개인정보 보호법 제22조 제1항).

89   최용혁/권헌영(2018), 1621면. 이러한 취지의 개인정보 보호법 개정안이 2018. 4. 권은희 의원 등에 의하여 발의된 바 있다.

90   박정홍(2018), 11면.

91   의료법 제23조 제2항은 의료기관에게 전자의무기록을 안전하게 관리·보존하는 데에 필요한 시설과 장비를 갖출 의무를 부과한다.

92   의료기관 외의 장소에 전자의무기록의 저장장비 또는 백업저장장비를 설치하는 경우에는 (i) 전자의무기록 시스템의 동작 여부와 상태를 실시간으로 점검할 수 있는 시설과 장비, (ii) 전자의무기록 시스템에 장애가 발생한 경우 저장장비를 대체할 수 있는 예비 장비, (iii) 폐쇄회로 텔레비전 등의 감시 장비 및 (iv) 재해예방시설을 갖추어야 한다(의료법 시행규칙 제16조 제1항 제7호).

93   이를 위하여 전자의무기록의 관리·보존에 필요한 시설과 장비에 관한 기준이 제정되고 2018. 10. 2. 보건복지부고시 제2018-212호로 개정되어 당일부터 시행되었는바 그 시설과 장비의 안전성 확보 조치에는 개인정보 보호법 제29조가 준용된다(동 기준 제6조 참조).

94   병원신문, "[기획]보건의료에서 빅데이터 활용과 개인정보 보호", 2015. 1. 12., http://khanews.com/news/articleView.html?idxno=108058.

95   진재현/고금지(2018), 96-106면, 100면.

96   박정원 외(2018), 75-76면.

97   Linn, L. A., & Koo, M. B.(2018).

98   보건의료기본법은 "국가와 지방자치단체는 보건의료에 관한 인력, 시설, 물자 등 보건의료자원이 지역적으로 고루 분포되어 보건의료서비스의 공급이 균형 있게 이루어지도록 노력하여야 하며, 양질의 보건의료서비스를 효율적으로 제공하기 위한 보건의료의 제공 및 이용체계를 마련하도록 노력하여야 한다"고 규정한다(제29조 제1항).

99   공공보건의료에 관한 법률 제16조 제1항 참조.

100 보건의료기본법 제26조 참조.

101 보건의료기본법 제27조 제1항 참조.

102 William J. Gordon & Christian Catalinide(2018).

103 의료법 제34조 제1항.

104 의료법 제21조 제1항.

105 의료법 제24조의2 제1항.

106 의료법 제18조 제5항.

107 의료인은 다른 의료인으로부터 진료기록의 내용 확인이나 진료기록의 사본 및 환자의 진료경과에 대한 소견 등의 전송을 요청받은 경우 해당 환자나 환자 등의 동의를 받아 그 요청에 응할 의무가 있다(의료법 제21조의2 제1항).

108 의료인은 타 의료기관의 시설·장비 및 인력 등을 이용하여 진료할 수 있고 의료기관은 자신의 환자를 진료하는 데에 필요하면 타 의료기관 소속 의료인에게 진료하도록 할 수 있다(의료법 제39조).

109 보건의료인은 적절한 보건의료서비스를 제공하기 위하여 필요하면 보건의료서비스를 받는 자를 다른 보건의료기관에 소개하고 그에 관한 보건의료 자료를 다른 보건의료기관에 제공하도록 노력할 의무를 진다(보건의료기본법 제5조 제3항).

110 국내의 한 대학병원 중환자실에 입원해 있던 신생아 4명이 연쇄적으로 사망하는 사고가 발생하였을 당시에 같은 신생아 중환자실에 있던 신생아 중 2명의 신생아가 전원(轉院)에 대한 보호자의 동의를 얻지 못하여 사고가 발생한 해당 중환자실에서 장시간 방치되었던 사건이 있었으므로 의료기관이 천재지변, 감염병의심 상황, 집단 사망사고의 발생 등 입원환자를 긴급히 전원(轉院)시키지 않으면 입원환자의 생명·건강에 중대한 위험이 발생할 수 있음에도 환자나 보호자의 동의를 받을 수 없는 등 일정한 불가피한 사유가 있는 경우에는 소정의 절차에 따라 지방자치단체의 승인을 받아 입원환자를 다른 의료기관으로 전원시킬 수 있도록 하였다(의료법 제47조의2 법률 제16254호, 2019. 1. 15. 개정, 2019. 7. 16. 시행).

111 국민건강보험법 제96조.

112 의료법 제53조.

113 Les Wilkinson et al.(2017).

114 최한준(2017), 15-18면. 다만, X레이나 MRI 등 대용량 이미지 정보를 블록체인에 직접 저장하기 어렵고 개인식별정보(Personally Identifiable Information, PII)도 공개적으로 노출되면 위험하므로 블록체인에 저장된 링크를 포인터로 사용하는 'Off-Chain' 데이터의 정보 저장 방식을 병용하는 방법이 제시되었다.

115 William J. Gordon & Christian Catalinide(2018), note 225.

116 산업일보, "'의료 분야'의 블록체인, '데이터 표준화' 문제 선결 필요", 2018. 12. 13., http://www.kidd.co.kr/news/206203.

117 의료법 제21조의2 제3항.

118 전문기관은 (ⅰ) 진료기록전송지원시스템이 보유한 정보의 누출, 변조, 훼손 등을 방지하기 위하여 접근권한자의 지정, 방화벽의 설치, 암호화 소프트웨어의 활용, 접속기록 보관 등 대통령령으로 정하는 바에 따라 안전성 확보에 필요한 기술적·관리적 조치를 할 것, (ⅱ) 진료기록전송지원시스템 운영 업무를 다른 기관에 재위탁하지 아니할 것, (ⅲ) 진료기록전송지원시스템이 보유한 정보를 제3자에게 임의로 제공하거나 유출하지 아니할 의무를 준수하여야 한다(의료법 제21조의2 제5항).

119 의료법 제21조의2 제6항.

120 의료법 제21조의2 제8항, 제9항.

121 전자처방전의 기재사항과 형식에 관하여는 의료법 시행규칙 제12조 참조.

122 의료법 제18조 제4항.

123 의협신문, "환자 정보 유출한 SK텔레콤 등 24명 기소", 2015. 7. 23., http://www.doctorsnews.co.kr/news/articleView.html?idxno=105014.

124 한국금융, "같은 보장으로 뭉치면 보험료 할인… P2P보험 시대 온다", 2018. 3. 30., http://www.fntimes.com/html/view.php?ud=2018033009522367435e6e69892f_18.

125 18대 국회 당시인 2010. 5. 17. 변웅전 의원이 의안번호 8485로 대표발의한 건강서비스법안은 건강관리서비스를 "건강의 유지 · 증진과 질병의 사전예방 · 악화 방지 등을 목적으로 위해한 생활습관을 개선하고 올바른 건강관리를 유도하는 상담 · 교육 · 훈련 · 실천프로그램 작성 및 이와 관련하여 제공되는 부가서비스"라고 정의하였다. 동법안은 임기만료로 폐기되었다.

126 박근혜정부 당시인 2016년 정부는 건강관리서비스 가이드라인의 제정방침을 공표한 바 있었고 2017. 11. 2. 금융위원회는 "건강증진형 보험상품 가이드라인" 제정방침을 공표하였다.

127 뉴스 1, "'건강관리서비스법' 시급하다", 2017. 02. 01., http://news1.kr/articles/?2899510.

128 이러한 관점에서 의료쇼핑, 과잉진료 등 의료비 증가요인의 방지와 실손보험의 합리적 규제의 필요성이 지적된다.

129 박정원 외(2018), 62-67면.

130 단기적으로는 보건의료산업에 규제 샌드박스를 적용하여 입법적 불비를 보완할 수 있을 것이다.

제 **5** 장

블록체인과 법의 미래

{ 블록체인법의 미래 }

{ 블록체인법의 미래 }

신용우

Ⅰ. 서론

블록체인은 디지털화된 자산 또는 가치를 중개자 없이 적은 거래비용으로 직접 이전할 수 있고 거래의 무결성·투명성을 제공하여 국제 송금, 물류·유통 등 중개 비용이 높거나 중개기관의 효율성이 낮은 분야에서 적용되고 있으며, 나아가 블록체인을 통하여 급진적인 사회·경제 시스템을 설계하고 실험하는 시도도 생겨나고 있다. 그러나 블록체인 기술이 산업발전과 사회문제 해결의 만병통치약은 아니며, 기술 적용 시 한계가 존재하고 처리속도·확장성 등의 문제 해결이 과제로 남아 있다.

블록체인 기술을 모든 분야에 바로 적용하지는 못하더라도 산업적·사회적으로 상당한 잠재력을 갖고 있다는 점은 대체로 인정되고 있으며, 이에 따라 블록체인의 기술적 한계를 극복하고 사회 혁신이 시도될 수 있도록 법적·제도적 과제를 검토할 필요가 있다.

이와 관련하여 국내에서도 블록체인 기술이 적용될 경우 현행 법령과 상충되거나 포섭 여부가 불분명한 상황을 해결하기 위한 법률안이 발의되어 있으며, 암호화폐 및 거래소와 관련된 법안들도 다수 발의되어 있는 상황이다.

본 절에서는 먼저 블록체인에 관한 해외 입법 현황을 알아보고 국내 입법에 있어 시사점을 도출한 다음 블록체인과 관련하여 현재까지 발의된 주요 법안들을 블록체인 기술에 관한 입법과 암호화폐에 관한 입법을 나누어 살펴보고 바람직한 입법정책의 방향과 블록체인법의 미래에 대하여 모색해 보고자 한다.

Ⅱ. 블록체인에 관한 해외 입법의 현황

1. 블록체인 기술에 관한 해외 입법의 현황

주요국에서는 블록체인 기술을 적용할 경우 발생할 수 있는 법적 문제에 관한 연구가 진행 중이며, 현재까지는 입법적 대응은 드문 것으로 파악되고 있다.

(1) 미국

미국은 미연방정부는 제4차 개방형 정부를 위한 국가 실행 전략4th U.S. National Plan for Open Government에 블록체인 기반 보고 시스템을 명시하고 미국 총무청General Services Administration은 블록체인을 조달 시스템에 적용하는 시험을 하는 한편 연방 블록체인 커뮤니티Federal Blockchain Community와 정책 수립시 최신 IT 기술 적용 사례 공유 웹사이트인 아틀라스 포털U.S. Emerging Citizen Technology Atlas을 운영하고 있다. 입법 작업으로는 2014년의 온라인 시장 보호법안Online Market Protection Act of 2014은 스마트계약에 관한 최초의 정의 규정을 마련한 바 있다. 즉, 스마트계약을 "암호화로 인코딩된 계약agreement으로서 다중서명기술multi-signature technology이 활용되어 사전에 결정된 변수가 충족될 때 자동화되어 다중 당사자에 대하여 실행되고 공공 기록 또는 자산의 이전이 가능한 것"으로 정의하였다.[1] 아울러 블록체인에 대해서도 정의하고 있는바 블록체인이란 "프로그램을 작성하는 알고리즘Algorithm에 관한 다양한 신기술의 개념 중 암호화된 알고리즘 체인"이라 정의하였다. 그러나 아직 정식 법률로 성립하지는 않았다.

주 정부 차원에서는 일부 주州에서 블록체인상 정보의 법적 효력을 인정하는 법안을 통과시켰다. 2016. 6. 버몬트주가, 2017. 3. 애리조나주가, 2017. 6. 네바다 주가 각 블록체인 기반 전자문서의 법적 효력을 인정하는 내용의 주법州法을 통과시켰으며, 애리주나, 플로리다, 뉴욕주 등은 스마트계약에 관하여 정의하고 스마트계약의 법적인 효력을 인정하고 있다. 델라웨어주는 2017. 7. 주식 거래 명부에 블록체인 사용을 허용하는 입법을 하였다.

(2) 유럽

유럽에서도 현재까지 블록체인 관련 입법을 추진하고 있지는 않으며, 유럽집행위원회는 정책 모니터링 및 소통 기구인 'EU Blockchain Observatory and Forum'을 설립하고 법적 연구를 진행 중이다. 위 기구는 2018. 10. 개인정보 보호규정인 GDPR과 블록체인 기술 간 상충문제를 다룬 보고서를 발간하였으며, 블록체인상에서 개인정보를 다룰 경우 개인정보처리자의 특정, 개인정보의 익명화, 개인정보 파기 · 삭제 등이 문제된다고 하면서 아직 명확한 해결책이 없는 상황에서 심도 있는 연구가 진행되어야 한다고 강조하였다.[2] 아울러 프랑스의 개인정보 보호 기관인 CNIL 역시 2018. 11. GDPR을 준수하면서 블록체인 상에서 개인정보를 다루는 방법을 제안하는 보고서를 발간하였다.[3]

(3) 중국

중국의 경우 ICO는 전면금지하고 있으나 블록체인 산업 발전을 위한 정책을 추진하고 있다. 2016. 10. 중국 산업통신부工業和信息化部는 '중국 블록체인 기술 및 응용프로그램 개발 백서'를 발표, 핵심기술 개발 및 시범사업과 플랫폼 구축 계획을 제시한데 이어 2016. 12. 국무원은 '국가 정보화를 위한 제13차 5개년 계획'에서 양자통신, 뇌 기반 컴퓨팅, 인공지능, 가상현실, 무인차량, 유전자 편집 등과 함께 블록체인을 전략 육성 핵심 기술로 선정하였다. 2017. 4. 북경郵電대학이 '중국 블록체인 산업 발전 백서'를 발간하였고 2017. 7. 국립인터넷 금융보안기술 전문가위원회CNCERT가 '블록체인 규정 가이드라인' 제정하여 블록체인 산업 발전을 위한 규범적 기반을 조성하였다. 2019. 1. 중국 국가 인터넷 정보 사무처는 블록체인 산업 종사자들에 대하여 등록의무, 보안관리 책임, 불법 콘텐츠 배포 금지 의무 등을 부과하는 '블록체인 정보서비스 관리 규정'을 반포하고 2월부터 시행하고 있다.[4]

2. 암호화폐 관련 해외 입법의 현황

(1) 자금세탁방지 관련 입법

국제송금망을 거칠 필요가 없는 암호화폐는 테러자금 등 불법적으로 활용될 여지가 높다. 이에 따라 주요국들은 대체로 암호화폐가 자금세탁 등에 사용되지 않도록 하는 입법 및 정책을 추진하고 있다. 먼저 국제자금세탁방지기구Financial Action Task Force on Money Laundering, FATF는 2018. 10. 암호화폐거래소에 대하여 자금세탁방지를 위한 FATF 국제기준을 적용하기로 하였고[5] 구체적인 이행방안으로서 2019. 6. 21. "암호화폐 규제에 관한 가이드"를 제정하여 회원국에 이 가이드에 부합하는 입법을 권고하고 있다.[6]

각국에 입법에 관련하여서는 먼저 미국에서는 연방정부차원에서 자금세탁 방지에 은행비밀법Bank Secrecy Act, BSA과 애국법PATRIOT Act을 적용하고 있으며 해외자산통제청Office of Foreign Assets Control, OFAC이 국제적인 자금세탁을 규제하고 있다. 미국 재무부의 금융범죄단속반FinCEN이 발표한 2013. 3. 자금세탁방지 규제 적용 지침에 따라 암호화폐의 자금세탁을 규제하고 있다.

일본은 2016년 범죄수익이전방지법犯罪收益移轉防止法을 개정하여 금융기관 외에 암호화폐교환업자에게도 고객의 본인 확인 의무를 부과와 혐의 거래 신고의무를 부과하였다.[7] 또한 암호화폐 규제를 위해 자금결제법을 개정하면서 자금세탁·범죄 이용 방지를 위해 이용자가 일정금액 이상의 거래를 할 경우 공정증명서를 제시하도록 하였다.[8]

(2) 거래소 감독 및 규제 관련 입법

암호화폐의 금융자산 제도화도 진척되고 있다. 미국 뉴욕주州 금융서비스국NYSDFS은 2015. 6. 암호화폐거래소의 투명성 제고를 위하여 건전성 감독규정을 제정하고 비트라이선스BitLicense를 받도록 하고 있다. 위 규정에 따르면 암호화폐 송금, 보관, 구입, 판매, 교환, 발행 및 관리 사업자는 NYSDEF에 의해 라이선스를 받아야 하며, 최저 자본금 요건, 수탁기관과 소비자 자산보호, 감독기관의 수시조사관, 자금세탁 방지 프로그램 도입, 사이버 보안 프로그램 도입 등을 규정하고 있다.[9]

일본은 2014년 암호화폐거래소 마운트곡스Mt.Gox가 파산 후 암호화폐산업의 양성화에 노력하여 왔다. 2017. 4. 자금결제법을 일부 개정하여 암호화폐를 규제하기 시작하였다.[10] 동법은 가상통화와 가상통화교환사업을 정의하는 한편, 가상통화교환업자의 등록제도를 도입하였다. 동법 제2조 제15호, 제2조 제7호 및 제63조의2 각 참조 나아가 2019. 5. 암호화폐에 대한 규제법 역할을 하게 된 금융상품거래법과 결제서비스법 개정안이 국회 통과하여 2020. 4. 시행한다. 동법은 가상통화라는 명칭 대신 '암호자산'이라는 용어를 사용하고 있으며 암호화폐거래소에 인터넷과 차단된 콜드월렛에 고객들의 자산을 보관하고 핫월렛에 예치하는 경우 암호화폐와 동일한 종류 및 수량을 따로 보유할 의무를 부과하였으며, 암호화폐거래소 및 중개인들에게 주식 중개인과 같은 수준의 일본 금융청의 관리·감독을 받도록 하였다. 또한 암호화폐 마진거래를 초기 예치금의 4배까지 허용하였다. 그리고 신규코인공모[ICO] 중 수익 분배를 약속하는 등 증권 투자로 볼 수 있는 것은 등록하도록 하였다.

(3) ICO 관련 규제 입법

몰타는 2018. 6. 암호화폐와 블록체인에 관한 3개 법안을 통과시킴으로써 블록체인, 암호화폐 및 ICO에 대한 불확실성을 해소하였다는 평가를 받고 있다. 그 3법은 몰타 디지털 혁신기구법[Malta Digital Innovation Authority Act], 혁신 기술약정과 서비스법[Innovative Technology Arrangements and Services Act], 가상금융자산법[Virtual Financial Assets Act, VFAA]이며, 이 중 가상금융자산법이 ICO 및 거래소 규제를 담고 있다. 구체적으로 ICO를 통해 자본을 조달하는 회사가 설립 요건, 공시 요건, 백서 양식, 광고 규정 등을 준수하도록 규정하고 있다. 몰타의 블록체인 산업 진흥 정책에 힘입어 바이낸스[Binance], 비트베이[Bitbay] 등 대형 글로벌 암호화폐거래소들이 본사를 몰타로 이전하거나 확장하여 사업영역을 넓히고 있다.[11]

지브롤터는 2018. 1. 암호화폐거래소 허가에 관한 사항을 규정하였으며, 2018. 3. ICO 관련 규제에 관한 제안서를 발표하였다. 즉, 2018. 1.에 '분산원장 기술 규제 프레임워크'를 발표하면서 분산원장 기술을 업으로 하는 'DLT[Distributed Ledger Technology] 제공자'는 규제 당국으로부터 허가를 받아야 한다고 금융서비스법 하위 법령에 규정하였으며,[12] 같은 해 3월 ICO 관련 규제에 관한 제안서로서 'Token Regulation'을 발표하였다.[13] 이 제안서는 규제 적용 대상 토큰을 규정하고, 이용자 보호를 위한 정보 제공, 자금세탁방지 및 테러자금조달금지 관련 규제 적용 등을 포함하고 있다.[14] 위 제안서에 따른 법안 초안을 2018. 10.까지 완료할 계획이었으나 아직 제출되지 않은 상황이다.

스위스의 경우 금융 규제 당국인 FINMA Financial Market Supervisory Authority가 2018. 2. ICO 가이드라인을 발표하여 규제의 불확실성을 해소하고 투자자 보호를 위한 규제 환경을 조성하고 있다. 위 가이드라인은 토큰을 성격에 따라 지불형Payment, 유틸리티형Utility, 자산형Asset으로 분류하고 유형별로 다른 규제를 적용하도록 규정하고 있으며, 자산형 토큰만이 증권에 해당하며 스위스 증권법에 의한 규제를 따라야 하고, 지불형 토큰의 경우 자금세탁방지법이 적용되며, 집합투자기구법은 ICO로 조달된 자금이 제3자에 의해 운용되는 경우 적용될 수 있다고 밝히고 있다.[15]

싱가포르는 블록체인을 위한 별도의 입법은 하지 않았으나 금융감독청Monetary Authority of Singapore, MAS이 2017. 11. 디지털 토큰 및 ICO 가이드라인을 발표하고 2018. 11. 개정안을 발표하였다. 이 가이드라인은 토큰이 증권에 해당할 경우 증권 관련 법률이 적용되며 자금세탁방지 및 테러자금조달금지 관련 규제가 적용되고 디지털 토큰에 관하여 규제 샌드박스가 적용될 수 있음을 명시하고 있다.[16]

3. 블록체인에 관한 해외 입법의 전망

해외에서는 블록체인 관련해서 해당 기술 적용에 따른 법적 불확실성 해소를 위하여 연구가 진행되고 있으며 일부 국가에서 입법이 이루어지고 있다. 블록체인 기술표준에 관하여는 국제표준기구인 ISO가 2016. 9. 블록체인 및 분산원장 기술 국제기술위원회Blockchain and distributed ledger technologies(ISO/TC 307)를 설치하여 2021년까지 설계, 체계론, 존재론, 보안, 사생활 보호, 신원 및 스마트계약에 관한 국제표준을 개발할 목표로 활동하고 있어 그 성과가 주목된다. 암호화폐와 ICO 관련해서는 일본이 금융상품거래법에 이에 관한 입법을 한 것을 제외하고는 대체로 별도의 법령 제정 보다는 가이드라인을 통하여 법제도적 불확실성을 줄이고 있어 단시간내에 입법적 해결을 보기는 어려워 보인다. 그러나 자금세탁방지를 위한 움직임은 활발하여 이에 관한 국제 공조의 결과인 FATF의 "암호화폐 규제에 관한 가이드"에 따라 회원 각국에서 빠른 시일 내에 입법이 될 것으로 전망된다.

Ⅲ.   블록체인 기술 관련 국내 입법의 현황

1. 블록체인 기술 관련 주요 법안의 현황

블록체인에 담겨진 내용은 사실상 위변조가 불가능하고 원칙적으로 삭제할 수 없다는 특징이 있다. 이러한 블록체인의 특징을 반영한 법률안들이 국회에 발의되어 있어 각 법률안의 주요 내용과 기대효과 및 전망을 살펴본다.

〈표 1〉 블록체인 기술 관련 법률안

법안명	대표발의	진행상황	주요 내용
전자서명법 (일부개정안)	박성중 의원 (2018. 3. 7.)	과방위 소위심사 중 ('18.11.27. 축조심사)	• 블록체인 기술 기반의 전자서명 중 대통령령으로 정하는 기술적·관리적 요건을 갖추어 과기정통부 장관이 지정한 전자서명은 공인전자서명과 동일 효력을 갖는 것으로 규정
전자서명법 (일부개정안)	신용현 의원 (2018. 4. 6.)	과방위 소위심사 중 ('18. 11. 27. 축조심사)	• 블록체인 기술을 "구성원 간 직접 연결 방식을 기반으로 각각의 정보가 저장된 블록이 사슬처럼 연결되는 분산화된 정보 처리 기술"로 정의
전자문서법 (일부개정안)	신용현 의원 (2018. 4. 6.)	과방위 소위심사 중 ('18. 11. 27. 축조심사)	• 전자문서에 일반적인 서면으로서의 효력 부여 • 블록체인기술을 활용한 정보를 전자문서에 포함
위치정보법 (일부개정안)	오세정 의원 (2018. 4. 6.)	과방위 소위회부 ('18. 9. 19.)	• 위치정보 처리 방식으로서 '파기'외에 '기술적 조치를 통해 내용을 확인할 수 없는 형태의 폐기'를 추가
개인정보 보호법 (일부개정안)	권은희 의원 (2018. 4. 6.)	행안위 소위회부 ('18. 8. 21.)	• 개인정보 처리 방식으로서 '파기'외에 '기술적 조치를 통해 내용을 확인할 수 없는 형태의 폐기'를 추가
블록체인 진흥 및 육성 등에 관한 법률안 (제정안)	이상민 의원 (2019. 3. 25.)	미상정	• 목적: 블록체인 기술 연구기반 조성, 산업 진흥 • 과기정통부 장관이 기본계획 수립(2년 주기) • 표준화사업 지원, 전문인력 양성, 지재권 보호 • 창업 활성화, 블록체인 연구개발특구 지정·조성, 중소 블록체인 사업자 특별지원 등
블록체인산업 진흥에 관한 법률안 (제정안)	송희경 의원 (2019. 4. 5.)	미상정	• 목적: 블록체인 기술 촉진 및 산업 기반 조성 • 과기정통부 장관이 종합계획·시행계획 수립 • 기술개발 촉진(동향·수요 조사, R&D 평가 등) • 표준화 지원, 전문인력 양성, 지재권 보호 • 창업 활성화, 블록체인 진흥단지 지정·조성, 중소 블록체인 사업자 특별지원 등 • 공정한 거래질서 구축

주 : 진행상황은 2019. 6. 27. 기준으로 작성

2. 전자서명 관련 법률안

블록체인을 전자서명에 활용하기 위한 시도로서 박성중 의원과 신용현 의원이 각 대표발의한 전자서명법 일부개정법률안을 들 수 있다. 이 두 법률안은 모두 블록체인 기술을 기반으로 한 전자서명에 대하여 공인전자서명과 동일한 효력을 갖도록 규정하고 있다. 현행 전자서명법[17]은 공인전자서명이 있는 경우 당해 전자서명이 서명자의 서명, 서명날인 또는 기명날인이고, 당해 전자서명이 전자서명된 후 내용이 변경되지 아니하였다는 추정력을 부여하고 있다. 이처럼 공인인증서에 기반한 공인전자서명은 전자문서의 진정성립과 무결성을 추정하도록 법률상 추정력을 부여하고 서명자가 추후 변심하여 서명에 기초한 거래사실을 부인할 수 없도록 하는 부인방지 기능을 수행하여 거래의 안전성을 확보하는 측면이 있다.[18]

블록체인은 위변조가 사실상 불가능하다는 특징을 갖고 있어 각 법률안은 이러한 기술적 특징을 공인인증제도에 활용하였다고 볼 수 있다. 전자서명수단을 다각화하여 전자서명 분야의 경쟁과 기술발전을 견인하고 아울러 블록체인 기술 및 산업 활성화에 기여하는 효과도 있을 것으로 보인다. 다만, 위 법률안들은 공인전자서명 제도를 전제하고 있는데, 현행 공인인증서 제도를 폐지하는 내용의 법률안이 발의되어 있어 해당 법률안의 진행 상황을 함께 고려할 필요가 있다.

정부 주도의 공인인증서 제도가 전자서명의 기술·서비스 발전과 시장경쟁을 저해한다는 문제점이 제기되어 공인인증서 제도를 폐지하고 일반적인 전자서명에 대한 법적인 효력을 명확히 하는 내용의 법안이 국회 및 정부에 의해 발의되어 있다.[19] 이에 따라 공인인증서 제도가 폐지될 경우, 블록체인 기반의 전자서명이 다른 기술 기반의 전자서명과 동일한 효력을 갖게 할지, 별도의 지위를 부여할지에 여부에 대한 논의가 추가적으로 필요할 것이다.

생각건대, 공인인증서 제도가 폐지된다고 하더라도, 그 취지에 따라 추후 전자서명 산업의 다양성이 확보된 후에는 블록체인 기술 적용 등 엄격한 요건을 갖춘 전자서명을 일반 전자서명과 구분하고 민감한 거래 영역에서 사용되도록 권고하는 방안을 검토해볼 수 있을 것이다.[20]

한편, 각 법률안은 블록체인 기술을 "구성원 간 직접 연결 방식을 기반으로 각각의 정보가 저장된 블록이 사슬처럼 연결되는 분산화된 정보 처리 기술"로 정의하고 있다. 블록체인의 구성 방식을 표현한 것으로 평가될 수 있는데, 다만 블록체인에 대하여 아직 국제적으로 합의된 정의가 있지는 않으므로 추후 정립된 개념을 반영할 수 있을 것이다.[21]

3. 전자문서 관련 법률안

신용현 의원이 대표발의한 전자문서 및 전자거래 기본법 일부개정법률안은 전자문서에 일반적인 서면으로서의 효력을 부여하고, 블록체인 기술을 활용한 정보를 전자문서에 포함되도록 규정하고 있다. 현행 "전자문서"의 정의 규정에 블록체인 상의 정보가 포함되도록 규정[22]하여 블록체인에 저장된 정보가 일반적인 서면의 효력을 갖도록 하였다. 현행 전자거래기본법은 전자문서가 일반적인 문서로의 효력을 갖는 것으로 규정하면서 전자문서의 효력을 '별표'에서 규정하고 있는 사항으로 한정한다[23]고 해석될 수 있는 여지를 남기고 있다.[24, 25] 이처럼 현행법상 전자문서의 효력이 제한적으로 해석될 수 있어, 본 법률안은 예외적인 경우 이외에는 전자문서가 일반적인 서면으로서의 효력을 갖도록 명시하여 전자문서의 이용 촉진을 도모하는 측면이 있다.

아울러 본 법률안은 블록체인 기술을 활용하여 전자적 형태로 저장된 정보가 법률상 '전자문서'에 해당한다는 점을 명확히 하여 향후 블록체인 기술 활용도를 높이는 측면이 있을 것으로 보인다. 블록체인 기반의 전자문서가 종이로 된 문서와 동일한 효력을 가지는 것으로 인정될 경우 블록체인 위에 중요 정보를 담는 작업이 한층 더 탄력을 받을 있을 것이기 때문이다. 다만, "전자문서"의 정의를 보다 포괄적으로 표현하는 방안도 검토해 볼 수 있을 것이다.

4. 개인정보 보호 관련 법률안

오세정 의원이 대표발의한 위치정보의 보호 및 이용 등에 관한 법률 일부개정법률안과 권은희 의원이 대표발의한 개인정보 보호법 일부개정법률안은 개인정보 또는 개인위치정보를 처리하는 방식으로서 '파기' 외에 '기술적 조치를 통해 내용을 확인할 수 없는 형태로 폐기'하는 방식을 추가하였다.

현행 위치정보법은[26] 위치정보사업자가 사업 휴지 또는 폐지 시 개인위치정보를 파기하도록 규정하고 있으며, 현행 개인정보 보호법은[27] 개인정보처리자가 보유한 개인정보가 불필요하게 되었을 때 그 개인정보를 지체 없이 개인정보를 파기하도록 규정하고 있다.

블록체인은 개인정보 등을 담고 있는 개별 블록이 체인처럼 연결되어 있어 저장된 정보를 삭제할 수 없다는 특징을 가지므로, 개인정보 또는 개인위치정보를 파기하도록 규정한 위 현행법상 조항들과 상충되는 측면이 있다. 이에 각 법률안은 법률상 개인정보 또는 개인위치정보를 파기해야하는 상황에서 단순히 삭제하여 파기하는 방식 외에 기술적 조치를 통하여 내용을 확인할 수 없도록 폐기하는 방식을 추가한 것이다.

이처럼 블록체인상의 개인정보 또는 개인위치정보 처리에 있어 현행법과 상충되는 부분을 해결하려는 노력은 블록체인 활용도를 높이고 블록체인 산업 활성화를 도모하는 측면이 있을 것이다. 다만, 기술적 조치를 통해 내용을 확인할 수 없도록 하는 방안이 아직 구체화되지 않고 있어 향후 블록체인 기술 발전 추이를 지켜보면서 하위 법령에서 명확하게 규정할 필요가 있을 것으로 보인다.

외국의 연구 중에는 블록체인과 개인정보 보호 법제 간 충돌 문제를 해결하기 위하여 폐쇄형 블록체인private blockchain 사용을 권장하거나 블록체인상에 개인정보를 저장할 경우 암호화된 형태로 저장하도록 하는 방안들이 제안되고 있다.[28] 아울러 기술적으로 블록체인의 탈중앙적 성격을 유지하면서 블록체인상의 개인정보를 알아볼 수 없도록 하는 암호화 기술이 현재 개발 중이므로 향후 기술 발전 상황을 지켜볼 필요가 있을 것이다.[29]

한편, 이러한 블록체인상의 개인정보 삭제는 개인정보 보호법 '개인정보의 정정 삭제'[30], 위치정보법이 규정하는 '개인위치정보의 파기 등'[31]에도 동일하게 문제될 수 있다. 아울러, 블록체인 기술 적용 시 개인정보 보호 법제와 관련하여 위 법률안에서 제기한 쟁점 외에, '개인정보 처리자'가 누구인지, 개인정보 유출 등의 피해 발생시 법적책임은 누구에게 있는지 등의 쟁점들에 대하여 논의하고 해결할 필요가 있다.

5. 블록체인 발전 기본법안

이상민 의원이 발의한 블록체인 진흥 및 육성 등에 관한 법률안과 송희경 의원이 발의한 블록체인산업 진흥에 관한 법률안은 블록체인 기술 및 산업 발전을 위한 기본법 성격의 법률안으로서 유사한 내용의 조항을 담고 있다. 두 법률안은 기술·산업 진흥을 위한 일반적인 기본법으로서의 내용을 포함하고 있는데, 구체적으로 과기정통부 장관이 블록체인 기술·산업 관련 기본계획 또는 종합계획을 수립하도록 규정하고 있으며, 표준화사업 지원, 전문인력 양성, 지식재산권 보호 등을 추진하도록 규정하고 있다. 특히 두 법률안은 블록체인 연구개발특구(이상민(안)) 또는 블록체인 진흥단지(송희경(안))를 지정하여 조성하도록 규정하고 있는데, 지정 및 조성에 관한 구체적인 사항은 대통령령에 위임하였다.

블록체인 기술이 아직 초기 단계이고 산업적 기반도 미약한 상황이므로, 기술개발 및 산업 발전을 견인하기 위해서 정부에서 진흥 정책을 수립하고 공공영역에서 실증 및 시범사업을 추진하는 것이 필요하다. 위와 같은 기본법이 제정될 경우 공공분야 정책 및 사업 추진을 위한 조직 및 예산 확보에 도움이 될 수 있어 바람직한 측면이 있다. 다만, 블록체인 기술이 단순 요소기술을 넘어서 경제·사회에 파급력을 미칠 수 있으므로 정책 수립 시 이해관계자들이 대화하고 합의를 도출할 수 있도록 하는 방안을 검토할 필요가 있다.

6. 국내 블록체인 기술 관련 입법의 전망

이상과 같이, 블록체인 기술과 관련하여 1) 블록체인 기술을 전자서명에 활용하도록 하는 법률안, 2) 블록체인 기술을 활용한 정보를 전자문서에 포함되도록 하는 법률안, 3) 블록체인상에서 개인정보 또는 개인위치정보를 활용할 때 발생할 수 있는 문제를 해결하고자 하는 법률안, 4) 블록체인 기술 및 산업 발전을 위한 기본 법률안이 발의되어 있다. 블록체인 기술의 잠재력과 파급력이 주목을 받으면서 관련 산업이 발전하고 있으며, 이에 따라 블록체인이 가져올 법제도 변화에 대한 연구도 진행되고 있다. 현재까지 발의된 블록체인 기술 관련 법률안들도 이러한 흐름에서 나온 것이라 할 것이다.

블록체인 기술은 아직 초기단계이며 그 적용 또한 아직 시범적인 수준이다. 기술이 어떤 모습으로 진화할지, 어떻게 적용하는 것이 사업적으로 가치가 있는지, 그에 따라 사회체계는 어떻게 변해야하는지 향후 많은 연구가 필요한 상황이다. 이처럼 블록체인을 둘러싼 생태계 변화를 전망하면서 그에 맞춰 입법 방안을 고민해야 할 것이다. 그러나 현단계에서도 최소한 국가의 블록체인 기술 개발의지를 천명하고 행정부가 이를 지원할 수 있는 법제는 마련되어야 할 것으로 본다.[32]

Ⅳ. 암호화폐 관련 국내 입법의 현황

1. 암호화폐 관련 주요 법안의 현황

암호화폐 열풍 및 투기 논란이 최근까지도 지속되면서 암호화폐, 거래소 및 ICO에 관한 법률안이 다수 발의되어 있으며, 관련된 법안 주요 내용 및 진행상황은 〈표 2〉와 같다.

〈표 2〉 암호화폐 관련 법률안

법안명	대표발의	진행상황	주요 내용
전자금융거래법 (일부개정안)	박용진 의원 (2017. 7. 31.)	정무위 소위심사 중 (´18. 11. 23. 상정)	• 거래소 인가제, 시세조종행위 및 자금세탁행위 금지, 방문판매 금지, 이용자 설명의무 등 거래소 행위규제 • 가상통화예치금 예치, 피해보상계약 체결 등으로 이용자 보호
가상화폐업에 관한 특별법 (제정안)	정태옥 의원 (2018. 2. 2.)	정무위 소위심사 중 (´18. 11. 23. 상정)	• 거래소 인가제, 미공개중요정보이용ㆍ시세조종ㆍ부정거래ㆍ시장질서 교란 등 금지, 자금세탁행위 금지, 방문판매 금지, 실명확인 및 미성년자 거래 금지 등 • 가상화폐예치금 예치ㆍ신탁으로 이용자 보호

법안명	대표발의	진행상황	주요 내용
암호통화 거래에 관한 법률 (제정안)	정병국 의원 (2018. 2. 6.)	정무위 소위심사 중 ('18. 11. 23. 상정)	• 거래소 등록제, 시세조종행위 및 자금세탁행위 금지, 이용자 설명의무 등 • 가상통화예치금 예치, 피해보상계약 체결 등으로 이용자 보호
특정 금융거래 정보의 보고 및 이용 등에 관한 법률 (일부개정안)	제윤경 의원 (2018. 3. 21.)	정무위 소위심사 중 ('18. 11. 23. 축조심사)	• 가상통화취급업소 관련 금융정보분석원 신고 의무 • 이용자별 거래내역 분리로 자금세탁 · 공중협박자금조달 방지
전자상거래법 (일부개정안)	채이배 의원 (2018. 4. 6.)	정무위 소위심사 중 ('18. 11. 26. 축조심사)	• 공정위 · 소비자원 · 금감원 · KISA 합동조사 실시 근거 마련 • 재산보호조치 미이행 시 무과실책임
전자금융거래법 (일부개정안)	하태경 의원 (2018. 9. 27.)	정무위 소위심사 중 ('18. 11. 23. 상정)	• 거래소 허가제, 시세조종행위 금지, 미공개중요정보 이용 금지, 이용자 설명의무 등 • 금융위에 암호통화발행심사위원회 신설
디지털 자산 거래 진흥법 (제정안)	김선동 의원 (2018. 11. 21.)	정무위 소위회부 ('18. 12. 27.)	• 거래소 인가제, 실명확인, 거래질서 교란행위 금지, 거래소 무과실책임 등 • 디지털 자산 거래업에 대한 금융위 인가 및 디지털 자산 거래 위원회 설치 • 실증을 위한 규제특례(분산원장 기술 심의위원회)
특정 금융거래 정보의 보고 및 이용 등에 관한 법률 (일부개정안)	전재수 의원 (2018. 12. 12.)	정무위 소위회부 ('19. 3. 27.)	• 디지털토큰(암호화폐) 취급업소에 의심거래, 고액거래보고의무, 고객 확인의무 등 부과
특정 금융거래 정보의 보고 및 이용 등에 관한 법률 (일부개정안)	김병욱 의원 (2019. 3. 18.)	미상정	• 금융회사 등에 가상자산 취급업소 추가 • 가상자산 취급업소의 신고의무, 고객 신원확인 의무, 의심거래 및 고액 현금거래 보고 의무 • 금융회사 등은 가상자산 취급업소의 신고의무 이행 여부 확인, 미이행시 금융거래 거절
특정 금융거래 정보의 보고 및 이용 등에 관한 법률 (일부개정안)	김수민 의원 (2019. 6. 12.)	미상정	• 금융회사 등에 가상화폐 취급업자 추가 • 가상화폐 취급업자의 신고의무, 고객 신원확인 의무, 의심거래 및 고액 현금거래 보고 의무 • 가상화폐 취급업자의 거래 범위 등 신고의무 및 자금세탁방지 등을 위한 조치의무

주: 진행상황은 2019. 6. 27. 기준으로 작성

2. 암호화폐 관련 입법의 형식 및 규율대상

암호화폐를 제도화할 것인지, 거래소 규제 및 투자자 보호는 어떻게 할 것인지, 자금세탁방지는 어떻게 할 것인지 다양한 쟁점들이 있으며, 본 절에서는 여러 쟁점들을 소개하고 검토방향에 대하여 논의하고자 한다. 이와 관련 하여 먼저 암호화폐 관련하여 발의된 법안들의 입법형식을 살펴보면, 기존 법률을 일부개정한 법률안과 새롭게 제정한 법률안이 상존한다. 이는 암호화폐를 바라보는 관점에 따라 접근방법이 달라질 수 있음을 나타낸다. 즉, 암호화폐를 새로운 형태의 기술 및 거래 방법으로 본다면 기존 법률로 규율하기 어려워 새로운 법률을 제정하는 방향으로 추진할 수 있는 반면, 암호화폐를 기존 금융 · 거래의 연장선상에 있는 것으로 파악한다면 전자금융거래법 등 기존 법률을 개정하는 방향으로 추진할 수 있을 것이다. 올바른 규율 내용이 포함되기만 한다면 입법형식이 제정안이든 개정안이든 문제되지는 않을 것이다. 다만, 아래에서 살피는 바와 같이 제정안의 경우에도 자본시장법 등 기존 법률을 준용하거나 유사한 형태의 조항을 두고 있으므로, 기존의 법체계와의 정합성을 고려하여 입법형식을 검토할 필요가 있을 것으로 보인다. 아울러 자금세탁방지에 관한 내용은 특정 금융거래 정보의 보고 및 이용 등에 관한 법률에서 규율하고 있으므로 FATF의 암호화폐에 관한 가이드를 참고하여 이 법률을 개정하는 방안이 바람직할 것이다.

규율대상의 명칭과 정의에 대해서도 각 법률안 별로 다양하게 규정하고 있다. 암호화폐를 지칭하는 용어로서 가상통화, 가상화폐, 암호통화, 디지털화폐, 디지털자산 등이 사용되고 있다. 이에 대하여 많은 논의가 있으나 아직 국제적으로도 정립되어 있지는 않은 상황이다.[33] 암호화폐에 대한 개념 및 법적 성질을 지속적으로 연구하면서 국제기구 등에서의 논의를 고려하여 국제적으로 통용되는 용어를 정립하는 것이 필요할 것이나 가상자산, 가상화폐, 디지털화폐 등의 용어는 비트코인 등 암호화폐 외에도 다양한 전자화폐를 포함할 수 있다는 점에서 실무에서 통용되고 있는 암호화폐crypto-currency가 적절하다고 본다.

아울러, 암호화폐거래소의 제도화 여부도 검토할 필요가 있다. 제정안 및 전자금융거래법 개정안들의 경우 암호화폐거래소가 영업행위를 하기 위해서는 인가/등록/신고를 하도록 규정하고 있어 이를 제도화 하고 관리하고자 하는 것으로 볼 수 있다.

3. 암호화폐 관련 이용자보호 입법

암호화폐거래소의 제도화 여부와 무관하게 이미 많은 이용자들이 거래소를 이용하여 암호화폐 거래를 하고 있다. 이런 현실적 상황을 고려하여 여러 법안들이 이용자 보호를 위한 조항들을 규정하고 있다.

먼저 예치금 관련 제도를 들 수 있다. 암호화폐거래소가 이용자의 예치금을 고유자산과 구분하여 별도로 예치하거나 신탁하는 제도를 말한다. 거래소가 이용자의 자산을 임의로 사용·처분할 우려를 제거하기 위하여 필요한 제도라고 할 수 있다.[34] 정부 대책에서도 소비자보호를 위하여 거래소에 맡긴 고객자산에 대하여 별도 예치가 필요하다고 밝혔다.[35] 박용진(안), 정태옥(안), 정병국(안)은 거래소가 예치금을 별도의 기관에 예치 또는 신탁을 하도록 규정하고 있으며, 제윤경(안), 김병욱(안)의 경우 은행 등 기존 금융기관으로 하여금 거래소가 예치금을 고유재산과 구분하여 관리하는지 여부를 확인하도록 하고 있고, 김수민(안)은 거래소가 고객 예치금 등과 거래소의 고유재산을 구분하여 관리하도록 규정하고 있다.

다음은 거래소와 이용자 간 피해보상계약 또는 거래소의 보험 가입을 들 수 있다. 거래소가 고의로 이용자의 자산을 사용·처분하거나 과실로 이용자 자산에 피해를 발생시킨 경우에 대비하여 이용자 피해보상계약을 체결하거나 보험 가입을 하는 것이 필요하다. 박용진(안)과 정병국(안)은 예치에 갈음하여 이용자 피해보상계약을 체결할 수 있도록 규정하고 있고, 정태옥(안)과 김선동(안)은 거래소 해킹 등 발생 시 이용자의 손해 보상을 위하여 보험 등에 가입하도록 규정하고 있으며, 하태경(안)은 거래소 해킹 등 발생 시 이용자 손해 보상을 위하여 피해보상계약을 체결하도록 규정하고 있다.

이용자에 대한 설명의무도 이용자보호를 위하여 필요하다. 암호화폐가 새로운 형태의 자산이고 변동성이 큰 만큼 암호화폐는 법정화폐가 아니라는 사실, 암호화폐 거래에 대한 위험 등을 설명할 필요가 있다. 박용진(안), 정병국(안), 하태경(안)은 거래소가 이용자에게 암호화폐에 관한 내용 및 투자 위험성 등을 설명하도록 규정하고 있다.

4. 암호화폐 관련 불공정 거래 규제 등 입법

직접적인 이용자보호 외에도 거래소에 대한 여러 감독·관리가 필요하다. 거래소에서는 상당한 금액의 자산이 거래가 되고 있어 시스템의 안전성 확보가 매우 중요하다. 또한 거래소에 이용자 자산 및 거래에 대한 정보가 집중되어 있어 거래소가 이를 이용하여 시장질서를 교란시키지 않도록 할 필요가 있다.

시세조종행위와 관련하여 박용진(안), 정병국(안), 하태경(안)은 시세조종행위를 금지하는 규정을 두고 있으며, 하태경(안), 김선동(안)은 미공개중요정보 등을 이용한 거래질서 교란행위를 금지하는 규정을 두고 있다. 한편, 정태옥(안)은 법률안 내에 직접적으로 이를 감독·관리하는 규정을 두고 있지 않고 자본시장법상 관련 규정을 준용하고 있다. 구체적으로 자본시장법의 시세조종행위 금지[36], 부정거래행위 금지[37], 시장질서 교란행위 금지[38] 등을 준용하고 있다. 다른 법률안의 규정의 내용 또한 자본시장법상 관련 규정과 유사하다. 암호화폐거래소에 대한 관리·감독 규정을 어떠한 방식으로 법제화할지 고민이 필요한 부분이다. 암호화폐를 제도화할 경우 기존 법률상 관련 규정을 준용하는 방식으로도 입법이 가능할 수 있을 것으로 보인다.

거래소를 해킹 등의 위협으로부터 보호하기 위한 정보보호 조치도 중요하다. 박용진(안)의 경우 전자금융거래법 개정안으로서 추가 규정 없이 현행법상 안전성 확보를 위한 규정을 적용하게 되어 있으며, 하태경(안) 역시 전자금융거래법 개정안으로서 현행법상 안전성 확보 규정이 적용되는데 기술적·물리적·관리적 조치 규정을 추가하였다. 정태옥(안), 정병국(안)의 경우 자체 규정을 규정하면서도 침해행위 금지·대응 등 현행 전자금융거래법상 안전성 확보 규정을 일부 준용하고 있다. 제윤경(안), 김병욱(안)의 경우 금융기관으로 하여금 정보통신망법에 따른 정보보호 인증체계[ISMS] 인증 여부[39]를 확인하도록 규정하고 있다. 생각건대 암호화폐거래소에서는 거액이 거래될 수 있어 해킹 등 침해발생 시 피해가 다대할 수 있으므로 기존 전자금융거래 시 필요로 하는 안전성 수준 또는 그 이상의 안전성 조치가 필요할 것으로 보이므로, 이러한 내용이 입법적으로 반영되고 있는지 검토할 필요가 있다.

신규토큰공모[ICO]의 허용 여부에 대하여 정부는 부정적인 입장을 보이고 상황에서, 하태경(안)은 암호화폐 발행 승인제 도입을 규정하고 있다. 토큰을 발행을 하려는 자는 금융위원회의 승인을 받도록 하고 승인 여부·승인 기준 심의를 위해 금융위원회에 암호통화발행심사위원회를 두도록 하는 내용이다. ICO 허용 여부, 허용 방식 등에 대하여 국내외적으로 논란이 지속되고 있어 ICO 허용 시 장단점, 국제적인 동향 등을 고려하여 입법적 결정을 할 필요가 있을 것으로 보인다.

5. 암호화폐 악용 자금세탁방지 입법

(1) 현행 가상통화 관련 자금세탁방지 가이드라인

암호화폐의 익명성으로 인하여 테러 지원 등에 이용될 수 있으므로 자금세탁행위를 금지하고 자금세탁방지를 위한 실명확인 등을 규정할 필요가 있다. 이를 위하여 2018. 1. 30. 금융위원회는 특정 금융거래보고 및 이용 등에 관한 법률에 근거하여 "가상통화 관련 자금세탁방지 가이드라인"을 제정하였다. 이 가이드라인은 금융회사에 '실명확인 입출금계정 서비스'를 시행하도록 하고 있으며 비실명자는 출금은 가능하나 암호화폐 취급업소에 입금은 할 수 없도록 하였다. 암호화폐 취급업소가 신원확인 정보 제공을 거부하는 경우 금융회사는 계좌서비스 제공 거절해야 하고 암호화폐 취급업소가 '실명확인 입출금계정 서비스'를 이용하지 않는 등 자금세탁 위험도가 특히 높다고 판단되는 경우에도 금융회사는 거래를 거절할 수 있게 하였다. 나아가 자금세탁 의심 금융거래에 대한 보고의무를 부과하여 이용자가 암호화폐 거래를 위해 1일 1,000만 원 이상 또는 7일간 2,000만 원 이상 자금을 입출금하는 경우, 자금세탁으로 의심할 수 있는 금융거래로 은행들은 금융정보분석원[FIU]에 보고하도록 하였다.

(2) 자금세탁방지에 관한 법률안

이에 관한 법안에 관하여 보면 암호화폐를 불법자금, 테러자금 등으로 활용하지 않도록 하는 자금세탁행위 금지 조항은 박용진(안), 정태옥(안), 정병국(안)에서 두고 있으며, 제윤경(안), 전재수(안), 김병욱(안), 김수민(안)은 암호화폐거래소를 법률상 규율대상에 포함시켜 의심거래보고, 고액현금거래보고 등을 하도록 규정하고 있다. 자금세탁방지를 위해 필수적인 고객 실명확인 조항은 대부분의 법률안들이 규정하고 있다. 특정 금융거래 정보의 보고 및 이용 등에 관한 법률 개정안들은 암호화폐거래소 또는 거래소와 거래하는 금융회사에 대하여 고객확인의무 및 의심거래보고의무 등을 규정하고 있어 자금세탁방지에만 집중하고 있다. 앞서 본 바와 같이 국제자금세탁방지기구FATF는 자금세탁과 테러단체 자금 지원 방지를 위한 암호화폐 규제 가이드를 발표하였으며,[40] 현재 발의된 법률안이 이 가이드의 요건을 충족하는지 검토가 필요하다.

6. 국내 암호화폐 관련 입법의 전망

이상과 같이, 암호화폐 관련하여 기존 법률의 개정안과 새로운 재정안이 발의되어 있으며, 대체로 이용자 보호 및 불공정 거래 규제를 위하여 거래소에 의무를 부과하고 금융당국이 관리 · 감독할 수 있도록 하는 법적 근거를 규정하고 있다.

암호화폐 관련 법률안이 향후 어떤 방식으로 입법화될지 전망하는 데 있어 암호화폐 및 거래소에 대한 정책방향의 정립 및 제도화 여부에 대한 검토가 선행되어야 할 것이다. 암호화폐 및 거래소에 대하여 긍정적 견해와 부정적 견해가 아직도 공존하고 있다. 암호화폐 거래에 투기적 성격이 존재하였던 것이 사실이고 이에 따라 암호화폐 및 거래소의 제도권 편입에 부정적인 입장이 있는 반면, 암호화폐가 블록체인 산업의 생태계 발전에 긍정적인 측면이 있다는 입장도 존재한다. 사기적 · 불법적 거래에 대해서는 엄중한 법적용이 필요하겠지만, 현재 암호화폐가 활발히 거래되고 있으며 이를 기반으로 기술 발전이 이루어진다는 긍정적인 견해도 존재하는 만큼 이용자 보호와 산업 생태계 발전을 추구할 수 있는 입법정책 방향을 정립하고 이에 따라 법률이든 가이드라인이든 구체적인 방안을 도출할 필요가 있다. 이러한 입법에 관하여는 일본의 전향적이고 구체적인 입법이 크게 참고가 된다고 본다.

한편, 암호화폐의 특성상 자금세탁에 이용될 우려가 있으므로 자금세탁방지를 위한 입법은 신속히 추진될 필요가 있으며, 국제자금세탁방지기구FATF의 가이드에 대한 현지실사 등이 2019년에 실시되므로 신속하게 관련 입법을 할 필요가 있으며, 현재 발의된 법률안이 최근 FATF가 발표한 암호화폐 규제 가이드와 정합성이 있는지 검토할 필요가 있다.

V. 블록체인 자율 규제 입법의 현황

1. 외국의 자율규제 입법의 현황

블록체인에 관한 자율 규제는 일본에서 가장 활발하다. 2018. 4. 5. 일본 블록체인 전문가 집단Center for Rule-making Strategies, CRS은 ICO가이드라인을 제정하여 금융청에 제시하여 그에 따라 ICO를 하도록 하였다. 이어 2018. 10.에는 일본 금융청은 암호화폐에 대한 규제 권한을 일본 암호화폐거래소협회'JVCEA에 넘겨 관련 산업의 관리와 감독을 하게할 계획을 발표하기도 하였다.

미국에서는 2018. 11. 27. 디지털 자산거래의 표준을 마련하고 자율규제를 목적으로 하여 디지털자산시장협회ADAM가 설립되었다. 갤럭시디지털캐피탈, BTIG, 제네시스 글로벌 트레이딩 등 10개 업체가 회원으로 활동하고 있다. 동협회는 1차적으로 회원들이 준수할 행동강령Code of Conduct를 제정하며 그 내용에는 사장의 건전성Market Integrity, Professionalism & Ethics, 리스크 관리Risk Management and Continuity, 자금세탁방지Know Your Customer & Anti-Money Laundering, 고객자산의 보관Custody of Customer Assets, 기록관리와 공유Record Keeping, Supervision and Information Sharing, 거래의 확인과 결제Confirmation, Clearing & Settlement Guidelines, 가격 조장방지(Price Manipulation, 사이버보안Cybersecurity and Customer Data Protection이 포함된다.[41]

2. 한국의 자율규제 입법의 현황

2018. 1. 한국블록체인협회는 암호화폐에 관한 자율규제안을 발표하였다. 동협회는 암호화폐 이용자 보호 등에 관한 규정, 암호화폐취급업자의 금전 및 암호화폐 보관 및 관리 규정과 본인확인 규정 및 시스템 안정성 및 정보보호에 관한 규정을 제정하여 회원사들로 하여금 사용하게 하고 있다.[42] 2018. 4. 한국블록체인협회는 암호화폐거래소 표준약관을 작성하여 공정거래위원회에 심사를 요청하였으나 공정거래위원회는 2018. 11.에 이르러서야 암호화폐 관련 기본 법률이 없는 상황에서 표준약관부터 제정하는 것은 선후가 뒤바뀌었다는 이유로 심사를 거부하였다. 그러나 통상 약관은 그러한 종류의 거래에 적용할 적절한 규범이 없는 경우, 즉 근

거규범이 흠결된 경우 그 공백을 메워 거래당사자 간의 권리의무를 미리 정해 놓음으로써 분쟁을 예방하는데 그 주된 목적이 있다는 점에서, 또 암호화폐거래소의 불공정약관이 횡행하여 그 고객인 이용자들을 보호할 현실적인 필요가 있다는 점에서[43] 공정거래위원회의 심사 거부는 부당하였다 할 것이다.

3. 자율규제 입법의 전망

탈중앙을 지향하는 블록체인의 기본 취지를 존중한다면 블록체인에 대한 외부의 규제는 필요한 최소한으로 하고 블록체인공동체가 스스로 자율적으로 규제를 하게 하는 것이 바람직하다. 더욱이 블록체인 거래 규범은 스마트계약으로 코드화되어 시스템에 내재시킬 수 있다는 점에서 블록체인 공동체가 자신들에게 적용될 규범을 스스로 정하고 이를 집행할 수 있다면 블록체인 거래의 분쟁 예방과 신속한 처리에 큰 도움이 될 것이다. 다만, 이 자율규제는 공정하게 이루어져야 하며 이를 담보하는 제도적 장치를 갖추고 있어야 할 것이다. 그런 관점에서 한국블록체인협회가 자율규제위원회를 설치하여 자율적 규범을 제정하고 나아가 분쟁조정에 관한 규정을 스스로 만들어 시행한 것은 공정한 자율규범 제정을 위한 제도적 장치로 높이 평가할 만하다.

그러나 블록체인의 탈국경성으로 인하여 자율규제를 어느 한 나라에서 하여서는 그 효과가 제한적이므로 국제적인 공조가 필수적이라 할 것이다. 이러한 관점에서 2019. 6. G20회의에 즈음하여 싱가포르 암호화폐 및 블록체인기업협회ACCESS, 호주 전자상거래협회ADCA, 일본 가상화폐거래소협회JVCEA, 영국 블록체인 · 미래 기술 협회BBFTA, 글로벌디지털금융GDF 및 한국블록체인협회가 참여하여 V20Virtual Asset Service Providers Summit를 개최, 블록체인 기술 및 산업 특성에 적합한 국제 사회의 공조와 암호화폐 국제표준의 제정을 위하여 "국제 디지털자산 거래소 협회"International Digital Asset Exchange Association, IDAXA를 설립하기로 합의한 것은 큰 의미가 있다고 할 것이다.

VI.   결론 - 블록체인 법의 미래

최근 블록체인 기술 및 암호화폐가 사회적인 이슈가 되면서 이와 관련된 법률안이 다수 발의되었다. 본 절에서는 외국 사례를 살펴보고 국내 주요 법률안에 대하여 블록체인 관련 법률안과 암호화폐 관련 법률안으로 구분하여 검토하였다.

블록체인이나 암호화폐에 대하여 여러 논의와 견해가 존재하지만 우리 사회·경제에 어떤 변화를 가져올지 명확하게 전망하기는 어렵다. 새로운 기술이나 제도가 출현할 때 부작용에 대한 우려나 기존 사회체제의 반발이 발생할 수 있지만, 이로 인한 사회적 혁신의 가능성도 배제할 수는 없을 것이다. 이런 경우 무조건적인 금지나 맹목적 수용보다는, 일단 기술과 체계를 시험할 수 있는 법제도적 기반을 마련하고, 기술 자체 및 이것이 가져올 사회변화에 대한 연구와 논의를 지속하면서 기민하게 대처하는 유연한 자세가 필요하며, 일회적 구호에 그치는 것이 아니라 지속적이고 전방위적인 연구가 지속되어야할 것이다.

블록체인 기술을 기반으로 하는 암호화폐는 특정한 매개기관이 없어 수많은 P2P 이용자들만이 존재하는 암화화폐의 유통체계를 모니터링/통제는 사실상 불가능하거나 가능하더라도 상당한 비용이 소요된다는 점을 명심할 필요가 있다. 암호화폐에 대하여 효율적인 통제를 하려면 정부의 정책담당자는 기존의 하향식 규제방식보다는 암호화폐 시장의 탄력성과 적합성에 초점을 맞춘 입법을 할 필요가 있다. 암호화폐의 재화로서의 성격과 지불수단으로서의 성격을 명확히 하여 거래의 촉진과 안전을 도모하고 불법적인 용도에 사용되지 못하게 하며 세원포착수단을 강구하여 소득에 있는 곳에 과세 있다는 원칙을 관철하는 입법을 하여야 할 것이다.

이와 관련하여 미국 와이오밍주의 일련의 진보적인 입법이 우리에게 참고가 된다. 와이오밍주는 2017. 2. 암호화폐자산을 과세대상에서 제외하는 입법을 한데 이어 2018. 3. 자금전송법Money Transmitter Act 및 통일 증권법Uniform Securities Act을 개정하여 오픈 블록체인 토큰에 동법 적용을 면제하였다. 나아가 2019. 1. 12.에는 오픈 블록체인 토큰은 토큰매수인이 발행자나 개발자로부터 현금이나 수익률의 일부를 보상 받을 수 없어 증권이 될 수 없으나 토큰매수인은 소비성 서비스나 콘텐츠 및 자산을 받을 수 있고 토큰은 무형동산임을 명시하는 입법Utility Token Act-property amendments과 금융 테크놀로지 샌드박스 제도를 도입하여 기술 혁신 방해 법령 적용을 면제하고 유연한 시험환경 조성하는 "핀테크샌드박스법"Financial Technology Sandbox Act을 입법하였다.[44]

  우리나라에서도 현재 발의된 법률안들을 기반으로 위와 같은 실험과 고민이 더해져 바람직한 법률과 제도로 발현되고 정착되기를 기대한다. 그러나 궁극적으로는 블록체인 기술이 우리 사회 전반에 미칠 엄청난 파급효과를 고려한다면 블록체인 거버넌스의 기본을 규정하는 블록체인 기본법 또는 좀더 구체적으로 블록체인 기반 사회 건설 기본법을 제정하고 그러한 기본법하에서 구체적인 블록체인 기술 개발과 확산, 블록체인 기술적용에 있어서의 기회균등, 국제적인 협력의 구체적 방안 그리고 암호화폐의 창설과 거래, 암호화폐를 악용한 불법적 자금세탁의 방지, ICO에 있어서의 투자자 보호 등에 관한 개별 입법을 해나가야 할 것이다. 그렇게 함으로써 블록체인에 관한 제반 입법이 크립토법cryptolaw이라는 학문적 체계 속에 포섭될 수 있기를 기대해 본다.

1   동법안 제3조 (i) 참조.

2   The European Union Blockchain Observatory and Forum, "Blockchain and The GDPR", 2018. 10.

3   CNIL, "Blockchain and the GDPR : Solutions for a responsible use of the blockchain in the context of personal data", 2018. 11. 6.

4   강희철 등, 「중국 블록체인 정보 서비스 관리 규정의 반포와 시사점」, 법률신문 기사, 2019. 1. 25. 〈https://www.lawtimes.co.kr/Legal-News/Legal-News-View?serial=150383 최종 방문일 2019. 7. 6.〉

5   금융정보분석원 보도자료, 「국제자금세탁방지기구 (FATF) 총회 참석 결과」, 2018. 10. 22. 「제30기 제2차 국제자금세탁방지기구(FATF) 총회 참석」, 2019. 2. 26.

6   정식명칭은 '암호자산과 암호자산사업자에 대한 규제 가이드(Guidance for a Risk-Based Approach to Virtual Assets and Virtual Asset Service Providers)'로 이 가이드의 자세한 내용에 관하여는 이 책 제13절 블록체인 분쟁의 해결 중 관련 부분 참조.

7   https://www.fsa.go.jp/news/30/20180427/20180427.html(2019.7.6.확인)

8   안성배 외, 「가상통화 관련 주요국의 정책 현황과 시사점」, 「KIEP 오늘의 세계경제」, 대외경제정책연구원, 2018. 2.

9   배승욱, 「뉴욕주의 BitLicense」, 「자본시장 Weekly」 2016-07호, 2016. 2.; 황종모 외, 「해외 주요국 디지털화폐 관련 제도 및 시장 현황」, 「전자금융과 금융보안」 제7호, 2017.

10   한국금융연구원, 「자금결제법 개정안과 가상통화(디지털 통화) 이용 현황」, 「주간금융브리프」 제25권 제29호, 2016. 7.

11   IBK 경제연구소, 「Weekly IBK 경제브리프」, 2018. 7.

12   「FINANCIAL SERVICES (DISTRIBUTED LEDGER TECHNOLOGY PROVIDERS) REGULATIONS 2017」, 지브롤터 금융 당국의 '분산원장 기술 규제 프레임워크' 웹사이트 참조 〈http://www.gfsc.gi/dlt 최종 방문일 2019. 2. 28.〉

13   Gibraltar Finance, 「Token Regulation」, 2018. 3.

14   IT조선 칼럼, 「'크립토 하버(Crypto Harbor)' 지브롤터의 ICO 규제와 절차」, 2018. 5. 〈http://it.chosun.com/site/data/html_dir/2018/05/29/2018052985059.html 최종 방문일 2019. 2. 28.〉

15   Swiss Finma, 「Guidelines for enquiries regarding the regulatory framework for initial coin offerings (ICOs)」, 2018. 2.

16   Singapore MAS, 「A GUIDE TO DIGITAL TOKEN OFFERINGS」, 2018. 11.

17 전자서명법 제3조(전자서명의 효력 등) ① 다른 법령에서 문서 또는 서면에 서명, 서명날인 또는 기명날인을 요하는 경우 전자문서에 공인전자서명이 있는 때에는 이를 충족한 것으로 본다.

② 공인전자서명이 있는 경우에는 당해 전자서명이 서명자의 서명, 서명날인 또는 기명날인이고, 당해 전자문서가 전자서명된 후 그 내용이 변경되지 아니하였다고 추정한다.

③ 공인전자서명외의 전자서명은 당사자간의 약정에 따른 서명, 서명날인 또는 기명날인으로서의 효력을 가진다

18 전응준, 「새로운 전자금융환경에서 공인인증체계의 개선방향에 관한 연구」, 「정보법학」 제21권 제3호, 2017. 12.

19 「전자서명법 일부개정법률안」, 의안번호 2012317, 고용진의원 대표발의, 2018. 3. 6., 「전자서명법 전부개정법률안」, 의안번호 15540, 정부 발의, 2018. 9. 14.

20 공인전자서명 폐지에 대한 신중한 논의가 필요하다는 견해로, 최경진, 「전자서명 법제 동향과 미래 규율 방향」, 「인터넷 법제동향」, Vol. 123, 한국인터넷진흥원, 2017.

21 국제표준기구인 ISO(the International Organization for Standardization) 산하의 블록체인 연구반인 TC307에서는 블록체인 및 암호화폐 관련 용어 정의에 관한 표준을 작성 중이다.

22 전자문서 및 전자거래 기본법 제2조(정의) 이 법에서 사용하는 용어의 뜻은 다음과 같다.

1. "전자문서"란 정보처리시스템에 의하여 전자적 형태로 작성, 송신·수신 또는 저장된 정보(구성원 간 직접 연결 방식을 기반으로 각각의 정보가 저장된 블록이 사슬처럼 연결되는 분산화된 정보처리 기술을 활용하여 전자적 형태로 작성, 송신·수신 또는 저장된 정보를 포함한다)를 말한다.

23 동법 제4조 제1항의 특별규정으로 동조 제3항을 이해한다.

24 전자문서 및 전자거래 기본법 제4조(전자문서의 효력) ① 전자문서는 다른 법률에 특별한 규정이 있는 경우를 제외하고는 전자적 형태로 되어 있다는 이유로 문서로서의 효력이 부인되지 아니한다.

② (생 략)

③ 별표에서 정하고 있는 법률에 따른 기록·보고·보관·비치 또는 작성 등의 행위가 전자문서로 행하여진 경우 해당 법률에 따른 행위가 이루어진 것으로 본다.

25 이에 따라 정부에서도 위 개정안과 유사한 형태의 개정안을 발의하였다. 「전자문서 및 전자거래 기본법 일부개정법률안」, 의안번호 11084, 정부 발의, 2017. 12. 28.

26 제11조(위치기반서비스사업의 휴업·폐업 등) ①위치기반서비스사업자가 사업의 전부 또는 일부를 휴업하고자 하는 때에는 휴업기간을 정하여 휴업하고자 하는 날의 30일 전까지 이를 개인위치정보주체에게 통보하고 방송통신위원회에 신고하여야 한다. 이 경우 휴업기간은 1년을 초과할 수없으며, 휴업과 동시에 개인위치정보(사업의 일부를 휴업하는 경우에는 휴업하는 사업의 개인위치정보로 한정한다)를 파기하여야 한다.

②, ③ (생 략)

27 제21조(개인정보의 파기) ① 개인정보처리자는 보유기간의 경과, 개인정보의 처리 목적 달성 등 그 개인정보가 불필요하게 되었을 때에는 지체 없이 그 개인정보를 파기하여야 한다. 다만, 다른 법령에 따라 보존하여야 하는 경우에는 그러하지 아니하다.

②~④ (생 략)

28 위 CNIL 보고서

29 위 The European Union Blockchain Observatory and Forum 보고서

30 동법 제36조 참조.

31   동법 제11조 참조.

32   2018. 11.부터 과기정통부가 (i) 블록체인 핵심 원천기술 확보, (ii) 블록체인 기술 신뢰성 평가, (iii) 블록체인 선도 서비스 및 생태계 등 과제로 구성하여 블록체인 원천 기술인 코어기술, 안전성기술, 인공지능(AI) 융합기술, 표준화 기술 등 4대 기술 육성하는 블록체인 중장기 기술 개발 사업을 추진하여 한국을 블록체인 선도국가로 만들겠다는 목표로 2020년부터 7년간 5,700억 원을 투입할 계획을 세우고 그중 4,000억 원은 정부가 지원하고 나머지는 민간 자금으로 운영할 예정이었으나 입법적 지원의 미비로 이 블록체인 기술개발 사업이 2019. 1. 예비타당성 심사에서 탈락한 사실에서 입법의 필요성을 알 수 있다.

33   대체로 업계에서는 '암호화폐'라는 용어를 주로 사용하고, 정부에서는 일본의 용례를 무분별하게 도입하여 '가상통화'라는 용어를 사용하고 있는 것으로 파악된다.

34   유주선, 강현구,「가상통화에 대한 입법적 방안과 법적 쟁점 연구」,「금융법연구」제15권 제1호, 2018. 4.

35   관계부처 합동 보도자료,「가상통화 관계기관 합동 TF 개최 – 가상통화 현황 및 대응방향」, 2017. 9. 4.

36   동법 제176조, 제177조 참조.

37   동법 제178조 참조.

38   동법 제178조의2 참조.

39   동법 제47조 참조.

40   FATF, "Guidance for a Risk-Based Approach to Virtual Assets and Virtual Asset Service Providers", 2019. 6. 〈www.fatf-gafi.org/publications/fatfrecommendations/documents/Guidance-RBA-virtual-assets.html 최종 방문일 2019. 6. 27.〉

41   https://medium.com/@AssociationDigitalAssetMarkets/adam-vision-and-founding-principles-be98f97aa42a(2019.7.7. 확인)

42   http://www.smallake.kr/wp-content/uploads/2018/04/한국블록체인협회-자율규제안.pdf (2019. 7. 7. 확인)

43   공정거래위원회는 2018. 4. ㈜비티씨코리아닷컴, ㈜코빗, ㈜코인네스트, ㈜코인원, 두나무㈜, ㈜리너스, ㈜이야랩스, ㈜웨이브스트링, ㈜리플포유, ㈜코인플러그, 씰렛㈜, ㈜코인코 등 12개 암호화폐거래소의 약관에 대하여 ▲부당한 입출금 제한 조항(7개사) ▲자의적인 서비스 이용 제한 조항(12개사) ▲아이디와 비밀번호 관리책임 조항(12개사) ▲광고성 정보의 수신 거부 방법을 회원 탈퇴로 한정하는 조항(6개사) ▲이용 계약의 중지 및 해지 조항(11개사) ▲이용 계약의 종료에 따른 손해배상 조항(3개사) ▲링크된 사이트에 관한 면책 조항(9개사) ▲광범위한 일반 면책 조항(12개사) ▲부당한 서비스의 변경 또는 중단에 관한 조항(1개사) ▲회사 재량에 의한 개별 가상통화 시장의 개폐 조항(1개사) ▲사업자의 일방적인 주문 거부나 거래 금액 등 거래 조건의 제한 조항(1개사) ▲부당한 재판 관할 조항(10개사) 등 불공정 약관 조항에 대하여 시정권고를 하였고 ▲6개월 이상 미접속 회원의 가상통화에 대한 임의 현금화 조항(2개사) ▲손해배상 방식으로 가상통화나 KRW포인트를 지급하는 조항(2개사)에 대하여는 자진 시정하게 하였다. [백승국 기자, "공정위, 거래소 12곳 약관 시정 권고" 2018. 4. 4.자. BCCPost(http://www.bccpost.com)]

44   https://cointelegraph.com/news/us-state-of-wyoming-passes-two-new-blockchain-crypto-related-bills(2019. 7. 7. 확인)

부록

편저자 및 공동저자 약력

손경한 (孫京漢 / Kyung-Han Sohn)

[학력 및 경력] 서울대학교 법과대학 및 동대학원 졸업 (법학석사), 미국 Pennsylvania 법대 박사(SJD)과정 수료, 독일 Muenchen 소재 Max Planck Institute 연구과정수료, (법학박사), 법무법인 아람 대표변호사, 성균관대학교 법학전문재학원 교수, 공정거래위원회 약관심사자문위원, (현) 블록체인 과 법 포럼 회장, (사)기술과법연구소 이사장, 법무법인 화현 변호사, 중재인(KCAB, ICC, NAF)

[논문 및 저서] 블록체인 의료의 법적 문제(2019, 공저), 신규코인공모(ICO)의 법적 쟁점(2018, 공저) 외 다수

김대호 (金大浩 / Daeho Kim)

[학력 및 경력] 서울대학교 언론정보학과 졸업 및 동대학원 졸업(언론학 석사), 영국 University of Birmingham 졸업(언론학 박사) (현) 인하대학교 교수(언론정보학과)

[논문 및 저서] Media Governance in Korea 1980-2017 (2018), 인공지능거버넌스 (2018) 외 다수

김병일 (金炳日 / Byung-Il Kim)

[학력 및 경력] 고려대 정경대학 경제학과 졸업, 서울대 행정대학원 행정학과 (행정학 석사), 일본 도쿄대 대학원 법학정치학연구과(법학석사), 경희대 대학원 법학과(법학 박사), 제27회 행정고시 합격, 총무처 수습 · 국세청 및 재무부 행정사무관, 재정경제원(부) 행정사무관 및 서기관, 국무총리실 조세심판원 비상임심판관 (현) 강남대학교 교수(경제세무학과), 기획재정부 세제발전심의회 위원

[논문 및 저서] ICO(Initial Coin Offerings)에 대한 과세문제(2019), 가상통화 과세를 위한 입법론적 고찰(2018) 외 다수

김성훈 (金成勳 / Seong-Hoon Kim)

[학력 및 경력] 연세대학교 법과대학 졸업, 사법연수원 제43기 수료. (현) 법무법인 화현 변호사

박선종 (朴善鍾 / Sun-Jong Park)

[학력 및 경력] 한국외국어대학교 졸업, 고려대학교 법무대학원 금융법학과 졸업(법학석사), 고려대학교 대학원 법학과 졸업(법학박사), BS투자증권 상무, 유진투자선물 전무, 고려대학교 법학연구원 금융법연구센터 연구위원, 금융위원회 자체규제심사위원 (현) 숭실대학교 교수(법학과)

[논문 및 저서] 가상화폐의 법적 개념과 지위(2019), 블록체인과 국내 금융제도에 관한 법적 검토(2018) 외 다수

박종서 (朴鍾曙 / Jong Sou Park)

[학력 및 경력] 한국항공대학교 통신공학과 졸업, 미국 North Carolina State University 졸업(공학석사), 미국 Pennsylvania State University 졸업(공학박사), 미국 Pennsylvania State University 조교수 (현) 한국항공대학교 교수(소프트웨어학과)

[논문, 저서 및 강의] 네트워크보안 교재, 네트워크보안 관련 SCI급 논문 30여 편, 블록체인 NCS 집필위원; 정보산업연합회, 한국정보기술연구원, KT, 블록체인 캐피탈리스트, 월튼블록체인연구교육원, 한국표준협회, 고양시, 고양상공회의소, 한국통신학회, 데이터베이스연구회, NIA, TTA, 동국대, 중앙대, 한동대, 고려대, 포스코인터내셔널, 매일경제 CEO과정, 미얀마, 스리랑카, 베트남 등 국내외 기관의 요청으로 4차산업과 블록체인 기술관련 교육 100여 회 강의

박진아 (朴眞雅 / Jina Park)

[학력 및 경력] 이화여대 법과대학 및 동대학원 졸업(법학석사 및 박사), 미국 Temple University School of Law 졸업(LL.M.& SJD), 이화여자대학교 법학전문대학원 교수 (현) (사)기술과법연구소 소장

[논문 및 저서] 블록체인과 개인정보 보호-블록체인의 매직(Masic)과 법적 도전(2018), 고아저작물 이용허락 제도의 법적 쟁점(2018) 외 IT법 관련 논문 다수

신용우 (申容雨 / Yong Woo Shin)

[학력 및 경력] 포항공과대학교 컴퓨터공학과 졸업 및 동대학원 졸업(공학석사), 성균관대학교 법학전문대학원 졸업, 법무법인 민 변호사, 과학기술정보통신부 행정사무관 (현) 변호사, 국회입법조사처 입법조사관

[논문 및 저서] 블록체인 기술 현황 및 산업 발전을 위한 향후 과제(2018)

심현주 (沈賢 / HyunJoo Shim)

[학력 및 경력] 가톨릭대학교 법학과 졸업, 성균관대학교 대학원(법학석사, 법학박사), 정보통신산업진흥원 SW 제도개선팀 책임연구원, (사)기술과법연구소 연구원 (현) 한국지식재산연구원 선임연구원

[논문 및 저서] 데이터의 부정경쟁 유형으로의 보호에 관한 소고-일본의 부정경쟁방지법 개정을 중심으로- (2018, 공저), 노하우계약에 관한 법적 고찰(2015) 외 다수

오윤경 (嗚允京 / Yun-Kyung O)

[학력 및 경력] 고려대학교 법학과 졸업, 사법연수원 제30기 수료, 미국 The George Washington University of Law (IP Course) (L.L.M.), 서울체신청 정보통신국 고문변호사, 국무총리행정심판위원회 심판위원, 국회입법지원위원(지적재산권분야), 법제처 법령해석심의위원회 위원 (현) 법무법인 화현 파트너변호사

유영무 (劉泳武 / Youngmoo Lew)

[학력 및 경력] 서울대학교 전기공학부 졸업, 사법연수원 제44기 수료 (현) 법률사무소 조인 대표변호사

[논문 및 저서] 드론 산업과 법적 이슈 – 최근 제·개정 및 사례를 중심으로 – (2017), 블록체인과 법 (2018, 공저)

이규옥 (李圭玉 / Kyu Ok Lee)

[학력 및 경력] 성균관대학교 법학과 졸업 및 이화여자대학교 일반대학원 법학과(법학석사), 성균관대학교 대학원(법학박사) (현) 성균관 법학연구원 선임연구원

[논문 및 저서] 블록체인 기술 기반 스마트 컨트랙트에 관한 법적 연구(2019), 블록체인을 활용한 ICO의 이해와 금융법상 쟁점(2017, 공저), 디지털 포렌식과 사고대응(2018, 공역)

정해남 (鄭海南 / Jung Hae Nam)

[학력 및 경력] 서울대학교 법과대학 졸업 및 동대학원 졸업(법학석사), 미국 Southern Methodist University Dedman School of Law 졸업 (LL.M.) 사법연수원 12기 수료, 법무법인 민주 대표변호사, 수원지방법원 부장판사, 헌법재판소 사무차장 (현) 변호사, 한국의료분쟁조정중재원 상임위원

한종규 (韓宗圭 / Jong Kyu Han)

[학력 및 경력] 성균관대 법과대학 졸업, 미국 Boston Univ. 로스쿨(금융법석사), 성균관대 대학원(법학박사), 성균관대 법학연구소 선임연구원, 방위사업청 무기체계계약부, 국제계약부 자문위원, 미국 뉴욕주 변호사 (현) 순천대학교 교수(법학전공 상사법)

[논문 및 저서] 블록체인 기술을 기반으로 한 스마트계약의 법적 쟁점 연구 – 국제사법 쟁점을 중심으로 (2018), 인도 합작투자의 법적 문제 연구(2018, 공저) 외 다수

용어 사전

가상자산(Virtual Asset)　암호화폐 등 디지털 방식으로 거래되거나 이전될 수 있고 지불 또는 투자 목적으로 사용될 수 있는 디지털 가치 표상(表象, representation)으로 법화, 증권 및 기타 기존 금융 자산의 디지털 표상을 제외한다.

가상자산 서비스 제공자(Virtual Asset Service Provider)　타인을 위하여 I) 암호화폐 등 가상 자산과 법화간의 거래, ii) 가상 자산 간의 거래, iii) 가상 자산의 이전. iv) 가상 자산이나 가상자산을 표창하는 증권의 보관·관리, v) 가상자산 발행자의 청약·판매에 관련된 금융 서비스의 제공 및 참여를 업으로 하는 자. 본서에서는 암호화폐사업자라 부른다.

거래소 위탁 코인공모(Initial Exchange Offering, IEO)　암호화폐거래소에 상장하기 이전에 ICO를 거치지 않고 거래소의 심사만으로 상장하여 토큰을 판매하는 것을 말한다. IPO와 같이 상장되는 회사의 사업이나 플랫폼의 안정성을 담보하는 것이 아님에 유의할 필요가 있다.

고리 서명(Ring Signature)　고리서명(ring signature)은 사용자의 공개키를 섞어 특정 사용자를 식별하지 못하게 해 사용자를 추적 불가능하게 만드는 서명 기술이다. 고리서명은 거래자 결제키를 블록체인에서 접근 가능한 공개키들과 섞어 잠재적 사용자들의 키를 링으로 만들어 보여 주는 방법이다. 이를 통해 외부자가 거래의 대상자를 특정할 수 없도록 만들어 준다. 링을 통해서 보이는 사용자들은 모두 거래에 적용 가능한 사람들이기 때문에 외부자는 거래 대상자를 골라낼 수가 없다. 또한 거래할 때 송금자만 이용 가능한 일회성 주소가 발급된다. 이에, 코인을 받는 사람도 누가 보낸 건지 추적을 할 수 없다.[3] 이렇게 거래자의 신원을 보호하는 한편, 링 기밀거래 기술로 거래액 보안이 될 수 있는 서비스를 제공한다.

공개키(Public key)　지정된 인증기관에 의해 제공되는 키 값을 말한다. 이 공개키로부터 생성된 개인키가 함께 결합되어 메시지 및 전자서명의 암호화와 복원에 효과적으로 사용될 수 있다. 공개키와 개인키를 결합하는 방식은 비대칭 암호시스템(asymmetric cryptosystem)이며, 공개키를 사용하는 시스템을 공개키 기반구조(PKI)라고 부른다.

깊이(Depth)　블록체인의 위치를 말하는 것으로서 6개 컨펌으로 이루어진 트랜잭션을 6블록 깊이(deep)라고 부를 수 있다.

나카모토 사토시(Satoshi Nakamoto)　최초로 비트코인을 개발한 사람 또는 사람들의 가명으로 추정된다. 2008. 11. 1. "Bitcoin: A Peer-to-Peer Electronic Cash System"이라는 제목의 논문을 인터넷에 올려 전 세계에 블록체인을 제안하였으며 이 자에 관하여 본명, 국적, 나이, 성별 등 밝혀진 것이 없다.

노드(Node)　컴퓨터 네트워크에 연결되어 정보를 만들고 다른 노드와 주고받는 컴퓨터와 그에 속한 장비들을 통틀어 말한다. 동료라는 뜻을 지닌 피어(peer)도 비슷한 의미로 쓰인다.

논스(Number used Once)　블록체인에서 사용하기 위해 한 번만 사용되는 임의의 수로 1씩 증가하는 카운트와 같은 역할을 하는 수이자, 일정 조건의 해시 값을 출력하기 위해 데이터와 함께 해시함수에 넣는 수이다. 해시함수는 출력값(해시값)을 통해서 입력값(원래 데이터)을 복원할 수 없는 일방향성을 가지므로, 출력값이 갖춰야 할 조건을 만족시키기 위해서는 논스를 통해 해쉬의 입력값을 계속 바꿔야 한다. 논스가 1씩 증가해도 출력값을 놓고 볼 때는 임의의 수를 넣는 것과 같은 결과가 나온다.

대칭키(Symmetric Key) 하나의 키로 암호화/복호화를 할 수 있는 키이다. 대칭키를 사용하면 비대칭키보다 훨씬 빠르게 암호화/복호화를 할 수 있다. 그러나 속도 때문에 대칭키를 이용한다는 것은 너무 위험하다. 만약 타인이 키를 입수하면 여태까지 암호화된 정보가 모두 무용지물이 되어버리게 된다. 그래서 대칭키 알고리듬을 사용한 키를 상대방에게 전송하려면 인터넷과 같은 통로는 매우 위험하기 때문에 직접 손으로 전달해야 하는 문제의 해결책으로 대칭키를 비대칭키로 암호화시켜서 전송하는 방법이 있다. 자신의 개인 키를 안전하게 관리하면 공개 키로 암호화되어 안전하게 전송할 수 있다.

디앱(DApp) 탈중앙화 어플리케이션(Decentralized Application)의 준말로 블록체인 기술을 활용하여 중앙서버 없이 네트워크상에 정보를 분산하여 저장 및 구동하는 앱(App), 즉 응용프로그램(application program)을 말한다.

라이트 노드(Light node) 블록체인 거래내역 중 일종의 핵심본만 저장하는 노드이다. 모든 블록 정보를 가지고 있지 않고 필요한 부분만 저장한다.

라이트닝 네트워크(Lightning Network) 개별 노드 간에 일상적으로 반복되는 소액 거래 내역을 처리할 수 있도록 메인 블록체인 외부에 별도 채널을 구축한 오프체인 솔루션을 말한다. 여기서 거래된 내용은 모든 노드들의 승인을 받지 않고 계약 당사자들끼리 합의를 통해 확정되고 블록체인에 저장되지도 않으며 반복적인 거래가 모두 끝난 후 오프체인을 닫을 때에 비로소 최종 거래내역만 블록체인에 저장됨으로써 처리속도를 향상시킨다.

머클트리(Markle Tree) 블록에 포함된 거래 내역을 나무 형태로 요약한 것으로 1979년 이를 개발한 랄프 머클(Ralph Merkle)의 이름을 따서 머클트리라고 부른다. 해시트리(Hash Tree), 혹은 이진트리(Binary Tree)라고도 한다.

미래토큰인수계약(Simple Agreement for Future Tokens. SAFT) 구매자(또는 투자자)가 아직 발행되지 않은 토큰을 판매자로부터 구매할 때 계약으로 정해야 하는 주요 내용을 미리 정해놓은 계약의 양식이며, 토큰 구매자 및 판매자의 권리와 의무를 정하고 있다. ICO의 한 형태로 미국의 변호사들이 고안한 것이다.

미사용출력(Unspent Transaction Outputs. UTXO) 소비되지 않은 거래 출력 값을 의미한다.

블록(Block) 블록체인을 구성하고 있는 원소로 거래(transaction)에 관한 데이터를 포함하고 있는 디지털 장부를 말한다. 블록은 블록헤더(이전 해시값+논스), 바디(거래 정보, 기타 정보)로 구성된다.

사이퍼펑크(Cypherpunk) 1980년대 후반 권력의 감시와 검열에 맞서 개인의 자유와 안전을 지키기 위해 강력한 암호화 기술을 활용해야 한다고 주장하는 운동으로 암호화를 뜻하는 단어 사이퍼(cipher)와 저항을 의미하는 펑크(punk)를 붙인 합성어다. 비트코인의 등장은 사이퍼펑크 운동과 관계가 깊다고 알려져 있다. 이는 사이버펑크(cyberpunk)에서 발전된 개념으로 위키리크스를 만든 줄리언 어산지도 사이퍼펑크 운동가이다.

상태표현제한(Lack of State) 비트코인의 UTXO(미사용출력 또는 비트코인의 잔액덩어리)가 표현할 수 있는 상태는 사용했거나 안했거나 둘 중 하나이므로 이 두가지 상태 이외에 다른 어떤 조건에서 UTXO를 전부 사용하지 않고 나눠서 사용하는 계약을 할 수가 없는 것을 'Lack of State(상태표현제한)'이라 한다.

서명(Signature) 공개키를 가진 특정인에 의하여 어떠한 데이터가 인정받았다는 사실을 증명하는 일련의 바이트이다. 전자서명법은 "전자서명"이라 함은 서명자를 확인하고 서명자가 당해 전자문서에 서명을 하였음을 나타내는데 이용하기 위하여 당해 전자문서에 첨부되거나 논리적으로 결합된 전자적 형태의 정보를 말한다고 정의한다. 비트코인은 트랜잭션을 서명하는 데에 ECDSA(타원곡선을 이용한 전자서명 알고리즘)를 사용한다.

세그윗(Segregated Witness. SegWit) 비트코인의 거래속도를 확장시키기 위하여 서명만을 따로 witness라는 영역으로 분리하여 블록당 저장 용량을 늘릴 수 있도록 업데이트하는 것을 의미한다.

신규코인공모(Initial Coin Offering. ICO) 기존의 기업공개(Initial Public Offering. IPO)에서 유래한 용어로 블록체인 기술을 이용한 플랫폼에서 투자자로 부터 토큰(token)을 판매하고 암호화폐 등을 대가로 받는 절차를 말한다.

스마트계약(Smart Contract) 컴퓨터에서 작성되고 블록체인에서 자동으로 실행되는 프로그래밍 코드이다. 스마트계약은 일부 혹은 전체가 스스로 실행되고 강제될 수 있도록 만드는데 예컨대 A라는 조건을 만족하면 B라는 코드가 자동적으로 실행되도록 할 수 있다. 이러한 방식으로 블록체인에 프로그래밍을 할 수 있다.

스크립트(Script) 다른 프로그램에 의해 번역되거나 수행되는 프로그램이나 명령어를 나열한 것을 말한다. 유명한 스크립트 언어로는 Perl, 자바 스크립트, IBM 메인프레임에서 사용되는 REXX, Tcl/Tk 등이 있다. 스크립트는 MS-DOS의 배치파일과 같이 명령들이 파일 내에 미리 저장되어 있다가 파일이름을 마치 하나의 명령처럼 입력했을 때, 운영체계의 명령어 인터프리터에 의해 파일 내의 내용이 차례로 수행되는 명령 목록을 의미하기도 한다.

알고리즘(Algorithm) 어떤 문제를 해결하기 위해 하여야 할 일의 순서나 절차, 명령어 등을 정리한 것을 말한다. 컴퓨터에서는 프로그램에 있어서의 지시 · 명령의 조합방법을 말하며 해법(解法)이라 번역된다.

알에스에이(RSA) **알고리즘** 공개키 암호시스템으로서 암호화뿐만 아니라 전자서명이 가능한 최초의 알고리즘이다. RSA에는 전자서명 기능이 있어 인증이 필요한 전자상거래 등에 광범위하게 활용되었다.

암호화폐(Crypto-currency) 블록체인(blockchain) 기술로 암호화되어 분산발행되고 일정한 네트워크에서 화폐로 사용할 수 있는 전자정보이다. 암호화폐는 중앙은행이 발행하지 않고 블록체인 기술에 기초하여 금전적 가치가 디지털방식으로 표시된 전자정보로서 인터넷상 P2P방식으로 분산 저장되어 운영 · 관리된다. 통상 가상화폐나 가상통화와 같은 의미로 쓰이나 가상화폐는 개발자에 의하여 발행되고 통상 관리되며, 특정한 가상커뮤니티의 회원들 간에 사용되고 수령되는 규제되지 않은 디지털화폐의 한 유형으로 정의되므로 암호화폐와는 구별되어야 한다.

역(逆)ICO(Reverse ICO) 이미 정상 궤도에 오른 회사가 하는 ICO를 말한다. 스타트 업이 아닌 기존 회사가 탈중앙화를 선언하고 토큰을 발행함으로써 순환적 경제 체제를 활성화시키기 위하여 활용한다.

온체인(On-chain)**과 오프체인**(Off-chain) 온체인은 블록체인 거래를 기록함에 있어 네트워크에서 발생하는 모든 전송 내역을 블록체인에 기록하는 방식이고, 반면 오프체인은 블록체인 밖에서 거래 내역을 기록하는 방식이다. 오프체인은 속도와 확장성 문제를 해결하기 위하여 사용된다. 프라이버시에 취약한 블록체인 기술을 보완하기 위해 개인정보는 특정 서버에 두고, 요약 정보만 블록체인에 올리는 혼합 기법(on-chain/off-chain)을 쓰기도 한다. 예컨대 진료 기록을 블록체인으로 공유함에 있어 진료 기록원본은 내 휴대폰에 두고, 요약 정보만 블록체인에 올리는 방식이다. 속도가 빨라지고 위변조 방지에는 효과가 있으나 블록체인의 투명성과 가용성이 훼손되는 문제가 있다.

위임지분증명(Delegated Proof of Staking, DPoS) 지분증명(PoS)을 보완하여 나온 합의 알고리즘으로 모든 노드가 블록생성에 참여하는 대신, 네트워크의 모든 노드의 투표 결과로 선출한 '상위 노드'에게 권한을 위임하여 합의하도록 하는 방식이다. 같은 시간 동안 PoW나 PoS 방식보다 더 많은 블록을 생성할 수 있어 효율적이나 권한이 소수에게 집중되어 그들 간의 담합의 위험이 있어 신뢰에 문제가 발생할 수 있는 단점이 있다. 스팀과 이오스 등의 암호화폐가 채택하고 있는 합의방식이다.

이중지불(Double-spending) 지폐나 동전으로 물건을 사면 지불한 사람에게 물리적으로 그 돈이 남아있지 않다. 신용카드로 결제를 하거나 온라인 거래를 할 경우 제3자(은행, 신용카드 회사 등)가 그 거래가 유효한지를 검증한다. 그러나 암호화폐는 디지털데이터이기 때문에 복사를 해도 원본과 복사본의 차이가 없다. 한 마디로 한번 쓴 돈을 계속해서 또 쓸 수 있다. 이를 이중지불이 가능하다고 하는데 블록체인은 암호화폐 지불 내역을 참여자들 모두에게 알리고 이를 합의하에 인증하게 하여 이중지불을 막는다. 예를 들어 비트코인은 작업증명을 이용하여 이중지불 문제를 해결하였다는 점에서 종전의 다른 전자화폐와 구별된다.

작업증명(Proof of Work, PoW) 최초의 블록체인인 비트코인을 창시한 사토시 나카모토가 제안한 합의 알고리즘이다. 새로 만든 블록을 앞 블록에 연결하는데 필요한 해시를 만들고, 해시 연결성을 검증하여 데이터가 중간에 위변조가 되지 않았음을 확인한다. 임의의 숫자를 조합해 번호형 자물쇠의 비밀번호를 알아내는 것과 비슷하다. 처음으로 비밀번호를 파악한 사람만이 가상통화로 보상을 받고 블록을 체인에 추가할 수 있다. 합의 시간이 오래 걸리고 엄청난 전력을 소비하는 단점이 있다. 비트코인이나 이더리움(후에 PoS로 전환), 제트캐시, 모네로 등의 채굴하는 코인은 대부분 PoW 방식을 쓴다.

전자서명(Digital Signature) 인터넷 환경에서 특정한 참여자의 신원을 인증하기 위해 사용한다. 일반적으로 PKI시스템을 채택하여 전자서명의 인증은 개인키(private key)와 공개키(public key)의 조합을 이용한다. 둘은 알고리즘에 의해 한 쌍만 존재하게 되며, 상대의 공개키로 데이터를 암호화(encryption)하여 보내면 받은 사람은 자신의 개인키로 복호화(decryption)한다.

제네시스 블록(Genesis Block) 블록체인상에서 가장 처음 만들어진 블록이다.

증권형 토큰공모(Security Token Offering, STO) 회사 자산을 기반으로 주식처럼 토큰을 발행하는 것으로 최근 블록체인을 이용한 사업 및 토큰 판매에 대한 법적 불확실성을 제거하기 위하여 증권 발행에 요구되는 사항을 준수하여 토큰을 공모하는 것을 말한다.

지분증명(Proof of Staking, PoS) 작업증명(PoW)의 에너지 낭비 문제를 해결하기 위해 만들어진 합의 알고리즘으로 컴퓨팅 파워가 아닌 자신이 가진 암호화폐의 양, 즉 지분(stake)에 따라 블록을 생성하고 추가적으로 발행되는 암호화폐를 받는다. 이자나 배당과 비슷한 개념이라고 할 수 있다. 암호화폐를 많이 보유한 사람이 암호화폐를 계속 가지게 되는 단점이 있다. 퀀텀, 네오 등의 암호화폐가 이 방식을 따른 것이다.

채굴(Mining) 작업증명을 한 보상으로 암호화폐를 받는 행위를 말한다.

체크섬(Checksum) 네트워크를 통해서 전송된 데이터의 값이 변경되었는지(무결성)를 검사하는 값이다. 무결성을 통해서 네트워크를 통해서 수신된 데이터에 오류가 없는지 여부를 확인한다.

초당 트랜잭션(Transcation per Second, TPS) 1초당 처리할 수 있는 트랜잭션 수를 말한다. TPS는 하나의 블록에 저장되는 트랜잭션 개수에 블록 생성 주기를 나눈 값이다. 비트코인은 7TPS, 이더리움은 15~20TPS, 이오스(EOS)는 3,000~4,000TPS으로 그 처리속도가 빨라지고 있다.

코인(Coin)**과 토큰**(Token) 블록체인 기반 암호화폐는 크게 코인과 토큰으로 나눌 수 있다. 일반적으로 코인은 자체 블록체인 기반에서 발행된 화폐이고, 토큰은 블록체인 플랫폼에 만들어진 어플리케이션에서 발행된 것으로 구분하기도 한다. 예를 들어 이더리움 블록체인 메인 플랫폼 위에서 발행된 이더(Ether)는 코인이지만, 이더리움 플랫폼에서 스마트계약을 이용해 만들어진 여러 가지 분산 어플리케이션(DApp, 디앱)에서 발행하는 증표는 토큰이다. 토큰은 분산 어플리케이션 내부의 서비스 이용, 결제 등에 쓰거나 자산으로서 투자의 대상이 될 수도 있다. 토큰이 새로운 기능을 추가하고 보완하여 독자적인 플랫폼을 구축하면 이때부터 코인이라고 부르게 된다. 강학상으로는 토큰은 발행자에 대한 일정한 권리를 표창하는 전자적 증표이므로 같은 기능을 가진 코인을 포함하는 넓은 개념으로 사용된다.

크립토법(Cryptolaw) 크립토법은 블록체인, 즉 스마트계약을 비롯하여 자율적, 지능적으로 작동되는 암호화 컴퓨터 코드에 관한 제반 법 영역을 말한다.

타임스탬프(Timestamp) 타임스탬프는 전자문서가 특정한 시점에 존재하고 있었다는 '존재 증명'과 그 이후 데이터가 변경되지 않았다는 '내용 증명'을 해주는 일종의 전자 도장이다.

탈중앙 자율코인공모(Decentralized Autonomous ICO, DAICO) 탈중앙 자율조직(DAO)과 ICO(Initial Coin Offering)를 합친 말로, 이더리움의 창시자 비탈릭 부테린이 2018년 공개한 ICO 방식이다. ICO의 경우 투자 자금이 해당 팀으로 바로 가는 반면, DAICO는 스마트계약을 통해 자금을 통제할 수 있다는 차이가 있다. 즉, 투자자들이 모금한 투자 자금을 어떻게 분배할지를 직접 투표로 정할 수 있는 방식이다.

탈중앙 자율조직(Decentralized Autonomous Organization, DAO) 블록체인기술과 스마트계약을 이용하여 암호화폐를 출자하여 분산자율조직으로 구성한 투자자 집단을 말한다. 투자자들이 암호화폐를 출자하여 제3자가 운영하는 프로젝트에 자금을 투자하여 그로부터 생기는 수익을 나누어 받는 구조이다.

탈중앙 초당 트랜잭션(Decentralized TPS, DTPS)　트렌잭션 처리속도인 TPS값에 탈중앙화지수(DEcentralized Quotient, DQ)를 곱한 수치로 탈중앙화와 트랜잭션 속도를 함께 평가하기 위한 것이다. 탈중앙화지수는 진계수를 사용하거나 노드 집중도를 이용하여 특정하며 지니계수를 사용한 측정에 의하면 비트코인은 0.8, 이더리움 0.7, 이오스 0.1로 DTPS값은 비트코인 5.6, 이더리움 10.5, 이오스 400으로 평가된다.

트랜잭션(Transaction)　외부거래를 기록하기 위해 컴퓨터시스템 내부에서 완성되어야 하는 처리과정 및 그 과정에서 전송되는 데이터를 말한다. 블록체인에 있어서는 암호화폐를 송금하는 이체거래 과정 및 그 과정에서 전송되는 서명된 정보를 말한다.

퍼블릭 블록체인(Public blockchain)　권위있는 조직의 승인 없이 누구든지 인터넷에 연결된 PC, 노트북, 스마트폰, 서버, 컴퓨터 채굴기 등 다양한 컴퓨터 장비를 이용하여 블록체인 네트워크에 참여할 수 있는 공공 블록체인 또는 개방형 블록체인이다.

퍼블릭 세일(Public Sale)　토큰의 공모에 있어 누구나 참여할 수 있는 절차로, 프로젝트에 따라 메인 세일(Main Sale) 혹은 크라우드 세일(Crowd Sale)이라 불리기도 한다. 프라이빗 세일이나 프리 세일에 비해서는 보너스율이 낮은편이다. 보통 하드캡 또는 소프트캡을 두고 운영된다.

풀 노드(Full node)　블록체인의 모든 내역을 저장하는 노드이다. PC에 모든 내역이 저장되어 있기 때문에 스스로 거래 검증이 가능하다는 특징이 있으며, 모든 내용을 저장하기 위해 긴 시간과 큰 용량이 필요한 단점이 있다.

프라이빗 블록체인(Private blockchain)　법적 책임을 지는 허가 받은 사람만 블록체인 네트워크에 참여할 수 있는 폐쇄형 블록체인이다.

프리 세일(Pre Sale)　코인 공모에 있어 퍼블릭 세일 전 진행되는 사전 절차로, 보너스율이 높은 편이다. 일반인도 투자가 가능하며, 프라이빗 세일에 비해서는 최소 투자 금액이 낮은 편이다.

프라이빗 세일(Private Sale)　코인 공모에 있어 프리 세일 전 비공개로 진행되는 판매 절차로 최소 투자 금액이 높은 대신 높은 보너스율을 받고 보다 저렴하게 매입할 수 있다는 장점이 있다. 보통 일반인에게는 공개되지 않으며 ICO 프로젝트 관련 팀원, 어드바이저, 파트너사, 금융기관 등에게 참여 기회가 주어진다.

플라즈마(Plasma)　메인체인(또는 루트체인)에 나뭇가지처럼 이어진 하위체인(차일드체인)에서 사전에 수집된 정보들을 처리한 후 트랜잭션 결과만 루트체인에 전달함으로써 처리 속도를 향상시킨 알고리즘을 말한다. 차일드체인의 모든 트랜잭션이 아닌 블록 헤더의 해시값만 상위체인(패런트 체인)에 올리더라도 루트 체인은 정상적으로 작동할 수 있는 원리에 기초하고 있다. 이더리움이 플라즈마를 사용하면 그 처리속도가 45,000DTPS까지 향상될 수 있다고 한다.

피투피(P2P) **네트워크**　P2P는 peer-to-peer의 약자로서 "단말기(이용자, 개인)로부터 단말기(이용자, 개인)로"라는 뜻이며, P2P 네트워크 또는 분산 네트워크는, 단말기 사용자가 서버를 이용하는 형태인 기존의 인터넷 사용과 달리, 서버를 통하지 아니하고 다수의 단말기 사용자끼리 직접 통신하는 것을 말한다.

하드포크(Hard Fork)**와 소프트포크**(Soft fork)　기존의 블록체인의 기능을 개선하거나 문제점을 수정하기 위해서 기존 블록체인과는 호환되지 않는 새로운 방식으로 블록체인을 분할하는 것을 말한다. 반면, 소프트포크(soft fork)는 간단한 블록체인의 업그레이드와 유사하며 기존 버전과 호환성이 유지된다.

합의(Consensus)　블록체인의 데이터는 중앙화된 서버 대신 전 세계에 흩어져 있는 수많은 노드(Node)에 보관되기 때문에 각각의 노드들이 블록에 기록하는 데이터가 위변조되지 않은 원본이라는 것에 대하여 상호 간에 의사의 일치에 이르는 과정을 말한다. 만약 블록을 생성하는 특정 노드가 악의를 품고 조작된 데이터를 저장하거나 네트워크에 전파한다면 시스템 전체의 신뢰도가 떨어지게 될 것인데 이런 악의적인 상황이 발생하더라도 네트워크를 올바른 방향으로 이끌고자하는 다수의 노드들이 상호 검증을 거쳐 올바른 블록 생성을 이끌어내는 프로세스와 알고리즘을 컨센서스 또는 합의라고 한다.

해시(Hash)   데이터를 요약한 임의의 짧은 문자+숫자 열을 말하는 것으로 다양한 길이를 가진 데이터를 일정한 길이의 데이터로 만드는 해시함수(hash function)에 의해 얻어진다. 해시함수는 출력값(해시값)을 보고 입력값(원래 데이터)을 알 수 없는 일방향성을 띈다. 비트코인은 SHA256이라는 해시 함수를 사용하므로 거래 내역이 아무리 짧거나 혹은 길어도 해시 값은 항상 2진수 256자리, 즉 64개의 알파벳이나 숫자의 조합으로 이루어진 고정된 길이로 나타난다. 예컨대 비트코인에 있어 채굴이라 함은 규칙을 만족하는 해시를 만들기 위해서는 적절한 논스 값을 찾아내야 하는데 자신의 컴퓨팅 파워를 사용하여 가장 먼저 논스값을 계산한 보상으로 암호화폐를 받는 것을 말한다.

해시 포인터(Hash Pointer)   연결 리스트에 이전 노드의 해시값을 포함시킨 개념이다. 각 노드는 이전 노드의 데이터 값을 해시한 결과를 포함한다. 이는 블록체인 시스템에 사용되는 하나의 데이터 구조로서 기본적으로 정보가 보관되는 장소를 가리키는 포인터이다. 포인터와 함께 정보의 암호 해시를 저장한다.

해시레이트(Hashrate)   연산 처리능력을 측정하는 단위로 1초당 처리하는 해시수로 표시하는 해시 속도를 말한다. 일반적으로 해시레이트가 높아져 연산량이 많아질 경우, 더 빠른 채굴이 이루어지기 때문에 채굴 난이도가 높아진다.

해시캐시(Hash Cash)   1997년 아담 백(Adam Back)이 스팸메일과 서비스 거부(Denial of Service Attack, DoS) 공격을 막기 위하여 사용한 작업증명(PoW) 시스템이다. 1998년 웨이 다이(Wei Dai)가 고안한 익명성과 분산 저장 방식의 암호화폐 비머니(B-Money)에서 새로운 블록 생성 방식으로 채택되었고, 2008년 사토시 나카모토는 비트코인 백서에서 이 작업증명 방식에서 착안하여 채굴 알고리즘을 만들었으며 실제 사용되었다.

블록체인산업진흥기본법(안)

*본 법안은 홍의락 국회의원, 한국블록체인산업진흥협회, 한국무역협회가 2018. 5. 2. 주최한 「블록체인 산업 진흥을 위한 대토론회」에서 법무법인 민후의 김경환 대표변호사가 제시한 법안으로 허락을 얻어 전재하였다.

제1장 총칙

제1조(목적) 이 법은 블록체인 산업의 발전 및 블록체인 기술의 이용 촉진에 관한 사항을 정함으로써 블록체인 산업 및 기술 진흥의 기반을 조성하고 그 경쟁력을 강화하여 국민의 삶의 질 향상과 국민 경제의 발전에 이바지함을 목적으로 한다.

제2조(정의) ① 이 법에서 사용하는 용어의 뜻은 다음과 같다.
  1. "블록체인 기술"이란 특정 기관의 중앙 서버가 아닌 분산화된 네트워크에 참여자가 공동으로 거래정보를 기록하고 관리하는 원장을 구현하거나 또는 이를 응용하는 기술을 말한다.
  2. "블록체인 산업"이란 블록체인 기술이 적용된 제품·시스템의 개발, 제작, 생산, 유통 등에 관한 또는 이에 관련된 서비스를 제공하는 산업을 말한다.
  3. "블록체인 기록"이란 블록체인을 구성하는 각 블록에 기록·저장되거나 또는 연계되어 관리되고 있는 정보를 말한다.
  4. "블록체인 사업자"란 블록체인 산업 및 기술과 관련된 경제활동을 하는 자를 말한다.
  ② 이 법에서 사용하는 용어의 뜻은 제1항에서 정하는 것을 제외하고 「국가정보화 기본법」에서 정하는 바에 따른다.

제3조(국가 등과 지방자치단체의 책무) ① 국가 등과 지방자치단체는 블록체인 산업의 발전 및 블록체인 기술의 이용촉진 도모에 필요한 각종 시책을 수립·마련하여야 한다.
  ② 국가 등과 지방자치단체는 블록체인 산업 및 기술에 관하여 민간 부문의 자율성과 창의성을 존중하고 네거티브·사후규제 원칙에 입각한 최소한의 합리적인 규제환경을 조성하여야 한다.
  ③ 국가 등과 지방자치단체는 블록체인 기술에 관한 공공부문과 민간 부문의 전문성을 강화하고 이를 활용하여 공공부문과 민간 부문의 혁신을 도모하여야 한다.
  ④ 국가 등과 지방자치단체는 블록체인 산업 및 기술 관련 시책의 수립 및 시행에 관하여 사회 또는 산업 각 영역의 다양한 의견을 수렴하여야 한다.

제4조(다른 법률과의 관계) 블록체인 산업의 발전 및 블록체인 기술의 이용 촉진에 관하여 다른 법률에 특별한 규정이 있는 경우 외에는 이 법에서 정하는 바에 따른다.

제2장 블록체인 산업 진흥을 위한 추진체계

제5조(기본계획의 수립) ① 금융위원회 위원장 및 과학기술정보통신부장관은 블록체인 산업의 발전 및 블록체인 기술의 이용촉진을 위하여 3년마다 금융 분야 및 비금융 분야 블록체인 산업 기본계획을 각 수립하여야 한다.
  ② 금융위원회 위원장 및 과학기술정보통신부장관은 블록체인 산업 기본계획을 수립할 때 지방자치단체장의 의견을 듣고 이를 최대한 반영하여야 한다.

③ 금융위원회 위원장 및 과학기술정보통신부장관은 제9조의 블록체인 산업 전략위원회(이하 '전략위원회'라 함)의 심의를 거쳐 확정한다.

④ 블록체인 산업 기본계획에는 다음 각 호의 사항이 포함되어야 한다. (각호 내용 생략)

⑤ 금융위원회 위원장 및 과학기술정보통신부 장관은 제1항에 따라 수립된 기본계획을 변경하려는 경우에는 전략위원회의 심의를 거쳐야 한다.

⑥ 제1항부터 제5항까지에서 규정한 사항 외에 블록체인 산업 기본계획의 수립과 변경에 필요한 사항은 대통령령으로 정한다.

제6조(시행계획의 수립) ① 관계 중앙행정기관의 장은 매년 기본계획에 따라 금융분야 및 비금융분야 연도별 시행계획(이하 "시행계획"이라 한다)을 수립하여 시행하여야 한다.

② 관계 중앙행정기관의 장은 제1항에 따라 수립한 시행계획 중 금융분야는 금융위원회 위원장에게, 비금융분야는 과학기술정보통신부장관에게 제출하여야 한다.

③ 제1항 및 제2항에서 규정한 사항 외에 시행계획의 수립 및 시행과 제출 등에 필요한 사항은 대통령령으로 정한다.

제7조(추진상황의 점검) ① 금융위원회 위원장, 과학기술정보통신부장관 및 관계 중앙행정기관의 장은 매년 기본계획과 시행계획의 추진실적을 점검하여 그 결과를 전략위원회에 제출하여야 한다.

② 전략위원회는 대통령령으로 정하는 바에 따라 제1항의 블록체인 산업 기본계획과 시행계획의 추진실적을 평가하고 그 결과를 활용할 수 있다.

③ 제1항 및 제2항에서 규정한 사항 외에 기본계획과 시행계획의 추진상황을 점검하기 위하여 필요한 사항은 대통령령으로 정한다.

제8조(실태조사) ① 금융위원회 위원장 및 과학기술정보통신부장관은 기본계획과 시행계획을 효율적으로 수립·추진하기 위하여 블록체인 산업 및 기술과 관련된 실태조사를 할 수 있다.

② 금융위원회 위원장 및 과학기술정보통신부장관은 제1항에 따른 실태조사를 위하여 필요한 경우에는 관계 중앙행정기관, 지방자치단체, 「공공기관의 운영에 관한 법률」 제4조에 따른 공공기관(이하 "공공기관"이라 한다), 그 밖에 대통령령으로 정하는 기관의 장에게 자료 제출이나 의견 진술 등을 요청할 수 있다. 이 경우 자료 제출이나 의견 진술을 요청받은 자는 특별한 사유가 없는 한 위 요청에 따라야 한다.

③ 금융위원회 위원장 및 과학기술정보통신부장관은 제1항에 따른 실태조사의 결과를 전략위원회의 의견을 들어 공표할 수 있다.

④ 제1항에 따른 실태조사의 범위와 방법 등 필요한 사항은 대통령령으로 정한다.

제9조(블록체인 산업 전략위원회의 설치 등) ① 블록체인 산업의 발전 및 블록체인 기술의 이용촉진에 관한 정책을 심의·의결하고, 그 추진사항을 점검·평가하기 위하여 국무총리 소속으로 전략위원회를 둔다.

② 전략위원회는 위원장 1명, 부위원장 2명과 간사위원 2명(각 금융분야 1명, 비금융분야 1명)을 포함한 20명 이내의 위원으로 구성한다.

③ 위원장은 국무총리가 되고, 부위원장은 민간위원 중에서 금융분야 및 비금융분야로 구분하여 호선하며, 간사위원은 금융분야에 대하여는 금융위원회 위원장, 비금융분야에 대하여는 과학기술정보통신부장관이 되고, 위원은 다음 각 호에 해당하는 자로 구성한다.

1. 대통령령으로 정하는 관계 중앙행정기관의 장(이하 이 조에서 "정부위원"이라 한다)

2. 블록체인 산업 관련 과학·기술·경제·사회·노동 등에 관하여 전문적 지식이나 경험을 보유한 자로서 위원장이 임명·위촉한 사람(이하 이 조에서 "민간위원"이라 한다)

④ 민간위원의 임기는 2년으로 한다. 다만, 보궐위원의 임기는 전임위원 임기의 남은 기간으로 한다.

⑤ 위원장은 민간위원이 다음 각 호의 어느 하나에 해당하는 경우에는 해당 위원을 해촉할 수 있다.

1. 심신장애로 인하여 직무를 수행할 수 없게 된 경우

2. 직무와 관련된 비위사실이 있는 경우

3. 직무태만, 품위손상이나 그 밖의 사유로 인하여 위원으로 적합하지 아니하다고 인정되는 경우

4. 위원 스스로 직무를 수행하는 것이 곤란하다고 의사를 밝히는 경우

⑥ 전략위원회의 회의는 재적위원 과반수의 출석으로 개의하고, 출석위원 과반수의 찬성으로 의결한다.

⑦ 위원장은 필요하다고 인정할 때에는 관계 중앙행정기관의 장, 관계 공무원 및 전문가 등을 위원회 회의에 출석시켜 발언하게 할 수 있다.

⑧ 전략위원회는 업무를 원활하게 수행하기 위하여 사무국을 설치, 운영할 수 있다.

제10조(블록체인 산업 관련 법령의 개선 권고 등) ① 전략위원회는 블록체인 산업 및 기술 관련 법령 등의 규제를 일원화·체계화·간소화하기 위하여 지속적으로 노력하여야 한다.

② 전략위원회는 관계 중앙행정기관의 장이 블록체인 산업과 기술과 관련된 법령을 제정하거나 개정하려는 경우에 그 법령에 관한 의견을 제시하거나 합리적인 개선 방안을 권고할 수 있다.

③ 제1항에 따라 개선 의견 또는 권고를 받은 관계 중앙행정기관의 장은 특별한 사유가 없으면 위원회의 개선 의견 또는 권고를 존중하여 해당 법령을 제정하거나 개정하여야 한다.

④ 제2항 및 제3항에 따른 개선 권고에 관한 구체적인 절차는 대통령령으로 정한다.

제11조(블록체인 산업 전략위원회의 심의·의결) ① 전략위원회는 다음 각 호의 사항을 심의·의결한다.

1. 블록체인 산업 기본계획의 확정
2. 블록체인 산업 기본계획 및 시행계획의 추진실적 분석, 점검 및 평가에 관한 사항
3. 블록체인 산업의 발전 및 블록체인 기술의 이용촉진에 관한 정책의 수립과 우선순위 조정에 관한 사항
4. 블록체인 산업의 발전 및 블록체인 기술의 이용촉진 관련 정책으로 관계 기관 간 조정이 필요한 사항
5. 블록체인 산업의 발전 및 블록체인 기술의 이용촉진을 위한 재원의 조달 및 세제혜택 등에 관한 사항
6. 블록체인 산업의 및 기술에 관련된 제도의 개선에 관한 사항
7. 제10조 제2항에 따른 블록체인 산업 관련 법령의 제정·개정에 대한 의견 제시에 관한 사항
8. 블록체인 산업의 발전 및 블록체인 기술의 이용촉진을 위하여 관계 중앙행정기관의 장, 지방자치단체장 등이 요청 하는 사항
9. 그 밖에 블록체인 산업의 발전 및 블록체인 기술의 이용촉진을 위하여 위원장이 필요하다고 인정하는 사항

② 전략위원회는 심의·의결 사항 중에서 예산이 수반되는 사항에 관하여 기획재정부장관의 의견을 들을 수 있다.

③ 관계 중앙행정기관의 장은 블록체인 산업 관련 예산을 편성할 때에는 전략위원회의 심의·의결 내용을 반영하여야 한다.

제3장 블록체인 산업 발전의 기반조성

제12조(연구개발의 촉진) ① 금융위원회 위원장 및 과학기술정보통신부장관은 블록체인 산업의 발전 및 블록체인 기술의 이용촉진을 위하여 다음 각 호의 사업을 추진하여야 한다.

1. 블록체인 기술 수준의 조사 및 기술의 연구 개발
2. 개발된 블록체인 기술의 평가
3. 블록체인 기술협력·기술이전 등 개발된 블록체인 기술의 실용화
4. 그 밖에 블록체인 산업 및 블록체인 기술 연구개발을 위하여 필요한 사업

② 금융위원회 위원장 및 과학기술정보통신부장관은 제1항에 따른 연구개발을 효율적으로 추진하기 위하여 필요한 때에는 관련 연구기관이나 민간단체에 제1항 각 호의 사업을 위탁할 수 있다.

③ 제2항에 따라 위탁하는 업무의 범위, 위탁기관의 선정 방법 및 절차 등에 필요한 사항은 대통령령으로 정한다.

제13조(연구과제 등의 지정) ① 금융위원회 위원장 및 과학기술정보통신부장관은 블록체인 기술의 연구개발을 위하여 블록체인 기술에 관한 연구과제를 선정하고 연구할 자를 지정할 수 있다.

② 제1항에 따른 연구과제의 선정, 연구할 자의 지정 및 연구비의 지원 등에 필요한 사항은 대통령령으로 정한다.

제14조(블록체인 기술 관련 정보의 관리 및 보급) ① 금융위원회 위원장 및 과학기술정보통신부장관은 블록체인 산업의 발전을 위하여 블록체인 기술 관련 정보를 체계적·종합적으로 관리·보급하는 방안을 마련하여야 한다.

② 금융위원회 위원장 및 과학기술정보통신부장관은 블록체인 기술 관련 정보를 체계적·종합적으로 관리하기 위하여 필요하면 관계 행정기관 및 국·공립 연구기관 등에 블록체인 기술 관련 정보와 이와 관련된 자료를 요구할 수 있다. 이 경우 요구를 받은 기관의 장은 특별한 사유가 없으면 이에 협조하여야 한다.

③ 금융위원회 위원장 및 과학기술정보통신부장관은 블록체인 기술 관련 정보를 신속하고 편리하게 이용할 수 있도록 그 보급을 위한 사업을 하여야 한다.

④ 제3항에 따라 보급의 대상이 되는 블록체인 기술 관련 정보의 세부적인 범위는 대통령령으로 정한다.

제15조 창업지원 제15조(창업 지원) ① 금융위원회 위원장 및 과학기술정보통신부장관은 블록체인 기술을 활용한 창업을 지원하기 위하여 다음 각 호의 사업을 할 수 있다.

1. 블록체인 기술을 활용한 국내외 창업 지원
2. 블록체인 기술을 활용한 창업 기업에 대한 작업공간 및 회의장 등의 제공
3. 블록체인 기술을 활용한 창업 기업에 대한 자금·인력·판로 등에 대한 정보 제공 및 법률·경영·세무 등의 상담
4. 블록체인 기술을 활용한 창업 기업과 국내외 관계 기관과의 교류 및 협력
5. 그 밖에 블록체인 기술을 활용한 창업의 활성화를 위하여 필요한 사업

② 금융위원회 위원장 및 과학기술정보통신부장관은 제1항에 따른 사업을 효과적으로 추진하기 위하여 대통령령으로 정하는 기관 또는 단체를 전문기관으로 지정하여 운영할 수 있으며, 필요한 비용의 전부 또는 일부를 보조할 수 있다.

제16조(교육 및 전문인력 양성) ① 금융위원회 위원장 및 과학기술정보통신부장관은 국민의 블록체인 기술 관련 소양을 강화하기 위하여 블록체인 산업 관련 지식을 포함한 교육과정을 운영하여야 한다.

② 금융위원회 위원장 및 과학기술정보통신부장관은 블록체인 산업의 진흥에 필요한 전문인력을 양성하기 위하여 다음 각 호의 시책을 마련하여야 한다.

1. 전문인력의 수요 실태 파악 및 중·장기 수급 전망 수립
2. 전문인력 양성기관의 설립·지원
3. 전문인력 양성 교육프로그램의 개발 및 보급 지원
4. 블록체인기술 관련 자격제도의 정착 및 전문인력 수급 지원
5. 각급 학교 및 그 밖의 교육기관에서 시행하는 블록체인기술 및 블록체인산업 관련 교육의 지원
6. 그 밖에 전문인력 양성에 필요한 사항

③ 금융위원회 위원장 및 과학기술정보통신부장관은 블록체인 산업 정책 관련 업무를 담당하는 공무원의 전문성 향상을 위하여 교육을 실시할 수 있다.

④ 그 밖에 교육 및 전문인력 양성에 필요한 사항은 대통령령으로 정한다.

제17조(블록체인 표준화의 촉진) 금융위원회 위원장 및 과학기술정보통신부장관은 블록체인 산업의 발전 및 블록체인 기술의 이용촉진을 위하여 다음 각 호의 사항에 필요한 시책을 마련하여야 한다.

1. 블록체인 기술에 관한 표준화
2. 블록체인 산업에 관한 표준화
3. 그 밖에 블록체인 표준화를 위하여 필요한 사항

제18조(블록체인 표준의 제정) 금융위원회 위원장 및 과학기술정보통신부장관은 블록체인 산업의 발전 및 블록체인 기술의 이용촉진을 위하여 블록체인 기술 및 블록체인 산업에 관한 표준을 「산업표준화법」 제5조 제1항에 따른 산업표준으로 정하여 고시하고, 블록체인 관련 기업, 「공공기관의 운영에 관한 법률」 제4조에 따른 공공기관(이하 "공공기관"이라 한다) 및 연구기관 등에 그 사용을 권고할 수 있다.

제19조(블록체인의 국제 표준화 촉진) 금융위원회 위원장 및 과학기술정보통신부장관은 블록체인 표준과 관련된

국제표준기구 또는 국제표준기관과 협력체계를 유지·강화하고 국내 블록체인 표준이 국제표준으로 채택될 수 있도록 필요한 시책을 마련하여야 한다.

제20조(블록체인 산업의 국제협력 추진) ① 금융위원회 위원장 및 과학기술정보통신부장관은 블록체인 산업 및 기술에 관한 국제적 동향을 파악하고 국제협력을 추진하여야 한다.

② 금융위원회 위원장 및 과학기술정보통신부장관은 블록체인 산업 분야의 국제협력을 추진하기 위하여 블록체인 기술, 전문 인력의 국제교류 및 국제공동연구개발 등의 사업을 지원할 수 있다.

③ 금융위원회 위원장 및 과학기술정보통신부장관은 블록체인 산업 및 기술과 관련된 민간 부문의 국제협력을 지원할 수 있다.

제21조(세제지원 등) ① 금융위원회 위원장 및 과학기술정보통신부장관은 블록체인 산업의 발전 및 블록체인 기술의 이용촉진을 위하여 세제, 금융, 그 밖에 행정상 필요한 조치를 마련하여야 한다.

② 국가 등 또는 지방자치단체는 블록체인 산업의 발전을 위하여「조세특례제한법」,「지방세특례제한법」, 그 밖의 관계 법률에서 정하는 바에 따라 소득세, 법인세, 취득세, 재산세 및 등록면허세 등을 감면할 수 있다.

제22조(영향평가) ① 금융위원회 위원장 및 과학기술정보통신부장관은 기존 산업의 블록체인 산업으로의 전환 가능성 및 그 경제적 효과와 새로운 블록체인 산업의 출현 가능성 및 그 경제적 효과를 분석·평가(이하 "블록체인 산업 영향평가"라 한다)하고, 그 결과를 정책에 반영할 수 있다.

② 블록체인 산업 영향평가의 절차, 기준 및 방법 등에 필요한 사항은 대통령령으로 정한다.

제23조(부처간 협력·조정) ① 금융위원회 위원장 및 과학기술정보통신부장관은 블록체인 산업의 발전 및 블록체인 기술의 이용촉진을 위하여 관계 부처간의 적극적인 협력이 이루어질 수 있도록 하여야 한다.

② 전략위원회는 부처간 협력·조정이 필요한 사항에 관하여 해당 부처, 관련 블록체인 사업자 등이 협력·조정을 요청할 경우 3개월 이내에 처리·조정하여야 하며, 각 부처는 특별한 사유가 없는 한 이에 따라야 한다.

③ 그 밖에 부처간 협력·조정 등에 필요한 사항은 대통령령으로 정한다.

제24조(공공부문의 블록체인 기술 수요 확대) ① 국가 등과 지방자치단체는 블록체인 기술의 수요를 확대하여 블록인 산업을 발전시키기 위하여 공공부문에 블록체인 기술을 적극적으로 적용하여야 한다.

② 중앙행정기관의 장과 지방자치단체장은 매년 블록체인 기술 적용계획과 수요 정보를 금융분야와 비금융 분야로 나누어 각 금융위원회 위원장 및 과학기술정보통신부장관에게 제출하여야 한다.

③ 금융위원회 위원장 및 과학기술정보통신부장관은 제2항에 따라 제출된 계획과 수요 정보를 전략위원회의 의견을 들어 공표하여야 한다.

④ 제2항에 따른 제출과 제3항에 따른 공표의 횟수·시기·방법·절차 등에 필요한 사항은 대통령령으로 정한다.

제25조(지식재산권의 보호 등) ① 금융위원회 위원장 및 과학기술정보통신부장관은 블록체인 산업을 촉진함에 있어서 지식재산권을 보호하기 위하여 필요한 시책을 마련하여야 한다.

② 금융위원회 위원장 및 과학기술정보통신부장관은 블록체인 기술의 원활한 관리 및 보급을 위하여 필요한 시책을 수립하고 추진하여야 한다. 이 경우 제1항에 따른 지식재산권의 보호시책을 충분히 고려하여야 한다.

제4장 블록체인 기술의 이용촉진

제26조(블록체인 기록의 효력 및 파기) ① 블록체인 기록에 대하여는「전자문서 및 전자거래 기본법」제2장이 적용된다.

② 개인정보가 포함된 블록체인 기록의 파기는 블록체인 기록의 내용을 파악할 수 없도록 하는 기술적 조치로 갈음할 수 있다.

제27조(블록체인을 이용한 거래) ① 블록체인 사업자는 일정한 조건이 성취되면 미리 입력한 블록체인 소스코드가 실행됨으로써 성립하는 형태의 전자거래를 할 수 있다.

② 제1항의 소스코드는 아래 각 호의 사항을 모두 충족해야만 「전자문서 및 전자거래 기본법」 제2장이 적용된다.

1. 블록체인 사업자가 입력한 소스코드 내용을 이해관계인이 쉽게 이해할 수 있도록 문서로 미리 공개할 것
2. 블록체인 사업자가 입력한 소스코드 내용이 블록체인 사업자가 공개한 제1호의 문서의 내용과 일치할 것
3. 블록체인 사업자가 소스코드와 제1호의 문서를 거래 상대방에게 제공할 것
4. 소스코드와 제1호의 문서를 제공받은 거래 상대방이 블록체인 사업자가 설정한 일정한 조건이 성취될 때까지 그 내용에 대하여 아무런 이의를 하지 않을 것

③ 제1항의 전자거래에 대하여는 이 법이 정한 사항을 제외하고는 그 성질에 반하지 않는 한 「민법」 또는 「상법」의 계약에 관한 조항이 적용된다.

제28조(디지털 토큰의 발행 및 유통) ① 블록체인 사업자는 블록체인 기술을 활용하여 권리, 이익 또는 자산 등을 표상하는 전자적 형태의 증표(이하 '디지털 토큰'이라 함)를 발행 또는 유통할 수 있다.

② 디지털 토큰에 대하여는 그 경제적 기능에 따라 「상법」, 「전자금융거래법」, 「자본시장 및 금융투자업에 관한 법률」, 「은행법」 등이 적용된다.

제5장 보칙

제29조(연차보고) ① 금융위원회 위원장 및 과학기술정보통신부장관은 블록체인 산업 및 기술에 관한 연차보고서를 작성하여 매년 정기회 개회 전까지 국회에 제출하여야 한다.

② 제1항의 연차보고서에는 다음 각 호의 내용이 포함되어야 한다.

1. 국내외 블록체인 산업의 현황 및 전망
2. 블록체인 산업 전략위원회의 운영실적
3. 블록체인 산업 전략 및 추진 실적
4. 블록체인 산업으로 인한 일자리 변동 현황 및 전망
5. 그 밖에 블록체인 산업에 관한 중요 사항

제30조(권한의 위임 및 위탁) ① 금융위원회 위원장 및 과학기술정보통신부장관은 대통령령으로 정하는 바에 따라 이 법에 따른 업무의 일부를 관련 기관이나 단체에 위탁할 수 있다.

② 제1항에 따라 금융위원회 위원장 및 과학기술정보통신부장관의 권한을 위임 또는 위탁받은 기관은 위임 또는 위탁받은 업무의 처리 결과를 금융위원회 위원장 및 과학기술정보통신부장관에게 통보하여야 한다.

③ 금융위원회 위원장 및 과학기술정보통신부장관은 제1항에 따른 전문기관에 권한의 일부를 위임하거나 위탁하는 경우 해당 전문기관의 업무 수행을 위하여 필요한 경비를 출연할 수 있다.

제31조(벌칙 적용에서 공무원 의제) 다음 각 호에 해당하는 사람 중 공무원이 아닌 사람은 「형법」 제127조 및 제129조부터 제132조까지의 규정을 적용할 때에는 공무원으로 본다.

1. 전략위원회의 위원
2. 제17조 제2항에 따라 금융위원회 위원장 및 과학기술정보통신부장관이 지정한 블록체인 기술을 활용한 창업을 지원하기 위해 지정된 전문기관의 임직원
3. 제30조 제1항에 따라 금융위원회 위원장 및 과학기술정보통신부장관의 권한을 위탁한 업무에 종사하는 관계 기관 또는 단체의 임직원

부칙

이 법은 공포 후 6개월이 경과한 날부터 시행한다.

가우랑 토버칼/데이비드 모스코윗츠(2017), 가우랑 토버칼(Gaurng Torvekar)/ 데이비드 모스코윗츠(David Moskowitz) (Blockchain Partners Korea역), Indorse 백서 버전 1.0 (2017), https://indorse.io/static/media/Indorse-Whitepaper-v1.0-Korea.5323152d.pdf (2019. 7. 1. 확인).

강명수(2013), 강명수, 저작인격권에 대한 고찰, 동아법학 제58호, 2013.

강준모(2013), 강준모, 신기술시대에 있어서 지적재산권 보호의 법리적 논거와 철학적 근거에 관한 해석론, 법학연구 제49집, 2013.

고경환(2009), 고경환, 사회복지예산의 누수유형과 개선과제, 보건복지포럼 제157권, 2009.

고동원(2015), 고동원, 인터넷상에서의 개인 간(P2P) 금융거래에 관한 법적 연구 - P2P 대출 거래를 중심으로 -, 은행법연구 제8권 제2호, 2015.

과학기술정보통신부(2018), 과학기술정보통신부, 신뢰할 수 있는 4차 산업혁명을 구현하는 블록체인 기술 발전전략, 2018.

과학기술정보통신부/한국과학기술기획평가원(2018), 과학기술정보통신부/한국과학기술기획평가원, 2018년 기술영향평가 결과보고: 블록체인의 미래, 2018.

곽노완(2017), 곽노완, 노동에 대한 보상적 정의와 기본소득의 정의 개념, 서강인문논총 제49집, 2017.

곽현(2017), 곽현, 블록체인(BlockChain)기술의 산업동향 및 특허동향, 심층분석보고서, 한국지식재산연구원, 2017.

국회 법제실(2017), 국회 법제실, 4차 산업혁명 대응 입법과제, 2017.

권오훈(2018), 권오훈, 4차 산업혁명 촉인을 위한 ICO 가이드라인, 한국형 ICO가이드라인 정립을 위한 토론회(주최: 정병국 의원실), 2018. 8. 29.

권태복(2013), 권태복, 아이디어의 지적재산권법적 보호체계, 산업재산권 제41권, 2013.

권혁준/최재원(2018), 권혁준/최재원, 블록체인을 이용한 의료 정보시스템의 보안, 한국지능정보시스템학회 학술대회논문집 제2018권 6호, 2018.

금융위원회(2018 Ⅰ), 금융위원회, 금융분야 데이터활용 및 정보보호 종합방안, 2018.

금융위원회(2018 Ⅱ), 금융위원회, 금융분야 개인정보 보호 내실화 방안, 2018.

금융위원회(2018 Ⅲ), 금융위원회, 금융분야 마이데이터 산업 도입 방안, 2018.

금융위원회(2018 Ⅳ), 금융위원회, 데이터 경제 활성화를 위한 신용정보산업 선진화 방안, 2018.

금융정보분석원 보도자료, 국제자금세탁방지기구 (FATF) 총회 참석 결과, 2018. 10. 22. 제30기 제2차 국제자금세탁방지기구(FATF) 총회 참석, 2019. 2. 26.

기획재정부(2018), 기획재정부, 2018년 세법개정안 상세본, 2018.

김강미 외(2015), 김강미/서상훈/장미, 개인정보 및 개인정보 유출에 따른 손해배상제도에 대한 연구, 인하법률 제5권 제2호, 2015.

김규동(2017), 김규동, P2P보험 도입효과 분석, KIRI Weekly 제418호, 2017.

김규동(2018), 김규동, P2P보험의 특징 및 활용사례, KIRI Weekly 제442호, 2018.

김대호(2018), 김대호, 인공지능 거버넌스, 커뮤니케이션북스, 2018.

김덕희(2013), 김덕희, 손해보험커리어 and CPCU 가이드, 일리세어링, 2013.

김동섭(2018), 김동섭, 중앙은행 디지털화폐의 이해, 한은금요강좌 749회, 한국은행, 2018. 6. 29. https://www.bok.or.kr/portal/bbs/B0000217/view.do?nttId=10045860&menuNo=200144 (2019. 7. 1. 확인).

김병일(2017), 김병일, 가상화폐에 대한 과세기준 정립 및 과세방향 모색,글로벌·IT시대 국세행정의 역할과 과제, 2017 국세행정포럼(주최 : 국세행정개혁위원회·한국조세재정연구원), 2017.12. 5.

김병일(2018 I), 김병일, 가상화폐에 대한 주요국의 과세제도, 월간조세 통권 제356호, 2018.

김병일(2018 II), 김병일, 가상화폐에 대한 과세방안, 경희법학 제53권 제2호, 2018.

김상만(2015), 김상만, UNCITRAL 전자상거래모델법 관련 미국 판결에 대한 고찰, 과학기술법연구 제21집 제3호, 2015.

김상환(2019), 블록체인에 기반한 금융업 혁신-효율성 개선과 뉴 비즈니스 모델-, 인더스트리 포커스 제 64 호, 2019, https://www2.deloitte.com/content/dam/Deloitte/kr/Documents/financial-services/2019/kr_fsi_issue-highlights_20190128.pdf (2019.5.27. 확인).

김성천(2018), 김성천, EU 플랫폼 규제 동향과 시사점, 소비자정책동향 제87권, 2018.

김성훈(2016), 김성훈, 현금 없는 경제: 의미와 가능성, KERI Brief 16-28, 2016.

김승현(2018), 김승현, 의료정보의 블록체인 활용 현황과 전망, 한국의료법학회 학술대회 제2018권 11호, 2018.

김시담(2001), 김시담, 통화금융론, 제3전정판, 법문사, 2001.

김열매(2018), 김열매, 블록체인 이상과 현실, 어디쯤 와 있나, 한화투자증권, 2018.

김완석 외(2017), 김완석/박종수/이중교/황남석, 국세기본법 주석서, 삼일인포마인, 2017.

김완석/정지선(2018), 김완석/정지선, 소득세법론, 삼일인포마인, 2018.

김용재(2016), 김용재, 자본시장법, 개정판, 고려대학교 출판문화원, 2016.

김용재(2018), 김용재, 자본시장법상 원칙중심규제 도입의 필요성 및 방향, 증권법연구 제19권 제1호, 2018.

김용재/박선종(2016), 김용재/박선종, 금융감독당국과 거래소의 균형적 발전을 위한 제도개선 방안, 국회사무처, 2016.

김은수(2018), 김은수, 블록체인 및 분산원장 기술 수용에 관한 법적 연구, IT와 법 연구 제16호, 2018.

김정완/김원준(2011), 김정완/김원준, 지식재산권법, 전남대학교 출판부, 2011.

김제완(2018), 김제완, 블록체인 기술의 계약법 적용상의 쟁점 ‑ 스마트계약을 중심으로, 법조 통권 제727호, 2018.

김준영 외(2018), 김준영/김계정/문준호, ICO에 대한 주요 이슈 및 시사점, 증권법연구 제19권 제2호, 2018.

김중권(2000), 김중권, 행정자동결정(자동적 행정행위)의 실체적 문제점에 관한 소고, 공법연구 제28권 제4-2호, 2000.

김중권(2017), 김중권, 인공지능시대에 완전자동적 행정행위에 관한 소고, 법조 제66권 제3호, 2017.

김지훈(2018), 김지훈, 돈 버는 SNS '스팀잇(Steemit)'의 현황과 한계, KB금융지주 경영연구소, 2018.

김혜리/홍승필(2018), 김혜리/홍승필, 블록체인 네트워크에서의 개인정보 보호 방안 연구 – 개인정보 보호 컴플라이언스 중심 -, 보안공학연구논문지 제15권 제2호, 2018.

김홍기(2014), 김홍기, 최근 디지털 암호화폐 거래의 법적 쟁점과 운용방안 – 비트코인 거래를 위주로-, 증권법연구 제15권 3호, 2014.

김홍기(2017), 김홍기, 가상화폐의 법적 쟁점과 규제방향, 한국금융소비자학회 2017년 정책심포지움, 2017.10.27.

나카지마 마사시(2018), 나카지마 마사시(이용택 역), 애프터 비트코인(After Bitcoin), 21세기 북스, 2018.

남형두(2008), 남형두, 저작권의 역사와 철학, 산업재산권 제26호, 2008.

노상채/김상범(2011), 노상채/김상범, 화폐금융론, 제5판, 박영사, 2011.

다니엘 드레셔(2018), 다니엘 드레셔(이병욱 역), 블록체인 무엇인가?, 이지스퍼블리싱, 2018.

돈 탭스코트 외(2017), 돈 탭스코트/알렉스 탭스콧(박지훈 역), 블록체인 혁명: 제4차 산업혁명 시대, 인공지능을 뛰어넘는 거대한 기술, 을유문화사, 2017.

로런스 레식(2002), 로런스 레식(김정오 번역), 코드: 사이버공간의 법이론, 나남신서, 2002.

맹정환(2011), 맹정환, 아이디어의 법적 보호에 관한 연구, Law&Technology 제7권 제6호, 2011.

미래콘텐츠전략연구소(2017), (사)미래콘텐츠전략연구소, 블록체인 기술을 활용한 저작권 신 서비스 모델연구, 한국저작권위원회, 2017.

박경신(2018), 박경신, 일반적으로 공개된 정보의개인정보 보호법 상의 규율 및 해외 입법례, 법학논총, 제38권 제2호, 2018.

박상철(2016), 박상철, 정보보안의 법적 규율: 기술적·관리적 보호조치를 중심으로, 개인정보 보호의 법과 정책, 박영사, 2016.

박선종(2017), 박선종, 지급결제혁신과 법률적 쟁점 -분산원장기술 기반의 지급결제시스템을 중심으로 -, 고려법학 제87호, 2017.

박선종(2018), 박선종, 블록체인과 국내 금융제도에 관한 법적 검토, 외법논집 제42권 제4호, 2018.

박선종(2019), 박선종, 가상화폐의 법적 개념과 지위, 일감법학 제42권, 2019.

박선종/김용재(2018), 박선종/김용재, 중앙은행의 디지털화폐 발행 시 법률적 쟁점, 비교사법, 제25권 1호, 2018. 2.

박선종/김용재/오석은(2018), 박선종/김용재/오석은, 중앙은행의 디지털화폐 발행 시 법률적 쟁점, 중앙은행 디지털화폐 연구, 한국은행 금융결제국(공동연구보고서), 2018. 3.

박성준(2018), 박성준, 국내 암호화폐 및 블록체인 정책 제언, 2018년 블록체인 현재와 미래(주최 : 블록체인법학회·서울지방변호사회 공동주최), 2018. 12. 10.

박성호(2007), 박성호, 지적재산권에 관한 헌법 제22조 제2항의 의미와 내용, 법학논총 제24권 제1호, 2007.

박성호(2014), 박성호, 저작권법, 박영사, 2014.

박세민(2018), 박세민, 국민건강의 보장률 제고를 위한 비급여 의료비 관리 개선 방향에 대한 연구, 한국보험학회 보험학회지 제114권, 2018.

박영준(2012), 박영준, 보험업규제에서의 경쟁당국과 감독당국간의 관계, 한국보험신문 제5회 한중일 보험산업

심포지엄(주최 : 한국보험신문 · 중국보험보 · 일본보험매일신문 공동주최), 2012. 2. 16.

박영호(2018), 박영호, 가상화폐와 강제집행, 2018년 블록체인 현재와 미래(주최 : 블록체인법학회 · 서울지방변호사회 공동주최), 2018. 12. 10.

박용범(2018), 박용범, 블록체인, 에스토니아처럼: 전자영주권부터 국가코인까지 미래를 추월한 나라, 매일경제신문사, 2018.

박재성(2018), 박재성, 암호화폐 블록체인 활용과 중소기업자금조달의 혁신, KOSBI 중소기업포커스 제18-01호, 2018. 3. 12.

박정원 외(2018), 박정원/심우현/이준석, 디지털 헬스케어 발전을 위한 규제 개선 방안에 관한 연구, 정보화정책 제25권 1호, 2018.

박정홍(2018), 박정홍, Private 블록체인 특성이 의료분야 수용의도에 미치는 영향, 박사 학위논문, 성균관대학교 일반대학원 의료기기산업학과, 2018.

박종태(2013), 박종태, 상표법, 한빛지적소유권센터, 2013.

박진아(2011), 박진아, 사이버물권시론, 원광법학 제27권 제2호, 2011.

박진아(2018), 박진아, 블록체인과 개인정보 보호-블록체인의 매직(Masic)과 법적 도전, 영남법학 제47호, 2018.

박진아(2019), 박진아, 블록체인과 개인데이터법제에 관한 소고, 인권과 정의 제483호, 2019.

박찬정/박기문(2018), 박찬정/박기문, 특허정보를 이용한 블록체인 기술의 활용분야 동향분석, 한국차세대컴퓨팅학회논문지 제14권 제2호, 2018.

박한진/손인균/최영길(2018), 박한진/손인균/최영길, 블록체인과 ICO, 스타일라이프, 2018.

박훤일(2017), 박훤일, 정보이동권의 국내 도입 방안- EU GDPR의 관련 규정을 중심으로 -, 경희법학 제52권 제3호, 2017.

배승욱(2016), 배승욱, 뉴욕주의 BitLicense, 자본시장 Weekly 제2016-07호, 2016.

배승욱(2018), 배승욱, 미국의 암호화폐 규제 및 시사점, 외법논집 제42권 제2호, 2018.

백명훈/이규옥(2017), 백명훈/이규옥, 블록체인을 활용한 ICO의 이해와 금융법상 쟁점, 금융법연구 제14권 제2, 2017.

백승호/이승윤(2018), 백승호/이승윤, 기본소득 논쟁 제대로 하기, 한국사회정책 제25권 제3호, 2018.

백영태/민연아(2018), 백영태/민연아, 블록체인을 활용한 디지털 콘텐츠 저작권 보호 및 거래활성화 방법 연구, 2018년 한국컴퓨터정보학회 하계학술대회 논문집 제26권 제2호, 2018.

법무법인 디라이트(2018), 법무법인 디라이트, "D'Light ICO Guideline", 2018. 3. 3., http://www.dlightlaw.com/wp-content/uploads/2018/03/DLight-ICO-Guideline-v.1.1.pdf (2019. 7. 1. 확인).

법무부/UNCITRAL(2018), 법무부/UNCITRAL, UN 상거래규범집 제1권, 2018.

브리짓 보르자 드 모조타(2008), 브리짓 보르자 드 모조타(김보영/차경은 역), 디자인 경영 : 기업혁신과 브랜드 가치창출을 위한, 디자인네트, 2008.

블록체인법학회(2018), 블록체인법학회, 2018년 블록체인 현재와 미래, 블록체인법학회 · 서울지방변호사회 공동학술대회 자료집, 2018. 12. 10.

비트뱅크/블록체인의 충격 편집위원회(2017), 비트뱅크/블록체인의 충격 편집위원회 (마부치 구니요시 감수/김용

수, 이두원 역), 블록체인의 충격-비트코인, 핀테크에서 loT까지 사회 구조를 바꾸는 파괴적인 기술, 북스타, 2017.

서덕우(2018), 서덕우, 각국의 ICO 규제 현황-싱가포르, 스위스, 에스토니아를 중심으로-, ICO 전면금지조치와 법적 이슈 세미나(주최 : 법무법인(유한) 동인), 2018. 5. 28.

서복경(2010), 서복경, 투표불참 유권자 집단과 한국 정당체제, 현대정치연구 제3권 제1호, 2010.

서봉석(2018), 서봉석, 블록체인과 비트코인(암호화폐)의 법적 문제, 은행법연구 제11권 1호, 2018.

서영희 외(2017), 서영희/송지환/공영일, 블록체인 기술의 산업적 사회적 활용 전망 및 시사점, 소프트웨어 정책 연구소, 2017.

서울특별시 서울시의료원(2019), 서울특별시 서울시의료원, 블록체인 기반 Smart Hospital(의료·금융 융합) 서비 스 개발 시범사업 시범사업 제안요청서, 2019.

서정호 외(2017), 서정호/이대기/최공필, 금융업의 블록체인 활용과 정책과제, 한국금융연구원, 2017.

서희석(2007), 서희석, 전자거래에서의 착오의 문제, 한국재산법학회 2007년 하계학술대회 자료집, 2007.

석광현(2011), 석광현, 클라우드 컴퓨팅의 규제 및 관할권과 준거법, Law & Technology 제7권 제5호, 2011.

석광현(2016), 석광현, 해외직접구매에서 발생하는 분쟁과 소비자의 보호: 국제사법, 중재법과 약관규제법을 중심 으로, 서울대학교 법학 제57권 제3호, 2016.

석광현/정순섭(2010), 석광현/정순섭, 국제자본시장법의 서론적 고찰 – 역외적용 및 역외투자자문업자등의 특례 를 중심으로, 증권법연구 제11권 제2호, 2010.

선종철/김진욱(2018), 선종철/김진욱, 블록체인을 이용한 부동산종합공부시스템 참조모델, 정보처리학회논문지 제7권 제11호, 2018.

설민수(2018), 설민수, 블록체인 기술의 대강과 암호화폐의 규제 및 그 접근방법-미국과 비교하여, 사법 제43호, 2018.

성낙인(2005), 성낙인, 개인정보 보호법제의 현황과 재정립방향, 인터넷과 법률Ⅱ(정상조·남효순 공편), 법문사, 2005.

성희활(2018 Ⅰ), 성희활, ICO와 상장에 대한 적정 규제방안, 상사법연구 제37권 제1호, 2018.

성희활(2018 Ⅱ), 성희활, 가상화폐의 공모(ICO)와 상장에 대한 적정 규제방안, 상사법연구 제37권 제1호, 2018.

손경한(2010), 손경한, 과학기술법, 초판, 진원사, 2010.

손경한(2016), 손경한, 국제보건의료분쟁의 해결, 과학기술과 법 제7권 1호, 2016.

손경한/김예지(2018), 손경한/김예지, 신규코인공모의 법적 논점, 이화법학논집 제23권 제1호, 2018.

손경한/박도윤(2019), 손경한/박도윤, 블록체인 의료의 법적 문제, 법학연구 제22권 제1호, 2019.

손승우/김원오(2018), 손승우/김원오, 지식재산 서비스를 위한 블록체인의 활용과 정책제언, ISSUE PAPER 제 2018-5호, 2018.

손진화(2018), 손진화, 전자상거래법, 제4판, 신조사, 2018.

송영식 외(2013), 송영식/이상정/황종환/이대희/김병일/박영규/신재호, 지적소유권법 하, 제2판, 육법사, 2013.

송인방/양영식(2018), 송인방/양영식, 부동산 거래에서 블록체인 스마트계약의 활용 가능성에 관한 연구, 법학연 구 제18권 제4호, 2018.

송제호 외(2018), 송제호/김상혁/박성용, 이더리움 스마트 컨트랙트 성능 저하 현상 실험 및 분석, 한국정보과학회 컴퓨팅 논문지 제24권 제7호 2018.

스콧 갤러웨이(2018), 스콧 갤러웨이(이경식 역). 플랫폼 제국의 미래, 비즈니스 북스, 2018.

신상이/전홍민(2018), 신상이/전홍민, 가상화폐(비트코인 등)의 과세가능성 연구, 세무와회계저널 제19권 제5호, 2018.

신상화/강성훈(2015), 신상화/강성훈, 가상화폐 이용 증대에 따른 과세상 쟁점 분석 및 대응 방안 연구 - 비트코인을 중심으로-, 한국조세재정연구원, 2015.

신용우(2018), 신용우, 블록체인 기술현황 및 산업발전을 위한 과제, 한국형 ICO가이드라인 정립을 위한 토론회(주최: 정병국 의원실), 2018. 8. 29.

신현걸 외(2018), 신현걸/최창규/김현식, IFRS 중급회계, 도서출판 탐진, 2018.

심미랑(2011), 심미랑, 배타적 재산권으로서 특허권의 개념에 관한 연구, 법학연구 제14집 제2호, 2011.

심미랑(2018), 심미랑, 블록체인을 이용한 지식재산 관리, 심층분석 보고서 제2018-16호, 2018.

아이비케이(IBK) 경제연구소(2018), 아이비케이(IBK) 경제연구소, '블록체인 섬'으로 거듭나는 몰타(Malta), Weekly IBK 경제브리프 589호 (2018).

아카바네 요시하루/아이케이 마나부 외(2017), 아카바네 요시하루/아이케이 마나부(공무제 감수/양현 역), 블록체인 구조와 이론: 예제로 배우는 핀테크 핵심 기술, 위키북스, 2017.

안드레아스 M. 안토노풀로스(2015), 안드레아스 M. 안토노풀로스(최은실 · 김도훈 · 송주한 역), 비트코인, 블록체인과 금융의 혁신, 고려대학교 출판문화원, 2015.

안성배 외(2018), 안성배/권혁주/이정은/정재완/조고운/조동희, 가상통화 관련 주요국의 정책 현황과 시사점, KIEP 오늘의 세계경제, 2018.

앤드루 맥아피/에릭 브린욜프슨(2018), 앤드루 맥아피/에릭 브린욜프슨(이한음 역), 머신 플랫폼 크라우드: 트리플 레볼루션의 시대가 온다, 청림출판, 2018.

양영식/송인방(2018), 양영식/송인방, 블록체인 스마트계약의 상용화 대비를 위한 법적 과제, 법학연구 제18권 제2호, 2018.

양재훈(2018), 양재훈, 물류산업의 블록체인 적용효과와 법적 과제에 대한 연구, 융합정보논문지 제8권 제1호, 2018.

오병철(2016), 오병철, 정보통신서비스제공자의 '권리침해정보'의 보호범위, 정보법 판례백선(Ⅱ), 박영사, 2016.

오성근(2018), 오성근, 암호화폐 인정법제에 관한 연구-일본의 암호화폐법제를 중심으로-, 증권법연구 제19권 제2호, 2018.

오세현/김종승(2017), 오세현/김종승, 블록체인노믹스, 한국경제신문사, 2017.

오승종(2013), 오승종, 저작권법, 제3판 전면개정판, 박영사, 2013.

오승택(2013), 오승택, 아이디어의 법적보호, 박사 학위논문, 인하대학교 대학원 지적재산권학과, 2013.

오정근(2018 Ⅰ), 오정근, ICO금지로 인한 국부유출 현실과 대안 및 4차 산업혁명 촉진을 위한 ICO가이드라인, 한국형 ICO가이드라인 정립을 위한 토론회(주최: 정병국 의원실), 2018. 8. 29.

오정근(2018 Ⅱ), 오정근, 암호화폐의 해외 규제사례와 시사점, 암호화폐 규제 · 세제 · 회계 분야 이슈점검 세미나(주최: 한국경제연구원), 2018. 2. 20.

오키나 유리 외(2018), 오키나 유리/야나가와 노리유키/이와시타 나오유키 편저(이현옥 역),블록체인의 미래, 한스미디어, 2018.

원종현(2018), 원종현, ICO의 현황과 과제, 국회입법조사처 NARS 현안분석, 2018.

윌리엄 무가야(2017), 윌리엄 무가야(박지훈/류희원 역), 비즈니스 블록체인, 한빛미디어, 2017.

유발 하라리(2017), 유발 하라리(김명주 역), 호모 데우스 – 미래의 역사, 김영사, 2017.

유영무(2018), 유영무, 블록체인과 프라이버시, 크립토 법(Crypto Law)의 현황과 전망 (주최: 기술과 법 연구소), 2018. 11. 19.

유주선/강현구(2018), 유주선/강현구, 암호화폐에 대한 입법적 방안과 법적 쟁점 연구, 금융법연구 제15권 제1호, 2018.

윤명옥(2018), 윤명옥, 가상화폐 거래소득에 대한 자본이득세 과세방안, 조세연구 제18권 제2집, 2018.

윤석경/권정만(2012), 윤석경/권정만, 사회복지에서의 복지 개념과 조선왕조실록의 복지 용례의 비교와 함의, 한국공공관리학보 제26권 제2호, 2012.

윤선희(2007), 윤선희, 상표법, 법문사, 2007.

윤진/이솔(2018), 윤진/이솔, 만화로 배우는 블록체인, 웨일북, 2018.

이강(2014), 이강, 비트코인에 관한 세법상 쟁점, 가천법학 제7권 제4호, 2014.

이경남/전계형(2018), 이경남/전계형, 블록체인을 이용한 중고거래 플랫폼 개선방안 연구, 디지털융복합연구 제16권 제9호, 2018.

이광상(2017), 이광상, 최근 ICO를 통한 자금조달 확대와 규제환경 정비방향, 주간금융브리프 제26권 제21호, 2017.

이광상(2018), 이광상, 주요국 감독당국의 ICO 규제 강화와 시사점, 주간금융브리프 제27권 제2호, 2018.

이규옥(2019), 이규옥, 블록체인 기술 기반 스마트 컨트랙트에 관한 법적 연구, 박사학위 논문, 성균관대학교, 2019.

이기형 외(2012), 이기형/변혜원/정인영, 보험산업 진입 및 퇴출에 관한 연구, 보험연구원(KIRI), 2012.

이대기(2016), 이대기, 금융업의 블록체인 국내외 활용사례 및 시사점, 주간금융브리프 제25권 제34호, 2016.

이병욱(2018), 이병욱, 비트코인과 블록체인, 탐욕이 삼켜버린 기술, 에이콘출판사, 2018.

이부하(2005), 이부하, 환자의 의료정보권, 한양법학 제17권, 2005.

이수현 외(2018), 이수현/김혜리/홍승필, 개인정보 보호를 고려한 블록체인 데이터 설계 방안 연구, 한국통신학회 학술대회논문집, 2018.

이승은(2017), 이승은, 중국 사회신용시스템의 현황 및 전망: '빅브라더'와 빅데이터, CSF 이슈분석(대외정책연구원) 제163권, 2017.

이승현/오정윤(2018), 이승현/오정윤, 보건의료 빅데이터 활용을 위한 일본의 법제 동향: 차세대의료기반법을 중심으로, 보건산업브리프 제267호, 2018.

이영석(2018), 이영석, 블록체인 기반 지식재산 동향, 정보과학지 제36권 제5호, 2018.

이영환(2016), 이영환, 국내외 블록체인 기술적용분야 및 사례연구, 한국인터넷진흥원 연구보고서, 2016.

이영훈(2014), 이영훈, 상표법상 상표의 정의에 관한 소고-상표의 현대적 의미에 대한 검토를 중심으로-, 창작과 권리 제74호, 세창출판사, 2014.

이재인(2017), 이재인, 가상통화와 금융규제 - 지급결제법의 관점에서, 기술발전과 금융규제 : 산업육성과 금융소비자보호의 관점에서(주최: 국회입법조사처 · 서울대 금융법센터 · 한국예탁결제원), 2017. 11. 10.

이재훈(2017), 이재훈, 전자동화 행정행위에 관한 연구, 성균관법학 제29권 제3호, 2017.

이제영(2017), 이제영, 블록체인(Blockchain) 기술동향과 시사점, 동향과 이슈 제34호, 2017.

이제영/우청원(2018), 이제영/우청원, 블록체인 기술의 전망과 한계 그리고 시사점, FUTURE HORIZON 제38호, 2018.

이중호(2015), 이중호, 사회복지법의 개념과 법체계의 개선방안, 동아법학 제68호, 2015.

이창규(2018), 이창규, 암호화폐의 소득세 과세연구, 조세논총 제3권 제1호, 2018.

이창민(2017), 이창민, 가상통화의 법적 성격과 제도적 수용에 대한 연구 - 비트코인을 중심으로 -, LAW & TECHNOLOGY 제13권 제4호, 2017.

이창희(2017), 이창희, 세법강의, 박영사, 2017.

이철송(2018), 이철송, 회사법 강의, 박영사, 2018.

이한주(2014), 이한주, 환자의 동의와 자율성의 법적 · 윤리적 고찰-개인의료정보의 이용과 관련하여, 강원법학 제42권, 2014.

이해완(2012), 이해완, 저작권법, 제2판(전면개정판),박영사, 2012.

이현정(2015), 이현정, 암호화폐의 금융법 규제에 관한 비교법적 검토 - 비트코인을 중심으로, 과학기술법 연구 제21집 제3호, 2015.

임병웅(2013), 임병웅, 특허법, 제11판, 한빛지적소유권센터, 2013.

임승순(2017), 임승순, 조세법, 박영사, 2017.

임재연(2009), 임재연, 미국증권법, 박영사, 2009.

장만영(2017), 장만영, 보험산업 활성화를 위한 법제도적 개선방안, 인슈어테크와 보험산업 정책세미나(주최: 보험과 미래포럼 · 보험연구원), 2017. 9. 19.

전웅준(2017), 전웅준, 새로운 전자금융환경에서 공인인증체계의 개선방향에 관한 연구, 정보법학 제21권 제3호, 2017.

전진옥(2018), 전진옥, 우리나라 전자의무기록 도입 현황 및 발전 과제, 정책동향 제12권 제3호, 2018.

정경영(2008), 정경영, 전자금융거래와 법, 박영사, 2008.

정경영(2017), 정경영, 금융환경의 변화에 대한 법적 대응에 관한 연구, 성균관법학 제29권 제4호, 2017.

정경영(2018), 정경영, 암호통화(cryptocurrency)의 본질과 스마트계약(smart contract)에 관한 연구, 상사법연구 제36권 제4호, 2018.

정경영/백명훈(2017 I), 정경영/백명훈, 디지털사회 법제연구(I) -블록체인 기반의 스마트계약 관련 법제 연구, 한국법제연구원, 2017.

정경영/백명훈(2017 II), 정경영/백명훈, 디지털사회 법제연구(II) -블록체인 기반의 스마트계약 관련 법제 연구, 한국법제연구원, 2017.

정상조/박성수(2010), 정상조/박성수, 특허법 주해 I , 박영사 , 2010

정순섭(2017 I), 정순섭, 가상통화 규제의 기본방향, 가상통화 이용자 보호를 위한 입법 공청회-가상통화 화폐인 가? 재화인가?(주최: 박용진 의원실), 2017. 7. 18.

정순섭(2017 II), 정순섭, 가상통화 및 블록체인 관련 공청회 발표문, 가상통화 거래에 관한 공청회, 국회 정무위원회, 2017. 12. 4.

정승영(2015), 정승영, 가상화폐(Virtual Currency)의 세법상 분류와 과세, 조세학술논집 제31집 제1호, 2015.

정승영(2016), 정승영, 가상화폐(Virtual Currency)에 대한 부가가치세 과세 문제, 조세학술논집 제32집 제1호, 2016.

정승화(2016), 정승화, 블록체인 기술기반의 분산원장 도입을 위한 법적 과제-금융산업을 중심으로-, 금융법연구 제13권 제2호, 2016.

정영수(2009), 정영수, 일본이 국제재판관할 법제화 동향과 미국 및 EU의 규범과의 비교 - 인터넷 분쟁의 국제재판관할권을 중심으로, 법학논총 제33권 제2호, 2009.

정용엽(2012), 정용엽, 보건의료정보의 법적 보호와 열람 · 교부, 의료법학 제13호 1호, 2012.

정재욱(2018), 정재욱, 주요 암호화폐 판례 리뷰, 2018년 블록체인 현재와 미래(주최 : 블록체인법학회 · 서울지방변호사회 공동주최), 2018. 12. 10.

정종구(2018), 정종구, 블록체인 활용방안에 대한 규범적 고찰, 정보법학 제22권 제1호, 2018.

정진근(2018), 정진근, 블록체인(Block-chain): 저작권제도에서의 활용가능성과 한계에 대한 소고, 계간저작권 2018년 겨울호. 2018.

정진명(2018), 정진명, 블록체인 기반 스마트계약의 법률문제, 비교사법 제25권 제3호(통권 제82호), 2018.

정해상(2018), 정해상, 암호화폐의 법적 특성과 거래에 관한 법리, 법학논총 제25권 제2호, 2018.

제355회 국회 제5차 4차 산업혁명 특별위원회(2018), 제355회 국회 제5차 4차 산업혁명 특별위원회, 4차 산업혁명 관련 제3차 공청회-빅데이터, 클라우드, 개인정보, 공공데이터 개방 등 관련-, 2018. 1. 23.

조근형(2018), 조근형, 가상화폐 과세제도에 관한 연구, 동촌 서희열 교수 정년퇴임기념 논문집:현대세무학의 과제, 2018. 8. 30.

존라일리(2016), 존라일리, 미국의 비트코인 규제(Regulation of BitCoin in the United States), 금융법연구 제13권 제3호. 2016.

주영광/강유성(2018), 주영광/강유성, 공공분야 블록체인 적용 동향과 시사점, 우정정보 제2018권 3호, 2018.

지원림(2013). 지원림,민법강의, 홍문사, 2013.

지원림(2017), 지원림, 민법강의, 홍문사, 2017.

진대제(2018), 진대제(한국블록체인협회 회장), FIF(Future Innovation Forum)2018-제4회 인공지능 국제 포럼(주최: 시사저널 이코노미), 2018. 9. 13.

진재현/고금지(2018), 진재현/고금지, 블록체인(Blockchain) 기술 동향 및 보건복지 정보통계 분야 활용 방향, 보건복지포럼 제258권, 2018.

차홍기 외(2019), 차홍기/이원석/최영환/이주철/이강찬, 블록체인 국제표준화 활동 현황, 전자통신동향분석 제34권 제2호, 2019.

채성희(2017), 채성희, 개인정보 자기결정권과 잊혀진 헌법재판소 결정들을 위한 변명, 정보법학 제20권 제3호, 2017.

천창민(2017 Ⅰ), 천창민, 크라우드세일의 증권법적 쟁점에 대한 고찰 –DAO 사례와 관련하여-, 경제법연구 제 16권 제3호, 2017.

천창민(2017 Ⅱ), 천창민, ICO(Initial Coin Offering)의 증권법적 평가와 함의, 자본시장포커스 제2017 제19호, 2017.

최경진(2017), 최경진, 전자서명 법제 동향과 미래 규율 방향, 인터넷 법제동향, 제123호, 2017.

최승원 외(2011), 최승원/김민호/배대헌/이병준/정완, 인터넷과 법, 법학전문대학원협의회, 2011.

최승재(2012), 최승재, 인터넷 생태계에 있어 플랫폼 모델이 갖는 의미 및 관련 이슈, 인터넷, 그 길을 묻다, 중앙북스, 2012.

최용혁/권헌영(2018), 최용혁/권헌영, 블록체인 기술 적용과 개인정보 삭제 및 제3자 제공의 법적 문제에 관한 연구, 정보보호학회논문지 제28권 제6호, 2018.

최윤섭(2014), 최윤섭, 헬스케어 이노베이션 : 이미 시작된 미래, 클라우드나인, 2014.

최윤일(2018), 최윤일, 암호화폐 혁명, 이더리움 블록체인, 두리미디어 라꽁떼, 2018.

최한준(2017), 최한준, 헬스케어 산업에서의 블록체인 기술의 활용, 보건산업브리프 제236호, 2017.

최행식(2004), 최행식, 의료행위의 개념과 의료계약, 법학연구 제20권, 2004.

클라우스 슈밥(2017), 클라우스 슈밥(송경진 역), 클라우스 슈밥의 제4차 산업혁명, 제23판, 새로운현재, 2017.

특허법원 지적재산소송 실무연구회(2014), 특허법원 지적재산소송 실무연구회, 지적재산소송실무, 제3판), 박영사, 2014.

특허청(2016), 특허청, 2016년도 우리기업의 국내외 영업비밀 피침해 실태조사 (2016), http://www.korea.kr/ archive/expDocView.do;JSESSIONID_KOREA=9McJbXhY2QbQq1s9B1tMcYQhc3NWhcN98wVDKQrcv Yyy9g5qHkGW!-559251286!1831985798?docId=37773 (2019. 7. 1. 확인).

특허청/한국지식재산연구원(2018), 특허청/한국지식재산연구원, 기술 및 환경변화에 따른 지식재산 제도 개선방안 – 4차 산업혁명을 중심으로-, 2018.

하세정(2018), 하세정, 디지털콘텐츠 시장의 공정경쟁 생태계 변화 및 전망, 이슈리포트 제2018권 제29호, 2018.

한국금융연구원(2016), 한국금융연구원, 자금결제법 개정안과 가상통화(디지털 통화) 이용 현황, 주간금융브리프 제25권 제29호, 2016.

한국금융연구원(2018), 한국금융연구원, 스웨덴의 블록체인 기반 부동상 거래 시스템 구축, 주간금융브리프 제27권 제6호, 2018.

한국블록체인협회(2018), 한국블록체인협회, 한국블록체인협회 자율규제안, 2018.

한국은행(2011), 한국은행 조사국, 한국의 금융제도, 2011.

한국은행(2016), 한국은행 금융결제국, 분산원장 기술의 현황 및 주요 이슈 연구보고서, 2016.

한국은행(2018), 한국은행, 암호자산과 중앙은행, 지급결제조사연구자료, 2018.

한국인터넷진흥원(2018), 한국인터넷진흥원, 우리 기업을 위한 'EU 일반 개인정보 보호법(GDPR)' 가이드북, 개정판), 2018.

한국회계기준원 회계기준위원회(2011), 기업회계기준서 제1039호 금융상품: 인식과 측정, 2011.

한정희(2018), 한정희, 블록체인 부동산등기의 원리와 응용 연구, 부동산학보 제73권, 2018.

한종규(2018), 한종규, 블록체인 기술을 기반으로 한 스마트계약의 법적 쟁점 연구 – 국제사법 쟁점을 중심으로 -,

상사법연구 제37권 제3호, 2018.

함인선(2018), 함인선, EU개인정보 보호법, 마로니에, 2018.

행정자치부(2016), 행정자치부, 개인정보 보호 법령 및 지침 · 고시 해설, 2016.

홍도현/김병일(2015), 홍도현/김병일, 가상통화에 대한 과세문제 – 비트코인을 중심으로 –, 조세연구 제15권 제1
집, 2015.

홍선기(2018), 홍선기, 정보기본권 – 독일 및 EU를 중심으로, I. 기본권의 쟁점과 전망, 헌정제도연구사업 Issue
Paper, 2018.

황정식/김현곤(2018), 황정식/김현곤, 블록체인 기반의 저작권 관리 시스템 설계 및 구현, 한국통신학회 학술대회
논문집, 2018.

황종모/한승우(2017), 황종모/한승우, 해외 주요국 디지털화폐 관련 제도 및 시장 현황, 전자금융과 금융보안 제7
호, 2017.

Alexander Savelyev(2016), Alexander Savelyev, Contract Law 2.0: ≪Smart≫ Contracts As the Beginning
of the End of Classic Contract Law, Higher School of Economics Research Paper No. WP BRP 71/
LAW/2016 (2016).

Angela Walch(2017), Angela Walch, The Path of the Blockchain Lexicon(and the law), 36 Review of Banking &
Financial Law 713 (2017).

Aurelie Bayle et al.(2018), Aurelie Bayle, Mirko Koscina, David Manset & Octavio Perez–Kempner, When
Blockchain Meets the Right to Be Forgotten: Technology versus Law in the Healthcare Industry, 2018
IEEE/WIC/ACM International Conference on Web Intelligence (2018).

Bach Nguyen(2017), Bach Nguyen, Exploring Applications of Blockchain in Securing Electronic Medical
Records, 20 J. Health Care L. & Pol'y (2017).

Baker Mckenzie(2017), Baker Mckenzie, Blockchains and Laws. Are they compatible?, https://www.
bakermckenzie.com/en/insight/publications/2017/07/blockchains–and–laws (2019. 7. 1. 확인).

Banque de France(2018), Banque de France, The emergence of bitcoin and other crypto–assets: challenges,
risks and outlook, Focus 16, Banque de France (2018), https://publications.banque–france.fr/sites/
default/files/medias/documents/focus–16_2018_03_05_en.pdf (2019. 7. 1. 확인).

Ben Dyson & Graham Hodgson(2016), Ben Dyson & Graham Hodgson, Digital Cash: Why Central Banks
Should Start Issuing Electronic Money, Positive Money (2016), https://positivemoney.org/wp–content/
uploads/2016/01/Digital_Cash_WebPrintReady_20160113.pdf (2019. 7. 1. 확인).

Ben S. C. Fung & Hanna Halaburda(2016), Ben S. C. Fung & Hanna Halaburda, Central Bank Digital
Currencies: A Framework for Assessing Why and How, Bank of Canada Staff Discussion Paper 2016–22
(2016).

Berryhill, J et al.(2018), Berryhill, J., T. Bourgery & A. Hanson, Blockchains Unchained: Blockchain
Technology and its Use in the Public Sector, OECD Working Papers on Public Governance, No. 28,
OECD Publishing (2018).

BIS(2015), BIS(Bank for International Settlements), CPMI report on digital currencies (2015), http://www.bis.org/
cpmi/publ/d137.pdf (2019. 7. 1. 확인).

Brett Goldstein & Lauren Dyson(2017), Brett Goldstein & Lauren Dyson(eds), Beyond Transparency: Open Data and the Future of Civic Innovation, Code for America Press (2017).

Brian Scarbrough & Justin Steffen(2017), Brian Scarbrough & Justin Steffen, Insurance and Regulatory Hurdles to Blockchain Adoption, Blockchain Law for Insurance Business (2017), https://jenner.com/system/assets/publications/17371/original/Scarbrough%20Steffen%20Law360%20Sept%2013%202017.pdf?1505423412 (2019. 7. 1. 확인).

Carla L. Reyes(2017), Carla Reyes, Conceptualizing Cryptolaw, 96 Neb. L. Rev. (2017).

Cheng Lim, T.J. Saw & Calum Sargeant(2016), Cheng Lim, T.J. Saw & Calum Sargeant, Smart Contracts: Bridging the Gap between Expectation and Reality, Business Law Blog (2016. 7. 11. ET.), https://www.law.ox.ac.uk/business-law-blog/blog/2016/07/smart-contracts-bridging-gap-between-expectation-and-reality (2019. 7. 1. 확인).

CNIL(2018), CNIL(Commission Nationale Informatique Libertés), Blockchain and the GDPR : Solutions for a responsible use of the blockchain in the context of personal data(2018).

Ctrl Shift(2018), Ctrl Shift, Data Mobility: The personal data portability growth opportunity for the UK economy, Department for Digital, Culture, Media & Sport (2018).

David Chaum et al.(1988), David Chaum, Amos Fiat & Moni Naor, Untraceable Electronic Cash, CRYPTO '88 Proceedings of the 8th Annual International Cryptology Conference on Advances in Cryptology (21-25 August 1988).

David Chaum(1981), David L. Chaum, Untraceable electronic mail, return addresses, and digital pseudonyms, 24(2) Communications of the ACM (1981).

Di Ma(2017), Di Ma, Taking a Byte out of Bitcoin Regulation, Alb. L. J. Sci. & Tech. (2017).

Dominik Vock & Jonatan Baier(2018), Dominik Vock & Jonatan Baier, Blockchain and Dispute Resolution: Current Projects, Blockchain, Smart Contracts and Arbitration, ASA Conference in Bern (14 September 2018), file:///C:/Users/%EB%B0%95%EB%8F%84%EC%9C%A4/Desktop/Vock,%20Baier-%20Presentation.pdf (2019. 7. 1. 확인).

Don Tapscott & Alex Tapscott(2018), Don Tapscott & Alex Tapscott, Blockchain Revolution: How the Technology Behind Bitcoin and Other Cryptocurrencies Is Changing the World, Portfolio (2018).

Dong He et al.(2016), Dong He, Karl Habermeier, Ross Leckow, Vikram Haksar, Yasmin Almeida, Mikari Kashima, Nadim Kyriakos-Saad & Hiroko Oura, Virtual Currencies and Beyond:Initial Considerations, IMF Staff Discussion Note (2016).

Doug J. Galen(2018), Doug J. Galen, Nikki Brand, Lyndsey Boucherle, Rose Davis, Natalie Do, Ben El-Baz, Isadora Kimura, Kate Wharton & Jay Lee, Blockchain for Social Impact : Moving Beyond the Hype, Center for Social Innovation(Stanford Graduate School of Business) & RippleWorks (2018).

Dylan J. Yaga et al.(2018), Dylan J. Yaga, Peter M. Mell, Nik Roby & Karen Scarfone, Blockchain Technology Overview, NIST Interagency/Internal Report (NISTIR) - 8202 (2018).

Emtseva S. S. & Morozov N. V.(2017), Emtseva S. S. & Morozov N. V., Comparative Analysis of Legal Regulation of ICO in Selected Countries, III Network AML/CFT Institute International Scientific and Research Conference "FinTech and RegTech" (21 November 2017).

Eric A. Posner & E. Glen Weyl(2018), Eric A. Posner & E. Glen Weyl, Radical Markets: Uprooting Capitalism and Democracy for a Just Society, Princeton University Press(2018).

EU Blockchain Observatory and Forum(2018), EU Blockchain Observatory and Forum, Blockchain and the GDPR, Thematic Report (2018).

F. Gregory Lastowka & Dan Hunter(2004), F. Gregory Lastowka & Dan Hunter, The Laws of the Virtual Worlds, 92 Calif. L. Rev. 1 (2004).

FATF(2019), FATF, Guidance for a Risk-Based Approach to Virtual Assets and Virtual Asset Service Providers, www.fatf-gafi.org/publications/fatfrecommendations/documents/Guidance-RBA-virtual-assets.html (2019. 7. 1. 확인).

Financial Conduct Authority(2017) ,Financial Conduct Authority, Regulatory Sandbox Lessons Learned Report (2017), https://www.fca.org.uk/publication/research-and-data/regulatory-sandbox-lessons-learned-report.pdf (2019. 7. 1. 확인).

Gabriel Olivier Benjamin Jaccard(2017), Gabriel Olivier Benjamin Jaccard, Smart Contracts and the Role of Law, Jusletter IT 23 (2017).

Gibraltar Finance(2018), Gibraltar Finance, Token Regulation, HM Government of Gibraltar(2018).

Government of Gibraltar(2017), Financial Services (distributed ledger technology providers) Regulations 2017, https://www.gibraltarlaws.gov.gi/articles/2017s204.pdf (2019. 7. 1. 확인).

Guillaume Brochot et al.(2015), Guillaume Brochot, Julianna brunini, Franco eisma, Rebekah larsen & Daniel j. lewis, Personal Data Stores, University of Cambridge for the European Commission (2015).

Gutfleisch, Mag. Georg(2018), Gutfleisch, Mag. Georg, Crowdfunding and Initial Coin Offerings under the EU Legal Framework, 5(3) European Company Law 73 (2018).

Helen Eenmaa-Dimitrieva & Maria Jose Schmidt-Kessen(2017), Helen Eenmaa-Dimitrieva & Maria Jose Schmidt-Kessen, Regulation Through Code as a Safeguard for Implementing Smart Contracts in No-Trust Environments, EUI Department of Law, EUI Working Paper, LAW 2017/13 (2017).

Henning Diedrich(2016), Henning Diedrich, Ethereum: Blockchains, Digital Assets, Smart Contracts, Decentralized Autonomous Organizations, CreateSpace Independent Publishing Platform (2016).

HM Revenue and Customs of UK(2014), HM Revenue and Customs of UK, Revenue and Customs Brief 9 (2014): Bitcoin and other cryptocurrencies (2014).

IMF(2018), IMF, Global Financial Stability Report (2018. 4.), https://www.imf.org/en/Publications/GFSR/Issues/2018/04/02/Global-Financial-Stability-Report-April-2018 (2019. 7. 1. 확인).

International Telecommunication Union (2005), ITU Internet Reports: The Internet of Things, International Telecommunication Union, 2005.

Iris M. Barsan(2017), Iris M. Barsan, Legal Challenges of Initial Coin Offering(ICO), RTDF 3 (2017).

ISDA(2017), ISDA(International Swaps and Derivatives Association), Smart contracts and distributed ledger-a legal perspective, ISDA Whitepaper https://www.isda.org/a/6EKDE/smart-contracts-and-distributed-ledger-a- legal-perspective.pdf (2019. 7. 1. 확인).

J. Thomas McCarthy(2014), J. Thomas McCarthy, McCarthy on Trademarks & Unfair Competition(Fourth

Edition), West Group, 2014

Jeremy M. Sklaroff(2017), Jeremy M. Sklaroff, Smart Contracts and the Cost of Inflexibility, 166 U. Pa. L. Rev. (2017).

Jeroen Naves et al.(2019), Jeroen Naves, Benedetta Audia, Marjolein Busstra, Koen Lukas Hartog, Yoshiyuki Yamamoto, Olivier Rikken, and Sandra van Heukelom-Verhage, Legal Aspects of Blockchain, 12 Innovations: Technology, Governance, Globalization 89 (2019).

Jerry I-H Hsiao(2017), Jerry I-H Hsiao, Smart Contract on the Blockchain-Paradigm Shift for Contract Law, 14 US-China L. Rev. 685 (2017).

John McKinlay et al.(2018), John McKinlay, Duncan Pithouse, John McGonagle & Jessica Sanders, Blockchain: background, challenges and legal issues, DLA PIPER (2018. 2. 2. ET.), https://www.dlapiper.com/en/uk/insights/publications/2017/06/blockchain-background-challenges-legal-issues/ (2019. 7. 1. 확인).

John Steiner(2018), John Steiner, Health Law and Compliance Update (2019 Edition), Wolters Kluwer Law (2018).

Jong Sou Park et al.(2018), Jong Sou Park, Young Sik Kim, Chang-hak Choi & JangSup Shim, How to Define Value on Data under Blockchain Driven Open Data System for E-Government, ICEGOV 2018 Proceedings of the 11th International Conference on Theory and Practice of Electronic Governance (4-6 April 2018).

Joshua Fairfield(2009), Joshua FairfieldT. Fairfield, Virtual Property, 85 B.U. L. Rev. 1047 (2009).

Joshua Fairfield(2014), Joshua Fairfield, Smart Contracts, Bitcoin Bots, and Consumer Protection, 71 Wash. & Lee L. Rev. Online 35 (2014).

Joshua Gans(2018), Joshua Gans, Enhancing Competition with Data and Identity Portability, The Hamilton Project POLICY PROPOSAL (2018), http://www.hamiltonproject.org/papers/enhancing_competition_with_data_and_identity_portability (2019. 7. 1. 확인).

Juan Batiz-Benet et al.(2017), Juan Batiz-Benet, Marco Santori, & Jess Clayburgh, The SAFT Project Whitepaper: Toward a Compliant Token Sale Framework, Simple Agreement for Future Tokens (2017), https://saftproject.com/static/SAFT-Project-Whitepaper.pdf (2019. 7. 1. 확인).

Karen E. C. Levy(2017), Karen E. C. Levy, Book-Smart, Not Street-Smart: Blockchain-Based Smart Contracts and The Social Workings of Law, 3 Engag. Sci. Technol. Soc. (2017).

Karen Yeung(2017), Karen Yeung, Algorithmic regulation: A critical interrogation, King's College London Law School Research Paper No. 2017-27 (2017).

Karl Wüst & Arthur Gervais (2018), Karl Wüst & Arthur Gervais, "Do you need a Blockchain?", 2018 Crypto Valley Conference on Blockchain Technology (20-22 June 2018), https://eprint.iacr.org/2017/375.pdf#search=%27TTP+BLOCKCHAIN%27 (2019. 7. 1. 확인).

Kevin A. Clauson et al.(2018), Kevin A. Clauson, Elizabeth A. Breeden, Cameron Davidson & Timothy K. Mackey, Leveraging Blockchain Technology to Enhance Supply Chain Management in Healthcare: An Exploration of Challenges and Opportunities in the Health Supply Chain, Blockchain in Healthcare Today (2018).

Klaus Schwab(2016), Klaus Schwab, The Fourth Industrial Revolution: what it means, how to respond, World Economic Forum (2016. 1. 14.), https://www.weforum.org/agenda/2016/01/the-fourth-industrial-revolution-what-it-means-and-how-to-respond/ (2019. 7. 1. 확인).

Koji Takahashi(2018), Koji Takahashi, Implications of the Blockchain Technology for the UNCITRAL Works (2018), http://www.uncitral.org/pdf/english/congress/Papers_for_Programme/30-TAKAHASHI-Implications_of_the_Blockchain_Technology_and_UNCITRAL_works.pdf (2019. 7. 1. 확인).

Les Wilkinson et al.(2017), Les Wilkinson, Jason I. Epstein & Roy Wyman, Blockchain Meets Healthcare: Understanding the Business Model and Implementing Initiatives, 35 No. 7 ACC Docket (2017).

Leslie Lamport et al.(1982), Leslie Lamport, Robert Shostak & Marshall Pease, The Byzantine Generals Problem, 4(3) TOPLAS 382 (1982).

Leslie Lamport(1998), Leslie Lamport, The part-time parliament, 16(2) TOCS 133 (1998).

Lin William Cong & Zhiguo He(2018), Lin William Cong & Zhiguo He, Blockchain Disruption and Smart Contracts, NBER Working Paper No. 24399 (2018).

Linn, L. A., & Koo, M. B.(2018), Linn, L. A., & Koo, M. B., Blockchain for Health Data and Its Potential Use in Health IT and Health Care Related Research (2018), https://www.healthit.gov/sites/default/files/11-74-ablockchainforhealthcare.pdf (2019. 7. 1. 확인).

Max Raskin(2017), Max Raskin, The Law and Legality of Smart Contracts, 1 Geo. L. Tech. Rev. 304 (2017).

Meyer Manuel et al.(2018), Manuel Meyer, Bolliger Andrea & Mauchle Yves, Think ICO, Think Global, Special Focus: Cryptocurrencies: Switzerland, 37 Int'l Fin. L. Rev. 92 (2018).

Michael A. Carrier & Greg Lastowka(2007), Michael A. Carrier & Greg Lastowka, Against Cyberproperty, 22 B.T.L.J. 1485 (2007).

Michael Fleder et al.(2015), Michael Fleder, Michael S. Kester & Sudeep Pillai, Bitcoin Transaction Graph Analysis, arXiv:1502.01657v1 [cs.CR] (2015), https://people.csail.mit.edu/spillai/data/papers/bitcoin-transaction-graph-analysis.pdf (2019. 7. 1. 확인).

Michael R. Meadows(2018), Michael R. Meadows, The Evolution of Crowdfunding: Reconciling Regulation Crowdfunding with Initial Coin Offerings, 30 Loy. Consumer L. Rev. 272 (2018).

Michele Finck(2018), Michele Finck, How to Regulate Blockchain and Other Emerging Technologies, Artificial Intelligence Today: Governance and Accountability (Conference in Seoul, 24 August 2018).

Milton Mueller et al.(2007), Milton Mueller, John Mathiason & Hans Klein, The Internet and Global Governance: Principles and Norms for a New Regime, 13 GLOBAL GOV. 237 (2007).

Mykyta Sokolov(2018), Mykyta Sokolov, Smart Legal Contract as a Future of Contracts Enforcement, SSRN Electronic Journal. 10.2139/ssrn.3208292 (2018).

Nadezhda Purtova(2017), Nadezhda Purtova, Do Property Rights in Personal Data Make Sense after the Big Data Turn?, Tilburg Law School Research Paper No. 2017/21 (2017).

Nicholas Davis(2016), Nicholas Davis, What is the fourth industrial revolution?, World Economic Forum (2016), https://www.weforum.org/agenda/2016/01/what-is-the-fourth-industrial-revolution/ (2019. 7. 1. 확인).

Nick Furneaux(2018), Nick Furneaux, Investigating Cryptocurrencies: Understanding, Extracting, and Analyzing Blockchain Evidence, Wiley (2018).

Nick Szabo(1994), Nick Szabo, Smart Contracts (1994), http://www.fon.hum.uva.nl/rob/Courses/ InformationInSpeech/CDROM/Literature/LOTwinterschool2006/szabo.best.vwh.net/smart.contracts. html (2019. 7. 1. 확인).

Nick Szabo(1997), Nick Szabo, Smart Contracts: Formalizing and Securing Relationships on Public Networks, 2(9) First Monday (1997), https://doi.org/10.5210/fm.v2i9.548 (2019. 7. 1. 확인).

Norton Rose Fulbright(2017), Norton Rose Fulbright, Arbitrating Smart Contract disputes(2017), http://www. nortonrosefulbright.com/knowledge/publications/157162/arbitrating-smart-contract-disputes (2019. 7. 1. 확인).

NSTC(2016), NSTC(National Science and Technology Council Committee on Technology US Executive Office of the President), Preparing for the Future of Artificial Intelligence (2016).

Paolo Tasca(2015), Paolo Tasca, Digital Currencies: Principles, Trends, Opportunities, and Risks, SSRN Electronic Journal. 10.2139/ssrn.2657598 (2015).

Patricia L. Bellia(2004), Patricia L. Bellia, Defending Cyberproperty, 79 N.Y.U. L. Rev. xiv (2004).

Primavera De Filippi & Aaron Wright(2018), Primavera De Filippi & Aaron Wright, Blockchain and the law : the rule of code, Harvard University Press (2018).

PWC consulting group(2017), PWC consulting group, Blockchain, a catalyst for new approaches in insurance. PwC (2017), https://www.pwc.ch/en/publications/2017/Xlos_Etude_Blockchain_UK_2017_Web.pdf (2019. 7. 1. 확인).

Rahul Dev(2018), Rahul Dev, ICO Laws and Compliance -ICO Regulations and Legal Framework- (2018), https://advocaterahuldev.files.wordpress.com/2018/07/ico-laws-and-compliance.pdf (2019. 7. 1. 확인).

Riccardo de Caria(2017), Riccardo de Caria, A Digital Revolution in International Trade? The International Legal Framework for Blockchain Technologies, Virtual Currencies and Smart Contracts: Challenges and Opportunities, Modernizing International Trade Law to Support Innovation and Sustainable Development, UNCITRAL 50th Anniversary Congress (2017).

Riccardo de Caria(2018), Riccardo de Caria, Law and Autonomous Systems Series: Defining Smart Contracts - The Search for Workable Legal Categories, Oxford Business Law Blog (2018. 5. 25. ET.), https://www. law.ox.ac.uk/business-law-blog/blog/2018/05/law-and-autonomous-systems-series-defining-smart- contracts-search (2019. 7. 1. 확인).

Riikka Koulu(2016), Riikka Koulu, Blockchains and Online Dispute Resolution: Smart Contracts as an Alternative to Enforcement, SCRIPTed. 13. 40-69. 10.2966/script.130116.40 (2016).

Rosario Girasa(2018), Rosario Girasa, Regulation of Cryptocurrencies and Blockchain Technologies: National and International Perspectives, Palgrave Macmillan (2018).

Satoshi Nakamoto(2008), Satoshi Nakamoto, Bitcoin: A Peer-to-Peer Electronic Cash System (2008), https:// bitcoin.org/bitcoin.pdf (2019. 7. 1. 확인).

Singapore MAS(2018), Singapore MAS, A Guide to Digital Token Offerings (2018).

Swiss Finma(2018), Swiss Finma, Guidelines for enquiries regarding the regulatory framework for initial coin offerings (ICOs) (2018).

The European Union Blockchain Observatory and Forum, "Blockchain and The GDPR", 2018. 10.

Tobias Adrian(2018), Tobias Adrian(IMF Financial Counsellor and Director of the Monetary and Capital Markets Department), Fintech - Building Trust Through Regulation, IMF Fintech Roundtable (2018. 4. 9.), International Monetary Fund, https://www.imf.org/en/News/Articles/2018/04/11/sp40918-fintech-building-trust-through-regulation (2019. 7. 1. 확인).

UK Government Chief Scientific Adviser(2016), UK Government Chief Scientific Adviser, Distributed ledger technology: beyond block chain, Government Office for Science (2016).

Usman W. Chohan(2017), Usman W. Chohan, What Is a Ricardian Contract?, SSRN Electronic Journal. 10.2139/ssrn.3085682 (2017).

Vitalik Buterin(2013), Vitalik Buterin, Ethereum White Paper: A next-generation smart contract and decentralized application platform (2013), https://github.com/ethereum/wiki/wiki/White-Paper (2019. 7. 1. 확인).

Vitalik Buterin(2017), Vitalik Buterin, Ethereum White Paper - A Next Generation Smart Contract & Decentralized Application Platform (2017), http://blockchainlab.com/pdf/Ethereum_white_paper-a_next_generation_smart_contract_and_decentralized_application_platform-vitalik-buterin.pdf (2019. 7. 1. 확인).

Wagner, R. Polk(2005), Wagner, R. Polk, On Software Regulation, 78 S. Cal. L. Rev. 457 (2005).

William J. Gordon & Christian Catalinide(2018), William J. Gordon & Christian Catalinide, Blockchain Technology for Healthcare: Facilitating the Transition to Patient-Driven Interoperability, 16 Comput. Struct. Biotechnol. J. 224 (2018).

World Economic Forum(2013), World Economic Forum, Unlocking the Value of Personal Data: From Collection to Usage, Industry Agenda (2013), http://www3.weforum.org/docs/WEF_IT_UnlockingValuePersonalData_CollectionUsage_Report_2013.pdf (2019. 7. 1. 확인).

Youssef Cassis et al.(2016), Youssef Cassis, Richard S. Grossman & Catherine R. Schenk, The Oxford Handbook of Banking and Finance History, Oxford University Press (2016).

データ流通環境整備検討会(2017), データ流通環境整備検討会, AI、IoT時代におけるデータ活用ワーTキンググループ 中間とりまとめ(案) (2017).

岡野(2016), 岡野靖丈, 仮想通貨に対する改正資金決済法等の動向と課題, Financial Information Technology Focus (2016).

岡村(2013), 岡村久道, 著作權法, 民事法研究会 (2013).

経済産業省 商務情報政策局 コンテンツ産業課(2018), 経済産業省 商務情報政策局 コンテンツ産業課, ブロックチェーン技術を活用したコンテンツビジネスに関する検討会 報告書 (2018).

企業会計基準委員会(2018), 企業会計基準委員会, 資金決済法における仮想通貨の会計処理等に関する当面の取扱い, 実務対応報告第38号 (2018).

多摩大学 ルール形成戦略研究所(2018), ICO ビジネス研究会提言レポー, https://www.tama.ac.jp/crs/2018_ico_ja.pdf (2019. 7. 1. 확인).

木下他(2017), 木下信行/岩下直行/久保田隆/本柳祐介, 座談会 ブロックチェーンの法的検討(下), NBL(商事法務) 第109C号 (2017).

山下/酒井(2017), 山下學/酒井淳, 假想通貨と税務を巡る諸問題の考察(下), 税務事例 第49巻 第9号 (2017).

小笠原(2018), 小笠原匡隆, 日本と世界各?のICOの法規制(2018年3月のG20の行末は?)法律事務所ZeLoの弁護士が 自らビットコインを購入し´?想通貨の法的意義について考察してみる(第4回), 法律事務所ZeLo (2018. 4. 2. ET.), https://zelojapan.com/1355 (2019. 7. 1. 확인).

小野/三山(2013), 小野昌延/三山峻司, 新商標法概說, 第2版, 青林書院 (2013).

有吉(2017), 有吉尚哉, Initial Coin Offering(ICO)に対する金融規制の適用関係に関する一考察, NBL(商事法務) 第1111号 (2017).

一般財団法人 機械システム振興協会(2018)、一般財団法人 機械システム振興協会, ブロックチェーン技術の応 用に関する戦略策 (2018).

日本國税廳(2017), 日本國税廳, 假想通貨に關する所得の計算方法について, 個人課税課情報(2017. 12. 1.), https:// www.nta.go.jp/law/joho-zeikaishaku/shotoku/shinkoku/171127/01.pdf (2019. 7. 1. 확인).

齋藤/岡村(2016), 齋藤憲道/岡村久道, 営業秘密を守るには-制度対応の全貌と近時の事件の教訓, NBL(商事法務) 第10C9号 (2016).

株式会社野村総合研究所(2018), 株式会社野村総合研究所, 平成29年度商取引適正化・製品安全に係る事業 (2018).

増島/岡田(2017), 増島雅和/岡田淳, ブロックチェーンの仕組みと知財管理への応用, 知財管理 第C7巻 第4号 (2017).

片岡(2014), 片岡義廣, ビットコイン等のいわゆる假想通貨に關する法的諸問題についての試論, 金融法務事情 第C2巻 第14号 (2014).

사항 색인

블록체인과 법 포럼 회원 명단

손경한 회장	(법무법인 화현)	khsohn@aramlaw.com
김대호 교수	(인하대학교 언론정보학과)	jinseon@inha.ac.kr
김성훈 변호사	(법무법인 화현)	shkim@jpartners.co.kr
김진우 이사	(㈜글로스퍼)	kjw@glosfer.com
김태원 대표	(㈜글로스퍼)	glosfer@glosfer.com
김희중 미국변호사	(법무법인 화현)	hakim@jpartners.co.kr
박선종 교수	(숭실대학교 법과대학)	sjp62kr@ssu.ac.kr
박세열 상무	(한국IBM)	sypark@kr.ibm.com
박종서 교수	(한국항공대학교 소프트웨어학과)	jspark1@gmail.com
박진아 소장	((사)기술과법연구소)	park_jina@hotmail.com
서영일 상무	(㈜KT)	yohan.seo@kt.com
심현주 박사	(한국지식재산연구원)	blessing0601@naver.com
오윤경 변호사	(법무법인 화현)	yko@jpartners.co.kr
이은솔 대표	(㈜메디블록)	eunsol@medibloc.org
이홍기 박사	(성균관대법학연구원)	hkxxxxx@gmail.com
정해남 상임위원	(한국의료분쟁조정원)	jhn@k-medi.or.kr
한애라 교수	(성균관대 법학전문대학원)	hanaera@skku.edu
김예지 간사	(인하대학교 법학전문대학원)	ttkfkddw@naver.com

블록체인과 법

초판발행	2019년 9월 3일
중판발행	2020년 8월 10일

엮은이	손경한
펴낸이	안종만 · 안상준

편 집	정은희
기획/마케팅	정성혁
표지디자인	손원찬
제 작	우인도 · 고철민

펴낸곳	(주) **박영시**
	서울특별시 종로구 새문안로3길 36, 1601
	등록 1959.3.11. 제300 − 1959 − 1호(倫)
전 화	02)733 − 6771
fax	02)736 − 4818
e−mail	pys@pybook.co.kr
homepage	www.pybook.co.kr
ISBN	979 − 11 − 303 − 3472 − 1 93360

정 가	30,000원